Gleich
Das System des Performance Measurement

Das System des Performance Measurement

Theoretisches Grundkonzept,
Entwicklungs- und Anwendungsstand

von

Privatdozent Dr. Ronald Gleich
Universität Stuttgart/Universität Hohenheim

Verlag Franz Vahlen München

Die Deutsche Bibliothek – CIP-Einheitsaufnahme

Gleich, Ronald:
Das System des Performance Measurement : Theoretisches Grundkonzept, Entwicklungs- und Anwendungsstand / von Ronald Gleich. – München: Vahlen, 2001
  ISBN 3-8006-2707-8

ISBN 3 8006 2707 8

© 2001 Verlag Franz Vahlen GmbH, Wilhelmstr. 9, 80801 München
Satz: DTP-Vorlagen des Autors
Druck und Bindung: Schätzl-Druck,
Am Stillflecken 4, 86609 Donauwörth

Gedruckt auf säurefreiem, alterungsbeständigen Papier
(hergestellt aus chlorfrei gebleichtem Zellstoff)

Vorwort

Ein mir wichtiges Projekt, mein Habilitationsvorhaben an der Universität Stuttgart, ist mit dem Erscheinen der hier vorliegenden Arbeit endgültig erfolgreich abgeschlossen. Wie der Titel verdeutlicht, beschäftigt sich die Habilitation mit der Thematik des Performance Measurement.
Ich will an dieser Stelle nicht in den Inhalt einführen, dies ist Gegenstand des Einleitungskapitels. Stattdessen ist mir wichtig zu erwähnen, wie ich auf die Forschungsthematik aufmerksam wurde und die Zeit der Themenaufarbeitung und –durchdringung erlebt habe. Hilfreich und motivierend waren hierbei verschiedenste Menschen, die ich an dieser Stelle gerne erwähnen möchte.

Mein Interesse am Performance Measurement weckte im Frühjahr 1995 Dr. *Hans-Joachim Frensdorff*, damals Bereichsleiter Controlling der *Deutschen Shell AG* in Hamburg. Herr Dr. *Frensdorff* war an einem Performance-Measurement-Konzept zur Leistungsanalyse und Leistungsmessung im dezentralen Controlling interessiert. Die Beschäftigung mit dem mir damals noch neuen Thema, eine internationale Literaturrecherche sowie schließlich auch die Betreuung einer Diplomarbeit bei *Shell* ließen langsam das Fachwissen und auch das Interesse am Thema Performance Measurement reifen. Schließlich forderte mich mein akademischer Lehrer Prof. Dr. *Péter Horváth* heraus, indem er das Thema als forschungswürdig erachtete und aufgriff, schließlich als mein Habilitationsthema ansah und sogleich eine eigenständige Vorlesung von mir zu dieser Thematik am Lehrstuhl für Controlling an der Universität Stuttgart vorschlug.
So arbeitete ich mich zwangsläufig immer intensiver in die durch konzeptionelle Innovationen wie die Balanced Scorecard auch in Wissenschaft und Praxis zusehends populärer werdende Thematik ein. Mein besonderes Interesse galt dabei stets zwei Forschungsrichtungen: zum einen interessierte mich die empirisch gestützte theoretische Fundierung des Performance Measurement, zum anderen wollte ich im Sinne der innovativen Aktionsforschung kreative Performance Measurement-Lösungen gemeinsam mit interessierten Praktikern entwickeln. Beides habe ich versucht im Rahmen meines Habilitationsvorhabens logisch zu verbinden.

Wichtige Diskussionspartner für die empirische Untersuchung des Entwicklungs- und Anwendungsstandes des Performance Measurement in der deutschen Unternehmenspraxis waren meine Forscherkollegen Dr. *Ali Arnaout*, Dr. *Werner Seidenschwarz* sowie Dr. *Roman Stoi*. Uns allen gemeinsam war die Arbeit an der von Prof. Dr. *Horváth* betreuten Stuttgarter Studie zu neuen Entwicklungen im Kostenmanagement und Controlling, die in den Jahren 1997 und 1998 durchgeführt wurde. Das vorliegende Forschungsprojekt war Teil dieser Studie. Wichtige Hilfe leistete in dieser Zeit auch Frau *Melanie Walter*, M.A. der ich für die detaillierte Einweisung in SPSS und die Unterstützung bei der Interpretation der statistischen Daten danke.
Als wichtigen Partner im Rahmen der Aktionsforschung möchte ich besonders Herrn *Frank Galgenmüller* hervorheben, der mir im Rahmen seines Arbeitsumfeldes bei der

DaimlerChrysler AG in Sindelfingen umfassende Möglichkeiten zur Performance Measurement-Forschung im administrativen Umfeld eröffnete. Ferner danke ich den Unternehmensvertretern des Arbeitskreises „Kostenanalyse" der *Forschungsvereinigung Antriebstechnik FVA* für Ihre stete Kooperationsbereitschaft bezüglich meiner Aktionsforschungsüberlegungen. Forschungspartner in einigen *FVA*-Projekten war mein Freund und damaliger Kollege Dr. *Andreas Brokemper*, der mir stets Anregungen und kritisches Feedback gab.

Ferner danke ich den Praxispartnern *Jens-Uwe Baeuerle* (*Siemens ElectroCom GmbH*, Konstanz), *Bernd Holzmüller* (*Hewlett-Packard GmbH*, Böblingen) sowie *Hansjörg Waller* (*DaimlerChrysler AG*, Stuttgart-Untertürkheim). Weitere Forschungsaktivitäten mit Praxispartnern mussten anonymisiert werden. Auch diesen Unternehmen und den betreuenden Mitarbeitern habe ich zu danken.

Nach den vielfältigen empirischen Forschungsaktivitäten erfolgte die langwierige Zeit der Datenauswertung und –interpretation, die schließlich zur Ausarbeitung eines theoretischen Grundkonzepts und Gestaltungsempfehlungen zum Performance Measurement führten.

Neben den oben genannten Personen habe ich bezüglich meiner Arbeit besonders Herrn Prof. Dr. *Lutz Kaufmann* zu danken, der mir in allen Projektphasen stets ein freundschaftlich verbundener und wichtiger Diskussionspartner sowie Ratgeber war. Ferner danke ich meinen ehemaligen Drittmittel-Lehrstuhlkollegen *Klaus Möller*, *Markus Pfohl* und *Tobias Schimpf* für hilfreiche Anregungen sowie stetige Flexibilität im Umgang mit mir.

Bei den redaktionellen Arbeiten war mir mein heutiger Kollege *Jens Kopp* ein unentbehrlicher Helfer. Hierfür herzlichen Dank.

Schließlich möchte ich nochmals Herrn Prof. Dr. *Péter Horváth* erwähnen, der mir stets wichtige Impulse und kritische Hinweise im Hinblick auf meine Arbeit gab und diese auch als Erstgutachter betreute. Mein Dank gilt auch den Mitgutachtern Herrn Prof. Dr. Dr. h.c. *Dietger Hahn* (*Universität Gießen*) sowie Herrn Prof. Dr. *Karl-Friedrich Ackermann* (*Universität Stuttgart*).

Schließlich freue ich mich, dass bereits mein drittes Buch im Vahlen-Verlag erscheinen kann. Hierfür und für seine immer kooperative Art der Zusammenarbeit danke ich Herrn *Dieter Sobotka*.

Ein solches Buchprojekt wäre ohne die Unterstützung meiner Frau *Jutta* nicht möglich gewesen. Als Dank für Ihre Geduld und jahrelange Rücksichtnahme möchte ich Ihr dieses Buch widmen.

Schwaikheim, im Februar 2001   *Ronald Gleich*

INHALTSVERZEICHNIS

Vorwort V

Inhaltsverzeichnis... VII

Abbildungsverzeichnis... XVII

Abkürzungsverzeichnis.. XXV

1 EINLEITUNG 1

2 DAS FORSCHUNGSPROJEKT IM ÜBERBLICK 5

2.1 **Schwächen traditioneller und Ansatzpunkte für neue Steuerungskonzepte** 5
    2.1.1 Kritischer Überblick über die traditionelle Kennzahlentheorie 5
    2.1.2 Schwächen traditioneller und ausgewählter neuer Steuerungskonzepte 7
    2.1.3 Ansatzpunkte für neue Steuerungskonzepte 10

2.2 **Performance Measurement als neuer Steuerungsansatz im Überblick** 11

2.3 **Zielsetzungen der Arbeit** 13

2.4 **Beschreibung des Forschungsprojektes** 15
    2.4.1 Überlegungen zur grundsätzlichen Forschungsmethodik 15
    2.4.2 Aufbau der Arbeit: Forschungsphasen und -inhalte 17

3 THEORETISCHE GRUNDLAGEN DES PERFORMANCE MEASUREMENT 21

3.1 **Inhalte eines Performance Measurement** 21
    3.1.1 Verbindung mit dem strategischen und operativen Zielbildungs- und Planungssystem 22
    3.1.2 Strukturierter Kennzahlenaufbau und strukturierte Kennzahlenpflege 23
    3.1.3 Festlegungen zur Leistungsmessung und Abweichungsanalyse 23
    3.1.4 Verbindung zu einem Performance Management 24
    3.1.5 Kopplung an das betriebliche Anreizsystem und das Reporting 24
    3.1.6 Festlegung eines institutionellen Rahmens 25
    3.1.7 Auswahl und Beschreibung unterstützender Instrumente 26

3.2 **Aufbau eines Performance Measurement und Ablauforganisation** 27

3.3 **Forschungsfelder in der Performance Measurement-Forschung** 28

3.4 Wichtige Anknüpfungspunkte in der Betriebswirtschafts- und Managementlehre 29
  3.4.1 Performance Measurement und Controlling bzw. Management Control-Konzepte 30
  3.4.2 Agency-Theorie und Performance Measurement 31
  3.4.3 Performance Measurement und das Leistungsverständnis in der deutschen Betriebswirtschaftslehre 34
    3.4.3.1 Der Leistungsbegriff im Rechnungswesen 36
    3.4.3.2 Der produktionswirtschaftliche Leistungsbegriff 38
    3.4.3.3 Synopse: Zusammenführung der Leistungsbegriffe im Performance Measurement 39
  3.4.4 Performance Measurement und neue betriebswirtschaftliche Instrumente 40

4 KONZEPTE DES PERFORMANCE MEASUREMENT 45

4.1 Konzepte von Wissenschaftlern und/oder der Beratungspraxis 47
  4.1.1 Data Envelopment Analysis 47
  4.1.2 Performance Measurement in Service Businesses 48
  4.1.3 Balanced Scorecard 52
    4.1.3.1 Idee und Grundlagen des Konzeptes 52
    4.1.3.2 Bekannte Konzeptanwendungen und Softwareapplikationen 54
    4.1.3.3 Konzeptweiterentwicklung 56
    4.1.3.4 Einführung und Anwendungsbeispiel 57
    4.1.3.5 Kritische Würdigung 58
  4.1.4 Tableau de Bord 59
    4.1.4.1 Idee und Umsetzung des Tableau de Bord 59
    4.1.4.2 Tableau de Bord und Balanced Scorecard - Gemeinsamkeiten und Unterschiede 61
  4.1.5 Productivity Measurement and Enhancement System (ProMES) 65
  4.1.6 Performance Measurement Model 67
  4.1.7 Performance Pyramid 68
    4.1.7.1 Grundkonzept der Performance Pyramid 68
    4.1.7.2 Aufbau und Anwendung der Performance Pyramid 69
  4.1.8 Quantum Performance Measurement Konzept 70
  4.1.9 *Ernst & Young* Performance Measurement-Konzept 73
  4.1.10 Business Management Window 74

4.2 Konzepte aus der Unternehmenspraxis 77
  4.2.1 Konzept von *J.I. Case* 77
  4.2.2 Konzept von *Caterpillar* 78
  4.2.3 Konzept von *Honeywell Micro Switch* 80
  4.2.4 Konzept des internen Marktes von *Hewlett Packard* 82
    4.2.4.1 Die Anwendungsumgebung 83

4.2.4.2 Idee des marktorientierten Rechnungswesens und Controlling im internen Markt 83
4.2.4.3 Aufbau- und Umsetzungsstufen des marktorientierten Rechnungswesens und Controlling 84
4.2.4.4 Anwendungserfahrungen mit dem marktorientierten Rechnungswesen und Controlling 86

4.3 Übersicht über weitere Konzepte 87

4.4 Vergleichende Beurteilung der Konzepte 88

5 EMPIRISCHE UNTERSUCHUNGEN ZU FRAGEN DES PERFORMANCE MEASUREMENT 93

5.1 Beschreibung der wichtigsten Studien 93
   5.1.1 Studie von *Kaneko/Kukuda/Hagino/Iwasaki* u.a. 1986-1990 93
   5.1.2 Studie von *Jorissen/Laveren/Devinck/Vanstraelen* 1997 96
   5.1.3 Studie von *Neely/Mills/Platts/Gregory/Richards* 1994 97
   5.1.4 Studie von *Lingle/Schiemann* 1996 98
   5.1.5 Studie von *Murphy/Trailer/Hill* 1996 101
   5.1.6 Die wichtigsten Studien im zusammenfassenden Überblick 103

5.2 Weitere internationale Untersuchungen zum Performance Measurement 104

5.3 Untersuchungen zu Teilaspekten des Performance Measurement im deutschen Sprachraum im Überblick 109

5.4 Ergebnisse der empirischen Untersuchungen im Überblick und offene Fragen 110

6 INNOVATIVE AKTIONSFORSCHUNG ZUM PERFORMANCE MEASUREMENT 113

6.1 Performance Measurement auf Geschäftsbereichsebene: Aufbau und Einsatz einer Balanced Scorecard bei *Wachsfit* 115
   6.1.1 Unternehmensumfeld und Zielsetzung des Forschungsprojektes 115
   6.1.2 Vorgehensweise bei der Einführung 117
   6.1.3 Entwickelte Konzeption: Die Balanced Scorecard von *Wachsfit* 118
   6.1.4 Meß- und Bewertungsmodalitäten 121
   6.1.5 Anwendungserfahrungen, Konzeptnutzen und Konsequenzen 122

6.2 Performance Measurement zur Projektsteuerung bei *Siemens ElectroCom* 123
   6.2.1 Unternehmensumfeld und Zielsetzung des Forschungsprojektes 123
   6.2.2 Vorgehensweise bei der Entwicklung des Performance Measurement-Konzeptes 125

6.2.2.1 Festlegung der Berichtsinhalte und Aufbau eines Reportingkonzeptes 125
6.2.2.2 Bewertungsobjekte und Bewertungssysteme für Projekte 125
6.2.2.3 Anbindung an den Planungsablauf bei der *SEC* unter Integration von SAP R/3 127
6.2.3 Entwickeltes Performance Measurement-Konzept 128
6.2.4 Leistungsmessung und -beurteilung 131
6.2.5 Anwendungserfahrungen, Konzeptnutzen und Konsequenzen 132

6.3 Performance Measurement zur rentabilitätsorientierten Arbeitssystemgestaltung und –bewertung bei der *Mercedes-Benz AG*.................................... 133
6.3.1 Unternehmensumfeld und Zielsetzung des Forschungsprojekte 133
6.3.2 Zielobjekt Arbeitssystemgestaltung 134
6.3.3 Zielobjekt Performance Measurement 135
6.3.4 Vorgehensweise bei der Entwicklung des Performance Measurement-Konzeptes 135
6.3.4.1 Festlegung der Leistungsebenen 136
6.3.4.2 Definition von Kennzahlen 137
6.3.5 Entwickeltes Konzept und Anwendungserfahrungen 138
6.3.6 Vorläufige Beurteilung des Konzeptnutzens und Anwendungsperspektiven 140

6.4 Performance Measurement im administrativen Umfeld: Fallstudien aus dem Controllerbereich 142
6.4.1 Leistungsumfang des Controllerbereichs im Überblick 142
6.4.2 Effektivität und Effizienz der Leistungen des Controllerbereichs 144
6.4.3 Allgemeine und spezielle Zielsetzungen der Fallstudien 145
6.4.4 Aufbau und Anwendung eines Konzeptes im Controllerbereich eines Chemiekonzerns 147
6.4.4.1 Leistungsgruppenfestlegung im Anwendungsbereich 147
6.4.4.2 Die vier Stufen des Performance Measurement-Konzeptes 147
6.4.4.3 Aufbau des Performance Measurement-Konzeptes am Beispiel der Leistungsgruppe 1 (Informationsmanagement) des dezentralen Controlling .. 149
6.4.4.4 Anwendungserfahrungen, Konzeptnutzen und Konsequenzen 151
6.4.5 Aufbau und Anwendung eines Konzeptes im Controllerbereich eines Sondermaschinenbauers 152
6.4.5.1 Bestimmung von Zielkosten für den Controllerbereich (Schritt 1) 154
6.4.5.2 Definition der Leistungen und Leistungsbewertung (Schritte 2 und 3) 154
6.4.5.3 Schwachstellenanalyse (Schritt 4) 156
6.4.5.4 Produktzielkosten festlegen und Neugestaltung der Leistungen (Schritt 5) 158
6.4.5.5 Aufbau eines Performance Measurement-Konzeptes für den Controllerbereich (Schritt 6) 159
6.4.5.6 Kontinuierliche Leistungsplanung und –messung (Schritt 7), Konzeptnutzen und Konsequenzen 161
6.4.6 Aufbau und Anwendung eines Performance Measurement-Konzeptes im Controllerbereich einer Logistikeinheit im *DaimlerChrysler*-Konzern 162
6.4.6.1 Visions- und Strategiefestlegung 163

6.4.6.2 Leistungsanalyse und -bewertung 164
6.4.6.3 Schwachstellenanalyse, Performance Management und
        Anwendungserfahrungen 166
6.4.6.4 Konzeptnutzen und Konsequenzen 167

6.5 Performance Measurement mit Prozeß-Benchmarking und Prozeßkostenrechnung in einem Fachbereich der deutschen Maschinenbaubranche 167
   6.5.1 Projektumfeld und Zielsetzung 167
   6.5.2 Performance Measurement-Konzept zur teilprozeßbezogenen Kosten- und Leistungserfassung 168
   6.5.3 Grundlagen, Organisation, Ablauf und Ergebnisse des Prozeß-Benchmarking-Projektes 172
      6.5.3.1 Grundlagen des Benchmarking 172
      6.5.3.2 Rahmendaten und Ziel des Benchmarkingprojektes 174
      6.5.3.3 Ablauf und Ergebnisse des Benchmarking 174
         6.5.3.3.1 Vorbereitungsphase 175
         6.5.3.3.2 Analysephase 1: Performance Measurement in der Arbeitsvorbereitung ... 176
         6.5.3.3.3 Analysephase 2: Datenauswertung und Kennzahlen für das Benchmarking 178
         6.5.3.3.4 Vergleichsphase am Beispiel der Arbeitsvorbereitung 179
         6.5.3.3.5 Verbesserungsphase: Performance Management 182
   6.5.4 Regeln zur Anwendung und Nutzenabschätzung des Benchmarking 185

6.6 Inhaltliche Schwerpunkte der durchgeführten Aktionsforschungsprojekte und Impulse für die Modellkonstruktion eines PM-Systems 186

7 KONZEPTION DER EIGENEN EMPIRISCHEN UNTERSUCHUNG DES ENTWICKLUNGS- UND ANWENDUNGSSTANDS DES PERFORMANCE MEASUREMENT IN DER DEUTSCHEN UNTERNEHMENSPRAXIS 189

7.1 Basishypothesen und Untersuchungsziele 189

7.2 Festlegung und Aufbau des Untersuchungsbezugsrahmens und der Untersuchungsbedingungen 190
   7.2.1 Forschungsansatz (situativer Ansatz) 190
   7.2.2 Forschungsrahmen und Untersuchungsbezugsrahmen der Stuttgarter Studie 190

7.3 Modell des Performance Measurement-Systems 192
   7.3.1 Überlegungen zur Systemtheorie und deren Kopplung mit dem Kontingenzansatz 192
   7.3.2 Modellkonstruktion und Modellbeziehungen 193
   7.3.3 Untersuchungsbezugsrahmen 197
   7.3.4 Auswahl der Umweltvariablen 198
   7.3.5 Auswahl der Unternehmensvariablen 199

7.4 Konzeptionalisierung und Operationalisierung der Subsysteme 203
  7.4.1 Subsystem Strategisches Planungs- und Steuerungsfeld 203
    7.4.1.1 Grundlagen: Ablauf, Inhalte und Konzepte der strategischen Planung 204
      7.4.1.1.1 Hinterfragen der strategischen Grundhaltung 204
      7.4.1.1.2 Analyse des Planungsfeldes 204
      7.4.1.1.3 Gestaltung des Planungsfeldes 205
        7.4.1.1.3.1 Unterschiedliche Zieldefinitionen 205
        7.4.1.1.3.2 Strategiebildung/-formulierung und Strategiekonzepte...................206
      7.4.1.1.4 Umsetzung der Planung: Kopplung strategische und operative Planung sowie Kontrolle 208
      7.4.1.1.5 Zusammenfassung: Strategische Planungsphasen und Planungsbestandteile sowie relevante Komponenten für das Performance Measurement....209
    7.4.1.2 Strukturvariablengruppe Stakeholder 210
    7.4.1.3 Strukturvariablengruppe strategische Leistungsebenen 215
    7.4.1.4 Strukturvariablengruppe Zielkategorien 216
    7.4.1.5 Strukturvariable Strategieformulierung und Zielabstimmung 218
    7.4.1.6 Strukturvariablengruppe strategische Kennzahlenkategorien 218
      7.4.1.6.1 Ursache-Wirkungsbeziehungen der Kennzahlen im Performance Measurement 219
      7.4.1.6.2 Ergebnis- und Treiberkennzahlen in der Performance Measurement-Literatur 220
      7.4.1.6.3 Performance Areas –strategische Kennzahlenkategorien 223
      7.4.1.6.4 Ergänzende Überlegungen zum Design eines PM-Kennzahlensystems.....225
    7.4.1.7 Strukturvariable Verbindung strategische und operative Planung................227
  7.4.2 Subsystem operative Planung und Steuerung 228
    7.4.2.1 Strukturvariablengruppe Zielkategorien 229
    7.4.2.2 Strukturvariablengruppe operative Leistungsebenen 230
    7.4.2.3 Strukturvariablengruppen Planungsumfang und Planungshorizont 231
    7.4.2.4 Strukturvariablengruppe operative Kennzahlenkategorien.......................233
  7.4.3 Subsystem Leistungsanreize, -vorgaben und –messung 234
    7.4.3.1 Strukturvariablengruppen Kennzahlenkategorien zur Leistungsvorgabe (unter Berücksichtigung der Anbindung an das Anreizsystem) sowie Vorgabebezugspunkte 234
    7.4.3.2 Strukturvariablen Meßzyklus und Meßmaßstäbe 238
    7.4.3.3 Strukturvariablen Ergebniskommunikation und Konsequenzen 240
  7.4.4 Subsystem Kennzahlenaufbau und –pflege 242
    7.4.4.1 Strukturvariablen Kennzahlenauswahl und –planvorgabe 243
      7.4.4.1.1 Anforderungen an die Kennzahlenauswahl 243
        7.4.4.1.1.1 Konzepte der Unternehmensebene 245
        7.4.4.1.1.2 Konzepte der (Geschäfts-)Prozeßebene..........................247
        7.4.4.1.1.3 Fazit: Probleme bei der Kennzahlenauswahl und erfaßbare Variablen für die empirische Untersuchung 248
      7.4.4.1.2 Kennzahlenplanvorgabe 249
    7.4.4.2 Strukturvariablen Kennzahlenüberprüfung und –änderung......................250

7.4.5 Konzeptionalisierung und Operationalisierung des Systemumfeldes 253
    7.4.5.1 Strukturvariablen Performance Measurement-Konzepte 253
    7.4.5.2 Strukturvariablen Akteure 254
    7.4.5.3 Strukturvariablen unterstützende Instrumente 256

7.5 Operationalisierung der Basishypothesen 258
  7.5.1 Formulierung der Untersuchungshypothesen zur Kontextanalyse 260
  7.5.2 Formulierung der Untersuchungshypothesen zur Erfolgsanalyse 262

7.6 Vorgehensweise der Untersuchung 262
  7.6.1 Einbindung in die „Stuttgarter Studie" 262
  7.6.2 Vorarbeiten, Fragebogen, Verlauf und Basisdaten der Untersuchung 263

8 DATENAUSWERTUNG UND ERGEBNISSE DER EMPIRISCHEN UNTERSUCHUNG 265

8.1 Grundlagen 265
  8.1.1 Anmerkungen zur Datenauswahl, Repräsentativität und Datenauswertung 265
  8.1.2 Methoden der Datenanalyse 266
    8.1.2.1 Methoden der bivariaten Datenanalyse 267
    8.1.2.2 Methoden der multivariaten Datenanalyse 268

8.2 Ergebnisse der Auswertung der Kontext- und Ergebnisvariablen 270
  8.2.1 Univariate Analyse der Kontextvariablen 270
    8.2.1.1 Unternehmensvariablen 270
      8.2.1.1.1 Branchenzugehörigkeit 270
      8.2.1.1.2 Unternehmensgröße 271
      8.2.1.1.3 Abhängigkeit 271
      8.2.1.1.4 Rechtsform 272
      8.2.1.1.5 Innovations- und Wachstumskraft: Umsatz und Umsatzentwicklung 273
      8.2.1.1.6 Marktstellung 273
      8.2.1.1.7 Controlling und Strategische Planung sowie Controllinghierarchie ... 274
      8.2.1.1.8 Rating 276
      8.2.1.1.9 Quality-Audits für Quality-Awards 278
    8.2.1.2 Umweltvariablen 280
      8.2.1.2.1 Kundenstrukturdynamik 280
      8.2.1.2.2 Wettbewerbsintensität 280
  8.2.2 Univariate Analyse Ergebnisvariable Profitabilität 281
  8.2.3 Bivariate Analysen Kontext- und Ergebnisvariable 283
  8.2.4 Multivariate Analyse Kontextvariable 285

8.3 Ergebnisse der Auswertung der Strukturvariablen des Performance Measurement in der deutschen Unternehmenspraxis 289
  8.3.1 Analysen Subsystem strategisches Planungsfeld 289
    8.3.1.1 Univariate Analysen 289

8.3.1.1.1 Strategische Planung und Ziele je Leistungsebene 289
8.3.1.1.2 Einfluß/Berücksichtigung der Stakeholder in der strategische Planung.....291
8.3.1.1.3 Strategiefestlegung und Zielabstimmung 291
8.3.1.1.4 Strategische Kennzahlen..292
    8.3.1.1.4.1 Kategorienbezogener Kennzahleneinsatz......................................293
    8.3.1.1.4.2 Kennzahleneinsatz innerhalb der Kategorien 296
8.3.1.1.5 Verbindung strategische und operative Ziele 304
  8.3.1.2 Bivariate Analysen...305
  8.3.1.3 Multivariate Analyse..308
8.3.2   Subsystem operative Planung und Steuerung 312
  8.3.2.1 Univariate Analysen 312
    8.3.2.1.1 Leistungsebenenbezogene operative Planung 312
    8.3.2.1.2 Wichtigkeit finanzieller und nichtfinanzieller Ziele...................................314
    8.3.2.1.3 Pläne und Planungshorizont 315
    8.3.2.1.4 Kennzahlenkategorien in der operativen Planung und Steuerung..............319
  8.3.2.2 Bivariate Analysen...322
  8.3.2.3 Multivariate Analyse..323
8.3.3   Subsystem Kennzahlenaufbau und -pflege 328
  8.3.3.1 Univariate Analysen 328
    8.3.3.1.1 Akteure für die „Kennzahlenauswahl" und „Planvorgaben Kennzahlen" .328
    8.3.3.1.2 Gründe und Rhythmen für eine Kennzahlenüberprüfung und –änderung..329
  8.3.3.2 Bivariate Analysen Kennzahlenaufbau und -pflege...331
  8.3.3.3 Multivariate Analysen Subsystem Kennzahlenaufbau und -pflege 332
8.3.4   Subsystem Leistungsanreize, -vorgaben und -messung...336
  8.3.4.1 Univariate Analysen 336
    8.3.4.1.1 Kennzahlenkategorien zur Leistungsvorgabe und Vorgabebezugspunkte .336
    8.3.4.1.2 Leistungsebenenbezogene Meßzyklen 338
    8.3.4.1.3 Ergebniskommunikation...339
    8.3.4.1.4 Konsequenzen aus der Leistungsmessung und Erfolgskontrolle................340
  8.3.4.2 Bivariate Analysen...342
  8.3.4.3 Multivariate Analysen..344
8.3.5   Subsystem Systemumfeld 351
  8.3.5.1 Univariate Analysen 351
    8.3.5.1.1 Performance Measurement-Konzepte 351
    8.3.5.1.2 Unterstützende Instrumente 352
    8.3.5.1.3 Akteure und deren Rollen im Performance Measurement 353
  8.3.5.2 Bivariate Analyse...355
  8.3.5.3 Multivariate Analysen..357
8.3.6   Multivariate Analysen Gesamtsystem Performance Measurement 362

8.4   Hypothesenprüfung und -diskussion..370
  8.4.1   Ergebnisse der Hypothesenprüfung zur Kontextanalyse und Diskussion.............372
    8.4.1.1 Hypothesen Gesamtsystem 372
    8.4.1.2 Hypothesen Subsystem Strategisches Umfeld...374

      8.4.1.3 Hypothesen Subsystem Operatives Umfeld 376
      8.4.1.4 Hypothesen Subsystem Kennzahlenaufbau und –pflege 378
      8.4.1.5 Hypothesen Subsystem Leistungsanreize, -vorgaben und –messung 380
      8.4.1.6 Hypothesen Subsystem Performance Measurement-Umfeld 381
   8.4.2 Ergebnisse der Hypothesenprüfung zur Erfolgsanalyse und Diskussion 383
      8.4.2.1 Hypothesen Gesamtsystem 384
      8.4.2.2 Hypothesen Subsystem Strategisches Umfeld 386
      8.4.2.3 Hypothesen Subsystem Operatives Umfeld 387
      8.4.2.4 Hypothesen Subsystem Kennzahlenaufbau und –pflege 389
      8.4.2.5 Hypothesen Subsystem Leistungsanreize, -vorgaben und –messung 391
      8.4.2.6 Hypothesen Subsystem Performance Measurement-Umfeld 393

9 FOLGERUNGEN AUS DEN ANALYSEN 397

  9.1 Theoretisches Grundkonzept und Gestaltungsempfehlungen zum Performance Measurement 397
   9.1.1 Fazit der Hypothesenprüfung: Theoretisches Grundkonzept des Performance Measurement 397
      9.1.1.1 Fazit der Überprüfung der Kontexthypothesen 397
      9.1.1.2 Fazit der Überprüfung der Erfolgshypothesen 399
      9.1.1.3 Theoretisches Grundkonzept des Performance Measurement im Überblick ... 401
   9.1.2 Gestaltungs- und Anwendungsempfehlungen für die Unternehmenspraxis 404

  9.2 Anknüpfungspunkte für weitere Forschungsaktivitäten im Performance Measurement 409

10 ZUSAMMENFASSENDER AUSBLICK 413

Anhang 415

Literaturverzeichnis 429

ABBILDUNGSVERZEICHNIS

Abb. 2-1:	Ansatzpunkte zur Weiterentwicklung traditioneller, vorwiegend finanziell orientierter Steuerungskonzepte	11
Abb. 2-2:	Leistungsebenen und Zusammenhänge von Leistungsebenen	12
Abb. 2-3:	Einbindung der Forschungsziele in die drei Phasen Entdeckungs-, Begründungs- und Verwertungszusammenhang	18
Abb. 3-1:	Leistungsverständnis nach *Thoms*	35
Abb. 3-2:	Performance Measurement im Vergleich	42
Abb. 4-1:	Überblick über die beschriebenen Performance Measurement-Konzepte	46
Abb. 4-2:	Data-Envelopment-Analysis am Beispiel eines Lagerbereichs	48
Abb. 4-3:	Eigenschaften und Einsatzvoraussetzungen der Data Envelopment Analysis	48
Abb. 4-4:	Klassifikation der Dienstleistungsunternehmen	49
Abb. 4-5:	Rahmen der Leistungsmessung	51
Abb. 4-6:	Grundkonzept der Balanced Scorecard	54
Abb. 4-7:	Die Balanced Scorecard eines amerikanischen Halbleiterherstellers	55
Abb. 4-8:	Vergleich der Programme im Überblick	56
Abb. 4-9:	Balanced Scorecard als strategischer Handlungsrahmen	57
Abb. 4-10:	Auszug aus einer Balanced Scorecard eines Unternehmens des Anlagenbaus mit dem strategischen Oberziel der Komplexitätsreduzierung	58
Abb. 4-11:	Struktur der Tableau de Bord	60
Abb. 4-12:	Gemeinsamkeiten von Balanced Scorecard und Tableau de Bord	62
Abb. 4-13:	Unterschiede zwischen Balanced Scorecard und Tableau de Bord I	63
Abb. 4-14:	Unterschiede zwischen Balanced Scorecard und Tableau de Bord II	64
Abb. 4-15:	Anforderungen an den Aufbau des ProMES-Konzeptes	66
Abb. 4-16:	Performance Pyramid	68
Abb. 4-17:	Einführungs- und Anpassungsrichtlinien für das Performance Measurement-System	70
Abb. 4-18:	Ebenen der Leistungserstellung	71
Abb. 4-19:	Quantum-Performance-Bewertungsmodell	72
Abb. 4-20:	Charakteristika der Quantum Performance Measures von *Hronec*	73
Abb. 4-21:	Leistungsebenen und Performance-Dimensionen	74
Abb. 4-22:	Finanzielle Konsequenzen im Business Management Window-Konzept	76
Abb. 4-23:	Einbindung der Stakeholder in das Konzept	76
Abb. 4-24:	Performance Measurement-Konzept von *J.I. Case*	77
Abb. 4-25:	Performance Measurement für Geschäftsbereiche, Produktgruppen und Hauptteilegruppen bei *WLED Caterpillar*	79
Abb. 4-26:	Die Entwicklung zum Continuous Improvement Control Board (CICB)	81
Abb. 4-27:	Das Continuous Improvement Control Board bei *HMS*	82
Abb. 4-28:	Produkte, Maßgrößen und Preise des Financial Services Centers	83
Abb. 4-29:	Produktbeschreibung „Travel Expense Reporting"	85
Abb. 4-30:	Informeller Qualitätsreview - Scoring –	85
Abb. 4-31:	Performance Measurement-Konzepte im Vergleich	90

Abb. 5-1:	Vergleich der Anwendung nichtfinanzieller Kennzahlen zwischen erfolgreichen und nicht erfolgreichen Unternehmen	97
Abb. 5-2:	Kongruenz von Kennzahlen und Strategien	98
Abb. 5-3:	Eingeschätzte Wichtigkeit versus Qualität von Stakeholderinformationen	99
Abb. 5-4:	Qualität und Aktualität der Kennzahlen verschiedener Kategorien	100
Abb. 5-5:	Performancedimensionen und Kennzahlen in der englischsprachigen Literatur von 1987 bis 1993	102
Abb. 5-6:	Die wichtigsten Untersuchungen im zusammenfassenden Überblick	104
Abb. 5-7:	Weitere Untersuchungen zum Performance Measurement im zusammenfassenden Überblick	105
Abb. 5-8:	Überblick über Untersuchungen zum Zusammenhang von nichtfinanziellen Kennzahlen und neuen Produktions- und Führungskonzepten	108
Abb. 5-9:	Ausgewählte Untersuchungen zu Teilaspekten des Performance Measurement	110
Abb. 6-1:	Innovation Action Research Cycle	114
Abb. 6-2:	WaBS – die *Wachsfit* - Balanced Scorecard	118
Abb. 6-3:	Vereinfachte Darstellung der Bewertungsmodalitäten im Monatsreport Balanced Scorecard *Wachsfit*	121
Abb. 6-4:	Möglichkeiten der Aussagenaggregation im projektbezogenen Performance Measurement	126
Abb. 6-5:	Projektberichtsstruktur für die *SEC*	127
Abb. 6-6:	Übersichtsblatt des Projektberichts	130
Abb. 6-7:	Zielarten mit Teilzielen im Rahmen der Arbeitssystemgestaltung	135
Abb. 6-8:	Performance-Measurement-Matrix im Bereich AWG der *MBAG* und Kennzahlenlücken der bestehenden Systeme der Leistungsmessung	137
Abb. 6-9:	Performance Measurement-Matrix der Arbeitssystemgestaltung	140
Abb. 6-10:	Einordnung und vergleichende Beurteilung des entwickelten Performance Measurement-Konzeptes zur Arbeitssystemgestaltung	141
Abb. 6-11:	Leistungsgruppen des dezentralen Controlling	147
Abb. 6-12:	Performance-Ergebnisbogen und Performance-Ebenen	149
Abb. 6-13:	Berichtsbogen Leistungsgruppe 1: Informationsmanagement	151
Abb. 6-14:	Gesamtkonzept zur Schaffung eines kunden- und marktorientierten Controllerbereichs	153
Abb. 6-15:	Benchmarking der Kosten des Finanz- und Controllerbereiches	154
Abb. 6-16:	Beispiel einer Prozeßkostenrechnung im Controllerbereich	155
Abb. 6-17:	Stärken-/Schwächenanalyse der Leistungen des Controllerbereichs	157
Abb. 6-18:	Leistungsprofil des Controllerbereiches im Beispielfall	157
Abb. 6-19:	Festlegung der Zielkosten für die Produkte und Dienstleistungen des Controllerbereichs beim Sondermaschinenbauer	158
Abb. 6-20:	Produktbeschreibung „Reporting"	160
Abb. 6-21:	Schritte beim Aufbau und der Einführung des Performance Measurement im Logistikcontrolling des Werkes Sindelfingen der *DaimlerChrysler AG*	163
Abb. 6-22:	Kapazitäts-/bzw. Zeit- und Kostenzuordnung zu den Teilprozessen des Logistikcontrolling	164

Abb. 6-23:	Teilprozeßbewertung nach zeitlicher Beanspruchung Mitarbeiter (als Kostenindikator), Bedeutung und Zufriedenheit	166
Abb. 6-24:	Produkt-/Teilprozeßbeschreibung „Operative Planung koordinieren"	166
Abb. 6-25:	Performance Measurement-Methodik für das Prozeß-Benchmarking	170
Abb. 6-26:	Morphologischer Kasten zur Einordnung von Benchmarkingprojekten	173
Abb. 6-27:	Hierarchisches Kennzahlensystem zum Prozeßbenchmarking	179
Abb. 6-28:	Pro-Kopf-Kostensätze der 6 Unternehmen in der Arbeitsvorbereitung in DM	180
Abb. 6-29:	Ressourcenprofil für die „arbeitsvorbereitenden" Tätigkeiten in den sechs Unternehmen	180
Abb. 6-30:	Prozeßkostensätze für den Prozeß der Arbeitsplanerstellung Neu in DM	181
Abb. 6-31:	Verhältnis der Kosten Arbeitsplanerstellung Ähnlich/Arbeitsplanerstellung Neu	182
Abb. 6-32:	Performance-Vergleich am Beispiel des Prozesses „Arbeitsplanerstellung"	184
Abb. 6-33:	Inhaltliche Schwerpunkte der verschiedenen Fallstudien	187
Abb. 7-1:	Der Bezugsrahmen der Stuttgarter Studie	191
Abb. 7-2:	Modell mit Subsystembeziehungen	195
Abb. 7-3:	Modell Performance Measurement-System: Subsysteme und Variablen	196
Abb. 7-4:	Bezugsrahmen zum Teilprojekt Performance Measurement	198
Abb. 7-5:	Grundsätzliche Strategiekonzepte und strategische Einflußgrößen	207
Abb. 7-6:	Strategieprozeß und dessen relevante Teilaspekte	210
Abb. 7-7:	Berücksichtigte Stakeholder in der Performance Measurement-Literatur	212
Abb. 7-8:	Beispiele für unterschiedliche Termini für Ergebnis- und Ergebnistreiberkennzahlen in der Performance Measurement-Literatur	221
Abb. 7-9:	Kennzahlen des Performance Measurement im Zusammenhang	224
Abb. 7-10:	Anforderungen an Kennzahlensysteme im Performance Measurement (Teil 1)	226
Abb. 7-11:	Anforderungen an Kennzahlensysteme im Performance Measurement (Teil 2)	227
Abb. 7-12:	Überblick über die operativen und strategischen Leistungsebenen	231
Abb. 7-13:	Gebräuchliche Kennzahlen in Anreizplänen für Manager in amerikanischen Großunternehmen	237
Abb. 7-14:	Meßzyklen und Merkmalsausprägungen der Kennzahlen im Performance Measurement in Abhängigkeit von der Leistungsebene	239
Abb. 7-15:	Merkmale des Berichtswesens	240
Abb. 7-16:	Anforderungen an Kennzahlen im Performance Measurement (Teil 1)	244
Abb. 7-17:	Anforderungen an Kennzahlen im Performance Measurement (Teil 2)	245
Abb. 7-18:	Zentrale Stakeholder, deren Erwartungen und daraus abgeleitete Kennzahlen	246
Abb. 7-19:	Indikatorenauswahl und -festlegung in prozeßbezogenen Konzepten	247
Abb. 7-20:	Mögliche Gründe für die Überprüfung und Anpassung von Kennzahlen im Performance Measurement	252
Abb. 7-21:	Das Performance Measurement unterstützende neue betriebswirtschaftliche Instrumente im Überblick	258
Abb. 7-22:	Ergänzende Untersuchungshypothesen zur Kontexthypothese 1	261
Abb. 7-23:	Auswertung des Kurzfragebogens	264

Abb. 8-1:	Skalenabhängige Assoziations- und Korrelationsmaße	268
Abb. 8-2:	Branchenzugehörigkeit der teilnehmenden Unternehmen	270
Abb. 8-3:	Verteilung der Unternehmensgröße	271
Abb. 8-4:	Unternehmensabhängigkeit und Mitarbeiterzahl	272
Abb. 8-5:	Innovations- und Wachstumskraft der antwortenden Unternehmen gemessen an der Umsatzentwicklung	273
Abb. 8-6:	Einfluß des Controllers im Rahmen der strategischen Planung	275
Abb. 8-7:	Hierarchische Ebene des Controlling	276
Abb. 8-8:	Durchführungsintensität der verschiedenen Ratingformen	277
Abb. 8-9:	Der Kriterienrahmen des Malcolm Baldridge Award	279
Abb. 8-10:	Teilnahme an Quality-Awards	280
Abb. 8-11:	Kundenstrukturdynamik	280
Abb. 8-12:	Ausprägung der Wettbewerbsintensität	281
Abb. 8-13:	Profitabilität der antwortenden Unternehmen im Vergleich zur Branche	283
Abb. 8-14:	Rahmen der bivariaten Analyse Kontext- und Ergebnisvariable	284
Abb. 8-15:	Ergebnisse der bivariaten Analysen	285
Abb. 8-16:	Kontext-Typen im Überblick	287
Abb. 8-17:	Ergebnisse der Diskriminanzanalyse zur Gruppenspezifikation Kontext	288
Abb. 8-18:	Ergebnisse der schrittweisen Diskriminanzanalyse Kontext	288
Abb. 8-19:	Strategische Planung und Ziele je Leistungsebene (1)	290
Abb. 8-20:	Strategische Planung und Ziele je Leistungsebene (2)	290
Abb. 8-21:	Stakeholder und strategische Planung in der eigenen Untersuchung im Vergleich mit Untersuchung von *Welge/Al-Laham*	291
Abb. 8-22:	Leistungsebenenbezogene Strategiefestlegung	292
Abb. 8-23:	Finanzielle Kennzahlen im Rahmen der strategischen Planung und Steuerung	294
Abb. 8-24:	Nichtfinanzielle Kennzahlen im Rahmen der strategischen Planung und Steuerung	294
Abb. 8-25:	Zukünftige Wichtigkeit finanzieller und nichtfinanzieller Kennzahlen im Rahmen der strategischen Planung und Steuerung	295
Abb. 8-26:	Die 10 wichtigsten finanziellen Kennzahlen/Kennzahlenteilkategorien auf Konzernebene	297
Abb. 8-27:	Die 10 wichtigsten nichtfinanziellen Kennzahlen/Kennzahlenteilkategorien auf Konzernebene	298
Abb. 8-28:	Die 10 wichtigsten finanziellen Kennzahlen/Kennzahlenteilkategorien auf Unternehmensebene	298
Abb. 8-29:	Die 10 wichtigsten nichtfinanziellen Kennzahlen/Kennzahlenteilkategorien auf Unternehmensebene	299
Abb. 8-30:	Die 10 wichtigsten finanziellen Kennzahlen/Kennzahlenteilkategorien auf Geschäftsfeldebene	299
Abb. 8-31:	Die 10 wichtigsten nichtfinanziellen Kennzahlen/Kennzahlenteilkategorien auf Geschäftsfeldebene	300
Abb. 8-32:	Die 10 wichtigsten finanziellen Kennzahlen/Kennzahlenteilkategorien auf Produktebene	300

Abbildungsverzeichnis

Abb. 8-33:	Die 10 wichtigsten nichtfinanziellen Kennzahlen/Kennzahlenteilkategorien auf Produktebene	301
Abb. 8-34:	Die 10 wichtigsten finanziellen Kennzahlen/Kennzahlenteilkategorien auf Regionenebene	301
Abb. 8-35:	Die 10 wichtigsten nichtfinanziellen Kennzahlen/Kennzahlenteilkategorien auf Regionenebene	302
Abb. 8-36:	Die 10 wichtigsten finanziellen Kennzahlen/Kennzahlenteilkategorien auf Funktionsbereichsebene	302
Abb. 8-37:	Die 10 wichtigsten nichtfinanziellen Kennzahlen/Kennzahlenteilkategorien auf Funktionsbereichsebene	303
Abb. 8-38:	Die 10 wichtigsten Kennzahlen im Rahmen der strategischen Planung und Steuerung auf den drei Leistungsebenen Konzern, Unternehmen, Geschäftsfeld	304
Abb. 8-39:	Die 10 wichtigsten Kennzahlen im Rahmen der strategischen Planung und Steuerung auf den drei Leistungsebenen Produkt, Region, Funktionsbereich	304
Abb. 8-40:	Kopplung strategische und operative Ziele	305
Abb. 8-41:	Rahmen der bivariaten Analyse Strukturvariable Strategisches Umfeld und Ergebnisvariable	306
Abb. 8-42:	Typen strategisches Umfeld im Überblick	309
Abb. 8-43:	Ergebnisse der Diskriminanzanalyse zur Gruppenspezifikation Strategisches Umfeld	311
Abb. 8-44:	Ergebnisse der schrittweisen Diskriminanzanalyse Strategisches Umfeld	312
Abb. 8-45:	Leistungsebenenbezogene Anwendung der operativen Planung	314
Abb. 8-46:	Berücksichtigung und Wichtigkeit der finanziellen Ziele im Rahmen der leistungsebenenbezogenen operativen Planung	315
Abb. 8-47:	Berücksichtigung und Wichtigkeit der nichtfinanziellen Ziele im Rahmen der leistungsebenenbezogenen operativen Planung	315
Abb. 8-48:	Schriftlich fixierte Pläne zur operativen Zielerreichung	316
Abb. 8-49:	Planungszeiträume in der operativen Planung differenziert nach verschiedenen Plänen	318
Abb. 8-50:	Kennzahlenübereinstimmung strategische und operative Planung	319
Abb. 8-51:	Einsatzhäufigkeit finanzieller Kennzahlenkategorien im Rahmen der operativen Planung und Steuerung	320
Abb. 8-52:	Einsatzhäufigkeit nichtfinanzieller Kennzahlenkategorien im Rahmen der operativen Planung und Steuerung	321
Abb. 8-53:	Rahmen der bivariaten Analysen Operatives Umfeld und Profitabilität	322
Abb. 8-54:	Typen operatives Umfeld im Überblick	325
Abb. 8-55:	Ergebnisse der Diskriminanzanalyse zur Gruppenspezifikation Operatives Umfeld	326
Abb. 8-56:	Ergebnisse der schrittweisen Diskriminanzanalyse operatives Umfeld	327
Abb. 8-57:	Verantwortlichkeiten im Rahmen des Kennzahlenmanagements	328
Abb. 8-58:	Gründe für eine zeitpunktunabhängige Überprüfung von Kennzahlen und Kennzahlenplanvorgaben	330
Abb. 8-59:	Überprüfungsrhythmus Kennzahlen und Kennzahlenplanvorgaben	330

Abb. 8-60:	Rahmen der bivariaten Analysen Kennzahlenaufbau und -pflege	331
Abb. 8-61:	Typen Subsystem „Kennzahlenaufbau und –pflege"	333
Abb. 8-62:	Ergebnisse der Diskriminanzanalyse zur Gruppenspezifikation Kennzahlenaufbau und -pflege	334
Abb. 8-63:	Ergebnisse der schrittweisen Diskriminanzanalyse Kennzahlenaufbau und –pflege	335
Abb. 8-64:	Kennzahlenkategorien für die Leistungsvorgabe	336
Abb. 8-65:	Kennzahlenkategorien zur Leistungsvorgabe auf den Leistungsebenen Konzern, Unternehmen und Geschäftsfeld	337
Abb. 8-66:	Bezugspunkte und Gültigkeitsdauer der Leistungsvorgabe	338
Abb. 8-67:	Leistungsebenenbezogene Meßzyklen	339
Abb. 8-68:	Kommunikation der Ergebnisse der Leistungsmessung	340
Abb. 8-69:	Konsequenzen der Leistungsmessung	341
Abb. 8-70:	Rahmen der bivariaten Analysen Subsystem „Leistungsvorgabe und –messung"	342
Abb. 8-71:	Typen Subsystem „Leistungsmessung"	345
Abb. 8-72:	Ergebnisse der Diskriminanzanalyse zur Gruppenspezifikation Leistungsmessung	349
Abb. 8-73:	Ergebnisse der schrittweisen Diskriminanzanalyse Leistungsmessung	350
Abb. 8-74:	Anwendung und geplante Anwendung von Performance Measurement-Konzepten sowie verschiedener Kennzahlensysteme	351
Abb. 8-75:	Einsatz neuer betriebswirtschaftlicher Instrumente im Performance Measurement	352
Abb. 8-76:	Einsatz von Prozeß- und Zielkosten im Rahmen der Planung und Steuerung	353
Abb. 8-77:	Akteure und deren Rollen im Performance Measurement	355
Abb. 8-78:	Rahmen der bivariaten Analysen Performance Measurement Umfeld	355
Abb. 8-79:	Ergebnisse der Clusteranalyse am Beispiel des Subsystem PM-Umfeld	359
Abb. 8-80:	Ergebnisse der Diskriminanzanalyse zur Gruppenspezifikation Performance Measurement-Umfeld	360
Abb. 8-81:	Ergebnisse der schrittweisen Diskriminanzanalyse Performance Measurement-Umfeld	362
Abb. 8-82:	Typen Gesamtsystem Performance Measurement	367
Abb. 8-83:	Die Gesamtsystem-Cluster und deren Ausprägungen im Überblick	368
Abb. 8-84:	Ergebnisse der Diskriminanzanalyse zur Gruppenspezifikation Gesamtsystem	369
Abb. 8-85:	Ergebnisse der schrittweisen Diskriminanzanalyse Gesamtsystem	370
Abb. 8-86:	Rahmen der kontext- und ergebnisbezogenen Hypothesenprüfungen	372
Abb. 8-87:	Ergebnisse Hypothesenprüfung: Zusammenhang Kontextvariablen und Gesamtsystem Performance Measurement	373
Abb. 8-88:	Ergebnisse Hypothesenprüfung: Zusammenhang Kontextvariablen und Subsystem Strategisches Umfeld	375
Abb. 8-89:	Ergebnisse Hypothesenprüfung: Zusammenhang Kontextvariablen und Subsystem Operatives Umfeld	377

Abb. 8-90:	Ergebnisse Hypothesenprüfung: Zusammenhang Kontextvariablen und Subsystem Kennzahlenaufbau/-pflege	379
Abb. 8-91:	Ergebnisse Hypothesenprüfung: Zusammenhang Kontextvariablen und Subsystem Leistungsanreize, -vorgaben und -messung	380
Abb. 8-92:	Ergebnisse Hypothesenprüfung: Zusammenhang Kontextvariablen und Subsystem Performance Measurement-Umfeld	382
Abb. 8-93:	Ergebnis Erfolgshypothese: Gesamtsystem	385
Abb. 8-94:	Ergebnis Erfolgshypothese: Subsystem Strategisches Umfeld	386
Abb. 8-95:	Ergebnis Erfolgshypothese: Subsystem Operatives Umfeld	388
Abb. 8-96:	Ergebnis Erfolgshypothese: Subsystem Kennzahlenaufbau und -pflege	390
Abb. 8-97:	Ergebnis Erfolgsanalyse: Subsystem Leistungsanreize, - vorgaben und -messung	391
Abb. 8-98:	Ergebnis Erfolgsanalyse: Subsystem Umfeld Performance Measurement	393
Abb. 9-1:	Bedeutungsgrad der siebzehn untersuchten Kontextgrößen	399
Abb. 9-2:	Moderierender Bedeutungsgrad der fünfzig Kontextgrößenausprägungen	401
Abb. 9-3:	Theoretisches Grundkonzept I: Kontext-Systembeziehungen	402
Abb. 9-4:	Theoretisches Grundkonzept II: System-Ergebnisbeziehungen und moderierende Einflußgrößen	403
Abb. 10-1:	Der Weg zum fortschrittlichen Performance Measurement	415
Anhang 1:	Fragebogen zum Performance Measurement (Seite 1-8)	418
Anhang 2:	Typen strategisches Umfeld im Überblick	427
Anhang 3:	Typen Subsystem Leistungsmessung	429

ABKÜRZUNGSVERZEICHNIS

AG	Aktiengesellschaft	IGC	International Group of Controlling
AktG	Aktiengesetz	InsO	Insolvenzordnung
AP	Arbeitspaket	JFB	Journal für Betriebswirtschaft
ÄW	Änderung wettbewerberanzahl	JIT	Just in Time
AWG	Arbeitswirtschaft und Gestaltung	KBD	Key Business Driver
BFuP	Betriebswirtschaftliche Forschung und Praxis	KA	Kostenabweichung
BAB	Betriebsabrechnungsbogen	KA_{Ist}	Kostenabweichung Stichtag
BSC	Balanced Scorecard	KA_{Wird}	Kostenabweichung "at completion"
CAD	Computer Added Design	KEF	Kritischer Erfolgsfaktor
CF	Cash Flow	KG	Kommanditgesellschaft
CICB	Continous Improvement Control Board	KIS	Keep it simple
CIMA	Chartered Institute of Management Accountants	KonTraG	Gesetz zur Kontrolle und Transparenz im Unternehmensbereich
CMA	Society of Management Accountants of Canada	krp	Kostenrechnugspraxis
DBW	Die Betriebswirtschaft	KT	Subsystem Kennzahlenaufbau und –pflege
DEA	Data Envelopment Analysis	KZ	Kennzahlen
EF	Einzelfertiger	LA	Leistungsabweichung
EFQM	European Foundation of Quality Management	LA_{Ist}	Leistungsabweichung Stichtag
EPS	Earnings per share	LA_{Wird}	Leistungsabweichung "at completion"
EQA	European Quality Award	LRP	Long Range Planning
EVA	Economic Value Added	LG	Leistungsgruppe
FB/IE	Fortschrittliche Betriebsführung/ Industrial Engineering	LM	Subsystem Leistungsanreize, -vorgaben und -messung
FE	Führungsebene	lmi	leistungsmengeninduziert
GmbH	Gesellschaft mit beschränkter Haftung	lmn	leistungsmengenneutral
GS	Großserienfertiger	MA	Mitarbeiter
GV	gleichverteilt	MAS	Management Accounting Systems
GU	Großunternehmen	MBNQA	Malcolm Baldridge National Quality Award
HBR	Harvard Business Review	MbE	Management by Objectives
HBM	Harvard Manager	MbO	Management By Exception
HGB	Handelsgesetzbuch	MIS	Management Informationssystem

HMS	Honeywell Micro Switch	MH	mehrheitlich
HP	Hewlett Packard	NF	nichtfinanziell
OHG	Offene Handelgesellschaft	SU	Subsystem Strategisches Umfeld
OP	Operative Planung	TBM	Time Based Management
OU	Subsystem Operative Umfeld	TDB	Tableau de Bord
P	Produktpreise	TER	Travel Expense Reporting
PROMES	Productivity Measurement and Enhancement System	TQM	Total Quality Management
PDLZ	Prozeßdurchlaufzeit	TWA	Traditionelle Wirtschaftlichkeitsanalysen
PIMS	Profit Impact of Market Strategy	UT	Subsystem Performance Measurement-Umfeld
PM	Performance Measurement	ÜW	überwiegend
PMF	Performance Measurement Framework	VDI	Verein Deutscher Ingenieure
PMS	Performance Measurement-System	VDMA	Verband Deutscher Maschinen- und Anlagenbauer
PPS	Produktionsplanung- und Steuerungssystem	VW	vorwiegend
PuK	Planung und Kontrolle	WA	Anzahl Wettbewerber
Q	Qualitätsniveau	WI	Wettbewerbsintensität
ROA	Return on Assets	WISU	Das Wirtschaftsstudium
ReWe	Rechnungswesen	WiSt	Wirtschaftswissenschaftliches Studium
ROCE	Return on Capital employed	WLED	Wheel Loader and Excavators Division
ROE	Return on Equity	WPg	Die Wirtschaftsprüfung
ROI	Return on Investment	ZfB	Zeitschrift für Betriebswirtschaft
S	Serienfertiger	ZfbF	Zeitschrift für betriebswirtschaftliche Forschung
SEC	Siemens ElectroCom GmbH	ZfhF	Zeitschrift für handelswissenschaft-liche Forschung
SEPS	System of Environmental Performance Measurement	ZfO	Zeitschrift für Organisation
SHV	Shareholder Value	ZVEI	Zentralverband der elektrotechnischen Industrie
SP	Strategische Planung	ZWF	Zeitschrift für wirtschaftliche Fertigung

1 Einleitung

Das objektiv nachvollziehbare Messen von Arbeitsergebnissen und Arbeitsleistungen auf den verschiedenen Arbeits- bzw. Leistungsebenen eines Unternehmens (vom Konzerngebilde bis zur Kostenstelle) stellt seit jeher ein schwieriges und vieldiskutiertes Problem der Betriebswirtschaftslehre dar, welches bis heute nur teilweise befriedigend gelöst wurde. Dies liegt mit an der sehr stark finanziell geprägten Ausgestaltung der Konzepte, Instrumente und Kennzahlen zur Unternehmensplanung und –steuerung.

So können zwar die meisten Aktivitäten und Ergebnisse im Unternehmen finanziell gemessen werden, allerdings wird in vielen Fällen dadurch der Blick für die tatsächlich erbrachte physische oder nichtphysische Leistung im Sinne eines Outputs verfälscht oder überdeckt sowie mögliche (zum Zeitpunkt der Messung noch nicht finanziell abschätzbare) Leistungs- und Ergebnispotentiale nicht transparent gemacht.

So werden finanziell erfaß- und meßbare Sachverhalte mit finanziellen Kennzahlen beschrieben. Solche Kennzahlen werden seit langer Zeit zur Beschreibung von Geschäftsergebnissen definiert und zu Planungs- und Steuerungszwecken eingesetzt. Zu nennen sind hierbei beispielsweise als mittlerweile traditionelle Steuerungsgröße der ROI (Return-on-Investment) oder als „innovative" Größe die Shareholder-Value-Kennzahl EVA (Economic-Value-Added). Die alleinige Beschreibung der Arbeitsergebnisse und Arbeitsleistungen mit diesen finanziellen Größen kann auf verschiedenen Leistungsebenen durchaus zum Zwecke des Wirtschaftlichkeitsstrebens sinnvoll und notwendig sein, reduziert jedoch die Inhalte der Leistung auf finanziell bewertete Ergebnisgrößen ohne die Ursachen und Ergebnistreiber transparent machen zu können.

Wird im heutigen Unternehmensumfeld ausschließlich mit solchen finanziellen Größen geplant und gesteuert sowie Mitarbeiter motiviert und Ressourcenallokation betrieben, ist die Gefahr von Fehlentwicklungen groß. Alle Aktivitäten im Unternehmen werden als Folge davon stark (aufgrund der Zwänge des Kapitalmarktes oftmals nicht zu unrecht) von kurzfristigen finanziellen Optimierungsüberlegungen determiniert, zukunftssichernde Potentialinvestitionen vielfach vernachlässigt. Statt langfristig nachhaltigem Wachstum wird kurzfristig geprägtes Renditedenken praktiziert. Das Verhalten der Manager und Mitarbeiter eines Unternehmens wird durch eine diesem Denken entsprechende Ausgestaltung der Anreiz- und Entlohnungssysteme geprägt, andere, beispielsweise innovationsfördernde Verhaltensweisen werden in vielen Fällen unterdrückt oder nicht belohnt.

Es existieren mittlerweile auch viele Erkenntnisse darüber, daß sogenannte „Soft Facts" für die Unternehmensentwicklung und die (zielführende) Verhaltensweise der Manager und Mitarbeiter eines Unternehmens von großer Wichtigkeit sind. Allerdings werden auch diese in vielen Praxisumfeldern nicht beachtet, geschweige denn gemessen und als wichtiger Output einer Leistungsebene oder als leistungsnotwendiger Inputfaktor wahrgenommen bzw. verfolgt. Ein Zitat von *Kaplan* und *Norton* verdeutlicht, warum sich die Meßobjekte und die Meßmodalitäten in Unternehmen nachhaltig ändern müssen (*Kaplan/Norton* 1992a, S. 71):

What you measure is what you get.

Senior executives understand that their organisation's measurement system strongly affects the behaviour of managers and employees. Executives also understand that traditional financial accounting measures like return-on-investment and earnings-per-share can give misleading signals for continuous improvement and innovation – activities today's competitive environment demands. The traditional financial performance measures worked well for the industrial era, but they are out of step with the skills and competencies companies are trying to master today.

Ein weiteres Zitat von *Bill Hewlett*, dem Mitbegründer des amerikanischen Computerkonzerns *Hewlett-Packard*, zeigt auf, welche Folge es haben kann, bestimmte Sachverhalte im Unternehmen oder in einer Leistungsebene (z.B. einer Abteilung) nicht zu messen bzw. deren Entwicklung nicht zu planen und zu verfolgen (zitiert nach *House/Price* 1991, S. 93):

You cannot manage what you cannot measure ...
and what gets measured gets done.

Diese Erkenntnisse und Unternehmerweisheiten spiegeln sich auch in den Inhalten und Zielsetzungen des Performance Measurement wider.

Im Performance Measurement werden mehrdimensionale Kennzahlen zur Beurteilung der aktuellen sowie der zukünftig vermutlich zu erwartenden Geschäfts- oder Leistungsebenenergebnisse eingesetzt. Nicht nur Kosten- oder (finanzielle) Ergebnistransparenz stehen im Vordergrund, sondern auch die Leistungstransparenz. Damit sollen Ansatzpunkte für eine effektivere Leistungsplanung und -steuerung, eine erhöhte Mitarbeitermotivation und Lernbereitschaft sowie, als Folge davon, eine Atmosphäre zur Förderung einer kontinuierlichen Leistungsverbesserung geschaffen werden.

Wichtig ist im Performance Measurement die Bedeutung der Vorsteuergrößen, das heißt jener Größen, welche die zukünftige Leistung sowie die Kostenposition einer Leistungsebene entscheidend mitbestimmen.

Am Beispiel der Komplexitätskosten eines Industrieunternehmens läßt sich diese Aussage verdeutlichen:

Genauso wie die Komplexität als strategischer Kostenbestimmungsfaktor und somit als Einflußgröße für die zukünftige Kostenposition eines Unternehmens oder eines Geschäftsbereichs definiert werden kann (vgl. die Zusammenstellung bei *Fischer* 1993b, S. 27ff.), lassen sich auch Vorsteuergrößen für die Komplexität sowie die Komplexitätskosten bestimmen, die mit Hilfe von Performance Measurement-Kenngrößen erfaßt und gegebenenfalls beeinflußt werden können. Hierzu sind in der Regel Kenntnisse über solche meist nichtfinanziellen Sachverhalte erforderlich.

Bezüglich der oben angeführten Komplexitätskosten wäre folgendes denkbar:

Die Vorsteuergröße Teilevielfalt eines Produktes entscheidet maßgeblich den Komplexitätsgrad eines Produktes sowie daraus abgeleiteter Varianten oder eines einzelnen Prozesses (als Beispiel läßt sich hier der Konstruktionsprozeß nennen). Weitere Einflußfaktoren auf die aktuellen und zukünftigen Komplexitätskosten können im Umfeld des Konstruktionsprozesses wiederum bspw. die Altersstruktur der Ressourcen, die DV-Ausstattung des Konstruktionsbereichs, der Fortbildungs- oder Schulungsaufwand für die Mitarbeiter sowie die Ausgestaltung des Auftragsabwicklungsprozesses sein.

Die vorliegende Arbeit beschäftigt sich mit den theoretischen Grundlagen des Performance Measurement und untersucht auch die wichtigsten Anknüpfungspunkte in der Betriebswirtschafts- und Managementlehre. Ein bedeutender Teil davon ist der Untersuchung der Zusammenhänge zwischen dem Performance Measurement und dem Leistungsverständnis in der deutschen Betriebswirtschaftslehre gewidmet.

Wie später noch umfassend ausgeführt wird, wurde bewußt der angloamerikanische Begriff „Performance Measurement" im Rahmen dieser Arbeit beibehalten, um eine notwendige Abgrenzung von den verschiedenen Leistungsbegriffen in der deutschen Betriebswirtschaftslehre herzustellen.

Auch vorhandene Konzepte des Performance Measurement wie beispielsweise die Balanced Scorecard sind Gegenstand von kritischen Analysen im Rahmen dieser Arbeit. Ferner werden verschiedene internationale empirische Untersuchungen zu Themenfeldern des Performance Measurement beschrieben.

Kern der Arbeit ist die Beschreibung der Konstruktion eines Performance Measurement-Systems sowie dessen empirische Fundierung. Ziel dieser Forschungsaktivitäten war die Erarbeitung eines theoretischen Grundkonzepts des Performance Measurement, welches Hinweise auf die Systemgestaltung in der Unternehmenspraxis gibt sowie Anwendungsempfehlungen ermöglicht.

Die Darstellung der Ergebnisse der verschiedenen Forschungsaktivitäten erfolgt in den nachfolgenden neun Kapiteln.

2 Das Forschungsprojekt im Überblick

Nachfolgend werden zunächst einleitend die Schwächen traditioneller sowie Ansatzpunkte für neue Steuerungskonzepte aufgezeigt. Daran schließt sich die überblickartige Skizzierung des Performance Measurement als neuer Steuerungsansatz an. Hierbei erfolgen auch grundlegende Begriffsklärungen sowie das Herausarbeiten funktioneller, institutioneller sowie instrumenteller Aspekte des Performance Measurement.
Schließlich werden die Zielsetzungen der Arbeit vorgestellt und darauf aufbauend das Forschungsprojekt und der Aufbau der Arbeit beschrieben

2.1 Schwächen traditioneller und Ansatzpunkte für neue Steuerungskonzepte

2.1.1 Kritischer Überblick über die traditionelle Kennzahlentheorie

Kennzahlen werden als Zahlen betrachtet, die quantitativ erfaßbare Sachverhalte in konzentrierter Form erfassen (vgl. *Reichmann/Lachnit* 1976, S. 706, *Hahn/Laßmann* 1993b, S. 241, *Reichmann* 1993, S. 343). Ihr Informationscharakter soll Urteile über wichtige betriebswirtschaftliche Sachverhalte und Zusammenhänge in einem Unternehmen oder einer Organisationseinheit ermöglichen.
Organisationsbezogene Kennzahlen haben eine Operationalisierungs-, Anregungs-, Vorgabe-, Steuerungs- und Kontrollfunktion (vgl. *Weber* 1995, S. 204) und werden sowohl für interne als auch für externe Zwecke verwendet (vgl. *Reichmann* 1993, S. 343).

- Bei der externen Analyse erfolgt oftmals ein Kennzahleneinsatz im Zusammenhang mit der Bilanzanalyse und dem Betriebsvergleich. Im Rahmen der Bilanzanalyse sollen auf dem Jahresabschluß basierende Kennzahlen beispielsweise Anlageentscheidungen in Wertpapieren und Kreditvergabeentscheidungen von Banken unterstützen. Aus dem Gesamtbestand sind nun jene Daten des Jahresabschlusses auszuwählen, die die beste Erklärungskraft besitzen und als Ausgangspunkt für betriebliche Entscheidungen dienen können. Es wird in diesem Kontext von vielen Autoren auf einen wesentlichen Nachteil dieser traditionellen Bilanzanalyse hingewiesen. Sie empfehlen die Ergänzung der quantitativen Kennzahlen um nicht-quantitative Informationen. Kritisiert wird insbesondere die mangelnde Zukunftsbezogenheit und Vollständigkeit der rein kennzahlen- und stark finanzbezogenen Jahresabschlußinformationen (vgl. *Fisher* 1992, S. 34, *Brady/Kaplan* 1993, S. 144, *Coenenberg* 1994, *Kaplan/Norton* 1994, S. 96f., *Bühner* 1995, S. 56, S. 428, *Reichmann* 1997, S. 19f.).

Auch der traditionelle Betriebsvergleich greift vorwiegend auf Kennzahlen des Rechnungswesens zurück, die zu unternehmensübergreifenden Betriebsvergleichen herangezogen werden (vgl. *Lamla* 1995, S. 49ff. und die dort zitierte Grundlagenliteratur). Die dabei zugrundegelegte Fehlannahme, daß im Fall des übergeordneten Vergleichs monetärer Zielgrößen auch alle zielbezogenen Analyseschritte mit monetären Größen (Kennzahlen) durchgeführt werden können, kann als großes Defizit des Betriebsvergleichs bezeichnet werden (vgl. *Lamla* 1995, S. 52). Eine weitere Gefahr von solcherart durchgeführten Betriebsvergleichen ist der Versuch von Unternehmen, sich

branchenbezogenen Durchschnittskennzahlen anzunähern, die unternehmensspezifischen kennzahlenbezogenen Einflußfaktoren, aber nicht dem Branchendurchschnitt entsprechen (vgl. *Weber* 1995, S. 213).
- Bei der internen Betriebsanalyse werden anhand von Kennzahlen Urteile über die wirtschaftliche Situation eines Unternehmens gebildet (vgl. *Reichmann* 1993, S. 343). Vergleichsmaßstab sind zum einen die kennzahlenbezogenen Vergangenheits- und Zielausprägungen, zum anderen branchenbezogene Vorgaben oder Vergleichswerte.

Kennzahlen haben sowohl bei der internen als auch bei der externen Anwendung eine informative (deskriptive) sowie eine normative Funktion. Letztere ist Grundlage für Zielvorgaben an untergeordnete Bereiche und Voraussetzung für erfolgreiche Kontrollaktivitäten (vgl. *Reichmann* 1993, S. 343).

Durch den Einsatz von Kennzahlensystemen wird versucht, den Nachteil der isolierten Betrachtung von Sachverhalten durch einzelne Kennzahlen aufzuheben (vgl. *Siegwart* 1987, S. 123). Kennzahlensysteme haben die Aufgabe, Sachverhalte in übersichtlicher Art und Weise darzustellen und die Entscheidungsträger der unterschiedlichen Ebenen durch Informationsverdichtung und Zusammenfassung mit hinreichender Genauigkeit und Aktualität zu informieren (vgl. *Reichmann* 1995, S. 24). Dabei erfolgt "eine Zusammenstellung von in einer sachlichen Beziehung zueinander stehenden, ergänzenden und insgesamt auf ein gemeinsames übergeordnetes Ziel ausgerichteten Kennzahlen" (*Fitz/Kusterer* 1993, S. 153). Der wichtigste betriebswirtschaftliche Aspekt wird oftmals durch eine Spitzenkennzahl vermittelt, die durch rechnerische Zerlegung eine detaillierte Betrachtung der Einflußgrößen erlaubt (vgl. *Horváth* 1996, S. 546). Eine integrative Erfassung von Kennzahlen hilft ferner Mehrdeutigkeiten bei der Interpretation einzelner Kennzahlen auszuschalten und erfaßt Abhängigkeiten zwischen den Systemelementen (vgl. Lachnit 1979, S. 27).

Die am häufigsten in der Praxis verwendeten bzw. als Basis für erweiterte Ansätze dienenden Kennzahlensysteme sind international das Du-Pont-System (vgl. z.B. bei *Siegwart* 1987, S. 37) sowie national besonders das ZVEI-Kennzahlensystem (vgl. *ZVEI* 1989), das PuK-Konzept von *Hahn* (vgl. den Überblick bei *Hahn* 1996, S. 167) und das RL-Kennzahlensystem (vgl. *Reichmann* 1997, S. 34-35).

Diese traditionellen Kennzahlensysteme richten das Hauptaugenmerk auf das finanzielle Ergebnis und/oder die Liquidität des Unternehmens. Dies ist zugleich ein entscheidender systemimmanter Nachteil, da dadurch beispielsweise die Sachzieldimension und die Markt- und Kundenorientierung unberücksichtigt bleiben. Besonders «weiche» Informationen (sogenannte „soft facts", vgl. z.B. bei *Schust* 1994, S. 235) über verschiedenste Sachverhalte (z.B. Mitarbeiterqualifikation und –motivation, Mitarbeiter-, Zulieferer- und Kundenzufriedenheit oder Führungsstil) werden jedoch in vielen Fällen für die Beurteilung der (finanziellen) Ergebniszahlen und für die betriebliche Planung und Steuerung der Ressourcen (vgl. hierzu bspw. die veränderten Anforderungen an das Personalmanagement bei *Ackermann* 1991, S. 24ff.) sowie für die (nicht nur rein vergangenheitsbezogene) Leistungsmessung benötigt (vgl. *Horváth* 1996, S. 558 und *Fitz/Kusterer* 1993, S. 154f.).

Oftmals klammern diese Kennzahlensysteme bereits nichtfinanzielle Unternehmensziele wie Umweltschutz, Gemeinwirtschaftlichkeit oder die Mitarbeiterwohlfahrt explizit aus (vgl.

Weber 1995, S. 213f.). Ferner wird ein Anreiz geschaffen, das unternehmerische Handeln primär an finanziellen Kennzahlen auszurichten und Maßnahmen zur langfristigen Erschließung von Erfolgspotentialen auszublenden. Ein weiterer Nachteil dieser traditionellen Kennzahlensysteme ist die weitgehende Konzentration auf den Jahresabschluß und die geringe Differenzierung nach betrieblichen Subsystemen (vgl. *Weber* 1995, S. 213f. und *Siegwart* 1987, S. 122). Zusätzlich basieren besonders die Kennzahlen des Rechnungswesens auf rein vergangenheitsorientierten Daten, die lediglich eine ex-post-bezogene Unternehmensbetrachtung erlauben (vgl. *Fitz/Kusterer* 1993, S. 154).

Ferner ist kritisch anzumerken, daß die Aussagekraft von Spitzenkennzahlen, welche in vielen Kennzahlensystemen wie ausgeführt Berücksichtigung finden, durch «legale» Manipulationsmöglichkeiten stark eingeschränkt ist. Vor allem auf dem Gewinn basierende Kennzahlen, wie der ROI (Return-on-Investment) und ROCE (Return-on-Capital-Employed), können durch buchhalterische und bilanzielle Bewertungswahlrechte gezielt positiv oder negativ beeinflußt werden (vgl. *Zünd* 1973, S. 128f., *McCrory/Gerstenberger* 1992, S. 34f., *Brown/Laverick* 1994, S. 89 und *Rappaport* 1995, S. 27f.). Des weiteren unterstellen Kennzahlensysteme rechnerische Zusammenhänge, die wichtige nicht-quantitative Interdependenzen ausschließen. Diese Informationsverkürzung beschränkt somit die Aussagekraft dieser Kennzahlensysteme (vgl. *Weber* 1995, S. 213f.).

Der Einsatz von traditionellen Kennzahlensystemen kann die zu Beginn beschriebenen Ziele der Kennzahlenanwendung – Operationalisierungsfunktion, Anregungsfunktion, Vorgabefunktion, Steuerungsfunktion, und Kontrollfunktion – im heutigen turbulenten und dynamischen Wettbewerbsumfeld nicht mehr erfüllen. Veränderte Rahmenbedingungen erfordern veränderte Planungs-, Steuerungs- und Kontrollkonzepte. Ansatzpunkte hierzu werden, nach der systematischen Darstellung der Schwächen traditioneller Steuerungskonzepte, im nächsten Kapitel erläutert.

2.1.2 Schwächen traditioneller und ausgewählter neuer Steuerungskonzepte

Bilanz- und rechnungswesenorientierte Steuerungskonzepte (wie bspw. die oben aufgeführten Kennzahlensysteme) sind derzeit starker Kritik ausgesetzt (vgl. *Vitale/Mavrinec* 1995, S. 45, *Kaplan/Norton* 1997a, S. 22 *Evans et al.* 1996, S. 20). Die Kritik bezieht sich auf die Leistungsfähigkeit dieser Konzepte im dynamischen und turbulenten Wettbewerbsumfeld. Ferner wird der Vorwurf erhoben, daß diese Konzepte viele Zahlen produzieren, jedoch nur wenig Nutzen schaffen (vgl. *Müller-Stewens* 1998, S. 34).

Das Versagen solcher Steuerungskonzepte läßt sich mit einigen aktuellen Fehlentwicklungen in der Unternehmenspraxis belegen:

- Barings Bank (mit dem Steuerungskonzept nicht erkannte Risiken).
- IBM (Mängel im Erkennen von Marktveränderungen mit dem Steuerungskonzept).
- Deutsche Maschinenbauunternehmen (Mängel in der kostengünstigen Beherrschung von Komplexität und der kundenbezogenen Gestaltung von Varianten).

Die Fehlentwicklungen bei deutschen Unternehmen führten zur Initiierung neuer Gesetze wie dem KonTraG (Gesetz zur Kontrolle und Transparenz im Unternehmensbereich) oder der neuen InsO (Insolvenzordnung). Beide Gesetze sollen helfen Unternehmenskrisen zu vermeiden sowie geregelt zu bewältigen (vgl. z.B. bei *Lück* 1998, S. 8ff.,

Hornung/Reichmann/Diederichs 1999, S. 317ff., *Krystek* 1999, S. 145ff. sowie *Krystek/Müller* 1999, S. 177ff.,).

Die Gründe für das Scheitern traditioneller Steuerungsgrößen sind sehr vielfältig. Die wichtigsten Defizite seien in Form der nachfolgend skizzierten acht Thesen genannt:

These 1: *Defizit Zeitbezug*
Steuerungskonzepte auf Basis bilanzieller Kennzahlen vermitteln nur die monetären Ergebnisse historischer Entscheidungen. Sie fördern damit vergangenheits-bezogenes Denken und Entscheiden (vgl. *Brown/Laverick* 1994, S. 96 und *Dhavale* 1996b, S. 51).

These 2: *Defizit Ausrichtung*
Die alleinige Fokussierung vieler Steuerungskonzepte auf interne Anspruchsgruppen fördert Suboptimierungseffekte im Unternehmen (vgl. *Müller-Stewens* 1998, S. 37).

These 3: *Defizit Aggregationsgrad*
Traditionelle, bilanz- und rechnungswesenorientierte Steuerungskonzepte arbeiten mit hoch aggregierten Unternehmens- oder Geschäftsfeldkennzahlen. Alle weiteren leistungsrelevanten Leistungsebenen (z.B. Mitarbeiter, Prozesse) und dazugehörige Kennzahlen bleiben in den Konzepten i.d.R. unberücksichtigt.

These 4: *Defizit langfristiges Steuerungsziel*
Steuerungskonzepte auf Basis bilanzieller Kennzahlen (beispielsweise mit den Spitzenkennzahlen ROI oder Eigenkapitalrendite) führen bei alleiniger Anwendung zu bereichsbezogenen kurzfristigen Suboptima und unterstützen dysfunktionale Verhaltensweisen (vgl. *Lynch/Cross* 1993, S. E3-4 sowie *Horváth* 1996, S. 548).

These 5: *Defizit Dimension*
Die immer wichtiger werdenden kunden- und wettbewerberorientierten Informationen sowie Informationen über die unternehmensinternen Abläufe finden in monetär geprägten, hochaggregierten und vergangenheitsbezogenen Steuerungskonzepten keine Berücksichtigung (vgl. *Lynch/Cross* 1993, S. E3-4 und *Lorino* 1997, S. 26).

These 6: *Defizit Format*
Traditionelle Steuerungskonzepte mit ausschließlich quantitativer Berichterstattung berücksichtigen keine schwachen Signale mit Frühwarncharakter (vgl. *Müller-Stewens* 1998, S. 38). Sie ermöglichen damit nicht das Entdecken strategischer Fehlentwicklungen oder von geschäfts- oder bestandsgefährdenden Risiken.

These 7: *Defizit Planungsbezug*
Steuerungskonzepte auf Basis bilanzieller Kennzahlen fehlt der direkte inhaltliche Bezug zu den Unternehmens- und Geschäftsfeldstrategien (vgl. *Skinner* 1974 sowie *Dhavale* 1996b, S. 51).

These 8: *Defizit Anreizbezugspunkt*
Klassischen Steuerungskonzepte des Rechnungswesens (z.B. die Plankostenrechnung) halten Manager mehr zur Reduzierung von (z.B. Kosten-)

Abweichungen an, als zu kontinuierlichen Verbesserungsaktivitäten im Sinne eines Kaizen Costing (vgl. *Turney/Anderson* 1989 und *Horváth/Lamla* 1995, S. 74ff.).

Eine weitere Schwachstelle der traditionellen Steuerungsgrößen ist die Vernachlässigung von immateriellen Unternehmenswerten bzw. –fähigkeiten im Zusammenhang mit der Abschätzung des langfristigen Unternehmenserfolgs (vgl. *Meffert* 1998, S. 721). Hierzu zählen beispielsweise das Wissen der Mitarbeiter, die Beherrschung von Prozessen, die Fähigkeit zur Neukundengewinnung oder die Attraktivität von Markenartikeln. In einigen angloamerikanischen Ländern sowie in Skandinavien finden aufgrund dieser Probleme bezüglich der Bewertung der Ressource „Mitarbeiter" (intellectual capital bzw. human capital „covering all the knowledge and skills that an individual brings to the workplace" [*Olsson* 1998, zitiert nach *Dobija* 1999, S. 1]) in Unternehmen intensive Diskussionen über die Ausgestaltung eines „Human Resource Accounting" statt (vgl. auch die Untersuchung von *Gutschelhofer/Koenigsmaier* 1999, S. 339, *Dobija* 1999 sowie grundsätzlich bei *Flamholtz* 1985).

Mit multifunktionalen Kennzahlensystemen (vgl. *Reichmann* 1993, S. 27ff.) wird zwar versucht, einige der oben genannten Schwachstellen zu eliminieren (insbesondere das Defizit der oftmals nicht vorhandenen Mehrdimensionalität, erinnert sei hier z.B. an das umfassende Kennzahlensystem der ZVEI, vgl. dazu bei *Horváth* 1996, S. 551f.), jedoch sprechen besonders der hohe Aggregationsgrad, die Ausrichtung und die angestrebten Steuerungsziele deutlich gegen eine problem- bzw. umfeldgerechte Gestaltung dieser Kennzahlensysteme. Diese sind zudem in der Regel stark vergangenheitsbezogen und haben nur eine mangelhafte Anbindung an strategische Ziele, zielbezogene Kennzahlen und Strategien.

Allerdings gibt es auch Alternativen zu klassischen, auf vergangenheitsorientierten Daten beruhenden Kennzahlensystemen, in Form von Konzepten, die Planungs- und Kontrollaspekte in den Vordergrund stellen. Ein Beispiel aus dem deutschen Sparchraum hierfür ist das nach den Strukturvorgaben des Planungs- und Kontrollsystems gestaltete PuK-Kennzahlensystem von *Hahn* (vgl. *Hahn* 1996), welches als erweitertes ROI/Cash-flow-Kennzahlensystem bezeichnet werden kann (vgl. *Hahn* 1996, S. 156). Allerdings bezieht sich dieses Konzept vorwiegend auf die Wirkungen der Planungen auf die generellen monetären Ziele sowie die Initiierung von Planungen zur Erreichung gewünschter monetärer Zielwirkungen. Kritisch ist anzumerken, daß auch in diesem Konzept nichtmonetäre Aspekte nicht umfassend integriert sind.

Jedoch können auch erfolgreich implementierte nichtfinanzielle Kennzahlen- und Managementkonzepte bei alleiniger Anwendung scheitern: Das zeitorientierte „Time Based Management" sowie das qualitätsorientierte „Total Quality Management" sind besonders dann kritisch zu beurteilen, wenn deren Umsetzungserfolg nur in nichtfinanziellen Erfolgen (z.B. Null-Fehler-Quoten oder minimale Durchlaufzeiten in der Produktion) wirksam wird, jedoch mittel- bis langfristig keine positive Auswirkung auf die Ergebniskomponente verzeichnet werden kann (vgl. *Stalk/Weber* 1993, S. 93ff., *Kaplan/Norton* 1997a, S. 31 und 145 sowie die Studie von *Chenhall* 1997).

Genau diese Ergebniskomponente spielt jedoch weiterhin eine maßgebliche Rolle in der Unternehmenssteuerung (vgl. *Evans et al.* 1996, S. 21).

Starker Kritik sind auch zunehmend neuere Steuerungskonzepte wie der Shareholder-Value-Ansatz (Wertsteigerungsanalyse) ausgesetzt. Dieses Instrument ist zentraler Bestandteil eines unternehmenswertorientierten Managements, in dessen Rahmen alle Unternehmensaktivitäten, insbesondere die der Manager, auf die Erhöhung des Unternehmenswertes ausgerichtet sind. Unterstützen soll die Wertsteigerungsanalyse die Abschätzung der Auswirkungen von strategischen Maßnahmen auf den Unternehmenswert. Dies erfordert eine enge Anbindung an die Planungs- und Steuerungskonzepte im anwendenden Unternehmen.

Die Kritik an der Wertsteigerungsanalyse läßt sich auf zwei Problemfelder zurückführen (vgl. *Horváth/Kaufmann* 1998):

- **Die fehlende Methodensicherheit bei der Wertsteigerungsanalyse:** Definitionen der Teilbestandteile des Shareholder-Value-Konzeptes sind stark widersprüchlich und es besteht eine große Unsicherheit hinsichtlich der operativen Konzeptumsetzung sowie dessen Einbindung in die Subsysteme des Rechnungswesens, des Controlling und des Kostenmanagements (vgl. hierzu auch den Methodenvergleich bei *Michel* 1998).
- **Geringe öffentliche Akzeptanz des Shareholder-Value-Ansatzes**: Das vom amerikanischen Rechts- und Gesellschaftssystem geprägte Konzept wird in Deutschland, mit gänzlich anderem Umfeld, nicht von allen relevanten Anspruchsgruppen (z.B. auch Mitarbeitern, Teilen der Politik und Gewerkschaften) akzeptiert und steht heute in der Öffentlichkeit für Eigentümerkapitalismus und Stellenabbau.

Die Überlegungen zur konzeptionellen Weiterentwicklung bestehender Steuerungskonzepte setzen daher an den oben genannten (Konzept-)Problemen sowie an den thesenartig formulierten Schwachstellen an.

2.1.3 Ansatzpunkte für neue Steuerungskonzepte

Die wichtigsten oben skizzierten Defizite (i.d.R. identisch mit den mittelpunktnahen Ausprägungen der Kriterien in Abb. 2-1) von traditionellen und ausgewählten neuen, auch das Controllinginstrumentarium in der Vergangenheit stark prägende, und die Ansatzpunkte für eine Weiterentwicklung dieser Steuerungskonzepte (i.d.R. identisch mit der pfeilnahen Ausprägungen der Kriterien in Abb. 2-1), sind anhand von acht wesentlichen Kriterien zur Beurteilung dieser Konzepte in Abb. 2-1 veranschaulicht (vgl. bei *Müller-Stewens* 1998, S. 36ff. und *Gleich* 1998, S. 1ff.).

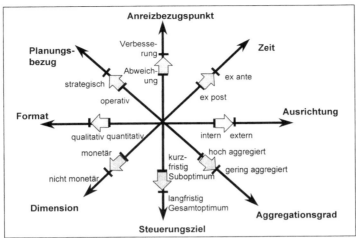

Abb. 2-1: Ansatzpunkte zur Weiterentwicklung traditioneller, vorwiegend finanziell orientierter Steuerungskonzepte (vgl. Gleich 1998, S. 2)

Steuerungskonzepte der neueren Generation sollten (vgl. *Brown/Laverick* 1994, *Neely et. al* 1995, S. 106, *Gleich* 1997, S. 114ff. sowie *Müller-Stewens* 1998, S. 36ff.):

- vergangenheits- und zukunftsbezogene Steuerungsinformationen liefern,
- interne als auch externe Anspruchsgruppen und deren Ansprüche abbilden,
- Steuerungsinformationen für alle Leistungsebenen (vom Konzern über das Geschäftsfeld bis zum Mitarbeiter) liefern,
- kurz- und langfristige Optimierungsüberlegungen sowohl auf Gesamtunternehmens- als auch auf Bereichsebene ermöglichen,
- finanzielle Kennzahlen beinhalten, die um die Einflußgrößen der langfristigen finanziellen Leistungsfähigkeit eines Unternehmens zu ergänzen sind,
- neben quantitativen („hard facts") auch qualitative („soft facts") Informationen umfassen,
- sowohl strategische als auch operative Kennzahlen liefern sowie
- kontinuierliche Verbesserungsaktivitäten anstatt reiner Abweichungsreduzierung unterstützen.

2.2 Performance Measurement als neuer Steuerungsansatz im Überblick

Für den konzeptionellen Neuanfang und für den Einsatz neuer Konzepte und Kennzahlen zur Unternehmenssteuerung steht in der englischsprachigen Controlling- und Management Accounting-Literatur seit Ende der achtziger Jahre der Terminus „Performance Measurement" (vgl. die Übersicht bei *Gleich* 1998, S. 6).

Darunter werden der Aufbau und Einsatz meist mehrerer Kennzahlen verschiedener Dimensionen (z.B. Kosten, Zeit, Qualität, Innovationsfähigkeit, Kundenzufriedenheit) verstanden, die zur Beurteilung der Effektivität und Effizienz der Leistung und Leistungspotentiale unterschiedlicher Objekte im Unternehmen, sogenannter Leistungsebenen (z.B. Organisationseinheiten unterschiedlichster Größe, Mitarbeiter, Prozesse), herangezogen

werden (vgl. *Rummler/Brache 1990, S. 16, Neely et al.* 1995, S. 80, *Reiß* 1992, S. 140-142, *Brown/Laverick* 1994 sowie *Gleich* 1997, S. 115).
Die Abb. 2-2 veranschaulicht Beispiele für unterschiedliche Leistungsebenen in einem Unternehmen und zeigt Ansatzpunkte zur Untersuchung leistungsebenenübergreifender sowie leistungsebeneninterner (horizontaler/vertikaler) Zusammenhänge von Kennzahlen auf.

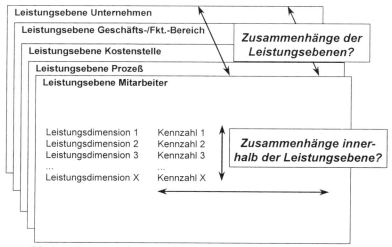

Abb. 2-2: Leistungsebenen und Zusammenhänge von Leistungsebenen

Die Effizienz und die Effektivität sind Wirtschaftlichkeitsmaßgrößen die sich hinsichtlich ihrer Kennzahlendefinition und Kennzahlenbotschaft grundsätzlich unterscheiden (vgl. die Darstellung der verschiedenen Begriffsklärungen im angloamerikanischen und deutschen Sprachraum bei *Fessmann* 1980, S. 27 und 29). Gefolgt wird hier der Auffassung von *Budäus/Dobler*,
- wonach sich Effizienz auf die Relation zwischen wertmäßigem Output und wertmäßigem Input bezieht und demnach der Erfassung von Input-Output-Relationen dient (Kennzahlenbotschaft: „doing the things right"),
- während sich Effektivitätsgrößen an einer konkreten Zielsetzung und dem jeweilgen Output orientieren und die Erreichung langfristiger Ziele einer Organisation kennzeichnen (Kennzahlenbotschaft: „doing the right things")
(vgl. *Budäus/Dobler* 1977 sowie ergänzend hierzu die Ausführungen bei *Horváth* 1991, S. 142 und *Scholz* 1992b, Sp. 535ff.).

Die durch die Definiton von Leistungskennzahlen angestrebte Leistungstransparenz im Performance Measurement soll zur Leistungsverbesserung auf allen Leistungsebenen mittels effektiverer Planungs- und Steuerungsabläufe beitragen. Zusätzlich sollen mit einem Performance Measurement mehr leistungsebenenbezogene und -übergreifende Kommunikationsprozesse (vgl. *Dhavale* 1996, S. 52) und eine erhöhte Mitarbeitermotivation angeregt sowie zusätzliche Lerneffekte erzeugt werden (vgl. *Hiromoto* 1988, S. 22ff.).

Performance Measurement stellt demnach eine Erweiterung der vorwiegend bereichsbezogenen Sach- und Formalzielplanung dar. Es unterstützt eine anspruchsgruppen- und leistungsebenengerechte Zielformulierung sowie eine bessere Strategieoperationalisierung und -quantifizierung.

Ein mehrere Kennzahlen umfassendes System, ein sogenanntes Performance Measurement-System „...can be defined as the set of metrics used to quantify both the efficiency and the effectiveness of actions" (*Neely* 1994, zitiert nach *Neely et al.* 1995, S. 80).

Die Vielzahl der seit Anfang der neunziger Jahre entwickelten und angewandten Performance Measurement-Konzepte sind ein Indiz für die Wichtigkeit und Notwendigkeit der grundsätzlichen Neugestaltung der Unternehmenssteuerungskonzepte (vgl. auch *Ittner/Larcker* 1998, S. 205). Anwendungen sind, ohne die zahlreichen Adoptionen der Balanced Scorecard aufzuführen, (vgl. *Kaplan/ Norton* 1997 sowie die Literatur im Kap. 4.1.3) von Maschinenbauunternehmen (vgl. *Sellenheim* 1991, *Hendricks et al.* 1996), Chemieunternehmen (vgl. *Gleich/Haindl* 1996, S. 262ff.), Papierherstellern (vgl. *Hribar et al.* 1997, S. 36ff.), Handels- und Dienstleistungsunternehmen (vgl. *Fitzgerald et al.* 1993) und der Elektronikindustrie (vgl. *Gleich* 1997, S. 358ff.) bekannt.

Ferner existieren Basiskonzepte (vgl. die umfassenden Darstellungen in Kap. 4) wie die Balanced Scorecard, das Quantum Performance Measurement-Modell (vgl. *Hronec* 1996) oder die Data-Envelopment-Analysis (vgl. *Brokemper/Werner* 1996).

Die Entwicklung und Integration des Performance Measurements gehört daher, wie eine Befragung des CIMA-Instituts in London verdeutlicht, neben der Entwicklung eines strategischen Kostenmanagements, zu den wichtigsten Zukunftsaufgaben des Management Accountants (vgl. *Evans et al.* 1996, S. 21). Eine Befragung amerikanischer und australischer Kostenmanagementexperten zu den derzeit wichtigsten Management Accounting-Herausforderungen bestätigt dies. „Performance measures" nehmen demnach einen hohen Stellenwert ein (Rang 4 in der Befragung, vgl. *Foster/Young* 1997, S. 70). Ferner wird den Performance Measurement-Systemen der Unternehmen eine wichtige Rolle bei der Entwicklung strategischer Pläne, der Bewertung der organisationsbezogenen Zielerreichungen sowie der Managerentlohnung beigemessen (vgl. *Ittner/Larcker* 1998, 205).

Die vorwiegend praxisgetriebene Entwicklung von Performance Measurement-Ansätzen und -Konzepten hat eine strukturierte theoretische und umfassende empirische Aufarbeitung des Entwicklungsstandes des Performance Measurement und neuer Steuerungsgrößen bislang noch nicht in der erforderlichen Breite und Tiefe möglich gemacht. Allerdings wurden erste empirische Untersuchungen zur Thematik in Nordamerika, Großbritannien und den Benelux-Ländern bereits durchgeführt (vgl. die Ausführungen in Kap. 5).

2.3 Zielsetzungen der Arbeit

Aufbauend auf den beschriebenen Problemen und Schwächen traditioneller Steuerungskonzepte sowie den bislang nicht ausreichend strukturierten theoretischen und umfassenden empirischen Aufarbeitungen des Entwicklungsstandes des Performance Measurement und neuer Steuerungsgrößen verfolgte das Forschungsvorhaben drei Zielsetzungen (vgl. *Gleich* 1998, S. 11f.):

- **Erstes Ziel** des Forschungsvorhabens war eine detaillierte Analyse und Strukturierung der bislang veröffentlichten englisch- und deutschsprachigen Literatur zum Performance

Measurement (funktionale, instrumentale und institutionale Aspekte sowie entwickelte Konzeptionen).
Untersucht werden sollten vor allem
- differenziert nach den verschiedenen Leistungsebenen in Unternehmen traditionelle und neue Steuerungsgrößen,
- die funktionale, institutionale und instrumentale Ausgestaltung eines Performance Measurement,
- die Vorgehensweise bei der Entwicklung eines Performance Measurement-Konzeptes,
- die bereits entwickelten Konzepte sowie deren Entwicklungsumfeld und Wirksamkeit (anhand festzulegender Beurteilungskritierien),
- die Ausgestaltung des Performance Measurement-Ablaufs,
- die Möglichkeiten und Alternativen einer umfeldspezifischen Anpassung bzw. der Flexibilitätspotentiale und
- die Verbindung des Performance Measurement mit anderen Systemen und Konzepten im Unternehmen bzw. innerhalb des Führungssystems.

Aufbauend auf diesen Untersuchungen sowie den weiteren Literaturanalysen, sollten die entdeckten Konzeptausprägungen bzw. -ausgestaltungen beschrieben und analysiert werden.

Hierzu war begleitend ein Begriffssystem zu erarbeiten. Dieses sollte für die Beschreibung der Grundbegriffe, der Variablenausprägungen für die empirische Untersuchung sowie der Forschungsobjekte angewandt werden (vgl. grundsätzlich bei *Ulrich/Hill* 1976, S. 347).

Das Ergebnis der Literaturanalyse sollte eine vollständige Beschreibung des aus der Literatur nachvollziehbaren **Entwicklungsstands des Performance Measurement** sein. Im Rahmen dieser Beschreibung wurden auch die terminologisch deskriptiven Grundlagen für den **Aufbau eines vorläufigen Modells des Performance Measurement** geschaffen. Weitere Teilziele waren der Aufbau eines gedanklichen Bezugsrahmens sowie von Basis- und Arbeitshypothesen als Grundlagen für die empirische Untersuchung des Anwendungsstandes des Performance Measurement in der deutschen Unternehmenspraxis.

- **Das zweite Ziel** des Forschungsvorhabens war die empirische Erhebung des **Anwendungsstandes des Performance Measurement in der deutschen Unternehmenspraxis.** Hierbei wurde neben der deskriptiven Beschreibung des Anwendungsstandes des Performance Measurement bzw. der eingesetzten neuen und alten Steuerungsgrößen in der deutschen Unternehmenspraxis, der Einfluß verschiedener Kontextfaktoren auf die Ausgestaltung des Performance Measurement-Systems und dessen Teilbestandteile (Subsysteme) untersucht. Hierbei standen speziell die Auswirkungen der
    - Umwelt- und
    - Unternehmensfaktoren
  auf die Ausgestaltung des Performance Measurement-Systems im Mittelpunkt der Analysen.

Weiter wurde untersucht, ob Unternehmen, die neue Steuerungskonzepte im Sinne eines Performance Measurement anwenden, unter vergleichbaren Bedingungen profitabler sind als andere Unternehmen in derselben Branche, die neue Steuerungskonzepte oder innovative Steuerungsgrößen nicht anwenden.

Zur Untersuchung dieser Fragestellungen erfolgte eine empirische Überprüfung, von aus Basishypothesen abgeleiteten Arbeitshypothesen.

Eine **Basishypothese** der Untersuchung unterstellte, daß es abhängig vom Systemkontext unterschiedliche **System- und Subsystemausprägungen und Entwicklungsstufen** eines **Performance Measurement-Systems** gibt.

In einer weiteren Basishypothese wurde unterstellt, daß Unternehmen, die ein **hochentwickeltes Performance Measurement-System** anwenden, **profitabler** sind als vergleichbare Wettbewerber mit weniger hochentwickelten Performance Measurement-Systemen.

- **Das dritte Ziel** war, aufbauend auf den analytischen und empirischen Vorarbeiten, ein **theoretisches Grundkonzept** des Performance Measurement zu entwerfen. Dieses soll auch der Unternehmenspraxis Hilfestellung in der Konzeption und der Anwendung von Performance Measurement-Systemen leisten. Im Sinne *Schmalenbachs* und *Mellerowiczs* sollen demnach, entsprechend des von ihnen vertretenen Ursprungs und Zwecks der Betriebswirtschaftslehre (vgl. z.B. bei *Mellerowicz* 1952, S. 146), im Rahmen des Forschungsvorhabens der einzelbetrieblichen Praxis auch konkrete, problemlösende Gestaltungsempfehlungen gemacht werden.

2.4 Beschreibung des Forschungsprojektes

2.4.1 Überlegungen zur grundsätzlichen Forschungsmethodik

In der betriebswirtschaftlichen Forschung existieren unterschiedliche Auffassungen über Forschungsziele und Forschungsansätze. Bereits die frühen wissenschaftlichen Auseinandersetzungen von *Schmalenbach* und *Rieger* (vgl. *Schmalenbach* 1911/12 sowie *Rieger* 1928) sowie die späteren Dispute von *Mellerowicz* und *Gutenberg* (vgl. *Mellerowicz* 1952, S. 146 sowie *Gutenberg* 1951) machen exemplarisch deutlich, daß keine Übereinstimmung darüber herrscht, was den Zweck der Betriebswirtschaftslehre darstellt. Als begriffliche Extreme stehen sich hierbei „Kunstlehre" und „Theorie" gegenüber. Auch gegenwärtig werden im Zusammenhang mit Diskussionen über die Zukunft der Betriebswirtschaftslehre unterschiedliche Standpunkte vertreten. Zum einen wird die durch die Managementlehren geförderte Theorielosigkeit beklagt (vgl. *Backhaus* 1992, S. 771ff. oder *Kieser* 1996, S. 21) und diese besonders von den Anhängern der neuen Institutionenökonomie zum Anlaß genommen, mit der Transaktions-, der Agententheorie sowie der Theorie der Verfügungsrechte ein fundiertes Instrumentarium für die betriebswirtschaftliche Forschung zu nutzen (vgl. beispielhaft aus der Vielzahl der aktuellen Veröffentlichungen insbesondere in der Zeitschrift zfbf: *Posselt* 1998, *Kunz/Pfeifer* 1999, *Graßhoff/Schwalbach* 1999 oder *Koppel* 1998).

Zum anderen werden gerade diese Theorien bezüglich ihrer fehlenden Realitätsnähe und dem zweifelhaften Nutzen für betriebswirtschaftliche Entscheidungen kritisiert (vgl. *Meffert* 1998, S. 711). Auch andere Autoren beklagen diesbezüglich eine Tendenz zum Praxisverlust bzw. fordern nachdrücklich einen praktischen Nutzen von wissenschaftlichen Aussagen ein (vgl. *Albach* 1997, S. 1265 und *Witte* 1998, S. 740ff.).

Betrachtet man die verschiedenen Forschungsschwerpunkte der Betriebswirtschaftslehre in den letzten vierzig Jahren (vgl. den Überblick bei *Meffert* 1998 sowie bei *Witte* 1998), so kann weiterhin attestiert werden, daß, auch aufgrund der an diese Forschungsschwerpunkte gestellten Maximalanforderungen, noch Defizite in der Entwicklung leistungsfähiger Theorien existieren (vgl. *Chmielewicz* 1974, Sp. 1555). Obwohl anzumerken ist, daß ein paradigmatischer Zustand (ähnlich beispielsweise wie in der Physik mit den Paradigmata von *Einstein* und *Newton*) auch in der Betriebswirtschaftslehre Forschung und Lehre erleichtern würden (vgl. *Kuhn* 1973), haben sich bislang nur wenige Theorien durchgesetzt.

Bis Ende der 60er Jahre hat vor allen Dingen der faktortheoretische Ansatz von *Erich Gutenberg* (vgl. *Gutenberg* 1951) die Leistung eines Paradigmas in der deutschsprachigen Betriebswirtschaftslehre erbracht (vgl. *Ulrich/Hill* 1976, S. 308). Genau diese Theorie wurde in den ausgehenden sechziger Jahren von Anhängern des kritischen Rationalismus stark kritisiert (vgl. z.B. *Albert* 1967, S. 331). Bemängelt wurde vorwiegend der nicht empirisch nachweisbare theoretische Charakter der Aussagen und Modelle (vgl. *Behrens* 1994, Sp. 4769) und somit die fehlende Realitäts- und Anwendungsnähe (vgl. *Meffert* 1998, S. 711).

Weitere Theorien der Betriebswirtschaftslehre, wie der systemtheoretische Ansatz von *Ulrich* (vgl. erstmals in *Ulrich* 1968) und der entscheidungstheoretische Ansatz von *Heinen* (vgl. erstmals in *Heinen* 1968), konnten sich in der Wissenschaft als allgemein anerkannte Theorien ebenfalls nicht durchsetzen. Seit Beginn der siebziger Jahre herrscht daher ein Pluralismus der Ansätze vor (vgl. *Ulrich/Hill* 1976, S. 309), der heute noch anhält (vgl. auch *Witt* 1995, S.90ff.), wenngleich, wie oben ausgeführt, die neue Institutionentheorie hier aus Sicht vieler Wissenschaftler ein Vakuum, welches durch die schwindende Akzeptanz der neoklassischen Unternehmenstheorie von *Gutenberg* entstand, gefüllt hat (vgl. den Überblick bei *Meffert* 1998, S. 711ff.)

Dieser Pluralismus erleichtert die ohnehin schwer vollziehbare Verbindung von Theorie und Praxis nicht. Zur Verknüpfung von praktischen Problemen mit Theorien hat sich die Hilfskonstruktion der miteinander nicht logisch verbundenen Phasen Entdeckungs-, Begründungs- und Verwertungszusammenhang in der betriebswirtschaftlichen Forschung etabliert (vgl. *Behrens* 1994, Sp. 4770).

In der Phase des Entdeckungszusammenhangs wird der gedankliche Bezugsrahmen einer Arbeit geschaffen sowie dargelegt, was der Anlaß war, der zu einem Forschungsprojekt geführt hat (vgl. *Friedrichs* 1977, S. 50). Darauf aufbauend können Hypothesen generiert und (auch ohne allgemein anerkannte und gültige Theorien innerhalb der Fachdisziplin) Theorieideen geschaffen werden. Letztere können spontan oder systematisch entstehen (vgl. *Behrens* 1994, Sp. 4770).

Die empirische Überprüfung des gedanklichen Bezugsrahmens erfolgt in der Phase des Begründungszusammenhangs (vgl. *Ulrich/Hill* 1976, S. 306). Die kritische Prüfung der Theorien beinhaltet die Untersuchung auf Widerspruchsfreiheit und Falsifizierung. Letztere wird von Anhängern des kritischen Rationalismus gefordert, da sich die faktische Wahrheit nicht beweisen, sondern nur widerlegen (d.h. falsifizieren) läßt (vgl. *Popper* 1965). Falsifikationen sind nach *Popper* endgültig, während Verifikationen nur vorläufig sind (vgl. *Chmielewicz* 1974, Sp. 1551).

Der Verwendungszusammenhang beschäftigt sich mit dem Zweck sowie der Verwertung und Anwendung wissenschaftlicher Aussagen. Aus bewährten Theorien können deduktiv Handlungsempfehlungen abgeleitet werden (vgl. *Behrens* 1994, Sp. 4771).

Im Forschungsvorhaben wurde aus den oben geschilderten Gründen die Konstruktion des Entdeckungs-, Begründungs- und Verwertungszusammenhangs als grundsätzliche Methodik zur Erreichung der Forschungsziele gewählt. Dies erscheint auch aus der angestrebten engen Verbindung von Theorie und Praxis im Forschungsvorhaben sinnvoll und zielführend.

Zwei Theorien bzw. theoretische Ideen leisten ferner Unterstützung im Zusammenhang mit der Festlegung und dem Aufbau des Untersuchungsbezugsrahmens der empirischen Untersuchung sowie der Untersuchungsbedingungen sowie der modellhaften Konstruktion des Performance Measurement Systems:

- Der situative bzw. kontingenztheoretische Ansatz (vgl. *Staehle* 1973 und 1979, *Kubicek* 1980, *Kieser/Kubicek* 1992, *Macharzina* 1995, S. 64f. sowie die ausführliche Beschreibung und Diskussion in 7.2.1) sowie
- die Systemtheorie, auf der im wesentlichen das St. Galler Management-Modell aufbaut (vgl. *Ulrich/Krieg* 1974 oder *Bleicher et. al* 1992 sowie die Ausführungen zu Beginn des Kapitels 7.3).

Ferner gehen Impulse der Agency-Theorie in die modellhafte Konstruktion mit ein (vgl. die Ausführungen in Kap. 3.4.2).

Ergänzend zu den obigen Theorien stellt die innovative Aktionsforschung die methodische Basis für die explorative Fallstudienforschung im Vorfeld der empirischen Untersuchung dar (vgl. die Ausführungen zu Beginn des Kap. 6 und die dort aufgeführten Quellen).

2.4.2 Aufbau der Arbeit: Forschungsphasen und -inhalte

In Abb. 2-3 ist veranschaulicht, wie die oben dargestellten Forschungsziele den einzelnen Phasen der Forschungskonstruktion zugeordnet werden können und welche verschiedenen Aufgaben sich aus den Forschungszielen sowie den der Arbeit zugrundeliegenden Problemstellungen ableiten lassen.

Dies führt zu dem nachfolgend beschriebenen Aufbau der Arbeit:

- Zunächst werden im Kapitel 3 literaturgestützt die Grundlagen des Performance Measurement sowie dessen Anknüpfungspunkte an verwandte Konzepte der Betriebswirtschafts- und Managementlehre analysiert und diskutiert.
- Darauf aufbauend erfolgt im Kapitel 4 die Darstellung und, anhand eines aus der Literatur abgeleiteten Anforderungskatalogs, die vergleichende Beurteilung der verschiedenen aus der Wissenschaft, der Unternehmens- und Beratungspraxis bekannten Performance Measurement-Konzepte.
- Kapitel 5 widmet sich den bereits durchgeführten insbesondere internationalen empirischen Untersuchungen zu Fragen des Performance Measurement und stellt deren Ergebnisse sowie noch ungeklärte Untersuchungsaspekte dar.
- Basierend auf den Konzeptanalysen sowie den Analysen zu den Grundlagen des Performance Measurement, wurden mehrere Forschungsprojekte auf Basis der innovativen Aktionsforschung in verschiedenen Praxisfeldern durchgeführt. Deren Ergebnisse fanden für eine erste empirisch-induktive Modellfundierung Verwendung. Die Fallstudien sowie die daraus gewonnenen Erkenntnisse und Erfahrungen sind in Kapitel 6 dokumentiert.
- Gegenstand des umfassenden Kapitels 7 ist die Beschreibung der Vorgehensweise bei der analytisch-deduktiven Konzeption des Performance Measurement-Systemmodells. Hierzu werden zunächst die Basishypothesen und die Untersuchungsziele sowie der Untersuchungsbezugsrahmen und die Untersuchungsbedingungen dokumentiert.

Anschließend erfolgt die Beschreibung der eigentlichen Modellkonstruktion des Gesamtsystems und daran angelehnt die Konzeptualisierung und Operationalisierung der verschiedenen Subsysteme des Performance Measurement mit einer umfassenden Diskussion der verschiedenen Strukturvariablen. Das Kapitel schließt mit der Operationalisierung der Basishypothesen und der Beschreibung der Vorgehensweise der empirischen Untersuchung.

Entdeckungs-zusammenhang	Begründungs-zusammenhang	Verwertungs-zusammenhang
• Konkretisierung der Problemstellung • Abgrenzung des Untersuchungsbereichs **FORSCHUNGSZIEL 1** • Literaturanalyse zum Entwicklungsstand • Beschreibung entdeckter Konzeptausprägungen • Terminologisch-deskriptive Aktivitäten: Beschreibung der Grundbegriffe und Variablen Aufbau des Untersuchungsbezugsrahmens • Explorative Forschung zur empirisch-induktiven Modellfundierung • Analytisch-deduktive Konstruktion eines Modells des Performance Measurement-Systems • Aufstellung und Systematisierung von Arbeitshypothesen auf Grundlage der Basishypothesen	Empirische Aktivitäten: • Deskriptive Datenanalysen (uni-, bi- und multivariat) zur Beschreibung des Anwendungsstandes des Performance Measurement-Systems und dessen Subsysteme in deutschen Großunternehmen **FORSCHUNGSZIEL 2** • Überprüfung und Diskussion der Basis- und Arbeitshypothesen **FORSCHUNGSZIEL 3** • Vorläufige Annahme des Modells als theoretische Grundkonzeption des Performance Measurement	• Erarbeitung konkreter Aufbau- und Anwendungsempfehlungen • Verfassen und Veröffentlichung der Habilitationsschrift

Abb. 2-3:   *Einbindung der Forschungsziele in die drei Phasen Entdeckungs-, Begründungs- und Verwertungszusammenhang*

- Im Mittelpunkt des Kapitels 8 steht zunächst die Beschreibung der Methoden der Datenauswertung sowie die Dokumentation und Diskussion der deskriptiven uni-, bi- und multivariaten Ergebnisse und der Erkenntnisse aus der empirischen Untersuchung, getrennt nach den verschiedenen Subsystemen sowie dem Gesamtsystem des Performance Measurement. Im Anschluß daran erfolgt die Beschreibung der theoretischen Erkenntnisse aus der empirischen Untersuchung indem die Ergebnisse der Hypothesenprüfung zur Kontext- sowie zur Erfolgsanalyse dargestellt und diskutiert werden.

- Die Arbeit endet mit dem Kapitel 9, in dem abschließend das im praktischen Umfeld geprüfte theoretischen Grundkonzept des Performance Measurement zusammenfassend vorgestellt wird. Das theoretische Grundkonzept stellt ferner die Grundlage für die Ableitung einiger Gestaltungs- und Anwendungsempfehlungen für Performance Measurement-System in der Unternehmenspraxis.

- Schließlich werden im Kapitel 9.2 Problemfelder und Anknüpfungspunkte für zukünftige Forschungsaktivitäten zum Performance Measurement aufgezeigt.

3 Theoretische Grundlagen des Performance Measurement

Nachfolgend werden die theoretischen Grundlagen des Performance Measurement beschrieben. Zunächst werden hierzu die Bestandteile, die Funktionalitäten, Organe und Instrumente skizziert sowie der Aufbau eines Konzeptes und dessen Ablaufmodalitäten dargestellt. Ferner werden die Defizite der Performance Measurement-Forschung herausgearbeitet.

Diese Grundlagen stellen die Basis dar für die Erstellung von Kriterien zur Konzeptbeurteilung im Kapitel 4 sowie für die umfassende literaturgestützte Konzeptualisierung und Operationalisierung des Performance Measurement-Systems und der Subsysteme im Zusammenhang mit deren Modellierung in Kapitel 7.

Dieses Kapitel endet mit der Untersuchung und Beschreibung von Anknüpfungspunkten des Performance Measurement in der Betriebswirtschafts- und Managementlehre.

3.1 Inhalte eines Performance Measurement

Die in Kapitel 2.1 kritisierten traditionellen Planungs- und Steuerungskonzepte haben eine vorwiegend monetäre Leistungsinterpretation und ein monodimensionales Leistungsverständnis gemeinsam. Ferner sind diese Konzepte oftmals stark funktions- und vergangenheitsorientiert. Ein klassisches Beispiel für ein solches Konzept ist das oben bereits erwähnte DuPont-Kennzahlensystem mit der monetären Spitzenmaßgröße ROI. Eine Sonderstellung nimmt der ebenfalls finanzorientierte Shareholder Value-Ansatz ein, da in diesem auch strategische Aspekte Berücksichtigung finden.

Die im nachfolgenden Kapitel 4 ausführlich vorgestellten, diskutierten und bewerteten Performance Measurement-Konzepte unterscheiden sich von traditionellen Planungs- und Steuerungskonzepten sowie auch von „moderneren" Konzepten wie den Shareholder Value-Konzepten oder TQM- bzw. TBM-Ansätzen durch die nachfolgend beschriebenen Bestandteile und Funktionalitäten.

Einführend ist hierzu anzumerken, daß das Performance Measurement eng an die Führungsphasen des Planungs- und Kontrollsystems (Planung, Steuerung und Kontrolle, vgl. hierzu *Hahn* 1996, S. 5) angelehnt ist. Es beinhaltet darüber hinaus als Ganzes den **Zielbildungs- und den Feedbackprozeß** (Feedback, Messung und Review) im Sinne eines kybernetischen Regelkreises (vgl. *Müller-Stewens* 1998, S. 42) sowie die **Komponenten Anreiz, Belohnung und Sanktion** (vgl. *Neely* et. al 1995, S. 102 sowie *Ittner/Larcker* 1998, S. 205). Auch der Anbindung an die Informationsversorgungssysteme wird durch die besondere Beachtung des **Kennzahlen-aufbaus sowie der Kennzahlenpflege** große Aufmerksamkeit gewidmet (vgl. *Eccles/Pyburn* 1992, S. 44).

Diese notwendigen Konzeptbestandteile und Kernfunktionalitäten werden nachfolgend kurz thematisiert. Eine ausführlichere Beschreibung der einzelnen Funktionalitäten erfolgt, wie einführend erwähnt, in Kap. 7 im Rahmen der Darstellung der verschiedenen Subsystemvariablen des Performance Measurement-Systems.

3.1.1 Verbindung mit dem strategischen und operativen Zielbildungs- und Planungsystem

Ausgangspunkt aller Überlegungen zur Leistungsplanung, -steuerung und -steigerung sind die **Ansprüche der wichtigsten Stakeholder** eines Unternehmens (vgl. z.B. bei *Eckel et al* 1992, S. 19, *Brown/Laverick* 1994, S. 93, *Bittlestone* 1994, S. 46, *Sharman* 1995, S. 34f., *Atkinson et al.* 1997, S. 27 oder *Müller-Stewens* 1998, S. 34ff.). Nur bei deren Berücksichtigung und Quantifizierung können mögliche nichtgewünschte Fehlentwicklungen frühzeitig erkannt und durch geeignete Maßnahmen vermieden werden (vgl. *Neely et. al* 1995, S. 97), wobei hier betont werden soll, daß diese Ansprüche in vielen Fällen dem Primat des Shareholder-Value unterliegen, d.h. daß sie als Mittel zum Zweck gesehen werden.

Nicht nur Shareholder und deren Erwartungen sind den obigen Ausführungen zufolge in die Zielüberlegungen eines Unternehmens mit einzubinden, sondern auch jene weiteren Anspruchsgruppen im Unternehmen bzw. im Unternehmensumfeld, die maßgeblich zum Erfolg einer Organisation beitragen (vgl. *Booth* 1997, S. 28). Hierzu zählen beispielsweise die Mitarbeiter, Banken oder Gewerkschaften (vgl. die weiteren umfassenden Ausführungen in Kap. 7.4.1.2).

Deren **Ziele** müssen, besonders auf den obersten Leistungsebenen der betroffenen Organisation, bekannt sein und kommuniziert werden und bilden den Ausgangspunkt für strategische Zieldefinitionen bezüglich Produkten und Dienstleistungen, Märkten, Wettbewerbern sowie der zukünftigen Systeme und Strukturen im Unternehmen (vgl. *Rummler/Brache* 1995, S. 79). Diese strategischen Überlegungen bilden die Basis für Strategiefestlegungen und strategische sowie operative Pläne (vgl. *CMA Guidlines*, zitiert nach *Coates* 1997, S. 19).

Jedes Performance Measurement-Konzept sollte (über seine Ziele und Kennzahlen) einen solchen **Strategiebezug** aufweisen (vgl. z.B. bei *McMann/Nanni* 1994, S. 55, *Stenzel/Stenzel* 1997, S. 43f. oder *Lingle/Schiemann* 1996, S. 59ff.). „PM should reflect both long and short term" (vgl. *Kaplan* 1984, S. 97). Insbesondere sollte der Fokus nicht allein auf der Aufbereitung vergangenheitsorientierter Daten liegen. Es sollte vielmehr auch eine **zukunftsorientierte** Entscheidungsunterstützung ermöglicht werden. Das Performance Measurement hat demnach die Basis eines „strategic control systems" darzustellen (vgl. *Slater et al.* 1997, S. 39) und die Verbindung zwischen diesem und dem System der operativen Planung sicherzustellen.

Weiter ist zu beachten, daß das **Anwendungsumfeld** möglichst breit sein sollte, d.h. das Konzept sollte möglichst auf Unternehmens-, Divisions/Profit-Center-, Prozeß- und Mitarbeiter-ebene anwendbar sein, um alle relevanten **Leistungsebenen** im Unternehmen zu berücksichtigen (vgl. *Lynch/Cross* 1993, S. E3-10, *Sharman* 1995, S. 33ff., *Rummler/Brache* 1995, S. 15ff., *Hronec* 1996, S. 11ff. und 153 oder *Maskell/Gooderham* 1998, S. 37). Insbesondere sollte das Konzept eine (Geschäfts-) Prozeßorientierung aufweisen. Hierzu sind auf diesen Leistungsebenen Strategien zu definieren, um die Grundlage für spätere Leistungsmessungen und –beurteilungen zu schaffen (vgl. *Müller-Stewens* 1998, S. 41).

Ferner wird die Konzeptadoption durch einen nicht zu engen **Branchenfokus** erleichtert. Ein Modell sollte in allen Branchen Anwendung finden können.

3.1.2 Strukturierter Kennzahlenaufbau und strukturierte Kennzahlenpflege

Ein wichtiger nächster Schritt, nach der Klärung der leistungsebenenbezogenen strategischen und operativen Ziele, ist die Bildung von ausgewogenen Leistungskennzahlen, die in engem Zusammenhang mit strategischen Vorgaben stehen und somit strategische Botschaften und nicht allein finanzielle Vorgaben in die verschiedenen Organisationsbereiche eines Unternehmens transferieren (vgl. *Booth* 1997, S. 28, *Hendrick et al.* 1996, S. 20 oder *Fitzgerald/Moon* 1996, S. 9). Mit Hilfe dieser ausgewogenen **strategischen und operativen Kennzahlen** lassen sich die Strategien und Pläne operationalisieren und die Kennzahlen somit als Grundlage für zukunftsbezogene Entscheidungen nutzen (vgl. *Brown/Laverick* 1994, S. 96, *Dhavale* 1996, S. 55, *Maskell* 1997, S. 36f.). Die Ziel-, Strategie- und Planumsetzung wird dadurch wesentlich fundierter gestaltet und erheblich erleichtert.

Wichtige Bestandteile eines Performance Measurement-Systems sind demnach Zielfindungs- und Planungselemente, die sich für strategische oder operative Überlegungen einsetzen lassen. Der Vorgang der **Kennzahlen- oder Maßgrößendefinition** ist in der bekannten Performance Measurement-Literatur nur selten sowie wenig konkret beschrieben (Ausnahmen sind z.B. bei *Maskell* 1989, S. 3ff. sowie *Müller-Stewens* 1998, S. 42 zu finden, vgl. auch Kap. 7.4.4.1.1). Unklar ist auch der Einsatz unterstützender Instrumente bspw. zur Findung geeigneter leistungsrelevanter Kennzahlen.

Im Zusammenhang mit prozeßbezogenen Kennzahlen argumentieren *Fries/Seghezzi*, „daß die Prozeßziele durch Meßgrößen in die Sprache und auf die Ebene der einzelnen Mitarbeiter übersetzt werden müssen, um die einzelnen Prozeßbeteiligten auf die Erreichung eines optimalen Prozeßoutputs und auf die in der Prozeßvision definierten Verbesserungsziele auszurichten" (vgl. *Fries/Seghezzi* 1994, S. 339). Kennzahlen sollen weiter der Versachlichung der Kommunikationsprozesse unter den Mitarbeitern sowie zwischen Mitarbeitern und Management dienen (vgl. *Kaydos* 1991, S. 47).

Idealerweise besteht eine gewisse **Kennzahlenflexibilität und Änderungsdynamik** (vgl. *Sellenheim* 1991, S. 53, *Eckel et al.* 1992, S. 17 oder *McMann/Orlando* 1998, S. 17), d.h. z.B. Kennzahlen ändern oder wandeln sich entsprechend den Umwelt- und Umfeldgegebenheiten kontinuierlich (vgl. *Maskell* 1991, S. 114: „...measures change as circumstances do").

3.1.3 Festlegungen zur Leistungsmessung und Abweichungsanalyse

Die wichtigste Aufgabe innerhalb des Performance Measurement-Ablaufs ist die eigentliche **Messung** im Sinne eines Performance Monitoring (vgl. *Rummler/Brache* 1995, S. 134ff., *CMA Guidelines*, zitiert nach *Coates* 1997, S. 19), d.h. die Erfassung der zeitpunktgenauen Ausprägungen der einzelnen Kennzahlen (Istwerte) und deren Vergleich mit den in der Planungsphase festgelegten Sollwerten in Form eines **Soll-/Ist-Vergleichs**.

Die Messung der Istzustände kann entweder täglich, wöchentlich, monatlich, vierteljährlich oder jährlich vorgenommen werden. Die Meßperiode wird von der Wichtigkeit der betroffenen Bereiche sowie von wirtschaftlichen Aspekten determiniert (*vgl. Taylor/Convey 1993, S. 22ff.*).

Ist eine solche Messung als Kontrolle der Kennzahlenausprägung interaktiv angelegt, kann diese wiederum die Grundlage für die Festlegung zukünftiger Strategien und Strategiereviews darstellen (vgl. *Simons* 1995, S. 91ff., *Müller-Stewens* 1998, S. 42). Dies geschieht z.B. über eine Auswahl vorzugsweise nichtfinanzieller Kennzahlen, die in enger Beziehung mit strategischen Unsicherheitsfaktoren stehen. Diese Kennzahlen, deren Beobachtung und

Interpretation von Managern auf allen Leistungsebenen durchzuführen ist, stellen die Grundlage für Diskussionen und Festlegungen bezüglich der zukünftigen strategischen Zielrichtungen dar.

Auf die Messung folgt die kennzahlenbezogene **Abweichungskontrolle und -analyse**, d.h. die Planwerte werden mit den ermittelten Istwerten für alle Kennzahlen und über alle Performanceebenen verglichen (Ergebniskontrollen, vgl. hierzu bei *Horváth* 1996, S. 163). Bei Planabweichungen sind Analyseaktivitäten zur Ermittlung der Abweichungsursachen durchzuführen (vgl. *Sharman* 1995, S. 33ff.). Ferner können Prämissen- und Planfortschrittskontrollen durchgeführt werden.

In der Regel erfolgen keine verfahrensorientierten Kontrollen im Performance Measurement (zum Begriff „verfahrensorientierte Kontrolle" vgl. *Horváth* 1996, S. 163), da primär Ergebnisse und nicht Verhaltensnormen oder Unzulänglichkeiten der Aufgabenträger im Mittelpunkt der Meßaktivitäten stehen (vgl. *Lingle/Schiemann* 1996, S. 61).

3.1.4 Verbindung zu einem Performance Management

Sind die Abweichungsursachen analysiert, werden im Rahmen des Teilschrittes „**Performance-Management**" Aktivitäten, Maßnahmen und Wege zur besseren Planzielerreichung aufgezeigt (vgl. bei *Bittlestone* 1994, S. 46ff., *Schust* 1994 oder *Fritsch* 1997, S. 53). Ist aufgrund der ungünstigen Entwicklungen keine Planerreichung möglich, kann aufgrund der geänderten Peripherie- bzw. Umweltdaten eine Plananpassung der einzelnen Maßgrößen und/oder der Vorgaben bezüglich der Performanceebenen erfolgen. Eine Anpassung/Änderung sollte aber möglichst erst für die nächste Planungsrunde durchgeführt werden.

Zur Schließung der Lücke zwischen Zielvorgaben und der aktuellen Performance sollen verschiedene „Aufholprogramme" erstellt und evaluiert werden (vgl. *Taylor/Convey* 1993, S. 22ff.).

Oftmals werden Performance Measurement-Systeme zu Performance Management Konzepten erweitert (vgl. *Brunner/Sprich* 1998, S. 34, *Klingebiel* 1998, S. 5). Insbesondere *Klingebiel* engt das Performance Measurement teilweise auf den eigentlichen Meßvorgang, die Performanceüberprüfung, ein. Im Rahmen dieser Überprüfung erfolgt eine Leistungsbewertung (vgl. *Klingebiel* 1998, S. 5 und die dortige Abbildung 2). An andere Stelle bezeichnet er, im Widerspruch zu dieser spezifischen Definition, als „Zielsetzung des Performance Measurement ... die Verbesserung der ebenenspezifischen Leistung einer Organisation, wodurch direkt bzw. indirekt die Gesamtleistung gesteigert werden kann" (*Klingebiel* 1998, S. 5).

3.1.5 Kopplung an das betriebliche Anreizsystem und das Reporting

Das Performance Measurement und die damit verbundenen strategischen und operativen Kennzahlen sollten stark in das **betriebliche Anreiz- und Leistungsbeurteilungssystem** integriert werden (vgl. *Eccles* 1991, S. 132ff., *Balkom et al.* 1997, S. 23 oder *Eichen/Swinford* 1997, S. 33). Ein Anreiz ist ein Übereinkommen zwischen Arbeitgeber und -nehmer, bei dem der Arbeitgeber anbietet, seinen Angestellten ein Entgelt zu bezahlen oder eine andere Form der Belohnung anzubieten (z.B. Beförderung oder lohnenswerte Versetzung) im Austausch mit der Erreichung spezieller Ergebnisse oder Ziele. Das bedeutet, daß ein Anreiz auf zuvor festgelegten Regeln oder Zielen und daraus abgeleiteten Leistungsvorgaben basiert. Um die

Anreize empirisch abzusichern, können diese mittels Befragungen auf die analysierte Werte- und Bedürfnisstruktur der Mitarbeiter ausgerichtet werden (vgl. *Ackermann* 1986, S. 28ff.). Bei einem effektiven Anreiz- und Belohnungssystem ist demzufolge der Mitarbeiterbeitrag sowie Verdienst oder die Belohnung bei der Erbringung bestimmter Leistungen vorhersehbar (vgl. grundsätzlich zur Anreiz-Beitrags-Theorie bei *March/Simon* 1958, im Zusammenhang mit Performance Measurement z.B. bei *Eichen/Swinford* 1997, S. 28).

Es läßt sich kaum bestreiten, daß ein effektives anreizbezogenes Entlohnungssystem ein sehr wirkungsvolles Instrument ist, um das Verhalten der Mitarbeiter zu beeinflussen (wenngleich auch hier kritische Anmerkungen gemacht werden können, vgl. hierzu die Übersicht bei *Scholz* 1999, S. 784). Ebenso bietet sich damit die Möglichkeit, die Ziele und Werte des Unternehmens mit individuellen Leistungsvorgaben zu koppeln und den Leistungsträgern zu kommunizieren (vgl. *Kelsey/Znameroski* 1997, S. 5 und *Eichen/Swinford* 1997, S.28).

Dies unterscheidet anreizbezogene Entlohnungssysteme von bonusbezogenen Entlohnungssystemen, bei denen die Höhe des Verdienstes erst nach der Erbringung bestimmter Leistungen festgelegt wird. Die Verdienstbemessung hängt dann vom Ermessen des Arbeitgebers ab. Da der Mitarbeiter bei einem Bonus im voraus weder weiß, welche Leistung er erbringen bzw. welche Ziele er erreichen muß, um eine Belohnung/Bezahlung zu erhalten, noch die Höhe der Belohnung kennt, ist die Möglichkeit der Beeinflussung von Verhalten und Motivation eines Mitarbeiters durch einen Bonus deutlich geringer. Demnach muß ein **Entlohnungssystem im Performance Measurement** den Ideen und Grundzügen eines effektiven Anreizsystems folgen, um das individuelle Verhalten in die richtige Richtung zu lenken. Hierzu bietet sich ein breites Spektrum an Modellen für variable Vergütungssysteme zur Realisierung an (vgl. die Zusammenstellung bei *Scholz* 1999, S. 786 sowie bei *Becker* 1997, S. 113ff.), die jeweils mit variablen Entgeldbestandteilen operieren, die sich am Grad der Erreichung der individuellen Planziele orientieren.

Für alle Teilschritte des Performance Measurement-Ablaufs, insbesondere für das Reporting der gemessenen Ergebnisse, sind ferner geeignete Hilfsmittel zu generieren. Wichtigstes Hilfsmittel zur Visualisierung der Ergebnisse sind, nicht allein auf reinen Zahlendarstellungen basierende, Berichtsbögen (welche sowohl als physische Bögen mit manueller Erfassung als auch in Form von Softwarelösungen realisiert werden können) im Rahmen des **Reporting**, welche schnell und übersichtlich den Leistungsstand der einzelnen Performanceebenen dokumentieren (vgl. *Brown* 1995, S. 65, *Gleich/Haindl* 1996, S. 270 *Trcienski/Harper* 1997, S. 21f., sowie *Mullin* 1998, S. 38).

3.1.6 Festlegung eines institutionellen Rahmens

Abschließend ist anzumerken, das auch **institutionale Regelungen** im Performance Measurement-Ablauf zu klären sind und demnach in Konzepten auch Beachtung finden sollten. Erforderlich ist zum einen eine klare Beschreibung des Performance Measurement-Prozesses, zum anderen die Aufgaben der beteiligten Organe.

Folgende Teilschritte sind im Rahmen eines **Performance Measurement-Prozesses** denkbar (vgl. *Gleich/Haindl* 1996, S. 269ff. sowie die darauf basierende weitere Ausgestaltung der Modellbeziehungen im Sinne eines Performance Measurement-Prozesses in Kap. 7.3.2 bzw. in Abb. 7-2):

Über die **Festlegung der Performanceziele** (welche an den relevanten Maßgrößen der Konzeption zu orientieren sind und aus den verschiedenen Unternehmens- und

Bereichsstrategien abgeleitet werden) je Leistungsebene und Leistungsdimension, ist als Ausgangsschritt eine **Performance-Planung** für die festgelegte Planungsperiode für alle in der Konzeption definierten Maßgrößen durchzuführen. Für manche nichtmonetären Maßgrößen wäre, zumindest in der Einführungsphase des Instrumentariums, wenn noch eine gewisse Unsicherheit bei der Planung existiert, die Festlegung von positiven und negativen **Planabweichungstoleranzen** sinnvoll. Ansonsten sind feste Planvorgaben notwendig, will man nicht Steuerungs-, Koordinations- und Beurteilungsschwierigkeiten induzieren.

Wichtigster Teilschritt innerhalb des Performance Measurement-Ablaufs ist die eigentliche **Messung**, d.h. die Erfassung der zeitpunktgenauen Ausprägungen der einzelnen Maßgrößen und die zeitnah zu erfolgende Aggregation der verschiedenen Maßgrößen sowie der Berechnung der Leistungsstandards der einzelnen Performance-Ebenen.

Neben der Messung gehört insbesondere die Aggregation der Daten zum Ablauf. Hier können Wirkungszusammenhänge erkannt werden, die für spätere Planungen zur Folgeabschätzung wichtig sind (vgl. *Kaplan/Norton* 1996 S. 75 ff.).

Die Ergebnisse der Messung werden in den **Performance-Berichten** dokumentiert.

Auf die Messung folgt die Abweichungskontrolle und -analyse, d. h. die Planwerte werden mit den ermittelten Istwerten für alle Maßgrößen und über alle Performanceebenen verglichen. Bei Planabweichungen sind Analyseaktivitäten zur Ermittlung der Abweichungsursachen durchzuführen.

Sind die Abweichungsursachen analysiert, werden im Rahmen des Teilschrittes „Performance-Management" Aktivitäten, Maßnahmen und Wege zur besseren Planzielerreichung aufgezeigt. Ist aufgrund der ungünstigen Entwicklungen keine Planerreichung möglich, kann aufgrund der geänderten Peripherie- bzw. Umweltdaten eine Planpassung der einzelnen Maßgrößen und/oder der Vorgaben bezüglich der Performanceebenen erfolgen. Eine Anpassung/Änderung sollte aber, wie oben bereits ausgeführt, möglichst erst für die nächste Planungsrunde durchgeführt werden.

Im Zusammenhang mit den **Funktionsträgern des Performance Measurement** werden in der Literatur vornehmlich die „Management Accountants" sowie die Controller als Hauptverantwortliche für den Aufbau sowie den Unterhalt von Konzepten genannt (vgl. z.B. bei *Grady* 1991, S. 53, *Evans et al.* 1996, S. 20ff. sowie *Kaplan/Norton* 1997a, S. 300).

3.1.7 Auswahl und Beschreibung unterstützender Instrumente

Weiter sollten für alle Teilschritte des Performance Measurement-Ablaufes unterstützende **Erfassungs-, Auswertungs- und Aggregationsmethoden und -instrumente** beschrieben werden (vgl. hierzu die umfassende Beschreibung der Instrumente und deren Einsatzzweck im Performance Measurement in Kap. 7.4.5.3 sowie in Abb. 7-21).

Zur Planung, Erfassung und Messung der einzelnen Maßgrößen sind zum einen die bereits existierenden unternehmensinternen Informationssysteme und Instrumente heranzuziehen (z.B. Planungssystem, Budgetierungssystem, Kostenrechnungssystem, Personalbuchhaltungssystem, Zeiterfassungssysteme, Anwendung findende Kennzahlensysteme), zum anderen sollten Möglichkeiten zur Berücksichtigung der dadurch nicht abgedeckten Maßgrößen gefunden werden. Prinzipiell sind zur Erfassung der Kennzahlenausprägungen beispielsweise Fragebögen, Interviewleitfäden, Strichlisten usw. geeignet. Die dabei ermittelten Ergebnisse sind dann vom Beurteiler in die Berichtsbögen zu übertragen.

Wichtig ist auch der flankierende Einsatz eines kontinuierlichen **Benchmarking** im Rahmen des Performance Measurement (vgl. *Eccles* 1991, S. 133, *Hazell/Morrow* 1992, S. 45). Manche Konzepte berücksichtigen diese Anforderung nur unzureichend: „A serious flaw of the balanced scorecard isn't able to answer one of the most fundamental question of all - what are our competitors doing" (vgl. *Neely et. al* 1995, S. 97).
Als weitere das Performance Measurement in den verschiedenen Phasen und Aufgaben unterstützende Instrumente werden in der Performance Measurement-Literatur vorwiegend
- das Target Costing (vgl. z.B. bei *Hronec* 1996, S. 72ff.),
- Shareholder Value-Konzepte (vgl. z.B. bei *Brunner/Sprich* 1998, S. 32 oder *Michel* 1997, S. 273ff.),
- das Activity-Based-Costing (vgl. z.B. bei *Sharman* 1995, S. 35 oder *Rummler/Brache* 1995, S. 63 und 116),
- das Total-Quality-Management (vgl. z.B. bei *Vitale/Mavrinec* 1995, S. 44) sowie
- das Time-Based-Management (vgl. z.B. bei *Lynch/Cross* 1993, S. E3-3)

genannt.

3.2 Aufbau eines Performance Measurement und Ablauforganisation

Für den Aufbau eines Performance Measurement-Konzeptes (vgl. *Eccles* 1991, S. 18ff. sowie die vielfältigen Konzeptbeispiele und -beschreibungen in Kapitel 4) sind die oben beschriebenen Sachverhalte zu realisieren. Diese sind nochmals zusammenfassend skizziert:
Zum Konzeptaufbau ist besonders die Entwicklung einer geeigneten Informationsarchitektur im Unternehmen bzw. im Anwendungsumfeld notwendig. Weiter werden die Auswahl der unterstützenden Technologien, die Integration von Leistungsanreizen in das System, die Auswahl der wesentlichen Hilfsquellen sowie geeigneter Verfahren und organisatorischer Konzepte zur Durchführung der konzeptbedingten Aufgaben als wichtige Aufbauschritte genannt.
Für die anforderungsgerechte Entwicklung der Informationsarchitektur sind die anwendungsnotwendigen Objekte (Leistungsebenen) für ein Performance Measurement entsprechend dem jeweiligen Umfeld festzulegen. Dazu gehört die Beschreibung sowie die Auswahl quantifizierbarer, die Objektleistung repräsentierender Input-, Prozeß- und Output-Kennzahlen. Deren Definition erfordert viel Sorgfalt und Diskussionen im Anwendungsumfeld. Die Kennzahlen sollten, wie ausgeführt, mit den jeweiligen Zielen und Strategien der verschiedenen Leistungsebenen korrelieren, sie sollten jederzeit (auf möglichst wirtschaftliche Art und Weise) quantifizierbar sein und schnell Rückschlüsse auf Auswirkungen von Handlungen erlauben. Ähnlich wie die sich ständig wandelnde Objektumwelt, sollte berücksichtigt und anerkannt werden, daß sich auch die jeweils objektgerechten Kennzahlen ständig wandeln können. In Ergänzung zu der Kennzahlendefinition sind die Art und Weise der notwendigen Datenerhebungen und die Regelung des Informationsflusses zu definieren.
Der Ablauf eines Performance Measurements beginnt mit der Festlegung der Performanceziele zu Beginn des objektbezogenen Planungszyklusses. Diese werden sach- und formalzielbezogen koordiniert und im Rahmen der Performance-Planung operationalisiert und quantifiziert. Am Ende des Planungszyklusses werden die zeitpunktgenauen Ausprägungen der einzelnen Kennzahlen erfaßt, gegebenenfalls aggregiert, ausgewertet, analysiert und

kommentiert. Ablaufbeteiligte sind sowohl die Leistungsträger selbst (oft wird zu einem „self assessment" angeraten), als auch die Ablaufkoordinatoren unter Hinzuziehung der jeweils relevanten Anspruchsgruppen. Hilfsmittel für den Performance Measurement-Ablauf sind zum einen die bereits existierenden unternehmensinternen Informationssysteme und informationsverarbeitenden Instrumente, zum anderen alle für die Erfassung der Kennzahlenausprägungen sowie zur Sicherstellung und Unterstützung der Inhalte des Performance Measurement-Ablaufs geeigneten Hilfsmittel und Instrumente.

3.3 Forschungsfelder in der Performance Measurement-Forschung

Die vorwiegend praxisgetriebene Entwicklung von Performance Measurement-Ansätzen und -Konzepten hat eine strukturierte theoretische Aufarbeitung des Entwicklungsstandes des Performance Measurement und neuer Steuerungsgrößen bislang noch nicht in der erforderlichen Breite und Tiefe möglich gemacht. Erste Ansätze hierzu existieren jedoch sowohl in der deutschsprachigen (vgl. *Fickert/Schedler* 1995, *Klingebiel* 1996, *Horváth/Gleich/Voggenreiter* 1997), als auch in der englischsprachigen Literatur (vgl. *Brown/Laverick* 1994, *Neely et al.* 1995, *Ittner/Larcker* 1998).
Eine umfassende Untersuchung und Charakterisierung
- der Aufgaben des Performance Measurement (z.B. Leistungsplanung, Leistungsmessung, Kennzahlendefinition, Kennzahlenauswahl, Kennzahlenpflege),
- der Evolutions- bzw. Aufbau- und Ausbaustufen zu einem Performance Measurement-System (vgl. dazu die Kritik bei *Neely* et al. 1995, S. 92ff.),
- der notwendigen Ablaufaktivitäten (z.B. Meßzyklen bei der Leistungsmessung, Reporting der Ergebnisse),
- der erforderlichen organisatorischen Anpassungen sowie der Funktionsträger,
- der unterstützenden Instrumente (z.B. zur Leistungsplanung und -messung oder zur Kennzahlenauswahl),
- der Kopplungsmöglichkeiten und -notwendigkeiten des Performance Measurement mit dem Planungs- und Informationssystem (insbesondere mit dem strategischen und operativen Planungssystem)
- sowie den Anreiz- und Entlohnungssystemen im Unternehmen

ist in den bekannten Arbeiten zum Performance Measurement, insbesondere im deutschen Sprachraum (so enthält bspw. die erste umfassende deutsche Monographie diesbezüglich nur wenig umfassende und detaillierte Informationen, vgl. *Klingebiel* 1999) noch nicht umfassend erfolgt.
Somit existiert noch keine geschlossene theoretische Analyse und Beschreibung des Performance Measurement.
Im angloamerikanischen Sprachraum fokussieren sich die Forschungsaktivitäten im Zusammenhang mit nichtfinanziellen Kennzahlen im Performance Measurement in den letzten Jahren bzw. derzeit auf drei Themenbereiche (vgl. *Ittner/Larcker* 1998, S. 218f.):
- Untersuchungen, inwieweit nichtfinanzielle Kennzahlen, sogenannte „leading indicators", als Ersatz für Kennzahlen des Rechnungswesens zur Vorhersage der zukünftigen Unternehmensleistung Verwendung finden können (z.B. *Brancato* 1995, *Foster/Gupta* 1997).

- Analysen zur Anwendung nichtfinanzieller Kennzahlen bei Unternehmen, die TQM-Konzepte oder innovative Produktionskonzepte wie z.B. JIT praktizieren (vgl. z.B. *Daniel/Reitsperger* 1991, *Abernethy/Lillis* 1995 oder *Perera et al.* 1997).
- Untersuchungen, wie nichtfinanzielle Kennzahlen in Anreiz- und Entlohnungssysteme integriert werden können (vgl. *Ittner/Larcker/Rajan* 1997, *Bushman et al.* 1996).

Ebenfalls umfassende Forschungsaktivitäten werden im Zusammenhang mit Weiterentwicklungen und Anwendungskonsequenzen des Economic Value Added-Konzepts (z.B. hinsichtlich dessen langfristiger Wirkung auf die Unternehmensleistung) sowie Performance Measurement-Anwendungen im öffentlichen Verwaltungsumfeld durchgeführt (vgl. die Zusammenstellungen bei *Ittner/Larcker* 1998, S. 209-217 sowie S. 229-234).

Erst ansatzweise theoretisch untersucht werden die Gemeinsamkeiten und Unterschiede des Performance Measurement im Vergleich zu bekannten Konzepten und Systemen der deutschen Betriebswirtschaftslehre. Erste Untersuchungen hierzu wurden in bezug auf die Leistungs- und Kennzahlenrechnung bereits angestellt (vgl. *Klingebiel* 1996, *Horváth/Gleich/Voggenreiter* 1997, S. 10ff.).

Auch eine umfassende Bestandsaufnahme und Bewertung der existierenden Performance Measurement-Konzepte ist in der englisch- und deutschsprachigen Management Accounting- und Controllingliteratur noch nicht erfolgt (vgl. dazu die Grobauswahl und -bewertung bei *Horváth/Gleich/Voggenreiter* 1997, S. 20ff. sowie die zwar umfassende, jedoch nicht strukturierte und bewertete Zusammenstellung bei *Klingebiel* 1999, S. 55ff.).

Gleiches gilt für die Untersuchung des Anwendungsstandes des Performance Measurement und der neuen Steuerungsgrößen in der Unternehmenspraxis. Hier existieren bislang, insbesondere für den deutschen Sprachraum, noch keine umfassenden empirischen Untersuchungen.

Ein Schwerpunkt bei der Darstellung des Anwendungsstandes von Performance Measurement-Konzepten in der Literatur liegt auf der Erläuterung unternehmensspezifischer Konzepte (vgl. nochmals die Aufzählung in Kap. 2.2).

3.4 Wichtige Anknüpfungspunkte in der Betriebswirtschafts- und Managementlehre

Wie die einleitenden Betrachtungen in den Kapiteln 2.2 und 3.1 gezeigt haben, existieren hinsichtlich des Performance Measurement sehr viele Anknüpfungspunkte in der Betriebswirtschafts- und Managementlehre. Skizziert wurden bzw. vertiefend betrachtet und diskutiert werden in den weiteren Ausführungen im Zusammenhang mit der Modellkonstruktion eines Performance Measurement Systems sowie der Konzeptualisierung und Operationalisierung der Subsysteme die Verbindungen

- zur strategischen und operativen Zielbildung und Planung (vgl. die Kap. 7.4.1 und 7.4.2),
- zur Stakeholdertheorie sowie zu Corporate Goverance-Überlegungen (vgl. Kap. 7.4.1.2),
- zur Kennzahlenanwendung und -pflege (vgl. die Kap. 7.4.2.4, 7.4.4 sowie 7.4.1.6),
- zu Anreiz- und Entlohnungsapekten (vgl. die Kap. 7.4.3.1 und 7.4.3.2) und
- zum Reporting bzw. Berichtswesen (vgl. Kap. 7.4.3.3).

Auf diese Verbindungen wird daher an dieser Stelle nicht weiter eingegangen.

Statt dessen sollen vier wichtige Anknüpfungspunkte des Performance Measurement in der Betriebswirtschafts- und Managementlehre, welche zwar für die Systembildung nicht die Bedeutung wie die oben genannten Sachverhalte haben, jedoch grundsätzlich dessen Ausgestaltung nicht unbeträchtlich determinieren können, näher betrachtet werden:

- Zum einen sollen die Beziehungen und Verwandtschaften des Performance Measurement zum deutschen Controlling sowie den angloamerikanischen Management-Control-Konzepten untersucht werden.
- Zum anderen ist zu klären, inwieweit Überlegungen und Theorien der neuen Institutionenökonomie die Konzeption und die Inhalte eines Performance Measurement beeinflussen können. Im Vordergrund stehen hierbei Verbindungen zur Agency-Theorie.
- Ferner wird analysiert, inwiefern das deutsche Leistungsverständnis in der Betriebswirtschaftslehre Anknüpfungspunkte zum Performance Measurement erkennen läßt und wie diese genutzt werden können.
- Schließlich soll dargestellt werden, wie verschiedene neue betriebswirtschaftliche Instrumente und Konzepte wie z.B. das Reengineering, Lean Production oder das Prozeßmanagement in Beziehung zum Performance Measurement stehen.

3.4.1 Performance Measurement und Controlling bzw. Management Control-Konzepte

Ansätze des Performance Measurement stehen in enger Beziehung mit den Management- und Organizational Control-Konzepten im englischen (vgl. z.B. *Anthony/Govindarajan* 1998, *Flamholtz* 1996) sowie den Controllingkonzepten im deutschen Sprachraum (vgl. z.B. *Horváth* 1998, *Küpper* 1996 oder *Weber* 1998a). Diese Konzepte verfolgen das Ziel, das Verhalten von Organisationsmitgliedern, insbesondere Managern so zu steuern oder zu beeinflussen, daß die Wahrscheinlichkeit der Zielerreichung steigt (vgl. *Flamholtz* 1996, S. 597). Dazu sind verschiedene Interessen- und Zielgegensätze zu klären und zum Zweck der gemeinsamen Zielerreichung kongruent zu gestalten.

Folgende Tätigkeiten sind in der Regel Bestandteile des Management Control-Prozesses (vgl. *Anthony/Govindarajan* 1998, S. 7):

- Planung der organisationsbezogenen Ziele,
- Koordination der Tätigkeiten auf den verschiedenen unternehmensbezogenen Leistungsebenen,
- Austausch von Informationen,
- Bewertung von Informationen,
- Entscheidung über Maßnahmen und
- Beeinflussung des Verhaltens von Organisationsmitgliedern.

Der „Control"-Begriff in der englischen Literatur ist ungleich weiter gefaßt als der deutsche „Kontroll"-Begriff. „Control" oder der synonym zu gebrauchende Controlling-Begriff lassen sich als Unternehmenssteuerung übersetzen (vgl. *Horváth* 1991, S. 25).

Management Control-Systeme unterstützen die *operative Umsetzung von ausgewählten Strategien*. Performance Measurement-Systeme sind Bestandteile von Management Control-Systemen mit dem speziellen Fokus auf der Unterstützung der *Strategieumsetzung* (vgl. *Anthony/Govindarajan* 1998, S. 8 und 461). Sie stellen durch ihre Verbindung von finanziellen und nichtfinanziellen Kennzahlen, ihrem Strategiebezug sowie der differenzierten Leistungsebenenbetrachtung eine Erweiterung der vorwiegend bereichsbezogenen Sach- und

Formalzielplanung in Theorie und Praxis dar. Das Performance Measurement unterstützt demzufolge eine anspruchsgruppen- und leistungsebenengerechte Zielformulierung sowie eine bessere Strategieoperationalisierung und –quantifizierung (vgl. *Gleich* 1997, S. 114).

Einschränkend ist allerdings anzumerken, daß ein Performance Measurement-System nur die Wahrscheinlichkeit der organisationsbezogenen Strategieumsetzung systematisch erhöhen soll. Der Erfolg einer Strategie hängt weiter allein von deren Inhalten ab (vgl. *Anthony/Govindarajan* 1998, S. 461).

Performance Measurement, welches wie das Controllingsystem im Schnittpunkt zwischen Planungs- und Kontroll- und Informationsversorgungssystem steht, erweitert das Controlling nicht nur in zeitlicher und adressatenbezogener Hinsicht, sondern auch bezüglich des Informationsformats (qualitative Informationen als Erweiterung der quantitativen Informationen) sowie um die nichtfinanzielle Kennzahlendimension (vgl. *Müller-Stewens* 1998, S. 37). Es ist dennoch, ähnlich wie bei Management-Control-Systemen ausgeführt, als Teil (Subsystem) des Controllingsystems zu betrachten (vgl. *Horváth et al.* 1999, S. 290).

Dies hat zur Konsequenz, daß sich Controller zukünftig von ihrer durch die Kostenrechnung geprägten internen Orientierung lösen müssen und mit neuen, vorwiegend nichtfinanziellen Steuerungsgrößen auseinandersetzen sollten, die über ihr Kerngeschäft, die unmittelbar ergebnisorientierte und stark operativ geprägte Steuerung, hinausgehen (vgl. *Weber* 1997, S. 36ff.).

Diese neuen Steuerungsgrößen sowie differenzierte Leistungsebenenbetrachtungen (insbesondere eine nachhaltige Prozeßorientierung) prägten auch maßgeblich neue betriebswirtschaftliche Konzepte (z.B. Business Reengineering, Total Quality Management, Time Based Management oder Lean Production) und beeinflussten die Überlegungen einer neuen Ausgestaltung des Management Accounting sowie von Management-Control-Systemen, in denen das Performance Measurement eine herausragende Rolle spielt (vgl. *Kaplan* 1995b, S. 11ff.).

Zwar wurden bereits in der Vergangenheit finanzielle und nichtfinanzielle Kennzahlen im Controlling eingesetzt, jedoch nicht unter dem für das Performance Measurement so bedeutenden Gesichtspunkt der Strategieumsetzung sowie konsequent auf allen oberen Leistungsebenen im Konzern, Unternehmen oder Geschäftsbereich (vgl. *Anthony/Govindarajan* 1998, S. 462).

3.4.2 Agency-Theorie und Performance Measurement

Ein Grundproblem im Performance Measurement ist das Erkennen der Leistungsindikatoren und die effektive Leistungsplanung und –steuerung auf den verschiedenen Leistungsebenen sowie die darauf basierende Leistungsbeurteilung (incl. der Leistungsmessung) im Unternehmen. Der Auftraggeber (Prinzipal, z.B. der übergeordnete Manager oder Eigentümer) hat in vielen Anwendungsfällen Schwierigkeiten die Leistung des zu beurteilenden Leistungsebenenmanagers (Agent bzw. Beauftragter) richtig einzuschätzen.

Dieses Problem wird noch dadurch verschärft, daß es in einem Unternehmen situationsabhängig möglich ist, daß ein Individuum sowohl Prinzipal als auch Agent sein kann (vgl. *Kreikebaum* 1998, S. 27) sowie je Individuum mehrere Prinzipal-Agent-Beziehungen zeitgleich vorstellbar sind.

Der Principal-Agent-Problematik liegen zwei konstituierende Merkmale zugrunde (vgl. *Pfaff/Zweifel* 1998, S. 187 sowie grundsätzlich bei *Coase* 1937 sowie *Jensen/Meckling* 1976, S. 305ff.):
- Eine asymmetrische Informationsverteilung und
- Interessenkonflikte.

Existiert eines dieser Merkmale nicht, entfällt das Principal-Agent-Problem.
Eine asymmetrische Informationsverteilung zwischen Auftraggeber und Beauftragtem (z.B. im Rahmen eines Performance Measurement) eröffnet letzterem hinsichtlich des Entscheidungsprozesses Vorteile, die er zu seinem Nutzen verwenden kann (vgl. *Kreikebaum* 1998, S. 27).
Für den Auftraggeber kann dies zu folgenden Unsicherheitstypen führen (vgl. *Alchian/Woodward* 1987, S. 113ff., *Günther* 1997, S. 44, *Kreikebaum* 1998, S. 27ff. sowie die dort jeweils aufgeführten weiteren Quellen):

- **Hidden Characteristics: Verhaltensunsicherheit bezüglich den Fähigkeiten und Qualifikationen des Managements.**
  Hierbei handelt es sich um das sogenannte „adverse selection", d.h. die Gefahr der Auswahl falscher Vertragspartner. Dies ist darauf zurückzuführen, daß dem Auftraggeber wichtige Eigenschaften des Beauftragten ex-ante nicht bekannt sind.

- **Verhaltensunsicherheit bezüglich der Fairness und dem Entgegenkommen des Managements.**
  In einem solchen Fall, dem sogenannten „**Holdup**" (vgl. *Goldberg* 1976), S. 439ff.) wurde zwar der richtige, d.h. qualifizierte agent gefunden, jedoch wissen die Auftraggeber nicht inwieweit das Management nach Vertragsabschluß sich bewußt oder unbewußt aus Sicht des Auftraggebers richtig verhalten hat (vgl. *Günther* 1997, S. 46). Ex post sind die Handlungen der Manager sowie die Kontextfaktoren für die Eigentümer nachvollziehbar.

- **Verhaltensunsicherheit bezüglich der Situationsadäquanz der Managemententscheidungen.**
  Dieser Grundtyp unterstellt, daß die Maßnahmen des Managements (der Beauftragten) zwar nachträglich nachvollzogen werden können, die Umfeldsituation jedoch nicht mehr nachvollzogen werden kann (Problem der „**Hidden Information**"). Es besteht die Gefahr der opportunistischen Situationsnutzung durch den Beauftragten (**Moral Hazard**) (vgl. *Kreikebaum* 1998, S. 28).

- **Verhaltensunsicherheiten bezüglich Fleiß, Anstrengung und Sorgfalt des Managements.**
  Unsicherheit besteht hier darin, daß der Fleiß, die Anstrengung und die Sorgfalt der Manager aufgrund der parallelen Kontexteinflüsse nicht beurteilt werden können (vgl. *Günther* 1997, S. 47). Ein gutes oder schlechtes Ergebnis kann nicht getrennt auf die Leistung des Managements oder die Einflüsse zurückgeführt werden (Problem der „**Hidden Action**").

Die aus den Problemen entstehenden Mehraufwendungen hinsichtlich der Agentenkontrolle oder zur Reduzierung der Informationsasymmetrie führen zu sogenannten Agency-Kosten (vgl. *Picot/Dietl/Franck* 1997, S. 83).

Eines der Kernziele der Principal-Agent-Theorie, die eine wichtige Teiltheorie der Neuen Institutionenökonomik darstellt (vgl. z.B. bei *Schanz* 1997, S. 142ff., *Kreikebaum* 1998 S. 19), ist es, diese Kosten zu minimieren. Ferner wirkt sie unterstützend bei der Offenlegung der Agency-Probleme sowie bei der „Beschreibung und Bewertung alternativer institutioneller Arrangements zur Problemlösung" (*Kreikebaum* 1998, S. 28).
Zur Minimierung der Agency-Kosten und der Agency-Probleme sowie zur Einschränkung des opportunistischen Verhaltens des Beauftragten eröffnen sich dem Auftraggeber zwei grundsätzliche Handlungsalternativen (vgl. *Eisenhart* 1989, S. 59ff. und *Gedenk* 1998, S. 24):

- Mit einer outputbezogenen Steuerung sollen die Ergebnisse des Beauftragten überwacht werden. Hierbei erfolgt hauptsächlich eine erfolgsabhängige Entlohnung die durch Verträge abgesichert wird. Agency-Kosten entstehen vorwiegend durch die vertragliche Vereinbarung einer Risikoprämie für den Beauftragten.
- Im Zusammenhang mit einer input- bzw. verfahrensorientierten Steuerung erfolgt eine Investition in kontrollierende und überwachende Informationssysteme, die dem Auftraggeber Anhaltspunkte über das Verhalten des Beauftragten geben sollen.

Zur Lösung von Problemen der „Hidden Action" und der „Hidden Information" werden vor allem Motivations- sowie Informations- und Kontrollmechanismen angeboten (*Günther* 1997, S. 48).
Günther fordert im Zusammenhang mit den Informationsasymmetrien und dem Aufbau eines Shareholder Value-Konzeptes im Unternehmen (vgl. Günther 1997, S. 49)

- ein unternehmenswertorientiertes Anreizsystem,
- ausgeprägte Investor Relations und
- ein unternehmenswertorientiertes Controlling.

Auch im Performance Measurement, insbesondere innerhalb der in Kap. 3.1 wiedergegebenen Konzeptbestandteile und Kernfunktionalitäten, gibt es viele Ansatzpunkte für Principal-Agent-Modelle. So beispielsweise hinsichtlich der Zuordnung eines Ergebnisanteils auf eine Leistungsebene, der strategischen und operativen Ergebniskontrolle oder der leistungsebenenbezogenen Informationsasymmetrie (vgl. zu Controllingaspekten aus Sicht der Principal-Agent-Theorie bei *Kah* 1994, S. 15)
Überträgt man die oben aufgeführten Ansätze und Ideen auf das Performance Measurement, sind auch dort entsprechende Vorkehrungen zur Reduzierung der Agency-Kosten und der Agency-Probleme zu treffen.
Maßnahmen sind hierfür:

- Die Schaffung eines leistungsadäquaten Anreizsystems für die Manager auf den verschiedenen Leistungsebenen,
- der Aufbau eines leistungsentsprechenden umfassenden Informationssystems,
- die möglichst objektive Überprüfung des Leistungsstands und der Leistungserreichung durch differenzierte Kontrollvorgänge und –mechanismen sowie
- die zyklische Definition und Überprüfung von Leistungsstandards je Leistungsebene.

Diese Anforderungen sind in einem System des Performance Measurement mit zu berücksichtigen.

Abschließend sei hierzu noch angemerkt, daß die Prämissen der Principal-Agent-Theorie normativer Art sind. Es ist fraglich ob die Grundannahmen (Informationsasymmetrie und Interessen- bzw. Zielkonflikte zwischen Auftraggeber und Beauftragten) immer der Realität entsprechen (vgl. die scharfe Kritik bei *Albach* 1997, S. 1270). So gründet auch der Großteil der Kritik an der Agency-Theorie auf der fehlenden Realitätsnähe (vgl. bei *Horváth* 1998, S. 14 sowie *Gedenk* 1998, S. 24f. und die dort aufgeführte Literatur).
Dennoch lassen sich, wie oben aufgezeigt, aus den Erkenntnissen der Theorie wichtige Ansatzpunkte für die Gestaltung und den Einsatz eines Performance Measurement-Systems ableiten, ohne daß auf, die Realität nur beschränkt oder unzureichend wiedergebende, mathematische Modelle zurückgegriffen werden soll.

3.4.3 Performance Measurement und das Leistungsverständnis in der deutschen Betriebswirtschaftslehre

In der deutschen Betriebswirtschaftslehre gibt es kein eindeutiges Äquivalent zu dem Begriff Performance Measurement. Übersetzt man „Performance" mit „Leistung" und will man hierzu eine Begriffsklärung vornehmen, wird schnell deutlich, daß sowohl in der deutschen Betriebswirtschaftslehre als auch in anderen Wissenschaftsdisziplinen eine auffallende Mehrfachverwendung des Begriffs „Leistung" anzutreffen ist (vgl. die umfassende Zusammenstellung bei *Becker* 1992, S. 16ff.).

So gibt es unterschiedliche Interpretationen des Leistungsbegriffs neben der Betriebswirtschaftslehre in der Physik, der Soziologie, der Psychologie, der Pädagogik, der Volkswirtschaftslehre, der Rechtswissenschaft sowie den Arbeitswissenschaften.

Eine allgemein gültige eindeutige Definition liefert nur der physikalische Leistungsbegriff. Demnach wird Leistung als Arbeit (Kraft x Weg) pro Zeiteinheit definiert und stellt eine genau meßbare Größe dar. Leistungseinheiten oder -dimensionen sind dabei Joule, Watt, Kilowatt oder PS.

In allen anderen Wissenschaftsdisziplinen gibt es mehrfache Deutungen des Leistungsbegriffs, beispielhaft sei dies bezüglich der Volkswirtschaftslehre skizziert. Hier wird Leistung als Tätigkeit (im Sinne der Lenkung des Produktionsprozesses) oder als Ergebnis (als hervorgebrachtes Produkt) bezeichnet (vgl. *Willeke* 1963, zitiert nach *Becker* 1992, S. 31), wobei die letztgenannte Beschreibung in der Regel als volkswirtschaftlicher Leistungsbegriff interpretiert wird. Allerdings gibt es noch andere Begriffsverwendungen und –interpretationen in der Volkswirtschaftslehre. Innerhalb der Finanzwissenschaft spricht man vom „Leistungsfähigkeitsprinzip" (auch „ability-to-pay-principle" genannt) und meint damit, daß bei dessen Anwendung die Abgabenerhebung nach Maßgabe der individuellen Leistungsfähigkeit erfolgen soll, die in der Regel am Einkommen gemessen wird (vgl. z.B. bei *Wittmann* 1975, S. 37ff. oder *Zimmermann/Henke* 1987, S. 425).

Auch im Zusammenhang mit der Zahlungsbilanz werden Leistungen bilanziert (international wird als Leistungsbilanzbegriff der Terminus „current account" verwendet, vgl. *Woll* 1984, S. 560). Dabei werden Exporte von Waren (aus der Handelsbilanz) und Dienstleistungen (aus der Dienstleistungsbilanz) sowie der Wert der vom Ausland empfangenen unentgeltlichen Leistungen (aus der Übertragungsbilanz) auf der Aktivseite als exportierte bzw. erhaltene Leistungen ausgewiesen, denen auf der Passivseite der Bilanz die Waren- und

Dienstleistungsimporte sowie der Wert der an das Ausland übertragenen unentgeltlichen Leistungen gegenübergestellt werden (vgl. *Kleinz* 1986, S. 1162). Mit dem Leistungsbilanzsaldo können Aussagen über die Änderung der Vermögensposition des Inlands gegenüber dem Ausland gemacht werden.
Obwohl jeder Wirtschaftsbetrieb eine Institution zur Erstellung von Leistungen ist, besteht in der deutschen Betriebswirtschaftslehre seit Jahrzehnten, insbesondere seit den 60er Jahren, eine große Uneinigkeit über den Leistungsbegriff, was sich möglicherweise auf verschiedene leistungsbezogene Aufgabenstellungen und Anwendungsfelder zurückführen läßt (vgl. z.B. *Beste* 1944, *Henzel* 1967, S. 43, *Mellerowicz* 1963, *Becker* 1992, S. 38ff., *Plinke* 1993, Sp. 2563).
Sortieren lassen sich einige Grundauffassungen zur „Leistung":
„Leistung wird in der Betriebswirtschaftslehre grundsätzlich entweder im Sinne von Tätigkeit und Tätigkeitsergebnis verstanden; man bezeichnet damit sowohl das Erfüllen der Betriebsaufgabe als auch das hierdurch erzielte Ergebnis" (*Mellerowicz* 1963, S. 188). Mellerowicz zieht hierbei auch den Vergleich zum Begriff „Organisation": Dieser wird sowohl für die Tätigkeit des Organisierens als auch für das Ergebnis dieser Tätigkeit, die fertige Organisation, angewandt (vgl. bereits bei *Thoms* 1936 sowie 1940, S. 19). Teilweise wird unter Leistung auch beides, d.h. Tätigkeit (synonym: Arbeitseinsatz) und Tätigkeitsergebnis (synonym: Arbeitsergebnis) verstanden (vgl. *Thoms* 1940, S. 19, *Menrad* 1975, Sp. 2288).
„Es besteht zwischen Arbeitseinsatz und Arbeitsergebnis eine polare Spannung. Das ist ein natürlicher, aber grundlegender Tatbestand. Die Leistung ist die polare Einheit von Arbeitseinsatz und Arbeitsergebnis." (*Thoms* 1940, S. 20 und Abb. 3-1). Leistungssteigerung bedeutet in diesem Sinne die Verbesserung und Optimierung der Tätigkeit sowie die Vergrößerung und Erhöhung des Tätigkeitsergebnisses unter Würdigung „...der polaren Spannung zwischen Arbeitseinsatz und Arbeitsergebnis" (*Thoms* 1940, S. 20, vgl. Abb. 3-1).
Leistung kann sich auf die individuelle Leistung des Einzelnen innerhalb eines Unternehmens sowie die Leistung eines Betriebes oder Unternehmens beziehen (vgl. *Lehmann* 1954, S. 9). Letzte hat einen generellen Charakter und weist in allen Unternehmen gemeinsame Merkmale auf, während erstere, die individuelle Leistung, von Unternehmen zu Unternehmen einen unterschiedlichen Charakter hat.

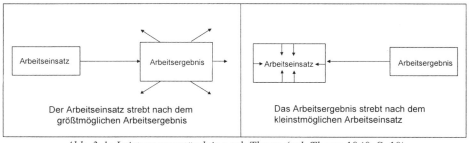

Abb. 3-1: Leistungsverständnis nach Thoms (vgl. Thoms 1940, S. 19)

Leistung läßt sich ferner beispielsweise nach folgenden Kriterien typologisieren (in Anlehnung an *Henzel* 1967, S. 43):
- nach der Art: Dienst-, Sach- und Geldleistungen, ...
- nach dem Ersteller: Mensch, Maschine, Unternehmen, Abteilung, ...
- nach der Zeit: Tages-, Nacht-, Schicht- und Stundenleistung
- nach der Qualität: gute oder schlechte Leistung
- nach dem Leistungsempfänger: Kunde, Bereiche, ...

Zusammenfassend sind zwei Leistungsauffassungen verbreitet:
Der Leistungsbegriff kann als
- produzierende Tätigkeit
  (*Leistung als Begriff des Handelns bzw. das Erfüllen der Betriebsaufgabe bzw. im oben diskutierten Sinne: Arbeitseinsatz*),
- oder als Ergebnis dieser Tätigkeit
  (*Leistung als Begriff des Seins, bzw. im oben diskutierten Sinne: Arbeitsergebnis*).

aufgefaßt werden (vgl. z.B. *Mellerowicz* 1963, S. 188, *Engelhardt* 1966, S. 159, *Hummel/Männel* 1984, S. 84).

Becker setzt sich bislang am umfassendsten und vollständigsten mit dem Leistungsverständnis in der deutschen Betriebswirtschaftslehre auseinander und bildet aufgrund sachlogischer Erwägungen insgesamt vier Klassen des Leistungsverständnisses (vgl. *Becker* 1992, S. 43ff.). Neben den zwei oben genannten (ergebnis- und tätigkeitsorientiertes Leistungsverständnis sowie die Verbindung dieser beiden Leistungsansätze [Leistung = Tätigkeit und Ergebnis]) ist dies noch ein technologisch-orientiertes Leistungsverständnis (vgl. *Becker* 1992, S. 44f.). Nachfolgend soll aufgrund der inhaltlichen Nähe des Performance Measurement zum Controlling und Rechnungswesen insbesondere das vorwiegend ergebnisbezogene Leistungsverständnis im Rechnungswesen reflektiert werden. Ferner werden noch das tätigkeits- bzw. technologisch-orientierte produktionswirtschaftliche Leistungsverständnis erörtert.

Diese Ausführungen bilden die Grundlagen für eine pragmatische inhaltliche Zusammenführung des Leistungsbegriffs, die sich eng an die Inhalte des Performance Measurement anlehnt.

3.4.3.1 Der Leistungsbegriff im Rechnungswesen

Für das externe Rechnungswesen existieren in Form der erlösbezogenen Basiskennzahl „Gesamtleistung" des Gesamtkostenverfahrens (vgl. § 275 HGB, Abs. 2) Festlegungen, was unter dem Leistungsbegriff verstanden werden kann. Demnach setzt sich dieser aus der Summe der Umsatzerlöse, der Erhöhung oder Verminderung des Bestands an fertigen und unfertigen Erzeugnissen sowie anderen aktivierten Eigenleistungen eines Unternehmens zusammen. Die letztgenannten Positionen werden unter Beachtung des Niederstwertprinzips mit ihren Herstellkosten bewertet (vgl. *Reichmann* 1993, S. 69). Demnach kann „...der in Geld ausgedrückte Wert der gesamten Ausbringung eines Geschäftsjahres als Leistung bezeichnet werden" (*Hummel/Männel* 1986, S. 83).

Im Zusammenhang mit der Kosten- und Leistungsrechnung im internen Rechnungswesen versteht man unter Leistung in der Regel „das Ergebnis einer betrieblichen Tätigkeit und zwar als absoluter Wertbegriff" (*Becker* 1992, S. 58). „Die Leistung bildet die positive Komponente des Betriebserfolgs" (*Plinke* 1993, Sp. 2563) und kann als komplementärer Begriff zu den Kosten aufgefaßt werden. Die Leistungsrechnung (auch Erlösrechnung genannt) ist das Äquivalent zur Kostenrechnung.
Nachfolgend sind einige leistungsbezogene Begriffsinterpretationen von Fachvertretern zusammengestellt:

- *Schmalenbach* bezeichnet die Leistung im Rechnungswesen als „...die den Kosten gegenüberstehende Rechnungsgröße" (vgl. *Schmalenbach* 1963, S. 10). Mit ihr wird ein bestimmtes Werteschaffen bezeichnet, sofern es sich um ein aus dem eigentlichen Betriebszweck resultierendes Werteschaffen handelt. Als Beispiele werden die von einer Maschinenfabrik hergestellten Maschinen genannt.
- *Plinke* hält sich eng an die Interpretation von *Schmalenbach* und bezeichnet Leistung als die betriebszweckbezogene Güterentstehung.

Formal definiert er die Leistung folgendermaßen (vgl. *Plinke* 1993, Sp. 2563ff.):

Leistung = Leistungsgütermenge x Leistungsgüterpreis (je Leistungsgüterart).

Die Leistungsgütermenge stellt die betriebszweckbezogene physische Entstehung von Gütern in einer Periode dar, die für den Absatzmarkt oder interne Zwecke gefertigt wurden. Darunter fallen Sachgüter, Dienstleistungen oder Rechte.
Den Wertansatz für die Leistungsgüterart bezeichnet man als den Leistungsgüterpreis.

- Ähnlich argumentieren andere Fachverteter: *Schweitzer* und *Küpper* definieren Leistung als „**bewertete**, sachzielbezogene Güterentstehung" (vgl. *Schweitzer/Küpper* 1995, S. 688). *Troßmann* bezieht diese Leistungsauffassung auf eine betriebliche Maßnahme oder eine Periode (vgl. *Troßmann* 1996, S. 357).
- *Menrad* erweitert die Leistungsauffassung und den von anderen Autoren explizit hervorgehobenen Betriebszweck und definiert Leistung als das Ergebnis dessen, was „tatsächlich oder unter bestimmten Annahmen mit der Betriebstätigkeit bezweckt wird (*Menrad* 1975, S. 2288). Leistung kann demnach auch das Ergebnis einer unternehmensbezogenen Devisenspekulation sein, die über den eigentlichen Betriebszweck (z.B. Maschinenproduktion) weit hinausgeht.
- *Hummel* und *Männel* setzen Leistungen mit Betriebserträgen gleich und sehen diese überwiegend (aber nicht ausschließlich) als das Ergebnis der betrieblichen Leistungserstellung (vgl. *Hummel/Männel* 1986, S. 82). Zur Separierung nicht betriebszweckbezogener Leistungen schlagen sie in Analogie zum neutralen Aufwand im externen Rechnungswesen eine Kategorie „neutraler Ertrag" vor. Als Beispiele hierfür nennen die Autoren nicht zurückzahlbare Subventionen oder Währungsgewinne. Ferner empfehlen sie die Kategorien „außerordentliche Erträge" (z.B. Resterlös einer Anlage höher als Buchwert) sowie „periodenfremde Erträge" (z.B. nachträgliche Steuerrückvergütungen).

- *Weber* betrachtet die Leistung heute als zumeist gewünschtes materielles und immaterielles Ergebnis eines Leistungserstellungsprozesses, konkret als produzierte Sach- oder Dienstleistung und nicht allein als deren Wert (vgl. *Weber* 1990a, S. 42). Er stellt ferner fest, daß aufgrund der „intra- und interdisziplinären Mehrdeutigkeit des Begriffes Leistung" (*Hummel/Männel* 1986, S. 84) für das interne Rechnungswesen zunehmend der geeigneter erscheinende Erlösbegriff Verwendung findet (vgl. *Weber* 1990a, S. 42). Dieser Begriff steht in direkter Verwandtschaft zum Leistungsbegriff und kann als Gegenwert der in der Periode an den Absatzmarkt abgegebenen Leistungsmengeneinheiten verstanden werden (vgl. Plinke 1993, Sp. 2564).

Nach der Sichtweise von *Weber* werden Leistungen zur Mengenkomponente von Erlösen, wobei allerdings die Bedeutung der Leistungen weit über die reine Funktion des Mengengerüsts hinausgeht (vg. *Weber* 1990b, S. 104). Eine Leistungsrechnung soll bei der Erfüllung der nachfolgend aufgeführten originären Aufgaben Hilfe leisten (vgl. *Weber* 1990b, S. 105f.):

- Leistungen sollen dazu beitragen solche Bereiche sinnvoll zu steuern, deren Output sich einer monetären Quantifizierung entzieht.
- Leistungen sind die Grundlage für die Integration jedes Unternehmensbereichs in die Unternehmensplanung.
- Durch die Erfassung und Auswertung von Leistungsinformationen können Schwachstellen und Unwirtschaftlichkeiten aufgedeckt werden.
- Speziell in den Gemeinkostenbereichen sind die Kostenrechnung ergänzende Leistungsrechnungen wichtige Motivatoren für die Bereichsmitarbeiter.

3.4.3.2 Der produktionswirtschaftliche Leistungsbegriff

Nach *Gutenberg* ist die Produktion als Kombination der Elementarfaktoren Arbeit, Material und Maschinen durch die derivativen Faktoren Planung und Organisation zum Zwecke der Leistungserstellung aufzufassen (vgl. *Gutenberg* 1983, S. 1ff. sowie zu Produktionsfaktoren *Wöhe* 1986, S. 83ff.).

Unter Leistungserstellung wird

- „...die Gewinnung von Rohstoffen in Gewinnungsbetrieben,
- die Herstellung von Erzeugnissen in Fertigungsbetrieben,
- die Bearbeitung von Rohstoffen in Veredelungsbetrieben und
- die Ausführung von Dienstleistungen durch Veredelungsbetriebe" verstanden (*Wöhe* 1986, S. 399, der *Gutenbergs* Begriffsauffassung folgt).

Die Leistungserstellung erfolgt nach deren Auffassung nur in den Funktionsbereichen Beschaffung, Transport, Lagerhaltung, Fertigung sowie in den Verwaltungsabteilungen dieser Bereiche. Der Absatz und die Finanzierung zählen nicht zu den leistungserstellenden Bereichen im Unternehmen.

Das Leistungsverständnis ist eng mit dem der Physik verbunden. Leistungen sind demnach Arbeitseinheiten pro Zeiteinheit im Sinne der Intensität einer Produktiveinheit: „Je mehr Arbeit in einem gegebenen Zeitraum erbracht wird, desto höher ist die Leistung" (*Becker* 1992, S. 44, und *Bloech/Lücke* 1997, S. 82 sowie ursprünglich bei *Gutenberg* 1983).

Eng verbunden mit dem Begriff der Leistungserstellung und deren Maßstab sind auch die technische und ökonomische Effizienz (vgl. *Adam* 1993, S. 1), die über das physikalische Leistungsverständnis hinausreichen.
Die technische Effizienz bezeichnet das Verhältnis von Output zu Faktorinput (auch Produktivität genannt), die ökonomische Effizienz (auch Wirtschaftlichkeit genannt) bezeichnet die mit Kosten und Erlösen bzw. Aufwand und Ertrag bewertete technische Effizienz (vgl. bei *Zimmermann* 1979, Sp. 520ff., *Horváth* 1991, S. 139ff., *Adam* 1993, S. 1).

3.4.3.3 Synopse: Zusammenführung der Leistungsbegriffe im Performance Measurement

Das angloamerikanische Performance Measurement verbindet durch seine Mehrdimensionalität die verschiedenen ergebnis- und tätigkeitsbezogenen sowie rechnungswesen- und produktionswirtschaftsorientierten Leistungsinterpretationen und stellt die Anbindung zur Zielplanung her.

Wie im Kapitel 2.2 ausgeführt, werden im Zusammenhang mit dem Performance Measurement die Effektivität und die Effizienz der Leistung hinsichtlich verschiedener Leistungsebenen beurteilt. Leistung wird demzufolge durch diese Wirtschaftlichkeitsmaßgrößen determiniert und gemessen. Hierzu sind verschiedene differenzierte Informationen zum Input und Output des Leistungserstellungprozesses sowie Voraussetzungen im Zusammenhang mit der operativen und insbesondere der strategischen Zielplanung notwendig:

- Das Arbeitsergebnis (Output) ist für jede Leistungseinheit eines Unternehmens (Leistungsebene) zu strukturieren, systematisch und zeitraumbezogen zu erfassen sowie gegebenenfalls qualitativ zu klassifizieren (z.B. Anzahl „guter" und „schlechter" Produkte auf Geschäftsbereichsebene oder „Anzahl fertiggestellter Arbeitspläne" je Kostenstelle und Monat oder „Anzahl bearbeiteter Investitionsanträge" je Mitarbeiter und Monat).
- Das Rechnungswesen liefert bewertete Output- bzw. Arbeitsergebnisinformationen mittels der Leistungs- bzw. Erlösrechnung sowie der Gewinn- und Verlustrechnung.
- Die bewerteten Outputinformationen sollten, sofern möglich und angemessen, getrennt werden können in „betriebszweckbezogene Leistungen", „neutrale Leistungen", „außerordentliche Leistungen" sowie „periodenfremde Leistungen".
- Der Einsatz der verschiedenen Produktionsfaktoren ist als Input ebenfalls zu strukturieren, systematisch und zeitraumbezogen zu erfassen und zu klassifizieren (z.B. in Form von Ressourcenkategorien) und vom Rechnungswesen zu bewerten (z.B. in Form von Kostenarten-, Aufwands-, Ausgaben- oder Auszahlungskategorien).
- Die Zielplanung sowie die Quantifizierung der Ziele ist auf das Arbeitsergebnis (Output) auszurichten.

Sind diese Anforderungen erfüllt, lassen sich Arbeitseinsatz und Arbeitsergebnis erfassen und (auch zielbezogen) bewerten, können die dem Performance Measurement immanenten Effizienz- und Effektivitätsgrößen gebildet werden, welche die Grundlage für eine differenzierte Leistungsbeurteilung darstellen.

3.4.4 Performance Measurement und neue betriebswirtschaftliche Instrumente

In Kapitel 3.1.7 wurde bereits ausgeführt, daß im Rahmen eines Performance Measurement einige neue betriebswirtschaftliche Instrumente wie das Benchmarking, das Target Costing, Shareholder-Value-Konzepte, das Activity-Based-Costing, das Total-Quality-Management oder ein Time-Based-Management eingesetzt werden (ausführlich erörtert in Kap. 7.3.2 bzw. zusammengefaßt in Abb. 7-2) oder eine enge Verbindung zwischen Performance Measurement-Konzepten und diesen Instrumenten existiert (am Beispiel der Kopplung der Balanced Scorecard an ein Shareholder Value-Konzept in Kapitel 7.4.4.1.1 dokumentiert).

In Anlehnung und Ergänzung der Gegenüberstellung verschiedener neuer bzw. neuerer und von der Praxis akzeptierten sowie oftmals adaptierten betriebswirtschaftlichen Instrumente bei *Gaitanides et al.* soll das Performance Measurement mittels dreier Kriterien der Gemeinkostenwertanalyse, dem Business Reengineering sowie dem Prozeßmanagement gegenübergestellt werden (vgl. *Gaitanides et al.* 1994, S. 11, vgl. auch bei *Scholz* 1992b sowie die grundsätzliche Diskussion bei *Ahn/Dyckhoff* 1997):

- der organisatorischen Effizienz (im Sinne einer Ressourcen-/Leistungsbeziehung),
- der organisatorischen Effektivität (im Sinne einer Unternehmens-/Marktbeziehung) sowie
- der organisatorischen Entwicklung (im Sinne einer Gegenwarts-/Zukunftsbeziehung).

Die Instrumente der Gemeinkostenwertanalyse, des Business Reengineering sowie des Prozeßmanagement wurden von *Gaitanides et al.* bewertet sowie klassifiziert und in der vorliegenden Form übernommen, die vergleichende Einordnung des Performance Measurement wurde vom Verfasser vorgenommen (vgl. Abb. 3-2).

Die von der Beratungsfirma McKinsey Inc. entwickelte und angewandte Gemeinkostenwertanalyse (vgl. *Roever* 1982, *Lisson* 1989 sowie die Darstellung bei *Küpper* 1995, S. 308ff.) ist auf die Analyse des Kosten-Nutzen-Verhältnisses der Kostenstellenleistungen ausgerichtet. Dazu sollen Kosten ohne gleichzeitige Nutzeneinsparung reduziert werden, indem kreativitätsfördernde Instrumente zur Ideenfindung auf der mittleren Managementebene eingesetzt werden.

Gemeinkostenwertanalysen können sehr erfolgreich sein, sind allerdings auch sehr aufwendig und werden nur aperiodisch eingesetzt.

Sowohl die organisatorische Effektivität wird in diesem Ansatz vernachlässigt (statt dessen ist das Ziel vorwiegend die Schaffung einer „funktionalen Exzellenz" [*Gaitanides* et al. 1994, S. 11] ohne das unternehmensbezogene Gesamtoptimum zu verfolgen bzw. zu erreichen) als auch die organisatorische Entwicklung. Letztere vorwiegend durch den aperiodischen Charakter und die damit verbundene Nichtberücksichtigung von Instrumenten zur kontinuierlichen Leistungssteigerung im Sinne eines Kaizen-Ansatzes (vgl. *Imai* 1986, S. 24) sowie die mangelnde strategische Anbindung.

„Business Reengineering und Prozeßmanagement setzen als prozeßorientierte Gestaltungsansätze sowohl an der Ressourcen-/Leistungsbeziehung, als auch an der Unternehmens/Marktbeziehung an" (*Gaitanides et al.* 1994, S. 12).

Business Reengineering (vgl. *Hammer/Champy* 1994), auch Business Process Reengineering genannt, hat die radikale Reorganisation und Erneuerung eines Unternehmens und dessen strategischer Ausrichtung zum Ziel. Ausgangspunkt des Konzeptes ist die Ermittlung der Kundenzufriedenheit. Darauf aufbauend werden top-down neue organisatorische Gestaltungsformen ermittelt und umgesetzt. Angelpunkt des Konzeptes sind Kernkompetenzen und Geschäftsprozesse bzw. -prozeßketten (vgl. hierzu auch *Reiß* 1994, S. 13).

Schwachstellen hat das Reengineering hinsichtlich der kontinuierlichen, bottom-up-geprägten organisatorischen Entwicklung (vgl. die Gegenüberstellung bei *Schuh/Dresse* 1996, S. 5-45), die den systemimmanenten Ausprägungen (fundamentaler, quantensprungartiger Fortschritt [vgl. *Hammer/Champy* 1994, S. 12ff.]) entgegenläuft (zu weiteren Risiken vgl. *Reiß* 1994, S. 15ff.).

Veränderte Umweltbedingungen – insbesondere in einem turbulenten Marktumfeld – lassen durch den einmaligen Instrumenteneinsatz erzielte Wettbewerbsvorteile schnell schrumpfen und erzwingen so weitere Veränderungen bzw. Neuausrichtungen in den Prozessen, um die Wettbewerbfähigkeit zu sichern. Dieses zusätzliche, permanente Hinterfragen der Prozeßstrukturen und der Prozeßleistung im Hinblick auf den Kunden und den Markt ist ein wesentlicher Schwerpunkt des Prozeßmanagements (vgl. *Gaitandes et al.* 1994, S. 9ff., *Gaitanides* 1983 sowie die Ausführungen bei *Gleich/Schimpf* 1999, n.o.S.).

Ferner zeichnet sich das Prozeßmanagement durch
- eine ganzheitliche Betrachtung des Unternehmensgeschehens bzw. des Wertschöpfungsprozesses,
- eine Kundenorientierung in dem Sinne, daß bei der Prozeßsteuerung alle vom Kunden wahrgenommenen Leistungsdimensionen berücksichtigt werden sowie
- kontinuierliche Prozeßverbesserungen über eine permanente Anpassung an wandelnde Umweltbedingungen und sich verändernde Ziele und Zielbeziehungen zur langfristigen Steigerung der Wettbewerbsfähigkeit

aus.

Auch das Performance Measurement unterstützt kontinuierliche organisatorische Entwicklungen. Hierzu werden (wie beim Prozeßmanagement, vgl. *Gaitanides et al.* 1994, S. 12) Instrumente für eine gesteuerte kontinuierliche Leistungsentwicklung zur Verfügung gestellt, die über Zustands- bzw. Kennzahlenausprägungen berichten können sowie deren kontinuierliche Verfolgung und (gewünschte) Beeinflussung sicherstellen.

Im Blickpunkt stehen dabei nicht nur Prozesse, sondern alle relevanten Leistungsebenen (vgl. die Kap. 3.1.1, 7.4.1.3 und 7.4.2.2).

Ferner erfolgt keine alleinige Fokussierung auf Kundenerwartungen sondern eine ausgewogene Ausrichtung an den Erwartungen aller wichtigen Stakeholder eines Unternehmens.

	Gemeinkosten-wertanalyse	Business Reengineering	Prozeß-management	Performance Measurement
Gegenwarts-/ Zukunft-Beziehung (organisatorische Entwicklung)			Kontinuierliche Entwicklung der Kernkompetenzen	Kontinuierliche Entwicklung der Unternehmens-leistung
Unternehmens-/ Markt-Beziehung (organisatorische Effektivität)		Ausrichtung der Prozeßleistung an aktuellen Markt-erfordernissen	Ausrichtung der Prozeßleistung an aktuellen Markt-erfordernissen	Ausrichtung der Leistung aller Leistungsebenen an den aktuellen und zukünftigen Stake-holdererwartungen
Ressourcen-/ Leistungs-Beziehung (organisatorische Effizienz	Kostenstellen-bezogene Produktivitäts-steigerung	Vitalisierung tradierter Geschäftsstrukturen durch Prozeß-orientierung	Vitalisierung tradierter Geschäftsstrukturen durch Prozeß-orientierung	Vitalisierung tradierter Geschäfts-strukturen durch Prozeß-, Bereichs- und Mitarbeiter-orientierung

Abb. 3-2: Performance Measurement im Vergleich (in Erweiterung von Gaitanides et al. 1994, S. 11)

Das Performance Measurement kann auch mit den zunehmend populären Total Quality Management-Konzepten sowie den damit verbundenen Qualitätspreisen wie dem Malcom Baldrige Award oder dem European Quality Award verglichen werden (vgl. auch die weiteren Ausführungen sowie die Quellenhinweise in Kap. 8.2.1.1.9).

Die international verliehenen Qualitätsauszeichnungen sind entstanden, um ein umfassendes Qualitätsmanagement in den Unternehmen zu fördern. Sie sind in mehreren Fällen auch als wirtschaftspolitische Instrumente zu betrachten, die die Wettbewerbsfähigkeit eines Landes systematisch fördern sollen (vgl. *Malorny* 1996, S. 268). In Japan wurde der japanische Deming-Price schon in den 50er Jahren verliehen. Die USA folgten weit später im Jahr 1988 der MBNQA (Malcolm Baldridge National Quality Award). Neben lokalen Preisen wird der EQA (European Quality Award) in Europa seit 1992 von der E.F.Q.M. vergeben. Er ist umfassender als der MBNQA, jedoch keine eigenständige europäische Konzeption, da er in Anlehnung an diesen entstanden ist (vgl. *Malorny/Kassebrohm* 1994, S. 225 sowie *Schneider* 1998, S. 370ff.). Der EQA wird dem europäischen Kulturkreis gerecht, bleibt im Kern jedoch mit den Qualitätsauszeichnungen in den USA und Japan vergleichbar, da die dortigen Erfahrungen in das Modell eingeflossen sind (vgl. *Zink* 1994, S. 14).

Mit der Entscheidung an einer bestimmten Auszeichnung teilzunehmen, sind Unternehmen über Jahre hinweg gezwungen, die systematische Anwendung der TQM-Modelle zu verfolgen (vgl. das EFQM-TQM-Modell bei *Schneider* 1998, S. 371, das MBNQA-TQM-Modell in Kap. 8.2.1.1.9).

Wie eingangs dargestellt, birgt die Fokussierung auf den Faktor „Qualität" im Rahmen von TQM-Ansätzen trotz zweifellos in vielen Anwendungsfällen beeindruckender nichtfinanzieller Erfolge die Gefahr, daß mittel- bis langfristig keine positive Auswirkung auf die Ergebniskomponente verzeichnet werden kann (vgl. nochmals *Stalk/Weber* 1993, S. 93ff., *Kaplan/Norton* 1997a, S. 31 und 145 sowie die Studie von *Chenhall* 1997).

Das Performance Measurement versucht diese einseitige Ausrichtung zu umgehen. Einige Konzeptentwickler behalten zwar auch bewußt eine starke Konzentration auf finanzwirtschaftliche Ergebnisse bei (vgl. z.B. die Argumente im Zusammenhang mit der Balanced Scorecard, *Kaplan/Norton* 1997a, S. 32). Die Steuerung eines Unternehmens erfolgt allerdings nicht allein aufgrund verzerrter oder hoch aggregierter Finanzkennzahlen, sondern unter Beachtung der kausalen Zusammenhänge verschiedenster mehrdimensionaler Kennzahlen und unter Berücksichtigung finanzieller Zielvorgaben.

Ferner unterscheidet sich das Performance Measurement durch die bewußte Integration in die Planungs- und Steuerungssysteme eines Unternehmens sowie auch deren Ergänzung und Erweiterung vom Qualitätsmanagement. Performance Measurement ist demnach ein Instrument zur Selbststeuerung, während die Qualitätsmanagementkonzepte vorwiegend der Selbstbewertung dienen.

4 Konzepte des Performance Measurement

In den letzten Jahren wurden von diversen Entwicklern, vorwiegend im angloamerikanischen Sprachraum, Ansätze und Ideen zum Aufbau und der Anwendung eines Performance Measurement aufgezeigt, so daß mittlerweile mehr als ein Dutzend ausschließlich zu Performance Measurement-Zwecken entwickelte Konzepte existieren.

Federführend entwickelt wurden die Konzepte von drei unterschiedlichen Interessengruppen: von Wissenschaftlern, von Beratern sowie von Unternehmen.

Als Ergebnis dieser Entwicklungsarbeiten entstand eine große Bandbreite von Konzepten: von einfachen, nur Kosten-, Zeit- und Qualitätskennzahlen unstrukturiert verbindenden Konzepten, bis hin zu softwaregestützten mathematisch hochkomplexen Modellen.

Der Vergleich sowie die Beurteilung der verschiedenen Performance Measurement-Konzepte empfiehlt sich anhand von Kriterien, welche den Charakter des Performance Measurement widerspiegeln (vgl. die Ausführungen in Kap. 3.1):

- Die Visions- und Strategieanbindung,
- der Einsatz einer stakeholderbezogenen Zieldifferenzierung,
- die Berücksichtigung verschiedener Leistungsebenen,
- die Modalitäten der Leistungsmessung oder
- die Integration eines Performance Managements sowie kontinuierlicher Verbesserungsaspekte.

Dies wird nach der Vorstellung der Konzepte in Kapitel 4.4 erfolgen.

In Abb. 4-1 sind die in den nachfolgenden Kapiteln beschriebenen Performance Measurement-Konzepte im Überblick dargestellt.

Da eine Trennung in solche Konzepte, die durch die Wissenschaft und solche, die durch die Beratungspraxis entwickelt wurden oftmals sehr schwierig und wenig eindeutig ist, da z.B. Berater im Rahmen der Konzeptentwicklung mit Wissenschaftlern zusammenarbeiten bzw. deren Rat einholen, wurde darauf verzichtet.

Ferner sind viele konzeptionelle Lösungen der Wissenschaft und Beratungspraxis von Performance Measurement-Ausgestaltungen der Praxis inspiriert (was z.B. bei der Balanced Scorecard der Fall war).

Getrennt wurde daher in der Überblicksdarstellung sowie der Gliederung nur in zwei Entwicklergruppen,

- in konzeptionelle Vorschläge zum Performance Measurement aus der Beratungspraxis und der Wissenschaft sowie
- in Performance Measurement-Konzepte aus der Unternehmenspraxis, d.h. Konzepte die durch Veröffentlichungen der Unternehmen bekannt wurden und sich von Lösungen der anderen Gruppe maßgeblich unterscheiden.

4. Konzepte des Performance Measurement

Entwicklungs-umfeld	Entwicklungsziel	Konzepte
Wissenschaft und/oder Beratungspraxis	Entwickelt auf Basis von Forschungarbeiten in Universitäten oder hochschul-nahen Institutionen, daher konzeptionell wissenschaftlich geprägt. Meist im Praxisumfeld (oft in Form von Kooperationen mit Beratern oder Unternehmen) umfangreich getestet und durch Praxisanwendungen verbessert. *Ferner:* In der Beratungspraxis (oftmals unter Heranziehung von Wissenschaftlern) entwickelte sehr umfeldflexible Performance Measurement-Konzepten zur Lösung von Leistungsmessungs- und –managementproblemen in verschiedenen Anwendungs-feldern.	• **Data Envelopment Analysis**, Kap. 4.1.1 (vgl. *Charnes/Cooper/Rhodes* 1978) • **Performance Measurement in Service Businesses**, Kap. 4.1.2 (vgl. *Fitzgerald et al.* 1991 und 1996) • **Balanced Scorecard**, Kap. 4.1.3 (vgl. *Kaplan/Norton* 1992a sowie 1997) • **Tableau de Bord**, Kap. 4.1.4 (vgl. *Lebas* 1994) • **Productivity Measurement and Enhancement System (PROMES)**, Kap. 4.1.5 (vgl. *Kleingeld* 1994) • **Performance Measurement Model**, Kap. 4.1.6 (vgl. *Rose* 1995) • **Performance Pyramid**, Kap. 4.1.7 (vgl. *Lynch/Cross* 1991 und 1994) • **Quantum Performance Measurement-Konzept**, Kap. 4.1.8 (vgl. *Hronec* 1993 und 1996) • **Ernst &Young-Konzept**, Kap. 4.1.9 (vgl. *Taylor/Convey* 1993) • **Business Management Window**, Kap. 4.1.10 (vgl. *Bull* 1993)
Unternehmens-praxis	Entwicklung von umfeldgerechten Performance Measurement-Konzepten zur Lösung von vorwiegend unternehmens-spezifischen Leistungsmessungs- und –managementproblemen	• **J.I. Case-Konzept**, Kap. 4.2.1 (vgl. *Sellenheim* 1991) • **Caterpillar-Konzept**, Kap. 4.2.2 (vgl. *Hendricks et al.* 1996) • **Konzept von Honeywell Micro Switch**, Kap. 4.2.3 (vgl. *Newton* 1997) • **Hewlett-Packard-Konzept des internen Marktes**, Kap.4.2.4 (vgl. *Holzmüller* 1996, *Gleich* 1997)

Abb. 4-1: Überblick über die beschriebenen Performance Measurement-Konzepte

Bezüglich der federführend von Beratungsgesellschaften entwickelten Konzepte, erfolgte eine Beschränkung auf vier Ansätze, da sich die verschiedenen Lösungen dieser Entwicklungsgruppe oft nur wenig voneinander unterscheiden. Einen Überblick über weitere, hier nicht weiter aufgeführte Beratungskonzepte gibt *Klingebiel* (vgl. *Klingebiel* 1999, S. 63ff.).

Nicht aufgeführt sind auch, wie oben erläutert, jene Performance Measurement-Konzepte deutscher Unternehmen, die in Form von Fallstudien ausführlich beschrieben werden. Die Trennung wurde vollzogen, da der Verfasser die in den Fallstudien dokumentierten

Anwendungen maßgeblich mitgestaltet hat (vgl. die weiteren Anmerkungen zu Beginn des Kapitels 6).
Eine Ausnahme bildet die Beschreibung des Hewlett-Packard-Konzeptes. Dieses wurde zwar vom Verfasser dieser Arbeit erstmalig in der deutschen Literatur beschrieben, jedoch nicht von diesem mitgestaltet. Aus diesem Grund wurde die Konzeption in diesem Kapitel mit berücksichtigt.

4.1 Konzepte von Wissenschaftlern und/oder der Beratungspraxis

4.1.1 Data Envelopment Analysis

Die Data Envelopment Analysis (vgl. *Charnes/Cooper/Rhodes* 1978) ist ein Verfahren zur Messung der relativen Effizienz von Organisationseinheiten. Das Verfahren basiert auf der linearen Programmierung und wird vorwiegend dann eingesetzt, wenn viele Input- und Outputgrößen einen Leistungsvergleich erheblich erschweren.
Anhand der Konstruktion einer empirischen Produktionsfunktion sowie mittels der Bestimmung einer verdichteten Spitzenkennzahl, der produktiven Effizienz, erfolgt die Messung der Leistung einer Organisationseinheit.
Existieren lediglich ein Input sowie ein Output, bestimmt sich die organisationsbezogene Produktivität als Quotient aus Input zu Output. Sind mehrere Input- und Outputfaktoren zu berücksichtigen, umgeht die DEA „die Gewichtungsproblematik traditioneller Verfahren, indem sie jeder Organisationseinheit die Bestimmung einer maximalen Gesamtkennzahl ermöglicht" (*Brokemper* 1995, S. 242). Technisch effiziente Organisationseinheiten stellen Referenzeinheiten dar, wenn ein vorgegebenes Ziel (vorwiegend 1 oder 100%) realisiert ist. In diesem Fall sind sie in mindestens einer relevanten Leistungsdimension den anderen Vergleichspartnern (andere Organisationseinheiten) überlegen (vgl. *Werner/Brokemper* 1996, S. 165). Über die lineare Programmierung werden den ineffizienten Organisationseinheiten Wege zur Steigerung der Effizienz aufgezeigt, um entsprechende Verbesserungsmaßnahmen initiieren zu können.
Abb. 4-2 zeigt für einen Leistungsvergleich von Lagerbereichen in der Maschinenbaubranche die Ergebnisse einer Data Envelopment Analysis (vgl. *Gleich/Brokemper* 1998b). Hierbei wurden die Teilproduktivitäten „Anzahl der Einlagerungen je (Lager-)Mitarbeiter" sowie „Anzahl der Teilebereitstellungen je (Lager-)Mitarbeiter" gebildet. Best-in-class sind im Beispiel die Unternehmen S-2 und S-1. Alle anderen Unternehmen werden durch eine Effizienzgrenze umhüllt.
Die Analysen auf Basis der Data Envelopment Analysis können somit beispielsweise dazu genutzt werden, einen idealen Benchmarking-Partner ausfindig zu machen. Die Lage eines Unternehmens im Koordinatensystem gibt Aufschluß über das Verhältnis, in dem Einlagerungen zu den Teilebereitstellungen stehen und zeigt mögliche Vergleichspartner für eine methodisch fundierte Verbesserung der Teilproduktivitäten auf.

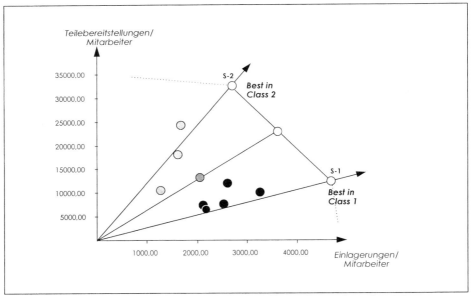

*Abb. 4-2: Data-Envelopment-Analysis am Beispiel eines Lagerbereichs
(vgl. Gleich/Brokemper 1998b, S. 13/84)*

Die nachfolgende Abbildung beinhaltet die Beschreibung der charakteristischen Eigenschaften und nennt die wesentlichen Anwendungsvoraussetzungen für den Einsatz einer Data Envelopment Analysis (vgl. *Schefczyk* 1996, S. 168 und *Brokemper* 1995, S. 243):

Eigenschaften	Einsatzvoraussetzungen
• Verfahren mit deterministischer Produktionsfunktion	• Existenz zahlreicher Vergleichseinheiten
• Nicht parametrisches Verfahren mit induktiver und implizierter Produktionsfunktionsschätzung	• Identifikation des Transformationsprozesses
• Mathematisches Programmierungsmodell zur Schätzung einer „best-practice-Produktionsfunktion"	• Quantifizierung des Inputs und des Outputs

Abb. 4-3: Eigenschaften und Einsatzvoraussetzungen der Data Envelopment Analysis

Die Data-Envelopment-Analysis ist sowohl in Deutschland (vgl. z.B. bei *Schefczyk/Gerpott* 1995, S. 335ff. und 1996, S. 211ff., *Schefczyk* 1996, S. 167ff., *Werner/Brokemper* 1996, S. 164ff.) als auch in englischsprachigen Ländern (vgl. die Zusammenstellung bei *Werner/Brokemper* 1996, S. 166-168) mittlerweile ein gebräuchliches Instrument zur Leistungsanalyse und für Leistungsvergleiche.

4.1.2 Performance Measurement in Service Businesses

Die Studie der englischen Wissenschaftler basiert auf einem in den Jahren 1987-89 durchgeführten Forschungsprojekt des Chartered Institute of Management Accountants

4. Konzepte des Performance Measurement

(CIMA) zur Ausgestaltung des Performance Measurement in serviceorientierten Dienstleistungsunternehmen (vgl. *Fitzgerald et al.* 1991 und *Fitzgerald/Moon* 1996).
Im Rahmen der Projektarbeiten wurden zunächst drei Basistypen von Dienstleistungsunternehmen identifiziert (vgl. *Fitzgerald et al.* 1991, S. 9ff.):
- Professional Service-Betriebe (z.B. Wirtschaftsprüfungsgesellschaften oder Ingenieurbüros),
- Service Shops (z.B. Handel, Banken und Versicherungen) und
- Massen-Service-Betriebe (z.B. Transportgesellschaften).

Diese Typen lassen sich zum einen anhand der Kundenkontakte je Tag und Betrieb klassifizieren, zum anderen anhand der sechs nachfolgenden Klassifikationskriterien (vgl. *Fitzgerald et al.* 1991, S. 9 sowie bei *Fickert/Schedler* 1995, S. 391):
- Notwendige Kontaktzeit bei der Kundenbetreuung,
- Kundenspezifizierungsgrad,
- Notwendige Diskretion den Kunden gegenüber,
- Servicefokus (persönlicher Service oder Serviceleistung durch Ausstattung),
- Front- vs. Backoffice-Orientierung und
- Produkt- vs. Prozeßorientierung.

In der Abb. 4-4 sind die drei Basistypen von Dienstleistungsunternehmen mit Hilfe der Klassifikationskriterien beschrieben.
Zur Unterscheidung von anderen Branchen und Produkten wurde festgelegt, daß sich Dienstleistungen (Serviceoutput) anhand der charakteristischen Merkmale Immaterialität, Herterogenität, Simultanität und Vergänglichkeit beschreiben lassen (vgl. auch bei *Fitzgerald/Moon* 1996, S. 7).

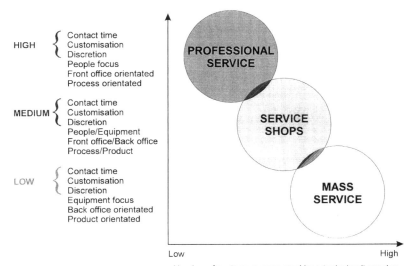

Abb. 4-4: Klassifikation der Dienstleistungsunternehmen (vgl. Fitzgerald et al. 1991, S. 12)

Im Vorfeld der Anwendung eines Performance Measurements waren nach Ansicht der Wissenschaftler drei grundlegende Fragen zu klären:
- Was soll gemessen werden?
- Wie werden Vorgaben festgelegt?
- Wie werden Zielerreichungen belohnt?

Bei der Ausgestaltung der Meßdimensionen wurde darauf geachtet, daß nicht nur finanzielle Größen, sondern auch wichtige nichtfinanzielle Größen mitberücksichtigt werden. Damit sollten besonders service-relevante Erfolgskriterien wie Qualität, Serviceleistung oder Flexibilität in die Leistungsmessung mit integriert werden. Weiter wurden Anforderungen anderer Performance Measurement-Konzepte mit in die Überlegungen einbezogen (genannt wurden die Balanced Scorecard, vgl. *Kaplan/Norton* 1997a und Kap. 4.1.3, sowie die Performance Pyramid, vgl. *Lynch/Cross* 1991 sowie 1994 und Kap. 4.1.7).

Demnach sollten Performance Measures einen Bezug zur Unternehmens- oder Geschäftsfeldstratgie aufweisen und sowohl interne als auch externe Kennzahlen konzeptionell berücksichtigt werden. Ferner sind finanzielle und nichtfinanzielle Kennzahlen anzuwenden und die verschiedenen Kennzahlenzusammenhänge zu untersuchen und zu verdeutlichen.

Die entwickelte Matrix der Leistungsmessungskategorien teilt sich in Ergebnis- und in Ergebnistreiberbereiche auf. Die Ergebnisse spiegeln dabei den Erfolg von in der Vergangenheit getroffenen Entscheidungen sowie der Strategie wider, während mit den Ergebnistreibern die augenblicklichen Ergebnisse sowie die zukünftigen Ergebnispotentiale transparent gemacht werden sollen.

Die beiden Leistungsdimensionen „Competitiveness" und „Financial" werden dem Ergebnisbereich (Results) zugeordnet, die weiteren vier Leistungsdimensionen „Service Quality", „Flexibility", „Resource utilisation" und „Innovation" dem Ergebnistreiberbereich (Determinants).

In Abb. 4-5 ist der Rahmen für eine Leistungsmessung in Dienstleistungsunternehmen anhand der kurz beschriebenen Leistungsbereiche und Leistungsdimensionen sowie der einsetzbaren Kennzahlen aufgezeigt (vgl. *Fitzgerald et al.* 1991, S. 8).

Der Rahmen zur Leistungsmessung wird um ein Konzept zur Festlegung der (Ziel-)Vorgaben sowie zur Ausgestaltung von Belohnungen ergänzt. Die Festlegung der Zielvorgaben ist von der Einbeziehung der Manager in die Zielvorgabe, die Erreichbarkeit der Ziele sowie der anwendungsbereichsübergreifenden Vergleichbarkeit abhängig (vgl. *Fitzgerald/Moon* 1996, S. 12f.).

Belohnungssysteme müssen für alle Beteiligten klar und verständlich sein, Motivationsaspekte integrieren sowie auf die wirklichen Verantwortungs- und Einflußbereiche von Managern bezogen sein (vgl. *Fitzgerald/Moon* 1996, S. 13f.).

Das von *Fitzgerald et al.* entwickelte Grundkonzept wurde in mehreren britischen Serviceunternehmen erprobt und weiterentwickelt (bspw. bei TNT, Peugeot Dealership Network und Arthur Andersen, vgl. *Fitzgerald/Moon* 1996, S. 17ff.). Als Ergebnis der praxisbezogenen Pilotanwendungen und Untersuchungen wurden fünf Basisanforderungen an ein Performance Measurement-System formuliert (vgl. *Fitzgerald/Moon* 1996, S. 106ff.):

- *Know what you are trying to do!*
  Strategien und Ziele von Unternehmen sind festzulegen und zu kommunizieren.
- *Adopt a range of measures!*
  Kennzahlen sind anhand der sechs Leistungskriterien festzulegen.
- *Extract comparative measures to assess performance outcomes!*
  Leistungsanforderungen sind bspw. durch Benchmarking festzulegen.
- *Report results regularly!*
  Ergebnisse sind den Managern regelmäßig und zeitnah zu berichten.
- *Drive the system down from the top!*
  Performance Measurement-Systeme sind auf allen Leistungsebenen anzuwenden und sollten von allen Beteiligten akzeptiert werden.

	Dimensions of performance	Types of measures
RESULTS	Competitiveness	Relative market share and position
		Sales growth
		Measures of the customer base
	Financial	Profitability
		Liquidity
		Capital structure
		Market ratios
DETERMINANTS	Service quality	Reliability
		Responsiveness
		Aesthetics/appearance
		Cleanliness/tidiness
		Comfort
		Friendliness
		Communication
		Courtesy
		Competence
		Access
		Availability
		Security
	Flexibility	Volume flexibility
		Delivery speed flexibility
		Specifikation flexibility
	Resource utilisation	Productivity
		Efficiency
	Innovation	Performance of the innovation process
		Performance of individual innovations

Abb. 4-5: Rahmen der Leistungsmessung

Diese Anforderungen repräsentieren Basisbestandteile eines Performance Measurement (über alle Organisationsbereiche und –formen), die realisiert bzw. berücksichtigt sein müssen, um aus einem Performance Measurement-Konzept ein effektives Managementinstrument zu formen.

4.1.3 Balanced Scorecard

Als wichtigstes Konzept des Performance Measurements läßt sich die Balanced Scorecard nennen. Die Balanced Scorecard (eine vielgebräuchliche, jedoch wenig glückliche, weil irreführende deutsche Übersetzung hierfür ist „ausgewogener Berichtsbogen") ist ein derzeit weltweit vieldiskutiertes Management- und Controllingkonzept, zur mehrdimensionalen, vorwiegend strategischen Planung und Steuerung eines Unternehmens oder Geschäftsbereichs.

Entstanden ist die Balanced Scorecard infolge von Projekten mit einer „Corporate Scorecard" beim amerikanischen Halbleiterhersteller Analog Devices. Diese „Corporate Scorecard" beinhaltete neben finanziellen Kennzahlen nichtfinanzielle Maßgrößen zum Kundenverhalten, zu unternehmensinternen Abläufen und für die Produktentwicklung (vgl. *Kaplan* 1995, S. 68). Der Harvard-Professor *Robert S. Kaplan* und der Unternehmensberater *David P. Norton* entwickelten in einem langjährigen Forschungsprojekt aus dem Anfangskonzept in Kooperation mit insgesamt zwölf Praxispartnern aus unterschiedlichen Branchen die Balanced Scorecard. Im Harvard Business Review January-February 1992 wurde erstmals von den Ergebnissen der gemeinsamen Arbeit berichtet (vgl. *Kaplan/Norton* 1992a, S. 71ff.).

4.1.3.1 Idee und Grundlagen des Konzeptes

Mit der Balanced Scorecard sollen die jeweiligen Anwender (in der Regel das Geschäftsbereichs- oder Unternehmensmanagement) schnelle sowie ziel- und strategieadäquate Entscheidungen treffen können. Kernidee dieses Konzeptes ist die Berücksichtigung unterschiedlicher Sichten (Customer Perspective, Internal Business Perspective, Innovation and Learning Perspective, Financial Perspective) bei der Leistungsbeurteilung eines Unternehmens oder eines Geschäftsbereiches als Grundlage zu deren Planung und Steuerung, unter Beachtung der sichtenübergreifenden Zusammenhänge und unter Hinzuziehung von sichtenspezifischen Maßgrößenbündeln (vgl. *Kaplan/Norton* 1992a, S. 71ff.). Hierbei wird, wie oben bereits ausgeführt, ein Hauptaugenmerk auf die „Vorsteuergrößen" gelegt, d.h. nicht nur die Vergangenheit reflektierende finanzielle Kennzahlen werden zur Unternehmensbeurteilung und -steuerung eingesetzt, sondern auch Maßgrößen zur Abschätzung der jeweiligen Wachstumsmöglichkeiten.

Eine gute Balanced Scorecard basiert daher auf strategischen Überlegungen, d.h. die Kennzahlen und Kennzahlenplanvorgaben der Balanced Scorecard geben die strategische Ausrichtung wieder bzw. sollen die Realisierung der strategischen Vorgaben sicherstellen helfen.

Zur Umsetzung dieser Ansprüche entwickelten Kaplan und Norton die vier miteinander verketteten Perspektiven der Balanced Scorecard:

- Die Financial Perspective enthält die notwendigen Finanzkennzahlen (z.B. Cash Flow, Unternehmenswert, Aktienkurs, Shareholder Value). Diese sind speziell für die (aktuellen oder potentiellen) Kapitalgeber zur Beurteilung der gegenwärtigen Unternehmensposition notwendig und sind demnach als wichtigste Ergebniskennzahlen des Unternehmens anzusehen. Die finanziellen Leistungsmaßstäbe sollten konkret offenlegen, ob eine

ausgewählte und umgesetzte Strategie z.B. zur geplanten Verbesserung der Betriebsergebnisse oder des Unternehmenswertes geführt hat.
- Die generelle Vision vom (ergebnisbringenden) Dienst am Kunden („How do customers see us?") wird in den wettbewerbsrelevanten Markt- und Kundensegmenten der Geschäftseinheit in spezielle Leistungskennzahlen innerhalb der Customer Perspective (Kundenperspektive) transformiert, die repräsentativ für die vom Kunden gewünschten Leistungsmerkmale stehen. Als Kategorien für Kundenansprüche sind Zeit (z.B. Zeit bis zur Erfüllung der Abnehmerwünsche), Qualität (z.B. Produktqualität aus Kundensicht), Produktleistung (z.B. Produktwert aus Kundensicht) und Preis (z.B. Preiseinschätzung aus Kundensicht) denkbar. Weiter werden als generische Ergebnismeßgrößen (sogenannte „lag indicators") beispielsweise die Kundenzufriedenheit, die Kundenbindung, die Neuakquisition von Kunden, Kundenprofitabilität und Markt- sowie Kundenanteile in den Zielsegmenten genannt. Diese allgemeinen Zielgrößen sind um spezifische Treibergrößen zu erweitern (sogenannte „lead indicators").
- Um den Kundenerwartungen gemäß der Kundenperspektive zu genügen, müssen im Unternehmen alle dazu notwendigen Prozesse beherrscht werden. Innerhalb der Internal Business Perspective (Perspektive interne Geschäftsprozesse) ist daher die Aufmerksamkeit auf jene Abläufe und deren spezifische Maßgrößen zu richten, die maßgeblich zur Befriedigung der Kundenwünsche beitragen. Einflußfaktoren der Kundenzufriedenheit sind beispielsweise die Fertigkeiten des Personals, Zykluszeiten, Qualitätsstandards oder Kostenziele sowie insbesondere der Innovationsprozeß.
- Um auch zukünftig die Befriedigung der Kundenbedürfnisse sicherstellen zu können sowie zur Induzierung kontinuierlicher, langfristiger Verbesserungen, von Wachstum und Wertsteigerung, soll die Innovation and Learning Perspective (Perspektive Lernen und Entwicklung) dazu beitragen, Produkte und Verfahren ständig marktadäquat weiterzuentwickeln. Dazu müssen Maßstäbe für die Produkt- und Prozeßinnovation, d.h. für die Verbesserung der existierenden Fähigkeiten der Mitarbeiter, der Systeme und Abläufe generiert werden.

Zur Entwicklung einer Balanced Scorecard werden mehrere Aufbauschritte vorgeschlagen (vgl. *Kaplan/Norton* 1993, S. 134ff.): In einer Vorbereitungsphase werden der geeignete Anwendungsbereich sowie der Projektverantwortliche ausgewählt. Mittels mehrerer Interviewrunden mit Führungskräften sowie mehrerer Führungskräfteworkshops werden Visionen und Strategien der Zukunft definiert (vgl. Abb. 4-6).

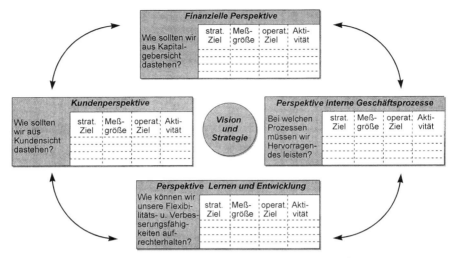

Abb. 4-6: Grundkonzept der Balanced Scorecard

4.1.3.2 Bekannte Konzeptanwendungen und Softwareapplikationen

Wie oben bereits beschrieben, entstand die Balanced Scorecard im Rahmen der Zusammenarbeit von *Kaplan* und *Norton* mit mehreren amerikanischen Unternehmen. Bereits in der ersten Veröffentlichung der Forschungsergebnisse wurde die Balanced Scorecard eines Halbleiterherstellers zitiert und auch aufgezeigt, wie die einzelnen Leistungsmaßstäbe entstanden sind (zum Ergebnis vgl. Abb. 4-7).

Weitere Beispiele wurden z.B. über das global tätige Konstruktions- und Bauunternehmen Rockwater, über Apple Computer (vgl. *Kaplan/Norton* 1993, S. 134ff.) sowie die Chemical Bank publiziert (vgl. *Kaplan/Norton* o.J.).

Von Unternehmensberatern, die mit *Kaplan* nach deren Angaben zu Beginn der Balanced Scorecard-Entwicklung zusammengearbeitet haben, wurden weitere Praxisanwendungen und -erfahrungen veröffentlicht (vgl. *Hoffecker/Goldenberg* 1994, S. 7ff.).

Auch Anwendungsbeispiele im deutschen Sprachraum sind mittlerweile bekannt und veröffentlicht (vgl. z.B. *Guldin* 1997, *Horváth/Kaufmann* 1998, *Fink/Grundler* 1998, *Horstmann* 1999).

Einen breiten Raum in der Balanced Scorecard-Literatur nehmen augenblicklich auch Veröffentlichungen bezüglich einer informationstechnologischen Unterstützung der Methodik durch Software-Applikationen ein (vgl. *Klaus/Dörnemann/Knust* 1998 oder *Mountfield/Schalch* 1998).

4. Konzepte des Performance Measurement

Finanzwirtschaftliche Perspektive		Kundenperspektive	
Ziele	**Leistungsmaßstäbe**	**Ziele**	**Leistungsmaßstäbe**
Überleben	Cash flow	Neuprodukte	Umsatzanteil der Neuprodukte, Umsatzanteil der patentrechtlich geschützten Produkte
Erfolgreich sein	Vierteljährliches Umsatzwachstum und Betriebsergebnis nach Sparten	Reaktionsschneller Vertrieb	Liefertreue (bewertet aus Sicht der Kunden)
Vorankommen	Steigerung des Marktanteils und Eigenkapitalrendite	Vorzugslieferant	Anteil der Verkäufe an Stammkunden
		Partnerschaftsverhältnis zum Kunden	Umfang der gemeinsamen Entwicklungsanstrengungen

Betriebsablaufinterne Perspektive		Innovations- und Wissensperspektive	
Ziele	**Leistungsmaßstäbe**	**Ziele**	**Leistungsmaßstäbe**
Technologisches Potential	Eigene Fertigungstechnik, verglichen mit dem Wettbewerb	Technologieführerschaft	Zeitbedarf für die Entwicklung der nächsten Produktgeneration
Fertigungsexzellenz	Durchlaufzeiten, Stückkosten, Ertrag	Lernprozeß in der Fertigung	Bearbeitungszeit bis Produktreife
Leistungsfähige Produktentwicklung	Effizienz in der Siliziumtechnologie	Konzentration auf Kernprodukte	Prozentualer Anteil der Produkte, die 80 Prozent des Umsatzes bringen
Einführen neuer Produkte	Tatsächlicher Verlauf der Einführung, verglichen mit den Planvorgaben	Zeit bis zur Marktreife	Eigene Neuprodukteinführung, verglichen mit dem Wettbewerb

Abb. 4-7: Die Balanced Scorecard eines amerikanischen Halbleiterherstellers (vgl. Kaplan/Norton 1992b, S. 40)

Mehrere Softwareunternehmen haben bereits eine mehr oder weniger konzeptadäquate Lösung entwickelt. Zu nennen sind beispielsweise die Produkte

- Gentia Renaissance Balanced Scorecard (vgl. http://www.gentia.com und *Klaus/ Dörnemann/Knust* 1998),
- pb-views (vgl. http://www.pbv.com),
- ergometrics (vgl. http://www.ergometrics.com),
- Alacrity Results Management™ (vgl. http://www.alacrity) und
- Business Performance Management-Programm von CorVu (vgl. http://www.corvu.com).

Diese Softwarelösungen sind in ihrer Ausgestaltung stark unterschiedlich, besonders bezüglich ihrer Berücksichtigung von wichtigen Eigenschaften der Balanced Scorecard, bspw. der Strategieanbindung und dem Aufzeigen von Zielzusammenhängen (Kausaldiagrammen). Aber auch andere wichtige Eigenschaften wie die graphische Darstellung oder der Zugriff auf Detailinformationen werden von den Softwareapplikationen unterschiedlich gelöst. Einen Überblick über den Leistungsumfang gibt Abb. 4-8.

Kriterium	Gentia	pb views	Ergometrics	Alacrity	CorVu
Anbindung Strategie Vision	+ +	o	o	+ +	o
Graphische Darstellung	+ +	+ +	+	+	+
Aufzeigen von Zielzusammenhängen	+ +	-	- -	o	- -
Datenimport von Datenbanken möglich	ja	ja	ja	ja	ja
Zugriff per Internet möglich	ja	nein	nein	nein	ja
Performancevergleich (Benchmarking) möglich	• mit anderen Unternehmenseinheiten	• mit anderen Unternehmenseinheiten • mit Konkurrenten	nein	nein	nein
Zugriff auf Detailinformationen	• Statistiken • Graphiken • Texte	• Statistiken • Graphiken • Texte	• Statistiken • Graphiken • Texte	konnte nicht beurteilt werden	• Statistiken • Graphiken

Abb. 4-8:   Vergleich der Programme im Überblick
(Kriterium sehr gut ++, gut +, durchschnittlich o, schlecht -, sehr schlecht erfüllt --)

4.1.3.3 Konzeptweiterentwicklung

Seit den ersten Veröffentlichungen zur Balanced Scorecard gab es zahlreiche Weiterentwicklungsaktivitäten, insbesondere im Zusammenhang mit dem Ausbau der Balanced Scorecard zu einem Managementinstrument. Firmen setzen mittlerweile ihre Balanced Scorecard dazu ein, ihre strategischen Ziele in operative Maßgrößen umzusetzen, dabei gelang bei einigen Unternehmen auch die Verknüpfung des strategischen Planungsprozesses mit dem operativen Budgetierungsablauf (vgl. *Kaplan* 1995, S. 68).

Ein weiteres neues Anwendungsgebiet der Balanced Scorecard liegt in der Unterstützung bei der Auswahl und Priorisierung von bereichs- und unternehmensbezogenen Restrukturierungsprojekten, indem die Aufmerksamkeit auf die strategisch relevanten Leistungsebenen gelenkt wird.

Kaplan und *Norton* (vgl. *Kaplan/Norton* 1996, S. 75ff.) die Balanced Scorecard an vier selbstdefinierte Managementprozesse angebunden und diese zu einem sogenannten strategischen Handlungsrahmen ausgebaut. Damit soll sichergestellt werden, daß langfristige strategische Zielsetzungen und kurzfristige Maßnahmen aufeinander abgestimmt sind (vgl. Abb. 4-9):

4. Konzepte des Performance Measurement 57

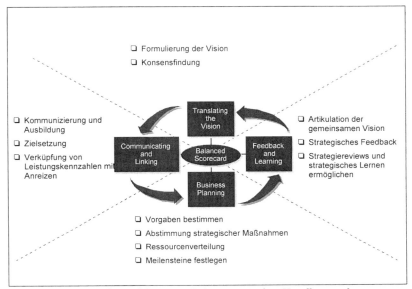

Abb. 4-9: Balanced Scorecard als strategischer Handlungsrahmen

- Der Managementprozeß „Translating the vision" soll Klarheit über die bereichsbezogenen Visionen und Strategien schaffen.
- Mit dem zweiten Prozeß („Communicating and linking") sollen Vision und Strategie kommuniziert und mit weiteren Zielsetzungen abgestimmt werden sowie die Verknüpfung von Leistungskennzahlen mit Anreizen erfolgen.
- Im Rahmen des „Business Planning" soll durch die Anwendung der Balanced Scorecard-Maßgrößen die strategieförderlichste Allokation der Ressourcen sichergestellt werden. Hierzu sind vorbereitend und ergänzend Vorgaben zu bestimmen, strategische Maßnahmen abzustimmen sowie Meilensteine festzulegen.
- „Feedback and Learning" ermöglicht über die Balanced Scorecard durch ein strategisches Feedback und Strategiereviews strategisches Lernen über reine Finanzgrößen hinaus. So lassen sich beispielsweise kurzfristige Auswirkungen bestimmter Maßnahmen in den drei nichtfinanziellen Perspektiven abbilden.

4.1.3.4 Einführung und Anwendungsbeispiel

Die Einführung einer Balanced Scorecard läßt sich in sechs Basisschritten realisieren. Diese sind nachfolgend aufgeführt:

Schritt 1: Vision und strategisches Ziel des Unternehmens oder des Geschäftsbereichs formulieren
Schritt 2: Strategie und strategische Ziele festlegen
Schritt 3: Strategiegeeignete Kennzahlen auswählen
Schritt 4: Zusammenhänge der ausgewählten strategischen Ziele und der dazugehörigen Kennzahlen mit Ursache-Wirkungsketten untersuchen
Schritt 5: Kennzahlen in die Balanced Scorecard einbinden

Schritt 6: Planen und Steuern mit der Balanced Scorecard (konkrete Ausprägung der strategischen Ziele und Kennzahlen festlegen)

Erst nach dem Aufbau und ersten Anwendungserfahrungen kann die entwickelte Balanced Scorecard schließlich in das oben skizzierte Managementsystem eingebunden werden und zum Motor von organisatorischem Wandel werden.
Ein Auszug aus einer Balanced Scorecard eines Geschäftsbereiches eines deutschen Unternehmens des Anlagenbaus verdeutlicht die Ausgestaltung der einzelnen Perspektiven:
Die Reduzierung der Komplexität wurde, aufgrund verschiedener vielfaltsbezogener Wettbewerbsprobleme und einer daraus resultierenden ungünstigen strategischen Kostenposition, erklärtes strategisches Ziel eines Geschäftsbereiches. Hierzu wurde die nachfolgende Komplexitätsstrategie formuliert: „Schnellstmögliche Transparentmachung und positive (gewinnbringende und kostensenkende) Beeinflussung der komplexitätstreibenden Faktoren im Geschäftsfeld".
Die Umsetzung der Komplexitätsreduzierungsstrategie läßt sich am Beispiel der auszugsweise wiedergegebenen Balanced Scorecard veranschaulichen (vgl. Abb. 4-10).
In der Kundenperspektive sowie in der Perspektive „Interne Geschäftsprozesse" sind die verschiedenen strategischen Teilziele dokumentiert und mit entsprechenden Kennzahlen quantifizier- und umsetzbar gemacht. Mit der konkreten Ausprägung kann im Sinne des oben aufgezählten Schrittes 6 sowie im strategischen Handlungsrahmen der Balanced Scorecard das strategische Planen und Steuern des Geschäftsbereichs mit den Kennzahlen erfolgen (Plan- und Istkennzahlen).

	strategisches Ziel	Meßgröße	konkrete Ausprägung
Kundenperspektive: Wie sollten wir aus Kundensicht dastehen?	Vertriebskomplexität reduzieren	Anzahl Vertriebspartner Anzahl Vertriebswege	weniger als 15 weltweit max. 2
	Produktkomplexität reduzieren	Anzahl Teile Referenzprodukt X Anzahl Gleichteile über Produktgruppen	wveniger als 50 Teile (ohne Kleinteile) größer als 50%
	Ansprechpartner für Kunde reduzieren	Anzahl Ansprechpartner	maximal 2
Perspektive interne Geschäftsprozesse: Bei welchen Prozessen müssen wir Hervorragendes leisten?	Frühes komplexitätsreduzierendes Einwirken auf die Kunden	Beratungsstunden für Kunden vor Eröffnung des Angebotsprozesses	Anstieg um 5% p.a.
	Komplexitätskosten transparent machen	Anteil der mit der Prozesskostenrechnung erfaßten Gemeinkosten	größer als 75%
	Koordination Produktherstellung verbessern	Anzahl ungeplanter Änderungen Verrechnung ungeplanter Komplexitätskosten	Reduzierung um 50%p.a. Abweichung Istkosten/verrechnete Kosten geringer als 10%

Abb. 4-10: Auszug aus einer Balanced Scorecard eines Unternehmens des Anlagenbaus mit dem strategischen Oberziel der Komplexitätsreduzierung

Ein wesentlicher Prozeß für die Komplexitätsreduzierung im Beispielfall ist der Prozeß der Angebotserstellung. Dieser soll zur Nutzung frühzeitiger Beeinflussungsmöglichkeiten mit dem Ziel der Komplexitätserkennung und -reduzierung vor der eigentlichen Angebotserstellung erheblich verbessert und insbesondere kapazitätsmäßig erweitert werden.

4.1.3.5 Kritische Würdigung

Mit der Balanced Scorecard wurde ein verständliches, flexibles und in der amerikanischen Unternehmenspraxis mittlerweile akzeptiertes Performance Measurement-Konzept geschaffen, welches noch nicht am Ende seiner Entwicklung zu stehen scheint. Kritisch ist augenblicklich zum Konzept sowie zu den bekannten Veröffentlichungen anzumerken, daß viel über den Aufbau sowie über das Aufbauumfeld berichtet wird, nur wenig jedoch zum stetigen Einsatz der Balanced Scorecard bekannt ist. Demzufolge existieren für potentielle Anwender noch viele Unklarheiten, besonders hinsichtlich der Ablauforganisation, den Verantwortlichkeiten, der Perspektivenfestlegung (Müssen es immer die vier Standardperspektiven sein?, vgl. hierzu auch bei *Weber/Schäffer* 1998, S. 355), den Meßzyklen, der Maßgrößengültigkeit und den möglichen Hilfsmitteln zur Maßgrößenfestlegung sowie zur Messung und Interpretation der Maßgrößenausprägungen (vgl. *Gleich* 1997c, S. 435).

Ferner werden hinsichtlich der konzeptionellen Lösung u.a. auch die Schwächen bezüglich der Verbindung von Strategie und Kennzahlen, die durch die Ganzheitlichkeit des Konzeptes möglicherweise fehlende Fokussierung auf den finanziellen Erfolg, die Vernachlässigung einer strategischen Priorisierung aufgrund des starren Festhaltens an den vier Perspektiven sowie die ausschließliche Konzentration auf das Top-Management kritisiert (vgl. *Mountfield/Schalch* 1998, S. 318).

Die beschriebenen Defizite oder Unklarheiten lassen auch die Vermutung zu, daß die Manipulation des Konzeptes durch die Anwender durchaus möglich zu sein scheint, womit dessen Zweck wieder in Frage gestellt werden müßte.

Kritisch sind auch die von den Autoren neuerdings gepflegten Kausalketten zu sehen (vgl. *Kaplan/Norton* 1996, S. 83), deren Wahrheitsgehalt aufgrund der unzähligen Interdependenzen zwischen den vier Leistungsebenen und den strategischen Zielen mehr als fragwürdig ist (vgl. *Gleich* 1997c, S. 435 sowie *Weber/Schäffer* 1998, S. 349ff.). Ferner wird die vorgeschlagene Ausgestaltung der strategischen Kontrolle bemängelt (nur Durchführungskontrolle anstatt einer ergänzenden Prämissenkontrolle sowie einer ungerichteten strategischen Überwachung, vgl. *Weber/Schäffer* 1998, S. 359ff.).

Die Kritik führt teilweise so weit, daß das Balanced Scorecard-Konzept als „Modeinstrument" bezeichnet wird, welches „den Nerv der Zeit trifft" und scheinbar einfache Lösungen für eine Problemlösung anbietet (vgl. *Weber/Schäffer* 1998, S. 362, zum Begriff und den Kriterien eines „Modeinstruments" vgl. *Kieser* 1996).

4.1.4 Tableau de Bord

4.1.4.1 Idee und Umsetzung des Tableau de Bord

Das Tableau de Bord ist ein von Wissenschaftlern in Frankreich zu Beginn der 60er Jahre entwickeltes Performance Measurement-Konzept. Obwohl das Konzept in der französischen Unternehmenspraxis etabliert ist, ist die in der Literatur skizzierte ideale Umsetzung kaum in der Praxis zu finden. Dies mag auch damit zusammenhängen, daß theoretische Beiträge zu diesem Konzept erst nach langjährigen Praxiseinsätzen veröffentlicht wurden (vgl. *Lebas* 1994, S. 471 u. 481 und *Ardoin/Schmidt* 1986).

Das Tableau de Bord wird - ähnlich wie die Balanced Scorecard - mit einem Armaturenbrett bzw. dem Cockpit eines Flugzeugs verglichen (vgl. *Epstein/Manzoni* 1997, S. 29 und *Lebas* 1994, S. 481). Es wurde von Ingenieuren entwickelt, die - im Gegensatz zu den meisten traditionellen Controllern - das Unternehmen als dynamisches System begriffen. In einem solchen System sind Entscheidungen zu treffen, die durch entsprechende Subsysteme zu unterstützen sind. Für die Manager eines solchen Systems sind aktuelle Informationen wichtig, um auch zukünftige Erfolgspotentiale erkennen zu können. Die stark vergangenheitsbezogenen Informationen aus dem Rechnungswesen werden nur als Zusatzkennzahlen herangezogen, insbesondere um den Kapitalgebern u.a. über Rentabilitäten der letzten Berichtsperiode zu berichten. Informationen aus dem Rechnungswesen sind daher auch keine Hauptquelle für Informationen, aus denen sich Entscheidungen ableiten lassen (vgl. *Lebas* 1994, S. 475).

Ziel des Tableau de Bord ist es, einen knappen Überblick über die Leistung der jeweiligen Unternehmenseinheit zu geben (vgl. *Epstein/Manzoni* 1997, S. 30).

Französische Autoren sind sich darüber einig, daß das Tableau de Bord im Kontext der Unternehmensstrategie bzw. der Ziele der Geschäftseinheiten entwickelt werden muß. Ein Tableau de Bord ist dabei kein Konzept, das einheitlich für das gesamte Unternehmen gültig ist, sondern muß vielmehr den unterschiedlichen Verantwortlichkeiten und Zielen jeder Geschäftseinheit Rechnung tragen. Das bedeutet, daß jede Geschäftseinheit ein eigenes Tableau de Bord braucht (vgl. *Epstein/Manzoni* 1997, S. 29).

Die Struktur der „Armaturenbretter" kann mit russischen Puppen verglichen werden. Ähnlich wie beim ROI-Kennzahlenkonzept nach DuPont (vgl. *Horváth* 1991, S. 517ff.) wird ein Oberziel in seine Bestandteile zerlegt. Auf den nachgeordneten Leistungsebenen sollen solche Leistungsebenenziele formuliert werden, die zur Erreichung des übergeordneten Ziels beitragen (vgl. *Epstein/Manzoni* 1997, S. 29 und Abb. 4-11).

Die Vision wird in einer bzw. mehreren Strategien konkretisiert. Die Geschäftseinheiten identifizieren dann die dafür bestehenden kritischen Erfolgsfaktoren (KEF), welche in einem nächsten Schritt in quantitative Maßgrößen übersetzt werden.

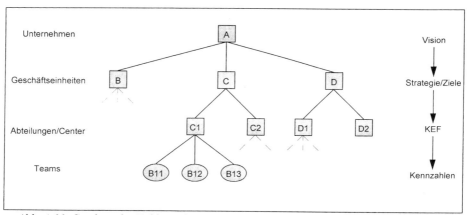

Abb. 4-11: Struktur der Tableau de Bord (in Anlehnung an Epstein/Manzoni 1997, S. 30; weiterführende Informationen bei Guerny u.a. 1990)

Diese sollten sowohl finanzielle als auch „physikalische Kennzahlen" umfassen. Physikalische Kennzahlen (die hier im Zusammenhang mit dem physikalischen und produktionswirtschaftlichen Leistungsbegriff zu sehen sind, vgl. Kap. 3.4.3.2) bilden eine verläßlichere und, wie bereits ausgeführt, aktuellere Basis für Entscheidungen, weshalb das

Tableau de Bord diesen größtenteils den Vorzug vor finanziellen Informationen aus dem Rechnungswesen gibt. Um den ökonomischen Erfolg der getroffenen Entscheidungen zu beurteilen, kann aber nicht völlig auf finanzielle Kennzahlen verzichtet werden (vgl. *Lebas* 1994, S. 482 und *Epstein/Manzoni* 1997, S. 29f.).
Der Zweck des Tableau de Bord besteht nicht allein darin, über vergangene Maßnahmen und deren Ergebnisse zu berichten. Vielmehr sollen Informationen über zukünftige Potentiale, den gegenwärtigen Zustand und die jüngste Vergangenheit des Anwendungsumfeldes bereitgestellt und kommentiert werden. Ein Bericht enthält demnach aggregierte Informationen, beispielsweise vom Beginn des Geschäftsjahres bis zum Berichtszeitpunkt und Kennzahlen zum aktuellen Zustand, wobei diese sowohl mit vergangenen Leistungen verglichen werden als auch mit externen Benchmarks (vgl. *Epstein/Manzoni* 1997, S. 30).
Das Tableau de Bord ist insgesamt, wie ausgeführt und in Abb. 4-11 veranschaulicht, durch die Organisationsstruktur des Unternehmens definiert und mit den jeweiligen Zielen der Unternehmenseinheiten verknüpft. Die Berichtszyklen sind nicht starr, sondern werden dem Entscheidungsprozeß angepaßt, d.h. der Erstellungsrhythmus stimmt mit dem Rhythmus zu treffender Entscheidungen überein.
Die Auswahl der Kennzahlen auf dem Tableau erfolgt in Verhandlung mit den verschiedenen Partnern bzw. Teams. Sie sollten zum Großteil durch diese nachgeordneten Leistungseinheiten beeinflußbar sein. Manager werden dann nur noch mit Informationen versorgt, die wirklich hilfreich für die zu treffenden Entscheidungen sind (vgl. *Lebas* 1994, S. 483 und *Epstein/Manzoni* 1997, S. 29).
Neben dem Berichtsbogen selbst kann ein Unternehmen sehr viel Nutzen aus dem Erstellungsprozeß des Tableau de Bord ziehen. Dieser zwingt jede beteiligte Organisationseinheit, Ziele und Schlüsselfaktoren zu bestimmen sowie Schnittstellen zu anderen Einheiten zu identifizieren und zu beschreiben. Darüberhinaus bietet der Erstellungsprozeß und die durch das Tableau de Bord geschaffene Transparenz die Möglichkeit zum Lernen für die ganze Unternehmung, sowie zur Bestätigung bzw. Modifizierung der Ziele und Strategien (vgl. *Epstein/Manzoni* 1997, S. 30).

4.1.4.2 Tableau de Bord und Balanced Scorecard - Gemeinsamkeiten und Unterschiede

Bei der von *Kaplan* und *Norton* (vgl. *Kaplan/Norton* 1997a, S. 28) geäußerten Kritik an der Ausgestaltung und der Reichweite des Tableu de Bord-Konzeptes sowie der klaren Abgrenzung zur Balanced Scorecard (die hierzu verwendete Metapher bezeichnet das Tableu de Bord „nur" als Instrumentenbrett und die Balanced Scorecard gar als Flugsimulator) ist nicht uneingeschränkt zuzustimmen. Vielmehr existierten, insbesondere in der Frühphase der Konzeption der Balanced Scorecard (vgl. *Kaplan/Norton* 1992a) starke Gemeinsamkeiten (vgl. hierzu auch die aktuellen Anmerkungen von *Kaplan* 1998, S. 95).
Die Popularität des Tableau de Bord ist allerdings ungleich geringer als die der Balanced Scorecard, was auf Mängel in der Zusammenarbeit und in der Produktweiterentwicklung zwischen der französischen Wissenschaft und Praxis zurückgeführt wird (vgl. *Epstein/Manzoni* 1998, S. 190ff. sowie *Kaplan* 1998, S. 95).
Im Folgenden werden Gemeinsamkeiten und Unterschiede von Tableau de Bord und Balanced Scorecard herausgearbeitet. In Abb. 4-12 sind die wichtigsten Gemeinsamkeiten dieser beiden Konzepte zusammengefaßt.

- **Typisches Anwendungsumfeld**: Geschäftseinheit oder Unternehmen
- **Strategische Ausrichtung** bzw. Anbindung an Ziele oder Strategien des Anwendungsumfeldes
- **Reporting** in Form eines Blattes oder Bogens
- **Hierarchie der Ergebnisbögen**:
  - BSC: Gliederung nach Beeinflußbarkeit der Kennzahlen
  - TDB: Gliederung nach Zeithorizont der Entscheidungen
- **Finanzielle** und **nichtfinanzielle** (bzw. **physikalische**) Kennzahlen
- Verknüpfung der Kennzahlen durch **Ursache-Wirkungsbeziehungen**
- Konzept als Auslöser von **Lernprozessen**

Abb. 4-12: Gemeinsamkeiten von Balanced Scorecard und Tableau de Bord

Beiden Konzepten gemeinsam ist die Anbindung an die Ergebnisse des strategischen Planungsprozesses im jeweiligen organisationalen Anwendungsumfeld. Aus der Unternehmensvision leiten sich Strategien ab, die durch die Beschreibung der Ziele und durch die Auswahl zieladäquater Kennzahlen quantifiziert werden. Bei beiden Konzepten ist demnach der langfristige Unternehmenserfolg Ausgangspunkt aller weiteren Überlegungen. Ebenso arbeiten beide Konzepte sowohl mit finanziellen als auch mit nichtfinanziellen bzw. physikalischen Kennzahlen. Kaplan und Norton bezeichnen hierbei einige nichtfinanzielle Kennzahlen oftmals als Leistungstreiber oder leading indicators (vgl. *Kaplan/Norton* 1997a, S. 30).

Beide Konzepte betonen die bessere Steuerbarkeit anhand nichtfinanzieller bzw. physikalischer Kennzahlen. Die Verknüpfung von Zielen und Kennzahlen sowie die Darstellung von Kennzahlenzusammenhängen werden durch Ursache-Wirkungsbeziehungen in Kausaldiagrammen abgebildet. Wichtig bei beiden Konzepten ist die Betonung, daß auf finanzielle Kennzahlen im Rahmen der Geschäftsfeld- und Unternehmensplanung- und -steuerung nicht verzichtet werden kann.

Nur diese Kennzahlen stellen auf einer allgemein vergleichbaren Basis sicher, daß die (späteren) ökonomischen Auswirkungen von Strategien, Zielen und Maßnahmen, letztlich also von Entscheidungen auf unterschiedlichen Ebenen, ergebnisbezogen beurteilt werden können.

Wie die Balanced Scorecard hebt auch das Konzept des Tableau de Bord die Bedeutung individueller Scorecards bzw. Tableaux für die verschiedenen Leistungsebenen und Unternehmenseinheiten hervor. Das Tableau de Bord betont den Zusammenhang von Unternehmensstruktur und Struktur der Tableaux und verknüpft diesen mit den verschiedenen Zeithorizonten der Entscheidungen.

Auch in der Balanced Scorecard-Theorie wird die Aufspaltung der Scorecards auf Subeinheiten oder Personen für notwendig erachtet. Es wird beispielsweise das Herunterbrechen von Bereichszielen in spezifische Teamziele sowie der Aufbau einer persönlichen Scorecard vorgeschlagen (vgl. *Kaplan/Norton* 1997a, S. 204ff. und S. 210).

Der Zusammenhang mit der Fristigkeit zu treffender Entscheidungen ist dabei zwangsläufig, allerdings legt die Scorecard eher die Betonung auf die Beeinflußbarkeit der Kennzahlen, was den Gepflogenheiten in der Unternehmenspraxis entsprechen dürfte. Somit können die Ideen beider Systeme zumindest als sehr ähnlich interpretiert werden.

Eine Parallele der Konzepte besteht auch hinsichtlich der Zielauflösung: die Ziele für die jeweils untergeordneten Unternehmenseinheiten sollten in Kennzahlen und (wie oben am Beispiel der Balanced Scorecard skizziert) Unterziele übersetzt werden, die durch diese beeinflußbar sind.

Als Ergebnis beider Konzepte sind übersichtliche, möglichst nur einseitige Berichtsbögen gedacht, die über die zur Steuerung wichtigsten Ziele und Kennzahlen und deren Plan- und Istausprägungen sowie über Abweichungen Auskunft geben sollen.

Dieses Reportingkonzept wird als effektiver und aufgrund der Zeitersparnis auch als effizienter erachtet, als die Erstellung rein finanzieller Analysen und deren umfassende, akribisch genaue Ergebnisdokumentation.

Großen Wert legen beide Konzepte auf die Erkenntnisse, die aus dem Erstellungsprozeß gezogen werden und die Lernprozesse, die durch die Konzeptanwendung initiiert werden. Das jeweilige Steuerungssystem bietet ein Forum zur Diskussion der Probleme im Anwendungsumfeld sowie zu den Schnittstellen zu anderen Organisationseinheiten (unter-, übergeordnete oder gleichrangige). Beide Konzeptansätze verfolgen den Grundsatz, daß aktuelle, aber weniger präzise Informationen sich besser zur Steuerung eignen, als präzise jedoch verspätete Informationen bspw. des Rechnungswesens.

Die aufgezeigten Gemeinsamkeiten machen deutlich, daß beide Konzepte in großen Teilen gleiche oder zumindest sehr ähnliche Aussagen treffen bzw. Bestandteile umfassen. Trotzdem gibt es erhebliche Unterschiede zwischen dem Tableau de Bord und der Balanced Scorecard, die nachfolgend erörtert werden sollen. Diese werden zunächst hinsichtlich der Differenzen bei der theoretischen Ausgestaltung (vgl. Abb. 4-13), anschließend bezüglich der praktischen Anwendung dargestellt und diskutiert (vgl. Abb. 4-14).

Unterschiede in der Praxis		
Merkmal	Balanced Scorecard	Tableau de Bord
Rahmenkonzept	Ja, vier Perspektiven	Nein
Kausalzusammenhänge (Ursache-Wirkungs-Ketten)	• zwischen den Kennzahlen in der Perspektive • zwischen den Kennzahlen verschiedener Perspektiven	• zwischen den Kennzahlen verschiedener Perspektiven
Unterste Leistungsebene Berichtsempfänger	Einzelner Mitarbeier (Manager) --> Personal Scorecard	Abteilung/Profit bzw. Cost Center

Abb. 4-13: Unterschiede zwischen Balanced Scorecard und Tableau de Bord I

Bei der Balanced Scorecard werden vier Perspektiven „vorgegeben", denen die Kennzahlen zugeordnet werden. Allerdings bleibt es jedem Unternehmen überlassen, weitere Perspektiven hinzuzufügen oder eine der vorgeschlagenen (wenngleich dies schwirig erscheint) wegzulassen (vgl. *Kaplan/Norton* 1997a, S. 33 und *Epstein/Manzoni* 1997, S. 34).

Ein solcher Rahmen fehlt beim Tableau de Bord. Aufgrund dessen halten einige französische Autoren das Tableau de Bord-Konzept für weiter und allgemeiner gefaßt als die Balanced

Scorecard, die sie als Spezialfall eines Tableau de Bord betrachten. Dementsprechend sind in Veröffentlichungen zum Tableau de Bord keine Kernkennzahlen zu finden, wie beispielsweise oft von *Kaplan* und *Norton* vorgeschlagen (vgl. *Epstein/Manzoni* 1997, S. 34).
Ein weiterer Unterschied zwischen den Konzepten liegt nicht in der grundsätzlichen Berücksichtigung, sondern im Anwendungsschwerpunkt der Ursache-Wirkungszusammenhänge. Das Tableau de Bord legt diesen auf die Kennzahlen verschiedener Perspektiven und deren Zusammenhänge.
Das Balanced Scorecard-Konzept sieht auch diese Zusammenhänge und deren Untersuchung vor. Sehr viel umfassender werden allerdings weitere Analysen von Zusammenhängen in den Vordergrund gestellt: Alle Verknüpfungen zwischen den strategiemaßgeblichen Variablen sind innerhalb der Perspektiven sowie perspektivenübergreifend auf Ursachen-Wirkungszusammenhänge zu untersuchen. Hierbei ist auch zu unterscheiden, ob Ergebniskennzahlen oder Leistungstreiber vorliegen (vgl. *Kaplan/Norton* 1997a, S. 28).
Bei der Ausgestaltung und Aufspaltung der Scorecards schlagen *Kaplan* und *Norton* außerdem auf unterster Ebene persönliche Mitarbeiter-Scorecards vor (vgl. nochmals die obigen Ausführungen). Diese sind im französischen Konzept nicht zu finden.
Große Unterschiede zwischen den beiden Konzepten sind vor allem in der Praxis zu beobachten. Hier sind beim Tableau de Bord einige Mängel gegenüber dem theoretischen Konzept zu beobachten.

Unterschiede in der Praxis		
Merkmal	Balanced Scorecard	Tableau de Bord
Strategiebezogen	Ja, „linked to strategy"	Nein, i.d. Regel „short- term control oriented"
Kennzahlen	• finanzielle Kennzahlen • nichtfinanzielle Kennzahlen	• Schwerpunkt klar auf finanziellen Kennzahlen
Berichtsform	1 Blatt	länger
Kennzahlenableitung/ Zielfindung	• externes Benchmarking • interne Benchmarks • zukünftige Ziele	• vorwiegend intern • Orientierung an vergangenen Leistungen
Zusammenarbeit/Lernen	• MbObjectives • Lösungserarbeitung im Team	• MbException • Teamwork
Praxisrelevanz	• weltweit umgesetzt • zunehmend	• nur in Frankreich • abnehmend

Abb. 4-14: Unterschiede zwischen Balanced Scorecard und Tableau de Bord II

Die Mehrzahl der in der französischen Unternehmenspraxis betriebenen Tableau de Bord-Konzepte sind, ganz im Gegensatz zu den bekannten Balanced Scorecard-Anwendungen, kurzfristig ausgerichtete und kontrollorientierte Konzepte ohne Strategieanbindung (vgl.

Epstein/Manzoni 1997 und 1998). Ferner kommen bei den von *Epstein* und *Manzoni* untersuchten Tableaux de Bord sehr viel weniger nichtfinanzielle (physikalische) Kennzahlen zum Einsatz als im Konzept vorgesehen. Statt dessen liegt die Betonung klar auf den finanziellen Kennzahlen. Zu demselben Ergebnis kam eine Studie, die kurz nach dem ersten Artikel von *Kaplan* und *Norton* veröffentlicht wurde (vgl. *Gray/Pesqueux* 1993).
Ebenso neigen die Tableaux de Bord in der Praxis dazu sehr viel länger zu sein als die Balanced Scorecard und das in der Literatur vorgeschlagene Tableau de Bord (vgl. *Epstein/Manzoni* 1997, S. 34).
Viele Unternehmen formulierten darüber hinaus ihre Ziele in Relation zu vergangenen internen Ergebnissen, anstatt sich an externen oder internen Benchmarks zu orientieren. Als Folge davon waren auch die Kennzahlen zur Erreichung dieser Ziele intern orientiert und nicht aus Kundenwünschen oder Markterfordernissen abgeleitet (vgl. *Epstein/Manzoni* 1997, S. 34).
Als letzter wesentlicher Unterschied und Kritikpunkt ist hervorzuheben, daß sich das Tableau de Bord in einigen Unternehmen von dem Ziel, wie die Balanced Scorecard als interaktives, diskussions- und motivationsförderndes Instrument und zielorientiertes Managementkonzept genutzt zu werden, erheblich entfernt hat.
Stattdessen setzen Manager das Tableau als Instrument des Management by Exception ein. Eine Entwicklung, die den ursprünglichen Zielen des Konzeptes nicht gerecht wird. Aus diesem Grund verlor das Tableau de Bord in jüngster Zeit (was auch mit der Entwicklung der Balanced Scorecard in Beziehung gebracht werden kann) bei vielen Anwendern an Wert und Akzeptanz (vgl. *Epstein/Manzoni* 1997, S. 34 sowie *Kaplan* 1998, S. 95).

4.1.5 Productivity Measurement and Enhancement System (ProMES)

Das Productivity Measurement and Enhancement System (nachfolgend ProMES genannt) ist im Rahmen eines vierjährigen Forschungsprojektes der Universität Eindhoven in Kooperation mit Dienstleistungsunternehmen konzipiert worden (vgl. *Kleingeld* 1994).
Die nachfolgend aufgeführten Bestandteile bildeten als Anforderungen die Ausgangsbasis der Konzeptentwicklung (vgl. *Kleingeld* 1994, S. 1):
- Integration von Zielsetzungen,
- Messung der erbrachten Leistung sowie
- Integration und Transformation von Feedbackinformation.

Die Ziele sollten eine Herausforderung für die Akteure darstellen sowie einen spezifischen Charakter haben. Sie sollten kontrollierbar und vollständig sein.
Die Feedbackinformationen sind zeitnah zu kommunizieren und sollten richtig sowie genau sein. Weiter ist deren Vollständigkeit und Verständlichkeit erforderlich. Der Meßprozeß war einfach zu gestalten, wobei Abhängigkeiten berücksichtigt werden sollten.
Die Performance wird im Konzept in eine personelle und eine organisatorische Komponente zerlegt. Mit dem „Human Resource Cycle" soll eine langfristige erfolgsbringende Personalentwicklung gefördert werden. Die Auswahl der Mitarbeiter stellt hierbei die erste Hürde dar. Diese sollte daher durch leistungsentsprechende Auswahlkriterien unterstützt werden. Die Bewertung der Mitarbeiterleistung ist an ein Belohnungssystem gekoppelt und kann bei Planabweichungen auch zu entsprechenden Maßnahmen, wie beispielsweise Trainings- oder andere Personalentwicklungsaktivitäten, führen.

Im Rahmen des organisationsbezogenen „High Performance Cycle" sind die Ziele als Herausforderungen definiert. Die Performance wird hierbei an den Zielen gespiegelt, wobei bestimmte Bedingungen wie Fähigkeiten, Zielakzeptanz oder Feedback sowie Einflußfaktoren wie organisationsbezogene Grundhaltungen oder Strategien, einen leistungsmoderierenden Einfluß haben.

Die Entwicklung und Implementierung des ProMES-Konzeptes erfolgt über drei Ansatzpunkte (vgl. *Kleingeld* et al. 1994 sowie Abb. 4-15):
- die allgemeinen Designkriterien,
- den ProMES-bezogenen Implementierungsablauf sowie
- die organisatorischen Kontextfaktoren.

Ergänzend zu den eingangs beschriebenen allgemeinen Designkriterien, müssen im Rahmen der Implementierung folgende Anforderungen berücksichtigt werden:
- Die betroffenen Mitarbeiter sind in die Entwicklung einzubeziehen.
- Das Management sollte den gesamten Leistungsmanagementprozeß unterstützen.
- Das Konzept sollte von allen Beteiligten getragen werden.
- Der Meßprozeß sollte einfach durchführbar sein.
- Die Abhängigkeiten sollten richtig abgebildet werden.
- Bereits während der Implementierung sollten Feedbackinformationen gegeben werden.
- Das Konzept sollte flexibel gestaltet und
- mit anderen Systemen im Unternehmen abgestimmt sein.

Hierzu sollte organisatorisch eine allgemeine Vertrauensbasis geschaffen werden, die eine Leistungsmessung zuläßt und auch Verbesserungen ermöglicht.

Wie die Erfahrungen gezeigt haben, konnte das Konzept in der Dienstleistungspraxis erfolgreich eingesetzt werden.

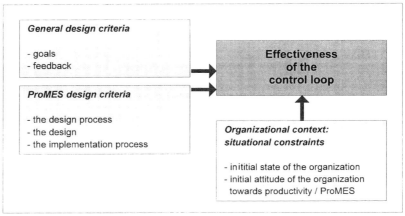

*Abb. 4-15: Anforderungen an den Aufbau des ProMES-Konzeptes
(vgl. Kleingeld 1994, S. 42)*

4.1.6 Performance Measurement Model

Das von einer wissenschaftlichen Einrichtung, dem Pacific Northwest Laboratory, gemeinsam mit der Logistikeinheit der U.S. Army entwickelte Performance Measurement-Konzept legt seinen Schwerpunkt auf die Auswahl von „richtigen" Kennzahlen zur Unterstützung der Steuerung und kontinuierlichen Verbesserung der organisatorischen Leistung (vgl. *Rose* 1995, S. 63ff.). Diese Kennzahlen sollten mit organisatorischen Visionen, Zielen und Strategien verknüpft sein.

Das Konzept stützt sich auf acht Schritte, die zur Auswahl und zur Anwendung der „richtigen" Kennzahlen führen:

- Im Schritt 1 („Performance category") werden grundsätzliche Festlegungen zu den angestrebten Leistungskategorien gemacht. Diese werden bspw. durch unternehmensbezogene Visionen und Grundhaltungen sowie spezielle Strategien beeinflußt.
- Die grundsätzlichen Festlegungen zu den Leistungskategorien werden anschließend operationalisiert und in „Performanceziele" überführt. Hierbei ist oftmals eine Rückkopplung zu Schritt 1 erforderlich, speziell dann, wenn sich Ziele auf verschiedene Leistungskategorien beziehen.
- Mit dem dritten Schritt, als wichtigster Schritt im Konzept beschrieben (vgl. *Rose* 1995, S. 64), erfolgt die Auswahl und Festlegung der „Performance indicators". Diese entsprechen Kriterien zur Zielerreichung. Je Ziel werden ein oder mehrere Indikator(en) ausgewählt.
- Die Analyse und Festlegung der Quellen einer indikatorbezogenen Leistungsmessung („elements of measure") sind Gegenstand des nächsten Konzeptschrittes.
- Die sogenannten „Parameter" des 5. Schrittes sind Ergebnistreiber oder –beeinflusser wie z.B. der gesamte Unternehmens- und Umweltkontext. Diese sind zu analysieren, zu beobachten und im Performance Measurement-Ablauf zu berücksichtigen.
- Im Rahmen des Schrittes „Means of measurement" wird festgelegt wie die „Elements of measure" und die „Parameter" grundsätzlich ausgestaltet sein müssen (Sollausprägung), um die gewünschte Realisierung der "Performance indicators" zu erreichen.
- Anschließend werden mögliche Kennzahlen („Performance metrics") festgelegt und beschrieben, die
- im Schritt „Specific metrics" schließlich genau definiert und bezüglich ihrer Anwendungs- und Interpretationsmöglichkeiten erläutert werden. Schlußendlich werden die Kennzahlen auf ihre Anwendungstauglichkeit getestet.

Die Schritte werden am Beispiel einer Materialbeschaffung im militärischen Umfeld in ihrer praktischen Ausgestaltung und Anwendung erläutert (vgl. *Rose* 1995, S. 65).

Mit dem Performance Measurement-Konzept soll die unstrukturierte zugunsten einer zielbezogenen Festlegung von Kennzahlen überwunden werden. Die mit dem Konzepteinsatz verbundene Flexibilität erlaubt ferner eine flexible Anpassung an ein dynamisches Unternehmensumfeld (vgl. *Rose* 1995, S. 66).

4.1.7 Performance Pyramid

4.1.7.1 Grundkonzept der Performance Pyramid

In dem von zwei Praktikern entwickelten Konzept wird ein Gestaltungsrahmen für das Design und den Einsatz eines Performance Measurements aufgezeigt (vgl. *Lynch/Cross* 1994, S. E3-9ff.). Mit der sogenannten Performance Pyramid sollen

- Zielvorgaben des Top-Managements in alle Organisationseinheiten getragen werden,
- Informationen zeitnah sowie leistungsgerecht je Leistungsebene und leistungsebenenübergreifend zur Verfügung stehen,
- sowohl finanzielle als auch nichtfinanzielle Kennzahlen Berücksichtigung finden und
- Leistungskennzahlen an die internen Kunden kommuniziert und berichtet werden.

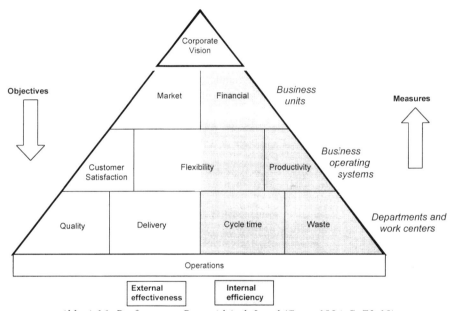

Abb. 4-16: Performance Pyramid (vgl. Lynch/Cross 1994, S. E3-10)

Ausgehend von einer definierten und kommunizierten Unternehmensvision sind auf der Leistungsebene „Geschäftsbereich" Ziele bezüglich der finanziellen und der marktbezogenen Leistungsdimension zu formulieren. Strategien müssen auf dieser Leistungsebene so formuliert werden, daß sie aufzeigen, wie diese Leistungsziele realisiert werden können.

Auf der nachfolgenden Leistungsebene sind operative Zielvorstellungen bezüglich Kundenzufriedenheit, Flexibilität und Produktivität für jeden Bereich festzulegen. Die Autoren beziehen sich hierbei auf „business operating systems" und nennen als Beispiele die Einführung eines neuen Produktes oder den After-Sales-Service. Inhaltlich entspricht letzteres Beispiel den Leistungsebenen Haupt- oder Geschäftsprozeß.

Die Basis der Pyramide bildet die Leistungsebene „Department and work centers". Die Ziele beziehen sich hierbei direkt auf die in diesen Bereichen erbrachten Leistungen. Zieldimensionen sind Qualität, Lieferverfügbarkeit, Durchlaufzeiten oder Ausschuß.
Die Pyramide läßt sich aufteilen in einen markt- („external effectiveness") sowie einen kapitalgeberbezogenen („internal efficiency") Teil. Marktkennzahlen wie beispielsweise Marktanteil, können über die Kundenzufriedenheit und kundenbezogene Flexibilität gesteigert werden.
Finanzielle Zielvorgaben in Form von Cash Flows oder Kapitalrenditen sollen durch hohe Produktivität sowie flexible Strukturen realisiert werden.
Maßgeblich für die Performance Pyramid ist die Kommunikation der Ergebnisvorgaben innerhalb der Organisation, über alle Leistungsebenen hinweg.

4.1.7.2 Aufbau und Anwendung der Performance Pyramid
Beim Aufbau und der Anwendung einer Performance Pyramid (vgl. *Lynch/Cross* 1994, S. E3-14ff.) sind folgende Aspekte zu berücksichtigen:

- Zielvorgaben sollten in Zusammenarbeit mit den Bereichsverantwortlichen erarbeitet und nicht allein von den Finanz- und Controllingverantwortlichen festgelegt werden.
- Nur solche Leistungskennzahlen, die kontinuierlich gemessen, verfolgt und berichtet werden, sind für die Verantwortlichen faßbar und somit positiv zu beeinflussen. Unterschieden wird in der Performance Measurement-Konzeption in einen leistungserhaltenden „Control and the Standard-Do-Check-Act-Cycle" sowie in einen leistungssteigernden „Plan-Do-Check-Act-Cycle" nach Deming (vgl. *Lynch/Cross* 1994, S. E3-06 sowie *Seghezzi* 1996, S. 52 und *Malorny* 1996, S. 274).
- Das Hauptaugenmerk bei der Darstellung der Leistung sollte nicht allein auf der in der Vergangenheit erbrachten Leistung liegen. Stattdessen sollen Manager über das Berichten zeitnaher Informationen zu kontinuierlichen Verbesserungen angehalten werden.
- Die Meßzyklen und die Aktualität der Informationen sollten an die Bedürfnisse der Manager und der jeweiligen Leistungsebene angepaßt sein. Es wird vorgeschlagen, auf unteren Leistungsebenen häufig zu messen und zu berichten. Ein monatlicher Zyklus wird auf der Leistungsebene „Business Operating System", ein quartalbezogener Zyklus auf der „Business-unit"-Ebene empfohlen. Mit diesen Informationen soll der Erfolg der Strategien und langfristigen Ressourcenpläne überprüft werden. Finanzielle Kennzahlen geben Aufschluß über die aktuelle Leistung, marktbezogene Kennzahlen sind Frühindikatoren für die zukünftige finanzielle Leistungskraft.
- Die Anpassung des aktuellen Performance Measurement-Systems sowie dessen grundsätzlicher Neuaufbau ist anhand der Ablaufschritte in Abb. 4-17 zu vollziehen. Hervorgehoben wird von den Autoren (vgl. *Lynch/Cross* 1994, S. E3-18) die Notwendigkeit einer dynamischen Anpassung des Systems sowie der spezifischen Kennzahlen an sich ändernde Kontextfaktoren (z.B. Strategieänderung oder veränderte Kundenerwartungen).

Performance Measurement ist nach Auffassung von Lynch und Cross ein wichtiges Instrument des Management Accountants, welches ständig hinterfragt und an die Erfordernisse angepaßt werden sollte. Ist dies der Fall, können die Performance Measures „...catalysts to effective profit management" sein (*Lynch/Cross* 1994, S. E3-18).

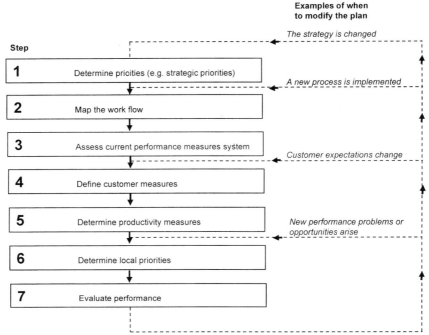

Abb. 4-17: Einführungs- und Anpassungsrichtlinien für das Performance Measurement-System (vgl. Lynch/Cross 1994, S. E3-19)

4.1.8 Quantum Performance Measurement Konzept

Das Quantum-Performance Measurement-Konzept ist ein von der *Arthur Andersen* Managementberatung entwickeltes Konzept zur Optimierung der Leistungsfähigkeit eines Unternehmens (vgl. *Hronec* 1993 und *Hronec* 1996). Die eingesetzten Kennzahlen – „Vital Signs" – sollen gleichzeitig das Augenmerk auf Organisationsstrukturen, Prozesse und Mitarbeiter in Bezug auf Qualität, Kosten und Zeit lenken.

Als Leistungsmaße werden Qualität, Zeit und Kosten verwendet (vgl. Hronec 1996, S. 12):
- Qualität zeigt dabei die Güte der Produkte und Dienstleistungen an,
- die Zeit spiegelt die Güte der Prozesse wider und
- Kosten zeigen die wirtschaftliche Güte auf.

Die Verbindung der Kosten- mit der Qualitätsdimension stellt eine Wertrelation für die Kunden dar, die Verbindung der Dimensionen Qualität und Zeit eine Servicerelation. Als dimensionsübergreifendes Leistungsmaß wird die sogenannte „Quantum Performance" angestrebt (vgl. *Hronec* 1996, S. 14). Diese „ist der Zielerreichungsgrad, bei dem Leistung und Service eines Unternehmens für den Nutzer optimiert werden" (*Hronec* 1996, S. 14).

Die Anbindung des Leistungsmessungssystems an die Organisation erfolgt über das Konzept der drei Leistungsebenen Mitarbeiter, Prozesse und Organisation nach *Rummler/Brache* (vgl. *Rummler/Brache* 1990 sowie Abb. 4-18):

- Mitarbeiter führen Aktivitäten durch und werden anhand von leistungsrelevanten Kennzahlen gemessen.
- Durch Prozesse werden Ressourcen aufgezehrt und Produkte sowie Dienstleistungen für interne oder externe Kunden erzeugt.
- Das Leistungsgerüst um Prozesse und Mitarbeiter bildet die Organisation.

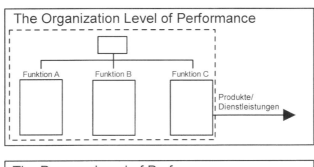

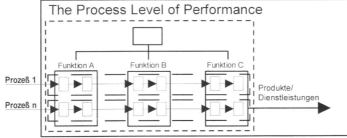

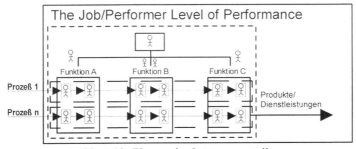

Abb. 4-18: Ebenen der Leistungserstellung

Die Kombination dieser drei Ebenen mit den drei Leistungsdimensionen ergibt die „Quantum-Performance-Matrix", die neun Bewertungsfelder umfaßt. Die Matrix ist demzufolge ein Instrument zur Veranschaulichung und zum Vergleich der verschiedenen Leistungsdimensionen Kosten, Zeit und Qualität auf den drei Leistungsebenen. Damit soll die ausgewogene Beeinflußung der Wert- und Servicerelationen im Sinne der unternehmensspezifischen Strategien und Ziele sichergestellt werden (vgl. *Hronec* 1996, S. 21ff.).

Die Leistungsbewertung erfolgt mit dem „Quantum-Performance-Bewertungsmodell" (vgl. *Hronec* 1996, S. 16ff. und Abb. 4-19).

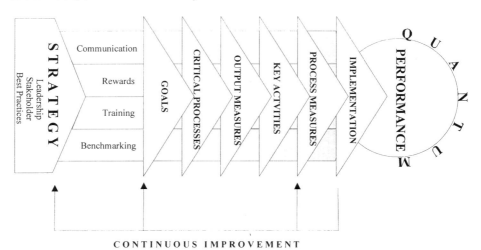

Abb. 4-19: Quantum-Performance-Bewertungsmodell

Ausgangspunkt des Modells sind die Leistungstreiber („drivers", vgl. *Hronec* 1996, S. 35ff.). Darunter werden die Strategie, als Ausdruck der Führungskraft und –vorgabe, sowie die verschiedenen Leistungsempfänger (Stakeholder im und im Umfeld des Unternehmens) subsummiert. Zusätzlich werden hierzu „best pactices" als Leistungsvorgabe mit herangezogen.

Ausgehend von diesen Leistungsvorgaben werden unter Zuhilfenahme der sogenannten „Enablers" (*Hronec* 1996, S. 55ff.) (*Kommunikation, Anreizsysteme, Qualifikation* und *Benchmarking)*, strategieadäquate Ziele des Unternehmens formuliert, kritische Prozesse identifiziert und analysiert sowie Output-Leistungsgrößen für das gesamte Unternehmen generiert (vgl. *Hronec* 1996, S. 69ff.).

Eine detailliertere Untersuchung führt zu den erfolgskritischen Schlüsselaktivitäten, für die Prozeß-Kennzahlen – z.B. Anzahl der Kostentreiber oder Prozeßkostensätze – entwickelt werden. Anschließend erfolgt die Implementierung des Modells. Leistungen werden auf Kosten-, Qualitäts- und Zeit-Kennzahlen ausgerichtet. Ein kontinuierlicher Verbesserungsrozeß (vgl. *Hronec* 1996, S. 157ff.), der hauptsächlich an den Phasen der Strategie- und Zielbildung bzw. der Schaffung von Prozeß-Maßgrößen ansetzt, begleitet parallel dazu den Aufbau und die Anwendung des Quantum Performance Measurement-Modells.

Eine Übersicht über die Charakteristika der Quantum Performance Measures liefert Abb. 4-20.

Zusammenfassend formuliert, wird mit dem von *Hronec* entwickelten Konzept der Leistungsmessung versucht, die zusammenhängenden Kosten-, Zeit- und Qualitätsziele über den Kennzahleneinsatz auf mehreren Ebenen (Organization-, Process- und Job-Level) mit den durch die Stakeholder sowie den besten Wettbewerbern oder Methodenbeherrschern beeinflußten Wettbewerbsstrategien zu verbinden (vgl. *Gleich* 1997, S. 116).

Charakteristika	Inhalt
Aufgabe der Quantum-Performance Measures	❒ Top-Down-Übermittlung der Strategie ❒ Bottom-Up-Übermittlung der Prozeßergebnisse ❒ Horizontale Übermittlung/ Kontrolle/ Verbesserung innerhalb der Prozesse
Nutzen/ Vorteile bei der Anwendung der Performance Measures	❒ Performance Measures befriedigen Kundenbedürfnisse ❒ Es werden Beziehungen/ Abhängigkeiten zwischen interner Servicequalität, Mitarbeiterverhalten, Mitarbeiterzufriedenheit und Gewinn aufgedeckt. ❒ Die richtigen Performance Measures machen Prozeßverbesserungen nicht nur möglich, sondern induzieren kontinuierliche Prozeßverbesserungen ❒ Performance Measures liefern die nötigen Informationen, um sich auf die besten Prozesse zu konzentrieren und erlauben ein Benchmarking
Typen von Performance Measures	❒ „Process performance measures" (horizontaler Aspekt) zeigen die Aktivitäten innerhalb eines Prozesses auf, motivieren und zielen auf Prozeßverbesserungen ab ❒ „Output performance measures" (vertikaler Aspekt) zeigen meist das finanzielle Ergebnis am Ende eines Prozesses auf und bestimmen den erzielten Erfolg
Leistungsdimensionen	❒ Qualität, d.h. die Güte eines Produktes oder einer Dienstleistung ❒ Zeit, d.h. die Quantifizierung der Güte eines Prozesses ❒ Kosten, d.h. die Quantifizierung der Güte der Wirtschaftlichkeit

Abb. 4-20: Charakteristika der Quantum Performance Measures von Hronec

4.1.9 Ernst & Young Performance Measurement-Konzept

Taylor und *Convey* beschreiben aus der Sicht des Beratungsunternehmens *Ernst & Young* die Probleme der traditionellen Leistungsmessung mit finanziellen Zielgrößen. Solche Kennzahlen betreffen meist das ganze Unternehmen und werden von vielen Informationsempfängern, insbesondere auf den unteren, produzierenden Leistungsebenen nicht verstanden bzw. sind von ihnen nicht beeinflußbar (vgl. *Taylor/Convey* 1993, S. 22ff.). Aus dieser Problematik heraus wird am Beispiel eines Unternehmens der Lebensmittelbranche dargestellt, wie ein Performance Measurement-System gestaltet sein sollte.

Ausgangspunkt der konzeptionellen Überlegungen waren verschiedene Zielvorgaben der Unternehmensführung, die u.a. eine deutliche Reduzierung der Verwaltungskosten, eine höhere Kundenorientierung, eine bessere Verkaufsleistung sowie eine leistungssteigernde Weiterbildung der Mitarbeiter beinhalteten.

Daraus wurden die kritischen Erfolgsfaktoren des beispielhaft dargestellten Kundenunternehmens abgeleitet (vgl. *Taylor/Convey* 1993, S. 23):

- Kritischer Erfolgsfaktor Qualität: Lieferung einwandfreier Ware als Garant für einen langfristigen Erfolg.
- Kritischer Erfolgsfaktor Kundenservice zur Schaffung einer „customer-driven-organization".
- Kritischer Erfolgsfaktor Ressourcenmanagement: Reduzierung der Umsatzkosten durch effizienteren Ressourceneinsatz, um die Strukturen der Wettbewerbsführer zu erreichen.

- Kritischer Erfolgsfaktor Verwaltungskosten: Reduzierung der Kosten im Produktions- und Vertriebsumfeld aufgrund der Wettbewerbssituation.
- Kritischer Erfolgsfaktor Flexibilität: Schaffung von flexiblen Vertriebsstrukturen.

In einem nächsten Implementierungsschritt wurden die Zielvorgaben mit Performance Measures verbunden. Hierzu wurden die kritischen Erfolgsfaktoren als Leistungsdimensionen mit den drei wesentlichen Leistungsebenen im Unternehmen verbunden (vgl. Abb. 4-21, vgl. *Taylor/Convey* 1993, S. 24).

	Quality	Customer Service	Resource Management	Cost	Flexibility
VP-Level	• product recalls [Q] • process defects [Q]	• on-time shipment in % [M] • order fill complete in % [M]	• inventory days [M] • sales cost in $ [M] • output/labour in $ [M]	• total value chain cost/unit [A]	• average cycle times of key products [A] • average delivery time [A]
Division Manager Level	• supplier rejects [W] • first time test yields [W]	• schedule attainment [W] • number of crisis calls [W]	• manufacturing cycle time [M] • finished goods days sales [W] • sales calls/ month [M]	• variable cost/ unit [M] • total plant cost/ unit [Q]	• schedule attainment [W] • manufacturing cycle time [W]
Department Manager Level	• shipments rejected [D] • variance from lease cost formulation [D]	• daily schedule attainment [D]	• machine down time [D] • unplanned schedule changes [D] • sales calls/ week [W]	• utility cost/unit [W] • material usage [W]	• changeover time [W] • delivery turn around time [W]
A = Annually	Q = Quarterly	M = Monthly	W = Weekly	D = Daily	

Abb. 4-21: Leistungsebenen und Performance-Dimensionen

Die eingesetzten Kennzahlen werden in Abhängigkeit von der Leistungsebene erfaßt und in ihren Ausprägungen berichtet. Auf höheren Leistungsebenen in Monats-, Quartals- oder Jahresberichten, auf unteren Leistungsebenen wird täglich oder wöchentlich berichtet.
Zwei wichtige Regeln fanden bei der Gestaltung und kontinuierlichen Anwendung des Performance Measurement-Konzeptes ebenfalls Beachtung:
- Zum einen wurden nur solche Faktoren als Leistungsmaßgrößen mit berücksichtigt, die auch tatsächlich meß- und beeinflußbar sind.
- Zum anderen sollten Performanceziele so formuliert werden, daß sie erreichbar sind. So wird aufgrund von Motivationsaspekten empfohlen, vorwiegend kurzfristig realisierbare Verbesserungsziele zu definieren.

4.1.10 Business Management Window

Die von der Beratungsabteilung der *IBM United Kingdom* entwickelte sogenannten „Business Management Windows" stellen ein Performance Measurement-Rahmenkonzept dar, mit dem die Möglichkeit geschaffen wurde, finanzielle Performance mit strategischen Ausrichtungen zu verknüpfen (vgl. *Bull* 1993, S. 28ff.).

Es beinhaltet folgende Funktionalitäten und Anknüpfungspunkte (vgl. *Bull* 1993, S. 30):
- Strategische Planungsaktivitäten von der Entwicklung einer Unternehmensvision über die Schaffung eines Verständnisses für Marktanforderungen bis zur Berücksichtigung der Anforderungen der Kapitalgeber eines Unternehmens. Damit soll das zukünftige Überleben sowie kontinuierliches Wachstum sichergestellt werden.
- Die Integration der Anforderungen der verschiedenen weiteren Stakeholder sowie die Schaffung einer Balanced Scorecard (vgl. Kap. 4.1.3).
- Die Verknüpfung von operativen Entscheidungen mit finanziellen Ergebnissen um positive und negative Einflüsse zu identifizieren.
- Die Durchführung eines Ergebnis- und Prozeß-Benchmarking (vgl. Kap. 6.5) auf Grundlage von finanziellen Kennzahlen, die zu Geschäftsabläufen in Beziehung gesetzt werden.

Im mittleren Teil der Abb. 4-22 (vgl. *Bull* 1993, S. 29) sind zunächst die sechs Kernbestandteile des Konzeptes als Fenster in einem gebäudeähnlichen Würfel veranschaulicht.

Über die strategische Geschäftsfeldplanung werden die Geschäftsideen potentiellen Kapitalgebern vorgestellt. Der Kapital- und Ressourceneinsatz sollte anschließend mit Unterstützung eines effektiven Asset Managements geplant und gesteuert werden.

Die Produktion und Auslieferung der Produkte sollte wertschaffend und wirtschaftlich erfolgen. Finanzielle Performancemaße sind hierbei die Kosten sowie die Preise. Erzielte Gewinne müssen versteuert werden, hierzu bedarf es eines Tax Managements. Anschließend ist zu entscheiden, inwieweit die Gewinne nach Steuern in das Unternehmen oder Geschäftsfeld reinvestiert oder ausgeschüttet werden.

Links und rechts von den Fenstern in Abb. 4-22 sind finanzielle Input- und Output-Kennzahlen veranschaulicht, welche die auf der rechten Abbildungsseite aufgeführten „Spitzenkennzahlen" entscheidend beeinflussen können. Diese sind Indikatoren für die finanzielle Leistungsfähigkeit eines Unternehmens.

Da Entscheidungen hinsichtlich der Ansprüche der weiteren Stakeholder nicht allein aufgrund finanzieller Erwägungen gefällt werden können, sind diese in alle erfolgsrelevante Überlegungen mit einzubeziehen (vgl. *Bull* 1993, S. 29).

Wie die Abb. 4-23 zeigt, finden die Interessen der Kapitalgeber, der Mitarbeiter, der Kunden sowie der Zulieferer Berücksichtigung. Auch die Interessen von Staat und Gesellschaft werden eingebunden.

In Anlehnung an die Überlegungen von *Kaplan/Norton* bei der Konzeption der Balanced Scorecard wird im Konzept Wert auf die Fähigkeit zur eigenständigen Forschung und Entwicklung gelegt, um, um auch zukünftig erfolgreich und kundenorientiert agieren zu können (vgl. *Kaplan/Norton* 1997a, S. 121ff.).

Das Konzept kann beispielsweise als Grundlage für ein Prozeß-Benchmarking verwendet werden, da neben dem reinen Ergebnisvergleich auch Strukturen, Strategien und Abläufe verglichen werden können. Als weitere Anwendungsmöglichkeit wird das Risk Management genannt.

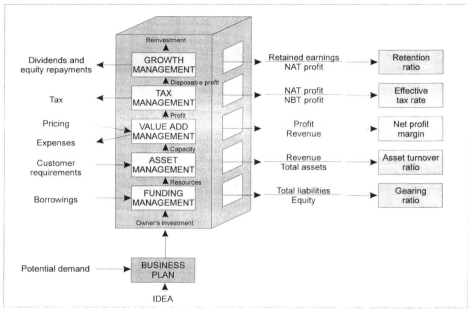

Abb. 4-22: Finanzielle Konsequenzen im Business Management Window-Konzept

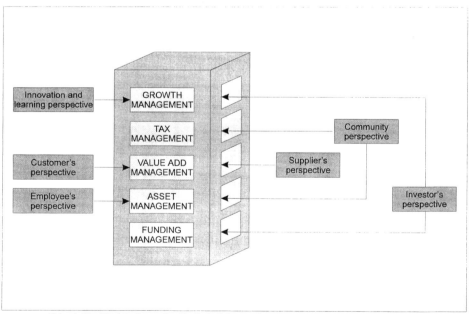

Abb. 4-23: Einbindung der Stakeholder in das Konzept (vgl. Bull 1993, S. 30)

4.2 Konzepte aus der Unternehmenspraxis

4.2.1 Konzept von J.I. Case

Der von der J.I. Case Agricultural Equipment Group entwickelte Ansatz (vgl. *Sellenheim* 1991, S. 50-53) integriert finanzielle und nichtfinanzielle Maßgrößen in einem Performance Measurement-Konzept mit dem Ziel, das Unternehmen auf den Status eines World-Class-Manufacturer zu bringen.

Das Performance Measurement-Konzept wurde aufgrund der im früheren Führungsinformationssystem nicht vorhandenen Informationen zur (langfristig) erfolgreichen Unternehmenssteuerung und der daraus entstandenen Probleme entwickelt. Die für die Manager notwendigen Berichte über Produktionsaktivitäten oder Effektivitätsmaße waren in der Vergangenheit nicht ausreichend strukturiert bzw. in Form von nutzbaren Ergebnisberichten verfügbar. Die Überarbeitung des Reportingkonzeptes hatte daher zum Ziel, diese Leistungsmaße mit zu integrieren.

Als erfolgsrelevante Kennzahlenkategorien zur Erlangung eines „world-class-manufacturing"-Standards wurden die fünf Leistungsbereiche

- Qualität,
- Service,
- Produktionsprozeßzeiten,
- Flexibilität und
- Kosten

identifiziert.

Quality measures	Delivery measures	Manufacturing process time/Flexibility measures	Finance/Cost measures
• customer feedback • warranty claims by product (by month), e.g. model, number of claims, extended dollars • daily rate of good units produced (by month), e.g. total units produced, good units produced, % of good units built • inventory control (by month), e.g. raw material, work-in-process in $, finished goods in $, control turns, forward days' supply	• current year production schedule number (tells you number of schedule changes) • delivery rate, e.g. current schedule rate of units per day, actual units shipped per day, percent of units shipped to schedule • supplier deliveries, e.g. number of early, late, on-time deliveries	• setup time, e.g. hours and percent to total hours worked • downtime, e.g. hours and percent to total hours worked • material handling time, e.g. hours and percent to total hours worked • finished goods completed per total people (or hours) worked • average bill of material levels (i.e. 2, 3, 4, etc.) • engineering/process changes, e.g. number of ECS changes • product lead time required for completion (i.e. two weeks, three months, etc.)	• cost of production, e.g. material and conversion cost, value- vs. nonvalue-added cost

Abb. 4-24: Performance Measurement-Konzept von J.I. Case (vgl. Sellenheim 1991, S. 53)

In einem nächsten Schritt wurden differenzierte Kennzahlen für diese Leistungsbereiche festgelegt. Diese Kennzahlen lassen sich für die verschiedenen Produktionsbereiche speziell anpassen und zu einem Gesamtkonzept zusammenfügen.
In Abb. 4-24 sind die Leistungsbereiche (zusammengefaßt in 4 Gruppen) sowie die jeweils ausgewählten leistungsrelevanten Kennzahlen der J.I. Case-Company dargestellt. Wie bereits ausgeführt, erfolgte hierbei eine Orientierung an den „world-class-manufacturing"-Standards (vgl. *Sellenheim* 1991, S. 51).
Das Konzept hatte folgende Basisanforderungen zu erfüllen (vgl. *Sellenheim* 1991, S. 53):
Es sollte
- die Kundenerwartungen wiedergeben sowie die Produktionsstrategie und kritische Erfolgsfaktoren berücksichtigen,
- flexibel änderbar sein,
- einfach und leicht verständlich sein („KIS" = „Keep it simple", *Sellenheim* 1991, S. 53),
- finanzielle und nichtfinanzielle Kennzahlen umfassen sowie
- positive Verstärkungseffekte initiieren.

Die Erfüllung dieser Anforderungen hat im Einklang mit der Unternehmenszielsetzung zu stehen und hat sich im Sinne des Kaizen-Ansatzes kontinuierlich zu verbessern. Daher sollte das Performance Measurement-Konzept zum einen die aktuelle Leistung des Unternehmens messen können, zum anderen allerdings auch aufzeigen, in welchen Leistungsbereichen eine Verbesserung des Unternehmens notwendig und möglich ist.

4.2.2 Konzept von Caterpillar

Die Neukonzeption der Organisationsstrukturen sowie der Leistungskennzahlen bei der Wheel Loader and Excavators Division (WLED) der Firma *Caterpillar* erfolgte um Strukturen und Kennzahlen wettbewerbsgerechter zu gestalten (vgl. *Hendricks/Defreitas/Walker* 1996, S. 18). Die organisatorische Neugestaltung erfolgte durch den Aufbau von Profit Center, welche die vorhandenen Cost Center ersetzen sollten. Ziel war dabei, die Verantwortung und Entscheidungsfindung nicht Top-down zu steuern, sondern auf die nachfolgenden Leistungsebenen zu verlagern. Ferner sollte die Flexibilität der Leistungsebenen sowie deren Kundennähe erhöht werden.
Die in der Vergangenheit bei WLED angewandten Kennzahlen auf Geschäfts- und Produktfeldebene waren stark finanziell geprägt. Nur wenige nichtfinanzielle Größen wurden eingesetzt (vgl. Abb. 4-25). Deren Erfassung und Darstellung fand lediglich auf Unternehmensebene statt.
Die Neugestaltung der Performance-Kennzahlen erfolgte ab Januar 1990, wobei zunächst über Benchmarkingaktivitäten Informationen von anderen Unternehmen sowie von verschiedenen weltweit agierenden *Caterpillar*-Gesellschaften erhoben wurden. Weiter wurde festgelegt, daß die neuen Kennzahlen mit den strategischen Vorgaben sowie den organisatorischen Änderungen und den kritischen Erfolgsfaktoren des Unternehmens harmonieren sollten.
Gefordert waren integrierte Bündel von finanziellen und nichtfinanziellen Kennzahlen, die sowohl Aussagen über kurzfristige Ergebnisse als auch über langfristige Ergebnistreiber erlauben.
Nach der Festlegung des Rahmens für das Performance Measurement-Konzept erfolgte die eigentliche Festlegung der Performance-Kennzahlen. Finanzielle Kennzahlen wurden für den

ganzen Caterpillar-Konzern auf allen Unternehmens- und Geschäftsfeldebenen festgelegt. Darauf aufbauend wurden Kennzahlen für jede Produkt- und Hauptteilegruppe definiert. Ergänzend erfolgte die Festlegung der wichtigsten nichtfinanziellen Kennzahlenkategorien („Delivery Performance", „Customer satisfaction", „Employee satisfaction", „Process improvement" und „Conformance to plan"). Diese finden augenblicklich bei WLED in der in Abb. 4-25 dargestellten Form und Ausgestaltung Anwendung.

Der Einsatz der neuen nichtfinanziellen Kennzahlenkategorien sowie der bislang eingesetzten nichtfinanziellen Kennzahlen unterstützte maßgeblich den Wandel zur Selbstverantwortlichkeit und proaktiven Entscheidungsfindung auch auf unteren Leistungsebenen. Zukünftig sollen noch weitere nichtfinanzielle Kennzahlen entwickelt und eingesetzt werden.

Performance measure	Past	Current	Future
Profit	None	Total division - Product groups - Major components	Same as current
Revenues	None	- By division, product groups, and major component groups - Market transfer prices	Same as current
Costs	- By department, product, and component - Efficiency ratios	- Same as past - Market transfer prices	Same as current
Ratios and other financial measures	- None - ROI for individual projects	- Return on assets - Return on sales - Cash flow - Inventory levels - Fixed asset levels - Warranty expense - ROI for individual projects	Same as current
Nonfinancial measures	Minimal	- Delivery performance - Customer satisfaction - Employee satisfaction - Process improvement - Conformance to plan	Same as current plus - Assembly process throughput - Process breakthroughs - Change management - Integration of values into division culture

Abb. 4-25: Performance Measurement für Geschäftsbereiche, Produktgruppen und Hauptteilegruppen bei WLED Caterpillar (vgl. Hendricks et al. 1996, S. 22)

Die Erfahrungen mit dem Performance Measurement-Konzept führten schließlich zu Aufbau- und Anwendungsempfehlungen für andere Unternehmen (vgl. *Hendricks/Defreitas/Walker* 1996, S. 24):

- Die Anforderungen der internen Kunden an Performance Measures sind zu eruieren und zu berücksichtigen.
- Anwender müssen in der Anwendung und Interpretation der Kennzahlen geschult werden.

- Das Aufzeigen von Trends ist oftmals wichtiger als die reine Darstellung von Ergebnissen.
- Das Informationssystem im Unternehmen muß an die Bedürfnisse des Performance Measurement-Konzeptes angepaßt werden.
- Das Performance Measurement-Konzept muß ständig überprüft und weiterentwickelt werden.

Abschließend berichten die Autoren davon, daß der Einsatz der neuen Performance-Kennzahlen in Verbindung mit der geänderten Organisationsstruktur zu besseren Entscheidungen bei WLED geführt hat. Ferner wurden der Kundenservice und die Produktivität erhöht sowie in jüngster Vergangenheit Rekordgewinne erzielt.

4.2.3 Konzept von Honeywell Micro Switch

Micro Switch ist eine Geschäftssparte von *Honeywell*. Das Unternehmen produziert Schalter und Sensoren für verschiedene Kundensegmente. Die Bandbreite reicht von Standardprodukten, die millionenfach hergestellt werden, bis zu Aufträgen in kleinen Stückzahlen. Insgesamt beschäftigt Honeywell Micro Switch (HMS) beinahe 4000 Mitarbeiter (vgl. *Newton* 1997, S. 34).

Im Jahr 1988 startete das Unternehmen sein „Continuous improvement"-Programm. Ausgangspunkt des Verbesserungsprozesses war und ist die Strategische Planung. Diese wird in einem Gegenstromverfahren mit Top-down-Eröffnung (vgl. hierzu z.B. bei *Scholz* 1984, S. 97) durchgeführt. Der Prozeß findet einmal jährlich statt. Beim letzten Durchlauf waren mehr als 300 Mitarbeiter beteiligt (vgl *Newton* 1997, S. 34).

Dabei analysieren die strategischen Planungsteams zunächst Kundenprioritäten, Zuliefererfähigkeiten sowie wettbewerbsfähige Geschäftspläne. Anschließend erfolgt die Einschätzung der finanziellen und operativen Performance der Geschäftseinheit. Ergebnis des Planungsprozesses sind strategische Ziele und KBDs (key business drivers) (vgl. *Newton* 1997, S. 34ff.).

KBDs sind die maßgeblichen Faktoren zur Beeinflussung der Kundenzufriedenheit, der finanziellen und operativen Performance sowie von Wertverlagerungen. Sie bleiben i.d.R. lange bestehen und werden nur selten, und dann unter genauer Prüfung, verändert.

Die KBDs für 1997 waren (vgl. im folgenden *Newton* 1997, S. 34-38):
- der Malcolm Baldridge National Quality Award Improvement Process (vgl. hierzu Kap. 0),
- Weltklasse-Mitarbeiter (Ergebnisse aus einer Umfrage),
- das Aufkommen neuer Systeme,
- Qualität,
- Reaktionsvermögen,
- Schwerpunkte,
- Produktivität der Geschäftseinheit und
- Globalisierung.

Sämtliche Aktivitäten bei HMS werden mit diesen KBDs verknüpft. Die KBDs sind sehr allgemein gehalten. Den dadurch möglichen Verständnis- und Kommunikationsproblemen wird dadurch begegnet, daß die KBDs den Abteilungen nur als Rahmenwerk weitergegeben werden. Die verschiedenen Abteilungen identifizieren die für ihr Umfeld relevanten KBDs und entwickeln daraus Abteilungsziele. Ferner werden geeignete Abteilungskennzahlen zur Planung und Steuerung festgelegt. Diese müssen Meßbares messen, einfach, verständlich und

beständig sein. Weiter müssen Daten zu deren Ermittlung vorliegen. Nach der Bekanntgabe der Ziele in der Organisationseinheit, werden sie den drei Kategorien Reaktionsvermögen, Qualität und Finanzen zugeordnet.
Neben diesen individuellen Kennzahlen entwickelt HMS im Rahmen des strategischen Planungsprozesses sechs weitere Schlüsselkennzahlen, die für die gesamte Geschäftssparte gelten. Sie stehen für Leistungsparameter, die durch alle Mitarbeiter beeinflußbar sind.
Diese beiden Kennzahlenbündel bilden das „Continuous Improvement Control Board" (CICB) (vgl. die Entwicklungsschritte in Abb. 4-26). Dies ist eine ca. 1-auf-2-Meter große Pinnwand, die an einem zentralen Platz im Arbeitsbereich angebracht wird. Sie stellt das Instrument des HMS-Managements dar, welches die strategischen Vorgaben in konkrete Ziele auf operationaler Ebene transformiert. Jede Abteilung bzw. jede Arbeitsgruppe entwickelt ein eigenes CICB. Hier werden täglich Ziele für Mitarbeiter vorgegeben, die mit den KBDs verknüpft sind.

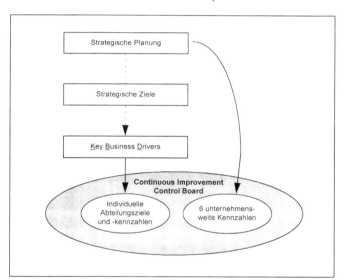

Abb. 4-26: Die Entwicklung zum Continuous Improvement Control Board (CICB)

Das CICB (vgl. Abb. 4-27) ordnet die Ziele der Abteilung den Bereichen Mitarbeiter, Prozeß und Produkt zu. In diesen Bereichen werden wiederum drei Ebenen unterschieden, so daß eine Matrix entsteht. Die erste Ebene (symbolisiert durch das Quadrat in Abb. 4-27) zeigt die Erwartung des Kunden (ZIEL), die zweite Ebene (symbolisiert durch den Kreis) zeigt den aktuellen Status an (IST). Die Differenz wird als strategische Lücke betrachtet, die es durch konkrete Zielsetzungen auf der dritten Ebene zu schließen gilt.

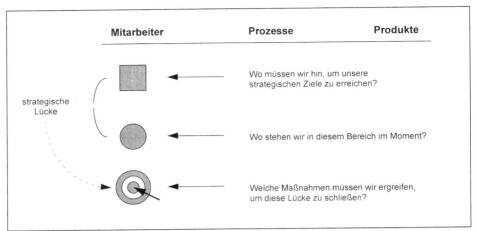

Abb. 4-27: Das Continuous Improvement Control Board bei HMS (vgl. Newton 1997, S. 36)

Die Ziele werden durch Vorschläge und Ziele der Mitarbeiter ergänzt. Diese können von jedem Mitarbeiter auf Zettel geschrieben und an das Board gepinnt werden. In regelmäßigen (in der Produktion beispielsweise wöchentlichen) Teamtreffen werden sie dann besprochen.

Die Control Boards sind Teil einer Kommunikationsinitiative, die durch ein spezielles interdisziplinäres Team begleitet und unterstützt wurde. Ziel war es, daß Management bei der Kommunikation von Zielen, Kennzahlen und gegenwärtiger Performance zu unterstützen.

Der Erfolg des CICB-Konzeptes basiert auf der konzeptionellen Einfachheit sowie dem Plazieren der Pinnwand an einem zentralen Platz der betroffenen Organisationseinheit. Weiter tragen die intensive Einbeziehung der Mitarbeiter sowie die regelmäßige Überprüfung und Bearbeitung der Control Boards zum Erfolg bei.

Ursprüngliche Zielsetzung war es, ein System zur kontinuierlichen Verbesserung zu implementieren. Dieses wurde nicht nur erreicht, sondern sogar übertroffen. Nach heutigen Maßstäben wurde ein neues Steuerungssystem im Sinne des Performance Measurement installiert.

1995 gewann HMS den Illinois State Quality Award und wurde nach DIN ISO 9001 zertifiziert. Am wichtigsten ist aber, daß die Kunden nachhaltig vom Unternehmen beeindruckt sind und die instrumentalen Grundlagen für einen dauerhaften Erfolg geschaffen wurden.

4.2.4 Konzept des internen Marktes von Hewlett Packard

Bei der *Hewlett Packard* Deutschland GmbH gibt es seit dem Beginn der neunziger Jahre umfassende Bestrebungen, ein marktorientiertes Performance Measurement und Performance Management für administrative Bereiche zu konzipieren und umzusetzen. Ein Ziel der Aktivitäten war auch die Schaffung eines marktorientierten Controllerbereichs. Dabei bediente man sich nicht bereits bekannter Konzepte zum Performance Measurement, sondern entwickelte ein firmeneigenes Konzept. Die nachfolgenden Abschnitte geben einen Überblick über die Anwendungsumgebung, die Idee des internen Marktes am Beispiel des Referenzbereichs, eines marktorientierten Rechnungswesens und Controlling, die Aufbau-

und Umsetzungsstufen des Projektes „Interner Markt" sowie erste Anwendungserfahrungen wieder (vgl. *Holzmüller* 1996 sowie *Gleich* 1997, S. 358ff.).

4.2.4.1 Die Anwendungsumgebung

Die *Hewlett Packard* GmbH ist in Geschäftseinheiten aufgebaut, die selbständig am Markt agieren. Die Zentrale unterstützt die einzelnen Geschäftseinheiten durch Serviceleistungen (Administration and Finance). Die Kosten dieser Serviceleistungen wurden traditionell den verschiedenen Geschäftseinheiten belastet. Allerdings existierten auf Grundlage dieser Zusammenarbeit enorme Probleme zwischen den Geschäftseinheiten und den Gemeinkostenbereichen. Die Geschäftseinheiten hinterfragten beispielsweise ständig die Kosten und Leistungen und liebäugelten mit günstigeren Wettbewerbern bspw. von Rechnungswesenleistungen (z.B. DATEV). In den Gemeinkostenbereichen machte man sich Sorgen, ob die eigene Leistungsfähigkeit zum Überleben im Wettbewerb überhaupt ausreicht und was getan werden könnte, diese Leistungsfähigkeit im Sinne der Schaffung von Kernkompetenzen zu steigern.

Schwierig war zum Zeitpunkt dieser Überlegungen, daß keine Leistungstransparenz in den Gemeinkostenbereichen bestand und noch unbekannt war, welche konkreten Leistungswünsche die Kunden der Gemeinkostenbereiche, also die verschiedenen Geschäftsbereiche, hatten. Zur Eliminierung dieser Probleme wurde, initiiert von den Gemeinkostenbereichen, gemeinsam mit den Kunden und der Geschäftsleitung die Methodik des internen Marktes erarbeitet.

4.2.4.2 Idee des marktorientierten Rechnungswesens und Controlling im internen Markt

Der erste Schritt zum internen Markt war, in Analogie zur oben beschriebenen Vorgehensweise, die Schaffung eines Servicekataloges mit entsprechenden Leistungsbeschreibungen.

Product Descriptions	cc-code	unit of measure	Price DM
Intracorporate & Intra GmbH Transactions	ASCIC01	No. of invoices	23,50
Intracorporate Material Invoices	ASCIC02	No. of invoices	3,00
Providing Standard Environment - Intracorporate	ASCIC03	No. of contacts	1.500,00
Fixed Assets Additions & Retirements	ASCFA01	No. of transactions	28,50
Reconciliation of Physical Inventory Verification	ASCFA02	No. of transactions	75,00
Providing Standard Environment - Fixed Assets	ASCFA03	No. of assets	6,00
Travel Expense Reports (TER)	ASCTE01	No. of TER	22,00
Petty Cash Transactions	ASCTE02	No. of line items	20,00
Providing Standard Environment – Travel	ASCTE03	No. of travellers	43,00
Trade Invoice Transaction Processing	ASCAP01	No. of line items	9,50
Field Inventory Accounting Services	ASCINV	No. of. Inv. Transactions	0,25

Abb. 4-28: Produkte, Maßgrößen und Preise des Financial Services Centers

Im EDV-Bereich wurden bspw. mehr als 100 Produkte spezifiziert, im Personalwesen bspw. die Produkte des Trainingsbereichs oder der Gehaltsabrechnung. Im Rechnungswesen wurden unter anderem die in Abb. 4-28 aufgeführten Produkte definiert.

In einem nächsten Schritt wurden wettbewerbsgerechte Produktpreise formuliert. Da die Preise von einem internen Dienstleister kalkuliert werden, müssen sie immer günstiger sein, als die Preise der externen Anbieter, da keine Kapitalkosten berücksichtigt und keine Gewinne gemacht werden müssen (Preisleitlinie bei Hewlett Packard: Die Preise interner Dienstleister dürfen max. ca. 80% der besten externen Preise betragen).

Den Geschäftseinheiten werden nur die in Anspruch genommenen Leistungen der Gemeinkostenbereiche verrechnet. Werden durch diese Vorgehensweise nicht alle Kosten der administrativen Leistungseinheit Controlling/Rechnungswesen verrechnet, erfolgt eine Anpassung der Planleistungsmenge und der Plankosten, was dann zu einer Erhöhung der Verrechnungspreise führt.

4.2.4.3 Aufbau- und Umsetzungsstufen des marktorientierten Rechnungswesens und Controlling

Die Realisierung des internen Marktes im Controlling und Rechnungswesen erfolgte seit Ende 1990 in sechs Aufbau- und Umsetzungsstufen.

- Zunächst mußten die Prozesse (bzw. produktbezogene Prozesse) der Bereiche beschrieben werden (Kriterien: Function Mission Statement des Bereiches, Success Parameters des Bereiches, Customers des Bereiches, Major Processes contributing to the Mission, vgl. dazu das Beispiel in Abb. 4-29),
- anschließend wurden diese Prozesse mit Process Performance Measures quantifiziert (vgl. nochmals das Beispiel aus Abb. 4-29). Ein Ziel war hierbei, nicht nur Kosten zu messen, sondern auch die Qualität der Leistungen.
- In einer weiteren Aufbaustufe stellte man sich im Rechnungswesen der Frage, wie die Organisation aufgebaut oder weiterentwickelt werden sollte (bspw. hauptprozeß- oder funktionsbezogen). Aus Gründen der schnellen Umsetzbarkeit wurde die ursprüngliche Organisation zunächst beibehalten.
- Stattdessen wurde mit dem PROCESS-PRICING begonnen. Mit den Kunden wurden Kosten und Leistungen diskutiert. Daraufhin wurden GmbH-Standards festgelegt.
- In einem fünften Entwicklungsschritt wurden Qualitätsstandards und -kriterien festgelegt. Dafür wurden Fragebögen entwickelt und regelmäßig an die Kunden versandt. Damit sollten Beurteilungsstatements zur Professionalität des zu beurteilenden Bereiches, des Verhaltens und der Zielvorgaben erstellt werden. Mittels eines RADAR-CHARTS wird die Zufriedenheit getrennt nach Kundengruppen (Bereichsleiter, Controller, Operation Manager, Kostenstellenleiter und das Top Management) visualisiert. Bei Defiziten werden konkrete Maßnahmen zur Verbesserung formuliert. Monatlich werden dazu Qualitätsreports erstellt und diskutiert. Dabei spielen fünf Kriterien eine besondere Rolle: der Planungsprozeß, die Kundenorientierung, die Prozeßverbesserung, das Prozeßmanagement und die Mitarbeiterbeteiligung. Diese Kriterien werden von den Kunden mit den Scoringwerten 1 (schlecht) bis 5 (sehr gut) beurteilt. Ziel ist dabei HP-weit stets die Erreichung einer 5 (vgl. Abb. 4-30, mit dem Beispiel eines informellen Qualitätsreview für die Financial Services Deutschland).

4. Konzepte des Performance Measurement

Department Petty Cash/Travel Expense Reporting	
FUNCTION MISSION STATEMENT:	
Manage HP´s Petty Cash and Travel Expense processes in terms of service levels, speed, accuracy, competitive prices following internal and external business .	
SUCCESS PARAMETERS:	**CUSTOMERS:**
Provide our customers in a friendly manner with on time reimbursements by achieving 100% quality and offer above services at no higher prices than NON-HP "best in class" competitors .	- All HP-employees - Banks - Bank Accounting - Payroll - Controlling functions of GmbH
MAJOR PROCESSES CONTRIBUTING TO THE MISSION:	**PROCESS PERFORMANCE MEASURES:**
1. Processing of Petty Cash inflows and outflows	- Reconciliation of Petty Cash activities - Voucher statistics - Keep Petty Cash funds on hand on a low level
2. Processing of Travel Expense Reports	- Processing time of TER´s - On time reimbursement - Number of TER´s and Petty Cash inputs per department - Customer feedback /satisfaction
3. MEC/YEC Processing	- Analysis of all suspense accounts according to PC/TE - Reconciliation of 1414 accounts

Abb. 4-29: Produktbeschreibung „Travel Expense Reporting"

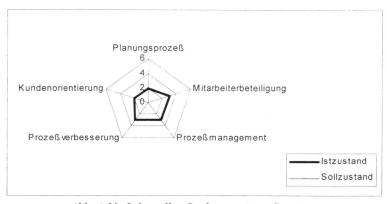

Abb. 4-30: Informeller Qualitätsreview - Scoring –

- Durch Einsatz der Benchmarking-Methodik wurden und werden zur ständigen Bereichsverbesserung Leistungsvergleiche durchgeführt (z.B. mit anderen HP-Ländergesellschaften oder externen Anbietern wie DATEV).
- Das Ergebnis ist eine proaktive Geschäftsbeziehung zwischen den Geschäftseinheiten und dem Rechnungswesen/Controlling.

4.2.4.4 Anwendungserfahrungen mit dem marktorientierten Rechnungswesen und Controlling

Auf die jährliche Planungsrunde wirkte sich diese neue Partnerschaft zwischen Rechnungswesen/Controlling und den Geschäftseinheiten dahingehend aus, daß Kosten im Hintergrund, Mengen und Qualität der Leistungen dagegen im Vordergrund standen.

Als Fazit dieses kontinuierlichen Performance Measurements und Managements im Rechnungswesen- und Controllingbereich bei Hewlett-Packard läßt sich feststellen, daß

- unternehmerisches Denken gelernt wurde und nun aktiv praktiziert wird,
- die ständige Hinterfragung, Messung und das Vergleichen der eigenen Leistung selbstverständlich geworden ist und
- dies zu regelmäßigen Bestrebungen zur Verbesserung der Preise, der Flexibilität und der Qualität führt.

Ein Indikator für den Erfolg des internen Marktes ist die neugewonnene hohe Wettbewerbsfähigkeit der deutschen Gemeinkostenbereiche im HP-weiten Wettbewerb, die nun sogar dazu geführt hat, daß zusätzliche Tätigkeiten nach Deutschland übertragen wurden.

4.3 Übersicht über weitere Konzepte

Viele weitere Konzepte befassen sich mit Fragen der Leistungsmessung, der Bewertung der Management- und Ertragsqualität aus Sicht von Analysten oder dem Aufbau sowie der Qualität von Qualitätsmanagementsystemen. Diese Konzepte sind nicht „typische" bzw. originäre Performance Measurement-Konzepte, da sie ursprünglich aufgrund anderer Zielsetzungen entwickelt wurden. Einige ausgewählte Ansätze sollen nachfolgend unter Beschreibung des ursprünglichen Konzeptzieles kurz aufgeführt werden:

Konzeptname	Ursprüngliches Konzeptziel	Quelle
„Top Usine Award"	Bewertung des Managements auf Betriebsebene (Factory Level) mit Hilfe eines differenzierten Modells, welches auf den Komponenten „delegation, integration, measurement, employee participation, communication und employee development" basiert	*De Groote/Loch/Van der Heyden/Van Wassenhove/Yücesan* 1996
„Malcolm Baldrige Award"	Bewertung von Qualitätsmanagement-(TQM)Systemen sowie der Qualitätsdimension von Unternehmen unter Einsatz eines Qualitätsmanagement-Modells. Neuerdings auch mit neuen Schwerpunkten auf der Kundenzufriedenheit und Geschäftsergebnissen. Anwendungsschwerpunkt: Unternehmen oder Geschäftsbereich.	*Garvin* 1991 *National Institute of Standards and Technology* 1994
„European Quality Award"	Bewertung von Qualitätsmanagement-(TQM-)Systemen sowie der Qualitätsdimension und der Leistung von Unternehmen unter Einsatz eines Qualitätsmanagements-Modells. Kriterien: Leadership, People Management, Policy&Strategy, Resources, Processes, People Satisfaction, Customer Satisfaction, Impact on society, Business Results. Anwendungsschwerpunkt: Unternehmen oder Geschäftsbereich.	*European Foundation for Quality Management* 1995
„Informed Spectator-Methode"	Differenzierte Untersuchung von Unternehmen durch ein mehrdimensionales Kennzahlensystem, welches auf den Stakeholderansprüchen basiert und eine Erweiterung der klassischen Finanzanalyse darstellt.	Anwendung von Wirtschaftszeitschriften wie *Fortune* und *Economist*, zitiert nach *Brown/Laverick* 1994

Konzeptname	Ursprüngliches Konzeptziel	Quelle
„The World's most admired companies 1997", Global 500	Ermittlung der leistungsstärksten internationalen Unternehmen mittels der Einstufungskriterien: Effektivität im globalen Geschäft, Innovationskraft, Managementqualität, Wert als langfristiges Investment, Verantwortungsbewußtsein gegenüber Gesellschaft und Umwelt, Mitarbeiterführung, Qualität der Produkte und Dienstleistungen, gesunde Finanzstrukturen sowie kluger Umgang mit Firmenvermögen	Zeitschrift *Fortune* (1998)
„Investor-Relation-Spiegel"	Bewertungsinstrument für kleine und mittlere Unternehmen. Ziel: Leistungsfähigkeit messen durch den Einsatz verschiedener finanzieller und nichtfinanzieller Kennzahlen unter Berücksichtigung von Einschätzungen zur zukünftigen Entwicklung.	Entwickelt an der TU Illmenau, vgl. *Sturm* (1996)

4.4 Vergleichende Beurteilung der Konzepte

Die in den vorhergehenden Kapiteln 4.1 und 4.2 vorgestellten vierzehn Performance Measurement-Konzepte werden nachfolgend anhand den im Kap. 3.1 erörterten notwendigen Bestandteile und Funktionalitäten von Performance Measurement-Konzepten vergleichend beurteilt.

Jedes Kriterium der aufgeführten und angewandten elf Vergleichskriterien kennzeichnet einen wichtigen Bestandteil oder eine notwendige Funktionalität von Performance Measurement-Konzepten:

1. Visions- und Strategieanbindung des Konzeptes (Anbindung an strategische Planung) sowie Regelungen zur Planzielvorgabe (vgl. Kap. 3.1.1)
2. Einsatz einer stakeholderbezogenen Zieldifferenzierung (vgl. Kap. 3.1.1)
3. Berücksichtigung mehrerer Leistungsebenen (vgl. Kap. 3.1.1)
4. Beschreibung der Regelungen zum Kennzahlenmanagement (Kennzahlenaufbau und –pflege) (vgl. Kap. 3.1.2)
5. Modalitäten Messung (u.a. Meßzyklen, Meßpunkte) (vgl. Kap. 3.1.3)
6. Vorgehensweise bei der Leistungsbeurteilung und Abweichungsanalyse (vgl. Kap. 3.1.3)
7. Berücksichtigung von Anreiz- und Belohnungsaspekten (vgl. Kap. 3.1.5)
8. Integration eines Reportingkonzeptes (vgl. Kap. 3.1.5)
9. Institutioneller Rahmen (PM-Ablauf und –beteiligte) (vgl. Kap. 3.1.6)
10. Einsatz von Instrumenten im PM (vgl. Kap. 3.1.7)
11. Verbindung zu einem Performance Management sowie die Integration kontinuierlicher Verbesserungsaspekte(vgl. Kap. 3.1.4)

Alle Konzepte wurden bezüglich dieser elf Kriterien analysiert. Hierbei wurde zur Festlegung einer Beurteilung folgendermaßen differenziert:

- Wurde ein Kriterium nach Ansicht des Verfassers *konzeptionell sehr umfassend berücksichtigt*, d.h. sind diesbezüglich umfangreiche sowie eindeutige Aussagen und Regelungen in der Konzeptbeschreibung getroffen worden, wurde dies mit „Schwarz" beurteilt (vgl. den Überblick und die farbliche Abstufung in der Abb. 4-31 unten).
- Wurde ein Kriterium nach Ansicht des Verfassers *konzeptionell berücksichtigt*, d.h. sind diesbezüglich eindeutige Aussagen und Regelungen in der Konzeptbeschreibung getroffen worden, wurde dies mit der „Graustufe 75%" beurteilt.
- Wurde ein Kriterium nach Ansicht des Verfassers *konzeptionell kaum oder nur bedingt berücksichtigt*, d.h. sind kriterienbezogen nur wenige und/oder nicht eindeutige Aussagen und Regelungen in der Konzeptbeschreibung getroffen worden, wurde dies mit der „Graustufe 50%" beurteilt.
- Wurde ein Kriterium nach Ansicht des Verfassers *konzeptionell nicht berücksichtigt*, d.h. sind kriterienbezogen keine eindeutigen Aussagen und Regelungen in der Konzeptbeschreibung getroffen worden, wurde dies mit der „Graustufe 25%" beurteilt.
- In manchen Fällen, speziell dann, wenn das Konzept nicht in umfangreicher Buchform, sondern nur in mehrseitigen Veröffentlichungen publiziert wurde, war es teilweise nicht möglich, einzelne Kriterien zu beurteilen, da zu diesen keine Aussagen gemacht wurden oder abgeleitet werden konnten. War dies der Fall, wurde das Feld nicht ausgefüllt (Beurteilungsstufe „weiß").

Insgesamt nur sechs Konzepte konnten durchgängig beurteilt werden (vgl. nochmals Abb. 4-31). Dabei handelt es sich ausnahmslos um solche Konzepte, die mittlerweile entweder bereits weit verbreitet und umfassend beschrieben wurden (z.B. die Balanced Scorecard oder die Performance Pyramid), oder die in ihrer Funktionsweise eindeutig (mathematisch) festgelegt sind (dies gilt für die Data Envelopment Analysis).

Bei deren vergleichender Gegenüberstellung ragen besonders die vier Konzepte Balanced Scorecard, das Konzept von Hewlett-Packard, die Performance Pyramid sowie das Quantum Performance Measurement hervor.

Die Balanced Scorecard hat lediglich Schwachpunkte in der Leistungsebenendifferenzierung (trotz der Personal-Scorecards und der möglichen kaskadenförmigen Auflösung der Scorcard bleibt diese vorwiegend ein Instrument zur Unternehmens- und Geschäftsfeldsteuerung) und der Stakeholderorientierung (das Konzept ist unzweifelhaft vorwiegend auf die Shareholder bezogen, vgl. auch bei *Brown/Laverick* 1994, S. 94).

Weitere Schwachpunkte liegen im Bereich „Kennzahlenaufbau und -pflege" sowie in der Darstellung der Messmodalitäten. Alle anderen Kriterien werden konzeptionell berücksichtigt. Insgesamt werden sieben der elf Kriterien im Balanced Scorecard-Konzept vollständig berücksichtigt.

Das Konzept von *Hronec* (Quantum Performance Measurement-Konzept) besticht durch seine Durchgängigkeit und seine Breite, allerdings bestehen Zweifel in der schnellen und wirtschaftlichen Umsetzbarkeit. Diese werden auch dadurch genährt, daß *Arthur Andersen*, besonders im deutschen Sprachraum, kaum von erfolgreichen Umsetzungen des Quantum Performance Measurement berichtet (vgl. hierzu auch das Interview von *Biel* 1997).

Schwachpunkte liegen besonders in der Operationalisierung des Kennzahlenmanagements, der Leistungsbeurteilung sowie der Durchführung einer Abweichungsanalyse. Insgesamt sind die Anforderungen von sechs Kriterien im Konzept integriert.

Ein zusätzliches Kriterium wird im Konzept des internen Marktes von *Hewlett-Packard* erfüllt. Als eindeutige Defizite des Konzeptes von *Hewlett-Packard* sowie auch der Performance Pyramid sind insbesondere die kaum integrierten Anreiz- und Belohnungsaspekte zu nennen. Das erstgenannte Konzept überzeugt zwar auf Abteilungsebene, die nicht eindeutig beschriebene Einsatzmöglichkeit auf der Unternehmens- oder Geschäftsfeldebene ist jedoch eindeutig nachteilig zu werten. Dies wirkt sich auf die Erfüllung der Kriterien „Stakeholderbezogene Zieldifferenzierung" und „Berücksichtigung mehrerer Leistungsebenen" aus.

KRITERIUM / KONZEPT	Visions- und Strategie- anbin- dung	Stake- holder- bezogene Ziel- differen- zierung	Berück- sichti- gung mehrerer Leistungs -ebenen	Kenn- zahlen- manage- ment	Modali- täten Messung	Leistungs beur- teilung und Abwei- chungs- analyse/	Berück- sichti- gung Anreiz- aspekte	Konzept Reporting	Institu- tioneller Rahmen	Einsatz von Instru- menten im PM	Integra- tion eines Perfor- mance Manage- ment
Data Envelop. Analysis											
PM in Service Businesses											
Balanced Scorecard											
Tableau de Bord											
ProMES											
PM-Model											
Performance Pyramid											
Quantum PM- Konzept											
Ernst &Young- Konzept											
Business Mgt. Windows											
J.I. Case- Konzept											
Caterpillar- Konzept											
Honeywell- Konzept											
Hewlett- Packard-K.											

schwarz	Konzeptionell umfassend berücksichtigt
grau 75%	Konzeptionell berücksichtigt
grau 50%	Konzeptionell kaum / nur bedingt berücksichtigt
grau 25%	Konzeptionell nicht berücksichtigt
weiß	Beurteilung aufgrund fehlender Informationen nicht möglich

Abb. 4-31: Performance Measurement-Konzepte im Vergleich

Alle anderen Konzepte haben spezielle Stärken, jedoch auch oftmals umfangreiche Schwächen. Die Data Envelopment Analysis hat beispielsweise klare Vorteile gegenüber den anderen Konzepten in der systemimmanenten formal eindeutigen Meßmodalitäten sowie den eindeutigen Möglichkeiten zur Leistungsbeurteilung. Allerdings erfüllt die DEA alle anderen Kriterien nur sehr eingeschränkt und überzeugt somit als Performance Measurement-Konzept nicht.

Viele Unklarheiten existieren bei den Unternehmenskonzepten von J.I. Case, von Caterpillar und Honeywell. Eine endgültige Beurteilung dieser Konzepte gestaltet sich daher als schwierig.

Zusammenfassend ist anzumerken, daß die Balanced Scorecard insgesamt am überzeugendsten die Kriterien erfüllt, die an ein effektives Performance Measurement-Konzept gestellt werden. Auch die Unternehmenspraxis hat das überzeugende sowie flexible Konzeptdesign und die Durchgängigkeit durch eine große Nachfrage nach diesem Konzept honoriert. Viele Veröffentlichungen zu Implementierungen in der Unternehmenspraxis belegen die hohe Akzeptanz dieses Konzeptes in der Praxis. Allerdings ist diese Konzepteuphorie oder „Modeerscheinung" auch durchaus kritisch zu beurteilen, da sich die Balanced Scorecard mittel- bis langfristig im Wettbewerb mit anderen betriebswirtschaftlichen Konzepten durchsetzen muß. Dies wird nur durch den Nachweis von letztendlich wertschaffenden Erfolgen (z.B. nachhaltige Steigerung des Unternehmenswertes durch den Einsatz einer Balanced Scorecard) in der praktischen Anwendung wirklich gelingen.

5 Empirische Untersuchungen zu Fragen des Performance Measurement

Zwei umfassende empirische Untersuchungen in den USA haben in den sechziger und siebziger Jahren die Dominanz des Return-on-Investment als Unternehmens- oder Geschäftsbereichssteuerungsgröße dokumentiert (vgl. die Untersuchungen von *Mauriel/Anthony* 1966 mit einem Stichprobenumfang von mehr als 1800 der größten amerikanischen Unternehmen und von *Reece/Cool* 1978 mit einem Stichprobenumfang von mehr als 600 Unternehmen aus der *Fortune* 1000-Liste).

Ähnlich umfassende Untersuchungen zum Anwendungsstand neuer Performance-Kennzahlen und zur Ausgestaltung neuer Steuerungskonzepte im in Kapitel 2.1 beschriebenen Sinne sind derzeit weder aus dem englischen noch aus dem deutschen Sprachraum bekannt. Publiziert wurden jedoch bereits empirische Studien, die einzelne oder mehrere aufgabenbezogene oder instrumentelle Aspekte des Performance Measurement sowie branchen- oder funktionsbereichsbezogene Situationsbeschreibungen zum Inhalt haben.

Weiter gab es in den letzten Jahrzehnten sehr viele Untersuchungen, die sich mit Leistungsdimensionen oder organisatorischer Performance beschäftigten (vgl. den Überblick bei *Murphy/Trailer/Hill* 1996, S. 15ff. sowie die Ausführungen hierzu in Kapitel 5.1.5). Diese Studien stellten allerdings funktionale, institutionale oder instrumentale Aspekte des Performance Measurement nicht in den Vordergrund, stattdessen wurden allein Einflüsse und Einflußmöglichkeiten auf die unternehmensbezogene Leistung untersucht. Diese Studien werden lediglich hinsichtlich ihrer Leistungsdimensionen zusammenfassend in Kapitel 5.1.5 untersucht.

Im nachfolgenden Kapitel 5.1 werden zunächst die wichtigsten internationalen Untersuchungen aufgeführt und teilweise ausführlich erläutert.

Anschließend erfolgt in Kapitel 5.2 die Kurzdarstellung weiterer internationaler Studien, die sich mit Teilaspekten des Performance Measurement (u.a. dem Einfluß von neuen Produktions- oder Führungskonzepten auf die Verwendung von finanziellen und nichtfinanziellen Kennzahlen) beschäftigt haben.

Die im deutschen Sprachraum durchgeführten empirischen Untersuchungen zu Rand- oder Teilaspekten des Performance Measurement sind Gegenstand des Kapitels 5.3.

Zum Abschluß dieser Ausführungen erfolgt in Kapitel 5.4 die zusammenfassende Darstellung der Ergebnisse der verschiedenen empirischen Untersuchungen sowie eine Diskussion der noch offenen Fragen und Punkte zum Performance Measurement, insbesondere unter Aspekten der empirischen Forschung.

5.1 Beschreibung der wichtigsten Studien

5.1.1 Studie von Kaneko/Kukuda/Hagino/Iwasaki u.a. 1986-1990

Die von japanischen Wissenschaftlern durchgeführte internationale Vergleichsstudie beschäftigte sich mit dem „Performance Measurement-Accounting" (vgl. *Kaneko et al.* 1990). Es sollte schwerpunktmäßig untersucht werden, welche länderübergreifenden Unterschiede sich in einem wandelnden, dynamischen (Produktions-)Umfeld bezüglich des Performance

Measurement ergeben. In Zusammenarbeit mit einer amerikanischen Forschungsgruppe wurde ein umfassender Fragebogen entwickelt, der neben allgemeinen Unternehmensfragen auch Fragen zu „Cost Accounting Practices", „Investment Justification" sowie neun Fragen zu „Performance Measures" enthielt.

Der Fragebogen wurde an 2217 amerikanische, 833 japanische und jeweils 200 britische, französische und deutsche Unternehmen aus dem produzierenden Gewerbe versandt. Allerdings wurde international der Schwerpunkt auf die Performance Measurement-Untersuchung und nur national teilweise auch ein Schwerpunkt auf andere, oben bereits angesprochene Aspekte gelegt.

Insgesamt nahmen 350 amerikanische, 109 japanische, 25 britische, 15 französische und 8 deutsche Unternehmen an der Untersuchung teil.

Die neun Fragen zum Performance Measurement konnten in drei inhaltlich zusammenhängende Fragegruppen eingeteilt werden:
- Fragen zum Entwicklungsstand und den Bestandteilen des Performance Measurement,
- Fragen zur Ausgestaltung des Performance Measurement zum Zeitpunkt der Befragung und
- Weiterentwicklungserfordernisse des Performance Measurement und mögliche Probleme.

Die Fragen zum Entwicklungsstand beschäftigten sich mit den angewandten finanziellen und nichtfinanziellen Kennzahlen:
- Wichtigste finanzielle Kennzahl war bei den befragten Unternehmen in vier von fünf Ländern der Umsatz. Weiter wurden das Umsatzwachstum, der Bruttogewinn und Cash Flows genannt (vgl. *Kaneko et al.* 1990, S. 6).
- Als nichtfinanzielle Kennzahlen dominierten der Marktanteil, die Produktqualität, die Arbeitsproduktivität sowie die Lieferbereitschaft und der Kundenservice. Im Gegensatz zu den finanziellen Kennzahlen gibt es hier große länderbezogene Unterschiede. Lediglich die Arbeitsproduktivität ist in allen Ländern stark verbreitet und durchgängig mindestens die zweitwichtigste Kennzahl (vgl. *Kaneko et al.* 1990, S. 7).

  In einem nächsten Untersuchungsschritt wurde differenziert in Kennzahlen der „Manufacturing Performance", des „Customer Services" und sonstige Kennzahlen. Anschließend wurde länderbezogen untersucht, welchem Datenursprung diese Kennzahlen zugerechnet werden können. Zur Auswahl standen das Management Accounting System sowie das Operating Control System. Hierbei wurden starke länderbezogene Unterschiede identifiziert (vgl. *Kaneko et al.* 1990, S. 9-11). Allgemein konnte jedoch festgestellt werden, daß ein Großteil der nichtfinanziellen Kennzahlen zur Manufacturing- und zur Kundenperformance ihren Ursprung nicht im Management Accounting haben.
- Eine systematische Messung erfolgt länderübergreifend besonders bei den Kennzahlen „inventory turnover" (je Land mindestens 87% der antwortenden Unternehmen), „labor productivity" (je Land mindestens 87%) sowie „product quality" (je Land mindestens 86%).

Die Fragen zur Ausgestaltung des Performance Measurement beschäftigten sich mit der Anwendung des Performance Measurement und Performance Control-Systems in hoch-

automatisierten vs. nichtautomatisierten Unternehmen sowie der Zufriedenheit mit dem gegenwärtigen System (vgl. *Kaneko et al.* 1990, S. 12-14).
- In allen Ländern gab es eine hohe Übereinstimmung der Systeme in den beiden unterschiedlichen Umfeldern (mindestens 67% aller antwortenden Unternehmen über alle Länder hinweg wenden die gleichen Performance Measurement- und Performance Control-Systeme an).
- Überraschend war der hohe Anteil an Unternehmen (knapp bzw. mehr als 50% der antwortenden japanischen, amerikanischen, französischen und deutschen Unternehmen), die eine Verbesserung des Performance Measurement-Systems für unbedingt erforderlich hielten. Gründe wurden, mit Ausnahme einiger japanspezifischer Erläuterungen, keine angeführt.

Die weiteren Fragen dieses Blocks konnten aufgrund eines nicht ausreichenden Stichprobenumfangs nicht ausgewertet werden.
Die Fragen zu gewünschten Änderungen im Performance Measurement sowie Problemen und Hürden für diese Änderungen wurden folgendermaßen beantwortet:
- Neue Schwerpunkte sehen die befragten Unternehmen besonders im Ausbau des Performance Measurement hinsichtlich eines „responsibility accounting", einer Vereinfachung und Schwerpunktsetzung des Systems („focus on key results") sowie in einem Ausbau der Abweichungsanalyse und einem „exception reporting" (vgl. *Kaneko et al.* 1990, S. 14-15).
- Problematisch wurden die vom Management in vielen amerikanischen und britischen Unternehmen favorisierten bzw. geforderten kurzfristigen finanziellen Ergebnisse im Hinblick auf die weitere Verbesserung des Performance Measurement beurteilt (bei 42% der antwortenden amerikanischen und 56% der antwortenden britischen Unternehmen der Fall). Weiter wurden als Entwicklungshindernisse in einigen Ländern besonders die Gewohnheit, konservative „accounting and financial practices" sowie Anforderungen anderer Systeme genannt (vgl. *Kaneko et al.* 1990, S. 16-17).

Die japanischen Forscher kommen zu dem Schluß, daß sich japanische Unternehmen besonders in ihrem bevorzugten Einsatz von marktbezogenen Performance-Kennzahlen von den Unternehmen in den anderen vier untersuchten Ländern unterscheiden. Weiter stellten sie fest, daß Änderungen des Produktionsumfeldes (z.B. Automatisierung) über alle Länder hinweg nur bei 30% der befragten Unternehmen zu Änderungen im Performance Measurement führten. Aktuelle Untersuchungen kommen hier allerdings zu anderen, gegensätzlichen Ergebnissen, insbesondere was die Verwendungshäufigkeit von nichtfinanziellen Kennzahlen betrifft (vgl. die Untersuchungsergebnisse in Kapitel 5.3).
Dennoch wird abschließend festgestellt, daß trotz der kulturellen Unterschiede zwischen den Standorten der an der Studie beteiligten Unternehmen, das sich wandelnde internationale Produktionsumfeld und immer mehr länderübergreifend vereinheitlichende Produktionssysteme auch ein einheitliches Anforderungsprofil für Performance Measurement-Systeme induzieren. Diese Entwicklung wurde nach Meinung der Verfasser bestätigt, da viele allgemeine und einheitliche Bestandteilen von Performance für Unternehmen in aller Welt (vgl. *Kaneko et al.* 1990, S. 18).

5.1.2 Studie von Jorissen/Laveren/Devinck/Vanstraelen 1997

In einer großangelegten empirischen Untersuchung belgischer Wissenschaftler, die unter anderem zu den Themen „Budgetierung als Planungs- und Kontrollinstrument", „Performance Measurement" und „Benchmarking" Befragungen durchführten und die Erfolgsrelevanz dieser Instrumente untersuchten (vgl. *Jorissen et al.* 1997), wurde die hypothetisch vermutete (erfolgsbezogene) Wichtigkeit nichtfinanzieller Kennzahlen für die befragten Unternehmen (unabhängig von deren Größe und Branche) bestätigt.

Die Untersuchung fand vorwiegend bei belgischen Unternehmen statt. Die nachfolgend dargestellten Ergebnisse beziehen sich auf 94 Unternehmen aus allen Branchen mit weniger als 100 Mitarbeitern sowie auf 30 Unternehmen mit mehr als 100 Mitarbeitern.

Die Unternehmen wurden ferner getrennt in erfolgreiche und nicht erfolgreiche Unternehmen. Als erfolgreiche Unternehmen wurden diejenigen bezeichnet, die über einen Zeitraum von drei Jahren einen „return on assets" von über 15% hatten.

Am häufigsten wurden bei Unternehmen mit mehr als hundert Beschäftigten traditionelle finanzielle Kennzahlen wie „debtor days" (72% der befragten Unternehmen), „debt ratio" (69%), „gross / net profit margin" (69% bzw. 65%) und „current ratio/working capital" (65%) verwendet.

Weniger als 40% der befragten Großunternehmen setzen die Maßgrößen „return on assets" (ROA) oder „return on equity" (ROE) ein. Hier existieren ferner deutliche Unterschiede zwischen erfolgreichen und nicht erfolgreichen Unternehmen: Die Einsatzhäufigkeit dieser Kennzahlen ist bei erfolgreichen Unternehmen sehr viel höher als bei nicht erfolgreichen Unternehmen (ROE 58% vs. 13%, ROA 41% vs. 13%, vgl. *Jorissen et al.* 1997, S. 13).

Eine umgekehrte Verteilung wurde bei Abweichungsanalysen für große Unternehmen festgestellt: 40% der erfolgreichen Unternehmen mit mehr als 100 Mitarbeitern und 64% der nicht erfolgreichen Unternehmen wenden Abweichungsanalysen an.

Obgleich von den befragten Unternehmen die Wichtigkeit von Qualitäts- und Kundenkennzahlen bestätigt wurde, fanden sich solche Kennzahlen sowohl bei den kleinen und mittleren als auch bei den großen Unternehmen nicht in der Liste der 10 am häufigsten angewandten nichtfinanziellen Performancemaßgrößen (vgl. *Jorissen et al.* 1997, S. 15).

Stattdessen dominieren vorwiegend intern ausgerichtete Kennzahlen, bspw. administrativ geprägte Größen wie die Pünktlichkeit von Reportingdokumenten („timeliness of financial documents and reports") oder der Erstellung von Rechnungsdokumenten sowie Kosten- oder Marktanteilskennzahlen.

Insgesamt wenden eher große als kleine Unternehmen sowie eher erfolgreiche als nicht erfolgreiche Unternehmen mit mehr als 100 Mitarbeitern nichtfinanzielle Kennzahlen an (bezogen auf die Kennzahlenkategorien „customer perspective", „innovativeness", „production", „sales", „after-sales-service", „distribution").

Wie die in Abb. 5-1 dargestellten Ergebnisse allerdings auch zeigen, ist die Anwendungshäufigkeit nichtfinanzieller Kennzahlen bei nicht erfolgreichen kleinen Unternehmen in einzelnen Kategorien sogar höher als bei erfolgreichen kleinen Unternehmen. Dies hängt jedoch sicherlich auch damit zusammen, daß notwendige finanzielle Basisinformationen in diesen Unternehmen aufgrund fehlender Systeme nicht verfügbar sind und eine alleinige Planung und Steuerung über nichtfinanzielle Größen nicht immer zum Erfolg führen wird.

Lediglich in den Kategorien „sales" und „distribution" existiert bei erfolgreichen großen und kleinen Unternehmen eine höhere Einsatzhäufigkeit als bei nicht erfolgreichen. Nur die Kategorie „administrative information" überwiegt über beide Größenklassen bei nicht erfolgreichen Unternehmen.

	Successful (< 100 employees)	Non-successful (< 100 employees)	Successful (> 100 employees)	Non-successful (> 100 employees)
customer perspective		more	more	
innovativeness		more	more	
production	equal	equal	more (except for unit cost)	
sales	more	—	more	
after-sales service		more	more	
distribution	more		more	
administrative information		more		more

Abb. 5-1: *Vergleich der Anwendung nichtfinanzieller Kennzahlen zwischen erfolgreichen und nicht erfolgreichen Unternehmen (vgl. Jorissen et al. 1997, S. 16)*

Trotz der festgestellten Erfolgsrelevanz nichtfinanzieller Kennzahlen, verdeutlichen die im Überblick dargestellten Ergebnisse der Studie, daß die Einsatzhäufigkeit der nichtfinanziellen Kennzahlen bei den befragten belgischen Unternehmen noch immer deutlich hinter der Einsatzhäufigkeit finanzieller Kennzahlen lag.

5.1.3 Studie von Neely/Mills/Platts/Gregory/Richards 1994

Eine empirische Untersuchung der Manufacturing Engineering Group der Universität von Cambridge (vgl. *Neely et al.* 1994, S. 140ff.) beschäftigte sich mit der Frage, inwieweit kleine und mittlere britische Unternehmen die Realisierung ihrer Produktionsstrategie durch ein Performance Measurement-System beeinflussen. Dazu wurden im Jahr 1992 853 kleinere und mittlere Industrieunternehmen mit 150 bis 400 Beschäftigten schriftlich befragt. Insgesamt waren Antworten von 301 Unternehmen auswertbar.

Folgende Basishypothese wurde im Rahmen der Untersuchung getestet:

„*Managers of small and medium-sized UK manufacturing firms will attribute greatest importance to those performance measures which must closely match their firm's manufacturing task*".

Im Rahmen der Untersuchung wurden über die Abfrage verschiedener Kriterien grundsätzliche strategische Ausrichtungen der Unternehmen erfragt. Dies führte zu einer Zuordnung der antwortenden Unternehmen zu vier strategischen Wettbewerbsausrichtungen:
- 124 Unternehmen verfolgten eine Qualitätsausrichtung,
- 112 Unternehmen verfolgten eine Preisausrichtung,
- 39 Unternehmen verfolgten eine Zeitausrichtung und
- 26 Unternehmen verfolgten eine Flexibilitätsausrichtung.

In den Vorarbeiten zur Studie wurden acht verschiedene finanzielle und nichtfinanzielle Kennzahlen ausgewählt und getrennt nach den vier Wettbewerbsausrichtungen jeweils in strategiekongruente und nicht strategiekongruente Kennzahlen unterteilt (vgl. Abb. 5-2). Strategiekongruente Maßgrößen für die Zeitstrategie sind beispielsweise die Kennzahlen

„delivery lead time" oder „on-time delivery to customer". Nicht strategiekongruente Kennzahlen sind z.B. „unit product costs", „in process quality" oder „incoming parts quality". Die Unternehmen wurden in der Studie über die Klassifizierung der strategischen Ausrichtung hinaus auch zu den im Einsatz befindlichen Kennzahlen befragt. In einem nächsten Schritt wurde überprüft, wieviel Unternehmen übereinstimmende Kennzahlen und Strategien hatten. Nach Auswertung der Ergebnisse mit Hilfe statistischer Signifikanztests konnte die oben formulierte Hypothese für diejenigen Unternehmen bestätigt werden, welche die Wettbewerbshaltungen Qualität und Zeit verfolgen (vgl. *Neely et al.* 1994, S. 147).

Verworfen werden mußte die Hypothese für diejenigen Unternehmen, die preisfokussierte Wettbewerbsstrategien umsetzen wollen. Eine endgültige Aussage für die Flexibilitätsstrategie konnte nicht gemacht werden.

Competitive stance	Congruent measures	Incongruent measures
Quality	Field failure under warranty In process quality Incoming parts quality	Delivery lead time On-time delivery to customer Costs versus budget Unit product costs Product/machine change over times
Price	Costs versus budget Unit product costs	Field failure under warranty In process quality Incoming parts quality Delivery lead time On-time delivery to customer Product/machine change over times
Time	Delivery lead time On-time delivery to customer	Field failure under warranty In process quality Incoming parts quality Unit product costs Product/machine change over times
Flexibility	Product/machine change over times	Field failure under warranty In process quality Incoming parts quality Delivery lead time On-time delivery to customer Costs versus budget Unit product costs

Abb. 5-2: Kongruenz von Kennzahlen und Strategien (vgl. Neely et al. 1994, S. 146)

5.1.4 Studie von Lingle/Schiemann 1996

Die Unternehmensberater *Lingle* und *Schiemann* befragten im Jahr 1995 203 Manager amerikanischer Unternehmen aus allen Branchen mit unterschiedlichen Größen zur Qualität und zu den Gründen des Einsatzes verschiedener Steuerungsgrößen im Unternehmen (vgl. *Lingle/Schiemann* 1996, S. 56ff.). Die Hälfte der antwortenden Unternehmen hatte mehr als 500 Mitarbeiter, eine Mehrheit der Unternehmen (65%) ist der produzierenden Industrie zuzurechnen.

Als für den langfristigen Erfolg einer Unternehmung relevante Kennzahlen wurden die Kategorien finanzielle Performance, operative Wirtschaftlichkeit, Kundenzufriedenheit, Mitarbeiterzufriedenheit, Innovation und Wandel sowie Gesellschaft in der Befragung berücksichtigt.

Die Ergebnisse der Studie zeigen, daß nur die Qualität des im Unternehmen verfügbaren finanziellen Datenmaterials annähernd den Anforderungen der Manager entspricht: 61% der antwortenden Personen vertrauen den gelieferten Werten, 82% halten finanzielle Kennzahlen allgemein für wichtig und wertvoll für die Unternehmensplanung und –steuerung (vgl. Abb. 5-3).

Als sehr wichtig werden nach Meinung der antwortenden Manager Informationen der Kennzahlenkategorien Kundenzufriedenheit (85%), operative Wirtschaftlichkeit (79%) sowie Mitarbeiterzufriedenheit (67%) eingeschätzt. Die zur Verfügung gestellte Datenqualität ist hingegen noch nicht zufriedenstellend (29% bzw. 41% bzw. 16%).

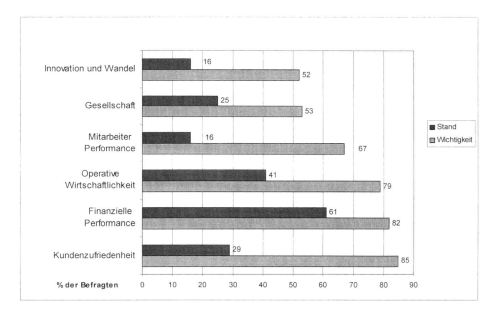

Abb. 5-3: Eingeschätzte Wichtigkeit versus Qualität von Stakeholderinformationen (vgl. Lingle/Schiemann 1996, S. 57)

Auch die von den befragten Managern geforderten Qualitätsansprüche an Kennzahlen hinsichtlich deren leistungsebenenbezogener Definition sowie der Erfassung und Berichtsaktualität werden, neben den Kennzahlen der Kategorie operative Wirtschaftlichkeit, lediglich bei finanziellen Steuerungsgrößen realisiert. Bei allen anderen Kennzahlenkategorien war die Qualität der Kennzahlen nur unzureichend. So werden bspw. nur bei 17% der antwortenden Unternehmen Kennzahlen zur Mitarbeiterzufriedenheit auf verschiedenen Leistungsebenen eingesetzt. Lediglich 27% der Unternehmen aktualisieren Kennzahlen dieser Kategorie mindestens halbjährlich und berichten die Ergebnisse (vgl. Abb. 5-4).

Bei der überwiegenden Mehrheit der antwortenden Unternehmen gehen nur finanzielle Kennzahlen in Managementberichte ein (98%). Auch bei der Bezahlung der Manager und Mitarbeiter werden ausschließlich finanzielle Kennzahlen berücksichtigt (94%). Bei 4 von 5

100   5. Empirische Untersuchungen zu Fragen des Performance Measurement

Unternehmen werden diese Kennzahlen auch zur Beschleunigung des Wandels auf verschiedenen Leistungsebenen verwendet.
Nur wenig Berücksichtigung finden die nichtfinanziellen Kennzahlenkategorien bei der Beschleunigung des Wandels sowie bei der Ent- bzw. Belohnung der Manager und Mitarbeiter (vgl. *Lingle/Schiemann* 1996, S. 59).
Lingle und *Schiemann* kommen in ihrer Untersuchung zu dem Schluß, daß Unternehmen mit einem umfassenden Management der Steuerungsgrößen, sogenannte „Measurement-managed Organizations" (*Lingle/Schiemann* 1996, S. 60), erfolgreicher sind als Unternehmen, die darauf keinen besonderen Wert legen.
„Measurement-managed" heißt, daß die Unternehmen u.a. (vgl. *Lingle/Schiemann* 1996, S. 59ff. sowie *Schiemann* 1998)
- strategierelevante Kennzahlen auswählen,
- eine mindestens halbjährliche Erneuerung der Kennzahlenausprägung (Messung) vornehmen und
- mindestens drei der sechs relevanten Performance Areas bearbeiten (vgl. hierzu nochmals die Abbildungen mit der Darstellung der sechs Kategorien).

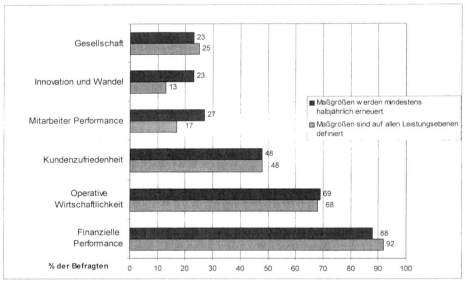

Abb. 5-4:   Qualität und Aktualität der Kennzahlen verschiedener Kategorien (vgl. Lingle/Schiemann 1996, S. 58)

Die erfolgreichen Unternehmen beschränken sich nicht nur auf finanzielle Maßgrößen und die operative Wirtschaftlichkeit, sondern legen zumeist auch Wert auf Kunden- und Mitarbeiterzufriedenheit.
Erfolgreiche Measurement-managed Unternehmen haben, so ein weiteres Ergebnis der Studie, demnach (vgl. *Lingle/Schiemann* 1996, S. 61)
- strategische Vorgaben und Ausrichtungen,

- klare Kommunikationsstränge und
- eine organisatorische Kultur.

5.1.5 Studie von Murphy/Trailer/Hill 1996

Ausgangspunkt der Studie von *Murphy*, *Trailer* und *Hill* (vgl. *Murphy/Trailer/Hill* 1996, S. 15ff.) waren Überlegungen, wie sich die „Performance" messen sowie für die Beurteilung des Erfolgs oder Mißerfolgs eines Unternehmens nutzen läßt. Somit standen weniger der Vorgang der Leistungsmessung, die Akteure, die Organisation oder die notwendigen Instrumente im Mittelpunkt der Analyse, sondern vielmehr die Dimensionen der Leistung bzw. der „Performance" (vgl. hierzu die Ausführungen in Kapitel 3.4.3.2).
Zu deren Identifizierung wurden zunächst umfassende Literaturstudien durchgeführt. Insgesamt 52 wissenschaftliche Studien, die sich mit der Erfolgsgröße „Performance" als abhängige Variable beschäftigt haben, mußten hinsichtlich der Verwendung findenden „Performance-" bzw. Leistungsdimensionen untersucht und ausgewertet werden (vgl. die Übersicht über die wichtigsten Studien bei *Murphy/Trailer/Hill* 1996, S. 16-18).
Über eine bibliometrische Messung ließen sich acht Größen als Leistungsdimensionen analysieren, was auf ein unterschiedliches sowie auch stark umfeld- und forschungszielabhängiges Leistungsverständnis bei den Forschern schließen ließ (vgl. auch bei *Brush/Vanderwerf* 1992, S. 157ff.). Beispielsweise unterstellten 60% der Studien jeweils nur eine oder zwei, keine Studie verwendete mehr als fünf der Dimensionen als Indikatoren für die Unternehmensleistung (vgl. Murphy/Trailer/Hill 1996, S. 17).
Gerade der Einsatz mehrerer Dimensionen zur Leistungsbeurteilung wird im Rahmen eines Performance Measurements vielfach gefordert (vgl. *Brown/Laverick* 1994, S. 93 und *Neely* et al. 1995, S. 80-81) und bereits in mehreren Studien berücksichtigt (vgl. die obigen Studien sowie bei *Kaplan* 1983, *Venkatraman/Ramanujam* 1986 und *Randolph/Sapienza/ Watson* 1991).
In der nachfolgenden Abb. 5-5 sind die acht Leistungsdimensionen mit deren Anwendungshäufigkeit (bezüglich den 52 untersuchten Studien) sowie die jeweils am häufigsten genannten Dimensionenkennzahlen aufgeführt (ohne Einmalnennungen und dimensionenbezogene nachrangige Kennzahlen).
In der nächsten Forschungsstufe der Studie von *Murphy/Trailer/Hill* wurden die am häufigsten genannten, insgesamt 19 „Performance"-Kennzahlen für weitere empirische Untersuchungen herangezogen. Gegenstand der empirischen Untersuchungen waren 1798 nordamerikanische Unternehmen mit weniger als 500 Mitarbeitern. Diese wurden in zwei Untersuchungsgruppen aufgeteilt:
- Für die Unternehmen der Gruppe 1, insgesamt 995, waren in einer allgemein zugänglichen Datenbank Informationen zu allen 19 „Performance"-Kennzahlen verfügbar.
- Die Unternehmen der Gruppe 2 wurden aus den restlichen 803 Unternehmen ausgewählt. Auswahlkriterium war das Vorhandensein von Informationen zu allen acht „Performance"-Dimensionen. Dieses erfüllten 586 Unternehmen.

Die Ergebnisse der Untersuchungen zeigen, daß aufgrund der ausgewählten 19 Variablen nur sehr widersprüchliche Aussagen zur Performance eines Unternehmens möglich sind. Die mit dem Pearsons PMM-Korrelationsfaktor durchgeführten Korrelationsanalysen ergaben teilweise logisch inkonsistente Ergebnisse (z.B. gegenläufige „Performance"-Entwicklungen).

Performance-Dimensionen	Häufigkeit	Dimensionenkennzahlen	Häufigkeit
Efficiency	30	Return on Investment	13
		Return on Equity	9
		Return on assets	9
		Return on net worth	6
Growth	29	Change in sales	23
		Change in employees	5
		Market share growth	2
		Change in net income margin	2
		Change in CEO/owner compensation	2
Profit	26	Return on sales	11
		Net profit margin	8
		Gross profit margin	7
		Net profit level	5
		Net profit from operations	5
Size	15	Sales Level	13
		Number of Employees	5
		Cash Flow Level	6
		Ability to fund growth	5
Liquidity	9	Cash Flow Level	6
		Current ratio	2
		Quick ratio	2
Sucess/Failure	7	Discontinued business	4
Market Share	5	Respondent assessment	3
Leverage	3	Debt to equity	2

Abb. 5-5: Performancedimensionen und Kennzahlen in der englischsprachigen Literatur von 1987 bis 1993 (vgl. Murphy/Trailer/Hill 1996, S. 17)

Die anschließend durchgeführte Faktorenanalyse ergab fünf Faktoren, die über 70% der Abweichungen der verschiedenen Performance-Kennzahlen erklärten, wobei kein einzelner Faktor mehr als 14% der Gesamtabweichung erklären konnte. Die Faktorenanalyse ergab weiter - wobei die Ergebnisse der bibliometrischen Messung bestätigt wurden - für alle 19 ausgewählten Performance-Kennzahlen über dem normalen Niveau (> 0,5) liegende Kommunalitäten.

Insgesamt kommen die Autoren durch die von ihnen durchgeführten Analysen zu dem Schluß, daß eine Generalisierung der empirisch ermittelten Ergebnisse über „Performance"-Dimensionen und -Kennzahlen nicht gerechtfertigt ist (vgl. *Murphy/Trailer/Hill* 1996, S. 20). Sie begründen dies mit den von ihnen festgestellten wenigen signifikanten Korrelationen zwischen den Kennzahlen zur Leistungsmessung (geringer als 50% der Korrelationen). Mehr als 25% der Korrelationen sind sogar negativ. Dies kann dazu führen, daß eine unabhängige Variable mit einer Performance-Kennzahl positiv und mit einer anderen Performance-Kennzahl negativ korreliert. Dies erschwert Interpretationen sowie beispielsweise auch leistungsbezogene Gestaltungsempfehlungen.

Der Einsatz einzelner Performance-Kennzahlen ist damit ebenso mit großer Unsicherheit behaftet wie der Einsatz bzw. die Auswahl von geeigneten Performance-Kennzahlenbündeln.

Bei letzteren sind besonders mathematische Zusammenhänge zwischen den Kennzahlen zu prüfen und zu erklären.

Die Autoren empfehlen (vgl. *Murphy/Trailer/Hill* 1996, S. 22) weiter eine Klärung des Performance-Begriffes, auch um widersprüchliche Ergebnisse zwischen unabhängigen Variablen und abhängigen Performance-Variablen in zukünftigen empirischen Untersuchungen möglichst zu verhindern. Weiter sollte die Auswahl von Performance-Dimensionen im Rahmen von empirischen Untersuchungen umfassend erläutert und interpretiert werden.

Für zukünftige Studien wird auch der Einsatz verschiedener Kennzahlen (finanzielle und nichtfinanzielle Kennzahlen) zur Messung der Performance eines Unternehmens und keine Beschränkung auf nur einen Indikator empfohlen.

5.1.6 Die wichtigsten Studien im zusammenfassenden Überblick

Die nachfolgende Abb. 5-6 zeigt zusammenfassend anhand der Beschreibungskriterien „Untersuchungsjahr", „Land", „Untersuchungsgegenstand", „Erhebungsmethode", „Grundgesamtheit" sowie „Datenbasis" die wichtigsten Informationen der in den vorherigen fünf Kapiteln behandelten Untersuchungen im Überblick auf.

Forscher	Unt.-jahr	Land	Untersuchungsgegenstand	Erhebungs-methode	Grundgesamt-heit	Datenbasis
Kaneko et al. (1990)	1986-1988	J/USA/F/GB/D	Internationaler Vergleich der Ausgestaltung des Performance Measurement in produzierenden Unternehmen	Schriftliche Befragung	2217 amerikan-ische, 833 japan-ische und jeweils 200 britische, französische und deutsche mittlere u. große Industrie-unternehmen	350 ameri-kanische, 109 japanische, 25 britische, 15 französische und 8 deutsche Unternehmen
Neely et al. (1994)	1992	UK	Untersuchung, ob/wie KuM Unternehmen die Realisierung ihrer Produktionsstrategie durch ein geeignetes Performance Measurement-System beeinflussen	Schriftliche Befragung	858 kleine und mittlere Industrie-unternehmen in Großbritannien	301 Unternehmen
Murphy/ Trailer/Hill (1996)	1993	USA	Bibliometrische Messung der „Performance"-Dimensionen und -Kennzahlen und anschließende empirische Untersuchung und Interpretation der Zusammenhänge von 19 wichtigen Performance-indikatoren	Auswertung zugänglicher Informa-tionen in Datenbanken	1798 Unternehmen mit weniger als 500 Mitarbeitern	995 und 586 nach bestimmten Kriterien ausgewählte Unternehmen
Lingle/ Schiemann (1996)	1995	USA	Ermittlung von Qualität, Zweck und Wichtigkeit neuer Steuerungsgrößen	Schriftliche Befragung	Alle Branchen, alle Größen, 65% Produktionsunter-nehmen	203 Unternehmen
Jorissen et al. (1997)	1992 bis 1994	Bel-gien	Erfolgsnotwendigkeit von Planungs- und Kontrollinstrumenten sowie Steuerungsmaßgrößen	Schriftliche Befragung	1400 kleine, mittlere und große Unternehmen in Belgien	124 Unternehmen

Abb. 5-6: Die wichtigsten Untersuchungen im zusammenfassenden Überblick

5.2 Weitere internationale Untersuchungen zum Performance Measurement

Nachfolgend werden jene Untersuchungen im Überblick dargestellt, die sich nur mit einzelnen Teil- oder Randaspekten des Performance Measurement beschäftigen und/oder nur eine sehr geringe Datenbasis aufweisen.

Abb. 5-7 zeigt deren wichtigste Inhalte (in derselben Struktur wie in Abb. 5-6) anhand der Beschreibungskriterien „Untersuchungsjahr", „Land", „Untersuchungsgegenstand", „Erhebungsmethode", „Grundgesamtheit" sowie „Datenbasis".

Anschließend erfolgt noch eine kurze erläuternde Beschreibung der Untersuchungsinhalte und –ergebnisse für die aufgeführten vier Studien.

Nicht aufgeführt sind jene Studien, die sich besonders mit dem Zusammenhang von neuen Produktions- oder Führungs- bzw. Management Accounting-Konzepten und dem Einsatz von nichtfinanziellen Kennzahlen beschäftigen. Diese sind in einem speziellen Abschnitt am Ende dieses Kapitels zusammengefaßt.

Forscher	Unt.-jahr	Land	Untersuchungsgegenstand	Erhebungs-methode	Grundgesamt-heit	Datenbasis
Chakravarthy (1986)	1983	USA	Vergleich von prozeß- und stakeholderbezogenen Schlüsselmaßgrößen mit trad. Profitabilitätsgrößen hinsichtlich ihrer Tauglichkeit zur Messung der strategischen Performance eines Unternehmens	Auswertung zugänglicher Informationen in Datenbanken	Computerindustrie in den USA	Je 7 „excellent"/ „non-excellent" Unternehmen nach Peters/ Watermann (1982) und Fortune 500
Dumond (1994)	unbe-kannt	USA	Wie unterstützen Variablen, wie bspw. Leistungsmaßstäbe, ein wertorientiertes Einkäuferverhalten?	Schriftliche Befragung	Beschaffungs-bereiche in verschiedenen Branchen in Nordamerika	21 Unternehmen
Towers Perrin (1996)	1996	USA	Implementierung und Implementierungsstand der Balanced Scorecard	Schriftliche Befragung	nicht weiter genannt	60 Unternehmen
Chenhall (1997)	1995/ 1996	UK	Untersuchung ob und inwieweit sich der kombinierte Einsatz eines TQM mit „Manufacturing Performance Measures" auf die Profitabilität einer Organisation auswirkt	Mündliche Befragung	Geschäftsbereiche in verschiedenen produzierenden Branchen UK	39 Unternehmen
Kokke/ Theeuwes (1997)	1996	NL	Analysieren und Aufzeigen der Zusammenhänge zwischen finanziellen und nichtfinanziellen Maßgrößen und Identifizierung von kritischen Erfolgsmaßgrößen	Mündliche Befragung	Logistik-unternehmen in den Niederlanden	1. Unter-suchung 150, 2. Unter-suchung 100 Unternehmen

Abb. 5-7: Weitere Untersuchungen zum Performance Measurement im zusammenfassenden Überblick

Studie von Chakravarthy 1986

Die zu Beginn der achtziger Jahre auf Grundlage der Studien von *Peters* und *Waterman* (vgl. *Peters/Waterman* 1982) durchgeführte Untersuchung (vgl. *Chakravarthy* 1986, S. 437ff.) verdeutlicht, daß klassische, profitabilitätsbezogene finanzielle Kennzahlen zur Messung der strategischen Leistungsfähigkeit („strategic performance") aufgrund ihrer Vergangenheitsbezogenheit ungeeignet sind. Am Beispiel der Computerindustrie wurde untersucht, welche Faktoren statt dessen eingesetzt werden könnten bzw. derzeit bei erfolgreichen Unternehmen besonders ausgeprägt sind. Hierzu wurden jeweils sieben Branchenunternehmen ausgewählt, die von *Peters* und *Waterman* als „excellent" bzw. „non-excellent" klassifiziert wurden. Die Untersuchungen zeigten, daß mehr zukunftsorientierte Kennzahlen zur Messung einer strategischen Leistungsfähigkeit heranzuziehen sind. Besonders prozeß- und stakeholderbezogene Kennzahlen konnten als wichtige Einflußgrößen bei den als „excellent" eingestuften Unternehmen identifiziert werden.

Studie von Dumond 1994

In einer amerikanischen Studie zum wertorientierten Einkäuferverhalten (vgl. *Dumond* 1994, S. 3ff.) wurde als Teilaspekt der Zusammenhang zwischen Einkäuferzielen und

bereichsbezogenen Performance Measures untersucht. Die Ergebnisse dieser Untersuchung zeigen, daß zwar in jedem der untersuchten 21 Unternehmen Bereichskennzahlen eingesetzt, diese jedoch oftmals nur unzureichend oder nicht mit den Bereichszielen abgestimmt wurden. An drei Beispielen sei dies verdeutlicht:
- Obwohl nur 14 Unternehmen Kostensenkungsziele verfolgten, wurde bei insgesamt 20 Unternehmen die Erreichung dieses Zieles anhand entsprechender Kennzahlen gemessen.
- Jedes zweite Unternehmen verfolgte bzw. unterhielt Produktivitätskennzahlen, obwohl keines dieser Unternehmen explizit Produktivitätsziele im Beschaffungsbereich verfolgte.
- Automatisierungsbestrebungen, bei sechs der befragten Unternehmen ein wichtiges Ziel, wurden bei keinem der Unternehmen durch entsprechende Maßgrößen unterstützt.

Nur wenn die Leistungsmaßstäbe auf die strategischen Beschaffungsziele ausgerichtet sind, so ein Ergebnis der Untersuchung von *Dumond*, wird ein wertorientiertes Einkäuferverhalten ermöglicht.

Studie von Towers Perrin

Das Beratungshaus *Towers Perrin* befragte 1996 60 Unternehmen bezüglich deren Erfahrungen bei der Umsetzung des Balanced Scorecard-Konzeptes (zitiert nach *Ittner/Larcker* 1998, S. 221f.). Diese rein deskriptive Untersuchung brachte zutage, daß 56% der befragten Unternehmen auch nach Einführung einer Balanced Scorecard ihr Schwergewicht weiterhin auf finanzielle Kennzahlen legen und nur 19% ihren Schwerpunkt bei kundenbezogenen Kennzahlen sehen. 12% der Unternehmen haben ihren Schwerpunkt auf „Internal business"-Kennzahlen, 5% auf Lern- und Innovationskennzahlen. 9% haben andere Fokussierungen.

Die Balanced Scorecard-Anwendungen enthalten bei den antwortenden Unternehmen vorwiegend Unternehmens- oder Geschäftsbereichskennzahlen und nur wenig weitere Informationen über andere Leistungsebenen (z.B. Team oder Abteilung).

Ferner verbinden 70% der antwortenden Unternehmen Balanced-Scorecard-Konzepte (37%) oder Kombinationen von finanziellen und nichtfinanziellen Kennzahlen (33%) mit ihren Anreiz- und Entlohnungssystemen.

Folgende Probleme wurden hinsichtlich der Implementierung der Balanced Scorecard von mindestens 65% der antwortenden Unternehmen als mindestens wichtig eingeschätzt (Summe aus den Problemklassen 3 bis 5):
- Quantifizierung der qualitativen Informationen (75%).
- Einschätzung der relativen Wichtigkeit der Kennzahlen (73%).
- Schwierigkeiten bei der Ableitung von Zielen für nachfolgende Leistungsebenen (70%).
- BSC erfordert ein hochentwickeltes Informationssystem (69%).
- Damit verbundener Zeit- und Kostenaufwand (68%).
- Große Anzahl von Kennzahlen verwässert Gesamteinfluß (68%).

Die Untersuchung erbrachte weiter, daß die Mitarbeiter durch die Implementierung der Balanced Scorecard ein besseres Verständnis der Performance-Kennzahlen und der strategischen Ziele haben als vor deren Einführung. Ebenso stieg die Zufriedenheit sowie die beobachtete Wertgenerierung.

Studie von Chenhall 1997
Im Rahmen dieser Studie wurden 39 Unternehmensgeschäftsbereiche mittels strukturierten Interviews dahingehend untersucht, inwieweit sich der kombinierte Einsatz eines Total Quality Managements (TQM) mit „Manufacturing Performance Measures" auf die Profitabilität einer Organisation auswirkt. Demzufolge besagte die Basishypothese der Untersuchung, daß die Möglichkeiten, die Profitabilität der Unternehmen durch ein TQM zu erhöhen, durch den Einsatz von unterstützenden Kennzahlen zur Leistungsbewertung der Geschäftsbereichs-manager noch gesteigert werden könnten (vgl. *Chenhall* 1997, S. 193).
Diese These wurde im Rahmen der Untersuchung bestätigt. Es wurde festgestellt, daß diejenigen untersuchten Geschäftsbereiche, die ein TQM zusammen mit unterstützenden „Manufacturing Performance Measures" einsetzen, eine höhere Leistungsfähigkeit und Profitabilität haben, als jene untersuchten Geschäftsbereiche, die ein TQM ohne solche unterstützenden Kennzahlen anwenden.
Mit den Ergebnissen der Studie ist möglicherweise einer der Gründe gefunden, warum in der Vergangenheit viele TQM-Projekte nicht zu dem gewünschten Erfolg geführt haben (vgl. *Chenhall* 1997, S. 200).

Studie von Kokke/ Theeuwes 1997
Die in den Niederlanden durchgeführte Studie (vgl. *Kokke/Theeuwes* 1997) hatte zum Ziel, die Zusammenhänge zwischen finanziellen und nichtfinanziellen Kennzahlen in der Unternehmenspraxis aufzuzeigen und zu analysieren. Es sollte untersucht werden, welche Größen die finanzielle Leistungskraft als kritische Erfolgsmaßgrößen besonders beeinflussen. Ausgangshypothese der Untersuchung war, daß die kurzfristige Erreichung einer hohen „Performance" nur dann möglich ist, wenn das Management die kritischen und unkritischen Erfolgsfaktoren kennt. Ist dies der Fall, kann der Schwerpunkt der Managementaktivitäten auf jene Größen gelegt werden, die einen signifikanten Einfluß auf die finanzielle Leistung des Unternehmens haben.
Zur Untersuchung dieser Zusammenhänge wurden drei Modellrahmen für unterschiedliche Teilsegmente der untersuchten Logistikbranche konzipiert, in denen verschiedene finanzielle und nichtfinanzielle Kennzahlen zueinander in Beziehung gesetzt wurden. Finanzielle Spitzenkennzahlen waren stets Umsatz und Kosten sowie die relative Spitzenkennzahl Umsatz/Kosten.
Mittels mündlicher Befragungen erfolgte in zwei Schritten die Datenerhebung. In Schritt 1 bei 150, in Schritt 2 bei 100 Unternehmen.
Als kritische Erfolgsfaktoren wurden jene Größe bezeichnet, für die signifikante Korrelationen identifiziert wurden. Ohne hier auf die einzelnen Ergebnisse detailliert einzugehen ist anzumerken, daß es modellbezogene Unterschiede, jedoch keine Unterschiede hinsichtlich der beiden Befragungsstichproben gab (vgl. *Kokke/Theeuwes* 1997, S. 9-13).
Diese Größen sollten die Grundlage für zu konzipierende Performance Measurement-Systeme darstellen. Hier empfehlen die Autoren, im Sinne ihrer Ausgangshypothese, die im übrigen nicht abschließend untersucht und diskutiert wurde, Beschränkungen auf die kritischen Erfolgsfaktoren, da ansonsten die Vielzahl an operativen Steuerungsgrößen nicht überschaubar und zu managen ist (vgl. *Kokke/Theeuwes* 1997, S. 14).

5. Empirische Untersuchungen zu Fragen des Performance Measurement

Studien zum Zusammenhang von neuen Produktionskonzepten und Kennzahlen
Mehrere Studien haben sich in den letzten Jahren besonders mit dem Zusammenhang von neuen Produktions- oder Führungs- und auch Management-Accounting-Konzepten sowie dem Einsatz von nichtfinanziellen Kennzahlen beschäftigt.
In all diesen Untersuchungen wurden Performance Measurement-Kennzahlen (insbesondere nichtfinanzielle Kennzahlen und deren Einsatzintensität) als abhängige Variablen betrachtet, die neuen Produktions- und Führungskonzepte als unabhängige Variablen. Durchgängig konnte in den Studien festgestellt werden, daß bei Unternehmen, die solche neuen Konzepte (u.a. TQM, JIT oder Gruppenarbeit) einsetzen, der Anteil der zu Steuerungszwecken eingesetzten nichtfinanziellen Kennzahlen deutlich höher ist, als bei Unternehmen, die solche Konzepte nicht einsetzen.
Einen Überblick über die abhängigen und unabhängigen Variablen, die wichtigsten Ergebnisse sowie die untersuchte Leistungsebene vermittelt Abb. 5-8 für vier beispielhafte Untersuchungen.

Forscher	Abhängige Variable	Unabhängige Variable (Kontextgröße)	Untersuchte Leistungsebene	Ergebnis
Abernethy/Lilis (1995)	Einsatz finanzieller und nichtfinanzieller Kennzahlen	Neue Produktionskonzepte (hier: flexible, kundenorientierte Produktionsstrategie)	mittlere Managementebene	Die Hypothese wurde bestätigt, daß bei Anwendung einer flexiblen Produktionsstrategie der Anteil der Effizienzkennzahlen zurückgeht
Perera et. al (1997)	Einsatz finanzieller und nichtfinanzieller Kennzahlen	Neue Produktionskonzepte (Kundenorientierte Fertigung)	mittlere Managementebene	Unternehmen mit einer kundenorientierten Fertigung haben einen höheren Anteil an nichtfinanziellen Kennzahlen
Ittner/Larcker (1995)	Informations- und Entlohnungssystem	Neue Produktionskonzepte (TQM)	mittlere Managementebene	Unternehmen die TQM-Konzepte nutzen, haben keine traditionellen Informations- und Entlohnungssysteme (traditionell heißt u.a.: mit stark aggregierten finanziellen Kennzahlen, budgetabweichungsorientiert)
Hoque/Alam (1997)	Ausgestaltung des Performance Measurement, insbesondere des Kennzahleneinsatzes	Wettbewerbsintensität, neue Produktionskonzepte und Wechsel in Management-Accounting-Systems (MAS)	mittlere Managementebene	u.a. • eine hohe Wettbewerbsintensität und der Einsatz neuer Produktionskonzepte beschleunigt den Wandel zum neuen MAS • eine hohe Wettbewerbsintensität erhöht die Anwendung von Kunden- und Qualitätskennzahlen

Abb. 5-8: Überblick über Untersuchungen zum Zusammenhang von nichtfinanziellen Kennzahlen und neuen Produktions- und Führungskonzepten

Weitere Untersuchungen zu Inhalten, die sich mit der Ausgestaltung von Teilbestandteilen des Performance Measurement-Systems insbesondere unter dem Einfluß der Ausgestaltung der

Produktionskonzepte oder –strategien beschäftigten, sind beispielsweise von *Carr* et al. (1997), *Ittner/Larcker* (1997), *Ittner et al.* (1997) und *Banker* et al. (1993) bekannt.
Deren Ergebnisse weichen jedoch bezüglich des Kennzahleneinsatzes in Abhängigkeit des ausgewählten Produktions- bzw. Führungskonzeptes nur wenig von den grundsätzlichen Erkenntnissen der vier aufgeführten Untersuchungen ab.

5.3 Untersuchungen zu Teilaspekten des Performance Measurement im deutschen Sprachraum im Überblick

Wie oben bereits aufgeführt, existiert noch keine durchgängige empirische Untersuchung zum Anwendungs- und Entwicklungsstand des Performance Measurement in der deutschen Unternehmenspraxis, bei der alle relevanten funktionalen, instrumentalen und institutionalen Aspekte ausreichend berücksichtigt wurden.

Die in Abb. 5-9 im Überblick aufgeführten aktuellen empirischen Untersuchungen beschäftigen sich lediglich mit einzelnen funktionalen oder instrumentalen Teilaspekten des Performance Measurement.

Die Kernaussagen der Studien sind im nachfolgenden Kapitel aufgeführt. Weitere Aussagen und Ergebnisse der Studien werden teilweise in späteren Kapiteln, besonders bei Vergleichen mit den Ergebnissen der in Kapitel 8.3 vorgestellten eigenen Untersuchungsergebnisse, noch vorgestellt und diskutiert.

Forscher	Unt.-jahr	Untersuchungsgegenstand	Erhebungs-methode	Grundgesamt-heit	Datenbasis
Franz/ Kajüter (1997)	1996	Unter anderem Ermittlung von Kostenmanagementzielen, der Verbreitung von Kostenmanagementinstrumenten und die Zuständigkeit und Verantwortung für das Kostenmanagement	Schriftliche Befragung	Deutsche Großunternehmen aus allen Branchen	89 Unternehmen
Friemuth/ Sesterhenn (1997)	1997	Ermittlung von Kennzahlenkategorien, Kennzahlensystemen und der Kennzahlenakzeptanz	Schriftliche Befragung	Unternehmen in Deutschland (keine weiteren Angaben)	58 Unternehmen
Welge/ Al-Laham (1997)	1994	Gewinnung von Erkenntnissen über die erfolgreiche Gestaltung und Durchführung von Strategieprozessen	Schriftliche Befragung	500 größte Industrie-unternehmen mit Sitz in den alten Bundesländern und Berlin-West	65 Unternehmen
Horváth/ Arnaout (1997)	1997	Internationale Rechnungslegung - State-of-the-Art und Implementierung in der deutschen Praxis sowie Stand und Tendenzen zur Vereinheitlichung des Rechnungswesens	Schriftliche Befragung	Deutsche Unternehmen aller Branchen	56 Unternehmen
Stoi (1998)	1997	Ermittlung des Anwendungsstandes und der Ausgestaltung der Prozeßkostenrechnung in der deutschen Unternehmenspraxis	Schriftliche Befragung	2490 deutsche Unternehmen mit mehr als 1000 Mitarbeitern	86 Unternehmen
Arnaout (1999)	1997	Ermittlung des Anwendungsstandes und der Ausgestaltung des Target Costing in der deutschen Unternehmenspraxis	Schriftliche Befragung	2490 deutsche Unternehmen mit mehr als 1000 Mitarbeitern	68 Unternehmen
Perlitz (1999)	1998	Stand der Kennzahlenanwendung und Kennzahlenverwendung in deutschen Unternehmen (in Anlehnung an die Untersuchung von Lingle/Schiemann)	Schriftliche Befragung	keine Angaben	keine Angaben

Abb. 5-9: Ausgewählte Untersuchungen zu Teilaspekten des Performance Measurement

5.4 Ergebnisse der empirischen Untersuchungen im Überblick und offene Fragen

Folgende Entwicklungen und Forschungsergebnisse lassen sich für die in den vorhergehenden Kapiteln vorgestellten wichtigsten Studien zum Performance Measurement festhalten:
- Es existiert in der Literatur sowie bei empirischen Studien kein einheitliches Verständnis vom Performance-Begriff und von den Performance-Dimensionen. Es wird daher für

5. Empirische Untersuchungen zu Fragen des Performance Measurement

empirische Studien die Anwendung von mehrdimensionalen, finanziellen und nichtfinanziellen Kennzahlenbündeln im Performance Measurement empfohlen, statt der Verwendung nur einer oder weniger Kennzahlen (vgl. Studie von *Murphy et al.* 1996).
- Nichtfinanzielle strategische Zielgrößen werden neben den klassischen finanziellen Zielgrößen immer bedeutender (vgl. Studie *Welge/Al-Laham* 1997 und *Perlitz* 1999).
- Nicht nur Shareholder und Eigentümer beeinflussen die Zielplanung von Unternehmen stark. Auch die anderen Stakeholder wirken zunehmend nachhaltig bei der Zielbildung mit (vgl. Studien von *Lingle/Schiemann* 1996 und *Welge/Al-Laham* 1997).
- Umfeldbezogene Ziele, Strategien und die Kennzahlen des Performance Measurement sind zur Erhöhung der Erfolgswahrscheinlichkeit inhaltlich aufeinander abzustimmen (vgl. Studien von *Dumond* 1994, *Neely et. al* 1994).
- Nichtfinanzielle Kennzahlen im Performance Measurement werden zur erfolgreichen (profitablen) Unternehmenssteuerung immer wichtiger (vgl. Studien von *Lingle/Schiemann* 1996, *Chenhall* 1997, *Jorissen et. al* 1997).
- Der Einsatz von Total Quality Management-Konzepten geht einher mit der Weiterentwicklung der Informations- und Entlohnungssysteme im Unternehmen (vgl. Studie *Ittner/Larcker* 1995)
- Nichtfinanzielle Steuerungsgrößen können im Verbund mit klassischen (finanziellen) Kennzahlen zu Performance Measurement-Systemen ausgebaut werden (vgl. *Kokke/Theeuwes* 1997).
- Die Qualität dieser Kennzahlen sowie der kennzahlenbezogene Reportingrhythmus ist allerdings noch unzureichend (vgl. Studien *Lingle/Schiemann* 1996).
- Bestehende Kennzahlensysteme finden bei den Anwendern aufgrund verschiedenster Defizite (u.a. Qualität, Flexibilität, Ergebnistransparenz) kaum Akzeptanz (vgl. Studie *Friemuth/Sesterhenn* 1997).
- Im internationalen Vergleich sowie abhängig vom Produktionsumfeld unterscheiden sich Kennzahlen im Performance Measurement nicht sehr stark (vgl. Studie *Kaneko et al.* 1990). Allerdings gibt es mittlerweile Erkenntnisse, daß neue Produktions- und Führungskonzepte besonders den Einsatz von nichtfinanziellen Kennzahlen stark fördern (Studien von *Abernethy/Lilis* 1995, *Perera et al.* 1997 und *Carr et al.* 1997)
- Neue Kostenmanagementinstrumente mit neuen finanziellen Steuerungsgrößen wie die Prozeßkostenrechnung und das Target Costing sind mittlerweile verbreitet und akzeptiert und ersetzen oder ergänzen die traditionellen Kostenmanagementinstrumente (vgl. Studien *Franz/Kajüter* 1997, *Stoi* 1998 und *Arnaout* 1999 sowie *Hoque/Alam* 1997).
- Die Systeme zur internationalen Rechnungslegung und eine Vereinheitlichung des internen und externen Rechnungswesens beeinflussen zukünftig die planungs- und steuerungsrelevanten Kennzahlen von deutschen Unternehmen (vgl. Studie *Horváth/Arnaout* 1997).

Viele relevante funktionale, institutionale und instrumentale Aspekte des Performance Measurement (welche im Kap. 3.1 im Überblick diskutiert wurden) wurden weder in den vorgestellten internationalen Studien noch in den Untersuchungen im deutschen Sprachraum hinreichend genau und vor allem im Zusammenhang und Zusammenwirken untersucht. Vielmehr ist die Konzentration auf einzelne Themenbereiche innerhalb des Performance

Measurement (z.B. Einsatz nichtfinanzieller Kennzahlen oder von Performance Measurementkonzepten wie der Balanced Scorecard oder der Einfluß neuer Produktionskonzepte auf einzelne Performance Measurement-Ausgestaltungen) in den beschriebenen Studien stark vorherrschend.

Entsprechend der in Kapitel 2.1 skizzierten Zielsetzungen des Forschungsprojektes, ist ein wichtiges Ziel die empirische Erhebung des Anwendungsstandes des Performance Measurement in der deutschen Unternehmenspraxis.

Dazu sollen alle wichtigen funktionalen, institutionalen und instrumentalen Aspekte des Performance Measurement in ein Performance Measurement-Modell einbezogen und dieses als Grundlage für die empirische Untersuchung in der deutschen Unternehmenspraxis herangezogen werden. Die Vorgehensweise bei der Modellkonstruktion sowie bei der Konzeptionalisierung und Operationalisierung der die verschiedenen funktionalen, institutionalen und instrumentalen Aspekte repräsentierenden Subsysteme des Performance Measurement sind Gegenstand der Ausführungen in den Kapiteln 7.3 und 7.4.

Die im Kapitel 8 vorgestellten Ergebnisse geben einen Überblick über den Stand des Performance Measurement in der deutschen Unternehmenspraxis. Die Ergebnisse sollen, sofern dies sinnvoll erschient, mit den Aussagen und Ergebnisse der oben vorgestellten empirischen Studien verglichen werden.

Die aktuellen internationalen Forschungsaktivitäten und auch beobachtete weitere Defizite im Zusammenhang mit Performance Measurement-Themenfeldern wurden bereits im Kapitel 3.3 skizziert.

6 Innovative Aktionsforschung zum Performance Measurement

Im Vorfeld der Konzeption der eigenen empirischen Untersuchung sowie auch parallel zur Auswertung der Untersuchungsergebnisse wurden über einen Zeitraum von knapp drei Jahren (von Mitte 1995 bis Mitte 1998) mehrere Fallstudien zu Fragen und Aspekten des Performance Measurement in der Unternehmenspraxis durchgeführt. Allerdings wurde hierbei über den für die klassische Fallstudienforschung im Management Accounting und Controlling typischen deskriptiven Charakter hinaus (vgl. hierzu bei *Atkinson/Shafir* 1998, S. 41ff.; Fallstudien können ferner auch theorietestenden oder theorieentwickelnden Charakter haben) ein Ansatz der explorativen Forschung gewählt, der als „innovation action research" bezeichnet wird (vgl. *Kaplan* 1998, S. 90).

Die innovative Aktionsforschung setzt im Gegensatz zur traditionellen Methodik der Aktionsforschung (vgl. hierzu z.B. bei *Lewin* 1946, *French/Bell* 1984, S. 107ff., *Kromrey* 1995, S. 431), die in vielen Fällen vornehmlich das Sammeln von Daten und das Testen von bestimmten Sachverhalten in existierenden Systemen unterstützt, den Schwerpunkt stärker auf die Aspekte „Gestaltung" und „Lernen". Ferner liegt der Methodenfokus nicht in der Beschreibung von Istzuständen und dem Ableiten von Folgerungen daraus, sondern in der Vermutung, daß augenblicklich genutzte (Management Accounting-)Praktiken nicht wünschenswert oder zielführend sind (vgl. *Kaplan* 1998, S. 89).

Zur Umsetzung der innovativen Aktionsforschung sollen zunächst Theorien über neue Managementpraktiken entwickelt und anschließend deren Anwendungsfähigkeit durch Umsetzungsaktivitäten überprüft werden (vgl. *Kaplan* 1998, S. 90ff.). Im Vordergrund steht die Theorie in Form einer neuen Managementmethode und deren Implementierung:
„Therefore, our form of action research is directed more at creation and learning, than testing. Hence, we have appended the term „innovation" for this form of action research" (*Kaplan* 1998, S. 90).

Diese Sonderform des „constructive research"-Ansatzes (vgl. *Kasanen* et. al 1993, S. 243f.) wird bislang nur wenig für Forschungsaktivitäten im Controlling und Management Accounting genutzt, da auf diesen (und anderen) betriebswirtschaftlichen Forschungsgebieten eine stärkere Orientierung an der Forschungsmethodik der Natur- und Sozialwissenschaften und weniger an denen der Ingenieurwissenschaften und Medizin erfolgt (vgl. *Kaplan* 1998, S. 92). Genau in diesen Wissenschaftszweigen wird jedoch eine stark problemlösende Forschung betrieben.

Ferner bedingt eine konstruktiv ausgerichtete Forschung in vielen Fällen auch eine Beratungsleistung, die von den Wissenschaftlern den Unternehmen gegenüber zu erbringen ist. Dies erschwert für die Wissenschaftler notwendige Veröffentlichungen. Eine Folge davon ist ein geringer Verbreitungsgrad solcher Forschungsmethoden auch in der deutschen Betriebswirtschaftslehre (Beispiele zur Aktionsforschung im Controlling und Kostenmanagement sind vornehmlich in der von *Horváth* und *Reichmann* herausgegebenen „blauen Reihe" des Vahlen-Verlages in München zu finden: u.a. *Lamla* 1995, *Gleich* 1996a, *Scholl* 1997, *Brokemper* 1998).

Kaplan beschreibt die innovative Aktionsforschung, wie in Abb. 6-1 aufgezeigt, als Kreislauf.

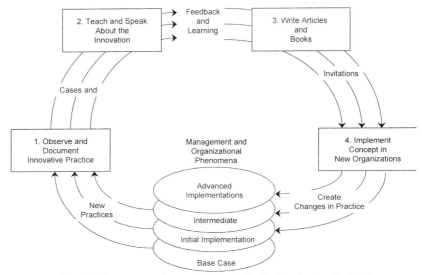

Abb. 6-1: Innovation Action Research Cycle (Kaplan 1998, S. 98)

Dieser beginnt bei der Entdeckung neuer Methoden. Über deren Dokumentation und weiteren Ausgestaltung erfolgt schließlich die Implementierung dieser Methoden in der Praxis, was einen breiten Methodenwandel nach sich ziehen soll.

Der Einsatz dieser Forschungsmethode im Rahmen dieser Arbeit erfolgte vorwiegend zur Plausibilisierung sowie Entwicklung der verschiedenen Bestandteile, Abläufe und Instrumente des modellierten Performance Measurement-Systems (vgl. Kap. 7.3.). Ferner sollten Erfahrungen bezüglich des Einsatzes eines Performance Measurement gesammelt sowie Auswirkungen des (innovativen) Instrumenteneinsatzes in der Unternehmenspraxis untersucht werden.

Hierzu wurden je Fallstudie Forschungsziele definiert. Diese kreisen stets um die Frage, inwieweit ein Performance Measurement oder Bestandteile eines Performance Measurement dem beteiligten Fallstudienunternehmen Nutzen bringen oder Wert schaffen (vgl. hierzu auch *Kaplan* 1998, S. 109)? Dazu sind auch die inhaltlichen und konzeptionellen Schwerpunkte festzulegen.

Kaplan räumt in seinen Arbeiten zur innovativen Aktionsforschung ein, daß die Evaluation der Forschungsergebnisse ein noch nicht zufriedenstellend gelöstes Problem in diesem Forschungsansatz darstellt (vgl. *Kaplan* 1998, S. 109). Aufgrund der engen, beraterähnlichen Zusammenarbeit des Forschers oder des Forscherteams mit den am Forschungsprojekt beteiligten Unternehmen ist es oftmals schwierig, Forschungsergebnisse objektiv und nachvollziehbar zu beurteilen.

Zwei Wege zur (allerdings nicht objektiven, mehr informell geprägten) Messung der Forschungsergebnisse bieten sich an (vgl. *Kaplan* 1998, S. 112). Zum einen die Konzepte und Konzeptwirkungen mit Wissenschaftlern oder Studenten zu diskutieren oder zum anderen die (eigenen) Erfahrungen von Implementierungen innovativer Konzepte in der Praxis sowie den

ermittelten Nutzen für das Unternehmen zur Konzeptbewertung heranzuziehen. Im Rahmen dieser Arbeit wird der letztgenannte Weg beschritten.
Genannt sind die Forschungsziele zu Beginn jeder Fallstudie, der Abgleich mit dem tatsächlich realisierten Nutzen wird am Ende jeder Fallstudie erörtert. Die Darstellung der je Fallstudie realisierten Inhalte erfolgt in der die Ergebnisse dieses Kapitels zusammenfassenden Darstellung der inhaltlichen Fallstudienschwerpunkte (vgl. Kap. 6.6).
Die Forschungsergebnisse wurden somit teilweise (flankierend zur rein deskriptiven, aus der Literatur abgeleiteten) für eine empirisch begründbare Modellerstellung, Theoriebildung oder Hypothesengenerierung herangezogen.
Insgesamt sieben Fälle einer innovativen Aktionsforschung zum Performance Measurement werden nachfolgend hinsichtlich ihrer wichtigsten Inhalte beschrieben.
Alle Fallstudien haben verschiedene Leistungsebenen bzw. -objekte zum Gegenstand:
- In Kap. 6.1 wird der Aufbau eines Performance Measurement-Konzeptes auf *Geschäftsbereichsebene* bei einem kleinen süddeutschen Chemieunternehmen dargestellt.
- Ein Performance Measurement zur *Projekt*steuerung bei der Siemens Electrocom ist Gegenstand des Kap. 6.2.
- Kap. 6.3 beschäftigt sich mit einem Performance Measurement zur *Arbeitssystem*gestaltung bei der damaligen *Mercedes Benz AG*.
- Mit dem *Funktionsbereich Controlling* als Leistungsebene setzen sich drei Forschungsaktivitäten auseinander. Jede Aktionsforschung hat spezielle Schwerpunkte und wurde in unterschiedlichen Unternehmen durchgeführt (vgl. Kap. 6.4.4, Kap. 6.4.5 und Kap. 6.4.6).
- In Kap. 6.5 wird schließlich ein Performance Measurement-Konzept beschrieben, welches die Grundlage für ein umfassendes Prozeß-Benchmarking-Projekt in der deutschen Maschinenbaubranche darstellte.

Die verschiedenen inhaltlichen Schwerpunkte der innovativen Aktionsforschung werden im abschließenden Kapitel 6.6 anhand der auch in Kapitel 4.4 verwendeten Kriterien bezüglich der Bestandteile und Funktionalitäten von Performance Measurement-Konzepten verdeutlicht.

6.1 Performance Measurement auf Geschäftsbereichsebene: Aufbau und Einsatz einer Balanced Scorecard bei Wachsfit

6.1.1 Unternehmensumfeld und Zielsetzung des Forschungsprojektes

Der hier so bezeichnete Unternehmensbereich *Wachsfit* ist Teil eines kleinen, weniger als 100 Mitarbeiter beschäftigenden chemischen Unternehmens in Süddeutschland. Hergestellt werden Lacke, Pflegemittel, Sportböden und Skiwachs.
Wachsfit produziert und vertreibt Skiwachs sowie –zubehör und ist der älteste Skiwachshersteller weltweit. In den letzten Jahren gab es einen kontinuierlichen Umsatzrückgang, der auch negative Auswirkungen auf das finanzielle Ergebnis hatte. Um dieser Geschäftsentwicklung entgegenzuwirken, wurde das Management neu besetzt. Damit verbunden wurden die Vorgaben formuliert, die Abläufe im Bereich transparenter zu gestalten sowie Strategien und Ziele eindeutig zu definieren und meßbar zu machen.

Ausgangspunkt für die Festlegung der neuen Geschäftsbereichsziele war eine unternehmensweite Vision des gesamten Chemieunternehmens, bei deren Formulierung alle Führungskräfte des Unternehmens mitwirkten. Diese beinhaltet Aussagen zu allen relevanten Stakeholdern (vgl. zum Begriff ausführlich im Kap. 7.4.1.1.3) des Unternehmens und beschreibt dieses als Anbieter maßgeschneiderter Lösungen für spezielle Märkte in den Bereichen Bodenbeschichtung und Sportzubehör. Die mit der Vision entworfene zukünftige Ausgestaltung und Ausrichtung des Unternehmens gibt Aufschluß über das Zukunftsbild hinsichtlich des Unternehmenszwecks, des Unternehmensziels sowie des Unternehmensselbstverständnisses (vgl. grundsätzlich bei *Henzler* 1992, S. 813).

Ausgehend von den Inhalten der Unternehmens-Vision wurden für *Wachsfit* folgende strategische Ziele formuliert:
- *Wachsfit* soll in allen Ländern vertreten sein, die alpine Skigebiete besitzen
- Umsatzziel: 25 Mio. DM im Jahr 2002
- Marktanteilsziel: mindestens 30% in jedem Land, in dem *Wachsfit* vertreten ist
- Überproportionale Erhöhung des Gewinns für alle Marktstufen
- Stärkung des Markenimages und Erhöhung der Markenbekanntheit

Um diese Ziele umsetzen zu können, erfolgte im zweiten Schritt eine Umstrukturierung des Bereiches *Wachsfit* hin zu einer die vorhandene Aufbau- und Ablauforganisation ergänzenden Prozeßorganisation (vgl. bereits bei *Nordsieck* 1931 und 1972, Sp. 9, *Gaitanides* 1983, S. 259, *Corsten* 1996, S. 1090). Die bisher auf verschiedene Abteilungen verteilten Aufgaben des Bereiches verursachten aufgrund der vielen organisatorischen Schnittstellen große Abstimmungsprobleme, da die vorhandenen ablauforganisatorischen Regelungen stellenübergreifende Aktivitäten nicht berücksichtigen. Das neuorganisierte *Wachsfit*-Team wurde in die bestehende Organisation des chemischen Unternehmens eingebettet.

Die Neustrukturierung erfolgte während des Aufbaus des Performance Measurement-Konzeptes und sieht folgende Regelungen vor:
- Der Vertriebsleiter von *Wachsfit* ist gleichzeitig verantwortlicher Manager des Teams, das insgesamt aus 12 Mitarbeitern, davon 8 Vollzeit- und 4 Teilzeitkräfte, besteht.
- Einige der zentralen Funktionen werden weiterhin vom Gesamtunternehmen wahrgenommen. Der Einkauf verbleibt vorerst im Verbund der alten Organisation, um kostensenkende Größeneffekte realisieren zu können. Langfristig ist aber eine Eingliederung geplant.
- Die interne Fertigung von wird als Lieferant betrachtet, von dem, wie von anderen externen Lieferanten, Waren bezogen werden.

Entgegen der Empfehlung der Entwickler, der im Rahmen dieser Fallstudie besonders relevanten Balanced Scorecard-Konzeption, umschließt der Bereich *Wachsfit* somit keine vollständige Wertkette (vgl. *Kaplan/Norton* 1997a, S. 290).

Der Bereich *Wachsfit* wird zukünftig als Profit Center geführt. Die Beurteilung des Center-Erfolges gestaltet sich damit einfacher als zuvor die Erfolgsbeurteilung der *Wachsfit*-Vertriebsabteilung, da einige Mitarbeiter (insbesondere im F&E-Bereich) jetzt ausschließlich für den Geschäftsbereich arbeiten. Die Abgrenzung der Kosten für Mitarbeiter, die für verschiedene Sparten arbeiten (u.a. Logistikberater, EDV, Buchhaltung) erfolgt nach jährlich festzulegenden Verteilungssätzen.

Als wichtiger Basisschritt bei der Gestaltung der neuen organisatorischen Infrastruktur erfolgte die Einführung der Balanced Scorecard als neues Planungs- und Steuerungsinstrument (vgl. nochmals die Ausführungen in Kapitel 4.1.3). Zielsetzung war, neben der Einbindung und Operationalisierung der erwähnten strategischen Geschäftsbereichsziele, die Prozesse im Bereich als Vorstufe zur Schaffung einer Prozeßorganisation transparent zu machen und die Bereichsmitarbeiter durch die Bereitstellung leistungsrelevanter Informationen stärker in Gesamtzusammenhänge und Entscheidungen des Bereichs einzubinden. Im Zuge dessen sollten die Mitarbeiter auch mehr Eigenverantwortung übernehmen sowie zu mehrere Aufgabenbereiche beherrschende Generalisten im Sinne eines Prozeßmanagers (vgl. bei *Corsten* 1996, S. 1094) ausgebildet werden. Geplant war daher nicht nur der Aufbau einer Geschäftsbereichs-Scorecard, sondern auch deren Herunterbrechen auf die Leistungserbringer. Dies sollte durch die Bildung von Personal-Scorecards mit mitarbeiterbezogenen Zielen und Kennzahlen erfolgen (vgl. auch *Kaplan/Norton* 1997a, S. 206-210).

6.1.2 Vorgehensweise bei der Einführung

Der Ablauf des Balanced Scorecard-Projektes läßt sich in drei Phasen aufteilen: Die Analyse-, die Erarbeitungs- und die Realisierungsphase (vgl. auch die sechs Basisschritte in Kapitel 4.1.3.4).

Zum Start des Projektes wurden in einem Kickoff-Meeting alle betroffenen Führungskräfte sowie der Geschäftsführer über die Balanced Scorecard-Konzeption informiert. Hier wurden auch die Richtlinien für das neue Steuerungssystem kommuniziert, das vor allem *einfach und verständlich* sein sollte.

Die Verhältnisse und Voraussetzungen bei *Wachsfit* ermöglichten zunächst eine intensive Istanalyse des Geschäftsbereichs. Mit Mitarbeitern des *Wachsfit*-Teams sowie der relevanten Gesamtunternehmenszentralbereiche wurden mit Hilfe von Interviews Prozesse identifiziert und beschrieben sowie Probleme und Wünsche festgehalten und erörtert.

In der Erarbeitungsphase wurden Ziele und erste Kennzahlen für das Team und die Mitarbeiter ausgearbeitet sowie Kennzahlenzusammenhänge aufgrund von Analysen früherer Kennzahlenausprägungen analysiert. Diese Kennzahlen für die Team-Scorecard wurden dann in einem *ersten Workshop* mit dem Team-Manager diskutiert. Hierbei wurde eine Kennzahlen-vorauswahl getroffen und der Rahmen des Systems abgesteckt.

Im nächsten Schritt wurde das System ausgearbeitet, die Kennzahlenvorschläge integriert sowie die Möglichkeiten zur Ermittlung der für die Kennzahlen notwendigen Daten untersucht. Anschließend wurden Kennzahlen für die Personal Scorecards der Mitarbeiter erarbeitet. Diese sollten nur durch die Mitarbeter selbst beeinflußbare Kennzahlen enthalten.

Im *nächsten Workshop* wurden die überarbeitete Team-Scorecard und die neuentwickelten Personal Scorecards dem Team-Manager sowie dem Gesamtunternehmens-Führungskreis vorgestellt und diskutiert.

Anschließend folgte ein *Meeting* aller Mitglieder des *Wachsfit*-Teams, bei dem diese über die Balanced Scorecard-Ausarbeitungen informiert wurden. Weiter wurden die Mitarbeiter gebeten, sich über Ziele und Kennzahlen für die eigene Steuerung Gedanken zu machen.

118   6. Innovative Aktionsforschung zum Performance Measurement

Das Scorecard-Konzept konnte daraufhin fertiggestellt sowie weitere Vorschläge für die Personal Scorecards erarbeitet werden. Außerdem wurden kennzahlenbezogene Toleranzbereiche für die Zielerfüllung (Farbbereiche) erarbeitet, die mit den drei Ampelfarben verknüpft werden sollten.

In einem *dritten Workshop* mit dem Gesamtunternehmens- und *Wachsfit*-Führungskreis wurden die Kennzahlen der Team Scorecard endgültig festgelegt sowie die vorgeschlagenen Kennzahlen der Personal Scorecards abschließend erörtert. Außerdem wurden die Vorschläge für die Kennzahlentoleranzen der einzelnen Kennzahlen diskutiert und verabschiedet.

Im *zweiten Teammeeting* wurde das endgültige Konzept sowie die Team-Scorecard vorgestellt. Die Personal Scorecards wurden in Einzelgesprächen des Teammanagers mit den Mitarbeitern fertig erarbeitet und endgültig festgelegt. Als Grundlage dienten die vorgeschlagenen Kennzahlen aus den Workshops. Ebenso wurden die Toleranzbereiche der einzelnen Kennzahlen im Mitarbeitergespräch festgelegt. Außerdem wurde ein Mitarbeiter zur Eingabe der Werte in die Scorecards beauftragt. Hierzu wurde eine „Bedienungsanleitung" erarbeitet, in der für jede Kennzahl die Datenerfassung beschrieben ist und Hinweise zur Verarbeitung der notwendigen Daten für die Kennzahlen vorgegeben sind.

In der Realisierungsphase erfolgten zunächst einige Pilotanwendungen mit denen der zuständige Mitarbeiter mit der Erstellung der Scorecards vertraut gemacht werden sollte. Ferner wurden die Team-Mitarbeiter mit dem neuen Berichtswesen vertraut gemacht, das zukünftig die Grundlage für die regelmäßig stattfindenden Teammeetings darstellen wird. In dieser Phase erfolgten bereits erste Verbesserungsvorschläge von Teammitgliedern, die in einigen Fällen unmittelbar zu konzeptionellen Anpassungen führten.

6.1.3 Entwickelte Konzeption: Die Balanced Scorecard von Wachsfit

Die Balanced Scorecard von *Wachsfit* betrachtet den Geschäftsbereich aus den vier von *Kaplan* und *Norton* vorgeschlagenen Perspektiven (vgl. grundsätzlich nochmals die Ausführungen in Kap. 4.1.3 sowie bezogen auf *Wachsfit* die Abb. 6-2).

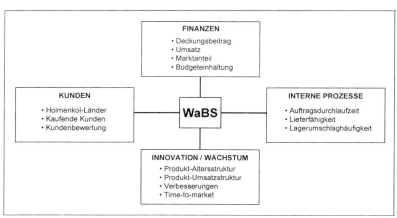

Abb. 6-2: WaBS – die Wachsfit - Balanced Scorecard

Im Folgenden werden die aus den oben aufgeführten strategischen Zielen abgeleiteten Perspektivenkennzahlen und deren Ermittlung kurz erläutert. Im Anschluß an deren

Beschreibung wird auch auf die Kennzahlen der für alle Mitarbeiter erstellten Personal Scorecards eingegangen.

In der *Wachsfit*-Balanced Scorecard werden als Kennzahlen der **Finanzperspektive** der Deckungsbeitrag, der Umsatz, der Marktanteil sowie die Budgeteinhaltung gemessen. Unter dem *Deckungsbeitrag* (vgl. hierzu bspw. bei *Riebel* 1993, Sp. 364 und *Schweitzer/Küpper* 1995, S. 432ff.) wird hier nur der Periodenumsatz als Erlösgröße reduziert um die Kosten des Materialeinsatzes verstanden, da nur diese variable Kostenart verursachungsgerecht dem Produkt zugerechnet werden kann. Die Ermittlung der Erlös- und Kostenposition erfolgt monatlich im Rechnungswesen.

Als zweite Kennzahl der Perspektive wird der *Umsatz* in Form eines kumulierten Monatsumsatzes ermittelt.

Der Marktanteil als weitere Kennzahl der finanziellen Perspektive wird direkt aus dem kumulierten Umsatz abgeleitet. Dieser wird zum Branchenumsatz in Beziehung gesetzt. Aus diesem Grund erfolgte auf Wunsch des Teammanagers die Aufnahme als finanzielle Kennzahl.

Die vierte Kennzahl der Finanzperspektive ist die *Einhaltung des Budgets*. Sie orientiert sich am geplanten Jahresbudget, dem die aufgelaufenen Kosten gegenübergestellt werden.

Insbesondere der Produktmanager erhält auf der Personal Scorecard-Ebene detailliertere Informationen zu Umsatz und Deckungsbeitrag. Diese werden verschiedenen Produktgruppen zugeordnet, für die spezielle Ziele formuliert werden. Informationen zur Budgeteinhaltung erhalten neben dem Produktmanager auch der verantwortliche Mitarbeiter für den Innendienst, der verantwortliche Mitarbeiter für Sponsoring und Veranstaltungen sowie der Leiter der Anwendungstechnik.

Die **Kundenperspektive** enthält drei Kennzahlen:

Mit der Kennzahl *Wachsfit-Länder* wird monatlich die Anzahl der Länder gemessen, in denen *Wachsfit*-Produkte verkauft wurden. Hier werden festzulegende Jahresziele verfolgt. Langfristig sollen die Produkte in allen Ländern erhältlich sein, in denen Ski gefahren wird.

Die Kennzahl *Kaufende Kunden* mißt die Zahl der Kunden, die im abgelaufenen Geschäftsjahr entweder bereits etwas gekauft haben oder einen Stammauftrag erteilt haben. Stammaufträge werden in der Regel in der Zeit von April bis Juli von den Kunden erteilt. Die Auslieferung erfolgt dann zwischen September und November. Je nach Größe des Auftrages erfolgen Teil- oder einmalige Lieferungen. Als planerische Orientierungsgröße findet die Zahl der kaufenden Kunden im Vergleichszeitraum des Vorjahres Verwendung.

Eine *Kundenbewertung* erfolgt per Telefon. Ziel ist es, den bislang passiven, nur Aufträge entgegennehmenden Innendienst, zu einem direkten und proaktiven Kundenmanagement im Sinne eines Direct Marketing (vgl. bei *Dallmer* 1991, S. 6) hinzuführen. Zunächst soll monatlich eine *Wachsfit*-Kundenbewertung in Form einer Kundenzufriedenheitsmessung durchgeführt werden (vgl. z.B. bei *Töpfer* 1996b, S. 110ff. oder *Ludwig* 1996, S. 182ff.). Hierzu wird eine bestimmte Anzahl Kunden kontaktiert, die das Unternehmen anhand bestimmter, noch festzulegender Kriterien mit der Schulnotenskala (1-6) bewerten sollen. Dies schafft auch die Möglichkeit für zusätzliche Auftragsakquisitionen. Darüber hinaus baut sich so ein intensiverer Kontakt zum Kunden auf, was auch den kundenindividuellen Service fördert.

Unterstützt wird die Kennzahl *Kaufende Kunden* durch Zielvereinbarungen in den Personal Scorecards der Innendienstmitarbeiter. In einem ersten Schritt sollen diese zunächst eine bestimmte Zahl von Kunden proaktiv kontaktieren. In einem zweiten Schritt ist der Aufbau eines Telefonvertriebs geplant. Gemessen werden soll hierbei zunächst die Zahl der getätigten Verkäufe bzw. Stammaufträge. Später erfolgt die Festlegung konkreter Umsatzziele.

Die **interne Prozeßperspektive** setzt sich ebenfalls aus drei Kennzahlen zusammen. Die *Auftragsdurchlaufzeit* mißt die Zeit vom Auftragseingang bis zur Übergabe an den Spediteur bzw. die Post.

Die Kennzahl *Lieferfähigkeit* drückt den Anteil der durchschnittlichen Sicherheitsbestandsunterschreitungen an der Zahl der durchschnittlich gelieferten Aufträge aus. Dieser Wert wird von 100% subtrahiert (Lieferfähigkeit = 100% - [Zahl der Sicherheitsbestandsunterschreitungen / Zahl der komplett ausgelieferten Aufträge x100%]). Gemessen wird demnach die potentielle Lieferfähigkeit. Jede Sicherheitsbestandsunterschreitung wird als „nicht lieferfähig" interpretiert, unabhängig davon ob trotzdem alle Aufträge ausgeliefert werden konnten.

Die *Lagerumschlaghäufigkeit* (durchschnittlicher Lagerwert/Umsatz) wirkt in die entgegengesetzte Richtung der beiden vorangegangenen Kennzahlen. Sie dient dem Ziel, den Lagerbestand und damit die Lagerkosten durch nicht produktives Kapital zu senken..

Diese Kennzahlen gehen vor allem auch in die Personal Scorecards des Innendienstes und des Logistikberaters ein. Auf der Personal Scorecard des Sponsoringverantwortlichen wird außerdem der Prozentsatz der eingehaltenen Headlines (*Termineinhaltung*) für die organisierten Veranstaltungen gemessen.

In der **Innovationsperspektive** kann nur eine Kennzahl monatlich ermittelt werden, die *Verbesserungen*. Hierbei wird der Anteil der umgesetzten Verbesserungsvorschläge an der Gesamtzahl der Verbesserungsvorschläge aller Teammitglieder ermittelt.

Produkt-Altersstruktur und *Produkt-Umsatzstruktur* sind Weiterentwicklungen der Kennzahl *Umsatzanteil der Neuprodukte*. Sie beschränken sich nicht nur auf die Neuprodukte, sondern berücksichtigen alle Produkte. Hierbei werden die Produkte zunächst – in Anlehnung an die vier Phasen des klassischen Lebenszykluskonzeptes (vgl. z.B. bei *Reichmann* 1993, S. 387) - in vier Altersklassen eingeteilt: sogenannte „Rookies" (1 Jahr alt, Neuprodukte), „Teenies" (2-4 Jahre alt), „Profis" (5-7 Jahre alt) und „Oldies" (8 Jahre und älter). Die *Produkt-Altersstruktur* ordnet den zahlenmäßigen Anteil der Produkte diesen Klassen zu.

Die *Produkt-Umsatzstruktur* mißt dann, wieviel Prozent des Umsatzes die jeweiligen „Produktaltersklassen" erzielt haben. So werden differenzierte Informationen zur Umsatzverteilung gewonnen.

Die Kennzahl *Time-to-market* (vgl. *Kaplan/Norton* 1997a, S. 97ff.) ermittelt die Zeitspanne vom Start eines Produktprojektes bis zum ersten Verkauf des Produktes. Errechnet wird die durchschnittliche Time-to-market der im vergangenen Jahr auf den Markt gebrachten Produkte.

Auf den Personal Scorecards der Mitarbeiter der Anwendungstechnik und Entwicklung wird nicht die Kennzahl *Time-to-market* gemessen, sondern die Kennzahl *Kollektionsentwicklung*. Diese drückt aus, wieviel Prozent der geplanten Produktprojekte bis zu einem Stichtag fertiggestellt sind. Die bis dahin fertiggestellten Produkte werden auf einer Sportartikelmesse im Winter vorgestellt und in den neuen Produktkatalog aufgenommen. Der für den gesamten

Produktlebenszyklus verantwortliche Produktmanager wird allerdings anhand der Kennzahl *Time-to-market* beurteilt.

6.1.4 Meß- und Bewertungsmodalitäten

Die Ermittlung der Zielerreichung erfolgt über ein einfaches Rechenmodell auf PC-Basis in drei Schritten: Über die Bewertung der Einzelkennzahlen erfolgt eine Perspektiven- und schließlich eine Gesamtergebnisbewertung. Hierzu sind für alle Bewertungsebenen die jeweiligen Zielbereiche bzw. -korridore als Planvorgaben festzulegen.

Die Bewertung der Einzelkennzahlen erfolgt innerhalb der vier Perspektiven. Hierzu werden die Kennzahlen perspektivenbezogen unterschiedlich gewichtet. Die Gewichtung wird mit dem „Farbergebnis" (grün=3, gelb=2, rot=1) für die Kennzahl multipliziert. Jede Kennzahl wird so mit einer Bewertung (Punktwert Farbergebnis x Kennzahlengewichtung) verknüpft (vgl. das Beispiel zur Kennzahl „Deckungsbeitrag in Abb. 6-3).

Die Kennzahlen-Farbwerte werden addiert und ergeben das Perspektivenergebnis. Im Beispiel in der Abb. 6-3 beträgt dieses für die Finanzperspektive die Punktzahl 8.

Das Ergebnis liegt im gelben Perspektivenbereich. Dadurch erfolgt die abschließende Zuweisung des Wertes 2 als Perspektivenergebnis (die Perspektivengewichtung beträgt augenblicklich 1). Die Ergebnisse der Perspektiven können unterschiedlich gewichtet werden; so wird beispielsweise erwogen die finanzielle Perspektive auf der Team Scorecard zukünftig doppelt zu gewichten, die anderen drei Perspektiven nur einfach.

Die Summe der Perspektiven-Farbwerte ergibt das Scorecard-Gesamtergebnis, dem wieder ein Farbwert zugeordnet wird.

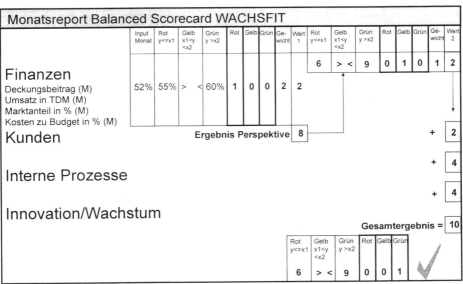

Abb. 6-3: Vereinfachte Darstellung der Bewertungsmodalitäten im Monatsreport Balanced Scorecard Wachsfit

Die Scorecard wird von einem verantwortlichen Mitarbeiter erstellt und gepflegt. Die Datenerfassung erfolgt direkt über die anderen Informationssysteme des Geschäftsbereichs, teilweise sind auch Zahlen selbst zu errechnen. Wie bereits erwähnt ist eine „Bedienungsanleitung" vorhanden, in der die für jede Kennzahl notwendigen Datenerfassungs- und Berechnungsmodalitäten beschrieben sind.

In den Personal-Scorecards wurden die mitarbeiterrelevanten Kennzahlen mit aufgenommen, wobei nicht zwingend Kennzahlen aus allen Perspektiven mit berücksichtigt wurden. Die Kennzahlen stellen in vielen Fällen Verfeinerungen oder Erweiterungen der Basiskennzahlen der *Wachsfit*-Balanced Scorecard dar.

Der Grundaufbau und die Ampelmethodik der *Wachsfit*-Balanced Scorecard fanden ebenso Berücksichtigung in den Scorecards wie die dreistufige Bewertung (Einzelkennzahl, Perspektive, Gesamtergebnis). Ergänzend wurden Kommentarfelder hinzugefügt, in denen Informationen zu Erwartungen und notwendigen Rahmenbedingungen zur Zielerreichung notiert werden können sowie ein Feld zur Beschreibung von eingeleiteten Maßnahmen.

Die Berichte (Balanced Scorecard *Wachsfit* und Personal Scorecards) werden monatlich erstellt. Hierzu wird, wie oben beschrieben, ein Großteil der Kennzahlenausprägungen auch monatlich erhoben.

6.1.5 Anwendungserfahrungen, Konzeptnutzen und Konsequenzen

Die *Wachsfit*-Balanced Scorecard wird an einem, im Gang zwischen den Geschäftsbereichsbüros angebrachten, ca. 1-auf-2-Meter großen „Schwarzen Brett" ausgehängt. An diesem „TeamBord" werden auch die Verbesserungsvorschläge der Mitarbeiter per Handzettel angebracht. Veranstaltungen, Termine, Erfolge bei Weltcup-Rennen und ähnliches werden ebenfalls hier bekanntgemacht. Damit soll unter den Mitarbeiter ein einheitlicher Informationsstand entstehen.

Die aktuelle Team Scorecard bildet außerdem die Informationsbasis der zwei- bis vierwöchentlich stattfindenden Teammeetings. Hierbei werden Probleme des Geschäftsbereichs erörtert und Lösungsvorschläge besprochen. Ebenso werden die am „Teamboard" angebrachten Verbesserungsvorschläge offen diskutiert und hinsichtlich ihrer Erfolgsauswirkungen bewertet.

Die Personal Scorecards werden den Mitarbeitern persönlich übergeben. Neben den auf der Scorecard formulierten Zielen, werden in einem zweimal jährlich stattfindenden Vorgesetzten-Mitarbeiter-Gespräch im Sinne des Management by Objectives-Konzeptes (vgl. z.B. bei *Macharzina* 1995, S. 451ff.) weitere Ziele festgelegt, die nicht auf der Scorecard enthalten sind. Damit sollen nur schwer quantifizierbare Ziele des einzelnen Leistungsbereichs ebenfalls benannt und verfolgt werden. Die Zielerreichung der in den Personal-Scorecards definierten Ziele soll zukünftig die Grundlage für eine leistungsgerechte Entlohung der Bereichsmitarbeiter darstellen.

Der Nutzen der Balanced Scorecard wird bei *Wachsfit* sehr hoch eingeschätzt:
Neben ihrer systemimmanenten originären Planungs- und Steuerungsfunktion hilft die Balanced Scorecard als Informationsmedium Prozesse, Ziele und Probleme für alle Mitarbeiter des Bereichs transparent zu machen. Durch die neu praktizierte offene Informationspolitik im Geschäftsbereich im Sinne eines „Open-Book-Management" (vgl. *Case* 1995), können in den Teammeetings, aber auch in formlosen Gesprächen, offen Probleme benannt bzw. quantifiziert und deren Lösung diskutiert werden. Im Zuge einer

Dezentralisierung und Delegation von Entscheidungen werden die Mitarbeiter zu eigenständigerem Handeln motiviert und sollen dabei mehr und mehr lernen, selbständig Entscheidungen zu treffen.

Ergebnisse und Erfahrungen aus einem längeren Praxiseinsatz liegen derzeit noch nicht vor, dennoch erwägt die Unternehmensleitung des Chemieunternehmens aufgrund der ersten positiven Eindrücke, die Balanced Scorecard sowie Personal Scorecards zukünftig auch in anderen Geschäftsbereichen einzusetzen.

6.2 Performance Measurement zur Projektsteuerung bei Siemens ElectroCom

6.2.1 Unternehmensumfeld und Zielsetzung des Forschungsprojektes

Die zunehmende Wettbewerbs- und Technologiedynamik erfordert eine stetige Anpassung der Unternehmensstrukturen und -abläufe (vgl. z.B. die Ausführungen bei *Reiß* 1997b und 1997c). Im Anlagenbau läßt sich diese Struktur- und Ablaufflexibilität durch die dynamische Organisationsform „Projekte" realisieren.

Die Siemens ElectroCom GmbH (SEC) in Konstanz, ein international agierender und führender Anbieter auf dem Gebiet der Postautomatisierung mit weltweit mehr als 3200 Mitarbeitern, startete 1994 ein umfassendes Reengineeringprogramm zur Verbesserung der betrieblichen Prozesse und zur Steigerung der Wettbewerbsfähigkeit. Dabei wurde der hohe Einfluß des Projektmanagements auf die Qualität der betrieblichen Abläufe erkannt.

Voraussetzung für ein gutes Projektmanagement sind eine effektive Projektplanung und -steuerung, die wiederum eine schnelle Informationsverfügbarkeit erfordern. Eine Verbesserung des Projektmanagements mußte daher auch eine kritische Überprüfung der Qualität des Berichtswesens und der darin enthaltenen projektleistungsbezogenen Kennzahlen umfassen.

Problemanalysen ergaben beispielsweise, daß die in den Berichten enthaltenen, zumeist finanziellen, Kennzahlen zu wenig aussagefähig hinsichtlich der erstellten Projektleistung und auch zu spät verfügbar waren. Ferner wurde durch eine mangelhafte Datenkonsistenz und die Verwendung unterschiedlicher Kennzahlenkategorien an unterschiedlichen Stellen im Unternehmen, die projektbezogene Kommunikation erheblich erschwert.

Ziel des kennzahlenbezogenen Neugestaltungsprojektes waren deshalb

- die Konzeption eines systematischen Vorgehens zur Identifikation von mehrdimensionalen Leistungskennzahlen in der Projektplanungsphase und
- die anschließende proaktive Projektsteuerung auf Basis dieser Leistungskennzahlen.

Für ein Kennzahlensystem zur Projektsteuerung bedeutete dies, daß sich dessen Gestaltung, ganz im Sinne des hier vertretenen Performance Measurement-Ansatzes (vgl. *Gleich* 1997, S. 114ff. sowie die Ausführungen in den Kap. 2.2 und 3), am Zielsystem von Projekten und der strategischen Stoßrichtung des Projektes bzw. des Geschäftsfeldes orientieren sollte (Kriterium des Problembezugs). Ferner determinieren die Struktur des Projekts die Verknüpfung der Einzelkennzahlen zum Kennzahlensystem und der Aufbau des Planungs-, Steuerungs- und Kontrollprozesses den Kennzahlenkontrollprozeß.

Dieses Kennzahlenverständnis unterscheidet sich stark von den traditionellen, mehr vergangen-heitsbezogenen, meist monetären und primär operativen (Projekt-)Steuerungsgrößen.

Das neue Performance Measurement-Konzept und das damit verbundene Berichtssystem sollten nicht nur dazu dienen, dem (Projekt-)Management entscheidungsrelevante Informationen zu liefern. Vielmehr sollten damit auch die Projektteams befähigt werden, selbst ihren aktuellen Fortschritt im Sinne eines „Self Assessments" festzustellen, um zeitnah Korrekturmaßnahmen ergreifen zu können.

Das Topmanagement soll nur eingreifen, wenn teamübergreifende Entscheidungen zu treffen sind oder das Team in Schwierigkeiten gerät. Damit ein solches Vorgehen umgesetzt werden kann, müssen die Teams selbst in den Prozeß der Definition des projektspezifischen Kennzahlensystems eingebunden werden. Das Management sollte hierbei lediglich einen Rahmen vorgeben, der dann in Abstimmung mit den Teams projektspezifisch zu füllen ist. Nur so kann auch gesichert werden, daß die Bewertungsmaßstäbe auf die speziellen Projektaufgaben abgestimmt sind. Ebenso sollen im Dialog zwischen Team und Management projektspezifische Toleranzwerte festgelegt werden, die dem Team Schwierigkeiten signalisieren und fallweise auch zu einem teamübergreifenden Handeln führen (vgl. *Meyer* 1994, S. 94 ff.).

Projekte sind durch das Zielsystem mit den interdependenten Zielen
- Beschreibung der Sachinhalte der zu erbringenden Leistungen,
- Terminermittlung und -verfolgung,
- Kostenermittlung und -verfolgung,
- Verminderung des Projektrisikos,
- laufende Standortbestimmung des Projektes und
- zielbezogener Einsatz aller Projektressourcen

determiniert (vgl. z.B. bei *Brockhoff* 1988, S. 219, *Schelle* 1989, S. 333 und *Platz* 1989, S. 637).

Die Abstimmung und Berücksichtigung dieser Ziele stellte die Basis des neuen Bewertungssystems und Reportingkonzeptes für Projekte bei der *Siemens ElectroCom GmbH* dar (vgl. auch die etwas umfassenderen Ausführungen bei *Bäuerle/Gleich/Störk* 1998, S. 110ff.). Wichtig war hierbei besonders die Berücksichtigung des mehrdimensionalen Charakters des Zielsystems (Sachinhalte, Termine, Kosten) und die stetige Betrachtung der Istsituation sowie zukünftiger Entwicklungen. Ferner erfolgt entlang des Projektstrukturplans eine hierarchische Zielableitung auf untergeordnete Elemente, wodurch eine Performance-Messung und ein anschließender Vergleich in bezug auf die übergeordneten Zielvorgaben möglich ist (vgl. bei *Horváth/Gleich/Voggenreiter* 1996, S. 145).

Die bestehende EDV-technische Umgebung wurde bei den Entwicklungsarbeiten mitberücksichtigt, was zu einem informationssystemgestützten Performance Measurement führte. Die informationstechnologische Basis bildete dabei das bei der SEC angewandte SAP R/3 System mit den für das Projektmangement relevanten Modulen Projektsystem (PS), Sales and Distribution (SD) und Controlling (CO).

6.2.2 Vorgehensweise bei der Entwicklung des Performance Measurement-Konzeptes

6.2.2.1 Festlegung der Berichtsinhalte und Aufbau eines Reportingkonzeptes

Aus den Koordinationserfordernissen und den Zusammenhängen zwischen den einzelnen Berichtsmerkmalen sowie den Gestaltungsanforderungen für ein Kennzahlensystem läßt sich eine Systematik zum Aufbau eines Reportingkonzeptes ableiten. Diese beinhaltet vier Schritte (vgl. *Geiß* 1986, S. 65 und S. 238ff. sowie *Koch* 1994, S. 101ff.):
- Die Definition eines Berichtssystems,
- einer Berichtsstruktur der einzelnen Berichte,
- der Berichtsinhalte mit dem Systematisierungskonzept eines Kennzahlensystems und
- als letzten Schritt die Festlegung der Berichtsgestalt.

Nachfolgend werden diese Schritte sowie weitere wichtige Aspekte, wie bspw. die Anbindung an das Planungssystem, dargestellt.

Das Projektberichtssystem wird aus den fachlichen und disziplinarischen Führungsstrukturen des Projektumfelds abgeleitet. Bei der *SEC* erfolgt die Definition der Berichtswege in Abhängigkeit von der Projektkomplexität. Auf diese Weise kann sich bei komplexen Projekten neben den standardisierten Berichten an die Vertriebsbereiche und der weiteren Aggregation über einzelne Projekte hinweg auch eine direkte Berichterstattung des Projektstatus an übergeordnete Stellen ergeben.

Die projektinternen Berichtswege und Informationszusammenhänge lassen sich aus der Aufgabenstruktur des Projektes ableiten. Die Analyse der beteiligten Stellen und der Informationsbedürfnisse erfolgt dabei in zwei Schritten:
- In der Projektdefinitionsphase wird für das Projekt zunächst ein Rollenplan erarbeitet, in dem alle intern und extern in das Projekt involvierten Personengruppen aufgezeigt und ihre Entscheidungskompetenzen und die dafür benötigten Informationen, ihre Mitarbeit bei der Projektrealisierung und ihre Informationsbedürfnisse dargestellt werden.
- Im zweiten Schritt läßt sich dann eine projektspezifische Berichtsmatrix mit den zyklischen und ergebnisgesteuerten Berichten des Projektes ableiten. Die Anzahl der Differenzierungsstufen innerhalb der Berichtshierarchie wird sich dabei an Umfang und Komplexität der Projektinhalte orientieren.

6.2.2.2 Bewertungsobjekte und Bewertungssysteme für Projekte

Projekte stellen komplexe Systeme dar, deren Übersichtlichkeit durch eine Dekomposition des Gesamtsystems in getrennte Einheiten erhöht werden soll. Trotz der Zerlegung der Gesamtaufgabe darf jedoch der Zusammenhang des Projekts nicht verloren gehen, da dies eine zuverlässige Planung und Steuerung des Projekts gefährden würde (vgl. *Platz* 1989, S. 229f.)
Ähnlich dem Aufbau eines Unternehmensprozeßmodells werden die einzelnen Teilprozesse einer Aggregationsebene wiederum in zugehörige Teilprozesse der darunter liegenden Aggregationsebene aufgebrochen. Dieser Prozeß wiederholt sich so oft, bis die Teilprozesse nicht weiter sinnvoll aufgeteilt werden können (vgl. *Fahrwinkel* 1995, S.109).
Bei Projekten werden diese kleinsten Teile als Arbeitspakete (AP) bezeichnet (vgl. *DIN 69901* 1987, S. 2 sowie *Neumann* 1998, S. 6-7). Die verschiedenen Schichten des Gesamtsystems vom Projekt bis zur untersten Ebene der Arbeitspakete stehen in einem Über- bzw. Unterordnungsverhältnis, weshalb von einem hierarchischen Systemaufbau gesprochen werden kann. Diese hierarchische Gliederung spiegelt sich im Projektstrukturplan wider, der

eine zunehmende begriffliche Dekomposition der übergeordneten Ebenen darstellt und den Gesamtzusammenhang zwischen den einzelnen Elementen herstellt.
Der Projektstrukturplan stellt somit das Endergebnis der Projektstrukturplanung dar und ist das bedeutendste methodische Instrument des Projektmanagements (vgl. *Platz* 1989, S. 229f. sowie bei *Neumann* 1998, S. 6). Ferner dient er auch als Basis einer Strukturierug der Bewertungsobjekte im Projektberichtswesen und im Kennzahlensystem.
Das Bewertungssystem leitet sich aus dem Zielsystem von Projekten und der Geschäftsstrategie ab (vgl. nochmals die Ausführungen in Kap. 6.2.1). Demnach sollten bei der *SEC* besonders die folgenden Bewertungskriterien in der Projektstruktur enthalten sein:
- Aktueller Arbeitsfortschritt des Sachinhalts im Vergleich zur Gesamtaufgabe,
- Kosten zur Erfüllung des Sachinhalts,
- Anfangs- und Endtermin zur Erfüllung der Leistung.

Durch die Verdichtung der Informationen auf einer Strukturebene des Projektstrukturplans oder über ein Bewertungskriterium, lassen sich aggregierte Aussagen treffen. So ist eine Ebenenaussage unter Berücksichtigung aller Bewertungskriterien der zu bewertenden Objekte möglich. Die Ebenen können zudem in Anlehnung an die Hierarchisierung schrittweise aggregiert werden. So bestehen in Abhängigkeit von der Anzahl der Hierachieebenen mehrstufige Aggregate bezogen auf ein Bewertungskriterium.
In der „Ebenenspitze" erfolgt die höchstmögliche Verdichtung, mit allen Vor- und Nachteilen verdichteter Informationen, bei gleichzeitiger Berücksichtigung aller Bewertungskriterien.
Der prinzipielle Aufbau läßt sich demnach als Pyramide darstellen (vgl. Abb. 6-4).

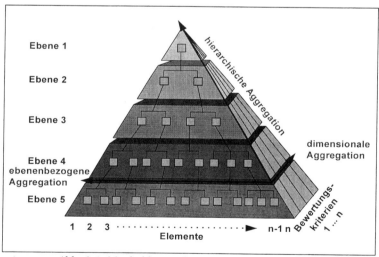

Abb. 6-4: Möglichkeiten der Aussagenaggregation im projektbezogenen Performance Measurement

Die drei Achsen repräsentieren
- die hierarchischen Leistungsebenen des Projektstrukturplans,

- die Menge der Bezugsobjekte einer Ebene sowie
- das Bewertungssystem mit den mehrdimensionalen Projektbewertungskriterien.

Die Pyramidenform verdeutlicht die zunehmende Dekomposition der Bezugsobjekte in den Ebenen (top-down) bzw. die Verdichtung der Informationen (bottom-up). Der Strukturaufbau des Berichts sollte sich an diesem pyramidenförmigen Aufbau orientieren (vgl. *Geiß* 1986, S. 108ff. und S. 239ff.).

6.2.2.3 Anbindung an den Planungsablauf bei der SEC unter Integration von SAP R/3

Die Soll-Berichtsstruktur basiert zum einen auf der hierarchischen Strukturierung der Projektziele und der Vererbung übergeordneter Ziele an die in der Hierarchie untergeordneten Strukturelemente im Projektstrukturplan. Dadurch sollen die strategischen Ziele auf Geschäftsbereichs- bzw. Projektebene in operationalisierte Vorgaben für die Projektbeteiligten transformiert werden.

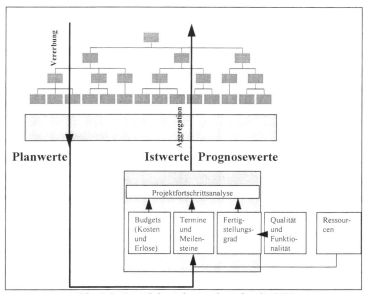

Abb. 6-5: Projektberichtsstruktur für die SEC

Zum anderen stützt sie sich auf einer integrierten Betrachtung mehrdimensionaler Bewertungskriterien des Projekts. Diese Projektdimensionen sollen wiederum entlang des Projektstrukturplans aggregiert werden und in Form der Projektfortschrittsanalyse einem integrierten Kennzahlenvergleich unterzogen werden. Dabei werden im Rahmen der Zielvererbung die Planwerte auf den unterschiedlichen Hierarchieebenen top-down vererbt und anschließend den bottom-up aggregierten Ist- und Prognosewerten gegenübergestellt. Dadurch wird die Informationsbereitstellung und -analyse auf unterschiedlichen Aggregationsebenen ermöglicht. Die Analyse der aggregierten Werte soll hier wiederum helfen den Erfüllungsgrad der angestrebten strategischen Ziele zu überprüfen.

Die Struktur des Projektstrukturplans richtet sich bei der *SEC* an der kundenorientierten Struktur aus der Auftragserteilung aus. Sie gliedert sich dabei in vier Detaillierungsebenen im Projektstrukturplan und wird mit einer 5. Ebene in der Netzplanung, in der die Rückmeldung der Ist- und Prognosewerte (Quoten und Termine) erfolgt, um eine Rückmeldeebene ergänzt (vgl. *Centen*, 1993, S. 73 f.). Der Kreislauf der Informationsvererbung und anschließenden Informationsaggregation erfolgt wie in Abb. 6-5 dargestellt.

Die Berichte beinhalten Kosten-, Termin- und Fertigstellungsgradinformationen. Diese werden durch Informationen hinsichtlich Qualität und Funktionalität, sowie hinsichtlich der Ressourcensituation ergänzt, die innerhalb der verbalen Kommentierung der Berichtsinhalte und der Maßnahmenplanung (als Resultat der Berichterstattung) einen weiteren wesentlichen Bestandteil bilden.

Die Projektfortschrittsanalyse stellt das zentrale Werkzeug zur Integration der mehrdimensionalen Informationen dar. Der Dateninput erfolgt über die verschiedenen Informationssubsysteme in SAP R/3 sowie andere selbstentwickelte Systeme der *Siemens ElectroCom* (vgl. die ausführliche Beschreibung bei *Bäuerle/Gleich/Störk* 1998, S. 114-115). Dabei ist jedoch zu beachten, daß die Einzelinformationen nicht nur in Form der Fortschrittsanalyse im Bericht enthalten sind, sondern auch eine Abweichungsanalyse der Einzelkriterien Bestandteil des Berichts ist. Sind diese Daten verfügbar, läßt sich die Projektfortschrittsanalyse entlang der Struktur des Projektstrukturplans sowie eine Aggregation hinsichtlich der einzelnen Bewertungskriterien durchführen.

6.2.3 Entwickeltes Performance Measurement-Konzept

Ein Kennzahlenvergleich kann zwischen den aktuellen Istwerten und den Planwerten zum Stichtag, sowie zwischen Istwerten plus Restprognosewerten im Vergleich zu den Planwerten zum Realisierungsende eines Objekts durchgeführt werden (vgl. *Kühn/Hirzel* 1995, S. 98).

Im Rahmen der Fortschrittsanalyse (vgl. *Krystek/Zur* 1991, S. 306f. sowie zu Auswertungsmöglichkeiten auf Arbeitspaketebene bei *Burghardt* 1995, S. 172f.) können Abweichungswerte hinsichtlich der Kosteninformationen in Form der Werte Kostenabweichung zum Stichtag (KA_{Ist}) und Kostenabweichung „at completion" (KA_{Wird}) auf Basis der Herstellkosten ermittelt werden.

Die Leistungsabweichung, als Differenz zwischen Verbrauchsabweichung und der Kostenabweichung für die bisher tatsächlich erbrachten Leistungen, stellt einen monetären Wert zur Verdeutlichung des Termin- und Leistungsverzuges dar. Dieser dient jedoch primär dazu, die tatsächliche Kostenabweichung zum Stichtag ermitteln zu können, d.h. die Verbrauchsabweichung um die Leistungsabweichung zu bereinigen, um zu einer dem aktuellen Leistungsfortschritt entsprechenden Kostenabweichung (KA) zu gelangen. Für den Kennzahlenvergleich hinsichtlich der Terminsituation erscheint es jedoch sinnvoller, eine nicht-monetäre Größe zu verwenden, als eine nur schwer zu interpretierende monetäre Größe in Form der Leistungsabweichung (LA) (vgl. *Klingebiel* 1996, S. 78). Hier zeigt sich eine Einschränkung der Aussagefähigkeit der Fortschrittsanalyse, denn die Reduktion der Kosten-, Termin-, und Fertigstellungsgrad-Informationen auf monetäre Werte stellt zwar eine Integration der unterschiedlichen Dimensionen dar, zur Projektsteuerung sind allerdings die nicht-monetären Werte von wesentlicher Bedeutung und sollten deshalb auch im Rahmen des Kennzahlenvergleichs ausgewiesen werden.

Für den Kennzahlenvergleich hinsichtlich der Terminsituation kann der prognostizierte Fertigstellungstermin dem geplanten gegenübergestellt und eine Abweichung in Arbeitstagen oder Kalenderwochen errechnet werden (TA_{Wird} = Terminabweichung „at completion"). Zum Stichtag kann diese Größe aus der aktuellen Terminsituation im Netzplan entnommen und in Form des Wertes Terminabweichung zum „Stichtag" (TA_{Ist}), wiederum in Arbeitstagen oder Kalenderwochen, dargestellt werden.

Ferner wäre ein Vergleich von Ist-Fertigstellungsgrad und Plan-Fertigstellungsgrad zum Stichtag möglich. Da dieser Wert auch in die Terminverzögerung einfließt, weist diese Information als Vergleichsgröße keinen weiteren Aussagegehalt auf. Zum Ende der Betrachtungszeit sollte der Fertigstellungsgrad definitionsgemäß einen Wert von 100% erreicht haben, so daß auch hier der Ausweis einer Abweichung hinsichtlich des Fertigstellungsgrads wertlos ist.

Die zentralen Werte des Kennzahlenvergleichs, und somit auch Ausgangspunkte für ein Berichtswesen, sind die Kostenabweichung (ermittelt mit Hilfe der Fortschrittsanalyse) und die Terminabweichung. Ferner sind Soft-Facts hinsichtlich qualitativer und ressourcenbezogener Aspekte von außerordentlicher Bedeutung und erfordern insbesondere im Problemfall zwingend eine verbale Kommentierung der Problempunkte (vgl hierzu bei *Landsberg* 1992, S. 149 und *Platz* 1989).

Im folgenden wird der Vorschlag für ein neues Projektberichtswesen bei der *SEC* dargestellt. Für die Übersichtlichkeit des Berichts achtete man auf eine konsequente äußere Gliederung durch Text- und Flächen-Umrandungen, das Verbinden zusammengehöriger Sachverhalte in diesen Flächen und die Trennung von Übersicht und Detail. Deshalb wurde zunächst ein Übersichtsblatt zum Projekt definiert, das drei Komponenten enthält (vgl.Abb. 6-6):
- Ein Erkennungsfeld zum Projekt mit dem Verteiler des Berichts,
- ein Feld für gesamtprojektbezogene Informationen (aggregierte Übersicht) und
- ein Feld für Detailinformationen hinsichtlich der Betrachtungsobjekte in der nächsten Detaillierungsebene des Projektstrukturplans, den Kundenpositionen.

Der Detailbereich hat dabei insbesondere die Aufgabe, auf Ausnahmesituationen in den Kundenpositionen aufmerksam zu machen. Als zweite Komponente erfolgt dann auf weiteren Blättern die verbale Kommentierung der Informationen und vor allem die Darstellung von Problembereichen.

Zur Gewährleistung der inneren Struktur ist zuerst das Erkennungsfeld im Bericht angeordnet, dann das Feld mit den gesamtprojektbezogenen Informationen und zuletzt das Feld mit den Detailinformationen. Diese Strukturierung folgt dem Prinzip „erst Übersicht dann Detail" in Anlehnung an den Projektstrukturplan.

Nach der Definition des Betrachtungsobjektes werden im Bereich gesamtprojektbezogene Informationen, die Kosten- und Erlösgrößen dargestellt. In der Fortschrittsanalyse werden alle kritischen Werte und ihre möglichen Abweichungen ausgewiesen. Anschließend erfolgt im Feld für Detailinformationen eine Analyse von Teilprojektbereichen und die Darstellung von möglichen Abweichungen in diesen.

Ziel des Feldes ist es, auf Probleme in den Teilbereichen des Projekts aufmerksam zu machen, da Abweichungen in den Teilbereichen nicht immer auch auf Gesamtprojektebene sichtbar werden, wenn sich einzelne Abweichungen in den Bereichen ausgleichen. Zur Reduktion der Informationsmenge und zur Verbesserung der Übersichtlichkeit ist dabei eine Beschränkung auf Abweichungsgrößen und die Kennzeichnung der Ausprägung sinnvoll. Das Übersichtsblatt des Berichts soll dazu dienen, auf Ausnahmesituationen aufmerksam zu machen. Mögliche Ausnahmen werden dann im spezifiziert und in zusätzlichen Detailberichten ausgearbeitet.

Der Schwerpunkt der Darstellung in diesem Feld liegt eindeutig auf der Verwendung von graphischen Elementen zum Ausweis von Abweichungen. Ein Kenngrößenvergleich erfolgt dabei hinsichtlich der „Hard-Facts" Kosten- (KA) und Terminabweichung (TA), sowohl zum Stichtag des Berichts, als auch „at completion" zum Realisierungsende des einzelnen Betrachtungsobjekts.

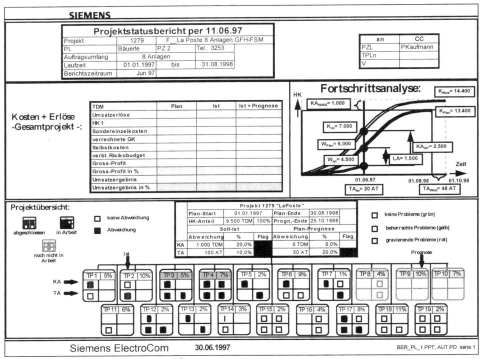

Abb. 6-6: Übersichtsblatt des Projektberichts

Ferner erfolgt eine qualitative Aussage hinsichtlich der möglichen Probleme der einzelnen Leistungsobjekte. Die „Flags" hinsichtlich der Abweichung von Kosten und Terminen zum Stichtag sowie „at completion" lassen nur eine Aussage in der Form „Abweichung vorhanden" oder „keine Abweichung vorhanden" zu. Im Gegensatz dazu wäre auch eine Dreiteilung der Aussagequalität im Sinne von Ampelcharts möglich gewesen, diese wurde jedoch aufgrund zweier Überlegungen nicht gewählt. Zum einen wird in der Darstellung nicht nur eine stichtagsbezogene Aussage, sondern auch eine Prognose dargestellt. In der Kombination der Abweichungen „Abweichung zum Stichtag" (Istwert) und „keine Abweichung at completion" (Prognosewert) liegt eine Konstellation vor, die einer „gelben Ampel" im Ampelchart entsprechen würde. Dies würde bedeuten, daß zwar aktuelle Probleme vorhanden sind, diese aber beherrscht werden und bis zum Ende der Realisierungszeit wieder behoben werden können. Daraus wird ersichtlich, daß die Verwendung einer dreiteiligen Aussage (vor allem angesichts einer fehlenden verbalen Kommentierung auf dem Übersichtsblatt) die Darstellung übermäßig komplizieren würde.

Weiter ist zur Verwendung des Ampelcharts die Definition von Toleranzbereichen zur Kategorisierung notwendig. Bei der vorliegenden Alternative entfällt dies. Dadurch werden zum einen subjektive Grenzen vermieden, zum anderen soll gerade auf geringe Abweichungen im Sinne der Identifikation von latenten Problemen aufmerksam gemacht werden. Deshalb ist zunächst die gewählte Darstellung geeigneter und eine problematische Diskussion zur Definition sinnvoller Toleranzwerte verschoben, bis sich in der weiteren Anwendung des Berichtssystems evtl. zeigt, daß eine erweiterte Kategorisierung hilfreich sein kann. Dazu ist eine erhöhte Vertrautheit der Berichtsersteller und -empfänger mit dem neuen System eine wesentliche Voraussetzung, die sich erfahrungsgemäß erst nach einer gewissen Zeit einstellt.

Die „Flags" zu möglichen Problemen innerhalb des Teilprojekts stellen zusätzliche subjektive Bewertungen des Berichtserstellers dar. Dadurch soll dem Berichtsersteller die Möglichkeit eröffnet werden, unabhängig von bereits erkennbaren Abweichungen bei den „Hard-Facts" gewisse „Soft-Facts" zu berichten, die er aufgrund seiner Erfahrung und Beobachtung antizipiert. Sie sind demnach als Signale des Berichtserstellers zu verstehen, und sollen Entscheidungs- und Handlungsbedarf zur Problemlösung innerhalb der Teilprojekte signalisieren. Demzufolge geht es weniger um die Beschreibung von Abweichungen, sondern vielmehr darum, dem Berichtsempfänger zu signalisieren, daß eine erhöhte Aufmerksamkeit und Entscheidungen durch den Berichtsempfänger notwendig sind. Dabei erfolgt eine Dreiteilung entsprechend der Ampelcharts in:

- grün = keine Probleme, TP läuft im wesentlichen nach Plan, keine besonderen Maßnahmen erforderlich;
- gelb = beherrschte Probleme, signifikante Planabweichungen, die notwendigen Korrekturmaßnahmen sind/werden bereits eingeleitet;
- rot = gravierende Probleme, signifikante Planabweichungen zu deren Korrektur Unterstützung benötigt wird.

6.2.4 Leistungsmessung und -beurteilung

Um die Kennzahlen als Beurteilungsgrößen zur Fällung von Urteilen über die Bezugsobjekte der einzelnen Betrachtungsebenen verwenden zu können, sind Kennzahlenwerte zu planen und in der Durchführungsphase nach zuvor definierten Regeln zu messen und zu berichten. Beurteilungskategorien helfen, die fallweisen Kennzahlenwerte leichter und effizienter zu diagnostizieren.

In Anlehnung an *Gleich/Haindl* (vgl. *Gleich/Haindl*, 1996, S. 269 f.) müssen bei der Übertragung der oben definierten Berichts- und Kennzahlensystematik im Sinne eines integrierten Performance Measurement sechs Schritte durchgeführt werden:

1. Feststellung der Performanceziele,
2. Performance-Planung,
3. Performance-Messung, d.h. Erfassung der zeitpunktgenauen Ausprägungen der einzelnen Kennzahlen und die zeitnahe Aggregation der verschiedenen Kennzahlen sowie die Berechnung des Leistungsstands der einzelnen Bewertungsobjekte,

4. Abweichungskontrolle und -analyse der Kenngrößen als Bestandteil der Berichte,
5. Kommunikation und Dokumentation der Ergebnisse in Form des Berichtswesens.
6. Im Rahmen des Teilschritts „Projektmanagement" werden nun auf Basis der in den Berichten dargestellten Ergebnisse der Abweichungsanalyse Aktivitäten, Maßnahmen und Wege zur besseren Planzielerreichung aufgezeigt, verabschiedet und durchgeführt.

Im Informationssystem SAP R/3 besteht die Möglichkeit des Datenexports in unterschiedliche Microsoft-Anwendungen. Über diese Schnittstelle können alle für das Berichtswesen erforderlichen Daten z.B. in Anwendungen wie Microsoft-Excel oder Microsoft-Access übertragen und einer Auswertung unterzogen werden.

Der Datentransfer hat dabei in mehreren Schritten parallel zum Berichterstattungsprozeß zu erfolgen. Zunächst sollten an einem ersten Stichtag die Daten über alle Projekte hinweg übertragen werden, damit eine einheitliche Datenbasis besteht. Diese Informationen werden dann zur Berichtserstellung (inklusive der Maßnahmenplanung) in den leistenden Stellen herangezogen. Werden Neuplanungen innerhalb der Maßnahmenplanung durchgeführt, sind diese auch unverzüglich im SAP-System zu dokumentieren. Am Ende dieses ersten Berichtszyklusses erfolgt die Berichterstattung in Form der Arbeitspaket-Berichte von den leistenden Stellen an die Teilprojektleiter. Diese werten die erhaltenen Informationen aus und aggregieren sie zum Teilprojektbericht. Dazu ist es notwendig, einen erneuten Download der Daten aus dem SAP-System vorzunehmen, um die aktuelle Version der abgeänderten Daten verwenden zu können. Dieser Prozeß wird sich nach der Berichterstattung des Teilprojektstatusberichts, also bei der Erarbeitung des Projektstatusberichts, nochmals wiederholen.

6.2.5 Anwendungserfahrungen, Konzeptnutzen und Konsequenzen

Das oben beschriebene neuentwickelte Performance Measurement-Konzept wurde bereits in ersten Pilotanwendungen eingesetzt.

Eine wichtige Erfahrung war hierbei die Erkenntnis, daß die Planung des Projekts nach der oben beschriebenen Systematik durchgeführt werden muß. Nur so kann eine hinreichende Datenbasis zur Berichtserstellung geschaffen werden.

Zusätzlich ist neben der Vervollständigung des Ansatzes um die Erfassung des Fertigstellungsgrades und die Implementierung eines Rückmeldeverfahrens für Termine und Fertigstellungsgrade, insbesondere auch die durchgängige Planung innerhalb des SAP-Systems erforderlich. Nur so kann ohne übermäßigen Aufwand sichergestellt werden, daß die Daten bis auf Detaillierungs- und Vorgangsebene verfügbar sind.

Parallel dazu muß in weiteren Schritten auch das SAP-System an diesen Planungsprozeß angepaßt und das dazu notwendige Customizing durchgeführt werden.

Auch die Schnittstelle von der Datenbasis im SAP-System zum Präsentations- und Auswertungsmedium des Berichts muß noch optimiert werden.

Zur Schaffung von Akzeptanz und zur Sicherstellung der Anwendung sind ferner umfassende Schulungen aller Projektmanagementbeteiligten und der für die Planung verantwortlichen Personen in den leistenden Stellen von großer Wichtigkeit.

Diese Schulungen sollten
- für die Verwendung des SAP-Systems und der Berichterstellungs-Software erfolgen (DV-fachliche Qualifikation) sowie

- eine fachliche Schulung zu Sinn und Methode des Projektmanagements umfassen. Damit soll den Anwendern die hohe Wichtigkeit der Struktur-, Kosten-, Fertigstellungsgrad- und Terminplanung zur effektiven und effizienten Steuerung der Projekte verdeutlicht werden.

Letztlich sind die Berichte jedoch immer nur ein die Kommunikationsprozesse zwischen den beteiligten Stellen begleitendes Medium. Sind die persönlichen und fachlichen Voraussetzungen zur Problemlösung und Maßnahmenerarbeitung nicht vorhanden, wird auch das Berichtswesen nicht zum Projekterfolg verhelfen. Das Performance Measurement-Konzept muß vielmehr als Hilfsmittel zum eigenen Erkennen der aktuellen Leistung im Arbeitsumfeld und als Medium zur Delegation von Informationen an die übergeordneten Stellen verstanden werden.

Der erarbeitete Bericht verhilft zu einer verstärkten Transparenz der Projektabläufe und somit auch zu einer Leistungssteigerung. Er ermöglicht ferner, entsprechend des Projektzieles, eine aktive, auf Leistungskennzahlen basierende Projektsteuerung.

Der Nutzen der im Forschungsprojekt erarbeiteten Konzeption wurde im Unternehmen demnach als hoch eingeschätzt.

Jedoch konnte auch festgestellt werden, daß neben den „Hard-Facts" gerade für die Projektabwicklung auch die „Soft-Facts" eine übergeordnete Rolle spielen. Diese Größen als prozeßbegleitende Performance Kennzahlen zusätzlich in die bestehende Konzeption einzuarbeiten, ist deshalb eine Herausforderung zur weiteren Optimierung der Unternehmensabläufe und eine wichtige Konsequenz aus den aktuellen Projekterkenntnissen.

6.3 Performance Measurement zur rentabilitätsorientierten Arbeitssystemgestaltung und –bewertung bei der Mercedes-Benz AG

6.3.1 Unternehmensumfeld und Zielsetzung des Forschungsprojekte

Die nachfolgenden Ausführungen beziehen sich auf ein Kooperationsprojekt des Lehrstuhls Controlling der Universität Stuttgart mit dem Zentralbereich Arbeitswirtschaft und Gestaltung (AWG) der damaligen *Mercedes Benz AG* (heute: *DaimlerChrysler AG*) in Untertürkheim (vgl. die ausführlichere Darstellung bei *Bark/Gleich/Waller 1997*). Eine dort durchgeführte Ist-Analyse der angewandten Verfahren zur Arbeitssystembewertung und Arbeitssystemgestaltung legte insbesondere folgende drei Mißstände bezüglich deren Aussagekraft und Entscheidungsunterstützung offen:

- Die Verfahren unterstützen eine suboptimale Planung und Gestaltung der Arbeitssysteme und verursachen Doppelarbeiten infolge mangelnder Kommunikation und ungenügendem Informationsaustausch zwischen Kosten- und Produktionsablaufplanern.
- Die Verfahren berücksichtigen keine strategischen Vorgaben (z.B. Produktions- oder Unternehmensstrategie).
- Es existiert eine ungenügende Vergleichbarkeit bestehender Arbeitssysteme infolge nicht einheitlicher Bewertungsverfahren.

Um den notwendigen, da langfristig erfolgssichernden Strategiebezug zu gewährleisten, wurde ein besonderes Augenmerk auf die Ausrichtung der Kennzahlen zur Arbeitssystembewertung an den Unternehmensleitsätzen und den Stakeholder-Interessen

(Unternehmensleitung, interne Kunden und Mitarbeiter) gelegt. Hierzu sollte ein geeignetes Performance Measurement-Konzept entwickelt werden.
Der Prozeß der Zielbildung im Anwendungsumfeld setzte sich im speziellen Anwendungsfall bei der damaligen *Mercedes-Benz AG* mit zwei, in dieser Phase der Implementierung des Performance Measurement noch völlig voneinander entkoppelten Zielobjekten auseinander:
- Einerseits existierten konkrete Zielvorstellungen für das Zielobjekt der Arbeitssystemgestaltung, z.B. hinsichtlich der Kriterien Rentabilität, Arbeitssicherheit etc.,
- andererseits waren fest umrissene Zielsetzungen für die Gestaltung des Performance Measurement bzgl. Anwendbarkeit, Umfang etc. vorhanden.

Die Überlegungen und Vorgaben zu beiden Zielobjekten sind nachfolgend im Überblick dargestellt.

6.3.2 Zielobjekt Arbeitssystemgestaltung

In einem Arbeitssystem wird menschliche Arbeit ausgeführt. Dort wirken zur Erfüllung einer Arbeitsaufgabe Mensch und Arbeitsmittel im Arbeitsablauf an einem bestimmten Arbeitsplatz in einer bestimmten Arbeitsumgebung zusammen (vgl. *Bullinger* 1994, S. 3 und *DIN 33400*). Die Qualität dieses Gesamtsystems ist von den einzelnen Systembestandteilen und deren Zusammenwirken abhängig. Bei der Gestaltung von Arbeitssystemen sind demnach, auf ganzheitlicher Basis, Bedingungen für das Zusammenwirken von Mensch, Technik, Information und Organisation im Arbeitssystem mit dem Ziel zu schaffen, die Arbeitsaufgabe menschlich unter Berücksichtigung von wirtschaftlichen Aspekten zu erfüllen (vgl. *Refa* 1994, S. 56).

Die Arbeitssystemgestaltung hat sich demnach an mehreren Zielen und Vorgaben auszurichten:
- An Zielen und Vorstellungen der Mitarbeiter hinsichtlich der ergonomischen Gestaltung des Arbeitsplatzes sowie an
- notwendigen rechtlichen Schutzbestimmungen.
- Ferner an Kosten- und Leistungszielen.

Die Erarbeitung, Darstellung und Bewertung dieser Teilziele ist notwendig, damit alternative Arbeitssysteme überhaupt miteinander vergleichbar sind. Die ungeordnete Sammlung der zu Beginn aufgestellten Ziele erfolgt in einem Zielkriterienkatalog, der im Projekt wie folgt aussah (vgl. auch bei *Bullinger* 1995, S. 90):

Um eine nachfolgende Bewertung bzw. einen späteren Arbeitssystemvergleich zu ermöglichen wurde versucht, möglichst viele der Teilziele monetär zu quantifizieren. Die monetär nicht quantifizierbaren Ziele wurden mittels des Instruments der Nutzwertanalyse bewertbar und somit auch vergleichbar gemacht. Diese erlaubt durch die Anwendung einer Entscheidungsmatrix die Ordnung des Wissens und eine zielbezogene Beurteilung von Lösungsalternativen, auch bezüglich schwer oder nicht quantifizierbarer Ziele (vgl. *Hahn/Laßmann* 1993a, S. 263 sowie *Zangemeister* 1976, S. 45).

Abb. 6-7: Zielarten mit Teilzielen im Rahmen der Arbeitssystemgestaltung

6.3.3 Zielobjekt Performance Measurement

Die Festlegung der Ziele im Rahmen der Entwicklung eines Performance Measurement-Systems zur rentabilitätsorientierten Gestaltung von Arbeitssystemen, erfolgte im Anwendungsumfeld durch die Erstellung eines Pflichtenhefts. Dieses sollte die an ein Performance Measurement-System gestellten Anforderungen beschreiben.

Im Rahmen von mehreren Teamsitzungen im Bereich Arbeitswirtschaft und Gestaltung wurden folgende Anforderungen an das zu entwickelnde Performance Measurement-System herausgearbeitet und im Pflichtenheft dokumentiert:

1. Bei der Ermittlung der erfolgskritischen Bewertungskriterien bzw. Kenngrößen bei der Gestaltung von Arbeitssystemen sind *Größen mehrerer Dimensionen* zu berücksichtigen.
2. Es ist *Transparenz* hinsichtlich Zusammensetzung und Beeinflußbarkeit der Kennzahlen auf den unterschiedlichen Organisations- bzw. Performance-Ebenen zu schaffen.
3. Die für eine *Rentabilitätsorientierung* des Arbeitssystems relevanten Gestaltungsparameter sind zu erkennen und zu integrieren.
4. Die Abgrenzung der generierten Kennzahlen bezüglich *Effizienz und Effektivität* sowie hinsichtlich *strategischer und operativer Relevanz*.
5. Die Schaffung von Möglichkeiten zur *vergleichenden Bewertung* von Planungsalternativen.
6. *Die Einfachheit der Handhabung* und einen *logisch konsistenten*, nachvollziehbaren *Systemaufbau* sicherstellen.

6.3.4 Vorgehensweise bei der Entwicklung des Performance Measurement-Konzeptes

In einem ersten Entwicklungsschritt wurden zunächst die bekannten Verfahren des Performance-Measurement hinsichtlich ihrer Übertragbarkeit auf die Arbeitssystemgestaltung bei der *Mercedes-Benz AG* geprüft (vgl. Kap. 4). Als Basiskonzept wählten die Projektverantwortlichen den Quantum-Performance-Measurement-Ansatz von *Hronec* aus

(vgl. *Hronec* 1993 sowie Kap. 4.1.8). Mit diesem werden Kosten-, Zeit- und Qualitätsziele über den Kennzahleneinsatz auf mehreren Leistungsebenen mit den durch die Stakeholder sowie den besten Wettbewerbern beeinflußten Wettbewerbsstrategien verbunden.
Jedoch wird das Quantum Performance Measurement-Modell, ebenso wie andere Theoriemodelle, den Anforderungen des Bereichs Arbeitsgestaltung der *Mercedes Benz AG* nicht gerecht. Schwachstellen wurden vor allem in der mangelnden bzw. nicht vorhandenen Integration in das Planungs- und Budgetierungssystem gesehen, in der hohen Umsetzungs- und Anwendungskomplexität und der unzureichenden instrumentellen Unterstützung (vgl. hierzu nochmals die Konzeptbewertungen in Kap. 4.4).
Nicht nur aus diesen Gründen, sondern auch aufgrund der besonderen Aufgabenstellung im Untersuchungsbereich hinsichtlich Produktivitätssteigerung und menschengerechter Arbeitssystemgestaltung, wurde im Bereich Arbeitsgestaltung die eigene, auf den Grundideen des Quantum-Performance-Measurement-Konzeptes basierende Entwicklung eines umfeldspezifischen Performance Measurement-Rahmenkonzepts favorisiert.
Die Notwendigkeit mehrdimensionaler Kennzahlenkategorien ergab sich als logische Konsequenz aus der Betrachtung des interdisziplinären Ansatzes der Arbeitsgestaltung und aus den vorgegebenen Zielen.
Folgende Kennzahlenkategorien wurden festgelegt:
- *Wirtschaftlichkeit* aus Gründen der geforderten Rentabilitätsorientierung und der Möglichkeit der Verdichtung der Kennzahlen über verschiedene Hierarchieebenen zu einem Spitzenwert (ROI)
- *Leistungsfähigkeit* hinsichtlich Zeit, Menge und Qualität und
- *Arbeitsattraktivität* unter besonderer Berücksichtigung arbeitsmedizinischer und ergonomischer Erkenntnisse und Gestaltungsalternativen.

Hinsichtlich der Arbeitsattraktivität erfolgte eine Ausrichtung an den Überlegungen von *Zangemeister* im Konzept zur nutzwertanalytischen Ergänzungsrechnung (vgl. *Zangemeister* 1993, S. 59). Mit Hilfe der Nutzwertanalyse kann auch für ergonomische und soziale Kriterien eine Rangfolge der verschiedenen Arbeitssystemalternativen erstellt werden.

6.3.4.1 Festlegung der Leistungsebenen
Im untersuchten Bereich der Arbeitswirtschaft und -gestaltung bieten sich, auch unter Berücksichtigung der zu bewältigenden Aufgaben und Rahmenbedingungen sowie der festgestellten Informationsdefizite auf nachgeordneten Organisationseinheiten, folgende Ebenen der Leistungsmessung an (vgl. die Anregungen bei *Bhimani* 1985, S. 122, *Hronec* 1993, S. 31ff., *Rummler/Brache* 1995, S. 15ff.):
- Die *Organisations-Ebene*, unter der die Bereiche der Werksleitung inklusive Hierarchieebene IV der ehemaligen *Mercedes Benz AG* subsumiert sind.
- Die *Arbeitssystem-Ebene* bzw. die Ebene der Meister mit besonderer Relevanz hinsichtlich der Arbeitssystemgestaltung.
- Die *Arbeitsplatz-Ebene* oder der „Job-Level" als unterste Stufe der Leistungserfassung.

Durch die Kombination der drei Kennzahlenkategorien mit den drei Leistungsebenen ließ sich im Anwendungsfall eine Neun-Felder-Matrix des Performance Measurement entwickeln.

Die Schwachpunkte der bestehenden Systeme zur Leistungsmessung im untersuchten Bereich lagen unter anderem in der schlechten Akzeptanz durch die Betroffenen, in der Uneinheitlichkeit der Leistungsmessung und demzufolge in der mangelnden Vergleichbarkeit sowie im Fehlen eines integrierten, mehrdimensionalen und ebenenübergreifenden Ansatzes. Besonders deutlich wurden diese „Lücken der Leistungsmessung" bei der Visualisierung der bestehenden Kennzahlen und Systeme der Leistungsmessung im Raster der neuen Performance Measurement-Matrix (vgl. Abb. 6-8):

	Wirtschaftlichkeit	Leistungsfähigkeit (Qualität, Zeit, Menge)	Arbeitsattraktivität
Organisations-Ebene (Werksltg. bis Ebene IV)	❐ Rentabilitäts-KZ ❐ Shareholder Value ❐ ...	❐ Zeit-Kennzahlen ❐ Mengen-Kennzahlen ❐ Qualitätskennzahlen	❐ Personalkennzahlen
Arbeitssystem-Ebene (Prozeß-Ebene/ Meister)	❐ Kostenrechnung	❐ Zeit-Kennzahlen ❐ Mengen-Kennzahlen ❐ Qualitätskennzahlen	❐ Ergonomie-KZ
Arbeitsplatz-Ebene (Job-Level)	**„Kennzahlen-Lücke"**	❐ Zeit-Kennzahlen ❐ Mengen-Kennzahlen ❐ Qualitätskennzahlen	**„Kennzahlen-Lücke"**

Abb. 6-8: Performance-Measurement-Matrix im Bereich AWG der MBAG und Kennzahlenlücken der bestehenden Systeme der Leistungsmessung

Des weiteren fehlte bei den bestehenden Kennzahlensystemen eine durchgängige Verbindung über Ebenen- bzw. Perspektivengrenzen hinweg. Lediglich im Bereich Produktivitäts-Controlling war bei der *Mercedes-Benz AG* eine Verknüpfung über verschiedene Hierarchieebenen mit den bestehenden Systemen der Leistungsmessung möglich. Diese wurde jedoch in der betrieblichen Praxis nicht oder nur teilweise angewandt.

Laut Aufgabenstellung des Projektes war die Rentabilitätsorientierung der Kennzahlen zur Arbeitssystemgestaltung von höchster Priorität. Für die praktische Gestaltung des Performance Measurement-Rahmenkonzepts bedeutete dies, die verschiedenen Kennzahlen auf den unterschiedlichen Ebenen und in den unterschiedlichen Kennzahlenkategorien allesamt auf die Unternehmenszielgröße Rentabilität auszurichten bzw. deren Zusammenhänge mit Rentabilitätskennzahlen zu untersuchen. Dabei sollten jedoch die einzelnen Kennzahlen ihre Aussagekraft nicht verlieren. Ausgehend von dieser Zielposition waren im nächsten Projekt-schritt Kennzahlen zu entwickeln, die einerseits eine horizontale, andererseits auch eine vertikale Verknüpfung erlauben und somit zur rentabilitätsorientierten Gestaltung und Bewertung von Arbeitssystemen beitragen können.

6.3.4.2 Definition von Kennzahlen

Die Definition der Kennzahlen erfolgte unter Berücksichtigung der verschiedenen spezifischen Anforderungen (vgl. zusammenfassend bei *Fries/Seghezzi* 1994, S. 340 und Kap. 7.4.1.6).

Ausgehend von der Rentabilität des Kapitals als Spitzenkennzahl auf der Organisations-Ebene, wurde in einem „Top-Down"-Prozeß die Kennzahl bis auf Arbeitsplatzebene aufgelöst. Hilfsmittel in Form eines Transmissionsriemens über die Ebenengrenzen hinweg kann hier das produktorientierte Target Costing in Verbindung mit der Prozeßkostenrechnung sein (vgl. *Seidenschwarz* 1991a, S. 47ff., *Seidenschwarz* 1991b, S. 198ff., *Gleich* 1998b, S. 58f., den besten Überblick über Target Costing und die dazugehörigen Instrumente liefern *Seidenschwarz* 1993 und *Arnaout* 1999).

Ausgehend von einer gewünschten, konzernweiten Kapitalrentabilität von 12%, kann vom Marktpreis eines Produktes ein bestimmter, die Kapitalrentabilität repräsentierender Target Profit subtrahiert werden. Ergebnis sind die sogenannten Allowable Costs (vom Markt erlaubte Kosten, vgl. *Sakurai* 1989, S. 39ff.), die mit den Drifting Costs (besser: Estimated Standard Costs, vgl. auch bei *Horváth/Niemand/Wolbold* 1993, S. 9) verglichen werden und zur Festlegung der eigentlichen Target Costs führen. Die Zielkosten werden unter Berücksichtigung der aus der Conjoint-Analyse und der Funktionskostenmatrix ermittelten Daten hinsichtlich Baugruppen auf die einzelnen Arbeitssysteme bezogen. Aufbauend auf im jeweiligen Bereich durchgeführten Prozeßanalysen wurden im nächsten Schritt mittels einer retrograd durchgeführten strategischen Kalkulation (vgl. *Gleich* 1998b, S. 58) „Prozeß-Zielkosten" auf Arbeitssystem-Ebene festgelegt.

Beim Ableiten von Maßgrößen für die Leistungsfähigkeit hinsichtlich Qualität, Zeit und Menge kann in vielen Fällen auf Produktivitätskennzahlen zurückgegriffen werden (vgl. z.B. bei *Adam* 1993, S. 139ff. und *Hahn* 1996, S. 446ff.), die bereits nach geringfügigen Modifikationen ohne größere Probleme in das neu generierte Performance Measurement-System eingegliedert wurden.

Beim Ableiten von Kennzahlen bzw. Kriterien der Arbeitsattraktivität (vgl. hierzu u.a. bei *Elias* et al. 1985 und *Bullinger* 1995) ist die nutzwertanalytische Ausrichtung von besonderer Bedeutung (vgl. *Zangemeister* 1993). Bei dieser werden zuerst die relevanten Bewertungskriterien zur Bestimmung der Arbeitsattraktivität ausgewählt und formuliert. In einem gemeinsamen Prozeß der Entscheidungsfindung folgt die Gewichtung dieser Bewertungskriterien. Anschließend werden die Erfüllungsfaktoren pro Kriterium ermittelt, bei Bedarf noch zusätzlich differenziert nach Arbeitsplatz- oder Arbeitssystemalternativen. Der Gesamtwert der Arbeitsattraktivität wird anschließend berechnet und das Ergebnis für den untersuchten Bereich ausgewiesen.

Wichtig ist die Schaffung einer Möglichkeit, den Arbeitsattraktivitätwert auf Arbeitsplatz-Ebene hin zur Arbeitssystem-Ebene Bottom-Up zu aggregieren. Eine Umkehrung der Betrachtungsweise wie bei der Dimension der Leistungsfähigkeit im Sinne eines Top-Down-Prozesses erscheint hier nicht sinnvoll. Problematisch gestaltet sich ebenso eine weitere Aggregation der Arbeitsattraktivität von der Arbeitssystem- auf die Organisations-Ebene. Hier können, ohne Einsatz einer Mitarbeiterzufriedenheitsbefragung, lediglich indirekte Kennzahlen wie z.B. die Fluktuationsrate oder der Krankenstand Aussagen über die Mitarbeiterzufriedenheit zulassen.

6.3.5 Entwickeltes Konzept und Anwendungserfahrungen

Die Ergebnisse der in den vorangegangenen Abschnitten skizzierten Untersuchungen und Festlegungen sind in Abb. 6-9 zusammengefaßt. Diese gibt eine Übersicht über wählbare Kennzahlen zur Arbeitssystemgestaltung und –bewertung innerhalb der einzelnen Ebenen und Kennzahlenkategorien.

Die Erfassung der einzelnen Kennzahlenausprägungen kann zum einen über das interne Informationssystem sichergestellt werden, zum anderen sind (sofern dies erforderlich ist zur

kontinuierlichen Arbeitssystembewertung) periodisch manuelle Erhebungen erforderlich. Im Rahmen der differenzierten Performance-Beurteilung werden die erfaßten Daten unter Berücksichtigung der betreffenden Zielvorgaben in sogenannte Scorewerte transformiert.
Eine Möglichkeit zur anschaulichen Darstellung der Scorewerte ist die Anwendung des „Ampelsystems", das den jeweiligen Zielerreichungsgrad der Kennzahl zunächst überprüft und den daraus abzuleitenden Handlungsbedarf mit den drei Ampelfarben Rot, Gelb und Grün visualisiert (vgl. die Ausführungen in den vorherigen Fallstudien sowie bei *Gleich/Haindl* 1996, S. 267f.). Diese Darstellungsform wurde ausgewählt.
Das entwickelte Konzept wurde in Pilotprojekten als Alternative zu klassischen Verfahren der Wirtschaftlichkeitsanalysen in enger Verbindung mit dem Drei-Stufen-Verfahren von *Zangemeister* eingesetzt (vgl. die Übersicht bei *Zangemeister* 1993, S. 19 sowie bei *Elias* et al. 1985, S. 113 und die Darstellung bei *Bark/Gleich/Waller* 1997, S. 24-26).

	Wirtschaftlichkeit	Leistungsfähigkeit	Arbeitsattraktivität
Organisations-Ebene (Werksleitung bis Ebene IV)	- Shareholder Value - Investitionsintensität - Kapitalproduktivität/ ROI - produktiver Investanteil - Residual Income - Umschlagsfaktor - Cash Flow, - Target Costs,...	❐ Leistungsfähigkeit (Zeit) - Anlagennutzungsgrad - Automatisierungsgrad - Durchlauffaktor - Personalproduktivität - Wartezeitanteil,... ❐ Leistungsfähigkeit (Menge) - Ausbringungsgrad - Flächennutzungsgrad - Flächenproduktivität - Kapazitätsauslastung - Mengenproduktivität,... ❐ Leistungsfähigkeit (Qualität) - Instandhalteranteil - Ausschußraten,...	❐ Personal - Personalstruktur ❐ MA-Zufriedenheit
Arbeitssystem-Ebene Prozeß-Ebene/ Meister	❐ finanzanalytische Grundrechnung - Investitionsrechnung - Amortisationsrechnung - Betriebskosten • Prozeßkostenkalkulation • Maschinensatzkalkulation ❐ finanzanalytische Erweiterungsrechnung - Zangemeister • Humankosten • Funktionskosten -Humanvermögensrechnung	❐ Leistungsfähigkeit (Zeit) - Durchlauffaktor - Gesamtfertigungszeit - Mehrzeitanteil - Personalproduktivität - Stillstandszeitanteil - Taktausgleichsanteil - Verfügbarkeit - Wartezeitanteil ❐ Leistungsfähigkeit (Menge) - Ausbringungsgrad - Geradeauslauf - Kapazitätsauslastung - Leistungsstand - Mengenproduktivität,... ❐ Leistungsfähigkeit (Qualität) - Ausschußrate - Instandhalteranteil - Nacharbeitszeitanteil,...	❐ Personal - Fluktuationsrate - Instandhalteranteil - Lagerarbeiteranteil - Transportanteil - Personalstand - Personalstruktur ❐ Arbeitssicherheit ❐ Arbeitsbelastungen ❐ Ergonomie ❐ Arbeitsautonomie ❐ Arbeitsmotivation
Arbeitsplatz-Ebene (Job-Level)	❐ Prozeßkostensätze - Cost Driver,... ❐ Lohnkosten ❐ Schulungskosten ❐ Prämien/ Anreize	❐ Leistungsfähigkeit (Zeit) - Stillstandszeitanteil - Taktausgleichsanteil - Verfügbarkeit ❐ Leistungsfähigkeit (Menge) - Ausbringungsgrad - Geradeauslauf - Mengenproduktivität ❐ Leistungsfähigkeit (Qualität) - Ausschußrate,...	❐ Qualifikationsniveau ❐ Qualifizierungsmöglichkeiten ❐ Aufgabeninhalt

Abb. 6-9: Performance Measurement-Matrix der Arbeitssystemgestaltung

6.3.6 Vorläufige Beurteilung des Konzeptnutzens und Anwendungsperspektiven

Anhand der in den Kapiteln 6.3.2 und 6.3.3 festgelegten Zielkriterien sowie weiteren Anforderungen an Performance Measurement-Konzepte (vgl. Kap. 3.1) wurden nach den ersten Anwendungserfahrungen die einsetzbaren Verfahren der Arbeitssystembewertung (das entwickelte Performance Measurement-Konzept, traditionelle Wirtschaftlichkeitsanalysen [vgl. hierzu die Ausführungen bei *Bark/Gleich/Waller* 1997, S. 24-25] sowie das Drei-Stufen-Verfahren von *Zangemeister*) vergleichend beurteilt (vgl. Abb. 6-10).

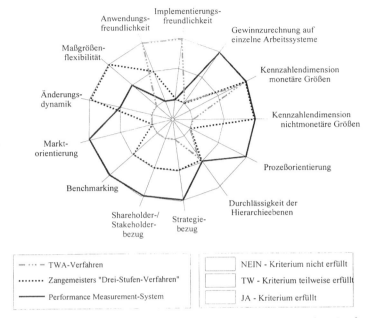

Abb. 6-10: Einordnung und vergleichende Beurteilung des entwickelten Performance Measurement-Konzeptes zur Arbeitssystemgestaltung

Die Stärken des entwickelten Performance Measurement-Konzeptes wurden in der umfassenden Anbindung der Kennzahlen an strategische Vorgaben und Stakeholdererwartungen gesehen. Die Gewinn- und die ebenfalls notwendige Kapitalzurechnung auf einzelne Arbeitssysteme scheint sogar einzig mittels des Performance Measurement-Konzeptes realisierbar. Diesen Stärken stehen vermeintliche Schwächen in den Bereichen Anwendungs- und Implementierungsfreundlichkeit gegenüber.

Doch nicht nur hinsichtlich inhaltlicher Kriterien, sondern auch bezüglich der Ansprüche an ein wissenschaftlich fundiertes Instrumentarium, offenbart das entwickelte Performance Measurement-Konzept – was für alle existierenden Verfahren zur Arbeitssystembewertung gilt – Schwachstellen. Das Arbeiten mit qualitativen Kenngrößen – bspw. die Bewertung von Monotonie oder Motivation in der Dimension Arbeitsattraktivität – läßt eine uneingeschränkte Reliabilität, Objektivität oder Vollständigkeit nur eingeschränkt zu.

In weiteren Pilotprojekten soll der Nutzen durch Ausbau und Verbesserung des Performance Measurement-Konzept gesteigert werden, bevor über dessen kontinuierlichen Einsatz bei der Arbeitssystembewertung der *DaimlerChrysler AG* entschieden wird.

6.4 Performance Measurement im administrativen Umfeld: Fallstudien aus dem Controllerbereich

In Wissenschaft und Praxis steht vermehrt die Frage der Leistungsfähigkeit des Controlling und auch der Kostenrechnung und des Rechnungswesens im Mittelpunkt von Fachpublikationen (vgl. *Weber* 1994, S. 73ff., *Kurrle* 1995, *Renner* 1995, *Schimank* 1995, *Becker/Benz* 1997, *Ibach* 1997 bzw. *Weber/Aust* 1997, *Fickert/Anger* 1998), controllingspezifischer Kongresse (vgl. *Horváth* 1992a, 1995a und 1995b, *Eschenbach* 1996a, *Weber* 1998b und *Guldin* 1998) und Wissenstransferprogrammen (vgl. *Weber/Hamprecht/Goeldel* 1995 und *Weber/Weißenberger/Aust* 1997).

Hintergrund dieser Diskussionen sind berechtigte Zweifel, ob der Controller in der Unternehmenspraxis selbst genauso kritisch seine eigenen Produkte und Prozesse hinterfragt, wie er es von anderen Bereichen im Unternehmen nachhaltig verlangt. Noch ist es, wie eine im September 1996 vom Verfasser dieser Arbeit durchgeführte Befragung von Controllingverantwortlichen bei mehr als zehn zufällig ausgewählten Unternehmen bestätigte, bei weitem keine Selbstverständlichkeit, Controllingleistungen marktpreisgerecht innerhalb des Unternehmens nach Inanspruchnahme zu verrechnen, Controllingprozesse kontinuierlich zu analysieren und gegebenenfalls zu verschlanken oder zu eliminieren oder gar Controllingbereiche radikal zu verkleinern. Letzteres mag an der vor Jahren noch „komparativ geringen kostenmäßigen Bedeutung" (*Weber/Hambrecht/Goeldel* 1995, S. 15) des Controlling gelegen haben.

Mittlerweile sind die Controllerbereiche stetig gewachsen und somit zu einem beachtenswerten Kostenfaktor im Unternehmen geworden.

6.4.1 Leistungsumfang des Controllerbereichs im Überblick

Die Leistungen des Controllerbereichs werden determiniert von dessen Aufgaben. Die Aufgaben sind wiederum abhängig von der Auffassung und der Stellung des Controlling im Unternehmen. Die von *Horváth* durchgeführten umfassenden Analysen von zahlreichen internationalen Untersuchungen zu controllingspezifischen Konzepten ergab, daß Controllingaufgaben als eine Funktion zu erkennen sind, „...die durch die Koordination von Planung und Kontrolle sowie Informationsversorgung die Führungsfähigkeit von Organisationen zu verbessern hilft." (*Horváth* 1994a, S. 72). Das Controlling fokussiert sich demnach besonders auf die Schaffung einer Unternehmenswirtschaftlichkeit sowie einer konsequenten Ergebniszielorientierung.

Controlling stellt somit eine klassische Führungsunterstützungsfunktion im Unternehmen dar. Obwohl in der Controllingtheorie die alleinige Ergebniszielorientierung sowie die Beschränkung auf einige Subsysteme (im Sinne von *Horváth Planungs- und Kontroll- sowie Informationsversorgungssystem*; ähnliche Auffassungen vertreten *Hahn*, *Lachnit*, *Reichmann* und *Serfling*, vgl. dazu die Zusammenstellung bei *Hahn* 1997, S. 17ff.) von Vertretern der universalzielorientierten Metaführungskonzeption heftig kritisiert wird (vgl. dazu die Zusammenstellung bei *Hahn* 1997, S. 27ff.), soll die ergebniszielorientierte Controllingauffassung aufgrund ihrer höheren Praxisrelevanz für die weiteren Betrachtungen zugrundegelegt werden.

Im von *Horváth* vertretenen Controllingbild umfassen die Controllingaufgaben „...alle einzelnen Aktivitäten im Hinblick auf die Realisierung der Controllingziele" (*Horváth* 1994a, S. 143). Er unterscheidet dabei im Hinblick
- auf die Unternehmensziele: operative und strategische Controllingaufgaben,
- auf den Verrichtungsaspekt: systembildende und systemkoppelnde Aufgaben,
- auf den Objektaspekt: Aufgaben im Zusammenhang mit dem Planungs- und Kontrollsystem sowie dem Informationsversorgungssystem (vgl. *Horváth* 1994a, S. 144).

Im Rahmen eines Wissenstransferprogramms an der WHU Vallendar wurden die Controllingaufgaben produkt- und prozeßmäßig konkretisiert. Dabei wurden die Controllingaktivitäten mit den Auswahlkriterien „Standardisierungsgrad des Prozesses einer Controllingaktivität" sowie „Anteil dieser Aktivität an der Gesamtaktivität des Controllingbereichs" abgegrenzt (vgl. *Weber/Hambrecht/Goeldel* 1995, S. 18). Controllingleistungen sind demzufolge
- Investitionsanträge,
- Berichtswesen,
- Kontrolle,
- Einzelanalysen,
- Projekte und
- Beratungsleistungen.

Ergänzt werden müssen diese Leistungen um die Aktivitäten im Rahmen des Planungsmanagements. Dazu gehören beispielsweise (vgl. *Weber* 1988, S. 32f. und 126f.)
- die Unterstützung der Budgetierung,
- die Unterstützung der strategischen Planung,
- die Umsetzung der strategischen Planung in die operative Planung oder
- der Aufbau und die Durchführung der strategischen Kontrolle.

Nicht vergessen werden dürfen die Controllingleistungen zur Sicherstellung der Informationserfordernisse eines Unternehmens (z.B. Aufbau der Kosten- und Leistungsrechnung, Aufbau eines Kennzahlengerüstes).
Nach einer umfassenden Untersuchung zu Gehältern und Trends im Rechnungswesen *(vgl. Rohr/Hillenbrand/Huber* 1995) müssen Controller besonders die klassischen Controllinginstrumente richtig beherrschen. So sind fundierte Kenntnisse in der Kosten- und Leistungsrechnung, bei der Durchführung von Abweichungsanalysen, in der Finanz-, Kosten- und Erlösplanung, bei Investitions- und Wirtschaftlichkeitsrechnungen sowie in der Budgetplanung und -kontrolle außerordentlich wichtig.
Mehrere Untersuchungen zum Qualifikationsprofil der Controller kommen allerdings auch zu dem Ergebnis, daß Defizite speziell bei der überfachlichen Kompetenz, der Förderung ganzheitlichen Denkens sowie der Fähigkeit zur Moderation und Kommunikation vorliegen (vgl. dazu zusammenfassend bei *Gleich* 1996b, S. 4ff.).
Die obigen Ausführungen zeigen auf, daß bei der Leistungsdefinition im Controlling der Schwerpunkt

- zum einen auf Aktivitäten liegt, die zum konkreten Output führen, d.h. auf Produkten des Controlling (z.B. Berichte),
- zum anderen auf dem Transformationsprozeß „Input zu Output", d.h. den Controllingprozessen (z.B. Berichtserstellung).

Eine Trennung fällt hierbei oft schwer. Aktivitäten und Prozesse (Mitwirken, Planen, Beraten, Erstellen, Berechnen, Konzipieren, etc.) führen meist zu Ergebnissen und Outputs (Berichte, Analysen, Expertisen, Konzepte, Systeme, etc.), die in ihrer Ausgestaltung und Qualität von den Leistungsempfängern, d.h. den (unternehmensinternen) Kunden des Controlling, beurteilt werden. Eine Empfängerorientierung der Controllingleistungen ist zur Schaffung einer langfristigen Akzeptanz daher unumgänglich (vgl. auch *Horváth* 1992b, S. 4). Dies erfordert eine konsequente Definition der Prozesse und Produkte sowie die Kenntnis der internen Kunden und deren Wünsche (vgl. *Horváth* 1995a S. 2).

Zur Outputdifferenzierung noch ein Praxisbeispiel:
Ein großes deutsches Automobilunternehmen differenziert den Bereichsoutput in Produkte und Leistungen:
- Produkte des Controllerbereichs sind nach dieser Auffassung Soll/Ist-Vergleiche, graphisch aufbereitete Daten, etc.,
- Leistungen sind bspw. Kommentare, Präsentationen oder Beratungen vor Ort.

Will das Controlling seine Leistungen messen, überdenken und verbessern, muß der erste Vorgehensschritt unbedingt die umfeldspezifische Definition der Leistungen oder Leistungsgruppen sein. In einem nächsten Schritt hat sich der Controller zusammen mit seinen Kunden mit der Frage auseinanderzusetzen, ob seine Leistungen als effektiv und effizient anzusehen sind und wie das Leistungsniveau gegebenenfalls gesteigert werden kann.

6.4.2 Effektivität und Effizienz der Leistungen des Controllerbereichs

Das Controlling befindet sich bzgl. der Beurteilung seiner (Leistungs-) Effektivität und Effizienz in einer weitaus schwierigeren Lage als eine Einheit, die an ihrer Rendite gemessen werden kann. Die ausschließliche Konzentration auf die Kosten des Controlling greift zu kurz, da auch die positiven (ergebniszielbezogenen) Einflüsse auf die Einheit (für die der Controller aktiv ist) zu berücksichtigen sind. Im Controlling müssen deshalb sowohl die Kosten als auch der damit verbundene finanzielle und nichtfinanzielle Nutzen hinterfragt werden.

Am Anfang jeder Leistungsmessung muß genau festgelegt werden, was Gegenstand der Messung sein soll. Wie oben dargestellt, sind hierzu Produkte und Prozesse des Controllerbereichs als Controllingleistungen und/oder -leistungsgruppen zu definieren.

Bei einem internationalen Unternehmen der chemischen Industrie, welches sich umfassend mit der Konzeption eines Performance Measurement für das Controlling auseinandergesetzt hat (vgl. *Gleich/Haindl* 1996, S. 262), gilt das Controlling als effektiv, d.h. *die richtigen Dinge werden getan*, wenn
- angemessene Controlling-Regelkreise auf allen Ebenen installiert sind,
- Planungs- und Budgetierungsprozesse durchgeführt werden,
- die geschäftsrelevanten Informationen (für das laufende und zukünftige Geschäft) konsistent bereitgestellt werden und
- angemessene „Internal Controls" installiert sind.

Die verschiedenen Abnehmer bzw. Kunden der Controlling-Leistungen müssen ebenfalls Berücksichtigung finden, denn nur so läßt sich feststellen, ob im Controlling die *Dinge richtig getan werden* (Effizienz). Vor allem Zeit, Kosten und Qualität der geleisteten Aufgaben im Controlling werden im Rahmen von Performancemessungen berücksichtigt.
Orientiert man sich in bezug auf die Aufgaben des Controllerbereichs in der Praxis an der Formulierung des Controller-Leitbildes der *International Group of Controlling* (vormals Interessengemeinschaft Controlling, vgl. *IGC* 1996, S. 133), leisten Controller, also die Funktionsträger der Controllingaufgaben, begleitenden betriebswirtschaftlichen Service für das Management zur zielorientierten Planung und Steuerung.
Konkret wird darunter

- die Schaffung einer Ergebnis- und Strategietransparenz,
- die ganzheitliche Koordination der Teilziele und Teilpläne,
- die Organisation eines unternehmensübergreifenden zukunftsorientierten Berichtswesens und
- die Sicherung der Daten und Informationsversorgung der Entscheidungsträger

verstanden.
Ergänzend hierzu soll der Controller aktiv und innovativ die Systemwirtschaftlichkeit fördern und zu ökonomischem Denken anregen. Des weiteren sind die Controller die internen betriebswirtschaftlichen Berater und sollen als Lotsen bei der Zielerreichung wirken.
Die „richtigen Dinge" tut der Controller dann, wenn das oben skizzierte Leitbild in Form von Instrumenten oder Methoden umgesetzt, d.h. operationalisiert ist. Die Arbeit mit dem dann geschaffenen Controllingsystem muß „richtig getan" werden. Vornehmlich Kosten, Zeit, Kundenbezogenheit, Menge und Qualität müssen dazu im vorgegebenen Rahmen liegen.
In der wissenschaftlichen Diskussion zur Effektivität und Effizienz des Controlling fokussiert man sich auf den Begriff der „Effizienz". *Amshoff* (vgl. *Amshoff* 1993, S. 441) definiert die Controllingeffizienz „...als das Ausmaß, in dem ein Controllingsystem zur Erfüllung der unterschiedlichen Controlling-Ziele beiträgt." Er bezieht sich in seiner Begriffsklärung auf frühere literarisch dokumentierte Definitionen, wonach Effektivität zwar die grundsätzliche Eignung einer Maßnahme zur Zielerreichung kennzeichnet (vgl. *Amshoff* 1993, S. 439 sowie *Fessmann* 1980, S. 30), die Auswahl einer bestmöglichen Alternative allerdings erst durch eine Effizienzbetrachtung durchführbar ist (vgl. *Fessmann* 1980, S. 31). *Niedermayr* sieht außer dem Zielerreichungsgrad auch die Wirksamkeit des Controlling als Teil der Controllingeffizienz (vgl. *Niedermayr* 1995, S. 322-323). In einer umfassenden Studie (vgl. *Niedermayr* 1994) wird nachgewiesen, daß ein direkter Zusammenhang zwischen der Effizienz und dem Entwicklungsstand des Controlling besteht.

6.4.3 Allgemeine und spezielle Zielsetzungen der Fallstudien

Für den Aufbau eines Performance Measurement-Konzeptes für das Controlling sei hier festgelegt, daß die Effektivität und Effizienz des Controllerbereichs und der Controllingleistungen dann realisiert sind, wenn die von den Controllingkunden (vor allem Top-Management, Bereichs- und Kostenstellenverantwortliche) gewünschten Leistungen angeboten werden und damit die controllingspezifischen kundenbezogenen Ziele bestmöglichst (z.B. schnell, kostengünstig, fehlerfrei) realisiert werden können.

Bei der Konzipierung eines Performance Measurement-Konzeptes für den Controllerbereich müssen ferner vier Grundsatzfragen beantwortet werden (vgl. dazu die ausführliche Darstellung bei *Gleich/Haindl* 1996, S. 264-265):
- Welche Größen determinieren die Leistung (Performance) des Controllerbereichs?
- Welche unterschiedlichen Performanceanforderungen existieren?
- Welche unterschiedlichen Kenngrößen können zur Performance-Messung eingesetzt werden?
- Wie kann das Performance Measurement in den Planungsablauf integriert werden?

Die Leistung des Controlling wird bei einem zentralen Controllerbereich über die unterschiedlichen bereichsbezogenen Produkte und Prozesse determiniert. Diese sind daher zuerst zu analysieren und zu beschreiben. Anschließend ist zu untersuchen, welche speziellen Anforderungen an diese Controllingleistungen bestehen (z.B. von Kunden wie dem Top-Management, anderen Abteilungen, den Anteilseignern oder sogar den „externen" Kunden). Dies führt zu der Forderung, die Performance-Messung und -Beurteilung aus den verschiedenen (Kunden-)Blickwinkeln heraus durchzuführen und einen Beurteilungskriterienkatalog zu erstellen, der möglichst viele Anspruchsgruppen des Controlling berücksichtigt. Dazu sind Kenngrößen einzusetzen, die für alle Anwender verständlich sowie einfach zu erfassen, zu analysieren und zu quantifizieren sind.

Da es sich beim Performance Measurement um eine Erweiterung der klassischen, vorwiegend bereichsbezogenen Sach- und Formalzielplanung in dem Sinne handelt, daß Sach- und Formalziele anspruchsgruppen- und objektgerecht formuliert, Strategien stärker operationalisiert, quantifiziert und komplementär verknüpft werden (vgl. nochmals die Ausführungen in Kap. 2.2), ist der wirtschaftlichen und reibungsarmen Integration in den Planungsablauf eine besondere Aufmerksamkeit zu widmen. Es ist daher abzuklären, welche Teilschritte der Performance Measurement-Ablauf umfassen soll, wer an den einzelnen Teilschritten beteiligt ist, welche zeitlichen Meßzyklen sinnvoll sind und welche Hilfsmittel Einsatz finden können.

Vorwiegend im anglo-amerikanischen Sprachraum existieren zahlreiche Performance Measurement-Konzepte (vgl. nochmals Kap. 4). Ein für den Controllerbereich geeigneter Ansatz sollte leicht anzuwenden und umzusetzen sein, die Anforderungen der Ausgangsfragestellungen integrieren können sowie eine gewisse Flexibilität bezüglich unternehmensspezifischer Anforderungen aufweisen.

Mit den nachfolgend dargestellten Ergebnissen der innovativen Aktionsforschung wurden jeweils spezifische Zielsetzungen und Fragestellungen bezüglich des Aufbaus und der Anwendung eines Performance Measurement-Konzeptes für den Controllerbereich berücksichtigt:
- Im Rahmen eines Projektes bei einem internationalen Chemiekonzern erfolgte eine Fokussierung auf eine differenzierte Festlegung von Leistungsgruppen und –ebenen im Controllerbereich sowie auf die Modalitäten bei der Leistungsmessung und der Berichterstellung und -gestaltung (vgl. Kapitel 6.4.4).
- Der begleitende Instrumenteneinsatz, die Festlegung von Ablaufschritten im Performance Measurement sowie Modalitäten bei der Leistungsmessung und Reportingkonzepte waren

Schwerpunkte eines entwickelten Konzeptes für den Controllerbereich eines süddeutschen Sondermaschinenbauers (vgl. Kapitel 6.4.5).

- Kernelemente des für den Controllerbereich einer Logistikeinheit des *DaimlerChrysler*-Konzerns entwickelten Konzeptes waren, neben dem Instrumenteneinsatz und den Meßmodalitäten, besonders die konzeptionelle Anbindung an die Bereichsvisionen und – strategien sowie die Einbindung eines Performance Management-Ansatzes (vgl. Kapitel 6.4.6).

6.4.4 Aufbau und Anwendung eines Konzeptes im Controllerbereich eines Chemiekonzerns

Für das dezentrale Controlling eines international agierenden Chemiekonzerns wurde als Rahmenkonzept des Performance Measurement die Balanced Scorecard entsprechend den nachfolgenden Ausführungen modifiziert (vgl. die ausführliche Darstellung bei *Gleich/Haindl* 1996, S. 265ff.).

6.4.4.1 Leistungsgruppenfestlegung im Anwendungsbereich

Da, wie oben ausgeführt, die Performance-Messung im Controllerbereich anhand der Controlling-Leistungen durchgeführt werden sollte, ist deren Definition zu Beginn eines Performance Measurement-Projektes unerläßlich. Bei dem kooperierenden Unternehmen ergab sich in Folge von Interviews, der Auswertung von Stellenbeschreibungen sowie durch die Analyse von Organisationshandbüchern im Pilotbereich dezentrales Controlling ein sehr umfangreiches und komplexes Aufgaben- und Leistungsbild. Eine Verdichtung bzw. Clusterung der Einzelleistungen führte zur Definition von zwölf, die Stellen- bzw. Bereichsaufgaben repräsentierenden sogenannten Leistungsgruppen (vgl. Abb. 6-11).

LG 1: Informationsmanagement	LG 7: Erstellung Controlling-Konzept der Einheit
LG 2: Internal Controls	LG 8: Projekt-Controlling
LG 3: Analyse- und Überwachungsaufgaben	LG 9: Beschaffungs-Controlling
LG 4: Strategische Planung (Mitwirkung)	LG 10: Personalentwicklung
LG 5: Country Business Plan CBP	LG 11: Controller-Profil
LG 6: Wirtschaftlichkeitsrechnung WP/PIR und Proposal-Erstellung	LG 12: Business Administration

Abb. 6-11: Leistungsgruppen des dezentralen Controlling

6.4.4.2 Die vier Stufen des Performance Measurement-Konzeptes

Für die Performance-Messung wurde ein mehrstufiges Konzept, basierend auf dem Balanced Scorecard Approach sowie den grundsätzlich durchgeführten und oben dargestellten Überlegungen entwickelt. Insgesamt lassen sich vier Stufen unterscheiden (vgl. die ausführliche Kommentierung bei *Gleich/Haindl* 1996, S. 265ff.), die nachfolgend kurz erläutert werden:

1. Die Performance-Analyse,
2. die differenzierte Performance-Beurteilung,
3. die leistungsgruppenspezifische Performance-Beurteilung sowie
4. die Gesamtperformance-Beurteilungen.

1. **Zur Performance-Analyse:**
   Bei der Performance-Analyse steht die perspektivenneutrale Datenerfassung im Vordergrund, d.h. die Daten zur Performance-Messung einer Leistungsgruppe werden mit Hilfe verschiedener Erhebungsmethoden (z.B. Checklisten, Fragebögen, Selbsteinschätzungen, Planungs- und Budgetierungsdaten, Informations-systeme) gesammelt und grob analysiert. Dabei werden lediglich die Ist-Daten erfaßt, die dann in der folgenden Stufe des Performance Measurement-Systems mehrstufig aggregiert und den Soll-Daten der Performance-Planung gegenübergestellt sowie in Scoring-Werte (= eigentliche Beurteilung) transformiert werden.
2. **Zur differenzierten Performance-Beurteilung mit Hilfe des Berichtsbogens:**
   Die erfassten Informationen werden anhand der Planwerte perspektivenbezogen beurteilt und mit Scoring-Werten versehen, die man aus dem Grad der Planabweichung ableitet. Man erhält als Ergebnis der zweiten Stufe vier Performance-Scoringwerte (je Perspektive ein Wert).
3. **Zur leistungsgruppenspezifischen Performance-Beurteilung differenziert nach Bereichen:**
   Die in der zweiten Stufe gewonnenen vier Performancewerte werden nun bereichsbezogen zu einem Scoringwert für die gesamte Leistungsgruppe zusammengefaßt, der die Leistungsgruppen-Performance angibt. Dieser Wert wird in eine Performance-Beurteilungs-Matrix übertragen, deren Zeilen durch die einzelnen Controlling-Bereiche (Center, Abteilungen) und deren Spalten durch die verschiedenen Leistungsgruppen definiert sind.
4. **Zu den Gesamtperformance-Beurteilungen (bereichs- und leistungsgruppenbezogen):**
   Die letzte Stufe des entwickelten Konzeptes stellt eine Beurteilung der Gesamtperformance dar, die, ausgehend von der Performance-Beurteilungs-Matrix der dritten Stufe, zwei Ausprägungen aufweist. Zum einen ist es möglich, eine Gesamtbeurteilung der Performance eines einzelnen Centers bzw. einer einzelnen Controllingabteilung über alle Leistungsgruppen hinweg vorzunehmen (= center-/ bzw. bereichsbezogene Performance). Hierzu werden die Matrixwerte einer Zeile zusammengefaßt. Zum anderen kann durch die Zusammenfassung der Spaltenwerte der Matrix eine Performance-Beurteilung einer Leistungsgruppe durch alle Einheiten hindurch stattfinden (= leistungsgruppenbezogene Performance).

In Abb. 6-12 werden die Zusammenhänge des entwickelten 4-Stufen-Konzeptes sichtbar. Demnach liegt dem Konzept die Idee sich überlagernder Performance-Ebenen zugrunde, d.h. die Performance weist im entwickelten Konzept unterschiedliche Verdichtungs- oder Aggregationsebenen auf. In der ersten Ebene werden die im Rahmen der Performance-Analyse gesammelten Erhebungsdaten zunächst in einen Indikatoren-Scoringwert (Beurteilung) transformiert und der jeweiligen Perspektive zugeordnet (Performance-Stufe 1).

Im weiteren Verlauf werden die Scoringwerte der einzelnen Indikatoren zu einem Perspektiven-Scoringwert verdichtet (Performance-Stufe 2). Dies geschieht für alle vier Perspektiven gesondert, so daß hier aufgrund dieser Mehrdimensionalität auch von einer Ebene der Dimensionen-Performance gesprochen werden kann. Eine weitere Verdichtung der Scoringwerte findet mit dem Übertrag in die Performance-Beurteilungs-Matrix statt (Performance-Stufe 3). Dabei werden die Scoringwerte der einzelnen Perspektiven zu einem Scoringwert der Leistungsgruppe aggregiert und dem entsprechenden Bereich zugeordnet (Ebene der bereichsbezogenen Leistungsgruppen-Performance). Die letzte Verdichtungsstufe bildet dann die Ebene der Gesamtperformance (Performance-Stufe 4), die sich ihrerseits je nach Verdichtungsrichtung (vertikal und horizontal) in die Leistungsgruppen-Performance (Performance-Stufe 4a) und die Bereichs-Performance (Performance-Stufe 4b) unterteilen läßt.

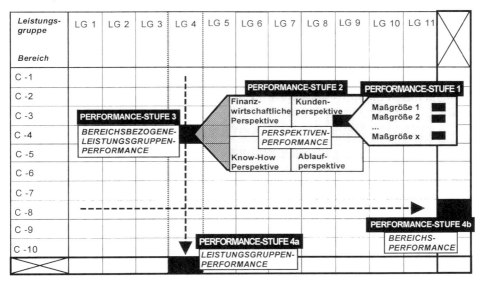

Abb. 6-12: Performance-Ergebnisbogen und Performance-Ebenen

6.4.4.3 Aufbau des Performance Measurement-Konzeptes am Beispiel der Leistungsgruppe 1 (Informationsmanagement) des dezentralen Controlling

Unter der beispielhaft dargestellten Leistungsgruppe „Informationsmanagement" sind folgende Teilleistungen des dezentralen Controlling zusammengefaßt:

- Auf- und Ausbau von bereichsspezifischen Informationssystemen (Center-MIS, Brücke zum zentralen MIS).
- Sicherstellung einer permanenten Berichterstattung an Bereichsleiter/Geschäftsführer sowie Regelinformationen an C (Leiter Controlling).
- Laufende Information über finanzielle Auswirkungen steuerpolitischer und strategischer Maßnahmen.

Zur Durchführung der Performancemessung mit Hilfe des entwickelten Konzeptes, müssen die Leistungen der Leistungsgruppe bei der Performance-Analyse (**Stufe 1**) auf die Erfüllung bzw. Nicht-Erfüllung der im Rahmen der Performance-Planung festgelegten kennzahlenbezogenen Planwerte überprüft werden.

Für die Leistungsgruppe „Informationsmanagement" dezentrales Controlling wurden folgende leistungsbezogenen Kennzahlen und erhebungsnotwendige Hilfsmittel festgelegt:

- Aktualität der Info-Bereitstellung
  (Erhebungshilfsmittel: Management-Fragebogen und Beurteilung durch zentrale Controlling-Einheit)
- Kosten des gesamten Informationsmanagements incl. Anpassungs- und Maintenance-Kosten
  (Erhebungshilfsmittel: Kostenschätzung des dezentralen Controllers)
- Mitarbeiterschulung
  (Erhebungshilfsmittel: durch zentrales Controlling anhand einer Checkliste überprüfbar)
- Kennzahlen-Kenntnisse
  (Erhebungshilfsmittel: durch Checkliste und Interpretationen der verfaßten Berichte durch zentrales Controlling überprüfbar)
- Darstellung der Berichtsleistungen
  (Erhebungshilfsmittel: Richtlinien der Gruppe müssen eingehalten sein, Checkliste)
- Einheitliche Sprache in den Berichten
  (Erhebungshilfsmittel: anhand Checkliste und den erbrachten Informationsleistungen überprüfbar)
- Keine Methodenschwankungen
  (Erhebungshilfsmittel: anhand der Berichtsinhalte und durch Checkliste zu erfassen)
- Akzeptanz der erbrachten Leistungen
  (Erhebungshilfsmittel: über Kundenbefragung per Fragebogen feststellbar)

Bei der Auswertung der Informationen aus den Checklisten, Beurteilungen, Fragebögen, etc. könnte dann z.B. erkennbar werden, daß die Darstellungen der Informationen zwar mit einheitlicher Sprache erfolgen und in vertretbarem Maße strukturiert, übersichtlich und methodenkonsistent sind sowie aktuell bereitgestellt werden. Dennoch wäre denkbar, daß die Darstellungen bei deren Empfängern kaum Akzeptanz finden und somit Leistungen nicht effektiv erbracht werden, weil sie inhaltliche Mängel aufweisen. Diese Mängel könnten z.B. hauptsächlich darauf zurückzuführen sein, daß wichtige Kennzahlen - trotz erheblicher Schulungsaufwendungen - falsch interpretiert oder nicht kunden- und zielgerecht ermittelt werden. Dieser Nutzenaspekt ist auch bei der Beurteilung der Kosten zu berücksichtigen.

Die in der ersten Stufe erfaßten Daten müssen im Rahmen der differenzierten Performance-Beurteilung (Stufe 2) durch Hinzunahme der Performance-Planvorgaben in Scoringwerte transformiert und den Perspektiven des Berichtsbogens der Performance-Stufe 2 zugeordnet werden (vgl. Abb. 6-13). Dazu fand wiederum die Idee der Ampelkarten Anwendung, d.h. man überprüft den Zielerreichungsgrad und den daraus abgeleiteten Handlungsbedarf mit den Ampelfarben Rot (Ziel nicht erreicht), Gelb (Ziel beinahe erreicht) und Grün (Ziel erreicht).

Die im Berichtsbogen (vgl. nochmals Abb. 6-13) eingetragenen Scoringwerte wurden im Rahmen eines Pilotprojektes festgelegt, um die weitere Vorgehensweise transparenter zu machen. Um zur dritten Stufe des Performance Measurement-Konzeptes zu gelangen, mußten die verschiedenen Indikatoren-Scores in den einzelnen Perspektiven zu einem Perspektiven-Score verdichtet werden. Hierzu wurden mathematisch Durchschnittswerte ermittelt. Für die Durchschnittsbildung wurden die Ampelfarben mit Zahlenwerten (Rot=1, Gelb=2, Grün=3) belegt, die im Berichtsbogen in den jeweiligen Farbkreisen eingetragen sind. Der umfeldbezogenen Wichtigkeit der einzelnen Kennzahlen wird durch eine entsprechende, vom zentralen und dezentralen Controlling gemeinsam festgelegten Gewichtung, Rechnung getragen (vgl. hierzu die ausführlicheren Darstellungen bei *Gleich/Haindl* 1996, S. 268 und *Gleich* 1997b, S. 357).

Analog zu dieser perspektivenbezogenen Leistungsbeurteilung wurde die Leistungsgruppenbewertung durchgeführt. Hierzu wurden die vier Perspektivenwerte gewichtet und mit den Perspektivenergebnissen verknüpft. Das Ergebnis läßt sich wieder als Ampelwert interpretieren. Als nächster Schritt erfolgt die weitere Verdichtung zu Gesamtperformance-Scores. Hierbei wird durch die Verdichtungsrichtung festgelegt, ob man die Gesamtperformance einer Leistungsgruppe (vertikale Verdichtung) oder eines Bereiches (horizontale Verdichtung) ermittelt (vgl. die Performance-Stufen 4a und 4b in Abb. 6-12).

Berichtsbogen zur Performance-Messung

Bereich: Dezentrale Controlling C-__   Leistungsgruppe: 1 Informationsmanagement

Finanzielle Perspektive			Kunden-(intern/extern) Perspektive		
Indikatoren	Hilfsmittel	Score	Indikatoren	Hilfsmittel	Score
Kosten des Inform. Managements	Kostenschätzung in DM durch DC	Rot ① 0,25	Darstellung	Checkliste von CE, CIP überprüfbar (ja/nein/Note)	Gelb ② 0,125
			einheitliche Sprache		Grün ③ 0,125
			keine Methodenschwankungen		Gelb ② 0,25
			Akzeptanz	Managementfragebogen	Rot ① 0,5
PERSPEKTIVENPERFORMANCE		Rot 1 0,25	**PERSPEKTIVENPERFORMANCE**		Gelb 2 0,5
Know-How-Perspektive			(interne) Ablauf-Perspektive		
Indikatoren	Hilfsmittel	Score	Indikatoren	Hilfsmittel	Score
MA-Schulung	Checkliste von CE, CIP überprüfbar (ja/nein/Note)	Grün ③ 0,5	Aktualität der Info-Bereitstellung (centerbezogen)	Managementund Fragebogen und CE-Beurteilung	Grün ③ 0,5
Kennzahlenkenntnisse		Rot ① 0,5	Vorhandensein von Schnittstellenproblemen (unternehmensbezogen)	Managementund Fragebogen und Selbsteinschätzung von D	Grün ① 0,5
PERSPEKTIVENPERFORMANCE		Gelb 2 0,125	**PERSPEKTIVENPERFORMANCE**		Grün 3 0,125

Abb. 6-13: Berichtsbogen Leistungsgruppe 1: Informationsmanagement
(vgl. Gleich/Haindl 1996, S. 268)

6.4.4.4 Anwendungserfahrungen, Konzeptnutzen und Konsequenzen

Für die Anwendung des 4-Stufen-Konzeptes zur Performancemessung im Controlling wurden im Rahmen eines Workshops,

- bestehende Performance-Indikatoren überprüft bzw. neue generiert,

- Checklisten und Fragebögen zur Datenerhebung entwickelt sowie
- eine Info-Broschüre herausgegeben.

Hierbei wurden auch Fragen bezüglich des Ablaufs der Performance Messungen behandelt, d.h. man definierte
- die Häufigkeit der Messungen (mind. einmal jährlich),
- die Zielvorgaben und Toleranzgrößen der Performance-Indikatoren,
- die Zuständigkeiten bei der Datenerhebung und -analyse und
- die Form der Ergebnisdarstellung.

Als Fazit bleibt festzuhalten, daß beim kooperierenden Unternehmen der Aufbau der Konzeption für das Controlling sowie das beschriebene Pilotprojekt im dezentralen Controlling relativ problemlos verliefen.

Mit dem entwickelten Konzept kann, entsprechend der Projektzielsetzung, die Performance der Leistungebenen im Controllerbereich transparent gemacht werden. Dies ermöglicht eine effektive Planung und Steuerung dieser Bereiche.

Größere Probleme traten lediglich bezüglich von Unklarheiten zum Performance Measurement-Ablauf auf. Des weiteren war man sich über den Zeitpunkt der großflächigen Einführung noch im Unklaren, was auf die anfangs ressourcenaufwendige Systemeinführung und -pflege zurückzuführen ist.

6.4.5 Aufbau und Anwendung eines Konzeptes im Controllerbereich eines Sondermaschinenbauers

Das nachfolgend dargestellte Performance Measurement-Konzept für einen kunden- und marktorientierten Controllerbereich basiert auf einer Fallstudie bei einem mittelständischen süddeutschen Sondermaschinenbauer. Das Konzept besteht aus sieben Schritten zur Neugestaltung und kontinuierlichen Verbesserung der Bereichsleistungen (vgl. Abb. 6-14 sowie die ausführlichere Darstellung bei *Gleich/Brokemper* 1998, S. 148ff.).

Ausgangspunkt der Konzeption ist die Ermittlung und Vorgabe von konkreten Kostenzielen für den gesamten Controllerbereich (Schritt 1). Über die Definiton der Bereichstätigkeiten und deren Aggregation zu Prozessen (Schritt 2) wird ein Profil der derzeitigen Leistungen erstellt. Dieses Profil wird anschließend den Markt- und Kundenanforderungen gegenübergestellt, um den Handlungsbedarf für die Neugestaltung zu ermitteln (Schritt 3).

Auf Grundlage der Anforderungen und der eruierten Schwächen (Schritt 4) erfolgt im fünften Schritt die Festlegung der Produktzielkosten sowie die Neugestaltung der Leistungen. Hierzu sind begleitend outputrelevante Kennzahlen zu definieren und in ein Performance Measurement-Konzept für den Controllerbereich einzubinden (Schritt 6). Ziel ist der Aufbau einer kontinuierlichen Leistungsplanung und -messung (Schritt 7).

Beeinflußt wird die Konzeption und Ausgestaltung des Performance Measurement von internen und externen Kundenerwartungen. Die vom Controllerbereich im „internen Markt" erbrachten Leistungen müssen den Anforderungen der verschiedenen Anspruchsgruppen genügen. Die Bereichskunden (z.B. die Geschäftsführung [Top Management], die Controller selbst, andere Abteilungen [Middle and Lower Management], Anteilseigner und Aufsichtsräte, Betriebsräte, Zulieferer oder auch in Ausnahmefällen externe Kunden) beurteilen aus ihrer Sicht die Qualität der Bereichsleistungen.

Dies führt zu der Forderung, die Leistungsgestaltung und Prozeßneugestaltung an den Anforderungen der verschiedenen Kunden oder der Anspruchsgruppen auszurichten und Beurteilungskriterien ausfindig zu machen, die möglichst viele Ansprüche berücksichtigen. So haben z.B. die direkten Leistungsempfänger (Manager) andere Vorstellungen von Produkten des Controllerbereichs, deren Qualität und Preisen, als solche, die „nur" indirekt von den Bereichsleistungen profitieren (z.B. Fertigungsmitarbeiter).

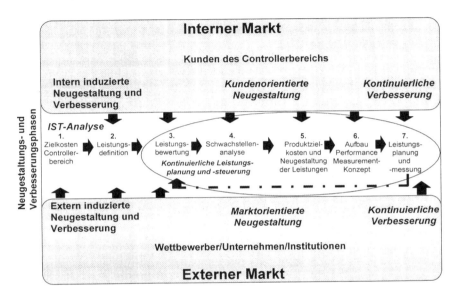

Abb. 6-14: Gesamtkonzept zur Schaffung eines kunden- und marktorientierten Controllerbereichs

Neben den internen Kundenanforderungen gibt es von anderen Unternehmen oder Verbänden Anhaltspunkte über mögliche Verbesserungspotentiale im Controllerbereich.

Ein wichtiges Instrument zu extern induzierten Neugestaltungen oder Verbesserungen ist das Benchmarking (vgl. z.B. bei *Camp* 1989 und *Lamla* 1995 sowie die Ausführungen in Kap. 6.5). Ein Beispiel für ein Benchmarkingprojekt im Controllerumfeld ist das an der WHU in Vallendar mit 12 Unternehmen initiierte Projekt zur Steigerung der Leistungsfähigkeit des Controllerbereichs. Dabei bediente man sich des Prozeßbenchmarking zur Analyse von Leistungslücken und zum Auffinden von unternehmensübergreifenden Anregungen zur Erhöhung der Bereichsleistung (vgl. *Weber/Hambrecht/Goeldel* 1995 sowie *Weber/Weißenberger/Aust* 1997, S. 27ff.). Eindrucksvolle Beispiele zeigen, daß die Leistungsfähigkeit der verschiedenen Controllerbereiche und -leistungen durch externe Anregungen und Vergleiche besser eingeschätzt und möglicherweise wichtige Impulse zur Verbesserung gegeben werden konnten. Ein weiteres Beispiel für ein Podium zur Verbesserung der Controllerbereichsleistung ist der Arbeitskreis Controlling der VDMA, in dem ca. 20 Controller zweimal jährlich aktuelle Controlling- und Rechnungswesenprobleme diskutieren, Lösungsansätze erörtern und Erfahrungen austauschen.

6.4.5.1 Bestimmung von Zielkosten für den Controllerbereich (Schritt 1)

Entsprechend den Ausführungen zum internen und externen Markt, können Kostenziele zum einen als Vorgabe durch das Management oder durch ein Benchmarking gewonnen werden. Als übergreifende Meßgröße bietet sich die Relation der Bereichskosten zum Umsatz an. Abb. 6-15 stellt eine Zeitreihenanalyse dieser Kennzahl für den Controller- und Finanzbereich (FC) in der amerikanischen Industrie dar (vgl. *Ibach* 1997, S. 4). Es zeigt sich eine Abnahme der Kosten im Zeitraum von 1988 bis 1996. Durch Gegenüberstellung der eigenen Zeitreihe zu dieser Entwicklung (in Abb. 6-15 der süddeutsche Sondermaschinenbauer mit ca. 100 Mio. DM Umsatz und 550 Mitarbeitern) sind auch für deutsche Unternehmen erste Rückschlüsse auf die Effizienz des Controllerbereichs möglich.

Bereichsbezogene Zielvorgaben lassen sich anhand dieser Kennzahl ermitteln. Bei einem Umsatz von 100 Mio. DM des Sondermaschinenbauers entsprechen 1,4 % des Umsatzes (dies entspricht den prozentualen Bereichskosten amerikanischer Unternehmen 1996) genau 1,4 Mio DM. Da sich die Kosten der Bereiche Controlling, Rechnungswesen und Finanzen zum Zeitpunkt der Untersuchung auf 2,3 Mio. DM beliefen (davon 1,38 Mio. DM Kosten des Controllerbereichs und des internen Rechnungswesens), ergab sich aus dem unternehmensübergreifenden Kennzahlenvergleich ein mögliches Kostensenkungspotential für den FC-Bereich von 0,9 Mio. DM, welches weiter zu untersuchen war.

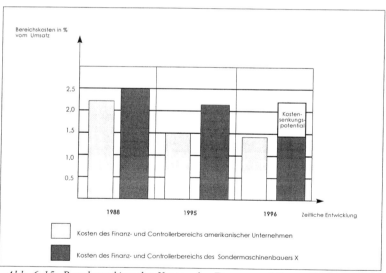

Abb. 6-15: Benchmarking der Kosten des Finanz- und Controllerbereiches

6.4.5.2 Definition der Leistungen und Leistungsbewertung (Schritte 2 und 3)

Die Analyse des Controllerbereichs muß, wie in Kapitel 6.4.1 ausführlich dargestellt, an den Leistungen ansetzen. Im Rahmen der Leistungsanalyse ist zwischen Produkten mit konkretem physischem Output und nichtphysischen Produkten, d.h. Dienstleistungen zu differenzieren.

Aktivitäten und Prozesse (Erstellen, Planen, Berechnen und Konzipieren etc.) führen meist zu Ergebnissen und Outputs, den Produkten des Controllerbereiches (Berichte, Analysen, Expertisen, Konzepte, Systeme, etc.). Ergänzend werden Dienstleistungen, also nichtphysische Produkte, erbracht (z.B. Mitwirken, Moderieren und Beraten).
Die Bereichsleistung sollte anhand der Kriterien Effizienz und Effektivität beurteilt werden (vgl. Kap. 6.4.2). Beide Kriterien sind in der Praxis jedoch nur schwer zu operationalisieren.
Die verschiedenen Abnehmer bzw. Kunden der Bereichsleistungen müssen bei der Beurteilung der Effizienz berücksichtigt werden, denn nur so läßt sich feststellen, ob im Controllerbereich „die Dinge richtig getan werden".
Die „richtigen Dinge" tut der Controller dann, wenn das oben skizzierte Leitbild der IGC (vgl. nochmals Kap. 6.4.2 sowie bspw. *Weber* 1997, S. 182) in Form von Instrumenten oder Methoden umgesetzt, d.h. operationalisiert ist. Die Arbeit mit dem Controllingsystem muß „richtig getan" werden. Vornehmlich Kosten, Zeit, Kundenbezogenheit, Menge und Qualität müssen den von den Kunden vorgegebenen Anforderungen entsprechen.
Zur Ist-Analyse der Leistungen des Controllerbereichs sowie deren Quantifizierung eignet sich das Instrument der Prozeßkostenrechnung (vgl. hierzu auch die Ausführungen in Kap. 6.5.2). Mit ihr lassen sich Prozesse und Tätigkeiten erfassen und zeit-, mengen- und kostenmäßig quantifizieren. Die Prozesse und Tätigkeiten können anschließend zu Produkten und Dienstleistungen zusammengefaßt werden.
Abb. 6-16 zeigt das Ergebnis einer Prozeßkostenrechnung im Controllerbereich mit integriertem internen Rechnungswesen bei dem untersuchten süddeutschen Sondermaschinenbauer. Die Gesamtkosten in diesem Bereich betrugen zum Zeitpunkt der Fallstudiendurchführung 1,38 Millionen DM bei 10 Mitarbeitern.

2	Controlling			Kostenstellenkosten	1.380.000	in DM	
				Kostenstellenkapazität	10.00	Mitarbeiter	
	Prozesskostenstellenrechnung Teilprozesse / Stand 11.04.1997	Kapazitäts-beanspruchung (in Mannjahren)	Prozess-mengen pro Jahr	Gesamtprozesskosten pro Jahr	Teilprozesskostensatz lmi (leistungsmengen-induziert)	Prozesskosten-umlage allgemeine Tätigkeiten	Teilprozesskosten gesamt (lmi und lmn)
1	Unternehmensplanung	0.65	1	89.700,00	89.700,00	7.961,54	97.661,54
2	Budgetierung	1.10	1	151.800,00	151.800,00	13.473,37	165.273,37
3	Beteiligungscontrolling	0.30	3	41.400,00	13.800,00	1.224,85	15.024,85
4	Reporting	3.20	252	441.600,00	1.752,38	155,54	1.907,92
5	Sonderauswertungen	0.90	20	124.200,00	6.210,00	551,18	6.761,18
6	Beständecontrolling	1.40	4	193.200,00	48.300,00	4.286,98	52.586,98
7	Vor- und Nachkalkulation	0.90	286	124.200,00	434,27	38,54	472,81
	Summe lmi	8.45	Umlagesatz	1.166.100,00			
8	Mitarbeit in Projekten	0.75	8.88%	103.500,00			
9	Sonstige Tätigkeiten	0.80	9.47%	110.400,00			
	Summe lmi und lmn	10.00		1.380.000,00			

Abb. 6-16: Beispiel einer Prozeßkostenrechnung im Controllerbereich

Insgesamt neun Produkte und Dienstleistungen konnten als Teilprozesse identifiziert werden. Die Grundlage der Teilprozeßdefinition und -quantifizierung bildet die Aktivitätenerhebung und -rechnung. So teilte sich beispielsweise der Teilprozeß „Reporting" noch in folgende Aktivitäten (Tätigkeiten) auf:

- Erstellen und Prüfen der Berichte (60% der Kapazitäten),
- BAB-Erstellung (20% der Kapazitäten),
- Präsentation der Berichte (6% der Kapazitäten),
- Informationsmanagement Berichtswesen (8% der Kapazitäten) und
- Erstellung externer Berichte (6% der Kapazitäten).

6.4.5.3 Schwachstellenanalyse (Schritt 4)

In Schritt 3 ist durch den Einsatz der Prozeßkostenrechnung eine kosten-, zeit- und mengenmäßige Bewertung der Produkte und Dienstleistungen des Controllerbereiches vorgenommen worden. Im Rahmen der Schwachstellenanalyse ist festzustellen, ob diese Produkte und Dienstleistungen den Kundenanforderungen genügen.

Differenziert man die Qualität der Leistungen des Controllerbereichs in formale und inhaltliche Qualität (vgl. *Hoffmann* 1997, S. 148), wobei erstere den Effizienzanforderungen und letztere dem Erfüllungsgrad der Kundenanforderungen entspricht, so läßt sich ein Stärken-/ Schwächenprofil erstellen.

Ausgangspunkt ist die relative Bedeutung der einzelnen Produkte und Dienstleistungen, wie sie von den Kunden eingeschätzt wird (Kernfrage: *Wie wichtig sind Ihnen die einzelnen Produkte des Controllerbereichs?*). Die relative Bedeutung der Produkte bzw. Dienstleistungen wird dem Ressourcenprofil des Controllerbereichs, d.h. der Ressourceninanspruchnahme der Produkte gegenübergestellt (Kernfrage: *Wieviel Prozent der Mitarbeiterkapazität wird durch das einzelne Produkt gebunden?*).

Ergänzend wird in einer Befragung die inhaltliche Qualität der Produkte (Zufriedenheit bzw. Unzufriedenheit mit den Bereichsprodukten und -dienstleistungen) erhoben. Fragen können in diesem Zusammenhang sein:

- Steuern Sie Ihren Bereich mit den Informationen des Berichtswesens?
- Sind die von Ihnen erhaltenen Informationen aus Ihrer Sicht richtig?
- Sind ihre Kennzahlenbedürfnisse bislang berücksichtigt worden?
- Werden Sie vom Controllerbereich zu kontinuierlichen Verbesserungen beraten oder nur nach Abweichungen befragt?
- Wie schnell reagiert der Controllerbereich auf Ihre Anfragen oder Wünsche?
- Wieviel wären Sie bereit für die verschiedenen Bereichsleistungen zu bezahlen?
- Wie beurteilen Sie die Transparenz unserer Organisation (*Kennen Sie Ihren Controller?*)?
- Wie gut sind die von Ihnen erhaltenen Informationen aufgearbeitet worden?
- Inwieweit entspricht die Leistung des Controllerbereichs Ihren speziellen Anforderungen?

Die Ergebnisse der Befragung lassen sich durch die Vergabe von Scoringwerten und die Gewichtung der einzelnen Anforderungen zu einem Gesamturteil aggregieren.

Abb. 6-17 zeigt die Ergebnisse einer solchen Befragung für die in Abb. 6-16 vorgestellte Kostenstelle des Sondermaschinenbauers.

Auffällig waren beim Fallstudienpartner die aus Sicht der Kunden sehr starken Abweichungen zwischen Ist- und Sollressourcen bei den Produkten „Reporting" und „Beständecontrolling". Auch die Qualität der Produkte, besonders des Reporting (6 Punkte) ließ Wünsche der internen Kunden offen (10 Punkte = sehr zufrieden, 1 Punkt = völlig unzufrieden). Die Befragung der Reportingkunden ergab, daß viele Berichte oftmals veraltet waren, nicht die relevanten Steuerungsinformationen enthielten oder einfach unübersichtlich und schwer interpretierbar waren. Das Portfolio in Abb. 6-18 zeigt die starken Ungleichgewichte in den Kosten-/ Nutzenrelationen der einzelnen Produkte und Dienstleistungen. Insbesondere für das Beständecontrolling und das Reporting werden viele Ressourcen in der Kostenstelle eingesetzt, die jedoch nicht in Einklang stehen mit deren Bedeutung für den Kunden.

Produkt/ Dienstleistung	relative Bedeutung der Produkte und Dienstleistungen für den Kunden in %	relativer Anteil der eingesetzten Ressourcen im Controllerbereich in %	Zufriedenheit der Kunden mit dem Produkt / der Dienstleistung
Unternehmensplanung	0,10	0,065	6
Budgetierung	0,14	0,110	5
Beteiligungscontrolling	0,10	0,030	5
Reporting	0,17	0,320	6
Sonderauswertungen	0,17	0,090	6
Beständecontrolling	0,05	0,140	7
Vor-/ Nachkalkulation	0,12	0,090	8
Sonstiges	0,15	0,155	8

Abb. 6-17: Stärken-/Schwächenanalyse der Leistungen des Controllerbereichs

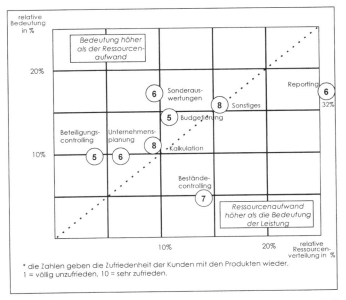

Abb. 6-18: Leistungsprofil des Controllerbereiches im Beispielfall

Aus der Schwachstellenanalyse wurden beim Sondermaschinenbauer folgende Schlußfolgerungen gezogen:
- Reporting und Beständecontrolling sind zu verschlanken, um das Ungleichgewicht in der Controllerabteilung abzubauen.
- Budgetierung, Beteiligungscontrolling und Unternehmensplanung sind auszubauen, um die Zufriedenheit der Kunden mit diesen Leistungen zu erhöhen.

6.4.5.4 Produktzielkosten festlegen und Neugestaltung der Leistungen (Schritt 5)

Die Ergebnisse der Schwachstellenanalyse ließen sich direkt in die Neugestaltung der Bereichsleistungen überführen. Die Anregungen hierzu können intern durch Prozeßoptimierungsteams (vgl. hierzu bspw. bei *Renner* 1995, S. 38ff. und S. 43ff.) oder extern über Benchmarking gewonnen werden. Allgemeine Vorgaben lassen sich beispielsweise aus bereichsbezogenen Spitzenkennzahlen ableiten (vgl. nochmals Abb. 6-15). Beim Sondermaschinenbauer einigte man sich auf eine kurz- bis mittelfristige Senkung der Kosten der Bereiche Controlling, Finanzen und Rechnungswesen auf 2,0 Millionen DM. Langfristig soll der Durchschnitt der amerikanischen Unternehmen unterschritten werden.

Der Controllerbereich und das interne Rechnungswesen müssen im Rahmen der Kostensenkung ihren Kostenanteil am Umsatz von 1,38% auf 1,2% reduzieren (auf 1,2 Mio. DM). Wichtige Anhaltspunkte lieferte hierbei die produktbezogene Schwachstellenanalyse. Alle Produkte und Dienstleistungen des Controllerbereichs und des internen Rechnungswesens sind demnach entsprechend der Kundeneinschätzung zu gestalten. Dazu gehört auch die Festlegung von Zielkostenvorgaben für die einzelnen Leistungen. Dabei sollte man sich an der relativen Bedeutung der Produkte aus Sicht der Kunden ausrichten.

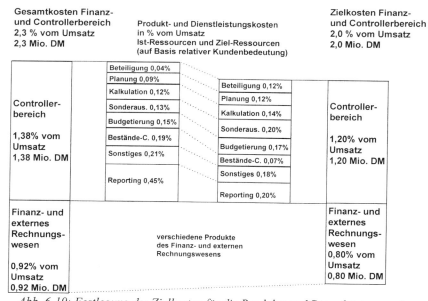

Abb. 6-19: Festlegung der Zielkosten für die Produkte und Dienstleistungen des Controllerbereichs beim Sondermaschinenbauer

Die Abb. 6-19 veranschaulicht die neue und alte Ressourcenverteilung im Controllerbereich. Am Beispiel des Reporting sowie des Beteiligungscontrolling sei die leistungsbezogene Zielkostenvorgabe erläutert:
- Statt der bisher eingesetzten Ressourcen für das Reporting (0,32% der Kosten, was 0,45% des Umsatzes und 450.000 DM ohne lmn-Umlagen entspricht), sollten zukünftig nur noch 17% der Ressourcen (entspricht 0,2% des Umsatzes und 200.000 DM) für Reportingaktivitäten aufgewendet werden.
- Der Wert des Beteiligungscontrolling aus Sicht des Kunden entsprach bei weitem nicht den Qualitätsanforderungen und dem tatsächlichen Ressourceneinsatz. Trotz der Kostensenkung im Controllerbereich werden daher die Zielkosten für das Beteiligungscontrolling erhöht (von 4% des Umsatzes auf 12% des Umsatzes, was 120.000 DM entspricht).

Die Zielkostenerreichung bzw. die Leistungsverbesserung (kundengewünschter Leistungsausbau vs. Prozeßverschlankung) lassen sich ebenfalls durch Prozeßoptimierungs- und Prozeßverbesserungsteams oder extern über ein Teilprozeß-Benchmarking unterstützen.
Der Know-How-Transfer im Benchmarking vermittelt wichtige Anhaltspunkte für neue, bessere Methoden oder Konzepte (vgl. auch Kap. 6.5). Für den Sondermaschinenbauer konnten einige Hinweise zur Ablaufverbesserung durch die Beteiligung an einem Benchmarkingprojekt gewonnen werden (weitere Ausführungen bei *Gleich/Brokemper* 1998a, S. 153-154).

6.4.5.5 Aufbau eines Performance Measurement-Konzeptes für den Controllerbereich (Schritt 6)

Nach der grundsätzlichen Neu- bzw. Umgestaltung der Produkte- und Dienstleistungen im Controllerbereich war beim Fallstudienpartner ein Instrument zur kontinuierlichen Messung der Leistung des Controllerbereichs aufzubauen. Dazu sollten geeignete Kennzahlen definiert werden.
Diese Kennzahlen mußten
- im engen Zusammenhang mit dem Output bzw. den Prozessen sowie deren formaler und inhaltlicher Qualität stehen,
- von den am Produkt und Prozeß beteiligten Personen beeinflußbar und
- von den Kunden wahrnehmbar sein.

In Anlehnung an die Konzeption eines internen Marktes für Leistungen des Controllerbereichs bei *Hewlett-Packard* (vgl. bei *Gleich* 1997, S. 358ff. sowie in Kap. 4.2.4) wurde beim Fallstudienpartner die in Abb. 6-20 dokumentierte Produktbeschreibung für das Reporting für den Sondermaschinenbauer aufgestellt. Diese enthält Angaben zur allgemeinen Produktzielvorgabe, den produktbezogenen Erfolgsfaktoren, den Kunden sowie den verschiedenen Teilaktivitäten bei der Leistungserstellung mit entsprechenden Kennzahlen zur Leistungsmessung.
Durch den Einsatz von Kennzahlen unterschiedlicher Dimensionen sollen Aussagen über die augenblickliche und auch zukünftig zu erwartende Effizienz und Effektivität von verschiedenen Leistungseinheiten gemacht werden können. Genau diesen Anspruch verfolgt das Performance Measurement. Für den Aufbau eines Performance Measurement-Konzeptes

für den Controllerbereich sind die oben bereits skizzierten vier Grundsatzfragen zu beantworten (vgl. dazu die ausführliche Darstellung bei *Gleich/Haindl* 1996, S. 264-265):
- Welche Größen determinieren die Performance des Controllerbereichs?
- Welche unterschiedlichen Performanceanforderungen existieren?
- Welche unterschiedlichen Kenngrößen können zur Performancemessung eingesetzt werden?
- Wie kann das Performance Measurement in den Planungsablauf integriert werden?

Die ersten drei Grundsatzfragen sind durch die Bearbeitung der Schritte eins bis fünf beantwortet. Es bleiben zwei Fragen zu klären:
- Muß ein spezielles Performance Measurement-Rahmenkonzept eingesetzt werden?
- Wie läßt sich das Performance Measurement in den Planungsablauf integrieren und eine kontinuierliche Leistungsplanung und -messung im Controllerbereich institutionalisieren?

Auf die zweite Frage soll konkret im Schritt 7 eingegangen werden.

Zur Frage des Einsatzes eines Performance Measurement-Rahmenkonzeptes läßt sich sagen, daß der oben vorgestellte *Hewlett-Packard*-Ansatz, auf den beim Sondermaschinenbauer teilweise zurückgegriffen wurde, als geschlossenes Performance Measurement-Konzept angesehen werden kann (vgl. die Gesamtdarstellung bei *Gleich* 1997, S. 358ff.). Weitere Rahmenkonzepte fanden keine Berücksichtigung.

Produkt/Dienstleistung: Reporting	
Produktzielvorgabe: Versorgung des Managements mit entscheidungsrelevanten Informationen, zur richtigen Zeit, mit der gewünschten Qualität, am richtigen Ort, mit den wirtschaftlichsten Instrumenten.	
Erfolgsfaktoren:	**Kunden:**
Bereitstellung aktueller Informationen in der vom Kunden gewünschten Form zu Kosten, die geringer sind, als die Kosten externer Anbieter.	- Eigentümer - Top-Manager / Geschäftsführer - Geschäftsleitung - Bereichs- und Kostenstellenleiter
Kerntätigkeit Produkte/Dienstleistung:	**Maßgrößen zur Leistungsmessung:**
1. Erstellung und Prüfung der Berichte	zu 1: z.B. Zeitbedarf pro Berichtsseite
2. BAB-Erstellung	zu 2: z.B. Zeitbedarf je Kostenstelle
3. Präsentation der Berichte	zu 3: z.B. Aktualität und Aufbereitung der Inhalte
4. Informationsmanagement-Berichtswesen	zu 4: ...
5. Externe Berichte erstellen	zu 5: ... Gesamt nicht mehr Produktkosten als 0,2% des Umsatzes!

Abb. 6-20: Produktbeschreibung „Reporting"

6.4.5.6 Kontinuierliche Leistungsplanung und –messung (Schritt 7), Konzeptnutzen und Konsequenzen

Die kontinuierliche Leistungsplanung und -messung läßt sich in fünf Teilschritten organisieren, die in dieser Form auch beim süddeutschen Sondermaschinenbauer zukünftig realisiert werden:

- Über die Festlegung der *Performanceziele* (welche an den relevanten Kennzahlen der Konzeption auszurichten sind und aus den verschiedenen Kundenerwartungen abgeleitet werden sollten) für die Controllerbereiche und der dort produzierten Produkte und Dienstleistungen,
- ist als Ausgangsschritt die *Performance-Planung* für die festgelegte Planungsperiode für alle in der Konzeption definierten Kennzahlen durchzuführen. Für manche nichtmonetäre Kennzahl wäre, zumindest in der Einführungsphase des Instrumentariums, wenn noch eine gewisse Unsicherheit bei der Planung existiert, die Festlegung von positiven und negativen Planabweichungstoleranzen sinnvoll. Ansonsten sind feste Planvorgaben notwendig, will man nicht Steuerungs-, Koordinations- und Beurteilungsschwierigkeiten induzieren.
- Wichtigster Teilschritt innerhalb des Performance Measurement-Ablaufs ist die eigentliche *Messung*, d.h. die Erfassung der zeitpunktgenauen Ausprägungen der einzelnen Kennzahlen und dessen zeitnahe Aggregation sowie die Berechnung der Leistungsstandards der einzelnen Performance-Ebenen. Einsetzbar sind hierzu das bestehende Informationssystem (Planungssystem, Budgetierungssystem, Kostenrechnungssystem, Personalbuchhaltung, Zeiterfassung, Kennzahlensysteme ...), Fragebögen, Interviews, Strichlisten usw. sowie Instrumente wie z.B. die Komplexitäts-Index-Analyse (vgl. *Kaufmann* 1996, S. 212ff.), Target Costing, Cost Tables (vgl. bei *Yoshikawa/Innes/Mitchell* 1990, S. 30ff. sowie bei *Horváth/Gleich/Scholl* 1996, S. 59-61), Prozeßmodelle (vgl. die Übersicht bei *Hess/Brecht* 1996 und bei *Brokemper/Gleich* 1999) oder Arbeitsleistungsbewertungsmethoden (vgl. *Hahn/Laßmann* 1993a, S. 151ff.).
- Die Ergebnisse der Messung werden in den *Performance-Berichten* oder Qualitätsreviews (vgl. die Beispiele bei *Gleich* 1997b, S. 361) dokumentiert.
- Auf die Messung folgt die *Abweichungskontrolle und -analyse*, d. h. die Planwerte werden mit den ermittelten Istwerten für alle Maßgrößen und über alle Performanceebenen verglichen. Bei Planabweichungen sind Analyseaktivitäten zur Ermittlung der Abweichungsursachen durchzuführen.

An diesem Punkt läßt sich wieder mit Schritt 4, der Schwachstellenanalyse (vgl. nochmals Abb. 6-14) ansetzen. Konkrete Maßnahmen zur Leistungsverbesserung werden im Schritt 5, der Neugestaltung der Bereichsleistungen und der Zielkostenfestlegung, initiiert.

Es ergibt sich damit ein integrierter Ansatz, der durch zyklischen Einsatz eine kontinuierliche Leistungssteigerung des Controllerbereichs unterstützt.

Die Budgetierungsgenauigkeit der Bereichskosten läßt sich durch Produkt-, Dienstleistungs- und Prozeßdefinitionen, die Kenntnis der internen Kunden- und Lieferantenbeziehungen sowie der Anzahl der Leistungsanforderungen stark erhöhen. Eine solche Form der prozeß- oder produktorientierten Budgetierung sollte neben der Neugestaltung und der kontinuierlichen Verbesserung der Produkte sowie der notwendigen Methoden- und Verhaltensschulung der Controller (vgl. dazu bei *Deyhle/Günther* 1997, S. 413ff.) eine

weitere Konsequenz aus der Schaffung eines kunden- und marktorientierten Controllerbereiches sein.
Zum Nutzen des Konzeptes läßt sich zusammenfassend folgendes anmerken:
Der Einsatz des Konzeptes beim Fallstudienpartner hat die Akzeptanz des Controllerbereichs durch dessen interne Kunden stark erhöht und wichtige Leistungssteigerungen hinischtlich der Controllingprodukte bewirkt. Das entwickelte Konzept ist ferner im Controllerbereich als Selbstbewertungs- und -steuerungsinstrument anerkannt, die notwendigen unterstützenden Instrumente werden von den Controllern beherrscht.
Trotz des hohen Befragungs- und Auswertungsaufwandes soll zukünftig mindestens einmal jährlich ein Performance Measurement des Controllerbereichs erfolgen. Bei wichtigen, leistungs- oder kundenwunschbeeinflussenden Anlässen (z.B. strategische Anpassungen, neue Informationssysteme, neue rechtliche bzw. gesetzliche Bestimmungen) kann dies auch unterjährig geschehen.

6.4.6 Aufbau und Anwendung eines Performance Measurement-Konzeptes im Controllerbereich einer Logistikeinheit im DaimlerChrysler-Konzern

Die im vorherigen Kapitel dargestellte Konzeption eines Performance Measurement im Controllerbereich wurde im Umfeld des *DaimlerChrysler*-Konzerns noch erweitert und verfeinert. Schwerpunkte waren dabei die Anbindung an Bereichsvisionen und –strategien sowie die Einbindung eines Performance Management-Ansatzes in das Konzept (vgl. auch *Galgenmüller/Gleich/Pfohl* 1999 sowie *Galgenmüller/Gleich/Pfohl* 2000).
Die Durchführung der Fallstudie erfolgte im Werk Sindelfingen der *DaimlerChrysler AG*. Dort arbeiten 36200 Mitarbeiter an der Produktion der Mercedes-Benz-Fahrzeugmodelle C-Klasse, E-Klasse und S-Klasse. Anwendungsumfeld war der Center Logistik, der innerhalb des Werkes Sindelfingen eine Steuerungsfunktion (im Schwerpunkt auf den Prozeßketten Produktentwicklung und Kundenauftragssteuerung) und eine produktionsnahe Dienstleistungsfunktion (im Schwerpunkt auf der Prozeßkette Materialbeschaffung) inne hat. Gegenstand der Konzeptentwicklung in diesem Bereich war das als Stabsstelle direkt dem Centerleiter unterstellte Logistikcontrolling.
Der Leiter Logistikcontrolling ist im Sinne eines „dotted-line-Prinzips" (vgl. z.B. *Küpper* 1995, S. 441ff. oder *Horváth* 1991, S. 785f.) fachlich dem Leiter des Produktionscontrolling unterstellt.
Die einzelnen Schritte des Aufbaus sowie der Durchführung des Performance Measurement sind in der nachfolgenden Abbildung veranschaulicht. Über die bereichsbezogene Strategie- und Visionsfestlegung erfolgt eine quantitative und qualitative Istanalyse und Bewertung der Leistungen des Controllerbereichs. Diese dient der Schwachstellenermittlung und induziert, in Abstimmung mit den strategischen Zielvorgaben, Verbesserungsaktivitäten im Sinne eines Performance Management. Mit Hilfe von Kennzahlen werden maßnahmenbezogene Ziele festgelegt und Fortschritte gemessen.
Nachfolgend werden die für den Fallstudienpartner wichtigsten Teilschritte (Visions- und Strategiefestlegung für den Controllerbereich, Leistungsanalyse und –bewertung sowie Schwachstellenanalyse und Performance Management) ausführlicher beschrieben.

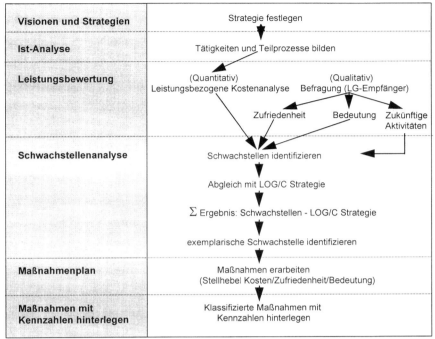

Abb. 6-21: Schritte beim Aufbau und der Einführung des Performance Measurement im Logistikcontrolling des Werkes Sindelfingen der DaimlerChrysler AG (vgl. Galgenmüller/Gleich/Pfohl 1999, S. 538)

6.4.6.1 Visions- und Strategiefestlegung

In mehreren Klausursitzungen wurden Visionen und Strategien für die Stabsstelle Logistikcontrolling erarbeitet. Die Vision des Logistikcontrolling ist die Schaffung eines Selbstcontrolling. Grundidee des Selbstcontrolling ist die Entlastung der zentralen und dezentralen Controller durch Aufgabendelegation an das Linienmanagement (vgl. *Reichmann* 1996, S. 559ff., *Dittmar* 1997, S. 133ff.). Diese Führungskräfte sollen die Wirtschaftlichkeit ihrer Entscheidungen selbst prüfen und Entwicklungen bestimmter Ergebniskennzahlen ohne Unterstützung des Controllers interpretieren können (vgl. *Horváth* 1996b, S. K1). Die Stabsfunktion Controlling soll entlastet werden, um Kapazitäten für strategische sowie moderierende Aufgaben freizusetzen (vgl. *Reiß* 1997a, S. 371f.). Dies erfordert die Schulung der dezentralen Abteilungscontroller sowie des Managements, das Controllingaufgaben übernimmt (vgl. *Dittmar* 1997, S. 135).

Die Vision 2020 des Logistikcontrolling wurde folgendermaßen definiert:
- Manager führen ihre Organisationseinheit durch geeignete Kennzahlensysteme und DV-Unterstützung (Selbstcontrolling). Die Aufgaben und Verantwortung der Abteilungscontroller und Abteilungsleiter werden im Hinblick auf Controllertätigkeiten erweitert und behalten schon aufgrund der Nähe zu den Abteilungsleitern ihre Legitimität.

- Der Controller ist im Schwerpunkt Inhouse Consultant (Moderation/Beratung/Schulung betriebswirtschaftlicher Sachverhalte/Umsetzungsunterstützung).
- Wenige Controller unterstützen den Centerleiter in der Steuerung des Centers durch Koordination des Visionsprozesses, der strategischen und operativen Planung sowie der Umsetzungsbegleitung.
- Die Budgets der Abteilungen ergeben sich aus einem konsequenten strategischen und operativen Planungsprozeß sowie einer einfachen Aggregation zum Centerbudget.

Aufbauend auf den erarbeiteten Visionen wurden sechs Strategien formuliert. Deren erfolgreiche und wertsteigernde Umsetzung machte eine klare Formulierung erforderlich (vgl. *Michel* 1997, S. 278). Aus diesem Grund wurden die Strategien sowie Umsetzungsmöglichkeiten und –erfordernisse umfassend beschrieben und als Pflichtenheft für das Logistikcontrolling verstanden. Die sich teilweise inhaltlich überlappenden strategischen Zielsetzungen sind nachfolgend im Überblick aufgeführt:

- Der Controller festigt seine Rolle als Navigator der Logistik durch Unterstützung der Planungs-, Steuerungs- und Überwachungsprozesse des Centers.
- Konsequente Anwendung sowie Aufbau geeigneter Controllinginstrumente für die Kunden des Logistikcontrolling sowie der DV-Unterstützung.
- Befähigung der Manager und Controller für die neuen Aufgaben.
- Werbung für die neuen Controllingauffassung.
- Einführung des Selbstcontrolling.
- Optimales Zusammenspiel von Center-, Abteilungs- und Selbstcontrolling.

6.4.6.2 Leistungsanalyse und -bewertung

Die Istanalyse wurde zunächst kostenbezogen (wie in der vorherigen Fallstudie in Kap. 6.4.5) mit Unterstützung der Methodik der Prozeßkostenrechnung durchgeführt. Hierbei konnte wieder nach Teilprozessen und Tätigkeiten unterschieden werden.

	KOSTENSTELLE LOGISTIKCONTROLLING				ABTEILUNGS-CONTROLLER	
Kostenstellenkapazität:	5 MA		Kostenstellenkapazität:	5 MA		
Kostenstellenkosten:	750.000,- DM		Kostenstellenkosten:	607.200,- DM		
Teilprozesse	zeitliche Beanspruchung	Gesamtkosten		zeitliche Beanspruchung	Gesamtkosten	
• unterjährige Steuerung durchführen	21,6%	162.000,- DM		16%	97.152,- DM	
• Operative Planung koordinieren	17,8%	133.500,- DM		42%	255.024,- DM	
• Strategischen Planungsprozeß koord	14,8%	111.000,- DM		33%	200.376,- DM	
• Produktcontrolling durchführen	9,0%	67.500,- DM				
• sonstige Dienstleistungen anbieten	9,7%	72.750,- DM				
• Projektcontrolling durchführen	5,9%	44.250,- DM				
• Post bearbeiten/Sitzungen etc.	15,4%	115.500,- DM		7%	42.504,- DM	
• Weiterbildung	5,8%	44.500,- DM		2%	12.144,- DM	
Gesamte Kapazität Controlling Center Logistik:		10 MA				
Gesamte Kosten Controlling Center Logistik :		1.357.200,- DM				

Abb. 6-22: Kapazitäts-/bzw. Zeit- und Kostenzuordnung zu den Teilprozessen des Logistikcontrolling (vgl. Galgenmüller/Gleich/Pfohl 1999, S. 539)

Wie Abb. 6-22 zeigt, konnten acht Teilprozesse identifiziert werden, die in den zentralen und dezentralen Controllerbereichen insgesamt 10 Mitarbeiter binden sowie mehr als 1,35 Mio. DM an Kosten verursachen. Die meisten Kosten wurden durch die Teilprozesse „unterjährige

Steuerung durchführen", „Operative Planung koordinieren" und „Strategischen Planungsprozeß koordinieren" gebunden.
Die qualitative Leistungsbewertung (vgl. nochmals Abb. 6-21, Schritt Leistungsbewertung) erfolgte durch direkte Befragungen der Kunden der Controllerbereiche. Damit sollte die Zufriedenheit der Abteilungen mit den Tätigkeiten des Logistikcontrolling ermittelt werden. Die Messung der Kundenzufriedenheit ist kein Selbstzweck, sondern die inhaltliche Grundlage für gezieltes Handeln zur Steigerung der Kundenzufriedenheit (vgl. *Töpfer* 1996b, S. 120). Wird die von den Kunden gewünschte Soll-Leistung durch die Ist-Leistung erreicht oder auch übertroffen, stellt sich die Zufriedenheit der Kunden ein (vgl. *Homburg/Rudolph* 1997, S. 33). Dies läßt sich auch auf die für das Controlling relevanten internen Kunden übertragen (vgl. *Biermann/Dehr* 1998).
Die Messung der Kundenzufriedenheit wurde durch strukturierte Interviews mit Hilfe eines standardisierten schriftlichen Fragebogens durchgeführt. Dieses Verfahren dient vor allem der Gewinnung zusätzlicher Hintergrundinformationen, die mit Hilfe einer schriftlichen Befragung nur schwer zu erheben sind (vgl. *Homburg/Werner* 1996a, S. 94).
Der Fragebogen enthielt, neben einleitenden allgemeinen Fragen, Fragen zu den Produkten und Dienstleistungen des Controlling. Diese mußten aus Sicht des Kunden hinsichtlich ihrer Bedeutung sowie der Zufriedenheit mit den verschiedenen Angeboten des Logistikcontrolling beurteilt werden. Ein weiterer Fragenteil beschäftigte sich mit Steuerungsgrößen und dem Steuerungsprozeß.
Sowohl die Fragen zu den Produkten und Dienstleistungen als auch jene zu den Steuerungsgrößen und dem Steuerungsprozeß wurden auf die Bereichsvisionen sowie die strategischen Bereichsziele abgestimmt. Damit sollten die Grundlagen für die regelmäßige Erfassung der Visions- und Strategieerreichung geschaffen werden.
Vor der Kundenbefragung erfolgte die Festlegung des Kundenkreises. Insgesamt 22 Kunden des Logistikcontrolling (u.a. der Centerleiter und verschiedene Abteilungsleiter) wurden identifiziert und in den Befragungskreis aufgenommen. Jeder Kunde mußte den Fragebogen vollständig beantworten. Die Beteiligung lag bei 95%.
Die Auswertung der Ergebnisse erfolgte zunächst auf Teilprozeßebene. Diese Ebene entspricht den Produkten bzw. Dienstleistungen des Logistikcontrolling. Es wurden die Ergebnisse der quantitativen und der qualitativen Analyse herangezogen, so daß eine dreidimensionale Ergebnisinterpretation möglich war.
Der mit den Untersuchungen zur Prozeßkostenrechnung analysierte relative Mitarbeiterzeitaufwand (zeitliche Beanspruchung) bzw. Ressourcenanteil war (neben den absoluten Prozeßkostenwerten) eine Kennzahl für die Kostenbewertung. Die Berechnung erfolgte durch Bildung eines gewichteten Mittelwertes aus den Ergebnissen der Abb. 6-22).
Zur Beurteilung der Bedeutung aus Sicht der Kunden, wurde die mit der qualitativen Analyse ermittelte Kennzahl „relative Produktbedeutung aus Kundensicht" herangezogen. Die Kundenzufriedenheit wurde mit einem ebenfalls im Rahmen der qualitativen Analyse gebildeten Qualitätsindikator gemessen (1-10, 1 völlig zufrieden, 10 sehr unzufrieden mit Controllingprodukt).
Die Abb. 6-23 zeigt die Ergebnisse der Leistungsbewertung.

Teilprozesse	Zeitliche Beanspruchung	Relative Bedeutung	Zufriedenheit
• unterjährige Steuerung durchführen	19%	19%	4
• Operative Planung koordinieren	**28%**	22%	5
• Strategischen Planungsprozeß koord	23%	12%	3
• Produktcontrolling durchführen	5%	9%	5
• sonstige Dienstleistungen anbieten	5%	10%	4
• Projektcontrolling durchführen	3%	16%	4
• Post bearbeiten/Sitzungen etc.	12%	5%	6
• Weiterbildung	5%	7%	4
Summe	100%	100%	Note 1-10

Abb. 6-23: Teilprozeßbewertung nach zeitlicher Beanspruchung Mitarbeiter (als Kostenindikator), Bedeutung und Zufriedenheit (vgl. Galgenmüller/Gleich/Pfohl 1999, S. 539)

6.4.6.3 Schwachstellenanalyse, Performance Management und Anwendungserfahrungen

Wie die Abb. 6-23 verdeutlicht, sollten besonders die Prozesse „Operative Planung koordinieren" und „Strategischen Planungsprozeß koordinieren" aus Sicht der Kunden verbessert werden. Beide Prozesse verursachten einen hohen Zeit- bzw. Kostenaufwand, welcher der relativen Bedeutung nicht entsprach. Hinzu kam eine nicht kundengerechte Qualität dieser Controllingprodukte.

Produkt/Teilprozeß: Operative Planung koordinieren	
Produktzielvorgabe	
Dreijahresplanung, Budgetplanung der Abteilungen für das nächste Jahr	
Erfolgsfaktoren:	**Kunden:**
Genaue Planung durch präzise Einweisung und Schulung der notwendigen Aktivitäten	• Abteilungen • Centerleiter • Rechnungswesen • Werksleiter/Vorstand
Kerntätigkeit:	**Kennzahlen:**
• Personalcontrolling • Sachgemeinkosten • Mittelbedarf • Dienstleistungen • Centererfolgsrechnung • Informationsmanagement • Koordination	• Zeitbedarf pro Schulungen • Zeitbedarf pro Beratung • Zeitbedarf pro DV-Entwicklung • Zeitbedarf pro Konsolidierung • Qualität der Abteilungsplanungen • Übereinstimmung Ist zu Plan • Prozeßkompetenz in LOG/C

Abb. 6-24: Produkt-/Teilprozeßbeschreibung „Operative Planung koordinieren" (vgl. Galgenmüller/Gleich/Pfohl 1999, S. 540)

Am Beispiel des Teilprozesses „Operative Planung koordinieren" wird die weitere Vorgehensweise im Performance Measurement aufgezeigt.

Zunächst wurde der Prozeß bzw. das Produkt eingehend untersucht und in Form einer Produktbeschreibung skizziert (vgl. Abb. 6-24 sowie auch die Abb. 4-29 [Beispiel *Hewlett-Packard*] und Abb. 6-20).

Anschließend wurden die Tätigkeiten einer Leistungsbewertung unterzogen. Hierbei wurde die Tätigkeit „Informationsmanagement" als Hauptschwachstelle identifiziert. Der Grund liegt in der mangelhaften Versorgung der Controllingkunden mit den relevanten Informationen für die operative Planung. Probleme existierten besonders hinsichtlich der Informationsaktualität sowie des Informationsumfangs.

Zur zukünftig besseren Leistungssteuerung wurde auch für die Tätigkeit „Informationsmanagement" eine Produktbeschreibung erstellt. Mit Hilfe dieser Beschreibung, in der ebenfalls wieder Erfolgsfaktoren, Kunden, Kerntätigkeiten und Kennzahlen festgehalten wurden, sowie unter Berücksichtigung der strategischen Vorgaben, erfolgte eine Ableitung weiterer Maßnahmen zur kundenbezogenen Verbesserung des Produktes. Beispielsweise wurden Schulungen der Bereichsmanager initiiert, die Planungsunterlagen analysiert und verbessert sowie informationstechnologische Änderungen zur Verbesserung der Tätigkeit „Informationsmanagement" (möglicherweise Aufbau eines Controlling-Intranets) erwogen.

6.4.6.4 Konzeptnutzen und Konsequenzen

Aus Sicht der Controllingeinheit im Center Logistik des Werkes Sindelfingen der *Daimler-Chrysler AG* konnte des gesteckte Projektziel, die Entwicklung eines leistungsmessenden und leistungssteigernden Performance Measurement-Konzeptes für den Controllingbereich, wie geplant realisiert werden. Wichtig war den Controllingverantwortlichen besonders die konzeptionelle Anbindung an die Bereichsvisionen und –strategien, die Einbeziehung der Controllingkunden in die Leistungsanalysen und –verbesserungen sowie die Schaffung eines Instrumentariums zur Verbesserung der Controllingprodukte. Trotz des nicht unbeträchtlichen Analyse- und Befragungsaufwand überwog der Nutzen, wie die initiierten Produktverbesserungen zeigten, aus Sicht der Anwender im Controllerbereich sowie der Controllerkunden, besonders der ersten Führungsebenen im Logistikbereich, deutlich.

So wurde beschlossen, die entwickelte Konzeption des Performance Measurement für den Controllerbereich auch zukünftig weiterhin regelmäßig anzuwenden. Die quantitativen und qualitativen Leistungsmessungen und Kundenbefragungen sollen einmal jährlich durchgeführt werden. Weiter wird überlegt, ob die Methodik nicht auf andere Gemeinkostenbereiche im Center Logistik übertragen werden soll.

6.5 Performance Measurement mit Prozeß-Benchmarking und Prozeßkostenrechnung in einem Fachbereich der deutschen Maschinenbaubranche

6.5.1 Projektumfeld und Zielsetzung

Die Kosten- und Leistungsmessung von Gemeinkostenbereichen scheitert oftmals an den systemimmanenten Problemen traditioneller Systeme der Kostenrechnung (z.B. der flexiblen Plankostenrechnung oder der Grenzplankostenrechnung, vgl. *Horváth et al.* 1993, S. 614-616) oder der unzureichenden Konzepte zur kennzahlenbezogenen Bereichssteuerung.

Mit der Prozeßkostenrechnung konnten zwar, wie in den vorherigen Fallstudien bereits skizziert, einige dieser Defizite überwunden werden (u.a. die output- statt der inputorientierten Kostenerfassung oder der Ausweis von Kostentreibern, vgl. *Horváth et al.* 1993, S. 617ff., *Mayer* 1996, S. 43ff., *Männel* 1997, S. 114-115, *Hahn/Kaufmann* 1998, S. 223ff.), dennoch ergeben sich folgende noch offene wissenschaftlich ungeklärte Fragenstellungen:
- Wie lassen sich auf Grundlage einer teilprozeßbezogenen Prozeßkostenrechnung weitere, noch nicht erfaßte erfolgskritische Merkmale (Kosten- und Leistungstreiber wie z.B. Workflow, Ressourcenqualität, prozeßerleichternde Techniken, Erfahrung, Lerneffekte) von Teilprozessen erkennen, erfassen und in ein Performance Measurement-Konzept einbinden?
- Wie kann ein unternehmensübergreifender Wissenstransfer zur Schaffung prozeßbezogener Verbesserungs- oder Änderungsimpulse in ein solches Konzept integriert werden?
- Wie kann methodisch der prozeßbezogene Verbesserungsprozeß (Performance Management) unterstützt werden?

Zur Beantwortung dieser Fragestellungen wurde ein Performance Measurement-Konzept zur tätigkeits- und teilprozeßbezogenen Kosten- und Leistungserfassung entwickelt. Dieses Konzept wurde ergänzt um ein Tableau zur Erfassung weiterer leistungsrelevanter Prozeßparameter. Nur wenn ein Prozeß quantitativ meßbar ist, ist er auch beherrschbar. Nur was meßbar ist, ist kontrollierbar. Was kontrollierbar ist, kann auch verbessert werden (vgl. *Hinterhuber* 1994, S. 68).

Das Performance Measurement-Konzept bildete die Informationsbasis für ein unternehmensübergreifendes Prozeß-Benchmarking-Konzept. Damit sollten Prozesse nicht nur kostenbezogen, sondern auch bezüglich aller relevanten Kosten- und Leistungsparameter vergleichend gemessen und beurteilt werden. Ferner sollte mit diesem Konzept Wissen unternehmensübergreifend transferiert und Ansatzpunkte für Verbesserungen systematisch aufgezeigt werden.

Die entwickelte Methodik wurde in einem Forschungsprojekt in der deutschen Maschinenbaubranche empirisch erprobt und weiterentwickelt.

Nachfolgend werden folgende Inhalte vorgestellt (vgl. auch bei *Gleich/Brokemper* 1997b, *Gleich/Brokemper* 1998b, *Brokemper/Gleich* 1998a, *Brokemper/Gleich* 1998b):
- Das entwickelte Performance Measurement-Konzept zur teilprozeßbezogenen Kosten- und Leistungserfassung auf Basis einer erweiterten Prozeßkostenrechnung.
- Grundlagen, Organisation, Ablauf und Ergebnisse des Prozeß-Benchmarking-Projektes mit dem entwickelten Performance Measurement-Konzept.
- Regeln zur Anwendung und Erfolgsabschätzung des Benchmarking.

6.5.2 Performance Measurement-Konzept zur teilprozeßbezogenen Kosten- und Leistungserfassung

Wie oben ausgeführt, basiert das Performance Measurement-Konzept für ein Prozeß-Benchmarking auf der Methodik der Prozeßkostenrechnung.

Die grundsätzliche Vorgehensweise orientierte sich an der kostenstellenbezogenen Prozeßanalyse innerhalb der Prozeßkostenrechnung (vgl. bei *Horváth/Renner* 1990, S. 103 oder *Mayer* 1996, S. 53) und den diesbezüglich vorgeschlagenen Analyseschritten (vgl. bei *Mayer* 1996 und *Hahn/Kaufmann* 1998, S. 224ff.).

Als Ersatz für die Hypothesen über Hauptprozesse zur Grobstrukturierung der Prozeßhierarchie (vgl. bei *Horváth/Mayer* 1995, S. 71 und *Hahn/Kaufmann* 1998, S. 225) wurde ein selbstentwickeltes Branchenprozeßmodell eingesetzt (vgl. zur Modellentwicklung und –ausgestaltung bei *Gleich/Brokemper* 1997a, S. 57, *Brokemper* 1998, S. 104-113, *Brokemper/Gleich* 1999, S. 77-80).
Die klassische Teilprozeßkostenrechnung der Prozeßkostenrechnung wurde im Performance Measurement-Konzept um eine Tätigkeitsrechnung erweitert. Tätigkeiten stellen erfaßte Aufgaben und Verrichtungen einer Kostenstelle dar, während Teilprozesse abteilungsinterne Tätigkeitsbündel sind, die sich auf einen Aufwandstreiber (=Cost Driver) zurückführen lassen (vgl. *Gleich/Brokemper* 1997a, S. 59). Durch die Zusammenfassung von mehreren, sachliche zusammenhängenden Teilprozessen werden in einem nächsten Schritt Hauptprozesse gebildet (vgl. *Coenenberg/Fischer* 1991, S. 26).
Die Erweiterung um eine Tätigkeitsrechnung wurde vorgenommen, um Teilprozeß-informationen differenzierter erfassen und analysieren zu können. Dadurch lassen sich beispielsweise Teilprozeßkosten oder -bearbeitungszeiten in verschiedene Tätigkeitskosten und –bearbeitungszeiten aufteilen. Ferner können in vielen Fällen Workflow-Informationen aus den Tätigkeitsfolgen abgeleitet werden. Dies bewirkt eine höhere Transparenz und eine bessere Bewertbarkeit der Teilprozesse hinsichtlich ihrer Tätigkeitsabfolgen.
Als Grundlage für die Datenerhebung wurden erweiterte Prozeßkostenstellendatenblätter entwickelt (vgl. Version 1 bei *Gleich/Brokemper* 1997a, S. 59 und Version 2 bei *Gleich/Brokemper* 1997b, S. 211). Innerhalb dieser Datenblätter wurde in Tätigkeiten und Teilprozesse unterschieden.
Im ersten Schritt wird eine auf einer Vollkostenrechnung basierende Tätigkeitsrechnung des Untersuchungsbereichs (i.d.R. eine Kostenstelle) erstellt. Dabei erfolgt eine interview- und dokumentengestützte mengen-, kapazitäts- und kostenmäßige Datenerfassung.
Erfaßt werden bei den leistungsmengeninduzierten Tätigkeiten (vgl. zu den Begriffen leistungsmengeninduziert und leistungsmengenneutral bei *Horváth/Mayer* 1989, S. 217)
- Tätigkeitsmengen je Jahr,
- Kapazitätsbeanspruchung in Mannjahren je Tätigkeit und Jahr,
- Tätigkeitsgesamtkosten je Jahr und
- Kosten je Tätigkeitsdurchführung (vgl. Tätigkeitsrechnung in Abb. 6-25).

Bei den leistungsmengenneutralen Tätigkeiten erfolgt nur eine Erfassung der Kapazitätsbeanspruchung in Mannjahren je Tätigkeit und Jahr.
Die Tätigkeiten werden in einem nächsten Schritt Teilprozessen zugeordnet (vgl. Spalten in der Tätigkeitsrechnung in Abb. 6-25, die in die Teilprozeßkostenrechnung übergehen). Auch die Teilprozeßkostenrechnung enthält mengen-, kapazitäts- und kostenmäßige Informationen. Weiter werden die teilprozeßbezogenen Kostentreiber ausgewiesen. Berechnet werden (vgl. Teilprozeßrechnung in Abb. 6-25)
- die Kapazitätsbeanspruchung in Mannjahren je Teilprozeß und Jahr,
- die Prozeßmengen je Jahr,
- die Teilprozeßgesamtkosten je Jahr (ohne lmn-Kosten),
- die Umlagen der lmn-Kosten je Teilprozeßdurchführung und
- die Teilprozeßkosten je Teilprozeßdurchführung.

Zwar werden im Rahmen der Tätigkeits- und Teilprozeßkostenrechnung bereits finanzielle und nichtfinanzielle Kennzahlen erfaßt, allerdings sind weitere Informationen über die Prozeßumgebung erforderlich, um die Prozeßperformance differenziert beurteilen zu können. Der für eine Prozeßanalyse notwendige Datenbedarf wird damit zwar sehr umfangreich, allerdings ist diese Datenmenge Voraussetzung für die Meßbarkeit und Steuerung der Prozesse auf allen Prozeßebenen (vgl. *Hinterhuber* 1994, S. 68).

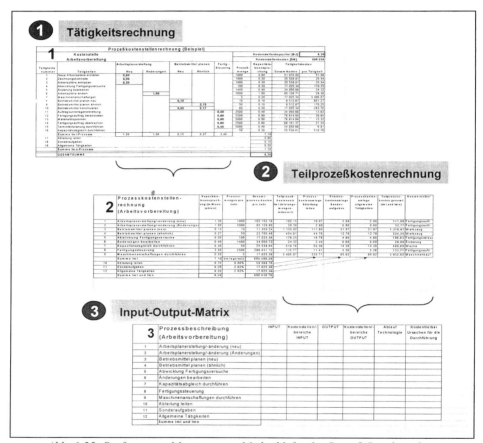

Abb. 6-25: Performance Measurement-Methodik für das Prozeß-Benchmarking

Für jeden Prozeß benötigt man daher im Idealfall folgende zusätzlichen Daten und Informationen zur Performanceeinschätzung:

- *Prozeßeinstufung*
  In welcher Reihenfolge laufen die Prozesse ab? Welcher Prozeß ist der direkte Vorgänger, welcher der direkte Nachfolger?
- *Entscheidungen*
  Gibt es einen unterschiedlichen Ablauf der Subprozesse in Abhängigkeit von einer

Umweltsituation (z.B.: Wenn Lagerbestand = leer, dann Fertigung benachrichtigen, ansonsten Teil anfordern)?
- *Beteiligte Abteilungen*
  Welche Abteilungen sind am Prozeß beteiligt?
- *Prozeßdurchlaufzeit (PDLZ)*
  Wie lange dauert ein Prozeß im Durchschnitt? Es ist dabei ratsam die durchschnittliche, die kürzestmögliche und die längstmögliche Prozeßdurchlaufzeit zu ermitteln. Ferner kann noch die Durchlaufzeit nach Brutto- und Nettodauer unterschieden werden (Brutto bedeutet dabei einschließlich Liege- und Wartezeiten).
- *Sonstige Ressourcen außer Mitarbeitern*
  Welche sonstigen Ressourcen verbraucht der Prozeß (z.B. Computerkapazität etc.)?
- *Prozeßinput*
  Was ist der Input des Prozesses?
- *Prozeßoutput*
  Was ist der Output des Prozesses?

Die über die Tätigkeits- und Teilprozeßkostenrechnung hinausgehenden Prozeßinformationen werden in einer sogenannten Input-Output-Matrix erfaßt (vgl. Abb. 6-25 unten). Die hiermit berücksichtigten Parameter beinhalten aufgrund des hohen Erfassungs- und Auswertungsaufwands nur die wichtigsten ergänzenden Prozeßinformationen.
Erfaßt werden
- der Prozeßinput,
- die Prozeßinput leistenden Kostenstellen,
- der Prozeßoutput,
- den Prozeßoutput empfangende Kostenstellen,
- die Technologieunterstützung sowie
- weitere Informationen über die Ursachen bzw. Gründe für die Prozeßdurchführung.

Weitere Parameter wurden in Einzelanalysen noch fallweise und aufgabenabhängig (z.B. für Prozeßverbesserungszwecke im Benchmarking, vgl. hierzu das Beispiel in Abb. 6-32) erfaßt. Mit dem gemeinsamen Einsatz der Tätigkeits-, der Teilprozeßkostenrechnung sowie der Input-Ouptput-Matrix zur Prozeßanalyse, lassen sich alle wesentlichen Prozeßparameter erfassen und eine differenzierte Prozeßbewertung im Sinne eine Performance Measurement durchführen. Weitere Prozeßverdichtungen auf Haupt- oder Geschäftsprozeß-ebene können unter Einsatz des Prozeßmodells ebenfalls durchgeführt werden.
Der Einsatz zusätzlicher Analyseinstrumente wie z.B. eines Flußnetzplans (vgl. dazu *Robson* 1991, S. 26ff. und *Johanson et al.* 1993, S. 209ff.), eines Organigramm-Prozeß-Diagramms (vgl. *Lohoff/Lohoff* 1993, S. 248ff.) oder einer Funktionen-Prozesse-Matrix (vgl. *Brokemper/Gleich* 1996, S. 23, *Brokemper* 1998, S. 109 und *Brokemper/Gleich* 1999, S. 80) ist fallweise möglich bzw. notwendig. Im Prozeß-Benchmarkingprojekt wurden diese Instrumente aus Gründen der Erfassungskomplexität und des damit verbundenen Zeit- und Kostenaufwands bei den Benchmarkingpartnern nur in Einzelfällen eingesetzt.

6.5.3 Grundlagen, Organisation, Ablauf und Ergebnisse des Prozeß-Benchmarking-Projektes

Das entwickelte Performance Measurement-Konzept wurde im Rahmen eines Benchmarking-Projektes in einem Fachbereich der Maschinenbaubranche eingesetzt. Nachfolgend werden zunächst kurz die Grundlagen des Benchmarking sowie die Rahmendaten des Benchmarkingprojektes erläutert. Anschließend wird vom Ablauf sowie einigen Ergebnissen berichtet.

6.5.3.1 Grundlagen des Benchmarking

Nur wenige Managementinstrumente haben in Folge der wegweisenden Veröffentlichungen von *Tucker* und *Camp* (vgl. *Tucker/Zivian/Camp* 1987 sowie *Camp* 1989) in den letzten Jahren weltweit eine so hohe Akzeptanz erfahren wie das Benchmarking. Unzählige Veröffentlichungen verdeutlichen dies eindrucksvoll.
Auch in der deutschsprachigen Wissenschaft (vgl. z.B. außer den bereits oben genannten Quellen bei *Lamla* 1995, *Horváth/Lamla* 1995, *Boutellier/Kobler* 1996 und *Homburg/Werner* 1997) und Praxis hat sich das Benchmarking etabliert (vgl. z.B. bei *Burkhardt* 1993, *Kreuz* 1994, *Morwind* 1995, *Pieske* 1995, *Spitzley* 1997 sowie die Befragungsergebnisse von *Franz/Kajüter* 1996, S. 492).
Gemeinhin wird Benchmarking als „the continuous process of measuring products, services and practices against the company's toughest competitors of those companies renowned as industry leaders" bezeichnet (vgl. *Camp* 1992, S. 3).
Es sollen (vgl. *Lamla* 1995, S. 28 und *Brokemper/Gleich* 1998b, S. 16)

- **systematisch** und **kontinuierlich** die **Leistungsdifferenzen** zwischen Unternehmen offengelegt,
- **Ursachen** für die Leistungsunterschiede analysiert
- und **Verbesserungen aufgezeigt** und **umgesetzt** werden.

Schon die Definition zeigt, daß das Benchmarking weit über den traditionellen Betriebsvergleich und die Konkurrenzanalyse hinausgeht (vgl. *Lamla* 1995, S. 54f.). Als Vergleichspartner kommen auch branchenfremde Unternehmen und nicht nur Wettbewerber in Frage.
Systematisch und kontinuierlich bedeutet, daß Benchmarking nicht nur sporadisch eingesetzt wird, sondern zu einem festen Bestandteil einer lernenden, sich ständig weiterentwickelnden Organisation zählt (vgl. *Bürgel/Haller/Forschner* 1997, S. 79).
Die Betonung der Ursachenanalyse zeigt zudem, daß es nicht nur um die Vorgabe von Zielwerten, sondern vielmehr um die Identifikation der Methoden, Verfahren oder Strukturen geht, die der Grund für Kosten- oder Leistungsunterschiede sind. Die Umsetzungsphase verdeutlicht außerdem, daß es beim Benchmarking nicht nur um eine „Standortbestimmung" geht, sondern die konkrete Adaption von Ansatzpunkten zur Leistungssteigerung im Vordergrund steht (vgl. *Brokemper/Gleich* 1998b, S. 51).
In der Literatur finden sich zahlreiche Klassifizierungsansätze des Benchmarking. Die unterschiedlichen Klassifizierungsansätze lassen sich zu einem morphologischen Kasten zusammenfassen, der eine Einordnung von Benchmarkingprojekten ermöglicht (vgl. Abb. 6-26, *Brokemper/Gleich* 1998b, S. 51, aufbauend auf *Horváth/Herter* 1992, S. 7 sowie *Lamla* 1995, S. 33-35).

6. Innovative Aktionsforschung zum Performance Measurement

Benchmarking-Parameter	Ausprägung der Parameter			
Leistungsobjekt	Produkte	Methoden	Funktionen	Prozesse
	Aufgaben	Unternehmen	Dienstleistungen	Strategien
Leistungs-dimension	Kosten	Qualität	Zeit	Kunden-zufriedenheit	Andere
Benchmarking-Partner	Internes Benchmarking	Konkurrenten	gleiche Branche	andere Branche
Erhebungs-form	Fremderhebung/ Neutrale Stelle	Fremderhebung Beteiligte		Eigenerhebung
Erhebungs-methodik	Interview/ Vor-Ort-Analyse	Indirekt - interne Unterlagen -		Indirekt - externe Unterlagen -
Aufbereitungs-form	offene Darstellung	verdeckte Darstellung		Statistiken/ Verbandsauswertungen

Abb. 6-26: Morphologischer Kasten zur Einordnung von Benchmarkingprojekten

Hinsichtlich des **Leistungs- bzw. Vergleichsobjektes** lassen sich acht unterschiedliche Benchmarkingformen unterscheiden. Zum einen kann ein Benchmarking von Produkten erfolgen, wobei diese Methodik starke Ähnlichkeit zum Reverse-Product-Engineering aufweist. Neben dem Benchmarking von Methoden und Funktionen kommt zudem dem Prozeßbenchmarking eine große Bedeutung zu. Prozesse lassen sich sehr gut hinsichtlich ihrer organisatorischen Einbettung und der technologischen Unterstützung gegenüberstellen, um Anregungen für Prozeßverschlankungen zu erhalten. Des weiteren lassen sich Aufgaben, ganze Unternehmen oder ihre Strategien sowie Dienstleistungen gegenüberstellen.

Bei den **Leistungsdimensionen** handelt es sich vorrangig um die strategischen Erfolgsfaktoren Kosten, Zeit und Qualität bzw. die übergeordnete Kundenzufriedenheit. Darüber hinaus können vielfältige weitere Dimensionen verglichen werden, wie bspw. die hochaggregierten Kennzahlen Fertigungstiefe, Sortimentsbreite, Zentralisation bzw. Dezentralisation, Input- oder Outputmengen.

Ein ganz wesentliches Kriterium zur Einordnung des Benchmarking ist die **Vergleichsebene** bzw. der zu suchende Benchmarking-Partner. Der Neuigkeitsgrad des Benchmarking wird in starken Maßen dadurch begründet, daß neben unternehmensinternen bzw. brancheninternen besonders branchenübergreifende Vergleiche durchgeführt werden sollten (vgl. *Tucker/Zivian/Camp* 1987, S. 16). Diese Form des Benchmarking hat den Vorteil, daß keine Konkurrenzbeziehungen zwischen den Benchmarking-Partnern vorhanden sind. Darüber hinaus kann ein Know-How-Transfer durch die unterschiedlichen Kernkompetenzen von Unternehmen erfolgen. So kann ein Anlagenbauer von den organisatorischen Ansätzen großer Konstruktionsbüros ebenso lernen wie von den logistischen Abläufen eines Versandhauses.

Als weitere Einteilungskriterien kommen die Erhebungsform, die Erhebungsmethodik sowie die Aufbereitung und Verwendung von Benchmarkinginformationen in Frage.

6.5.3.2 Rahmendaten und Ziel des Benchmarkingprojektes

Das durchgeführte Benchmarkingprojekt erstreckte sich über einen Zeitraum von ca. eineinhalb Jahren. Beteiligt waren insgesamt fünfzehn Unternehmen der Maschinenbaubranche. Dreizehn dieser Unternehmen lassen sich konkret einem Fachbereich der Maschinenbaubranche zuordnen. In einem Gremium dieses Fachbereichs wurde auch die Benchmarkingidee geboren. Die zwei weiteren beteiligten Unternehmen lassen sich anderen Fachbereichen des Maschinenbaus zuordnen. Die Einbeziehung dieser Unternehmen in das Benchmarkingprojekt wurde durch die Forschungsstelle initiiert.

Das wichtigste Projektziel war die Ermittlung von Kostenbenchmarks für Teilprozesse von Gemeinkostenbereichen. Dieses Oberziel wurde von den beteiligten Unternehmen zu Beginn des Projektes gemeinsam festgelegt. Wie die Vergleichbarkeit der Teilprozesse gewährleistet werden könnte bzw. ob diese überhaupt realisiert werden kann, wurde zu diesem Zeitpunkt bewußt offengelassen. Hier erwarteten sich die Unternehmen konzeptionelle Vorschläge von dem Forscherteam. Das entwickelte Performance Measurement-Konzept wurde im Kap. 6.5.2 beschrieben.

Jedes Unternehmen versprach sich durch die Teilnahme am Benchmarkingprojekt zumindest Aussagen und Ergebnisse zu folgenden Sachverhalten (vgl. *Gleich/Brokemper* 1997b, S. 207f.):

- Die Analyse und kritische Kommentierung der Gemeinkostensituation des einzelnen Unternehmens im Vergleich mit den anderen an der Untersuchung beteiligten Unternehmen.
- Analyse und Darstellung der Kosten- und Leistungsunterschiede bei Prozessen innerhalb der verschiedenen Funktionsbereiche und Unternehmen.
- Aufschluß über unterschiedliche organisatorische Alternativen in den Gemeinkostenbereichen und deren Auswirkungen auf die Kosten- und Leistungsstrukturen.
- Anhaltspunkte über konkrete Verbesserungsmöglichkeiten in den verschiedenen Gemeinkostenbereichen bzw. bezüglich der Handhabung und Organisation bereichsübergreifender Abläufe.

Das Projekt bezog sich auf Teilprozesse und Tätigkeiten in verschiedenen Gemeinkostenbereichen. Der Dimensionsfokus lag primär auf den Kosten der Teilprozesse.

Um eine einheitliche und nachvollziehbare Vorgehensweise bei der Datenanalyse zu gewährleisten, wurden alle Erhebungen im Prozeß-Benchmarking von der Forschungsstelle vor Ort im Rahmen von Interviews erhoben. Je Unternehmen erforderte dies, bei im Durchschnitt acht zu analysierenden Kostenstellen, einen Zeitaufwand von ungefähr 15 Manntagen.

6.5.3.3 Ablauf und Ergebnisse des Benchmarking

Ein effektives Benchmarking ist von vielen Erfolgsfaktoren abhängig. Wichtig sind beispielsweise die frühzeitige Verpflichtung des Managements sowie der einbezogenen Mitarbeiter zur aktiven Beteiligung sowie die prinzipielle Bereitschaft zur Veränderung im einbezogenen Unternehmen auf Grundlage der Benchmarkingergebnisse. Dazu bedarf es einer grundsätzlichen Aufgeschlossenheit für neue Ideen und Konzepte, einer klaren Definition der Verantwortlichkeiten sowie einer frühzeitigen Festlegung und Bekanntmachung der Benchmarkingabläufe, des sogenannten Benchmarkingprozesses.

In der Benchmarking-Literatur gibt es zum Benchmarkingprozeß unterschiedlichste Aussagen und Vorstellungen. *Camp* definiert beispielsweise ein 10-Stufen-Modell (vgl. *Camp* 1989), *Karlöf/Östblom* favorisieren 5 Stufen des Benchmarkingprozesses (vgl. *Karlöf/Östblom* 1994), *Watson* propagiert 4 Stufen (vgl. *Watson* 1992). Der Vergleich der Konzepte offenbart zwar unterschiedliche Verdichtungsstufen und Bezeichnungen, jedoch ziemlich identische Inhalte.

In Anlehnung an *Horváth* und *Herter*, welche den Benchmarkingprozeß in die Phasen Vorbereitung, Analyse und Umsetzung gliedern (vgl. *Horváth/Herter* 1992, S. 8), lassen sich die verschiedenen inhaltlichen Komponenten in vier aufeinanderfolgende Phasen des Benchmarkingprozesses zusammenfassen (vgl. *Gleich/Brokemper* 1997b, S. 207):

Phase 1: In der **Vorbereitungsphase** erfolgt die Zielfestlegung sowie die Auswahl der relevanten Projektparameter.

Phase 2: Während der **Analysephase** werden unter Einsatz verschiedenster Analyseinstrumente (z.B. der Prozeßkostenrechnung für Analysen im Rahmen eines Prozeß-Benchmarking) Daten erhoben und ausgewertet.

Phase 3: In der **Vergleichsphase** werden die Daten verglichen, Leistungslücken identifiziert, die jeweiligen Ursachen erhoben sowie konkrete Verbesserungen aufgezeigt.

Phase 4: Das Abstimmen der möglichen Verbesserungen mit den Projektzielen sowie eine Maßnahmenplanung und die Umsetzung der Ergebnisse bestimmen die **Verbesserungsphase**.

Beim durchgeführten Benchmarkingprojekt erfolgte eine konsequente Ausrichtung auf diese vier Phasen. Wie konkret vorgegangen wurde, welche Probleme und Lösungen in den einzelnen Benchmarkingphasen auftraten, wie Ergebnisse ermittelt, verglichen und Verbesserungsmöglichkeiten eruiert wurden, wird in den folgenden Kapiteln am Beispiel der Arbeitsvorbereitung dargestellt (vgl. hierzu bei *Brokemper/Gleich* 1998b, S. 20ff., zur Lagerhaltung/Materialwirtschaft vgl. *Gleich/Brokemper* 1997b und *Gleich/Brokemper* 1998b, zur Konstruktion vgl. *Brokemper/Gleich* 1998b).

6.5.3.3.1 Vorbereitungsphase

Wie oben bereits beschrieben wurde, ergab sich die Auswahl der Benchmarkingpartner aus der besonderen Konstellation des projektinitiierenden Gremiums. Aus diesem Grund lassen sich keine Aussagen darüber treffen, ob alle bzw. einige der „best-of-class"-Unternehmen überhaupt am Benchmarking beteiligt waren. Da sich die Identifikation eines solchen Branchenführers stets als sehr schwierig darstellt und oftmals sehr subjektiv geprägt ist, läßt sich diese Frage beinahe nie endgültig klären.

Wie schon ausgeführt, sind alle fünfzehn beteiligten Unternehmen in der Maschinenbaubranche tätig, dreizehn davon in einem Fachbereich.

Alle Unternehmen sind zueinander,
- was das Auftragsvolumen,
- die Produktkomplexität sowie
- die durchschnittlichen Losgrößen betrifft

eher heterogen.

Dennoch lassen sich alle Unternehmen in drei Gruppen unterscheiden:

- Die Gruppe der Serienfertiger innerhalb der untersuchten Benchmarkingunternehmen (durchschnittliche Auftragslosgröße größer 25 Stück). Diese Auftragslosgröße ist auch annähernd repräsentativ für den schwerpunktmäßig untersuchten Fachbereich der Maschinenbaubranche.
- Die Gruppe der Kleinserienfertiger (durchschnittliche Auftragslosgröße zwischen 2 und 25 Stück) sowie
- die Gruppe der Einzelfertiger (durchschnittliche Auftragslosgröße nahe 1).

Die Festlegung des Leistungsobjektes „Teilprozeß" sowie der Leistungsdimension „Kosten" ergab sich aus dem Projektziel. Ungleich schwieriger war die Festlegung der relevanten Analysebereiche. Da begleitend zum Benchmarkingprojekt auch die Entwicklung und Einführung einer Prozeßkostenrechnungskonzeption für den Maschinenbau angestrebt wurde (vgl. *Brokemper/Gleich* 1996 und *Gleich/Brokemper* 1997a), fanden die Auswahlindikatoren
- „Gesamtkosten des Funktionsbereichs in % der Gemeinkosten",
- „Wiederholungsgrad der Prozesse und Tätigkeiten" sowie
- „Produktbezug der Prozesse und Tätigkeiten" (vgl. auch *Renner* 1991)

Anwendung.
Es wurden Bereiche ausgewählt, die bezüglich aller drei Indikatoren gut bzw. im gewünschten Sinn bewertet wurden. Diese dürfen aufgrund des hohen Analyseaufwands einen nicht zu geringen Gemeinkostenanteil haben und nicht zu viele, für eine Prozeßbewertung ungeeignete innovative Prozesse beinhalten. Ein Produktbezug der Prozesse muß ergänzend vorhanden sein, besonders wenn eine prozeßorientierte Kalkulation angestrebt wird.

Für die Benchmarkinganalysen wurden die Bereiche „Konstruktion", „Vertrieb", „Arbeitsvorbereitung", „Lagerwesen", „Einkauf", „Qualitätssicherung", „Versand" und „Logistik" ausgewählt. Aufgrund von Kosten-/Nutzenüberlegungen beließen es die Benchmarkingpartner bei diesen acht Gemeinkostenbereichen.

Wie oben skizziert wurde, erfolgte die Datenerhebung durch die neutrale Forschungsstelle mit Vor-Ort-Interviews bei den Unternehmen. Man spricht in diesem Zusammenhang auch vom verdeckten Benchmarking, da die Wettbewerber voneinander keine unternehmensspezifischen Informationen erhalten. Der Vorteil ist eine schnellere Prozeßdurchführung, da auf Abstimmungsvorgänge im Teilnehmerkreis verzichtet werden konnte.

Das Benchmarkingteam vor Ort setzte sich aus zwei Forschern sowie aus mehreren Unternehmensvertretern zusammen. Stets war von Seiten des Unternehmens ein Mitarbeiter des Bereichs Rechnungswesen und Controlling beteiligt. Wenn möglich, wurde noch ein Experte für die produktionsnahen Gemeinkostenbereiche hinzugezogen. Dazu kamen noch die verschiedenen Fachbereichsexperten, die für Interviews, Präsentationen oder Workshops zur Verfügung standen.

6.5.3.3.2 Analysephase 1: Performance Measurement in der Arbeitsvorbereitung

In der Unternehmenspraxis sind die Aufgaben der Arbeitsvorbereitung oftmals unterteilt in die Aufgabenfelder der Arbeitsplanung und der Arbeitssteuerung (vgl. *Renner* 1991, S. 131). Schwerpunkt der nachfolgenden Erläuterung sind besonders die planerischen Tätigkeiten. Diese werden in der Regel vom Auftragszentrum ohne oder mit Einbeziehung der Konstruktion angestoßen. Der Arbeitsplaner definiert auf Grundlage dieser Vorgaben (Zeichnungen, Bearbeitungswünsche usw.) der angrenzenden vorgelagerten

Funktionsbereiche die für die Auftragsabwicklung in der Produktion notwendigen Arbeitsgänge. Er legt dabei deren bearbeitungsnotwendige logische Abfolge fest und errechnet arbeitsgangbezogene Zeitvorgaben (insbesondere bei Einsatz von Akkordentlohnung in der Fertigung auch mit sehr hoher Genauigkeit) (vgl. *Adam* 1993, S. 412). Das Ergebnis dieser Arbeiten in der Arbeitsplanung ist der fertiggestellte Arbeitsplan.

Neben dieser Kerntätigkeit der Arbeitsplanung werden von den Bereichsmitarbeitern auch Ideen und Maßnahmen zur wirtschaftlicheren Gestaltung der Produktion entwickelt (vgl. *Eversheim et al.* 1996, S. 7-73). Dies geschieht besonders im Rahmen der langfristigen Planung.

Die Programmierung von numerisch gesteuerten Produktionseinrichtungen stellt ein weiteres wichtiges Aufgabengebiet der Arbeitsplanung dar. Im Rahmen der Arbeitsplanerstellung sind oftmals innerhalb bestimmter Arbeitsgänge Programmiertätigkeiten für Bearbeitungsmaschinen erforderlich. Ist dies der Fall, werden die notwendigen Informationen für eine Werkstückbearbeitung in der ablaufnotwendigen Reihenfolge festgelegt und anschließend in einer geeigneten Programmiersprache beschrieben. Das fertige Softwareprogramm wird dann per Datenleitung oder Datenträger in die Steuerungseinheit der Maschine übermittelt (z.B. eine Drehmaschine).

Die weiteren Aufgaben der Arbeitsplanung lassen sich zeitlich ordnen (vgl. *Eversheim et al.* 1996, S. 7-73):

- Langfristig werden Investitions-, Methoden- und Materialplanungen erarbeitet,
- kurz- und mittelfristig Maßnahmen zur Qualitätssicherung und Planungsvorbereitung erarbeitet sowie Kostenplanungen (insbesondere Vorkalkulationstätigkeiten) durchgeführt,
- kurzfristig müssen, neben den oben skizzierten Kernaufgaben der Arbeitsplanerstellung und der NC-Programmierung, besonders Sonderfertigungsmittel (Betriebsmittel) erstellt werden.

Abgeleitet aus diesen Kernaufgaben der Arbeitsplanung innerhalb der Arbeitsvorbereitung lassen sich folgende Teilprozesse identifizieren, die in der Regel auch in den untersuchten Unternehmen ermittelt wurden:

1. **Arbeitsplanerstellung „neu":** Erstellung eines neuen Arbeitsplanes aufgrund eines komplexen Auftrags. Ein solcher Auftrag basiert in der Regel auf der Neukonstruktion eines Produktes oder einer komplexen Variantenkonstruktion. In Ausnahmefällen muß auch aufgrund einer neuen Fertigungsstruktur oder neuer Maschinen ein völlig neuer Arbeitsplan angelegt werden.
2. **Arbeitsplanerstellung „ähnlich":** Änderung von bestehenden bzw. im System vorhanden Arbeitsplänen aufgrund von Konstruktionsänderungen am Produkt (meist induziert von einfachen Varianten bestehender Katalogprodukte) oder kleineren Ablaufänderungen in der Fertigung.
3. **NC-Programme erstellen „einfach":** Erstellung von Programmen für numerisch gesteuerte Maschinen oder Anlagen mit geringem Aufwand (z.B. einfach programmierbare Maschinen, Einsatz vieler Makros oder kleine Abänderung bestehender Programme).
4. **NC-Programme erstellen „komplex":** Erstellung von Programmen für numerisch gesteuerte Maschinen oder Anlagen mit hohem Aufwand (z.B. aufwendige zu programmierende Maschinen, keine Makrounterstützung, mächtiger Programmumfang).

5. **Betriebsmittelplanung „neu":** Planung, Konstruktion und Verwaltung neuer Betriebsmittel (z.B. Vorrichtungen).
6. **Betriebsmittelplanung „ähnlich":** Planung, Konstruktion und Verwaltung von Betriebsmitteln, die bereits vorhandenen Betriebsmitteln ähneln.
7. **Sonstige Tätigkeiten:** (z.B. Zeitstudien, Vorkalkulationen oder make-or-buy-Untersuchungen).

Wie oben dargestellt, wurde die Analyse der Prozeßperformance in der Kostenstelle Arbeitsvorbereitung in drei Stufen durchgeführt. In der ersten Stufe wurden zunächst Tätigkeiten mit Hilfe von Interviews mit den Kostenstellenverantwortlichen erhoben. Anschließend erfolgte die Quantifizierung dieser Tätigkeiten.

Entsprechend der oben dargestellten Definition werden Tätigkeiten, die auf einen Aufwandstreiber zurückzuführen sind, in der Teilprozeßkostenrechnung zu Teilprozessen zusammengefaßt.

Die Zusammenfassung zu Teilprozessen und deren kosten- und mengenmäßige Bewertung stellt die zweite Stufe der Prozeßkostenrechnung dar.

Mit der Input-/Output-Matrix wurden weitere, für ein differenziertes, mehrdimensionales Performance Measurement erforderliche Prozeßparameter im Arbeitsplanungsumfeld erfaßt.

6.5.3.3.3 Analysephase 2: Datenauswertung und Kennzahlen für das Benchmarking

Die erhobenen Daten ermöglichen eine Vielzahl an Auswertungen über die Effizienz und Effektivität von Prozessen. So können bspw. folgende Auswertungen vorgenommen werden (vgl. *Gleich/Brokemper* 1997b, S. 218-219):

- Gegenüberstellung der Pro-Kopf-Kostensätze:
  Der Pro-Kopf-Kostensatz ist der Quotient aus den Kostenstellengesamtkosten und der Kapazität einer Kostenstelle gemessen anhand der Mannjahreskapazität. Hohe Differenzen in den Pro-Kopf-Kosten der Unternehmen können dazu herangezogen werden, Rückschlüsse auf unterschiedliche Gehaltsstrukturen, Altersstrukturen und Technologien in den Kostenstellen zu ziehen.
- Gegenüberstellung der Ressourcenprofile der Funktionsbereiche:
  Das Ressourcenprofil gibt an, wie sich die Gesamtkapazität eines Funktionsbereichs auf einzelne Prozesse verteilt. Diese Ressourcenprofile lassen sich unternehmensübergreifend gegenüberstellen, um Aufschlüsse über unausgewogene Verteilungen der Kapazitäten zu erhalten.
- Gegenüberstellung der Prozeß(gesamt)kosten:
  Nicht immer ist es sinnvoll, die Prozeßkostensätze zur Beurteilung der Wirtschaftlichkeit heranzuziehen. So geben Prozeßkostensätze keinerlei Informationen über die Effektivität. Einem geringen Prozeßkostensatz können bspw. hohe Durchführungsmengen gegenüberstehen.
- Gegenüberstellung der Prozeßkostensätze:
  Durch die Gegenüberstellung der Prozeßkostensätze lassen sich Rückschlüsse auf die Wirtschaftlichkeit der Prozesse ziehen. Ein hoher Prozeßkostensatz ist bspw. ein Indiz dafür, daß veraltete oder umständliche Technologien bei der Prozeßdurchführung eingesetzt werden.

Die prozeßorientierten Kennzahlen lassen sich zu einem hierarchischen Kennzahlensystem integrieren (vgl. Abb. 6-27). Top-Down wird mit einer Gegenüberstellung der Pro-Kopf-Kostensätze begonnen, eine Gegenüberstellung der Ressourcenprofile vorgenommen und dann schrittweise die Effektivität und Effizienz der Prozesse über die Prozeßgesamtkosten und Prozeßkostensätze beurteilt.

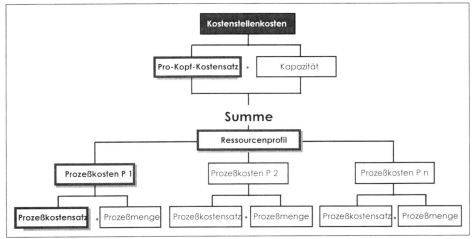

Abb. 6-27: Hierarchisches Kennzahlensystem zum Prozeßbenchmarking

6.5.3.3.4 Vergleichsphase am Beispiel der Arbeitsvorbereitung

In den nun folgenden Ausführungen sollen die Ergebnisse des Benchmarkings für die Arbeitsvorbereitung am Beispiel von 6 Unternehmen vorgestellt werden. Die sechs Unternehmen setzen sich aus jeweils 2 Einzelfertigern (EF), 2 Serienfertigern (S) und 2 Großserienfertigern (GS) zusammen.

Den Einstieg in die Analyse der Arbeitsvorbereitung bildete der Pro-Kopf-Kostensatz. Der Pro-Kopf-Kostensatz gibt die durchschnittlichen Kosten pro Mannjahr in einem Funktionsbereich an (vgl. Abb. 6-28). Er liefert direkt noch keine Aussagen zur Effizienz der Prozesse. Dennoch lassen sich erste Rückschlüsse auf die Kostenposition des Funktionsbereichs ziehen. Hohe Pro-Kopf-Kostensätze sind in der Regel das Ergebnis hoher Gehälter und Löhne (ca. 70 % Lohn- und Gehaltskosten im Pro-Kopf-Kostensatz), die auf ein hohes Durchschnittsalter, ein hohes Qualifikationsniveau oder besondere tarifliche oder außertarifliche Zahlungen zurückzuführen sind. Den zweitgrößten Anteil nehmen die Abschreibungen ein, die Rückschlüsse auf die technische Ausstattung des Funktionsbereichs ermöglichen. In der ausgewählten Stichprobe erwiesen sich die beiden Serienfertiger als die Unternehmen mit dem günstigsten Pro-Kopf-Kostensatz.

Der nächste Analyseschritt umfaßt die Ressourcenprofile. Abb. 6-29 zeigt die Ressourcenverteilung für die sechs Unternehmen, wobei hier aufgrund der unterschiedlichen organisatorischen Verteilung der Prozesse nur die Arbeitsvorbereitungs-, Programmierungs- und Fertigungssteuerungsprozesse zu einer „virtuellen" Kostenstelle zusammengefaßt wurden.

180   6. Innovative Aktionsforschung zum Performance Measurement

Besonders auffällig ist die unterschiedliche Verteilung der Ressourcen entsprechend der Produktionsmenge. Während innerhalb der Gruppe der Einzel-, Serien- und Großserienfertiger lediglich die Art der Prozesse (Arbeitsplanerstellung neu oder ähnlich; NC-Programmierung einfach oder komplex) variiert, die Verteilung auf Arbeitsplanerstellungs-, Programmierungs- und Fertigungssteuerungsprozesse jedoch annähernd gleich verteilt ist, bestehen zwischen den Clustern sehr große Unterschiede. Ursächlich für die unterschiedlichen Ressourcenverteilungen ist in erster Linie die Verteilung zwischen Neu- und Wiederholteilen. Während bei den Serienfertigern der Anteil der Wiederholteile besonders groß war, liegt dieser bei den Einzel- und Großserienfertigern deutlich niedriger.

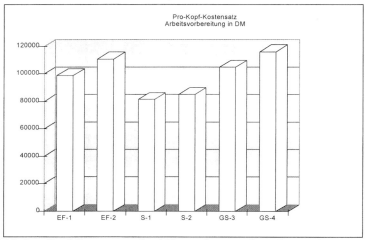

Abb. 6-28: Pro-Kopf-Kostensätze der 6 Unternehmen in der Arbeitsvorbereitung in DM

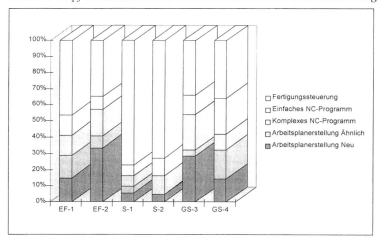

Abb. 6-29: Ressourcenprofil für die „arbeitsvorbereitenden" Tätigkeiten in den sechs Unternehmen

6. Innovative Aktionsforschung zum Performance Measurement 181

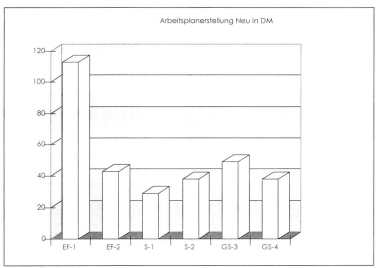

Abb. 6-30: Prozeßkostensätze für den Prozeß der Arbeitsplanerstellung Neu in DM

Ohne in den weiteren Ausführungen auf eine Gegenüberstellung der Prozeßgesamtkosten einzugehen, sollen nun die Prozeßkostensätze der Arbeitsplanerstellung vergleichend betrachtet werden (zu den Prozeßkostensätzen der NC-Programmierung vgl. bei *Brokemper/Gleich 1998a*, S. 22-23).

Bei der Arbeitsvorbereitung wurde, entsprechend der unterschiedlichen Komplexität der Prozeßdurchführung, zwischen der Arbeitsplanerstellung Neu und Ähnlich differenziert. Während bei der Neuerstellung ein komplett neuer Arbeitsplan erstellt wird, kann bei der „Arbeitsplanerstellung Ähnlich" auf bestehende Arbeitspläne zurückgegriffen werden. Dies setzt voraus, daß über bestimmte Ähnlichkeitsmerkmale alte Arbeitspläne aufgerufen und abgeändert werden können. Abb. 6-30 zeigt zunächst eine Gegenüberstellung der Kosten für die Arbeitsplanerstellung Neu in den sechs Unternehmen.

Die Gegenüberstellung der Prozeßkostensätze für die „Arbeitsplanerstellung Neu" zeigt, daß der Serienfertiger 1 über den geringsten Prozeßkostensatz verfügt. Ursächlich ist hierfür eine sehr einfache Gestaltung des Arbeitsplans. Da in dem Unternehmen keine Leistungsentlohnung erfolgt, beschränkt man sich im Arbeitsplan auf grobe Vorgabezeiten, wodurch der Planungsaufwand wesentlich verringert wird. Ein weiterer wichtiger Grund für die Kostenunterschiede liegt in der DV-Unterstützung. Komfortable DV-Tools, bei denen die Arbeitsgänge in Datenbanken hinterlegt sind, erleichtern dem Arbeitsplaner die Arbeit und wirken sich so auf den Kostensatz aus.

Ebenfalls stark durch die DV-Unterstützung beeinflußt, ist der Prozeßkostensatz für die „Arbeitsplanerstellung Ähnlich". Je einfacher das Auffinden eines Arbeitsplans im System ist und je anpassungsfreundlicher die Struktur der Arbeitspläne gestaltet ist, umso größer ist die Zeiteinsparung, die durch die Abwandlung eines bestehenden Arbeitsplans gegenüber einer Neuerstellung entsteht. Um dies zu verdeutlichen, zeigt Abb. 6-31 das Verhältnis der Prozeßkosten für die Neuerstellung gegenüber der Abwandlung eines bestehenden Arbeitsplans.

Es zeigt sich ein grundlegend anderes Bild als bei der „Arbeitsplanerstellung Neu". Am anpassungsfreundlichsten ist der Arbeitsplan beim Einzelfertiger 1. Hier erweist sich die Anpassung eines bereits erstellten Arbeitsplans als sehr einfach. Die Prozeßkosten liegen um ca. 85 % geringer als für die Erstellung Neu. Ein anpassungsfreundlicher Arbeitsplan ist insbesondere dann kostensparend, wenn sehr viele Arbeitspläne aus bereits bestehenden Arbeitsplänen abgeleitet werden können.

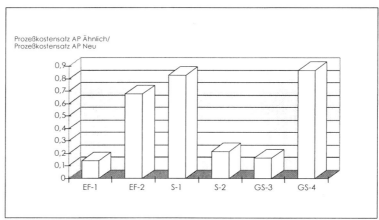

Abb. 6-31: Verhältnis der Kosten Arbeitsplanerstellung Ähnlich/Arbeitsplanerstellung Neu

Wie die Ergebnisse zeigen, lassen sich schon in der Vergleichsphase zahlreiche unternehmensübergreifende Anregungen für eine Verbesserung der Prozeßperformance finden.

6.5.3.3.5 Verbesserungsphase: Performance Management

Die Verbesserungsphase läßt sich unterteilen in

- eine Verbesserung durch konkrete Anregungen aus dem verdeckten Benchmarking (z.B. Aufdeckung neuer Techniken oder erfolgreicher Systeme zur Prozeßdurchführung) sowie
- die Schaffung von weiteren Verbesserungspotentialen durch den offenen Austausch zwischen den am Benchmarking beteiligten Unternehmen.

Bereits aus den oben vorgestellten Beispielen der Arbeitsvorbereitung wird deutlich, daß über die durchgeführten Analysen und Auswertungen wichtige Erkenntnisse für eine Neugestaltung der verschiedenen Prozesse gewonnen werden konnten. Mit dem begleitenden Einsatz des Prozeßmodells waren auch Aussagen über kostenstellenübergreifende Abläufe und deren Optimierung möglich (vgl. nochmals bei *Gleich/Brokemper 1997a*, S. 57 sowie die Ausführungen oben).

Die Analyseergebnisse gaben den Unternehmen Hinweise für die Infrastruktur- und Ressourcengestaltung sowie Empfehlungen für die materielle und informelle Anbindung an die vor- und nachfolgenden Bereiche.

Die gesamten Ergebnisse des Prozeß-Benchmarkingprojektes wurden dreimal jährlich den Unternehmen in speziellen Sitzungen präsentiert sowie in schriftlicher Form zur Verfügung gestellt. Ergänzend hierzu fanden Vor-Ort-Präsentationen bei den an der Untersuchung

beteiligten Unternehmen statt. Dabei konnten bereits konkrete Verbesserungsmaßnahmen vorgestellt und diskutiert werden.
Die Verbesserungsmaßnahmen mußten von den Unternehmen selbst durchgeführt werden. Allerdings stand die Forschungsstelle stets für Rückfragen und Hinweise zur Verfügung. Einige Unternehmen vertieften den Vergleich auf Vermittlung der Forschungsstelle durch weitere Prozeßvergleiche bzw. durch gegenseitige Vor-Ort-Besichtigungen und Analysen.
In der Regel verlief dieser direkte Austausch in vier Schritten:
1. Zunächst wurde gemeinsam der spezielle Untersuchungsbereich und das Untersuchungsvolumen festgelegt (Prozesse, Funktionsbereiche).
2. Nach der grundsätzlichen Einigung über diese Punkte, erhob die Forschungsstelle nochmals vertiefende Informationen zu den Untersuchungsbereichen und den Prozessen bei den beteiligten Unternehmen vor Ort. Je Teilprozeß war hierfür ein Aufwand von ca. einem halben Manntag erforderlich. Für die Untersuchung wurden jeweils spezielle, auf der Input-Output-Matrix (vgl. nochmals Abb. 6-25) basierende Kriterienkataloge zur Infrastruktur, zu Schnittstellen, zu Leistungs- und Wirtschaftlichkeitsmerkmalen (Input, Output, Input/Output) konzipiert, welche die Grundlage für ein prozeßbezogenes Stärken-Schwächen-Profil sowie einen strukturierten Methoden- und Praktikenaustausch bildeten.
3. Nach der Erhebung bei den beteiligten Unternehmen fand ein Workshop entweder an einem neutralen Ort oder in einem der beteiligten Unternehmen statt. Daran nahmen die Fachbereichsexperten, die Leiter der Benchmarkingteams in den Unternehmen (i.d.R. Mitarbeiter oder Leiter des Controllingbereichs) sowie das Forscherteam teil. Anhand der durch die Prozeßkostenrechnung vorliegenden Prozeßinformationen (Prozeßkapazitäten, -gesamtkosten, -kosten und -zeiten) sowie der zusätzlich mit dem Kriterienkatalog erhobenen Informationen wurden die Prozesse sowie das Prozeßumfeld umfassend dargestellt und diskutiert sowie konkrete Verbesserungsmöglichkeiten durchdacht und Maßnahmen zur Leistungssteigerung gemeinsam, d.h. unternehmensübergreifend, erarbeitet.
4. Die Umsetzung der erarbeiteten Maßnahmen wurde von den Unternehmen unabhängig voneinander durchgeführt, allerdings fanden in vielen Fällen weitere Expertengespräche und in einigen Fällen auch gegenseitige Arbeitsplatzbesuche statt.

Am Beispiel des Teilprozesses „Arbeitsplanerstellung" (undifferenziert nach Neu oder Ähnlich) wird nachfolgend die Vorgehensweise bei einem direkten Vergleich erläutert.
Von dem Forscherteam wurden zunächst ergänzend zu den Erhebungen mit der Input-Output-Matrix mittels Literaturstudien und Expertenbefragungen siebzehn relevante Kriterien für die effektive und effiziente Durchführung des Prozesses identifiziert. Anhand dieser Kriterien fanden die Bewertungen der Prozesse vor Ort statt. So wurden beispielsweise als Basiskriterien für die Prozeßleistung aus der Prozeßkostenrechnung
- die Schnelligkeit (Prozeßdurchführungszeit),
- die Prozeßkosten sowie
- die Prozeßgesamtkosten

herangezogen. Diese stellen Ergebniskennzahlen im Performance Measurement dar, die durch verschiedene Einflußfaktoren, die Ergebnis- oder Leistungstreiber, beeinflußt werden.

Auf deren Erfassung und Beschreibung, insbesondere der zur Verfügung gestellten bzw. der prozeßumgebenden Infrastruktur, wurde großen Wert gelegt. Hierzu waren besonders Informationen über

- das System (Kriterium Systemunterstützung),
- die Verbindung dieses Systems mit anderen Systemen (z.B. mit dem CAD-System oder dem PPS-System) sowie zur erstellten Outputqualität und
- der Zufriedenheit der internen Kunden mit den erstellten Arbeitsplänen (z.B. Kriterien Informationsgehalt/Umfang sowie Übersichtlichkeit/Verständlichkeit)

zu erheben bzw. die Ausführungen in der Input-Output-Matrix zu ergänzen.

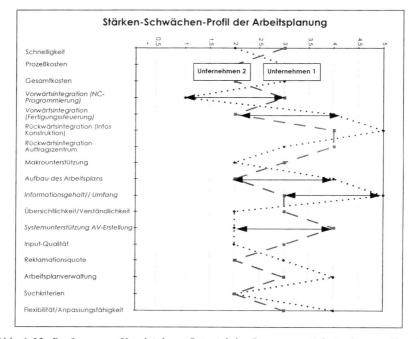

Abb. 6-32: Performance-Vergleich am Beispiel des Prozesses „Arbeitsplanerstellung"

Zu jedem Kriterium wurden Befragungen durchgeführt, Beschreibungen erstellt und schließlich mit einer Schulnotenskala (Note 1 = sehr gut, Note 6 = mangelhaft) Bewertungen vorgenommen. Die Bewertungsskalen und die damit verbundene übersichtliche Darstellung der Prozeßperformance (vgl. Abb. 6-32) lieferten den Einstieg für den gemeinsamen Workshop der Vergleichspartner. Anhand von besonderen Stärken (Noten 1 und 2) sowie offensichtlicher Schwächen (ab Note 4) bzw. großer Unterschiede zwischen den Unternehmen bei einzelnen Kriterien (ab 2 Schulnoten Differenz) wurden die Gründe für Prozeßleistungsunterschiede umfassend diskutiert und gemeinsam Lösungen zur Verbesserung sowie zum möglichen Praktiken- und Methodentransfer erarbeitet.

So stellte sich beispielsweise bei einem Vergleich der Arbeitsplanungsprozesse heraus, daß bei einem Unternehmen oftmals Zeichnungs- und Indizierungsfehler der Konstruktion Ursache für verzögerte Arbeitsplanerstellungen oder eine höhere Reklamationsquote der Arbeitspläne waren. Diesem Problem konnte durch konkrete Hinweise des anderen Unternehmens sowie durch im Workshop gemeinsam erarbeitete Vorschläge und systembezogene Lösungen zur engeren Verbindung des CAD-Systems mit dem Arbeitsplanungssystem begegnet werden.

6.5.4 Regeln zur Anwendung und Nutzenabschätzung des Benchmarking

In den vorhergehenden Kapiteln wurde dargestellt, wie ein Prozeß-Benchmarking-Projekt gestaltet und ablaufbezogen organisiert werden kann. Mit der auf der Prozeßkostenrechnung basierenden Performance Measurement-Methodik wurde eine Möglichkeit zur objektiven, mehrdimensionalen Datenerhebung in Gemeinkostenbereichen eingesetzt, deren Wirksamkeit mit einer durchgängigen Erhebung durch ein neutrales Analyseteam noch erhöht werden kann. Um die gewünschten Erfolge eines Benchmarking auch wirklich erzielen zu können, sollten sieben wichtige Regeln bei der erstmaligen Anwendung eines Prozeß-Benchmarking unbedingt Beachtung finden (vgl. *Smith* 1997, S. 40 und *Horváth/Gleich* 1998a, S. 328f.):

1. Auf wenige Prozesse beschränken.
2. Prozesse sorgfältig analysieren und dokumentieren.
3. Prozesse eindeutig abgrenzen. Input, Output und Hilfsmittel definieren.
4. Mit Benchmarkingpartnern gemeinsam anerkannte Prozeßkosten- und Leistungskennzahlen bilden.
5. Möglichst alle prozeßbeteiligten Mitarbeiter mit einbeziehen.
6. Methodeneffizienz beachten (Ziel: Das erwartete Verbesserungspotential sollte bei mindestens 30% liegen).
7. Das Benchmarking in strategisch bedeutsamen Bereichen einsetzen.

Auch bei Beachtung dieser anwendungsbezogenen Erfolgsfaktoren sollten die Grenzen des Prozeß-Benchmarking nicht aus den Augen verlorengehen. Auch hier lassen sich vier Regeln definieren, welche die Grenzen und Probleme des Prozeß-Benchmarking wiedergeben und eine realistische Erfolgs- bzw. Nutzenabschätzung erleichtern (vgl. *Smith* 1997, S. 40 und *Horváth/Gleich* 1998a, S. 329):

1. Prozesse sind nur ein Leistungsfaktor sowie eine Leistungsebene.
   Auch Ressourcen, Strukturen und Produkte determinieren die Unternehmens- oder Geschäftsbereichsleistung. Ferner wirken Leistungen anderer, mit der Prozeßleistungsebene (bzw. soweit vorhanden auch mit mehreren Prozeßleistungsebenen) verbundener Leistungsebenen auf die Prozeßperformance. Alle Leistungsebenen und – objekte beeinflussen die Gesamtperformance eines Unternehmens.
2. Prozeß-Benchmarking ist kein Selbstläufer, Verbesserungen müssen gewollt und gefördert werden! Management und Mitarbeiter müssen die gewonnenen Erkenntnisse umsetzen, ein Wandel sowie ein Lernprozeß müssen gewollt sein.
3. Mit Prozeß-Benchmarking werden nur bestehende Ideen und Konzepte entdeckt.
4. Benchmarkingpartner sind sorgfältig auszuwählen! Es sollte ein „Geben und Nehmen" sein.

Wenn alle genannten Regeln in die Projektplanung integriert bzw. zu Projektbeginn in ihren Konsequenzen durchdacht werden, steht dem Erfolg eines Prozeß-Benchmarkingprojektes, wie oben am Beispiel dargestellt, nichts mehr im Wege. Die gewonnenen Erfahrungen zeigen, daß sich in der Regel schnelle und nachhaltige Erfolge realisieren lassen, die, im Vergleich zu häufig umfangreichen Reengineering- oder Restrukturierungsprojekten, oftmals weitaus kostengünstiger zu realisieren sind sowie nachweislich Nutzen schaffen können.

6.6 Inhaltliche Schwerpunkte der durchgeführten Aktionsforschungsprojekte und Impulse für die Modellkonstruktion eines PM-Systems

Die in den vorhergehenden Kapiteln vorgestellten sieben Performance Measurement-Projekte und die erarbeiteten konzeptionellen Lösungen werden nachfolgend zunächst anhand den im Kap. 3.1 erörterten notwendigen Bestandteilen und Funktionalitäten eines Performance Measurement vergleichend gegenübergestellt.

Jedes einzelne der aufgeführten und angewandten elf Vergleichskriterien kennzeichnet ein wichtiges Bestandteil oder eine notwendige Funktionalität eines Performance Measurement (vgl. nochmals die Ausführungen in Kapitel 4.4).

Alle im Rahmen der Fallstudien entwickelten Konzepte wurden bezüglich dieser elf Kriterien analysiert. Hierbei wurde zur Festlegung einer Beurteilung ebenso wie beim Konzeptvergleich in Kapitel 4.4 folgendermaßen differenziert:

- Wurde ein Kriterium nach Ansicht des Verfassers *konzeptionell sehr umfassend berücksichtigt*, d.h. sind diesbezüglich umfangreiche sowie eindeutige Aussagen und Regelungen in der Konzeptausgestaltung getroffen worden, wurde dies mit „Schwarz" beurteilt (vgl. den Überblick und die farbliche Abstufung in der Abb. 6-33 unten).
- Wurde ein Kriterium nach Ansicht des Verfassers *konzeptionell berücksichtigt*, d.h. sind diesbezüglich eindeutige Aussagen und Regelungen in der Konzeptausgestaltung getroffen worden, wurde dies mit der „Graustufe 75%" beurteilt.
- Wurde ein Kriterium nach Ansicht des Verfassers *konzeptionell kaum oder nur bedingt berücksichtigt*, d.h. sind kriterienbezogen nur wenige und/oder nicht eindeutige Aussagen und Regelungen in der Konzeptausgestaltung getroffen worden, wurde dies mit der „Graustufe 50%" beurteilt.
- Wurde ein Kriterium nach Ansicht des Verfassers *konzeptionell nicht berücksichtigt*, d.h. sind kriterienbezogen keine eindeutigen Aussagen und Regelungen in der Konzeptausgestaltung getroffen worden, wurde dies mit der „Graustufe 25%" beurteilt.

Die Abb. 6-33 zeigt im Überblick die inhaltlichen Schwerpunkte der verschiedenen konzeptionellen Lösungen der durchgeführten Forschungsprojekte.

Wie die Abbildung verdeutlicht, ließen sich besonders bezüglich der Kriterien „Berücksichtigung mehrerer Leistungsebenen", „Modalitäten der Messung", „Konzept Reporting" und „Einsatz von Instrumenten im Performance Measurement" wichtige Impulse für die Modellkonstruktion des Performance Measurement-Systems gewinnen.

Hierzu nachfolgend einige Anmerkungen:

- Die Idee ein Performance Measurement-System auf mehrere, zusammenwirkende Leistungsebenen zu beziehen, basiert zwar auf den Grundüberlegungen anderer Autoren (bspw. Organisations-, Prozeß- und Mitarbeiterebene, insbesondere bei: *Rummler/Brache*

1995, S. 15ff. sowie *Hronec* 1996, S. 16), konnte allerdings im Rahmen der Forschungaktivitäten bei *Siemens ElectroCom* sowie bei der *Mercedes-Benz AG* und dem aufgeführten internationalen Chemiekonzern in seiner praktischen Ausgestaltung und Wirkung selbst erprobt werden. Diese Ausgestaltungs- und Implementierungserfahrungen gingen ein in die Operationalisierung der Strukturvariablengruppen „strategische Leistungsebenen" (vgl. Kap. 7.4.1.3) und „operative Leistungsebenen" (vgl. Kap. 7.4.2.2).

KRITERIUM / FALLSTUDIE	Visions- und Strategieanbindung	Stakeholderbezogene Zieldifferenzierung	Berücksichtigung mehrerer Leistungs-ebenen	Kennzahlenmanagement	Modalitäten Messung	Leistungsbeurteilung und Abweichungsanalyse	Berücksichtigung Anreizaspekte	Konzept Reporting	Institutioneller Rahmen	Einsatz von Instrumenten im PM	Integration eines Performance Managements
Wachsfit Kap. 6.1	Geschäftsbereichsebene				Chemiebranche				Fallstudiendauer: 6 Monate		U-Größe: < 100 MA
Siemens ElectroCom Kap. 6.2	Projektebene				Branche Anlagenbau				Fallstudiendauer: 5 Monate		U-Größe: > 3000 MA
Mercedes-Benz AG Kap. 6.3	Arbeitssystem-/Teamebene				Branche Automobilbau				Fallstudiendauer: 6 Monate		U-Größe: >10000 MA
Chemieunternehmen Kap. 6.4.4	Funktionsbereichsebene				Chemiebranche				Fallstudiendauer: 6 Monate		U-Größe: >10000 MA
Sondermaschinenbauer Kap. 6.4.5	Funktionsbereichsebene				Maschinenbaubranche				Fallstudiendauer: 3 Monate		U-Größe: < 1000 MA
Daimler-Chrysler AG Kap. 6.4.6	Funktionsbereichsebene				Branche Automobilbau				Fallstudiendauer: 5 Monate		U-Größe: >10000 MA
Maschinenbau Benchmarking Kap. 6.5	Teilprozeßebene				Maschinenbaubranche				Fallstudiendauer: 18 Monate		U-Größe: zwischen 300 und >5000 MA

schwarz	Konzeptionell umfassend berücksichtigt
grau 75%	Konzeptionell berücksichtigt
grau 50%	Konzeptionell kaum / nur bedingt berücksichtigt
grau 25%	Konzeptionell nicht berücksichtigt

Abb. 6-33: Inhaltliche Schwerpunkte der verschiedenen Fallstudien

- Erfahrungen mit Meßmodalitäten, d.h. insbesondere mit Meßzyklen, Meßmaßstäben sowie mit Messungsverantwortlichen konnten besonders in den Forschungsprojekten bei der *DaimlerChrysler AG*, bei dem kooperierenden Sondermaschinenbauer sowie im Rahmen des durchgeführten Benchmarkingprojektes gemacht werden.
Dieses Wissen war, neben dem in der Literatur vorfindbaren Wissen, Grundlage für die Konzeptualisierung und Operationalisierung von Teilen der Subsystems „Leistungsanreize, -vorgaben und –messung" (vgl. insbesondere die Kap. 7.4.3.2).
- Sehr umfassend wurden in den beschriebenen Fallstudien Ideen zur Visualisierung oder zur Zusammenfassung von Meßergebnissen beschrieben (bspw. die „Ampelkonzepte" bei

Wachsfit oder dem kooperierenden Chemieunternehmen). Daneben konnten in mehreren Forschungsprojekten wichtige Anhaltspunkte für eine effektive und effiziente Ergebniskommunikation gefunden werden. Diese Erfahrungen waren hilfreich bei der Ausgestaltung der Strukturvariablen „Ergebniskommunikation und Konsequenzen" (vgl. Kap. 7.4.3.3).

- Kenntnisse über die Notwendigkeit und Wirkung unterstützender Instrumente und PM-Konzepte im Rahmen eines Performance Measurement konnten speziell in den Forschungsprojekten bei der *Mercedes-Benz AG*, dem Sondermaschinenbauer, der *DaimlerChrysler AG* sowie im Rahmen des Benchmarking gewonnen werden.

Besonders die Einbindung der Prozeßkostenrechnung sowie eines (Prozeß-)Benchmarking in ein Performance Measurement und die damit verbundenen Erfahrungen waren wichtige Anhaltspunkte für die Ausgestaltung der Strukturvariable „unterstützende Instrumente" (vgl. Kap. 7.4.5.3).

Hilfreich waren ebenso die Kenntnisse über die Anwendung von bekannten Performance Measurement-Konzepten in der Unternehmenspraxis. Diese konnten bei *Wachsfit* und beim kooperierenden Chemieunternehmen bezüglich der Balanced Scorecard, bei der *Mercedes-Benz AG* bezüglich der Quantum Performance Measurement Modells und bei dem kooperierenden Sondermaschinenbauer sowie bei der *DaimlerChrysler AG* hinsichtlich des *Hewlett Packard*-Performance Measurement-Konzeptes gewonnen werden (vgl. hierzu die Strukturvariablen „Performance Measurement-Konzepte" in Kap. 7.4.5.1).

Auch zu den anderen in Abb. 6-33 aufgeführten sieben Kriterien konnten Erfahrungen bezüglich deren Ausgestaltung gemacht werden. Die Abbildung veranschaulicht, in welchen Forschungsprojekten Impulse für einzelne Kriterien und deren Ausgestaltung gewonnen wurden.

Auf einzelne Aspekte wird an dieser Stelle nicht weiter eingegangen. Die gewonnenen Impulse und Erfahrungen gingen direkt in die Konzeptualisierung und Operationalisierung der Subsysteme im Rahmen der Modellkonstruktion ein und wurden inhaltlich in den einzelnen Kapiteln zu den Strukturvariablen eingearbeitet.

7 Konzeption der eigenen empirischen Untersuchung des Entwicklungs- und Anwendungsstands des Performance Measurement in der deutschen Unternehmenspraxis

7.1 Basishypothesen und Untersuchungsziele

Das zweite Ziel des Forschungsvorhabens war die empirische Erhebung des Anwendungsstandes des Performance Measurement in der deutschen Unternehmenspraxis. Hierbei sollte neben dessen Beschreibung der Einfluß verschiedener Kontextfaktoren auf die Ausgestaltung des Performance Measurement-Systems bzw. auf die im praktischen Einsatz befindlichen Steuerungsgrößen untersucht werden. Hierzu waren speziell die Auswirkungen der

- Faktoren Umwelt und Unternehmen sowie besonders
- der Führungssystemmodule Planungs- und Kontrollsystem und des Controllingsystems

auf die Ausgestaltung des Performance Measurement-Systems zu untersuchen.

Weiter sollte untersucht werden, ob Unternehmen, die neue Steuerungskonzepte anwenden, unter vergleichbaren Bedingungen profitabler sind, als andere Unternehmen, die neue Steuerungskonzepte oder innovative Steuerungsgrößen nicht anwenden.

Zur Klärung dieser Fragestellungen erfolgte eine empirische Überprüfung der definierten Hypothesen mittels eines hierfür konzipierten umfassenden Fragebogens.

Den Ausgangspunkt der empirischen Untersuchung im Projekt Performance Measurement bildeten die bereits in der generellen Projektdarstellung aufgeführten für alle Teilprojekte gültigen Basishypothesen:

- Performance Measurement-Systeme und deren Subsysteme unterscheiden sich in ihren wesentlichen Strukturmerkmalen voneinander. Die Ausgestaltung von Performance Measurement-Systemen und deren Subsysteme hängt von unternehmensinternen und unternehmensexternen Kontextfaktoren ab.
- Es besteht ein signifikanter Zusammenhang zwischen der Ausgestaltung von Performance Measurement-Systemen und deren Subsystemen und dem Unternehmenserfolg (Vergleichsmaßstab ist hierbei die durchschnittliche Branchenprofitabilität).

Nachfolgend werden zunächst die Untersuchungsbedingungen festgelegt und der Untersuchungsbezugsrahmen aufgebaut sowie das Grundkonzept des Performance Measurement-Systems modelliert. Anschließend erfolgt die Konzeptualisierung und Operationalisierung der Subsysteme und der Strukturvariablen.

Das Kapitel endet mit der Operationalisierung der Basishypothesen und der Schilderung der Vorgehensweise bei der empirischen Untersuchung.

7.2 Festlegung und Aufbau des Untersuchungsbezugsrahmens und der Untersuchungsbedingungen

7.2.1 Forschungsansatz (situativer Ansatz)

Das Forschungsprojekt orientiert sich (wie die anderen Arbeiten der Stuttgarter Studie, vgl. hierzu die Ausführungen in Kap. 7.6.1) am pragmatischen Wissenschaftsziel, nach dem die empirische Forschung einen zweckbezogenen Prozeß der Erkenntnisgewinnung darstellt. Dabei sollte die Schaffung von konzeptionellem und gestalterischem Wissen vor der alleinigen theoretischen Analyse stehen. Ganz im Sinne *Kaplans* (vgl. *Kaplan* 1993, S. 1ff.) sollen daher die Forschungsaktivitäten im Rahmen der Arbeit, auch aufgrund des hohen Innovationsgehalts des Performance Measurement, „...more like engineering and less like science" sein (*Kaplan* 1993, S. 6). Damit sollen die kreativen Prozesse im Unternehmen unterstützt werden, die für die Entwicklung neuer Systeme notwendig sind (vgl. *Kaplan* 1993, S. 12).

Ziel der Forschungsaktivitäten soll die Formulierung von praxeologischen Aussagen als Leitlinien zur Lösung praktischer Probleme sein. Einen wissenschaftlichen Charakter gewinnen die Aussagen jedoch nicht durch einen konkreten Problembezug, sondern erst wenn sie durch Abstraktion und Verallgemeinerung auf eine Vielzahl ähnlicher Problemstellungen bezogen werden können.

Diese Ökonomisierung individueller Problemlösungen in der Praxis stellt den praktischen Sinn wissenschaftlicher Forschung dar (vgl. *Wild* 1966, S. 84ff., *Grochla* 1972).

Aufgrund der kontextgeprägten Unterschiede der Unternehmen gibt es keine allgemeingültigen Gestaltungsempfehlungen, die in allen Unternehmen zum gleichen Erfolg führen, da spezifische Gegebenheiten die jeweils getroffenen Maßnahmen stark beeinflussen.

Zur Prüfung wann Fälle vergleichbar sind sowie inwieweit Maßnahmen und Vorgehensweisen unternehmensübergreifend eingesetzt werden, eignet sich der kontingenztheoretische Ansatz (*Staehle* 1973 und 1979, *Kubicek* 1980, *Kieser/Kubicek* 1992, *Macharzina* 1995, S. 64f.). Diesem liegt zugrunde, daß Organisationen durch den „Kontext" in dem sie sich befinden beeinflußt werden. Er versucht, die jeweilige Strukturform eines Systems situationsabhängig zu erklären. Strukturelle Unterschiede von Organisationseinheiten resultieren demnach daraus, daß diese sich auf ihre spezifische Situation einstellen. Die situative Analyse wirtschaftlicher Handlungen fördert eine differenzierte, praxisnahe Betrachtungsweise betriebswirtschaftlicher Problem- und Fragestellungen (vgl. *Kieser/Kubicek* 1992 und *Staehle* 1973). Die Hauptthese der situativen Ansätze lautet:

„Es gibt nicht eine generell gültige, optimale Handlungsalternative, sondern mehrere situationsbezogen angemessene" (*Staehle* 1979, S. 218).

Die Annahme der Kontextabhängigkeit von Unternehmen bildet die Grundlage zahlreicher empirischer Forschungsvorhaben der Betriebswirtschaftslehre und wird auch in dem hier dargestellten empirischen Forschungsprojekt als zweckmäßigster Ansatz angesehen (vgl. auch bei *Arnaout et al.* 1997, S. 3).

7.2.2 Forschungsrahmen und Untersuchungsbezugsrahmen der Stuttgarter Studie

Ausgangspunkt der Untersuchung ist ein gedanklicher Bezugsrahmen, der den notwendigen Bestandteil jeder zielgerichteten empirischen Forschung darstellt. Dadurch wird das zu erforschende Problem abgegrenzt und die Randbedingungen der empirischen Erhebung

7. Konzeption der eigenen empirischen Untersuchung

aufgestellt (vgl. *Kirsch* 1971, S. 241f.). Damit läßt sich frühzeitig und systematisch festlegen, welche Daten im Zusammenhang mit der Überprüfung der erwarteten Beziehungen erhoben werden müssen und wie die Ergebnisse zu interpretieren sind.

Der für das Forschungsprogramm des Lehrstuhls Controlling der Universität Stuttgart erarbeitete gemeinsame Bezugsrahmen für die Stuttgarter Studie (vgl. Kap. 7.6.1) dient zur Integration und Einordnung der einzelnen Forschungsvorhaben (neben der Untersuchung zum Performance Measurement fanden Studien zum Prozeßkostenmanagement, zum Target Costing sowie zum Controlling beweglicher Strukturen statt, im Überblick bei: *Horváth et al.* 1999, S. 290ff.).

Er soll eine einheitliche Operationalisierung der grundlegenden, über alle Teilprojekte hinweg gültigen Variablen sicherstellen und bildet somit die Variablenbasis der daraus abgeleiteten Untersuchungen. Die speziellen Bezugsrahmen der einzelnen Forschungsvorhaben ordnen sich in den Gesamtbezugsrahmen ein. Als Gesamtkonzeption verkörpert er den Zusammenhang zwischen den jeweiligen Forschungsgebieten.

In Abb. 7-1 sind die wichtigsten Komponenten des Gesamtbezugsrahmens dargestellt. Den externen Kontext repräsentieren die Umweltfaktoren, den internen Kontext die Unternehmensfaktoren.

Die Untersuchungsobjekte im Rahmen der Stuttgarter Studie sind zum einen das Controllingsystem selbst sowie dessen als relevant angesehene Bestandteile.

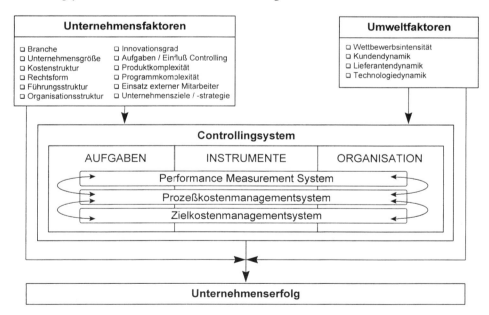

Abb. 7-1: Der Bezugsrahmen der Stuttgarter Studie (vgl. Horváth et al. 1999, S. 292)

Neben den verschiedenen Kontextfaktoren der Umwelt und des Unternehmens sind, auch aufgrund der engen Verbundenheit mit Fragen des Performance Measurement, besonders strategische Aspekte, Teile des Planungs- und Kontrollsystems und des Informationsversorgungssystems sowie Ausgestaltungen des Controllingsystems von großer Wichtigkeit. Auch eine aktivitätsorientierte Kostenrechnung wird aufgrund ihrer starken Output- und Leistungsorientierung als wichtiges Basismodul für ein Performance Measurement-System angesehen. Beide, das Performance Measurement sowie eine aktivitätsorientierte Kostenrechnung, sind wesentliche Bestandteile neuer Management Accounting-Systeme (vgl. *Kaplan* 1995, S. 69). Ein effektives Zusammenwirken ist daher unerläßlich.

Für die Forschungsprojekte der Stuttgarter Studie mußten in einem nächsten Schritt als Grundlage für die empirische Untersuchung die jeweils relevanten Kontextfaktoren identifiziert und operationalisiert werden. Hierbei unterscheidet man die vom Unternehmen beeinfluß- und gestaltbaren Unternehmensfaktoren sowie die vorgegebenen und wenig oder nicht beeinflußbaren Umweltfaktoren.

Da zu den Forschungsteilgebieten (auch zum Performance Measurement), im Gegensatz zu empirischen Untersuchungen über den Einfluß von Kontextfaktoren auf Controllingsysteme (vgl. z.B. *Amshoff* 1993 oder *Niedermayr* 1995), zum Untersuchungsbeginn nur wenige oder keine Erkenntnisse über den Einfluß der Kontextfaktoren vorlagen, mußten durch umfassende Literaturanalysen im Bezug auf die Forschungsprojekte relevante Kontextfaktoren identifiziert werden (vgl. Kap. 7.3.5).

7.3 Modell des Performance Measurement-Systems

7.3.1 Überlegungen zur Systemtheorie und deren Kopplung mit dem Kontingenzansatz

Nach *Ulrich* läßt sich ein Unternehmen als ein System im Sinne einer „geordneten Gesamtheit von Elementen, zwischen denen irgendwelche Beziehungen bestehen oder hergestellt werden können" (*Ulrich* 1970, S. 105) und die ein Beziehungsgefüge erkennen lassen (vgl. *Macharzina* 1995, S. 62) betrachten. Ein solches System beinhaltet Regelsysteme, welche die gezielte Lenkung von Unternehmen ermöglichen sollen (vgl. hierzu auch bei *Schanz* 1997, S. 130ff. sowie die ausführliche Darstellung zum Systemansatz bei *Horváth* 1991, S. 91ff.)

Die Systemtheorie, auf der im wesentlichen das St. Galler Management-Modell aufbaut (vgl. *Ulrich/Krieg* 1974 oder *Bleicher et. al* 1992), konzentriert sich auf die Steuerung des Input eines Systems (zur Erzielung des gewünschten Outputs) und vernachlässigt (zugunsten des zukunftsbezogenen Gestaltungsaspektes) den Erklärungsaspekt. Speziell die damit verbundene Inputsteuerung wird oft kritisiert. *Schanz* stellt beispielsweise die Frage, ob mit Inputmanipulationen notwendige Änderungsprozesse oder Leistungsanreize („individuelle Leistungsbereitschaft") entworfen werden können (vgl. *Schanz* 1997, S. 139).

Die Stärke dieses Ansatzes liegt unzweifelhaft in der Darstellung der Verbindungen der verschiedenen Unternehmensbereiche sowie in der Abbildung der zahlreichen Außenbeziehungen eines Systems, Kritik wird meist aufgrund des hohen Abstraktionsgrades geübt (vgl. *Schanz* 1997, S. 138).

Nachfolgend soll das Performance Measurement eines Unternehmens als System aufgefaßt werden, welches wiederum als Teil der Übersysteme Controlling- und Führungssystem zu verstehen ist (vgl. nochmals die Darstellung in Abb. 7-1).

Ein solches System soll, in Analogie zu ähnlichen Konzepten im Controllingumfeld (vgl. *Horváth* 1991, S. 99), die Analyse und Gestaltung der Performance Measurement-Funktionen unterstützen helfen sowie die verschiedenen Subsysteme, ihre Beziehungen und Funktionen aufzeigen und auf zeitliche Veränderungen zwischen den verschiedenen Systembeziehungen hinweisen.
Besonders sollen die
- Zusammenhänge zwischen der mehr strategisch orientierten sowie der operativen Planung und Steuerung im Performance Measurement untersucht sowie die Verbindungen zum Kennzahlenaufbau und der Pflege der Kennzahlen analysiert werden.
- Ferner ist zu untersuchen, wie der Ablauf eines Performance Measurement gestaltet sein soll und welche Akteure daran teilnehmen bzw. welche Instrumente ablaufunterstützend eingreifen sollen.
- Aspekte der anreizbezogenen Leistungsvorgabe und –beurteilung sind ebenfalls im Kontext des Ablaufs sowie im Zusammenwirken mit anderen Teilfunktionen zu analysieren.

Ergänzend zu den Element- und Subsystembeziehungen innerhalb des Performance Measurement-Systems sollen auch Aussagen zu Einflußgrößen auf die Systemausgestaltung gemacht werden können. Dies macht die Verbindung zwischen dem in Kapitel 7.2.1 beschriebenen Situations- bzw. Kontingenzansatzes und dem Systemansatz erforderlich.
Hinsichtlich der möglichen systembeeinflussenden Faktoren unterscheidet man zwischen internen und externen Komponenten, man spricht auch in manchen Fällen von Unternehmens- und Umweltfaktoren (vgl. *Kieser/Kubicek* 1983, S. 221ff., *Staehle* 1973 oder *Hoffmann* 1980, S. 14ff. und S. 135ff.). Interne Komponenten/Faktoren sind Organisationseigenschaften, die System- bzw. Organisationsunterschiede erklären können und vom Unternehmen selbst beeinflußt werden können (z.B. Rechtsform). Externe Komponenten/Faktoren können vom Unternehmen nicht allein beeinflußt werden, sondern sind sehr stark vom Verhalten anderer Organisationen geprägt (z.B. Wettbewerbsintensität).
In den nächsten Kapiteln erfolgt die Modellkonstruktion eines Performance Measurement-Systems als Grundlage für die empirische Untersuchung und Theoriebildung, die weitere Ausformulierung und Konkretisierung der Hypothesen sowie die Festlegung und Grobskizzierung der relevanten Kontextgrößen.

7.3.2 Modellkonstruktion und Modellbeziehungen
Modelle repräsentieren, indem sie deren formales Gerüst darstellen, ein wichtiges Element jeder Theorie (vgl. *Witte* 1976, Sp. 1267). Speziell die realitätsnahen Erklärungsmodelle vermitteln Informationen über Variablenzusammenhänge und Regelmäßigkeiten sowie Ursache-Wirkungsbeziehungen (vgl. *Witte* 1976, Sp. 1268). Sie erlauben damit die Ableitung verschiedener praxisbezogener Handlungs- und Gestaltungsalternativen. Basierend auf den Modellen lassen sich nach einer empirischen Prüfung der dem jeweiligen Modell zugrundeliegenden Hypothesen Theorien ableiten. Die Theorie selbst ist ein System von Aussagen, das meist mehrere Hypothesen umfaßt (vgl. *Schnell/Hill/Esser* 1995, S. 52). Neben den Hypothesen sind, als grundlegende Komponenten von Theorien, Definitionen erforderlich.

Aufbauend auf den in Kapitel 3.1 erörterten definitorischen Grundlagen in Form der notwendigen Bestandteile und Funktionalitäten von Performance Measurement-Konzepten erfolgt anschließend die Konstruktion des Modellrahmens eines Performance Measurement-Systems.
Jedes der aufgeführten elf Kriterien kennzeichnet ein wichtigen Bestandteil oder eine notwendige Funktionalität von Performance Measurement-Konzepten:

1. Visions- und Strategieanbindung des Konzeptes (Anbindung an strategische Planung) sowie Regelungen zur Planzielvorgabe (vgl. Kap. 3.1.1)
2. Einsatz einer stakeholderbezogenen Zieldifferenzierung (vgl. Kap. 3.1.1)
3. Berücksichtigung mehrerer Leistungsebenen (vgl. Kap. 3.1.1)
4. Beschreibung der Regelungen zum Kennzahlenmanagement (Kennzahlenaufbau und –pflege) (vgl. Kap. 3.1.2)
5. Modalitäten Messung (u.a. Meßzyklen, Meßpunkte) (vgl. Kap. 3.1.3)
6. Vorgehensweise bei der Leistungsbeurteilung und Abweichungsanalyse (vgl. Kap. 3.1.3)
7. Berücksichtigung von Anreiz- und Belohnungsaspekten (vgl. Kap. 3.1.5)
8. Integration eines Reportingkonzeptes (vgl. Kap. 3.1.5)
9. Institutioneller Rahmen (PM-Ablauf und –Beteiligte) (vgl. Kap. 3.1.6)
10. Einsatz von Instrumenten im PM (vgl. Kap. 3.1.7)
11. Verbindung zu einem Performance Management sowie die Integration kontinuierlicher Verbesserungsaspekte (vgl. Kap. 3.1.4)

Basierend auf diesen Funktionalitäten, einer umfassenden Literaturanalyse sowie den eingangs dargestellten definitorischen Grundlagen, ließen sich fünf Subsysteme repräsentierende Variablengruppen eines Performance Measurement-Systems identifizieren, die den strukturellen Kern des Modells darstellen:

- Mit der **Variablengruppe Strategisches Umfeld** sollten wichtige Ausprägungen, bspw. von eingesetzten Kennzahlengruppen und Kennzahlen zur Planung und Steuerung, der Einbeziehung der Stakeholder, differenzierter Zielvorgaben oder von Leistungsebenen, erfaßt werden (beinhaltet die Funktionalitäten 1,2 und 3).
- Die Kopplung mit der operativen Planung und Steuerung sowie deren konkrete Ausgestaltung auf den verschiedenen Leistungsebenen sollte in der **Variablengruppe Operatives Umfeld** erfaßt werden (beinhaltet auch die Funktionalitäten 1 und 3).
- Wie innerhalb des Performance Measurement-Systems Leistung gemessen, beurteilt und belohnt wird ist Gegenstand der **Variablengruppen „Leistungsanreize, -vorgaben und -messung"** (beinhaltet die Funktionalitäten 5, 6, 7, 8 und 11).
- Der Vorgang des Kennzahlenaufbaus im Sinne der Auswahl und der Pflege der Kennzahlen sowie die Bildung von Kennzahlenplanvorgaben ist Inhalt der **Variablengruppe „Kennzahlenaufbau und -pflege"** (beinhaltet die Funktionalität 4).
- Mit der **Variablengruppe Performance Measurement-Umfeld** sollten unterstützende Instrumente und Akteure im Performance Measurement sowie deren Rollen erfaßt werden (beinhaltet die Funktionalitäten 9 und 10).

Die Ausgestaltung der Variablengruppen, nachfolgend Subsysteme genannt, sowie des gesamten Performance Measurement-Systems kann über diese Zusammenfassungen von Funktionalitäten sowie deren genauer Ausprägungen beschrieben und differenziert werden.

Die modellhafte Systemerfassung sollte zum einen die genaue Beschreibung und Differenzierung der Subsysteme umfassen, zum anderen auch die Beziehungen zwischen diesen abbilden können.

Die Abb. 7-2 zeigt den Grundaufbau des Modells des Performance Measurement-Systems. Dieser umfaßt die Darstellung der fünf Subsysteme sowie die Skizzierung der wichtigsten Verbindungen und Zusammenhänge, die nachfolgend kurz erläutert werden sollen (vgl. hierzu nochmals die diesbezüglichen Quellenangaben in Kapitel 3.1 sowie die im Kapitel 7.4 je Subsystem sehr umfassend diskutierten und mit Literaturangaben hinterlegten Sachverhalte):

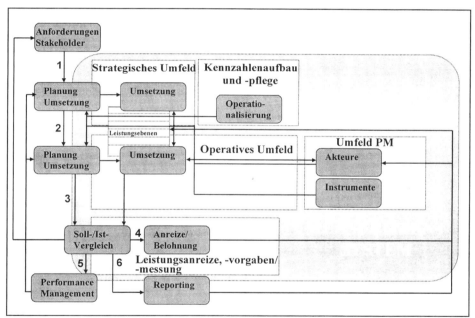

Abb. 7-2: Modell mit Subsystembeziehungen

- Die Anforderungen der verschiedenen Stakeholder führen zu leistungsebenendifferenzierten strategischen Planungen, die detailliert mit Hilfe des Einsatzes von Kennzahlen zunächst operationalisiert und schließlich im Sinne einer Steuerung umgesetzt werden (Schritt 1).
- Diese Umsetzung auf der strategischen Ebene wird eng an die Umsetzung im operativen Umfeld gekoppelt. Hierzu erfolgt neben dem Einsatz verschiedenster Pläne auch die Anwendung von finanziellen und nichtfinanziellen Kennzahlen (Schritt 2).
- Die im Rahmen der strategischen und operativen Planung vorgegebenen Leistungsziele und die realisierten und gemessenen Ergebnisse werden in einem Soll-Ist-Vergleich

gegenübergestellt und leistungsebenenbezogen beurteilt (Schritt 3). Ferner erfolgt ein Abgleich mit den Anforderungen der Stakeholder.
- Als Konsequenz aus der Leistungsmessung und –beurteilung erfolgen Belohnungen oder Sanktionierungen (Schritt 4).
- Bei starken (positiven oder negativen) Soll-Ist-Abweichungen werden Maßnahmen initiiert, die direkt auf die Planungen der nächsten Periode Einfluß nehmen (Schritt 5).
- Ferner werden die Ergebnisse der Leistungsmessung und –beurteilung im Rahmen des Berichtswesens auf unterschiedliche Art und Weise an die Beurteilten auf den verschiedenen Leistungsebenen eines Unternehmens kommuniziert (Schritt 6).
- Die verschiedenen Abläufe und Aktivitäten werden von Akteuren geplant, vollzogen oder koordiniert und
- instrumentenbezogen differenziert unterstützt.

Neben diesen Aktivitäten sind weitere, die Inhalte der Subsysteme beschreibende Strukturmerkmale in das Performance Measurement-Systemmodell einzubinden. Die Variablengruppen bzw. Subsysteme werden dadurch inhaltlich konkretisiert und um Struktur- und Ablaufvariablen (nachfolgend durchgängig als Strukturvariablen bezeichnet) erweitert.
Die verschiedenen Strukturvariablen wurden aufgrund einer umfassenden Literaturanalyse ausgewählt und im Performance Measurement-Kontext beschrieben. Diese Beschreibung stellt die Grundlage für die Operationalisierung der Strukturvariablen dar.
Einen Überblick über die verschiedenen Strukturvariablen gibt die Abb. 7-3. Deren ausführliche Beschreibung und Operationalisierung ist Gegenstand der Ausführungen im Kapitel 7.4.

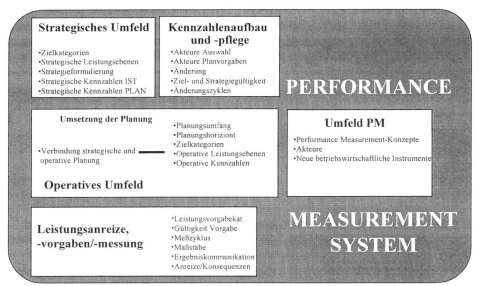

Abb. 7-3: Modell Performance Measurement-System: Subsysteme und Variablen

7.3.3 Untersuchungsbezugsrahmen

Wie im Kapitel 7.2.2 im Zusammenhang mit den Erläuterungen zur Stuttgarter Studie bereits kurz skizziert wurde, stellt ein gedanklicher Bezugsrahmen den Ausgangspunkt einer empirischen Untersuchung dar. Durch die Konzeption und Anwendung eines solchen Rahmens für eine empirische Untersuchung soll die konzeptionslose Ansammlung empirischer Daten verhindert werden.

Dieser enthält die für das Forschungsvorhaben notwendigen Variablen und bildet deren angenommene Zusammenhänge in Form von möglichen Ursachen und erwarteten Ergebnissen ab (vgl. *Kubicek* 1975, S. 34ff.). Der Bezugsrahmen übernimmt für den Forschungsprozeß somit eine wichtige Selektions- und Steuerungsfunktion, indem er die Datenerhebung abzugrenzen hilft sowie die Grundlage für die Ergebnisinterpretation darstellt (vgl. *Kubicek* 1975, S. 39 und *Schmidt* 1972).

Zwei Teilbestandteile des Bezugsrahmens wurden bereits grob konzipiert bzw. formuliert:
- Im vorherigen Kapitel erfolgte die noch modellhafte Konzeption eines Performance Measurement-Systems mit den in Abb. 7-3 beschriebenen fünf Subsystemen sowie den subsystembezogenen Strukturvariablen.
- In den Ausführungen zur Zielsetzung der Studie in Kapitel 1 wurden die beiden Basishypothesen der Untersuchung bereits formuliert.

Noch nicht ausgewählt, diskutiert und operationalisiert wurden die internen und externen Kontextfaktoren (Unternehmens- und Umweltvariablen) der Studie. Diese bilden im Rahmen der Untersuchung die unabhängigen Variablen, während die organisatorischen Ausgestaltungen des Performance Measurement-Systems (wie in einer Basishypothese postuliert) als abhängige Variable betrachtet werden.

Im Verhältnis zu der Ergebnisvariable werden die Variablen des Performance Measurement-Systems allerdings als abhängige Variable bezeichnet.

In der nachfolgenden Abb. 7-4 sind die verschiedenen Untersuchungsvariablen (Struktur- und Kontextvariablen sowie Ergebnisvariable der Performance Measurement-Untersuchung) im Untersuchungsbezugsrahmen im Überblick dargestellt.

Die Verbindung zwischen dem Performance Measurement-System und den Kontextvariablen symbolisiert die in der ersten Basishypothese beschriebenen vermuteten Zusammenhänge (Pfeil 1 in Abb. 7-4).

Die Inhalte der zweiten Basishypothese, des vermuteten unterschiedlichen Erfolgsbeitrags verschiedener Ausgestaltungen des Performance Measurement-Systems, ist durch dessen Verbindung mit der Ergebnisvariable gekennzeichet (Pfeil 2 in Abb. 7-4). Da die Richtung und Stärke dieser Verbindung durch Kontexteinflüsse vermutlich eine Veränderung erfahren kann, ist deren möglicherweise moderierende Wirkung gleichfalls skizziert (Pfeil 3 in Abb. 7-4, Pfeil 4 kennzeichnet den direkten Einfluß der Kontextgrößen auf die Ergebnisvariable).

Grundlegendere und weitergehende Ausführungen zur Ableitung konkreter Untersuchungshypothesen aus den Basishypothesen ist Inhalt des Kapitels 7.5.

Nachfolgend wird die Auswahl der Umwelt und Unternehmensvariablen erläutert bevor in den weiteren Kapiteln die Konzeptionalisierung und Operationalisierung der Subsysteme und deren Strukturvariablen erfolgt. Die konkrete Operationalisierung der Umwelt- und

Unternehmensvariablen wird im Zusammenhang mit der univariaten Ergebnisanalyse erläutert (vgl. Kap. 8.2.1).

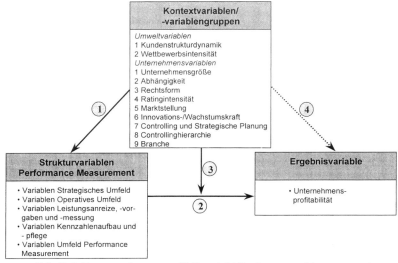

Abb. 7-4: *Bezugsrahmen zum Teilprojekt Performance Measurement*

7.3.4 Auswahl der Umweltvariablen

Zu nennen sind bezüglich umweltrelevanter Faktoren insbesondere die monokausalen Arbeiten von

- *Burns/Stalker* (vgl. *Burns/Stalker* 1961) zum Zusammenhang zwischen Umweltdynamik und Organisationsstruktur,
- von *Lawrence* und *Lorsch* (vgl. *Lawrence/Lorsch* 1967) zur Organisationsgestaltung in Abhängigkeit von der Umweltdynamik und –unsicherheit sowie
- von *Duncan* zur Untersuchung des Zusammenhangs zwischen der Umweltunsicherheit und der Organisationsstruktur (vgl. *Duncan* 1972, S. 313ff.) und von
- *Khandwalla* zum Zusammenhang zwischen wahrgenommener Umweltunsicherheit und Organisationsstruktur (vgl. *Khandwalla* 1974, S. 74ff.).

Die Umweltunsicherheit bezieht sich vielfach auf Merkmale der Marktsituation (vgl. z.B. *Khandwalla* 1974, zitiert nach *Macharzina* 1995, S. 421). Dies läßt sich noch weiter differenzieren in Wettbewerbs- und Kundenmerkmale. Im Rahmen der durchgeführten empirischen Untersuchung wurden als Umweltvariablen die beiden Merkmale Kundenstrukturdynamik sowie die Wettbewerbsintensität berücksichtigt.

Umweltvariable 1: Kundenstrukturdynamik
Die Kundenstruktur ist eine der wichtigsten externen Kontextgrößen für ein Unternehmen und ein wichtiger Faktor bezüglich der Organisationsgestaltung (vgl. bei *Köhler* 1993, S. 138 und *Kieser/Kubicek* 1983, S. 224).

Unter Kundenstruktur kann die anteilige Zusammensetzung verschiedener Kundenkategorien (z.B. Groß- zu Kleinkunden, A-zu-B-zu-C-Kunden, Neukunden- zu Altkunden) in der Grundgesamtheit aller Kunden eines Unternehmens oder einer Organisationseinheit verstanden werden. Diese unterliegt im Zeitablauf einer gewissen Veränderungsdynamik. Aufgrund des empirisch ermittelteten Wissens über die Bedeutung der Umweltdynamik für die Organisationsstruktur (vgl. nochmals oben sowie auch hinsichtlich des Dynamikeinflusses auf das Controllingsystem bei *Amshoff* 1993 sowie *Niedermayr* 1994, S. 143 und S. 335) wird auch bezüglich der Ausgestaltung des Performance Measurement-Systems ein Zusammenhang mit der Kundenstrukturdynamik vermutet.

Umweltvariable 2: Wettbewerbsintensität
Die Wettbewerbsintensität und deren Formen werden als weitere wichtige Einflußgrößen auf die Ausgestaltung des Performance Measurement-Systems sowie der Subsysteme angesehen.
Die Intensität des Wettbewerbs läßt sich durch die Geschwindigkeit in der Vorreiterunternehmen durch Imitation ihre Vorsprunggewinne verlieren charakterisieren (vgl. *Kantzenbach* 1967). Diese Vorsprunggewinne sehen sie einerseits von den bestehenden Unternehmen einer Branche (Anzahl der Wettbewerber) und der branchen internen Rivalität, zum anderen von potentiellen neuen Konkurrenten oder möglichen Ersatzprodukten (vgl. *Porter* 1986, S. 23ff.) bedroht.
Weitere Wettbewerbskräfte, die über die erzielbaren Produkt- oder Dienstleistungspreise, die Kosten und den Investitionsbedarf auf die branchenbezogene Rentabilität wirken, sind die Abnehmer von Produkten sowie die Lieferanten und deren jeweilige Verhandlungsstärke (vgl. *Porter* 1986, S. 23ff.).
Wie zu Beginn dieses Kapitels bereits skizziert, wirkt sich die Unsicherheit hinsichtlich der Umweltentwicklungen auf die Organisationsstruktur eines Unternehmens oder auf andere Organisationseinheiten aus. Diese Unsicherheit selbst hängt stark mit den Faktoren Dynamik und Komplexität zusammen (vgl. hierzu *Duncan* 1972, S. 313ff.) und ist die wesentliche Treibergröße der Wettbewerbsintensität. So wird die wettbewerbsbezogene Unsicherheit z.B. durch die Veränderung der Wettbewerberanzahl (als Dynamikfaktor) oder durch sehr differenzierte Qualitätsanforderungen der Kunden an die Produkte (als Komplexitätsfaktor) beeinflußt.
Die Beeinflussung der Unsicherheit soll über den Einsatz einer geeigneten Wettbewerbsstrategie erfolgen (vgl. *Frese* 1996, S. 3-12ff.).

7.3.5 Auswahl der Unternehmensvariablen
Im Rahmen des kontingenztheoretischen Ansatzes wird, wie dargestellt und bezogen auf das Forschungsprojekt, davon ausgegangen, daß die Ausgestaltung des Performance Measurement-Systems vom jeweiligen situativen Kontext des Unternehmens abhängig ist.
Dadurch werden die Vorteile des Systemansatzes (Kenntnis über Subsysteme, Funktionen und Beziehungen, vgl. nochmals oben) mit den Vorteilen des kontingenztheoretischen Ansatzes verbunden (Analyse der systemrelevanten Einflußfaktoren) (vgl. *Horváth* 1991, S. 100).
Unterschieden wird bezüglich der Einflußfaktoren in den internen (Unternehmen) und externen (Umwelt) Kontext. Während der Situationsansatz offen läßt, ob und inwieweit externe Variablen von Unternehmen beeinflußbar sind, werden im hier Anwendung findenden Kontingenzansatz die Umweltvariablen als Datum angesehen (vgl. *Macharzina* 1995, S. 65).

Auf Basis des kontingenz- bzw. situationstheoretischen Ansatzes gibt es zahlreiche empirische Untersuchungen über die Kontextabhängigkeit von Organisationsstrukturen. Diese lassen sich in monokausale (-variable) und multikausale (-variable) Studien unterteilen (vgl. *Macharzina* 1995, S. 411). Erstere untersuchen Zusammenhänge von einzelnen Kontextvariablen mit abhängigen Strukturvariablen, letztere beziehen sich auf die Untersuchung mehrerer Kontextvariablen (vgl. *Pugh/Hickson* 1976).
Von den elf in der Abb. 7-4 aufgeführten Kontextgrößen lassen sich neun den Unternehmensvariablen zurechnen. Das sind jene Variablen, die vom Unternehmen selbst beeinflußt werden können.

Unternehmensvariable 1: Unternehmensgröße
Ein vermutlich wichtiger Einflußfaktor für die Ausgestaltung eines Performance Measurement-Systems sowie dessen Subsysteme ist die Unternehmensgröße. Untersuchungen haben bereits allgemein bestätigt, daß Größe oftmals eine verstärkte strukturelle Differenzierung mit sich bringt (vgl. *Blau/Schoenherr* 1971, S. 51ff.). Auch im Zusammenhang mit den explorativen Voruntersuchungen wurde bereits deutlich, daß Performance Measurement-Lösungen für kleinere Unternehmen (Fallstudie in Kapitel 6.1) anders zu gestalten sind als für Großunternehmen oder Konzerne (z.B. Fallstudien in den Kapiteln 6.2 und 6.4.4.).

Unternehmensvariable 2: Abhängigkeit
Bei zwei wichtigen Untersuchungen zur Ausgestaltung des Controlling in der deutschen und österreichischen Unternehmenspraxis (vgl. *Amshoff* 1993, S. 146 und *Niedermayr* 1994, S. 146) wurde die Abhängigkeit als wesentliche systemprägende Einflußgröße identifiziert. Grundsätzlich lassen sich diesbezüglich Abhängigkeiten von einem Konzern bzw. einer Muttergesellschaft sowie Abhängigkeiten von anderen Organisationen unterscheiden (vgl. *Pugh et al.* 1969, S. 91ff.). Es liegt demzufolge nahe, auch für das Performance Measurement die Vermutung aufzustellen, daß konzernfreie Unternehmen sich an anderen Erfordernissen bei der Systemgestaltung orientieren als sich in einem Konzernverbund befindliche Organisationen.

Unternehmensvariable 3: Rechtsform
All diejenigen rechtlichen Regelungen, „die einen Betrieb über seine Eigenschaft als Wirtschaftseinheit hinaus auch zu einer rechtlich faßbaren Einheit machen", werden als Rechtsform bezeichnet (vgl. *Schierenbeck* 1998, S. 28). Mit den unterschiedlichen Rechtsformen (bspw. Einzelfirmen, Personen- oder Kapitalgesellschaften) sind verschiedene Merkmale, Rechte und Pflichten, bspw. hinsichtlich der Haftungsregelung, der gewinnsteuerlichen Belastung, des Finanzierungspotentials oder der Leitungsbefugnis, verbunden (vgl. z.B. bei *Kappler/Rehkugler* 1991, S. 171ff. oder *Bea* 1997, S. 446). Diese Unterschiede lassen auch verschiedene Einflüsse auf die Ausgestaltung eines Performance Measurement-Systems vermuten.

Unternehmensvariable 4: Ratingintensität
Eng verbunden mit der gewählten Rechtsform ist das Interesse von Ratingagenturen und Analysten an einem Unternehmen. Besonders börsennotierte Aktiengesellschaften sind oftmals Gegenstand von Beurteilungen oder Bewertungen im Zusammenhang mit einem Stock-Rating. Gegenstand des Ratings ist u.a. ein Managementgespräch (vgl. *Everling* 1995, Sp. 1603ff.). Im Zusammenhang mit der Gestaltung eines Performance Measurement-Systems und dessen Subsysteme wird vermutet, daß die durch die Ratingagenturen oder Analysten durchgeführte mehr oder weniger regelmäßige Leistungsbeurteilung eines Unternehmens oder dessen Bestandteile Niederschlag in besonderen Subsystembestandteilen oder Ausprägungen eines Performance Measurement findet. Als ebenfalls stark systemprägende, mit den Ratingaktivitäten verwandte Aktivitäten, werden regelmäßige oder unregelmäßige Teilnahmen an Quality-Awards betrachtet.

Unternehmensvariable 5: Marktstellung
Zwei wichtige Kriterien bestimmen die Attraktivität eines Geschäftsfeldes und bilden dessen Beurteilungsraster: Der Marktanteil (in Form des relativen Marktanteils = Marktanteil des Unternehmens/Marktanteil des stärksten Konkurrenten) sowie das voraussichtliche jährliche Marktwachstum (vgl. *Köhler* 1993, S. 31 und die grundsätzlichen Überlegungen im Zusammenhang mit der Marktanteil-Marktwachstums-Matrix bei *Hedley* 1977, S. 10ff., *Marr/Picot* 1991, S. 668ff. oder *Macharzina* 1995, S. 291ff.). Letzteres ist ein Indikator für die produktbezogene Lebenszyklusphase.
Mit der Berücksichtigung des empirischen Wissens und der Erkenntnisse bezüglich Lebenzyklen (vgl. *Brockhoff* 1974, Sp. 1763ff.) und Erfahrungskurven (vgl. *Henderson* 1974 sowie bei *Schweitzer* 1994, S. 611f.) lassen sich unter Heranziehung dieser beiden Kriterien strategische Empfehlungen für Geschäftsfelder oder Unternehmen treffen. Besonders mit der Marktanteil-Marktwachstums-Matrix werden, basierend auf dem aktuellen oder zukünftigen Marktwachstum, Aussagen über die Stellung im Lebenszyklus sowie den Investitionsbedarf gemacht.
Beide Kriterien, der Marktanteil und das Marktwachstum, beeinflussen stark die Ausgestaltung des Führungssystems und der Führungskennzahlen, was eindrucksvoll durch die hohe Akzeptanz empirisch gestützter Programme zur Ermittlung der Haupteinflußgrößen der Erfolgsentstehung unterstrichen wird (bspw. das PIMS-Programm, vgl. z.B. *Wakerly* 1984. Hervorgehoben wurde in den PIMS-Studien immer wieder die hohe Bedeutung des Marktanteils für den Unternehmensgewinn [vgl. *Köhler* 1993, S. 30]).
Zusammengefaßt können die Kriterien als Marktstellung bezeichnet werden (vgl. *Köhler* 1993, S. 30), der als wichtiger Kontextfaktor ein hoher Einfluß auf das Design eines Performance Measurement zugebilligt wird.

Unternehmensvariable 6: Innovations- und Wachstumskraft
Hinsichtlich des Zusammenhangs zwischen überdurchschnittlichen Wachstumsraten bzw. der Innovationsfähigkeit eines Unternehmens, gemessen auf Basis des Umsatzwachstums bzw. der Neuerungsrate, und dem Entwicklungsstand des Controlling wurden in einer anderen empirischen Untersuchung bereits (im übrigen nicht bestätigte) Korrelationen vermutet (vgl. *Niedermayr* 1994, S. 155 und S. 337).

Neben dem Wachstum durch Innovationen werden in dieser Variablen auch Umsatzsteigerungen durch Akquisitionen mitberücksichtigt.
Die Vermutung von Zusammenhängen zwischen der Innovations- und Wachstumskraft und dem Performance Measurement-System gründet auf Überlegungen, daß das Entwicklungsstadium einer Organisation ein wesentlicher Einflußfaktor für die Gestaltung der Organisation ist (vgl. die Diskussion sowie die Literaturangaben bei *Niedermayr* 1994, S. 152ff.). Reife, wenig flexible Unternehmen haben demnach vermutlich andere Anforderungen an die Ausgestaltung des Führungssystems sowie dessen Subsysteme als junge, sehr dynamische und hoch flexible Organisationen. Dies wird auch bezüglich des Performance Measurement-Führungssubsystems unterstellt.

Unternehmensvariable 7: Controlling und Strategische Planung
Die Berücksichtigung dieser Kontextgröße ist besonders vor dem Hintergrund des Begehrens vieler (primär intern ausgerichteter klassischer) Controller zu sehen, ihren Aufgabenbereich auf die extern orientierte strategische Planung auszudehnen (vgl. *Pfohl/Zettelmeyer* 1993, S. 610). Die Unterstützung der strategischen Planung durch das Controlling ist, wie verschiedene empirische Untersuchungen zeigen, mittlerweile ein wichtiger Bestandteil der Controllerarbeit (vgl. bereits bei *Hahn* 1978 sowie *Niedermayr* 1994, S. 215, *Stoffel* 1995, S. 159, *Hahn* 1997, S. 38).
Aufgrund der stark ausgeprägten strategischen Komponenten im Performance Measurement kann demzufolge auch ein hoher Einfluß des Controllers auf das strategische Subsystem im Performance Measurement-System unterstellt werden. Dieser Einfluß schlägt sich vermutlich in Abhängigkeit des Einflußgrades in unterschiedlichen Ausgestaltungsvarianten insbesondere des strategischen Subsystems sowie des Gesamtsystems und der weiteren Subsysteme nieder.

Unternehmensvariable 8: Controllinghierarchie
Ein wichtiger Akteur im Performance Measurement im Sinne eines Aufbau- und Ablaufkoordinators ist der Controller (vgl. *Grady* 1991, *Kaplan/Norton* 1997a, S. 300 und *Gleich/Haindl* 1996, S. 270). Die Bedeutung des Funktionsträgers „Controller" im Unternehmen läßt sich, neben der Aufgabenbreite, auch durch die Stelle und Form der Verankerung der Controllingfunktion in die Unternehmensorganisation definieren. Zu klären sind hierbei Fragen der Zentralisation vs. der Dezentralisation (vgl. *Horváth* 1991, S. 774ff.), der Funktionalisierung (Einlinien- vs.- Stab-Linien- vs. Matrixorganisation) sowie der Delegation (vgl. hierzu bei *Hill/Fehlbaum/Ulrich* 1981, S. 224ff.).
Eng verbunden mit diesen Fragestellungen ist die hierarchische Einordnung des Controllerbereichs. Empirische Untersuchungen haben bestätigt, daß der Koordinationserfolg des Controlling umso geringer ausfällt, je niedriger die hierarchische Einordnung erfolgt (vgl. *Niedermayr* 1994, S. 122 sowie S. 339).
Hinsichtlich des Performance Measurement-Systems und dessen Ausgestaltung werden in Abhängigkeit von der Hierarchieebene des Controlling stark unterschiedliche Ausprägungen erwartet.

Unternehmensvariable 9: Branche
Ebenfalls im Zusammenhang mit den explorativen Voruntersuchungen fielen branchenunterschiedliche Anforderungen an Performance Measurement-Konzeptionen auf. Grundsätzliche branchenbezogene Unterschiede wurden beispielsweise bei der Gestaltung eines Performance Measurements für den Controllerbereich deutlich. Während in einem sehr großen internationalen Konzern die Anbindung an Konzernvisionen und -strategien eine hohen Stellenwert hatte (vgl. Kap. 6.4.6), war für einen mittelständischen Sondermaschinenbauer die Operationalisierung der Konzeption wichtiger (vgl. Kap. 6.4.5.). Strategische Fragestellungen wurden (ob zu recht oder zu Unrecht soll hier nicht erörtert werden) als eher unbedeutend eingestuft.
Diese Branchenunterschiede konnten auch durch die in Kapitel 4.2 erläuterten sehr unterschiedlichen Performance Measurement-Konzepte bestätigt werden. Aus diesem Grund wurde die Variable *Branche* als Kontextgröße zunächst herangezogen, in späteren Analysen aufgrund der geringen Fallzahlen jedoch nicht weiter berücksichtigt.

7.4 Konzeptionalisierung und Operationalisierung der Subsysteme

7.4.1 Subsystem Strategisches Planungs- und Steuerungsfeld

Der strategischen Planung kommt im Unternehmen die Definition von Ziel- und Aktionsräumen zur Sicherung sowie zur Erschließung von Erfolgspotentialen zu (vgl. *Zahn* 1989b, Sp. 1904). *Hinterhuber* bezeichnet die strategische Planung als den Prozeß, „... durch den über die Fortbildung einer oder mehrerer unternehmerischer Ideen die langfristigen Zielpositionen in der Zufriedenstellung der Stakeholder fixiert und die zu deren Erreichung notwendigen Ressourcen, Mittel und Verfahren bestimmt werden" (*Hinterhuber* 1996, S. 45).
Hahn bezeichnet die strategische Planung daher als Zielerreichungsplanung. Unter Beachtung der generellen Ziele werden dabei die langfristig angestrebten Produkte und Leistungen festgelegt (vgl. *Hahn* 1996, S. 100).
Nach *Anthony* beinhaltet der strategische Planungsprozeß (als Vorläufer des Management Control- sowie des Operational Control-Prozesses) Überlegungen und Entscheidungen bezüglich der Unternehmensziele, -strategien und politischen Ausrichtungen (vgl. *Anthony* 1965, S. 22 und *Anthony/Govindarajan* 1998, S. 6f.).
Als Strategien werden grundlegende Vorgehensweisen zur Gestaltung der Unternehmensentwicklung bezeichnet (vgl. *Hahn* 1996, S. 101, vgl. weitere deutsche und angloamerikanische Strategiedefinitionen bei *Wege/Al-Lahman* 1992, S. 166ff.).
Die verschiedenen Strategiedefinitionen lassen sich grundsätzlich hinsichtlich dreier Punkte unterscheiden:
- Nach der Breite des Strategiebegriffes (d.h. Bestandteile der Strategie),
- den Komponenten des Strategiebegriffes (d.h. Aktionsfelder) sowie
- dem Umfang des Strategiebildungsprozesses (vgl. *Hofer/Schendel* 1978, S. 14ff. und *Günther* 1991, S. 35f.).

Nachfolgend werden im Überblick die Aktionsfelder und Phasen der strategischen Planung dargestellt. Die für die empirische Untersuchung zum Performance Measurement wichtigen Bestandteile der strategischen Planung werden als Strukturvariablen anschließend konzeptualisiert und operationalisiert.

7.4.1.1 Grundlagen: Ablauf, Inhalte und Konzepte der strategischen Planung

Existiert keine strategische Planung, werden Strategien nur indirekt oder überhaupt nicht formuliert. Dies kann unterschiedlichste Gründe haben (z.B. Eigenart des Geschäftes, Planung erst im Aufbau, vgl. dazu *Günther* 1991, S. 136).

Bei Anwendung einer strategischen Planung lassen sich meist vier bzw. fünf wesentliche Planungsphasen bestimmen (vgl. *Zahn* 1989b, Sp. 1910ff, ähnlich bei *Welge/Al-Laham* 1997, S. 792 sowie bei *Eschenbach* 1997, S. 98):

1. Hinterfragen der strategischen Grundhaltung,
2. Analyse des Planungsfeldes,
3. Gestaltung des Planungsfeldes,
4. Umsetzung der Planung sowie Kontrolle der Planung.

Diese Planungsphasen werden nachfolgend inhaltlich dargestellt und erörtert.

7.4.1.1.1 Hinterfragen der strategischen Grundhaltung

Eine strategische Grundhaltung stellt die Weltsicht sowie das Selbstverständnis eines Unternehmens dar (vgl. *Zahn* 1989b, Sp. 1911).

Dazu sind Aussagen bezüglich der Unternehmensphilosophie (unternehmenspolitische Grundsätze und Werte) sowie die Unternehmensmission/-vision (Auftrag bzgl. Produkte, Märkte, Ressourcen) festzulegen. Diese Aussagen können auch als Unternehmenspolitik bezeichnet und in einem Leitbild festgehalten werden (vgl. *Hinterhuber* 1996, S. 43).

Besonders im Zusammenhang mit der Unternehmensvision sind die unternehmensbezogenen Zukunftsbilder zu beschreiben. Dazu gehören die Charakterisierung des Zwecks, der Ziele sowie des Selbstverständnisses eines Unternehmens (vgl. *Rühli* 1990, S. 112ff.).

Die Unternehmensphilosophie dient dazu, die gesellschaftliche Verantwortung eines Unternehmens zu definieren. Hierbei erfolgt auch die Festlegung der Beziehungen und der Verhaltensweisen des Unternehmens gegenüber den Anteilseignern und den verschiedenen Anspruchsgruppen (vgl. *Bleicher* 1996, S. 2-3 sowie die umfassenden Ausführungen zu den Anspruchsgruppen in Kap. 7.4.1.2).

7.4.1.1.2 Analyse des Planungsfeldes

Nach der Festlegung der strategischen Aktionsräume sind diese hinsichtlich möglicher Aktivitäten zu untersuchen. Eine solche Analyse des Planungsfeldes umfaßt eine Umwelt-, Branchen- und Unternehmensanalyse sowie eine Lageprognose mit dem Abschätzen von Chancen bzw. Risiken, Stärken und Schwächen sowie bspw. der Untersuchung von Problemen oder Interessen (vgl. *Zahn* 1989b, Sp. 1912 sowie *Hinterhuber* 1996, S. 119ff. und *Porter* 1980, S. 47ff.). Dabei sollen z.B. Marktnischen mit günstigen Gewinnaussichten entdeckt werden (vgl. *Hinterhuber* 1996, S. 115).

Besondere Schwierigkeiten macht hierbei die Abschätzung diverser externer Faktoren, die einem zunehmenden Wandel ausgesetzt sind. Hierzu zählen Änderungen im politischen, ökonomischen, sozialen, technologischen und wettbewerblichen Umfeld (vgl. die Zusammenstellung bei *Harris* 1998, S. 19ff. und die dortigen weiteren Literaturhinweise). Um diese ständigen Änderungen inhaltlich bewältigen zu können, müssen strategische Planungs- und Analysesysteme eine flexible Anpassung an sich ändernde Gegebenheiten erlauben. Jährlich fortgeschriebene strategische Planungen mit einem festgelegten Planungsprozeß

können diese Anforderungen nicht bewältigen und sollten durch mehr unternehmerische und wettbewerbsbezogene Vorgehensweisen ersetzt werden (vgl. *Mintzberg* 1978, zitiert nach *Harris* 1998, S. 19). *Mintzberg* greift diese Überlegungen später nochmals auf und definiert drei irrtümliche Annahmen im Zusammenhang mit der strategischen Planung (vgl. *Mintzberg* 1994, S. 221ff. sowie *Zahn* 1997, S. 76):
- Den Irrtum der Voraussicht und Vorherbestimmbarkeit,
- den Irrtum der Isolierbarkeit (Trennung Strategiefindung und –implementierung bzw. planning and control) und
- den Irrtum der Formalisierung der Strategiefindung.

7.4.1.1.3 Gestaltung des Planungsfeldes

Im Rahmen der Analyse des Planungsfeldes erfolgt in wechselseitiger Beeinflussung die Zielfestlegung und Strategieformulierung (vgl. *Zahn* 1989b, Sp. 1913).

7.4.1.1.3.1 Unterschiedliche Zieldefinitionen

Bezüglich der Formulierung und Festlegung betriebswirtschaftlicher Ziele lassen sich drei Dimensionen unterscheiden: Der Inhalt, das angestrebte Ausmaß sowie der zeitliche Bezug der Ziele (vgl. *Heinen* 1991, S. 14, *Hahn* 1996, S. 16, *Ulrich* 1990).
Inhaltlich lassen sich grob Sach-, Formal- und Sozialziele unterscheiden (vgl. *Bleicher* 1996, S. 2-5). Alle Kategorien werden in einem Unternehmen zur Erhaltung und erfolgreichen Weiterentwicklung verfolgt:
- Sach- (oder Leistungs-) ziele beziehen sich auf reale Objekte und Aktivitäten des Unternehmensprozesses (i.d.R. nichtmonetäre Ziele hinsichtlich des Produktprogramms) (vgl. *Horváth* 1991, S. 181 nach *Kosiol* 1966, S. 212).
- Formal- (oder Wert-) ziele beziehen sich auf Erfolgs- oder Liquiditätsaspekte von Handlungsalternativen (monetäre Ziele hinsichtlich Ergebnis, Ergebniskomponenten und Liquidität) (vgl. *Horváth* 1991, S. 181).
- Sozial- (oder Human-) ziele haben als Bezugspunkt mitarbeiter-, gesellschafts- oder umweltbezogene Verhaltensweisen (monetäre und nichtmonetäre Ziele hinsichtlich einiger Stakeholder) (vgl. *Hahn* 1996, S. 17)

Zeitlich läßt sich zwischen lang- und kurzfristigen Zielen unterscheiden. Grenzt man nach dem Ausmaß der geplanten Systemänderung ab, ist eine Abstufung in strategische, operative und taktische Ziele denkbar (vgl. *Horváth* 1991, S. 179 und *Bleicher* 1996, S. 2-5). Strategische Ziele lassen sich wiederum aus den Ansprüchen der Stakeholder ableiten. Sie können dann wieder den Charakter von Wert- bzw. Formalzielen (z.B. Rendite, Ergebnis- oder Marktanteilsziele) oder Sachzielen (z.B. Kundensegmente, strukturelle Ziele, Kooperationsziele) haben (vgl. *Niedermayr* 1994, S. 94).
Günther untersuchte verschiedene Studien der empirischen Zielforschung und kommt dabei zum Schluß, daß das Formalziel Gewinnmaximierung nur eines von mehreren Unternehmenszielen darstellt. Jedoch wird in allen analysierten Studien (vgl. *Heinen* 1971, *Kaplan/Dirlam/Lanzilotti* 1958, *Raia* 1965 und *Kirsch et al.* 1975) das Gewinnstreben am häufigsten als Ziel genannt, was sich auch bei einer ordinalen Skalierung entsprechend niederschlägt (vgl. *Günther* 1991, S. 14ff). In allen vier Studien wird noch der Marktanteil als

Ziel genannt, in drei der Studien auch die soziale Verantwortung gegenüber der Belegschaft (vgl. *Günther* 1991, S. 15).
Demnach kann man bezüglich der Praktiken im Unternehmensumfeld von einem mehrdimensionalen Zielsystem ausgehen. Man spricht auch von einem Zielbündel (vgl. *Fritz* 1992, S. 217 sowie *Staehle* 1989, S. 405ff.).
Günther bildet auf Basis seiner Analysen ein aus seiner Sicht generell gültiges System (vgl. *Günther* 1991, S. 18f.). Oberste Unternehmensziele sind darin das Gewinnstreben, die Existenzsicherung sowie die Liquidität. Diesen Oberzielen sind Subziele untergeordnet. Im Fall des Gewinnes sind diesem Oberziel insgesamt dreizehn Subziele zugeordnet. Diese finanziellen sowie nichtfinanziellen Ziele, wie z.B. die Kunden- oder Mitarbeiterzufriedenheit oder die unternehmerische Leistungserstellung, führen wieder dazu oder sollen dazu führen, daß die Gewinne im Unternehmen maximiert werden (vgl. hierzu auch *Homburg* 1995, S. 157 und *Gutenberg* 1983, S. 465 sowie die Ausführungen in Kap. 8.2.2).
Bezüglich der unterschiedlichen Zielinitiatoren und Interessengruppen im Unternehmen kann man ebenfalls unterschiedliche Zielkategorien definieren. So läßt sich differenzieren in (zumeist vorwiegend finanzielle) Ziele der Eigentümer bzw. Eigenkapitalgeber (Shareholder) und Ziele der weiteren Anspruchsgruppen (Stakeholder) (vgl. *Hinterhuber* 1996, S. 2, *Hahn* 1996, S. 12 sowie die Ausführungen in Kap. 7.4.1.2).

7.4.1.1.3.2 Strategiebildung/-formulierung und Strategiekonzepte

Die Strategieentwicklung und Operationalisierung findet vorwiegend auf der Geschäftsfeldebene statt (vgl. *Zahn* 1989b, Sp. 1913, *Niedermayr* 1994, S. 94 und *Hahn* 1996, S. 100 sowie *Anthony/Govindarajan* 1998, S. 60ff.). Weitere strategische Planungsebenen sind denkbar (vgl. die Ausführungen in Kap. 7.4.1.3). Dabei finden unterschiedliche Strategiekonzepte, bspw. Portfolioanalysetechniken und eine darauf basierende Ableitung von Normstrategien, Anwendung (vgl. unten).
In der Literatur existiert mittlerweile eine Vielzahl von Strategiekonzepten. Darunter lassen sich solche unternehmerischen Führungskonzepte subsumieren, die strategischen Unternehmenszielen und deren Erreichung dienen (vgl. *Eschenbach* 1997, S. 96).
Eschenbach und *Kunesch* beziehen sich auf *Malik* (vgl. *Malik* 1992, S. 37ff. und 173f.) und differenzieren in zwei den Strategiekonzepten zugrundegelegten Managementtheorien,
- das konstruktivistische Paradigma und
- das systematische Paradigma.

Dem konstruktivistischen Denken liegt die Vorstellungswelt der klassischen Mechanik zugrunde. Im Vordergrund stehen die Hilfe für die Wirtschaftspraxis sowie der Glaube an das Machbare (vgl. *Eschenbach* 1997, S. 98).
Im systematischen Paradigma stehen Beziehungen zwischen dem System des Unternehmens und seinen Umsystemen im Mittelpunkt. Im Vordergrund stehen daher die Analyse von Systemstrukturen sowie die Untersuchung von Verhaltensmöglichkeiten (vgl. *Malik* 1992, S. 173f.). Aufgrund der systemtheoretischen Unmöglichkeit der Steuerung und Kontrolle „...reduziert sich Strategie dabei auf die Steuerung auf Metaebene im Sinne der Konditionierung des Unternehmens mit dem Ziel maximaler Anpassungsfähigkeit" (*Eschenbach* 1997, S. 98).

Eschenbach und *Kunesch* ordnen die zwölf ihrer Meinung nach wichtigsten Strategiekonzepte diesen Richtungen zu, wobei sie von einer strengen Klassifizierung zugunsten einer tendenziellen Einteilung Abstand nehmen (vgl. *Eschenbach/Kunesch* 1994, S. 6ff.).
Bezüglich der Planungsphilosophie grenzen sie das
- synoptische Vorgehen vom
- inkrementalen Vorgehen ab (vgl. auch bei *Hinterhuber* 1990, S. 72ff.).

Inkrementale Planung wird durch die Machbarkeit dominiert, demzufolge orientieren sich inkremental ausgerichtete Konzepte nicht an generellen strategischen Zielen. Demgegenüber geht man beim synoptischen Planungsansatz von einem revolutionären Gestaltungsanspruch aus. Hierbei dominiert das strategische Ziel, Umsetzbarkeit und Machbarkeit werden diesem Ziel untergeordnet (vgl. *Eschenbach/Kunesch* 1994, S. 7).
Inhaltlich lassen sich die Strategiekonzepte in
- Total- und
- Partialmodelle unterscheiden.

Totalmodelle beinhalten Aussagen und Lösungen zu allen Aspekten des strategischen Managements (Analyse Umfeld und Unternehmen, Strategiefindung, Durchsetzung und Kontrolle). Partialmodelle beschränken sich dagegen nur auf einzelne Ausschnitte (vgl. *Eschenbach/Kunesch* 1994, S. 7).

Management-ansatz	Autoren/Konzept	Modellumfang
Systemisch / Konstruktivistisch	*Porter* (1980, 1985, 1990)	Partialmodell
	Drucker (1973, 1986, 1993)	Partialmodell
	Hax/Majluf (1988)	Totalmodell
	Hinterhuber (1996)	Totalmodell
	Gälweiler (1986, 1990)	Totalmodell
	Ansoff (1981, 1991)	Partialmodell
	Pümpin (1986, 1992)	Totalmodell
	Turnheim (1988, 1993)	Totalmodell
	Probst/Gomez (1989)	Totalmodell
	Malik (1992)	Totalmodell
	Ulrich (1970, 1987)	Totalmodell
	Mann (1987, 1988)	Partialmodell
Strategische Einflußgrößen	PIMS (*Buzzell/Gale* 1989) Erfahrungskurve (*Henderson* 1974) Produktlebenszyklus (vgl. z.B. *Pfeiffer/Bischoff* 1981) Portfoliokonzept (vgl. z.B. *Macharzina* 1995)	

Abb. 7-5: Grundsätzliche Strategiekonzepte und strategische Einflußgrößen (vgl. in Anlehnung an Eschenbach/Kunesch 1994, S. 8-22)

Abb. 7-5 gibt einen Überblick über die untersuchten Konzepte und deren grundsätzliche Einordnung.
Strategische Konzepte und Verhaltensweisen sollten nicht isoliert betrachtet werden. Statt dessen wird eine Kombination einzelner Konzepte und Kategorien empfohlen (vgl. *Pümpin* 1989, Sp. 1922), beispielsweise unter Einsatz eines morphologischen Kastens.
Nur diejenigen Instrumente und Konzepte finden jedoch Eingang in die Planungspraxis, die einfach und unkompliziert anwendbar sind (vgl. *Coenenberg/Günther* 1990, S. 464). Dies trifft am ehesten auf die klassische Portfolioanalyse sowie Stärken-Schwächen-Analysen zu. Insgesamt haben Planungsinstrumente und Strategiekonzepte in der Unternehmenspraxis noch wenig Fuß gefaßt (vgl. *Niedermayr* 1994, S. 220f.).
Auch die Verfolgung der Produktlebenszyklen, die Analyse von Erfahrungskurveneffekten sowie die Beteiligung an der PIMS-Studie werden in der Unternehmenspraxis nur selten konsequent durchgeführt (26% bzw. 43% bzw. 5% der von *Günther* befragten Unternehmen, vgl. *Günther* 1991, S. 167ff. sowie bei *Welge/AL-Laham* 1997, S. 798).

7.4.1.1.4 Umsetzung der Planung: Kopplung strategische und operative Planung sowie Kontrolle

Die erfolgreiche Realisierung einer Strategie ist eng mit der Plandurchsetzung verbunden. Dazu sind Implementierungsmaßnahmen erforderlich (vgl. *Zahn* 1989b, Sp 1912-1914).
Diese umfassen die Kopplung der strategischen Planung mit einer operativen Maßnahmenplanung sowie mit der Budgetierung bzw. der Ergebnis- und Finanzplanung. Das Ziel der operativen Planung ist die Erreichung der gesteckten Ziele, aufbauend auf der generellen Zielplanung sowie der strategischen Planung (vgl. *Hahn* 1996, S. 101).
Inhaltlich umfasst die operative Planung die Bestandteile Ziel-, Maßnahmen- und Aktionsplanung, Ressourcenplanung sowie Terminplanung (vgl. *Niedermayr* 1993, S. 98). Dadurch lassen sich Strategien in meßbare Meilensteine zerlegen und die operative Planung strategisch legitimieren (vgl. *Coenenberg/Baum* 1987, S. 43). Vorschläge und Ausgestaltungen der operativen Planung sollten sich daher an den strategischen Planvorgaben ausrichten (vgl. *Perlitz* 1989, Sp. 1303 sowie die weiteren Ausführungen in Kap. 7.4.2).
Im Gegensatz zur Formulierung der Strategien ist die Strategieumsetzung keine unternehmerische, sondern eine administrative Angelegenheit (vgl. *Hinterhuber* 1996, S. 48). Wichtig ist daher auch die organisatorische Ausgestaltung der Planung. Der Erfolg einer Planungsumsetzung ist des weiteren stark mit einer durchgängigen Mitarbeitereinbeziehung verbunden. Eine solche kann realisiert werden, indem Mitarbeiter der zweiten und dritten Führungsebene bereits in die strategische Planung eingebunden werden. Dies schafft Akzeptanz auf den ausführenden Ebenen und gewährleistet eine höhere Planerfüllung.
Eine wesentliche Aufgabe der obersten Führungsebene besteht folglich darin, die Mitarbeiter auf allen Führungsebenen dahingehend zu motivieren, daß diese ihren Beitrag zur Strategieumsetzung leisten (vgl. *Hinterhuber* 1996, S. 48).
Eng verbunden mit der Realisation der Planung sind alle Steuerungsaktivitäten. Diese sind umso mehr notwendig, wie Störungen, Fehler oder Abweichungen unterschiedlichster Art auftauchen und die Planumsetzung erheblich erschweren.
Steuerung ist „die detaillierte Festlegung und die Veranlassung der Durchführung des Entscheidungsergebnisses" (vgl. *Hahn* 1996c, S. 3-45) im Sinne eines zielführenden Eingriffs (vgl. *Schweitzer* 1997, S. 26 sowie die ausführlichen Darstellungen auf S. 90ff.).

Der deutsche Terminus „Steuerung" entspricht dem englischen „control". In seiner breitesten Interpretation ist „control" als Prozeß aufzufassen „der die Erreichung der geplanten Ziele sicherstellen bzw. wahrscheinlicher machen soll" (*Zahn* 1997, S. 67 sowie *Anthony/Govindarajan* 1998, S. 1ff.). Dieser Prozeß umfaßt beispielsweise das Messen und Bewerten von Leistungen, Abweichungsanalysen oder die Initiierung von Korrekturmaßnahmen.

Die eigentliche Kontrolle als geordneter, laufender und informationsverarbeitender Prozeß bezieht sich lediglich auf den Vergleich von Plan- und Istgrößen zur Ermittlung und Analyse von Abweichungen (vgl. *Schweitzer* 1997, S. 99) im Sinne einer vergangenheitsorientierten (feed back) Ergebniskontrolle sowie (im weiteren Ausbau) einer zukunftsorientierten (feed forward) Planfortschrittskontrolle (vgl. *Zahn* 1997, S. 90).

Die Kontrolle im Rahmen der strategischen Planung erweist sich allerdings als schwierig. Dies liegt vorwiegend zum einen an zeitlichen Gründen (Verzögerung der Strategieauswirkungen, vgl. *Zahn* 1989b, Sp. 1914), zum anderen an Schwierigkeiten bei der Operationalisierung der Ziele, der Zielerreichung und der Strategiebewertung (vgl. *Horváth* 1994a, S. 241).

Wichtige Hilfestellung können im Rahmen der Steuerung ein Controllingsystem sowie dessen Funktionsträger leisten. Im Gegensatz zum klassisch operativ ausgerichteten Controller widmet sich der strategische Controller der methodensystem- und informationsbezogenen Unterstützung der strategischen Führung hinsichtlich deren Aufgabenwahrung (vgl. *Horváth* 1994a, S. 238). „Strategisches Controlling ist die Koordination von strategischer Planung und Kontrolle mit der strategischen Informationsversorgung. Konkret bedeutet dies insbesondere die Wahrnehmung der Planungsmanagementaufgaben in bezug auf die strategische Planung (*Horváth* 1994a, S. 239).

Ebenso wie die Planungs- und die anschließend dargestellten Kontrollaufgaben ist die Steuerung eine Führungsaufgabe, die auf Dauer einer organisatorischen Regelung bedarf. Das Planungs-, Steuerungs- und Kontrollsystem sollte demnach dem Organisationssystem deckungsgleich entsprechen (vgl. *Hahn* 1974 sowie *Kern* 1971).

7.4.1.1.5 Zusammenfassung: Strategische Planungsphasen und Planungsbestandteile sowie relevante Komponenten für das Performance Measurement

In Abb. 7-6 werden die einzelnen Phasen und verschiedenen Phasenbestandteile zusammenfassend dargestellt.

Das Performance Measurement hat eine enge Verzahnung mit der strategischen Planung (vgl. nochmals Kap. 3.1.1). Insbesondere in den Phasen der Gestaltung des Planungsfeldes, der Umsetzung der Planung sowie der Kontrolle der Planung erfolgt eine enge Kopplung.

Sechs wesentliche Strukturvariablengruppen sind hierbei zu berücksichtigen und für die empirische Befragung zu operationalisieren:
- Strukturvariablengruppe Stakeholder,
- Strukturvariablengruppe strategische Leistungsebenen,
- Strukturvariablengruppe Zielkategorien,
- Strukturvariablengruppe Strategieformulierung und Zielabstimmung,
- Strukturvariablengruppe strategische Kennzahlenkategorien sowie
- Strukturvariablengruppe Verbindung strategische und operative Planung.

In den nachfolgenden sechs Kapiteln werden die Variablen auf Basis der Performance Measurement- sowie der strategischen Planungsliteratur umfassend diskutiert und abschließend jeweils operationalisiert.

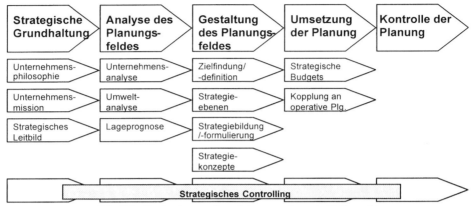

Abb. 7-6: *Strategieprozeß und dessen relevante Teilaspekte*

7.4.1.2 Strukturvariablengruppe Stakeholder

Nicht nur Shareholder und Eigentümer beeinflussen die Zielplanung von Unternehmen stark. Auch die anderen Stakeholder wirken zunehmend nachhaltig bei der Zielbildung mit (vgl. die Studien von *Lingle/Schiemann* 1996 und *Welge/Al-Laham* 1997). Alle für den Bestand eines Unternehmens wichtigen Gruppen können als Stakeholder bezeichnet werden (vgl. *Liebl* 1997, S. 16). Das Unternehmen repräsentiert die Schnittstelle, die die Ansprüche und Leistungen der verschiedenen Stakeholder koordiniert und dazu ein dichtes Beziehungsnetz mit vielen Zusammenhängen unterhält (vgl. *Liebl* 1997, S. 16)

Speckbacher zeigt auf, daß in Erweiterung der eigentümerfokussierten „klassischen kapitalistischen Unternehmung" mit vertraglich klar geregelten Gruppenansprüchen (nach *Alchian/Demsetz* [1972]), in neueren Arbeiten zur Theorie der Unternehmung eine solche klare Regelung nicht existiert (vgl. *Speckbacher* 1997, S. 633). *Cornell/Shapiro* haben bspw. aufgezeigt, daß neben den Eigentümern auch für Arbeitnehmer, Gläubiger, Kunden und Lieferanten Ansprüche auf dem Spiel stehen (vgl. *Cornell/Shapiro* 1987, zitiert nach *Speckbacher* 1997, S. 633): „Stakeholder" „...have a stake in the actions of the corporation" (*Achleitner* 1985, S. 73).

Daraus folgt, daß Manager nach dem Stakeholder-Ansatz (vgl. z.B. bei *Mitroff* 1983, *Freeman* 1983, S. 30ff. sowie bei *Hahn* 1996) nicht nur eine (Rendite- und Unternehmenswert-) Verantwortung gegenüber den Shareholdern, sondern auch gegenüber allen anderen Anspruchsgruppen haben. Aber auch die Unternehmen selbst müssen sich immer intensiver den Wünschen und Vorstellungen ihrer Stakeholder widmen (vgl. *Bleicher* 1996b, S. 2-14).

Üblich ist die Gliederung der Stakeholder in interne und externe Stakeholder (vgl. *Hill* 1996, S. 415):

- interne Stakeholder sind Manager und Mitarbeiter,
- externe Stakeholder sind Kunden, Lieferanten, Aktionäre, Fremdkapitalgeber, der Staat, die Gewerkschaften, Verbände und gegebenenfalls weitere Umfeldgruppen.

Stakeholder einer Unternehmung wird „jeder, der seine Interessen und seine Position im Zusammenhang mit einem Unternehmen sieht" (*Liebl* 1997, S. 18).
Der Stakeholder-Ansatz wird auch oftmals mit „Corporate Governance"-Untersuchungen in Verbindung gebracht. Im Zusammenhang mit der Corporate Governance-Diskussion, werden institutionelle Rahmenbedingungen, die Gruppenbeziehungen in einer Unternehmung regeln, bezüglich ihrer Wichtigkeit für die Unternehmensführung diskutiert (vgl. *Speckbacher* 1997, S. 634 sowie *Prigge* 1999, S. 148ff.).
„Corporate governance can be defined as the way the management of a firm is influenced by many stakeholders" (*Hopt* et al. 1998, S. 848, zitiert nach *Prigge* 1998, S. 148).
Genannt werden vor allem fünf Handlungs- und Problemfelder:
„agency problems between
- shareholders and managers,
- creditors and managers,
- workers and managers,
- suppliers and customers and
- government and firms" (*Hopt* et al. 1998, S. 848, zitiert nach *Prigge* 1998, S. 148).

Während im angelsächsischen Raum der Kapitalmarkt und die Anleger die Unternehmenspolitik bestimmen und nur die Durchsetzbarkeit der Eigentümerinteressen, die Principle-Agent-Problematik (vgl. die Ausführungen in Kapitel 3.4.2), ein wichtiges Corporate Governance-Problem darstellt, ist das deutsche Modell sehr viel mehr auf dem Ziel der langfristigen Stabilität eines Unternehmens aufgebaut (vgl. z.B. *Lorsch* 1996, S. 200). Dies ist auf die im Gegensatz zu den angelsächsischen Ansätzen durch einen stark ausgeprägten Interessenpluralismus beeinflußte deutsche Unternehmenspolitik zurückzuführen. Neben den Eigentümern prägen diese Politik auch Gläubiger, Arbeitnehmer und andere Anspruchsgruppen (bspw. Gewerkschaften). Der Stakeholder-Ansatz korrespondiert demnach mit dem deutschen Modell der Unternehmensführung (vgl. *Speckbacher* 1997, S. 635). Interessanterweise findet dieses Modell und besonders der Stakeholder-Ansatz in der amerikanischen Wissenschaft und Praxis immer größere Beachtung. Dies ist besonders im Zusammenhang mit Veröffentlichungen zum Performance Measurement zu beobachten (vgl. beispielhaft hierzu die Quellenangaben in Abb. 7-7).
Die Abb. 7-7 verdeutlicht den Stellenwert der wichtigsten Stakeholder in verschiedenen Performance Measurement-Veröffentlichungen sowie in einer aktuellen Studie zum Stand der strategischen Planungspraxis in der deutschen Industrie (vgl. *Welge/Al-Laham* 1997):
Wie die Aufstellung zeigt, lassen sich, basierend auf dieser Literaturanalyse, als wichtigste Stakeholder die Eigenkapitalgeber (Shareholder) sowie die Kunden eines Unternehmens identifizieren. Die Bedeutung der Shareholder spiegelt sich auch in den enormen Bemühungen wider, eigentümeranspruchsgerechte Planungs- und Steuerungskonzepte für die Unternehmenspraxis zu entwickeln. Die Vielzahl der in den letzten Jahren entwickelten Shareholder-Value-Konzepte sowie die hohe Akzeptanz dieser Konzepte in der

Unternehmenspraxis sowohl in Nordamerika als auch in Europa, sei hierzu stellvertretend genannt (vgl. z.B. bei *Rappaport* 1986, *Bühner* 1993, *Bischoff* 1994, *Günther* 1997, *Michel* 1998 sowie *Arbeitskreis „Finanzierung" der Schmalenbach- Gesellschaft DGB e.V.* 1996).

Stakeholder/ Autoren	Eigen-kapital-geber	Fremd-kapital-geber	Kunden	Wettbe-werber	Mit-arbeiter	Liefer-anten	Gesell-schaft	Gesetz-geber	Umwelt
Eckel et al. 1992, S. 19	X		X		X	X	X	X	X
Brown/Laverick 1994, S. 93	X		X		X	X			
Bittlestone 1994, S. 46	X		X		X	X			
Freeman et al. 1995, S. 36	X		X		X				
Heimes 1995, S. 72	X		X						
Sharman 1995, S. 34f.	X		X		X	X		X	
Lingle/Schiemann 1996, S. 56ff.	X		X	X	X	X	X		
Hronec 1996, S. 6 und 15	X		X		X	X	X	X	
Atkinson et al. 1997, S. 27	X		X		X	X	X		
Janz/Wetherbe 1998, S. 31ff.	X		X	X	X	X			
Morrissey/Hudson 1997, S. 49	X		X		X	X			
Welge/Al-Laham 1997, S. 794	X	X	X	X	X	X	X	X	
Müller-Stewens 1998, S. 34ff.	X	X	X				X	X	

Abb. 7-7: Berücksichtigte Stakeholder in der Performance Measurement-Literatur

Auch die Einbeziehung der Kunden in Planungs- und Steuerungskonzepte wird immer mehr als wichtiger Erfolgsfaktor für die Unternehmensführung anerkannt (vgl. bspw. bei *Homburg* 1995 oder hinsichtlich einer produktbezogenen Kundenorientierung bei *Seidenschwarz* 1993). Eine Berücksichtigung in Performance Measurement-Konzepten ist daher unerläßlich, will man die in den letzten Jahrzehnten vorherrschende technologie- sowie potentialorientierte und somit vorwiegend intern geprägte Unternehmensführung durch die Fokussierung auf externe, markt- und kundenbezogene Anforderungen ersetzen oder ergänzen (vgl. *Kaplan/Norton* 1997a, S. 62). Neben loyalen oder potentiellen Kunden lassen sich wichtige Impulse für den zukünftigen Unternehmenserfolg auch aus der differenzierten Analyse des Kaufverhaltens von Nichtkunden gewinnen (vgl. *Jenz/Werterbe* 1998, S. 32f.).

Die Beziehungen des Unternehmens zu den Mitarbeitern werden im Zeitalter der Wissensgesellschaft immer wichtiger. Der Stakeholder „Mitarbeiter" wird besonders in technologieintensiven und hochinnovativen Unternehmen zunehmend zu einem erfolgsbestimmenden Faktor. „Knowledge-worker" sind die wertvollste Ressource eines Unternehmens. Dieses sollte daher Investitionen in Anreiz- und Entlohnungssysteme tätigen, um motivierende und kreativitätsfördernde Arbeitsbedingungen zu schaffen. Die Schwierigkeit ist hierbei, geeignete Kennzahlen im Performance Measurement zu finden,

welche die auf Vertrauen und Freiheit basierenden Beziehungen des Unternehmens mit dem Wissensträger Mitarbeiter nicht negativ beeinflussen (vgl. *Eichen/Swinford* 1997, S. 28ff.).
Den Interessen der Gesellschaft am Unternehmen sowie an der Art der Unternehmensführung werden in vielen Fällen durch gesetzliche Bestimmungen Nachdruck verliehen. Die Stakeholder Gesellschaft und Gesetzgeber können dadurch in vielen Fällen sehr eng verzahnt sein.
So verlangt der Gesetzgeber die Erstellung von Dokumenten, die Auskunft über bestimmte betriebliche Sachverhalte geben oder er fordert regelmäßige (Kontroll-)Aktivitäten. Aktuelle Beispiele hierfür sind die neue Insolvenzordnung (InsO, vgl. *Krystek* 1999, S. 148ff.) sowie das Gesetz zur Kontrolle und Transparenz im Unternehmensbereich (KonTraG). Dieses schreibt für prüfungspflichtige Unternehmen nach § 316ff. des Handelsgesetzbuches (insbesondere zunächst börsennotierte Aktiengesellschaften) ein der Überwachung dienendes System vor (vgl. § 91 Abs. 2 AktG: Der Vorstand hat „...geeignete Maßnahmen zu treffen, insbesondere ein Überwachungssystem einzurichten, damit den Fortbestand der Gesellschaft gefährdende Entwicklungen früh erkannt werden").
Über unternehmensinterne Kontrollen durch ein dafür zuständiges Vorstandsmitglied, durch Überwachungsaktivitäten seitens des Aufsichtsrats sowie durch Kontrollen der Hauptversammlung sollen die Gesetzesziele (u.a. Erhöhung der Transparenz, effektivere Aufsichtsratsarbeit, Stärkung der Kontrolle durch die Hauptversammlung, verbesserte Qualität der Abschlußprüfung) verwirklicht werden (vgl. bei *Seidel* 1998, S. 363ff., *Giese* 1998, S. 451ff., *Krystek* 1999, S. 146-148 sowie *Tanski* 1999, S. 16ff.).
Solche Stakeholder-Anforderungen, insbesondere gesetzgeberische Maßnahmen, haben eine direkte Wirkung auf die notwendigen Funktionalitäten und die Ausgestaltung des Performance Measurement.
Auch ein grundsätzliches Fehlverhalten von Unternehmen gegenüber ihren Stakeholdern hinsichtlich ihres Umweltverhaltens konnte in den letzten Jahren wiederholt beobachtet werden (als Beispiele seien die Vorfälle im Zusammenhang mit „Bhopal" oder der „Brent Spar" genannt, vgl. hierzu *Liebl* 1997, S. 16). Aus diesen nicht geplanten bzw. den so nicht erwarteten negativen Imagewirkungen für die Unternehmen, hat sich in vielen Fällen ein verändertes Verhalten gegenüber der Umwelt ergeben. Zahlreiche Unternehmen versuchen durch die freiwillige Veröffentlichung von eingeleiteten bzw. angewandten Umweltschutzmaßnahmen einen Imagegewinn bei ihren Stakeholdern zu erzielen. Während die Stakeholder Umwelt und Gesellschaft in vielen Fällen als redundant angesehen werden (vgl. nochmals die Literaturangaben in Abb. 7-7), sind auch Fälle beschrieben, wo umweltbezogene Indikatoren in einem Performance-Measurement-Konzept integriert werden. Ein solches SEPM (Systems for Environmental Performance Measurement) sollte u.a. die Risiken für die Umwelt und die getätigten Umweltschutzausgaben laufend erfassen und berichten, da von der Gesellschaft zunehmend erwartet wird, daß sich die Unternehmen an den umweltrechtlichen Standards, Beschränkungen und Verboten orientieren bzw. diese einhalten (vgl. *Eckel et al.* 1992, S. 16ff.).
Als weitere wichtige Stakeholdergruppe gemäß den Aufstellungen in Abb. 7-7 sind die Lieferanten eines Unternehmens zu nennen. Die Beziehungen zu dieser Stakeholdergruppe sind im heutigen Wettbewerbsumfeld zunehmend durch partnerschaftliche Zusammenarbeit gekennzeichnet. Als frühe Beispiele hierfür werden vor allem Kooperationen japanischer

7. Konzeption der eigenen empirischen Untersuchung

Automobilhersteller mit ihren Zulieferern genannt (vgl. *Seidenschwarz* 1991c, S. 191ff.), mittlerweile wird auch von deutschen Wertschöpfungspartnerschaften berichtet. Als eines der Beispiele für eine frühzeitige Zulieferereinbindung in der deutschen Automobilindustrie kann die Entwicklung des Modells „Boxter" der *Porsche AG* genannt werden. Die enge und frühzeitige Einbindung der Zulieferer durch das POLE-Programm (Prozeßoptimierung durch Lieferanteneinbindung) ermöglichte hierbei wesentliche Verbesserungen der Kostenstrukturen (vgl. *Cervellini/Lamla* 1997, S. 476).

Der Trend hinsichtlich Kooperationen zwischen Lieferanten und Abnehmern geht in Richtung netzwerkförmiger Kooperation, die sich durch Begriffe wie Autonomie, Vertrauen, Commitment und Partnerschaft kennzeichnen läßt (vgl. *Sydow* 1995, S. 629). Mögliche weitere Ansatzpunkte für Kostenverbesserungen über vertikale Verbundeffekte sind bspw. die Schaffung einer erhöhten Planungssicherheit für den Zulieferer durch frühzeitige Bedarfsanmeldungen, die Vermeidung paralleler Abläufe (etwa bestimmte Logistik- oder Qualitätskontrollabläufe) oder die Nutzung von Einkaufsvorteilen durch gemeinsame Beschaffung (vgl. *Arnold* 1995, S. 67f.).

Neben den bislang genannten Stakeholdern sehen viele Experten auch die Einbeziehung der Wettbewerber in ein Performance Measurement als notwendig an. So bezeichnen *Neely et al.* (vgl. *Neely et al.* 1995, S. 95) den Vergleich der eigenen Performance mit der Leistungsfähigkeit der Wettbewerber als eine der wichtigsten Aufgaben im Performance Measurement. Die Nichtberücksichtigung dieser wettbewerblichen Komponente ist, ihrer Meinung nach, Hauptkritikpunkt am Konzept der Balanced Scorecard.

Den Wettbewerbern kommt jedoch innerhalb der Stakeholderbetrachtung eine Sonderrolle zu, da zwischen ihnen und dem Unternehmen in der Regel keine vertraglichen Vereinbarungen existieren. Wettbewerber haben auch keine Ansprüche hinsichtlich der Mitgestaltung des Zielsystems eines Unternehmens sowie einer wie immer gearteten Entlohnung. Sie sind vielmehr für die meisten Unternehmen lediglich Anhaltspunkte für die Bestimmung der eigenen Leistungsziele.

Konkurrenten sind daher als Quasistakeholder zu bezeichnen. Sie sind im Gegensatz zu den Shareholdern und Lieferanten nicht mit empfängerorientierten Informationen über den betrieblichen Leistungsstand und die Leistungspotentiale zu versorgen. So bestimmen die eigentlichen Stakeholder (insbesondere Eigentümer, Finanzgeber, Kunden und Mitarbeiter) was gemessen werden soll (vgl. *Lynch/Cross* 1993, S. E3-7). Wie gut die eigene Performance sein sollte bzw. welche Performanceziele zu definieren und zu realisieren sind, bestimmt jedoch maßgeblich das Performanceniveau der Konkurrenz (vgl. *McMann/Nanni* 1994, S. 58).

Für die empirische Befragung wurden insgesamt neun Stakeholder vorgegeben:
- Eigentümer/Aktionäre,
- Kunden,
- Beschäftigte (Mitarbeiter und Manager),
- Wettbewerber,
- Finanzgeber/Banken,
- Zulieferer,
- Gesellschaft/Medien/Politik,
- Betriebsrat und
- Gewerkschaften.

Deren jeweilige Bedeutung im Rahmen des strategischen Zielplanungsprozesses wurde mittels einer Ordinalskala erfaßt (+5 [sehr starker Einfluß] bis 0 [kein Einfluß]).
Aufgrund der besonderen institutionellen Rahmenbedingungen in Deutschland, die beispielsweise im sogenannten Mitbestimmungs- sowie im Mitbestimmungsergänzungsgesetz (Gesetz über die Mitbestimmung der Arbeitnehmer und Arbeitgeber in den Aufsichtsräten und Vorständen der Unternehmen des Bergbaus und der Eisen- und Stahlerzeugenden Industrie) geregelt sind, wurden zu den oben aufgeführten Stakeholdern als weitere Stakeholder der Betriebsrat eines Unternehmens sowie die Gewerkschaften aufgenommen. Auf eine Unterteilung bezüglich der Stakeholder Gesellschaft, Gesetzgeber und Umwelt wurde verzichtet.

7.4.1.3 Strukturvariablengruppe strategische Leistungsebenen
Verschiedene empirische Befunde ergeben ein konzeptionelles Modell der strategischen Planung mit drei Ebenen und vier Phasen (vgl. *Zahn* 1989b, Sp. 1908). Als Planungsebenen werden
- die Unternehmens-,
- die Geschäftsfeld- und
- die Funktionenebene

genannt.
Als Hauptaufgaben sind die Schaffung allgemeiner Handlungsgrundsätze, die Ziel- und Strategieformulierung, die strategische Programmentwicklung sowie die strategische und operative Budgetierung aufzuführen.
Eine Hauptaufgabe der strategischen Planung auf Unternehmens- oder Konzernebene ist, wie bereits ausgeführt, die Entwicklung einer allgemeinen Strategie, also grundsätzlichen unternehmensbezogenen Vorgehensweisen, die parallel zur oder nach der allgemeinen Zielformulierung festgelegt werden (vgl. *Hahn* 1996c, S. 5-10 und Kap. 7.4.1.1.3). Damit soll eine bestmögliche Ressourcenallokation sowie eine ausbalancierte Mischung der verschiedenen strategischen Geschäftsfelder unterstützt werden (vgl. *Günther* 1997, S. 380).
Mit der Unternehmensstrategie wird demnach ein Profil für die Umsetzung der Unternehmenspolitik vermittelt, während mit Geschäftsfeldstrategien die unternehmensbezogene Strategievorgabe weiter konkretisiert und differenziert wird (vgl. *Bleicher* 1996a, S. 5-9). Die Unternehmensstrategie muß daher den Rahmen und Anker für die nachfolgenden Geschäftsfeldstrategien vergeben.
In der Literatur wird häufig die Bildung strategischer Geschäftseinheiten (synonym: strategisches Geschäftsfeld, Strategic Business Unit, Strategic Business Area, vgl. *Welge* 1985, S. 489) als Voraussetzung sowie oftmals auch als erster Schritt einer strategischen Planung angesehen (vgl. z.B. *Hammer* 1982, S. 130).
Strategische Geschäftseinheiten können als Produkt-Markt-Kombinationen verstanden werden (vgl. die Zusammenstellung bei *Welge* 1985, S. 489), für die Produkt-/Marktstrategien sowie unterstützende Ressourcenstrategien formuliert werden können (vgl. *Günther* 1997, S. 381).
In den strategischen Geschäftseinheiten erfolgt die strategische Programmgestaltung, in der "unter Beachtung der generellen Ziele bzw. der Unternehmenspolitik und der Vision als Zielkonzentrat das von dem Unternehmen langfristig zu erstellende Leistungs- bzw. Produkt- und Dienstleistungsprogramm sowie Art, Umfang und Zuordnung der für die Leistungs-erstellung und –verwertung erforderlichen Sach- und Humanpotentiale bzw. Potential-

änderungen festgelegt" (*Hahn* 1996c, S. 5-10) werden. Dieser, auch Geschäftsfeldstrategieplanung genannte Prozeß, ist oft eng mit Funktionsbereichsstrategie- und Regionalstrategieplanungen verbunden (vgl. *Zahn* 1988, S. 524ff. sowie *Hahn* 1991, S. 13ff.). Dies ist besonders in divisional organisierten Unternehmen, wo eine produkt- oder regionenbezogene Strukturierung erfolgt, oft der Fall. Sinnvoll ist eine weitere strategische Planungsebene „Produktbereich" dann, wenn mehrere strategische Geschäftsfelder zu einem übergeordneten Geschäftsfeld zusammengefaßt werden. Ein solches Geschäftsfeld stellt dann die Zusammenfassung von untergeordneten produktbezogenen Teilgeschäftsfeldern (Produktbereichen) mit jeweils unterschiedlichen strategischen Zielsetzungen dar.

Eine wesentliche Voraussetzung für die Performancemessung auf der Ebene organisatorischer Teileinheiten ist eine leistungsebenendifferenzierte Strategiedefiniton. So ist eine genauere Leistungsbeurteilung erst dann möglich, wenn auf Profit Center-, Business Unit- und Funktionsbereichsebene eigene Strategien definiert und diese dann detailliert beschrieben werden (vgl. *Müller-Stewens* 1998, S. 41 sowie *Welge/Al-Laham* 1992, S. 181ff.).

Im Performance Measurement-Framework (PMF) von *Sharman* (vgl. *Sharman* 1995, S. 33ff.) sind die Leistungsebenen Unternehmen, Prozess und Mitarbeiter berücksichtigt (vgl. auch bei *Rummler/Brache* 1995, S. 15ff.). Leistungskennzahlen beziehen sich dabei nicht nur auf die jeweilige Leistungsebene, sondern stehen auch in Verbindung mit Kennzahlen anderer, tieferer oder höherer Leistungsebenen (vgl. *Hronec* 1996, S. 11f. und 153). Da dieser Kaskaden-Effekt auf der obersten Ebene des Unternehmens beginnt, kann hierdurch eine durchgänge Verbindung der Kennzahlen mit der Unternehmensphilosophie sowie den verschiedenen Strategien und Zielen der Organisation erfolgen. Um diesen Kaskaden-Effekt darstellen zu können, bietet sich beispielsweise der Einsatz der "strategy map" an (vgl. *Maskell/Gooderham* 1998, S. 37).

Die Innovation von Performance Measurement-Konzepten liegt im Vergleich mit traditionellen Steuerungskonzepten genau darin, alle Leistungsebenen im Unternehmen gleichzeitig zu analysieren und die verschiedenen Kennzahlen der jeweiligen Leistungsebenen untereinander und leistungsebenenübergreifend über Ursache-Wirkungsbeziehungen miteinander zu verbinden.

Für die empirische Untersuchung wurden die strategischen Planungsebenen als strategische Leistungsebenen bezeichnet und die sechs Ebenen Konzern, Unternehmen, Geschäftsfeld, Produkt, Region und Funktionsbereich unterschieden.

7.4.1.4 Strukturvariablengruppe Zielkategorien

Im Rahmen der empirischen Untersuchung wurde der klassischen Dreiteilung der Unternehmensziele in Sach- bzw. Leistungsziele, Wert- bzw. monetäre Ziele und Sozial- bzw. Humanziele (vgl. nochmals Kap. 7.4.1.1.3) aus vier Gründen nicht gefolgt:

- Erstens sollten die Ziele auch für die nachfolgenden Leistungsebenen (unterhalb der Geschäftsfeldebene) verständlich und nachvollziehbar sein.
- Zweitens handelt es sich im Rahmen der Untersuchung nicht um allgemeine Unternehmensziele, sondern um Ziele im Rahmen der strategischen Planung. Hier herrscht oftmals ein konkreter Markt-, Geschäftsfeld-, Produkt- oder Produktions- und Ressourcenbezug. Mit der klassischen Kategorisierung können, insbesondere in nachrangigen Leistungsebenen, die strategischen Ziele und Zielrichtungen nicht zufriedenstellend erfaßt und kommuniziert werden.

- Drittens sollte auf allen Leistungsebenen eine enge Anlehnung an die Zielinitiatoren bzw. den Interessengruppen im Unternehmen möglich sein. Diese prägen die Vision und das Leistungsbild eines Unternehmens sowie die verschiedenen Unternehmensziele. Daher erfolgte keine Beschränkung auf rein ökonomische Ziele im Sinne eines „Shareholder approachs" (monoistische Ausrichtung), sondern eine pluralistische, gesellschaftsorientierte Zielausrichtung im Sinne des „Stakeholder Approachs" (vgl. *Bleicher* 1996b, S. 2-14). Alle Interessengruppen (Stakeholder) haben, wie dargestellt und diskutiert, ein Interesse an einem langfristigen Bestand der Unternehmen und deren erfolgreicher Weiterentwicklung und betrachten dies als oberstes Ziel der Unternehmung (vgl. *Hahn* 1996, S. 12). *Fickert* sieht den zunehmenden Einfluß dieser Anspruchsgruppen als eine der wesentlichen Herausforderungen des zukünftigen Management Accounting an (vgl. *Fickert* 1993, S. 205). Ein Unternehmen, das beispielsweise im Vergleich zu anderen Unternehmen relativ unzufriedene Mitarbeiter hat, wird höchstwahrscheinlich niemals Spitzenleistungen erbringen können (dieser Zusammenhang wurde unlängst empirisch bestätigt: die Aktienkursentwicklung von Unternehmen mit starker Mitarbeiterpartizipation im Rahmen der Unternehmensentwicklung [z.B. SAP AG, Lufthansa AG, MLP AG] war in den vergangenen Jahren oftmals deutlich günstiger als die Gesamtmarktentwicklung, vgl. *o.V.* 1999, S. 79). Ähnlich verhält es sich mit anderen Anspruchsgruppen. Beispielsweise können Umweltschutzvereinigungen durch negative Pressemeldungen dem Image eines Unternehmens derart schaden, daß auch vermeintlich überlegene Produkte einen geringeren Absatz finden.
- Außerdem wird im Zusammenhang mit Performance Measurement, im Vergleich zu anderen Steuerungskonzepten, bewußt die ausschließliche (wenngleich weiterhin bestimmende) Fokussierung auf die Kapitalgeber und Eigentümer um die Ziele und Vorstellungen der weiteren Anspruchsgruppen im Unternehmensumfeld erweitert (vgl. *Brown/Laverick* 1994, S. 93ff.).

Die monetären Unternehmensziele (formalen Ziele, Wertziele) wurden für die empirische Untersuchung zusammengefaßt zu einem Block „finanzielle Ziele".
Sozial- bzw. Humanziele wurden aufgespalten in die Kategorien umweltbezogene nichtfinanzielle Ziele, gesellschaftsbezogene nichtfinanzielle Ziele sowie mitarbeiterbezogene nichtfinanzielle Ziele.
Als weitere Zielkategorien wurden
- kundenbezogene nichtfinanzielle Ziele,
- zuliefererbezogene nichtfinanzielle Ziele

sowie aufgrund der hohen Wettbewerbsorientierung vieler Unternehmen der konkurrenzorientierte, wettbewerbsvorteilsbezogene Zieltyp
- wettbewerberbezogene nichtfinanzielle Ziele

als Zielkategorien berücksichtigt.
In Form einer 6x8-Matrix wurde nach der Anwendung der acht Zielkategorien in den sechs strategischen Leistungsebenen gefragt (Antwortmöglichkeit: Zielkategorie wird angewendet je Leistungsebene JA oder NEIN).

7.4.1.5 Strukturvariable Strategieformulierung und Zielabstimmung

Noch wichtiger als die reine Strategieformulierung sowie der Einsatz unterstützenden Methoden und Techniken ist die Qualität der Kopplung von Zielen und Strategien auf den verschiedenen strategischen Leistungsebenen. Die Ziele können wie im vorherigen Kapitel beschrieben kategorisiert werden.

Auf Unternehmensebene sollen strategische Programme die Unternehmenspolitik sowie die Unternehmensziele umsetzen. Diese können sich auf die vier Bereiche Produkte, Wertschöpfungsketten, Wettbewerbsverhalten sowie Ressourcen beziehen. Daraus lassen sich dann Produktprogrammstrategien, Wettbewerbsstrategien, Aktivitätsstrategien und Ressourcenstrategien ableiten (vgl. die Übersicht bei *Bleicher* 1996a, S. 5-4ff.). Das unternehmensbezogene Strategieprofil kann anhand dieser vier Bereiche bzw. Dimensionen analysiert werden. *Bleicher* unterscheidet hierbei die typologischen Muster „stabilisierende" und „verändernde" Strategien (vgl. *Bleicher* 1996a S. 5-8).

Geschäftsfeldstrategien, als Konkretisierung und Differenzierung der Unternehmensstrategien, können, folgt man der „gängigen Systematisierung nach *Porter*" (*Günther* 1997, S. 382), drei grundsätzliche Stoßrichtungen verfolgen (man spricht hierbei von generischen Wettbewerbsstrategien, vgl. *Porter* 1986, S. 31ff. sowie zu deren Weiterentwicklung zu hybriden Wettbewerbsstrategien bei *Corsten* 1998, S. 1434ff. Zu den anderen Strategiekonzepten vgl. nochmals Abb. 7-5):
- Kostenführerschaft,
- Differenzierung und
- Spezialisierung (Fokussierung).

Sowohl geschäftsfeld- als auch unternehmensbezogene Strategiealternativen sind anhand ihrer Zielerreichung zu beurteilen. Zu berücksichtigen sind hierbei sowohl monetäre und nichtmonetäre Ziele sowie mögliche Zielwirkungen (vgl. *Hahn* 1996b, S. 5-17). Nach der Entscheidung für eine strategische Alternative erfolgt die strategiebezogene Steuerung und Kontrolle.

Die Strukturvariable wurde nun dahingehend operationalisiert, daß vier grundsätzliche denkbare Möglichkeiten für die Strategiefestlegung und Zielabstimmung vorgegeben wurden:
- Es erfolgt eine inhaltliche Abstimmung der Ziele und Strategien.
- Es erfolgt eine Strategiefestlegung, jedoch finden Zielvorgaben keine Berücksichtigung.
- Es erfolgt eine Strategiefestlegung, obwohl keine strategischen Ziele existieren.
- Es erfolgt keine Strategiefestlegung.

Nach Strategiekonzepten sowie konkreten strategischen Stoßrichtungen wurde aufgrund der Sensibilität dieser Informationen nicht gefragt.

7.4.1.6 Strukturvariablengruppe strategische Kennzahlenkategorien

Nachfolgend werden die drei relevanten Aspekte des strategischen Kennzahleneinsatzes untersucht und beschrieben. Zunächst folgt eine Diskussion von kennzahlen- und zielbezogenen Ursache-Wirkungsbeziehungen im Performance Measurement, eine auch im Rahmen der strategischen Planung (vgl. z.B. die Kausaldiagramme im system dynamics-Konzept: *Forrester* 1961 sowie *Coyle* 1996) sowie im Qualitätsmanagement wichtige Fragestellung (vgl. z.B. bei *Pfeifer* 1996, S. 13-27). Anschließend wird erörtert, welche

grundsätzlichen Unterschiede zwischen den Kennzahlen in der Performance Measurement-Theorie gemacht werden (Ergebnis- vs. Ergebnistreiberkennzahlen).
Darauf aufbauend erfolgt eine Beschreibung und Klassifizierung der strategischen Kennzahlenkategorien, die in der dargestellten Form für die empirische Untersuchung Verwendung fanden.

7.4.1.6.1 Ursache-Wirkungsbeziehungen der Kennzahlen im Performance Measurement

Die Verbindungen und Zusammenhänge von Zielen und Kennzahlen über die verschiedenen Leistungsebenen hinweg sowie innerhalb einer Leistungsebene sind ein wichtiger Betrachtungsgegenstand des Performance Measurement. Besonderes Interesse gilt den Ursache-Wirkungsbeziehungen (vgl. z.B. bei *Lynch/Cross* 1993, S. E3-5, *Balkcom/Ittner/Larcker* 1997, S. 31f. und *Brunner/Sprich* 1998, S. 32).
Eine zentrale Forderung ist es somit, diese vermuteten Ursache-Wirkungsbeziehungen innerhalb der Leistungsebenen und leistungsebenenübergreifend transparent zu machen und hinsichtlich der obersten (meist finanziellen) Ziele zu quantifizieren.
Auf analysierte Ursache-Wirkungsbeziehungen wird auch im Rahmen der Planung zurückgegriffen. Dies kann darauf zurückgeführt werden, daß eine Strategie aus einer Menge von Hypothesen über Ursache-Wirkungsbeziehungen zusammengesetzt ist (vgl. *Kaplan/Norton* 1997b, S. 326). Viele Prognosemodelle basieren auf der Verwendung vergangenheitsorientierter Daten und kausaler Überlegungen, mit deren Hilfe zukünftige Entwicklungen prognostiziert und geeignete Plandaten abgeleitet werden.
Das Ziel eines effektiven und effizienten Prognosemodells ist es, Veränderungen der Kontextbedingungen möglichst frühzeitig mit Hilfe von Kennzahlen („predictive performance measures", *Neely et al.* 1995, S. 109) zu erfassen und über Ursache-Wirkungsbeziehungen die möglichen Auswirkungen im Rahmen von Sensitivitätsanalysen auf die zum Teil hochaggregierten Zielmaßgrößen, wie beispielsweise den Cash-flow, zu ermitteln (vgl. *Brown/Laverick* 1994, S. 96 und *Rose* 1995, S. 66).
Werden keine leistungsebenenbezogenen und -übergreifenden Ursache-Wirkungsbeziehungen bestimmt, reduziert sich die Kennzahlenbeobachtung auf die gemessenen, meist finanziellen Ergebnisausprägungen und nicht auf die Analyse der Ergebnistreiber. Bei nicht definierten bzw. analysierten oder unvollständigen Beziehungszusammenhängen, kann erst mit einer Zeitverzögerung die leistungsbeeinflussende Kontextänderung über die Ausprägung der Ergebniskennzahl festgestellt werden (vgl. *Lebas* 1995, S. 25ff.). Leistungsbeeinflußende Entscheidungen können dann in der Regel nicht ursachen- und zeitgerecht gefällt werden.
Für Unternehmen kann es deshalb von existentieller Bedeutung sein, die Bestimmungsgrößen von finanziellen Kennzahlen(-ausprägungen) über Ursache-Wirkungsbeziehungen permanent zu beobachten, um frühzeitig Kontextänderungen zu erkennen und entsprechende Gegenmaßnahmen einzuleiten.
Ursache-Wirkungsbeziehungen sind gemeinsam von allen beteiligten Organisations- bzw. Leistungsebenenmitgliedern zu entwickeln und zu tragen. Es empfiehlt sich die Leistungstreiber in Gruppenarbeit zu identifizieren und gemeinsam zu bestimmen, wo und wie diese wirken. Die einzelnen Mitarbeiter können anhand des Beziehungsnetzwerks erkennen, wie sie zum Erfolg der jeweiligen Leistungsebene bzw. zum Gesamtunternehmenserfolg beitragen können. Abhängig von der Umweltdynamik und -komplexität sind das Netzwerk der Ursache-Wirkungsbeziehungen und die Verhaltensweisen

der Organisationsmitglieder auf Beständigkeit und Gültigkeit zu überprüfen (vgl. *Lebas* 1995, S. 25ff.).
Wie in vielen Bereichen der Betriebswirtschaftslehre spielen auch bei der Aufstellung von Ursache-Wirkungsbeziehungen im Performance Measurement (beispielsweise beim Aufbau von Kausalketten über die vier Perspektiven der Balanced Scorecard hinweg, vgl. *Kaplan/Norton* 1996a, S. 83) Plausibilitätsüberlegungen eine entscheidende Rolle.
Die Quantifizierung dieser Art von Beziehungszusammenhängen zwischen Treiberkennzahlen (z.B. Wertsteigerung) und Ergebniskennzahlen (z.B. Aktienkurs) ist für die Kennzahlenauswahl im Performance Measurement eine wesentliche Herausforderung. Ein geeignetes Instrument hierzu ist die Sensitivitätsanalyse. Es wird hierbei versucht, diejenigen Kennzahlen mit dem größten Hebeleffekt auf die obersten (finanziellen) Zielgrößen herauszufiltern. Durch den Einsatz von Simulationsrechnungen läßt sich frühzeitig feststellen, ob Strategien, strategische Ziele und Maßgrößen den Anforderungen der Stakeholder gerecht werden (vgl. *Horváth* 1996, S. 491ff. und *Michel* 1997, S. 280 und 283). Ein besonderer Vorteil der Sensitivitätsanalyse ist, daß der Gesamteffekt bei einer Veränderung von mehreren Treiberindikatoren auf die Ergebniskennzahlen besser als bei anderen Verfahren beurteilt werden kann (vgl. *Horváth* 1996, S. 495).
Nachfolgend wird analysiert, welche verschiedenen Begriffe und Ausprägungen es hinsichtlich der Ergebnis- und Ergebnistreiberkennzahlen in der Performance Measurement-Literatur gibt.

7.4.1.6.2 Ergebnis- und Treiberkennzahlen in der Performance Measurement-Literatur

In der Literatur zum Performance Measurement werden mehrere Kennzahlenkategorien unterschieden. Zunächst wird differenziert in

- mehrdimensionale und logisch aufeinander aufbauende Kennzahlen, die einen Strategiebezug aufweisen (*strategische Kennzahlen*) sowie
- Kennzahlen, welche tatsächlich den (langfristigen) Erfolg messen (*operative Kennzahlen*) (vgl. *Eccles* 1991, S. 132).

unterschieden. Eine ähnliche Unterscheidung, die auch von Kaplan/Norton aufgegriffen wird (vgl. *Kaplan/Norton* 1997a, S. 156ff.) trifft Simons (vgl. *Simons* 1995). Er trennt in diagnostische und strategische Kennzahlen. Letztere definieren die Strategie eines Unternehmens oder einer Geschäftseinheit, während diagnostische Kennzahlen die finanzielle und nichtfinanzielle Leistung eines Unternehmens überwachen sowie das Eintreten besondere Ereignisse anzeigen.

Im Gegensatz zu strategischen Kennzahlen basieren kritische Erfolgsfaktoren nicht nur auf einer Wettbewerbsstrategie, sondern beziehen sich auch auf die Branchenstruktur, Umweltfaktoren oder temporäre Einflußgrößen (vgl. *Rockart* 1979, S. 86f.). Zusammengefaßt stellen sie jene kritischen Faktoren und Schlüsselgrößen dar, die für die Ziel- und Strategieerreichung von zentraler Bedeutung sind (vgl. *Picot/Reichwald* 1991, S. 278). Kritische Erfolgsfaktoren können demnach als erfolgsbedeutende Kennzahlen bezeichnet werden. Sie beziehen sich in aller Regel auf die oberste Leistungsebene, während strategische Kennzahlen auch auf allen anderen strategischen Leistungsebenen definiert werden sollten.

Autor	Ergebniskennzahlen	Ergebnistreiberkennzahlen
Kaplan/Norton (1997a), S. 30 und S. 156ff. sowie (1997b), S. 327ff.	**Lagging Indicators (Outcome Measures, Ergebniskennzahlen)** erlauben Aussagen über das Ergebnis bzw. strategiebezogene Endziele und sind häufig Spätindikatoren.	**Leading Indicators (Performance Driver, Leistungstreiber)** haben verursachenden/ initialisierenden sowie Frühwarncharakter.
Fries/Seghezzi (1994), S. 339f.	**Outputmaßgrößen** messen direkt die Leistungsmerkmale des produzierten Prozessoutputs wie Produkte, Teile, Dienstleistungen oder Informationen.	**Prozessmaßgrößen** (Throughputmaßgrößen) messen die Aktivitäten innerhalb der Geschäftsprozesse und die Nutzung der Ressourcen.
Atkinson et al. (1997), S. 27 ff.	**Primary Measures** werden direkt von den Zielen der Stakeholder abgeleitet. In den meisten Fällen geht es hier um eine Wertsteigerung für die Eigentümer, daher hauptsächlich finanzielle Maßgrößen	**Secondary Measures** (First/Second-Level) sind Leistungskennzahlen, die direkt auf die „Primary Measures" wirken. In der Regel daher hauptsächlich nicht-finanzielle Kennzahlen.
Fitzgerald/Moon (1996), S. 9 ff.	**Results** beschreiben den Erfolg im Wettbewerb, der durch die Komponenten finanzielle Leistung und Wettbewerbsfähigkeit bestimmt wird.	**Determinants** sind die 4 Kategorien Qualität, Flexibilität, Ressourcennutzung und Innovation, die den gegenwärtigen und zukünftigen Erfolg (results) beeinflussen.
Hronec (1996), S. 11 ff., S. 99ff. und S. 147ff.	**Outputmaße/Ergebnisleistungsmaße** zeigen die (mehrdimensionalen) Ergebnisse eines Prozesses auf und überwachen den Ressourceneinsatz.	**Prozess-Leistungsmaße** zeigen die Aktivitäten eines Prozesses auf, motivieren Mitarbeiter, überwachen den Prozeß und sind darauf abgestellt, Prozesse zu verbessern.
Slater et al. (1997), S. 40 f.	**End-of-Process Measures** sind ergebnisbezogene Kennzahlen, die auch Lern- und Verbesserungsaspekte mit berücksichtigen sollten.	**In-Process Measures** sind „leading indicators", welche aufzeigen sollen, ob ein Projekt die gewünschten Ergebnisse erzielt.
Maskell/ Gooderham (1998), S. 37	**Outcome Measures (Lagging Indicators)** sind Ergebniskennzahlen mit Vergangenheitscharakter (abgeleitet bspw. aus dem Rechnungswesen).	**Proactive Measures (Leading Indicators)** sind langfristig wirkende lern-, fähigkeits- und innovationsbezogene Kennzahlen einer Unternehmung.
Morrissey/ Hudson (1997), S. 49	**Results** sind prozeßbezogene, vorwiegend finanzielle Ergebnisgrößen.	**Process** sind prozeßtreibende, nichtfinanzielle Leistungskennzahlen.

Abb. 7-8: Beispiele für unterschiedliche Termini für Ergebnis- und Ergebnistreiberkennzahlen in der Performance Measurement-Literatur

Strategische Kennzahlen lassen sich in einem nächsten Schritt weiter in ergebnis-/outputbezogene sowie ergebnisbeeinflussende Kennzahlen kategorisieren. In der Literatur wird hierfür eine Vielzahl an unterschiedlichen Begriffen für die im Rahmen von strategiebildenden bzw. strategieumsetzungsvorbereitende Ursache-Wirkungsmodellen verwendeten Kennzahlen genannt. Einen Überblick gibt die Abb. 7-8.

Allen vorgestellten Definitionen ist die Trennung in meist die finanziellen Ergebnisse wiedergebende, nachfolgend als Ergebniskennzahlen bezeichnete Indikatoren, sowie die vorwiegend nichtfinanziellen, mittel- bzw. langfristig ergebniswirksame bzw. –auswirkende Kennzahlen, nachfolgend Ergebnistreiberkennzahlen genannt, gemein.

Oftmals erfolgt eine Visualisierung der Verbindung zwischen Ergebniskennzahlen und Ergebnistreiberkennzahlen als Grundlage für eine Diskussion der Ergebniseffekte (vgl. z.B. bei *Fries/Seghezzi* 1994, S. 339 oder *Atkinson et al.* 1997, S. 29).

Mit Affinitätsdiagrammen, Relationendiagrammen und Causal-Loop-Diagrammen lassen sich kennzahlenbezogene Ursache-Wirkungsbeziehungen leistungsebenenunabhängig darstellen:

- Anhand von Affinitätsdiagrammen (vgl. *Fries/Seghezzi* 1994, S. 342) können Ursache-Wirkungsbeziehungen innerhalb eines Unternehmens erörtert werden. Hierzu sind die einzelnen Faktoren nach ihrer begrifflichen Nähe zu gruppieren und mit Gruppentiteln zu versehen. Durch weiteres Zusammenfassen von Gruppen zu Obergruppen und anschließendes Einzeichnen von Beziehungspfeilen zwischen den Obergruppen sind Ursache-Wirkungsbeziehungen darstellbar.
- Eine Verfeinerung des Affinitätsdiagramms stellt das Relationendiagramm (vgl. *Fries/Seghezzi* 1994, S. 343 sowie das Beispiel bei *Kaplan/Norton* 1997b, S. 333) dar. Die Zusammenhänge werden in detaillierterer Form dargestellt. Die Einflußfaktoren werden entsprechend ihres Beziehungszusammenhangs mit Pfeilen verbunden.
- Das Causal-Loop-Diagramm (vgl. *Fries/Seghezzi* 1994, S. 344) ist nun seinerseits eine Erweiterung des Relationendiagramms. Es werden nicht nur unidirektionale Beziehungen dargestellt, sondern auch Rückkopplungen. Durch die Berücksichtigung zeitlicher Verzögerungen bei Ursache-Wirkungsbeziehungen wird die Betrachtung dynamisch und ganzheitlich. Besonders in den Anwendungen der Balanced Scorecard erfolgt oftmals die Anwendung von Kausaldiagrammen (vgl. z.B. die als Vorstufe für ein Kausaldiagramm dargestellten Zusammenhänge zwischen Ergebnis- und Ergebnistreiberkennzahlen bei *Kaplan/Norton* 1997b, S. 337).
- Ein weiteres Instrument für die Darstellung von Ursache-Wirkungsbeziehungen ist das Ishikawa-Diagramm (Fischgrätendiagramm, vgl. die Darstellung bei *Hronec* 1996, S. 131 sowie bei *Pfeifer* 1996, S. 13-27). Das Instrument wird in kleinen Teams eingesetzt um die Identifikation der relevanten Ergebnistreibergrößen zu unterstützen.

Neben dem Aufbau der Ursache-Wirkungskette, der Unterscheidung von Ergebnis- und Ergebnistreiberkennzahlen sowie der Frage nach möglichen unterstützenden Instrumenten zur Darstellung von Ursache-Wirkungsbeziehungen, ist besonders die Zusammenstellung und die Anzahl der auszuwählenden Kennzahlen zu klären.

So wird oftmals von einer einseitigen Ausrichtung auf Ergebniskennzahlen abgeraten (vgl. *Fitzgerald/Moon* 1996, S. 79, *Fries/Seghezzi* 1994, S. 339f.). Abgelehnt wird auch eine alleinige Ausrichtung bzw. Betrachtung von Ergebnistreibermaßgrößen (vgl. *Atkinson et al.* 1997, S. 35f.).

Vielmehr fordert die Mehrheit der Autoren ein Gleichgewicht zwischen Ergebniskennzahlen und Ergebnistreiberkennzahlen im Performance Measurement (vgl. z.B. bei *Michel* 1997, S. 280, *Morrissey/Hudson* 1997, S. 49 und *Kaplan/Norton* 1997a, S. 160 bzw. 1996, S. 10: "The measures are balanced between the outcome measures – the results from past effort – and the measures that drive future performance.").

7.4.1.6.3 Performance Areas –strategische Kennzahlenkategorien

Die Abschätzung der Leistungspotentiale im Rahmen der strategischen Planung und die Beurteilung strategischer Initiativen und Pläne haben, wie oben bereits erörtert, in enger Anlehnung an die strategischen Ziele sowie unter Einbeziehung geeigneter strategischer Kennzahlen zu erfolgen. Strategische Kennzahlen können (wie oben dargestellt) Ergebnis- und Ergebnistreiberkennzahlen sowie finanzielle und nichtfinanzielle Kennzahlen sein.

Eine alleinige Beschränkung auf finanzielle Kennzahlen wäre für strategische Belange allerdings zu unausgewogen, da Leistungspotentiale lediglich finanziell gemessen würden (vgl. *Kaplan/Norton* 1997, S. 20). Dies erschwert besonders die Kommunikation der strategischen Zielvorstellungen an nachgeordnete Leistungsebenen. Es wurde bspw. festgestellt, daß finanzielle Kennzahlen vor allem für Beschäftigte in den operativen Leistungsbereichen keine geeigneten Steuerungsgrößen darstellen, da mit ihnen kein Bezug zur Mitarbeiterleistung herstellbar ist (vgl. *Atkinson et al.* 1997, S. 26). Statt dessen sollte ein strategieadäquates Mitarbeiterverhalten mit Zeit- oder Qualitätskennzahlen gelenkt werden.

Ein umfassendes, strategisch orientiertes Performance Measurement- und Managementsystem wie die Balanced Scorecard benötigt beispielsweise strategische Kennzahlen zur Spezifizierung von operativen Leistungssteigerungen sowie auch der Auswirkung neuer Produkte und Dienstleistungen auf die finanzielle Leistung eines Geschäftsfeldes oder Unternehmens (vgl. *Kaplan/Norton* 1997a, S. 32). Strategische Kennzahlen sind daher in erster Linie auch finanzielle Kennzahlen, welche die Ziel- und Strategiesimulation unterstützen, die Zielerreichung bewerten helfen sowie zur proaktiven Leistungsebenensteuerung unverzichtbar sind.

Demzufolge lassen sich strategische Kennzahlen in finanzielle und nichtfinanzielle strategischen Kennzahlen gliedern. Diese Zweiteilung haben *McMann/Nanni* aufgegriffen. Die Autoren schlagen vor, die Betonung im Kennzahlenmanagement innerhalb des Performance Measurements im stabilen, weniger wettbewerbsintensiven Umfeld eher auf finanzielle Kennzahlen und im komplexen, unsicheren und wettbewerbsintensiven Umfeld eher auf nicht-finanzielle Kennzahlen zu legen (vgl. *McMann/Nanni* 1994, S. 56). Hierbei ist allerdings zu beachten, daß das Know-how und die Methoden zur Definition und zum Einsatz von Kennzahlen im finanziellen Bereich heutzutage um ein Vielfaches weiter fortgeschritten sind als bei nichtfinanziellen Kategorien (vgl. *Eccles* 1991, S. 134). Gründe hierfür sind in der unablässigen Weiterentwicklung des Rechnungswesens seit der Erfindung der doppelten Buchführung im 15. Jahrhundert zu sehen.

Die finanziellen strategischen Kennzahlen werden in einem zweiten Schritt zunächst in Anlehnung an die Informationsquellen in

- Kennzahlen des externen Rechnungswesens und
- Kennzahlen des internen Rechnungswesens

unterteilt.

Als Kennzahlen des externen Rechnungswesens wurden alle relevanten, in der praxisbezogenen Literatur genannten Kennzahlen im Rahmen der empirischen Untersuchung berücksichtigt (vgl. zu Kennzahlen z.B. bei *Hahn et. al* 1997, S. 1055ff., *Melching* 1997, S. 251ff., *Haller* 1997, S. 129).

Die traditionellen Kennzahlen des internen Rechnungswesens, wie bspw. das kalkulatorische Betriebsergebnis oder Deckungsbeiträge (vgl. bspw. bei *Reichmann* 1993, S. 95ff., *Schweitzer/Küpper* 1995), wurden um neue interne Steuerungsgrößen wie Prozeß- oder Zielkosten erweitert.
Als dritte finanzielle Kategorie sind bei börsennotierten Aktienwerten aktienbezogene Planungs- und Steuerungskennzahlen von großer Wichtigkeit (vgl. z.b. bei *Melching* 1997, S. 252). Aus diesem Grund wurden gängige aktienbezogene Kennzahlen als dritte finanzielle Kennzahlenkategorie mit aufgenommen.
Nichtfinanzielle Kennzahlen lassen sich (in Anlehnung an die Untersuchung von *Lingle/Schiemann* 1996, S. 470, den Vorschlägen der *Society of Management Accountants of Canada* 1994 sowie den Konzepten von *Willis* 1994 und *Tarr* 1996, S. 83ff.) in
- marktbezogene Kennzahlen (Kunden, Wettbewerber, Zulieferer),
- mitarbeiterbezogene Kennzahlen,
- produktivitätsbezogene Kennzahlen (operative Wirtschaftlichkeit),
- innovations- und fortschrittsbezogene Kennzahlen sowie
- sonstige Kennzahlen (z.B. umwelt- oder gesellschaftsbezogene)

gliedern.
Die nachfolgende Abb. 7-9 zeigt im Überblick die Zusammenhänge zwischen den Kennzahlen des Performance Measurement:

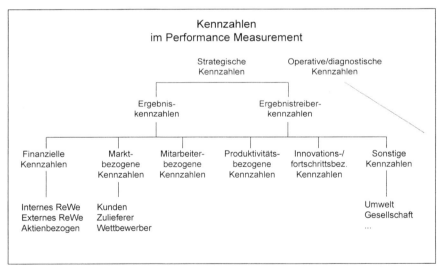

Abb. 7-9: Kennzahlen des Performance Measurement im Zusammenhang

Zu den finanziellen und nichtfinanziellen Kennzahlen ist ergänzend anzumerken, daß einige Kennzahlen durchaus mehr als einer Kategorie zugeordnet werden können. So kann ein „Produktgruppenergebnis" sowohl eine marktbezogene als auch eine finanzielle Kennzahl (internes Rechnungswesen) sein. Ausschlaggebend für die Zuordnung war die Dimension (im Beispiel: finanzielle Kennzahl des internen Rechnungswesens).

Entsprechend der in Abb. 7-9 wiedergegebenen Gliederung der strategischen Kennzahlen erfolgte die differenzierte Erfassung der Kennzahlen getrennt nach den verschiedenen Leistungsebenen.
Je Unternehmen wurden hierzu 354 Ausprägungen erfaßt (Kennzahleneinsatz auf Leistungsebene JA/NEIN, auch differenziert nach verschiedenen Aggregationsniveaus).
Ferner wurde in einer ergänzenden Frage um eine Einschätzung der zukünftigen Wichtigkeit dieser Kennzahlenkategorien mittels einer Ordinalskala gefragt. Als repräsentative Leistungsebenen wurden hierfür die Konzern- und Unternehmensebene zusammengefaßt herangezogen.
Nicht erfaßt wurden, u.a. aufgrund der Schwierigkeit diese in Form von Fragebögen zu erfassen sowie der Sensibilität im Umgang mit solchen Informationen, die unternehmens- bzw. leistungsebenenbezogenen und –übergreifenden Ursache-Wirkungsbeziehungen.

7.4.1.6.4 Ergänzende Überlegungen zum Design eines PM-Kennzahlensystems
Ergänzend zu den im Rahmen der empirischen Untersuchung erfaßten strategischen Kennzahlen und Kennzahlenkategorien je Leistungsebene ist generell von Interesse, was bezüglich der Gestaltung eines Kennzahlensystems im Performance Measurement zu beachten ist. Bei der Bildung eines Kennzahlensystems im Performance Measurement basierend auf den genannten Kennzahlenkategorien sollten die nachfolgend aufgeführten Anforderungen Berücksichtigung finden und Gegenstand von gestaltungsbegleitenden Diskussionen sein. Die Entwicklung eines Kennzahlensystems im Performance Measurement basiert in der Regel zum einen auf der logischen Herleitung von Kennzahlen über definitionslogische Beziehungen und mathematische Verknüpfungen (ein Beispiel für diese Vorgehensweise ist das DuPont-Kennzahlensystem, vgl. *Küpper* 1995, S. 326). Zum anderen können Kennzahlen empirisch-induktiv, d.h. über empirisches Wissen oder Daten entwickelt werden. Dieses Vorgehen wird bei der Generierung sehr vieler Kennzahlensysteme der unternehmerischen Praxis angewandt (vgl. *Küpper* 1995, S. 332). Verschiedene statistische Verfahren leisten dabei Unterstützung (bspw. zur Untersuchung von Abhängigkeiten oder zur Strukturentdeckung).
Einige der nachfolgend aus der Performance Measurement- und Kennzahlenliteratur aufgeführten Anforderungen an Kennzahlensysteme im Performance Measurement wurden bereits an anderer Stelle genannt. An dieser Stelle sind die aufgeführten Anforderungskriterien nochmals mit allen anderen relevanten Anforderungen vollständig genannt. Zusammen sollen sie eine Hilfestellung für die Systemgestaltung sein (vgl. auch Abb. 7-16 zu allgemeinen Anforderungen an einzelne Kennzahlen im Performance Measurement):

Anforderungs-kriterium	Beschreibung	Quellen
Ausgleich der Stakeholderinteressen	Alle relevanten Stakeholder und deren Zielvorstellungen sind beim Aufbau eines Kennzahlensystems im Performance Measurement zu berücksichtigen.	*Klingebiel (1996), S. 81* *Atkinson et al. (1997), S. 25 ff.* *Lingle/Schiemann (1996), S. 56 ff.* *Müller-Stewens (1998), S. 34 ff*
Ausgeglichenheit	Die Kennzahlen sollten ausgewogen/gleichgewichtig sein:	
	(finanziell/nichtfinanziell, kurzfristig/langfristig, intern/extern)	*Klingebiel (1996), S. 81* *Hendricks et al. (1996), S. 20* *Fitzgerald/Moon (1996), S. 9* *Stenzel/Stenzel (1997), S. 47*
	(Ergebnis- und Treiberkennzahlen)	*Michel (1997), S. 280* *Morrissey/Hudson (1997), S. 49* *Atkinson et al. (1997), S. 35 f.* *Kaplan/Norton (1997), S. 328* *Eccles (1991), S. 134 f.*
Flexibilität	„Das System sollte so flexibel sein, daß es sich leicht auf geänderte externe Parameter durch die Veränderung von Maßgrößen, die Aufnahme neuer oder den Verzicht auf alte Maßgrößen anpassen läßt." (*Fries/Seghezzi* [1994], S. 340).	*Stenzel/Stenzel (1997), S. 47* *Eckel et al. (1992), S. 17* *Sellenheim (1991), S. 53* *McMann/Orlando (1998), S. 17*
Konsistenz mit der Organisationskultur	Das Kennzahlensystem muß mit der Organisationskultur eines Anwendungsbereichs konsistent sein.	*Neely et al. (1995), S. 102* *McMann/Nanni (1994), S. 56* *Mullin (1998), S. 43* *Tarr (1996), S. 83* *Larson et al. (1997), S. 81*
Integration in das strategische Kontrollsystem	Die Kennzahlen im Performance Measurement sollten Bestandteil des strategischen Kontrollsystems zur Leistungsmessung und Leistungsbeurteilung sein.	*Neely et al. (1995), S. 94* *Atkinson et al. (1997), S. 30* *Slater et al. (1997), S. 39* *Bittlestone (1994), S. 46 ff.*
Managementakzeptanz	Die Kennzahlen im Performance Measurement müssen vom Top-Management akzeptiert und sollten selbst aktiv angewendet werden.	*Fitzgerald/Moon (1996), S. 2* *Russel (1996), S. 40*
Schutz vor Manipulation und Suboptima	Kennzahlen sind im Kennzahlensystem so aufeinander abzustimmen, daß über Verbundeffekte Manipulationen oder unerwünschte Suboptima ersichtlich werden.	*Fries/Seghezzi (1995), S. 340* *Dhavale (1996), S. 51*
Verbindung zur Strategie	Strategische Zielsetzungen sollten mit Hilfe von Kennzahlen abbildbar gemacht werden.	*Neely et al. (1995), S. 82 und S. 94* *Lynch/Cross (1993), S.. E3-9* *Lüthi et al. (1998), S. 35 ff.* *Lingle/Schiemann (1996), S. 59 ff.* *Fries/Seghezzi (1994), S. 341 f.* *Fitzgerald/Moon (1996), S. 1 und 9* *McMann/Nanni (1994), S. 56* *Dhavale (1996), S. 55* *Epstein/Mazoni (1997), S. 28* *Atkinson et al. (1997), S. 34* *Müller-Stewens (1998), S. 39* *Trzcienski/Harper (1997), S. 20*

Abb. 7-10: Anforderungen an Kennzahlensysteme im Performance Measurement (Teil 1)

Anforderungs-kriterium	Beschreibung	Quellen
Verbindung zum Anreiz- und Entlohnungssystem	Die Kennzahlen in einem Performance Measurement-Kennzahlensystem sind für die Leistungsebenenverantwortlichen die Grundlage für Zielvereinbarungen. Zur Schaffung leistungsabhängiger Anreize ist eine Verbindung zum Anreiz- und Entlohnungssystem zu gestalten.	Lüthi et al. (1998), S. 36 Stenzel/Stenzel (1997), S. 47 Müller-Stewens (1998), S. 39 Neely et al. (1995), S. 83 Klingebiel (1996), S. 81 Eichen/Swinford (1997), S. 28 ff.
Wirtschaftlichkeit	Effizienzanforderungen gelten auch für das Kennzahlensystem im Performance Measurement. Meßaufwand, Datenflut und Komplexität des Systems sind durch Konzentration auf Schlüsselkennzahlen möglichst zu beschränken.	Fries/Seghezzi (1994), S. 340 Müller-Stewens (1998), S. 38 f. Brown (1994), S. 6 Neely et al. (1995), S. 93 f. Dhavale (1995), S. 55 Heimes (1995), S. 78 Klingebiel (1996), S. 81 Kueng (1997), S. 50 Sellenheim (1991), S. 53 Balkcom et al. (1997), S. 29 f
Zuverlässigkeit der Meßmethoden	Beim Design eines Kennzahlensystems sind bereits auch Überlegungen zu Meßmethoden und deren Zuverlässigkeit anzustellen. Es ist zu beachten, daß ein mehrmaliges Messen eines Sachverhaltes immer zu gleichen Ergebnissen führt.	Atkinson et al. (1997), S. 34 Fries/Seghezzi (1994), S. 340 Vitale et al. (1994), S. 15

Abb. 7-11: Anforderungen an Kennzahlensysteme im Performance Measurement (Teil 2)

7.4.1.7 Strukturvariable Verbindung strategische und operative Planung

Als Brücke zwischen der strategischen Planung und der unterjährigen Unternehmenssteuerung bzw. dem Handeln im Tagesgeschäft fungiert die operative Planung (vgl. *Hungenberg* 1993 sowie die Ausführungen im folgenden Kapitel).

Die Verknüpfung der strategischen und operativen Planungsprozesse kann programm- oder selbstabstimmungsorientiert oder eine Kombination beider Ansätze sein (vgl. *Weber/Goeldel/Schäffer* 1997, S. 285ff.). Eine programmorientierte Abstimmung erfordert gleichermaßen eine streng formalisierte strategische und operative Planung mit dem Nachteil, daß erstere wenig innovativ und kreativ sein kann (vgl. *Welge/Al-Laham* 1992, S. 415 sowie zur Kritik an einer starren und formalisierten strategischen Planung bei *Mintzberg* 1994, S. 221ff.).

Die selbstabstimmende Gestaltung der strategischen und operativen Planung läßt sich in der Praxis nur bei einer eingeschränkten Anzahl der erforderlichen Abstimmungsvorgänge realisieren (vgl. *Weber/Goeldel/Schäffer* 1997, S. 287). Dieser Idee folgt die Hoshin-Kanri-Konzeption (vgl. *Soin* 1992). Basierend auf langfristigen strategischen Zielen und Plänen werden jene Ziele separiert und in die Planung involviert, welche für die Realisierung der gewünschten Marktposition relevant sind. Deren Umsetzung erfolgt anschließend über alle Leistungs- und Hierarchieebenen im Unternehmen. Dazu werden je Leistungsebene geeignete Maßnahmen zur Zielerreichung erarbeitet. Das kaskadenförmige Vorgehen und die Planung und Umsetzung nur weniger relevanter Ziele (Schwerpunktplanung) ermöglicht eine koordinierte Zielbildung auf allen wichtigen Leistungsebenen im Unternehmen (vgl. *Weber/Goeldel/Schäffer* 1997, S. 287).

Eine selbstabstimmungsbezogene strategische und eine programmorientierte operative Planung scheitert in der Unternehmenspraxis, wie die Untersuchungen im Arbeitskreis Benchmarking im Controlling an der WHU Koblenz gezeigt haben, an der Verbindung dieser unterschiedlichen Gestaltungsformen. Schwierigkeiten sind beispielsweise auf unterschiedliche Wissensdefizite, Mechanismen der Willensbildung sowie fachliche und verhaltensbezogene Ansprüche der Planungsträger zurückzuführen (vgl. *Weber/Goeldel/Schäffer* 1997, S. 288).

Für die empirische Untersuchung wurde die Verbindung zwischen der strategischen und operativen Planung folgendermaßen operationalisiert:

Die Verbindung zwischen den strategischen und operativen Zielen

- erfolgt durch die festgelegte (z.B. im Planungshandbuch beschriebene) Ableitung von finanziellen Zielen für die operative Planung aus strategischen Zielen und Strategien,
- erfolgt durch die nicht festgelegte Ableitung von finanziellen Zielen für die operative Planung aus strategischen Zielen und Strategien,
- erfolgt durch die festgelegte (z.B. im Planungshandbuch beschriebene) Ableitung von nichtfinanziellen Zielen für die operative Planung aus strategischen Zielen und Strategien,
- erfolgt durch die nicht festgelegte Ableitung von nichtfinanziellen Zielen für die operative Planung aus strategischen Zielen und Strategien.

Ferner konnten noch andere Vorgehensweisen skizziert sowie das Nichtvorhandensein einer solchen Verbindung vermerkt werden.

7.4.2 Subsystem operative Planung und Steuerung

Die operative Planung ist eine konkretisierte Planung der hierarchisch übergeordneten generellen Zielplanung sowie der strategischen Planung (vgl. *Hahn* 1996, S. 101). Sie wird allgemein auch als kurzfristige ablauforientierte Aktionsplanung angesehen (vgl. *Töpfer* 1976, S. 148). Sie stellt die „Brücke zwischen der strategischen Planung einerseits und der unterjährigen Unternehmenssteuerung sowie dem Handeln im Tagesgeschäft andererseits" dar (*Weber/Hambrecht/Goeldel* 1997, S. 11 und *Hungenberg* 1993). Die operative Planung ist daher stark differenziert, kurzfristig und arbeitet mit detaillierten Größen bzw. bezieht sich auf wohldefinierte Probleme (vgl. *Pfohl* 1981, S. 123).

Während bei der strategischen Planung das Erfolgspotential ein wesentliches Kriterium der Planung darstellt, steht bei der operativen Planung der Erfolg im Vordergrund. Weiter ist die operative Planung auf Effizienz ausgerichtet, mit geringer Unsicherheit behaftet und analytisch geprägt (vgl. *Zahn* 1989a, Sp. 1087).

Hauptgegenstand der operativen Planung ist, ausgehend von einer im Gegensatz zur strategischen Planung gegebenen Kontextsituation (vgl. *Kirsch* 1990, S. 99ff.), die Planung der Leistungserstellung (Produkte und Dienstleistungen) und des Leistungsaustausches unter Berücksichtigung vorgegebener Kapazitäten, Strukturen und Programme (vgl. *Horváth* 1993, S. 180f., *Hahn* 1996, S. 101 sowie *Niedermayr* 1993, S. 100). Dazu muß eine Koordination der betrieblichen Teilpläne erfolgen (vgl. *Perlitz* 1989, Sp. 1302). Die Schwerpunkte der Planungserstellung liegen auf der Maßnahmenplanung.

Oftmals wird, statt der aus amerikanischen Ansätzen abgeleiteten vereinfachten Differenzierung der Teilplanungskomplexe in strategische und operative Planung (vgl. die Zusammenstellung bei *Hahn* 1996b, S. 3-55), im Schrifttum die taktische Planung als Zwischenschritt zwischen der strategischen und der operativen Planung betrachtet (vgl. *Töpfer*

1976, *Pfohl* 1981 und *Wild* 1982, basierend auf den Abstufungsvorschlägen von *Anthony* 1965, S. 16ff.). Hauptschwerpunkt dieser Planung ist die Ressourcenplanung (vgl. *Horváth* 1993, S. 181). Damit soll die mittelfristige Umsetzung strategischer Zielsetzungen und Pläne Unterstützung finden (vgl. *Welge* 1985, S. 159).
In der Theorie und der Unternehmenspraxis hat sich allerdings die Dichotomie strategische versus operative Planung durchgesetzt (vgl. *Zahn* 1989a, Sp. 1086 sowie bei *Günther* 1991, S. 35).
Vier im Zusammenhang mit dem Aufbau und der Anwendung eines Performance Measurement-Systems relevante Strukturvariablen der operativen Planung und Steuerung sollen nachfolgend ausführlich diskutiert und operationalisiert werden:
- die operativen Zielkategorien (vgl. Kap. 7.4.2.1),
- die operativen Leistungsebenen (vgl. Kap. 7.4.2.2),
- der operative Planungsumfang und Planungshorizont (vgl. Kap. 7.4.2.3) sowie
- die operativen Kennzahlenkategorien (vgl. Kap. 7.4.2.4).

7.4.2.1 Strukturvariablengruppe Zielkategorien
Oberstes Ziel der operativen Planung ist die Sicherstellung des wirtschaftlichen Ablaufs betrieblicher Prozesse unter Berücksichtigung der bestmöglichen Nutzung der in der strategischen Planung geschaffenen Erfolgspotentiale (vgl. *Niedermayr* 1993, S. 98).
Wichtige Zielgrößen sind daher
- die Wirtschaftlichkeit,
- der Gewinn und
- die Rentabilität.

Steuerungsgrößen sind demnach die Liquidität und der Gewinn, im Gegensatz zu den Erfolgspotentialen als wesentliche Zielmaßgröße im Rahmen der strategischen Planung (vgl. *Günther* 1991, S. 38).
Bei vielen operativen Planungen erfolgt eine „eigenständige analytische Zielbestimmung... nur in Ausnahmefällen" (vgl. *Weber et. al* 1997, S. 12). Statt der Anpassung der operativen Ziele an strategische Vorgaben erfolgt oft nur eine Fortschreibung der historischen Planungsdaten.
Eng verbunden mit der operativen Planung ist die Budgetierung. In deren Rahmen werden die erstellten Pläne in wertmäßige Größen transformiert (vgl. *Horváth* 1993, S. 255). Das Budget wird daher oftmals als Schnittende der Planung angesehen (vgl. *Steiner* 1975, S. 340, zitiert nach *Horváth* 1991, S. 255).
Die operative Planung gliedert sich in die Sachzielplanung und die Formalzielplanung. Beide Planungskategorien haben unterschiedliche Ziele und Maßnahmen. Eine weitere Differenzierung in güterwirtschaftliche Unternehmensfunktionen (Beschaffung, Produktion und Absatz) ist bei funktionsorientierten Unternehmen meist notwendig. Produkt- bzw. regionenspezifische Aufbauorganisationen erfordern bereichs- bzw. produkt- und funktionenbezogene Differenzierungen (vgl. *Hahn* 1996, S. 102).
Als wichtige Zielkategorien innerhalb der operativen Planung sind daher zum einen
- nichtfinanzielle Ziele (Sachziele),
- zum anderen finanzielle Ziele (Formalziele) zu nennen.

Zielvorgaben beziehen sich in der operativen Planung auf die verschiedenen operativen Leistungsebenen. Je Leistungsebene ist daher im Rahmen der empirischen Untersuchung abzuschätzen, inwieweit diese Ziele bzw. Zielkategorien eine hohe oder eine eher geringe Wichtigkeit haben (mittels einer Ordinalskala: sehr wichtig [1] bis unwichtig [4]).

7.4.2.2 Strukturvariablengruppe operative Leistungsebenen

Bei der Gestaltung von Performance Measurement-Systemen erfolgt in vielen Fällen die Berücksichtigung mehrerer Leistungsebenen (vgl. die Ausführungen in den Kap. 3.1 und 7.4.1.3).

Systematisierungshilfe leistet hierzu im Zusammenhang mit der operativen Planung und Steuerung der organisationsbezogene Ansatz der Mehrebenenanalyse (vgl. *Fritsch* 1997, S. 48, in Anlehnung *an van de Van/Astley* 1981, S. 220). Diese berücksichtigt die Analyseebenen
- gesamte Organisation,
- organisatorische Einheit,
- individueller Arbeitsplatz
- sowie die Ebene „Beziehungen in und zwischen den Einheiten"

Ähnliche Differenzierungen lassen sich in der amerikanischen Performance Measurement-Literatur finden: Aufbauend auf den Überlegungen von *Rummler* und *Brache* (vgl. *Rummler/Brache* 1990, S. 16) identifizieren auch *Sharman* (vgl. *Sharman* 1995, S. 33) und *Hronec* (vgl. *Hronec* 1996, S. 22) drei Leistungsebenen („levels of performance") einer Organisation:
- die Organisationsebene,
- die Prozeßebene sowie
- die Mitarbeiterebene.

Die Organisation ist die höchste Leistungsebene im Unternehmen. Leistungen werden den Kunden horizontal über alle Funktionsbereiche der Organisation hinweg über Prozesse offeriert. Leistungsträger innerhalb der Organisation sind die Mitarbeiter.

Im Gegensatz zu den mehr ergebnisorientierten Leistungsmaßen und den eher langfristigen Leistungsmessungszyklen auf der Organisationsebene, sind prozeß- und mitarbeiterbezogene Leistungsmaße mehr mittel- bis langfristig sowie an operativen Abläufen und Handlungen orientiert.

In Ergänzung zu den primär organisationsbezogenen strategischen Leistungsebenen (Konzern, Unternehmen, Geschäftsfeld, Produktfeld, Region und Funktionsbereich, vgl. nochmals Kap. 7.4.1.3) sind im Rahmen der operativen Leistungsanalyse daher auch die mehr mitarbeitergeprägten Leistungseinheiten Kostenstelle und Mitarbeiter einbezogen. Letztere werden zunehmend als Kern der Optimierung der Unternehmensperformance angesehen (vgl. *Fritsch* 1997, S. 49). Forciert wird die immer stärkere Mobilisierung der Intelligenz und Leistungsfähigkeit der Mitarbeiter (vgl. *Schust* 1994, S. 25), auch in Verbindung mit neuen japanischen Führungskonzepten wie dem Kaizen (vgl. *Imai* 1986).

Durch die, aufgrund der Lean Production-Welle (vgl. *Womack/Jones/Roos* 1991) induzierten, stark gruppenarbeitsbezogenen Neustrukturierungen in vielen verarbeitenden Branchen sowie den Abbau traditioneller Hierarchieebenen wie bspw. dem Meister, muß auch die Team- bzw. Gruppenebene in das operative Leistungsebenenprofil integriert werden (vgl. auch *Ernst* 1994, *Hirschbach/Mayer* 1994, S. 25ff.)

Die Beziehungen in und zwischen den Einheiten sowie zwischen Unternehmen (Organisationen) und dem Umfeld der Unternehmen (andere Organisationseinheiten und Kunden, Zulieferer u.a.), lassen sich in Form von Prozessen darstellen. Ein Prozeß besteht aus

einer nach vorgeschriebenen Regeln ablaufenden Folge von Tätigkeiten, die erforderlich sind, um eine für das Gesamtunternehmen notwendige Aufgabenstellung zu erfüllen (vgl. *Holst* 1991, S. 278).
Dabei gibt es jeweils eine genau meßbare Eingabe (Prozeßinput), eine meßbare Wertschöpfung (Prozeßtätigkeit) und eine meßbare Ausgabe (Prozeßoutput) (vgl. *Striening* 1991, S. 169).
Jede Tätigkeit in einem Unternehmen kann als Prozeß bzw. als Teil eines Prozesses verstanden werden, egal ob im Fertigungs- oder im Verwaltungsbereich. Prozesse können in Teilprozesse, Hauptprozesse und Geschäftsprozesse aufgeteilt oder zusammengefaßt werden (vgl. bei *Gaitanides et al.* 1994 und auch die Ausführungen in Kap. 6.5.2).
Diese Prozeßtypen werden ebenfalls in das operative Leistungsebenenprofil aufgenommen.
Alle zwölf operativen Leistungsebenen, die auch vollständig in die empirische Befragung aufgenommen wurden, zeigt im Überblick die Abb. 7-12.

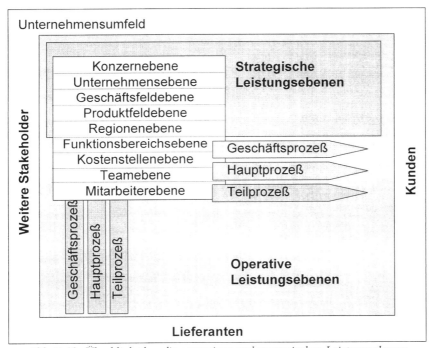

Abb. 7-12: Überblick über die operativen und strategischen Leistungsebenen

7.4.2.3 Strukturvariablengruppen Planungsumfang und Planungshorizont

Entsprechend dem oben skizzierten Charakter wird innerhalb der operativen Planung vorwiegend die „kurzfristige Planung der Leistungserstellungs- und Leistungsaustauschprozesse im Rahmen gegebener Kapazitäten" betrieben (*Horváth* 1991, S. 180-181). Wichtig ist die weitere zielbezogene Differenzierung in Sach- und Formalziele (vgl. nochmals die Ausführungen in Kap. 7.4.1.1.3). Die formalzielorientierte Planung wird als Budgetierung, die

sachzielorientierte Planung als Aktionsplanung bezeichnet (vgl. *Horváth et al.* 1981). Obwohl die Budgetierung oftmals mit der operativen Planung gleichgesetzt wird (vgl. z.B. *Mellerowicz* 1979, S. 25 und *Buchner* 1982, S. 1), entspricht diese Meinung nicht den herrschenden Auffassungen und Lösungen in Theorie und Praxis (vgl. die Zusammenstellung bei *Horváth* 1991, S. 255). Zum einen kann es Budgets auf allen Planungsstufen und allen Planungsfristigkeiten geben (vgl. *Horváth* 1991, S. 256), zum anderen basiert ein Budget in der Regel auf (nichtfinanziellen) Aktionsplänen. Die sachziel- und die formalzielorientierte Planung erfolgen demnach auf allen Planungsstufen. Eine weitgehende Überlappung erfolgt jedoch erst auf der Stufe der operativen Planung (vgl. *Hahn* 1996a, S. 113).
Teilbestandteile der operativen Planung sind sowohl Funktionsbereichsplanungen als auch Programmplanungen (vgl. *Hahn* 1996a, S. 103). *Hungenberg* differenziert in funktionale, faktorbezogene und monetäre Planungsaufgaben im Zusammenhang mit einem typischen operativen Planungssystem (vgl. *Hungenberg* 1993, S. 235-236).

- Unter funktionalen Planungen werden die funktionsbereichsbezogenen Planungen zusammengefaßt (z.B. Produktions- oder Absatzplanung).
- Gegenstand faktorbezogener Planungen sind Produktionsfaktoren wie Anlagen oder das Personal.
- Im Mittelpunkt monetärer Planungen stehen schließlich solche Planungen, die sich mit den monetären Konsequenzen des geplanten Unternehmensgeschehens beschäftigen. Hierzu zählen beispielsweise die Ergebnis- oder die Bilanzplanung.

In einem verrichtungsorientierten Unternehmen sind folgende Pläne Teil des operativen Planungssystems (vgl. *Hahn* 1996, S. 105):
- die kurzfristige Produktprogrammplanung,
- die Absatzplanung,
- die Produktionsplanung,
- die Beschaffungsplanung,
- die Logistikplanung,
- die Anlagenplanung,
- die Personalplanung,
- die Informations- und Kommunikationsplanung,
- die Projektplanung,
- die Kosten- und Erlösplanung,
- die kalkulatorische Ergebnisplanung,
- die bilanzielle Ergebnisplanung und
- die Finanz- bzw. Kapitalstrukturplanung.

Eine Untersuchung zum Stand der Planung in der deutschen Unternehmenspraxis zeigt auf, daß von den verschiedenen Teilplänen aus Sicht der acht für die Untersuchung ausgewählten Großunternehmen nur jene in der Regel als sehr wichtig betrachtet werden, die einen Formalzielbezug haben (vgl. *Weber/Hambrecht/Goeldel* 1997, S. 11). Dies sind detaillierte Ergebnis-, Absatz- und Produktionsplanungen.

Zeitlogisch läßt sich der Ablauf der operativen Planung in die Phasen
- Abgabe der Vorschläge,
- Überprüfung und Koordination,
- Fertigstellung des operativen Gesamtplans und
- Verabschiedung des operativen Gesamtplans

gliedern (vgl. *Perlitz* 1989, Sp. 1304f.).
Operative Pläne sind kurzfristiger als strategische oder taktische Pläne und gelten (in ihrer kurzfristigen Ausprägung sowie besonders im Zusammenhang mit klassischen jahresbezogenen Budgetierungsaktivitäten) in der Regel für einen Bezugszeitraum von maximal 12 Monaten (vgl. *Klotz* 1986, *Horváth* 1991, S. 257). Der Bezugszeitraum ist die Zeitdauer, auf die sich die Planung bezieht (vgl. *Schweitzer* 1996, S. 42).
Langfristige operative Pläne können sich auch auf Mehrjahreszeiträume beziehen (vgl. die Zusammenstellung bei *Hahn* 1996b, S. 3-54 und 3-55).
Für die empirische Untersuchung wurde gefragt, welche schriftlich fixierten Pläne zur operativen Zielerreichung auf Konzern-, Unternehmens- und Geschäftsfeldebene aufgestellt werden. Hierzu wurden zwanzig verschiedene Pläne vorgegeben.
Ferner sollte je Plan der jeweils zugrundegelegte Planungshorizont genannt werden. Dazu konnte zwischen sechs verschiedenen Bezugszeiträumen gewählt werden (zwischen „bis zu 3 Monaten" und „mehr als 36 Monaten").

7.4.2.4 Strukturvariablengruppe operative Kennzahlenkategorien

Neben der Abschätzung der Leistungspotentiale unter Einsatz von strategischen Kennzahlen (vgl. Kap. 7.4.1.6), sind für die leistungsebenenbezogene operative Leistungsplanung und -steuerung im Sinne einer Erfolgs- und Effizienzorientierung ebenfalls geeignete mehrdimensionale Kennzahlen zu formulieren.
Die geforderte Mehrdimensionalität der Planungs- und Steuerungskennzahlen ist bei vielen deutschen Unternehmen allerdings mehr die Ausnahme als die Regel. *Weber et. al* berichten von einer hohen Formalzielorientierung der von ihnen untersuchten Großunternehmen im Rahmen der operativen Planung sowie von häufig sehr detailliert vorhandenen Ergebnis-, Absatz- und Produktionsplanungen (vgl. *Weber/Hambrecht/Goeldel* 1997, S. 11), die in vielen Fällen nicht um eine adäquate, sachzielbezogene Maßnahmenplanung ergänzt wurden. Dadurch leidet die Planungsqualität (keine leistungsebenenadäquaten Planungs- und Steuerungskennzahlen stehen zur Verfügung) sowie die Möglichkeit zur zeitnahen Abschätzung der operativen Leistungsfähigkeit. In den zentralen operativen Bereichen der von *Weber et al.* untersuchten Unternehmen finden sich daher vorwiegend Renditekennzahlen und nur wenige mit Sachziel- oder Prozeßbezug (vgl. *Weber/Hambrecht/Goeldel* 1997, S. 12).
Bereits in frühen Veröffentlichungen zu Performance Measurement-Konzepten wurde dieses Mißverhältnis bezüglich des Ausgleichs zwischen finanziellen und nichtfinanziellen Kennzahlen angemahnt (z.B. *Fitzgerald/Moon* 1996, S. 9 oder *Klingebiel* 1996, S. 81) und es wurden Beispiele für eine abgestimmte Auswahl nichtfinanzieller und finanzieller Kennzahlen zitiert (vgl. hierzu nochmals die Beispiele von *Caterpillar* und *J.I. Case* in den Kap. 4.2.1 und 4.2.2.).
Zur Erfassung der in der operativen Planung und Steuerung eingesetzten Kennzahlenkategorien im Rahmen des Performance Measurement bei deutschen Großunternehmen wurden die selben Kategorien in die Frage mit eingebunden, wie bei den

ebenfalls untersuchten Kennzahlenkategorien im Rahmen der strategischen Planung und Steuerung (vgl. nochmals Kap. 7.4.1.6.3).

7.4.3 Subsystem Leistungsanreize, -vorgaben und –messung

Nach der Festlegung von strategischen und operativen Zielen je relevanter Leistungsebene, der Auswahl von zielbezogenen Kennzahlen sowie weiteren vorbereitenden planenden und steuernden Aktivitäten innerhalb der operativen und strategischen Planung und Steuerung, haben Überlegungen, wie die Leistungsziele durch leistungsförderndes Verhalten der Manager und Mitarbeiter erreicht werden können, zu erfolgen.

Innerhalb dieses Subsystems werden in den folgenden drei Kapiteln Anreiz-, Vorgaben- und Beurteilungsaspekte im Performance Measurement diskutiert und daraus Strukturvariablen für ein Performance Measurement-System abgeleitet und operationalisiert.

7.4.3.1 Strukturvariablengruppen Kennzahlenkategorien zur Leistungsvorgabe (unter Berücksichtigung der Anbindung an das Anreizsystem) sowie Vorgabebezugspunkte

Für die Leistungsmessung auf den verschiedenen Leistungsebenen lassen sich verschiedene Maßstäbe einsetzen. Neben der naheliegenden Leistungsbeurteilung anhand der strategischen und operativen Planungs- und Steuerungskennzahlen, können ergänzend oder ausschließlich auch Vorgesetzten-, Mitarbeiter- oder Kundenbefragungen durchgeführt bzw. weitere Zielvorgaben in Zielvereinbarungs-(MbO-)Gesprächen zwischen dem Beurteiler und dem Beurteilten festgelegt werden.

In der Performance Measurement-Literatur wird allerdings die Einbeziehung der Leistungskriterien des Performance Measurement-Systems, d.h. der verschiedenen strategischen und operativen Kennzahlen, nachdrücklich empfohlen. Dies wird mit deren enger Verbindung zu den Zielen und Strategien der jeweiligen Organisationseinheit begründet (vgl. *Balkom et al.* 1997, S. 23 und *Eichen/Swinford* 1997, S. 33). Zusätzlich sollte allen Organisationsmitgliedern, insbesondere den Leistungsebenenverantwortlichen, transparent gemacht werden, wie sie zum Erreichen der leistungsebenen- und unternehmensbezogenen Ziele und Strategien beitragen können. Dazu sind für die Mitarbeiter auf allen relevanten Leistungsebenen die individuellen Leistungsindikatoren sowie die Leistungsanforderungen zu präzisieren und zu quantifizieren, was eine notwendige Grundlage für eine leistungsorientierte Vergütung darstellt (vgl. hierzu auch die bei *Becker* 1997a, S. 96 dargestellten Ergebnisse einer empirischen Untersuchung zur Ausgestaltung von „Anreizsystemen der Zukunft").

Eine willkürliche Kennzahlenauswahl oder die Wahl sehr allgemeiner, kaum spezifizierter und wenig individueller Bezugsgrößen (bspw. Umsatz oder Aktienkurs) für die Leistungsbeurteilung der Mitarbeiter ist daher zu verhindern bzw. sollte genau umfeldbezogen geprüft werden, will man nicht Zufallsergebnisse und darauf basierende Konsequenzen induzieren (vgl. *Forson* 1997, S. 25 und *Becker* 1997a, S. 96).

Nicht immer gelingt die Operationalisierung der zu messenden Sachverhalte. Problematisch ist die Definition von Beurteilungskriterien bspw. für interpersonelle Beziehungen, das Finden von Motivationsparametern oder die Auswahl von Kennzahlen zur Beurteilung von Kreativität oder Weitsicht der Mitarbeiter (vgl. *Fitz-Enz* 1997, S. 3, die sich in ihren Ausführungen auf die Messung von Teamleistungen beziehen).

Ferner ist die Auswahl der Kennzahlenkategorien und Kennzahlen zur Leistungsvorgabe auf den verschiedenen Leistungsebenen eng an die Ausgestaltung der Anreizsysteme gekoppelt.

Anreizsysteme sollten (auch im Zusammenwirken mit dem Performance Measurement) die Funktionen „Motivation", „Selektion" und „Kooperation" erfüllen (vgl. *Schwalbach* 1998, S. 23).
Die Selektionsfunktion soll die richtige Stellenbesetzung und Bewerberauswahl sicherstellen, die Kooperationsfunktion allein bereichsbezogenes Denken und Handeln um gesamtunternehmensbezogene Aspekte ergänzen.
Die Motivationsfunktion soll zu zielgerichtetem Verhalten führen. Sie entsteht dann, „wenn eine Person Anregungsbedingungen in der umgebenden Situation wahrnimmt, die dazu geeignet sind, verschiedene Motive so zu aktivieren, daß dadurch Verhalten ausgelöst wird" (*Rosenstiel* 1980, S. 104).
Man unterscheidet die intrinsische und die extrinsische Motivation (vgl. *Becker* 1985, S. 28ff., *Kupsch/Marr* 1991, S. 740, *Laux/Liermann* 1993, S. 510ff.) und differenziert infolge dessen noch nach intrinsischen und extrinsischen Anreizen (vgl. *Ackermann* 1974, Sp. 156f.).
Extrinsische Arbeitsmotivation entsteht über materielle Anreize (z.B. finanzielle oder nichtfinanzielle Anreize wie Belohnung oder Beförderung, vgl. die Übersicht bei *Hüttemann* 1992, S. 200).
Als intrinsische Motivation wird jenes Verhalten angesehen, bei dem Handlungen oder Handlungsergebnisse um ihrer selbst willen angestrebt werden. Der intrinsichen Motivation stehen immaterielle Anreize gegenüber (z.B. Arbeitsinhalt oder Verantwortung, vgl. die Übersicht bei *Hüttemann* 1992, S. 200).
Beispiele für beide Motivationsformen sollen anhand von Darstellungen in der Performance Measurement-Literatur aufgezeigt werden:
- Ein Beispiel für ein extrinsisches Anreizinstrument ist das den Konzepten der Wertsteigerungsanalyse zurechenbare Economic Value Added (EVA)-Konzept (vgl. *Michel* 1996, S. 93 und *Günther* 1997, S. 233ff. sowie im Zusammenhang mit Performance Measurement bei *Ittner/Larcker* 1998, S. 209ff.). Der EVA ist eine einzelne auf finanzwirtschaftlichen Ansätzen basierende Kennzahl (= [Operativer Cash Flow nach Steuern und vor Zinsen für das investierte Kapital], vgl. *Stewart* 1990 sowie die Darstellung und Erläuterung bei *Günther* 1997, S. 233-238), die jedoch gleichzeitig ein Management-, Bewertungs- und Entlohnungssystem darstellt. Der Einsatz des EVA im Rahmen der Entlohnung hat den großen Vorteil der Konformität der Ziele des Managements mit denen der Investoren. Zudem wird dem EVA im Vergleich zu Aktienoptionen eine bessere Eignung als Anreizinstrument beigemessen, da der Aktienkurs stärker von der allgemeinen Marktentwicklung als von den Aktionen des Unternehmens selbst abhängig ist (vgl. *Freedman* 1996, S. 33, *McCrory/Gerstberger* 1992, S. 33ff. und *Eichen/Swinford* 1997, S. 30f.). Besonders von Praktikern wird ein Zusammenhang zwischen dem Economic Value Added (EVA) und dem Aktienkurs eines Unternehmens angenommen: „over time, EVA is the best predictor of future share price" und „....insists there's a correlation between share price and EVA" (*Freedman* 1996, S. 33). Es wird aber gleichzeitig auch eingeräumt, daß eine genaue Quantifizierung dieser Beziehung oftmals nicht möglich ist. Jedoch ist besonders für externe Stakeholder der Aktienkurs eine wesentliche Ergebnismaßgröße. Die Eigentümer sind letztlich nicht allein an einer Wertsteigerung des Unternehmens interessiert, sondern an der jährlichen Gesamtrendite ihres Investments in das Unternehmen. Daher werden börsennotierte

Unternehmen dann als erfolgreich bezeichnet, wenn die Verzinsung des eingesetzten Aktienkapitals die erwartete Verzinsung erreicht oder übertrifft (vgl. *Röttger* 1994, S. 10f.). Hierzu ist die Kennzahl EVA, auch als Anreizkonzept, gut geeignet.

- Ergänzend zum Einsatz extrinsischer Motivatoren versuchen Unternehmen die intrinsische Motivation der Belegschaft durch adäquate Arbeits- und Umweltbedingungen zu steigern. Kennzahlensysteme im Performance Measurement mit ihrer Betonung auch auf nichtfinanziellen Leistungsaspekten, sind geeignete Instrumente diese nicht-materielle Motivationskomponente anzusprechen (vgl. *Fries/Seghezzi* 1994, S. 339). Diese ermöglichen bspw., daß Verbesserungsprojekte selbsttragend vorangetrieben werden. Ständiges Feedback anhand von geeigneten Kennzahlen über den Entwicklungsverlauf von Projekten kann bei positivem Verlauf zu intrinsischen Motivationseffekten führen, da die Beteiligten unmittelbar mitverfolgen können, wie ihre Anstrengungen zu schrittweise verbesserten Prozessen führen.

Kennzahlen und Kennzahlenkategorien für die leistungsebenenbezogene Leistungsvorgabe sollten sich demnach, ergänzend zu einer Kopplung an die Kennzahlen der strategischen und operativen Planung und Steuerung im Performance Measurement, auch an der gewünschten oder aktuellen Ausgestaltung der Anreizsysteme orientieren. Dies hat auch eine enge Anbindung des Performance Measurement-Systems an das Anreiz- und Entlohnungssystem eines Unternehmens (vgl. *Kaplan/Norton* 1997a, S. 209ff.) zur notwendigen Folge.
Zu vermeiden ist (hierbei existieren komplementäre Verbindungen zu der Gestaltung eines Performance Measurement-Systems) die alleinige Fokussierung auf finanzielle, d.h. vorwiegend entgeldorientierte Anreizsysteme (vgl. *Becker* 1997b, S. 118), da auch empirische Untersuchungen noch keinen Zusammenhang oder nur geringe Korrelationen zwischen (vermutlich in der Praxis noch zu geringen) finanziellen Anreizen und der Leistung der Manager aufzeigen konnten (vgl. *Schwalbach* 1998, S. 24). Traditionelle (finanzorientierte) Anreizsysteme scheitern oftmals auch daran, daß sie in vielen Fällen den Blick auf Kennzahlen und Kennzahlenausprägungen vergangener Sachverhalte und Ergebnisse richten und die Performance eines Leistungsobjektes nicht zusätzlich oder ausschließlich nach der Wahrscheinlichkeit zukünftiger Erfolge und Erfolgspotentiale bemessen (vgl. *Lebas* 1995, S. 24). Dennoch bilden sie weiterhin die Basis für viele Anreizpläne, auch in amerikanischen Unternehmen, wie eine Erhebung bei 350 amerikanischen Großunternehmen mit einem durchschnittlichen Umsatzvolumen von 5 Milliarden US-Dollar verdeutlicht (zitiert nach *Eichen/Swinford* 1997, S. 30). Demnach dominieren bei vielen Unternehmen immer noch gewinnbezogene Kennzahlen, während nur wenige nichtfinanzielle und wertorientierte Indikatoren eingesetzt werden.
Neben dem oben bereits aufgezeigten EVA-Konzept zeigen besonders wertorientierte Anreizsysteme in Verbindung mit Aktienoptionen neue Möglichkeiten für extrinsische Anreize auf, die von einigen deutschen Unternehmen bereits umgesetzt wurden (z.B. *Deutsche Bank*, *Continental Gummi* oder *Volkswagen*, vgl. die Darstellung bei *Becker* 1997b, S. 113ff. sowie *Stelter* 1998, S. 62ff.).

Kennzahlen	% der Unternehmen
Income (Net income, EPS, Pre-tax income)	71%
Net income, EPS (earnings per share)	58%
Pre-tax income	13%
Return on Equity	28%
Sales	20%
Return on Assets	15%
Cash-flow	13%
Return on Investment (return on capital)	12%
Customer satisfaction	12%
Shareholders returns (stock price appreciation, total returns)	11%
Expense control	10%
Value added measures	7%
Quality	7%
Safety	6%
Mehrfachnennungen möglich, N=350 amerikanische Großunternehmen Quelle: William M. Mercer, Incorporated.	

Abb. 7-13: Gebräuchliche Kennzahlen in Anreizplänen für Manager in amerikanischen Großunternehmen

Zusammenfassend kann angemerkt werden, daß Kennzahlen, die sowohl im Anreiz- und Entlohnungssystem als auch im Performance Measurement Berücksichtigung finden, folgenden Kriterien entsprechen sollten (vgl. *Eichen/Swinford* 1997, S. 28 sowie *Balkom et al.* 1997, S. 23 und *Forson* 1997, S. 25ff.):

- **Relevanz**: Kennzahlen und Kennzahlenplanvorgaben müssen mit den strategischen Zielen der Organisation in Verbindung stehen.
- **Verständlichkeit**: Den Organisationsmitgliedern sollte klar kommuniziert werden, welche Kennzahlen der Entlohnung zugrunde liegen und wie die Ober- und Untergrenzen sowie Entlohnungsarten definiert sind.
- **Beeinflußbarkeit**: Die einer individuellen Entlohnung zugrunde liegenden Maßstäbe sollten von den Beteiligten beeinflußbar sein, da der Motivationswert ansonsten sehr gering ist.
- **Vernunft**: Der Entlohnungszeitpunkt sollte nicht zu weit in der Zukunft liegen, ebenso sollte permanente Höchstleistung von Mitarbeitern und Managern auch bei schlechtem Unternehmensergebnis belohnt werden.

Befriedigung verschaffen auch immaterielle, intrinsische Anreize, bspw. der Partizipationsgrad von Managern und Mitarbeitern am Planungsprozeß (vgl. *Becker* 1997b, S. 118), der Aufgabencharakter, Autonomie oder persönliche Entwicklungsmöglichkeiten (vgl. *Becker* 1985, S. 32 und *Ackermann* 1974, Sp. 156).
Dieses Wissen ist für die Gestaltung eines Anreizsystems (welches in der letzten Ausbaustufe ein strategisches Anreizsystem sein sollte, vgl. *Bleicher* 1992, S. 27ff. sowie *Hüttemann* 1992, S. 202f.) sowie für die Definition von Kennzahlen für die Leistungsbeurteilung im Performance Measurement ebenfalls zu nutzen, wie die Kenntnis von Agency-Problemen, die

sich aus möglichen Interessendivergenzen zwischen Auftraggebern und Beauftragten auf den verschiedenen Leistungsebenen („individuelle Agency-Beziehungen", *Wagenhofer* 1998, S. 60) ergeben können.

Im Rahmen der empirischen Untersuchung wurde nach den Kennzahlenkategorien für die Leistungsvorgabe, differenziert nach allen strategischen und operativen Leistungsebenen, gefragt. Verwendet wurden die bereits im Zusammenhang mit den strategischen und operativen Kennzahlen eingesetzten Kennzahlenkategorien (vgl. die Kap. 7.4.1.6.3 und 7.4.2.4).

Ferner erfolgte eine Erfassung der durchschnittlichen Gültigkeit der Leistungsvorgabe (Planwerte, anzugeben in Monaten) je Leistungsebene und des Bezugspunktes für die Leistungsvorgabe (Anpassung an den Zyklus und die Inhalte der strategischen und/oder der operativen Planung, vgl. zur kennzahlenbezogenen Planvorgabe nochmals die Ausführungen in Kapitel 7.4.4.1.2).

Leistungsvorgaben beziehen sich zumeist auf die jeweilige Abrechnungsperiode. Vorstellbar sind auch unterjährige Gültigkeitsdauern sowie Rahmenvereinbarungen zu Leistungsvorgaben, die über die Abrechnungsperiode hinausgehen (vgl. *Arbeitskreis „Leistungsvereinbarungen" des Verbandes der Chemischen Industrie* 1998, S. 70).

7.4.3.2 Strukturvariablen Meßzyklus und Meßmaßstäbe

Die Leistungsbeurteilung im Unternehmen im Rahmen eines Performance Measurement sollte, wie mehrfach beschrieben und begründet, differenziert nach den verschiedenen strategischen und operativen Leistungsebenen vollzogen werden. Damit kann eine höhere Sensibilität für die Leistung auf allen Organisationseinheiten geschaffen und auch die intinsische Motivation der Mitarbeiter erhöht werden (vgl. *Meekings* 1995, S. 9ff.).

Zum einen läßt sich so effektiver delegieren, zum anderen wird die Fähigkeit zur Selbststeuerung durch die Einführung von leistungsadäquaten Leistungsebenenkennzahlen erheblich verbessert.

Abhängig von den verschiedenen Analyseebenen sind verschiedene Merkmalsausprägungen im Rahmen der Leistungsmessung und Kennzahlenausgestaltung zu berücksichtigen (vgl. *Hendricks* 1994, S. 28 sowie Abb. 7-14):

- Demnach sind auf unteren Leistungsebenen, wie dem Arbeitsplatz oder der Kostenstelle, Performancemessungen häufiger, die Kennzahlen (umfeld-) spezifischer und operationaler (beispielsweise sind Durchlauf- oder Liegezeiten auf Abteilungs-, Arbeitsplatz- oder Kostenstellenebene von großer Wichtigkeit) sowie finanzielle Kennzahlen nur von geringer Bedeutung.
- Diese Kennzahlen (z.B. der ROI oder Cash Flow-Kennzahlen) sind lediglich auf Unternehmens- oder Geschäftsbereichsebene von wesentlicher Wichtigkeit.

Hieraus läßt sich der Schluß ziehen, daß sich die Meßfrequenz erhöht, je tiefer die Leistungsebene ist.

Denkbar sind, abhängig von den einzelnen Kennzahlenkategorien (von Qualitäts- über Ressourcen- bis zu Finanzkennzahlen) beispielsweise folgende Meßfrequenzen:

- Messungen von Kennzahlenausprägungen je Monat, Quartal oder Jahr auf Unternehmensebene,
- Messungen von Kennzahlenausprägungen je Quartal, Monat, Woche auf Bereichsebene und

7. Konzeption der eigenen empirischen Untersuchung 239

- Messungen von Kennzahlenausprägungen je Woche und Tag auf Mitarbeiter bzw. Kostenstellenebene (vgl. dazu *Taylor/Convey* 1993, S. 22ff. sowie nochmals die Beispiele in Abb. 4-21).

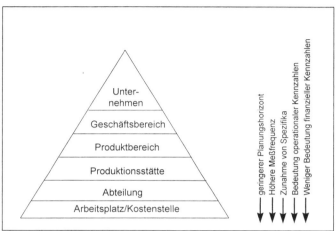

Abb. 7-14: Meßzyklen und Merkmalsausprägungen der Kennzahlen im Performance Measurement in Abhängigkeit von der Leistungsebene

Ferner werden die Meßperioden determiniert von der Wichtigkeit des betroffenen Bereichs (Leistungsebenen) sowie von wirtschaftlichen Aspekten. So sollten beispielsweise Informationen, die nicht im Unternehmen erhoben oder gemessen werden können, aus wirtschaftlichen Gründen weniger oft erhoben werden als solche Information, die im Rahmen des internen Steuerungsprozesses regelmäßig und aufwandsarm erfaßt werden können (vgl. *Eccles/Pyburn* 1992, S. 44). Weiter wird angeraten für administrative, wenig erfolgskritische Bereiche eher größere Meßperioden vorzusehen, da der effektive (Kosten-) Aufwand der Teilschritte „Messung" und „Auswertung" nicht unterschätzt werden sollte.

Zu einer Ausrichtung der Meßzyklen an den Bedürfnissen der internen Kunden wird im Zusammenhang mit den Ausführungen zur Strukturvariable Ergebniskommunikation im nächsten Kapitel Stellung bezogen.

Für die empirische Untersuchung wurden zur Ermittlung der leistungsebenenbezogenen Meßzyklen neun Meßzeiträume vorgegeben (nie, seltener als einmal in zwei Jahren, seltener als einmal jährlich, jährlich, halbjährlich, vierteljährlich, monatlich, wöchentlich und täglich). Zusätzlich erfolgte eine Überprüfung der tatsächlich zur Leistungsmessung angelegten Maßstäbe. Damit sollte untersucht werden, ob über die Kennzahlenkategorien der Leistungsvorgabe und der damit verbundenen Plan- und Istwerte hinaus noch zusätzliche Urteile maßgeblich sind (vorgeben waren: Vorgesetztenurteil, Mitarbeiterurteil, Urteil externer/interner Kunden).

7.4.3.3 Strukturvariablen Ergebniskommunikation und Konsequenzen

In Folge der Messung und Auswertung der ermittelten Performancezustände auf den verschiedenen Leistungsebenen sind Berichte und Abweichungsanalysen für die verantwortlichen Führungskräfte zu erstellen. In diesem Zusammenhang ist die Frage zu klären, ob das Reporting im Rahmen eines Performance Measurements in das reguläre Berichtssystem eines Unternehmens einzubinden ist, oder ob der Aufbau und Einsatz eines eigenständigen Reportings angebracht ist. Als Berichtssystem eines Unternehmens bezeichnet man die „dem betrieblichen Informationsbedarf angepaßte, geordnete Struktur aller Berichte" (*Horváth* 1991, S. 568). Es sollte der Struktur des Planungs- und Kontrollsystems angepaßt sein und begleitet hinsichtlich der berichteten Informationen vorwiegend den Planungs- und Kontrollprozeß.

Anhand der Beschreibungskriterien „Berichtszweck", „Berichtsgegenstand", „Berichtsinhalte", „Inhaltsdarstellung", „Auslösendes Ereignis", „Erstellungsart", „Partizipationsgrad", „Darstellungsform", „Berichtsform", „Erscheinungsweise", „Berichtsdetaillierung" und „Berichtstermin" sind nachfolgend die wichtigsten Merkmale des Berichtswesens und mögliche merkmalsbezogene Ausprägungen aufgeführt (vgl. in Anlehnung an *Küpper* 1995, S. 149, *Platz* 1989, S. 638, *Koch* 1994, S. 60ff., *Mertens/Griese* 1988, S. 71ff. sowie *Horváth* 1996, S. 583ff.).

\multicolumn{8}{c}{**Merkmale des Berichtswesens**}
Berichtszweck	Dokumentation		Planung			Kontrolle	
Berichts- gegenstand	Unternehmung	Geschäftsbereich	Funktionsbereich		Prozeß		Kostenstelle
Berichtsinhalte	Ist- daten	Plan- daten	Vergangen- heitsdaten	Abweichungs- -daten	Trend- daten	Prognose- daten	Kenn- zahlen	Vergleichs- daten
Inhalts- darstellung	Absolute Werte		Relative Werte			Akkumulierte Werte	
Auslösendes Ereignis	Zeitablauf		Toleranzwertüberschreitung			individueller Bedarf	
Erstellungsart	EDV-Unterstützung				keine EDV-Unterstützung		
Partizipations- grad	Partizipation der Berichtsempfänger				Keine Partizipation der Berichtsempfänger		
Darstellungs- form	verbal		graphisch			tabellarisch	
Berichtsform	Standardbericht		Abweichungsbericht			Bedarfsbericht	
Erscheinungs- weise	regelmäßig				unregelmäßig		
Berichts- detaillierung	Detailinformationen				Überblickinformationen		
Berichtstermin	aktuelle (zeitnahe) Berichte				nichtaktuelle (zeitferne) Berichte		

Abb. 7-15: Merkmale des Berichtswesens

Die einzelnen Merkmale sind durch gegenseitige Abhängigkeiten gekennzeichnet, die bei der Ausgestaltung eines Berichtssystems Berücksichtigung finden sollten. Zielkonflike kann es

beispielsweise in der Unternehmenspraxis zwischen den Merkmalen „Berichtstermin" und „Berichtsdetaillierung" dann geben, wenn in der Praxis der Aktualität eine höhere Bedeutung beigemessen wird als der Informationsdetaillierung (vgl. *Koch* 1994, S. 66ff.).
Ferner sollte, außer der Beachtung der Interdependenzen, bei der Gestaltung eines Berichtssystems frühzeitig eine Orientierung an den Berichtsempfängern und deren konkretem Informationsbedarf erfolgen, auch um die Informationsmenge den tatsächlichen Anforderungen anzupassen (vgl. *Mertens/Griese* 1988, S. 71ff. sowie *Weber* 1993, S. 158-159).
In der Performance Measurement-Literatur gibt es kaum kontroverse Meinungen darüber, ob das vorhandene Berichtswesen (Reporting) für das Performance Measurement genutzt werden sollte. Statt dessen gibt die Mehrheit der Autoren Anregungen zu dessen (besserer) Ausgestaltung und Nutzung sowie zu Erfordernissen hinsichtlich des Berichtseinsatzes:

- Es wird angemerkt, daß viele bestehende Reportingsysteme inhaltlich (quantitative und qualitative Informationen), bezüglich der Elemente (Data-Warehouse, On-Line Analytical Processing) und vor allem konzeptionell an die Anforderungen moderner Informationsversorgungssysteme angepaßt werden müssen (vgl. *Brunner/Sprich* 1998, S. 35f. sowie *Sharman* 1995, S. 36).
- Zudem ist der Fokus des Reporting weg von einer reinen Informationsversorgung von internen Empfängern auch auf die Informationsversorgung der, besonders im Performance Measurement wichtigen, externen Stakeholder zu richten (vgl. *Brunner/Sprich* 1998, S. 35f.).
- Da der Zyklus der Informationsversorgung sehr stark von der individuellen Informationsnachfrage der Anwender abhängt, werden nach Leistungsebenen abgestufte Berichtszyklen vorgeschlagen. Weiter wird empfohlen, auf Mitarbeiter- bzw. Abteilungsebene mindestens wöchentlich die Performanceergebnisse zu berichten (vgl. *Lynch/Cross* 1993, S. E3-17f.). Ein solcher „Realtime-Feedback" ermöglicht schnelle Reaktionen und verhindert zu späte, nicht ursachengerechte Maßnahmen (vgl. *McMann/Nanni* 1994, S. 56, *Heimes* 1995, S. 78 und *Forson* 1997, S. 22ff.). Für Manager höherer Leistungsebenen können längere Berichtszyklen gewählt werden, da ein wöchentliches Reporting von hochaggregierten Kennzahlen, wie der Marktanteil, in der Mehrzahl der Fälle nur inkrementale Veränderungen anzeigen wird (vgl. *Lynch/Cross* 1993, S. E3-17f.).
- Hinsichtlich der Informationsempfänger ist eine Unterscheidung in Mitarbeiter und Management erforderlich. Den unmittelbar in die Prozesse eingebundenen Mitarbeitern müssen vorwiegend (Ergebnis-)Treibergrößen berichtet werden, wogegen das Management mit Ergebnisgrößen zu versorgen ist. Diese Kennzahlen müssen der jeweils anderen Partei nicht notwendigerweise zugänglich gemacht werden, außer für Prüfungszwecke (vgl. *Hronec* 1996, S. 161).
- Die Berichte sollten vorwiegend graphisch gestaltet sein, da bspw. Schaubilder und Diagramme informativer und verständlicher sind als eine alleinige Zahlenabbildung in Tabellenform (vgl. *Brown* 1995, S. 65, *Trzcienski/Harper* 1997, S. 21f., *Hendricks* 1994, S. 27 und *Mullin* 1998, S. 45). Auch Farben können zur Hervorhebung bestimmter Sachverhalte eingesetzt werden (vgl. *Maskell/Gooderham* 1998, S. 38).

- Ferner sollten die Berichte Informationen beinhalten, die über die reine Zahlendarstellung hinausreichen (vgl. *Vitale/Mavrinac* 1995, S. 45, *Maskell/Gooderham* 1998, S. 39). Beispielsweise nennt *Hronec* einen Musterbericht, der die aktuelle Leistung, die historischen Trends, die in naher Zukunft geplanten Aktivitäten und die mit Spitzen-Benchmarks verglichenen Leistungsmaße enthält (vgl. *Hronec* 1996, S. 187).

Im Rahmen der empirischen Untersuchung wurden mehrere Fälle hinsichtlich der Kommunikation der Ergebnisse der Leistungsmessung unterschieden. Zunächst der Fall, daß die Ergebnisse der Leistungsmessung im Rahmen des Reporting berichtet werden. Differenziert wurde hierbei hinsichtlich des Berichtstermins in
- zeitnah, gleicher Zyklus wie Leistungsmessung,
- mit zeitlicher Verzögerung, gleicher Zyklus wie Leistungsmessung und
- längerer Zyklus als Leistungsmessung.

Ferner wurde der Fall einer selbständigen oder einer auf Anfrage möglichen systemgestützten Datenabfrage sowie die nachfolgend aufgeführten weiteren Möglichkeiten bezüglich der Kommunikation der Ergebnisse der Leistungsmessung vorgegeben:
- Informationen werden nicht weitergegeben.
- Es erfolgt keine Leistungsmessung.
- Ergebniskommunikation nur in manchen Fällen.
- Ergebniskommunikation wird durchgeführt, da Self-Assessment hinsichtlich Leistungskennzahlen.

Aus der Leistungsmessung und Erfolgskontrolle ergeben sich in der Regel Konsequenzen für die Verantwortlichen der Leistungsebene.

Persönliche Konsequenzen sind eng verbunden mit extrinsischen Anreizen, wie Entlohnungs-, Schulungs- und Beförderungsanreizen als Beispiele für finanzielle und nichtfinanzielle Anreize (vgl. nochmals die Ausführungen in Kap. 7.4.3.1).

Andere Konsequenzen beziehen sich auf organisatorische oder planerische Anpassungen im Zusammenhang mit einem Performance Management (vgl. *Bittlestone* 1994, S. 46ff., *Schust* 1994, *Fritsch* 1997, S. 53). Über die Analyse der Kennzahlen und Kennzahlenausprägungen (Plan-Ist-Vergleich sowie Abweichungsanalyse) im Performance Measurement werden organisatorische Lernvorgänge, strategische oder operative Plananpassungen sowie konkrete Maßnahmen zur Leistungssteigerung induziert (vgl. *Heimes* 1995, S. 77f., *Atkinson et al.* 1997, S. 30, *Slater et al.* 1997, S. 39) oder kontinuierliche Verbesserungen angestoßen (vgl. *Lebas* 1995, s. 35).

Aus der Leistungsmessung erfolgen keine Konsequenzen, wenn
- keine Leistungsmessung durchgeführt wird,
- keine speziellen, festgelegten Konsequenzen existieren oder
- diese nicht gewünscht sind.

Alle angesprochenen Möglichkeiten fanden als Optionen hinsichtlich der Konsequenzen aus der Leistungsmessung Berücksichtigung in der empirischen Untersuchung.

7.4.4 Subsystem Kennzahlenaufbau und –pflege

Im Zusammenhang mit der Diskussion und der Operationalisierung der verschiedenen Teilbestandteile des Subsystems „Kennzahlenaufbau und –pflege" wird zunächst in

Ergänzung zu den systembezogenen Überlegungen im Kapitel 7.4.1.6.4 dargestellt, welche Anforderungen an die Kennzahlenauswahl im Performance Measurement zu stellen sind (vgl. Kap. 7.4.4.1.1). Hierbei werden unterschiedliche Vorgehensweisen am Beispiel der Kernleistungsebenen Unternehmen und Prozeß analysiert.
Aufbauend auf diesen Überlegungen erfolgt die Darstellung und Diskussion der kennzahlenbezogenen Planvorgabe im Performance Measurement (vgl. Kap. 7.4.4.1.2.
Schließlich werden die verschiedenen Ansätze zur Kennzahlenüberprüfung und –änderung untersucht und operationalisiert (vgl. Kap. 7.4.4.2).

7.4.4.1 Strukturvariablen Kennzahlenauswahl und –planvorgabe

7.4.4.1.1 Anforderungen an die Kennzahlenauswahl

In den Kapiteln zu operativen und strategischen Kennzahlen im Performance Measurement (vgl. Kapitel 7.4.1.6 und Kapitel 7.4.2.4) wurde bereits aufgezeigt, welche verschiedenen Kennzahlenkategorien in der Regel Anwendung finden. Als vorbereitende Maßnahme für die Kennzahlenauswahl und die Festlegung der kennzahlenbezogenen Planvorgaben ist zu überprüfen, welchen Anforderungen die ausgewählten Kennzahlen im Rahmen eines Performance Measurement genügen müssen. Die nachfolgenden Abbildungen geben in zwei Teilen die in der Performance Measurement-Literatur vorwiegend genannten Anforderungskriterien an Kennzahlen wieder. Die Anforderungskriterien sollten bei der Auswahl der Kennzahlen Berücksichtigung finden:

Die unten aufgeführten Anforderungen an Kennzahlen können als allgemeine Kriterien verstanden werden und sind als Ergänzung der Anforderungen an ein System von Kennzahlen im Performance Measurement zu betrachten (vgl. Abb. 7-11).

Die Auswahl einer Kennzahl im Performance Measurement sollte nicht in Form eines „ingeneurwissenschaftlichen Ansatzes" (*Müller-Stewens* 1998, S. 39) erfolgen, sondern als konsensorientierter Ansatz. Hierzu sollten Vorgesetzte und Mitarbeiter bzw. Auftraggeber und Beauftragter bei der Kennzahlenauswahl eng zusammenarbeiten (vgl. hierzu auch die Anmerkungen zu der Anforderung „Akzeptanz").

Sind mehrere Kennzahlen von den am Auswahlprozeß beteiligten Personen ausgewählt worden, sollte eine Rangfolge in Anlehnung an die unternehmens- oder leistungsebenenbezogenen Anforderungen erstellt werden (vgl. *Vitale et al.* 1994, S. 15).

In der Literatur zum Performance Measurement gibt es hinsichtlich der Kennzahlenenauswahl und der damit verbundenen Kennzahlenbildung neben allgemeinen Anforderungen an die Kennzahlenauswahl noch leistungsebenenspezifische Vorschläge für eine strukturierte Vorgehensweise. Am Beispiel der wichtigen Leistungsebenen Unternehmen und Prozeß sollen einige dieser konzeptionellen Lösungen kurz aufgezeigt werden.

Anforderungs-kriterium	Beschreibung	Quellen
Eindeutigkeit	Das Meßobjekt muß eindeutig mit einer Kennzahl meßbar sein. Wenn bereits der Name einer Kennzahl den Sachverhalt verdeutlicht, dann wird die Kommunikation wesentlich erleichtert.	*Atkinson et al. (1997), S. 34* *Lüthi et al. (1998), S. 45* *Müller-Stewens (1998), S. 39* *Dhavale (1995), S. 55* *Hronec (1996), S. 158*
Entscheidungs- und aufgabenorientiert	Kennzahlen sollten Entscheidungen im Aufgabenumfeld unterstützen können.	*Stenzel/Stenzel (1997), S. 46* *Lebas (1995), S. 35* *Neely et al. (1995), S. 83* *Atkinson et al. (1997), S. 36* *Baeuerle et al. (1998), S. 110* *Knight (1998), S. 25* *Siesfeld (1998), S. 14*
Objektivität	Kennzahlen sollten realitätsnah die Leistungsmerkmale eines Betrachtungsobjektes wiederspiegeln.	*Fries/Seghezzi (1994), S. 340* *Müller-Stewens (1998), S. 38*
Quantifizierbarkeit	Der Einsatz von Kennzahlen im Performance Measurement setzt die Quantifizierbarkeit von Sachverhalten voraus.	*Lüthi et al. (1998), S. 45* *Stenzel/Stenzel (1997), S. 47* *Fries/Seghezzi (1994), S. 340* *Eccles (1991), S. 134* *Dhavale (1996), S. 55* *Eckel et al. (1992), S. 20* *Newton (1997), S. 35* *Neely et al. 1995, S. 80*
Sensitivität	Ein Indikator sollte auch kleine Veränderungen des gemessenen Sachverhalts anzeigen. Der Informationswert einer Kennzahl ist umso höher, je geringer die Zeitverzögerungen zwischen den Änderungen und den veränderten Kennzahlenausprägungen sind.	*Lüthi et al. (1998), S. 45* *Fries/Seghezzi (1994), S. 340*
Stetigkeit	Eine stufenlose Darstellung der Veränderung der Beobachtungsgröße sollte möglich sein, da sich nichtstetige Variablen (z.B. binäre Variablen) nur schlecht für Vorgaben und Leistungsmessungen eignen.	*Müller-Stewens (1998), S. 39* *Hronec (1996), S. 152*
Verfügbarkeit	Daten des zu messenden Sachverhalts müssen verfügbar sein und sollten weder an zeitliche noch an andere Konditionierungen gebunden sein. Hierzu ist eine geeignete Informationsarchitektur zu entwickeln.	*Eccles (1991), S. 133ff.,* *Müller-Stewens (1998), S. 39* *Newton (1997), S. 35* *Maskell (1997), S. 37* *Vitale et al. (1994), S. 15*
Verständlichkeit	Anwender müssen Kennzahlen und die zugrundegelegten Zusammenhänge verstehen können.	*Atkinson et al. (1997), S. 34* *Fries/Seghezzi (1994), S. 339 f.* *Bierbusse/Siesfeld (1997), S. 6* *Kaydos (1991), S. 47* *McMann/Nanni (1994), S. 56* *Rose (1995), S. 64* *Dhavale (1996), S. 55* *Heimes (1995), S. 78* *Klingebiel (1996), S. 81* *Newton (1997), S. 35*
Zukunftsorientiert	(Strategische) Kennzahlen sollen Trends anzeigen und für aktuelle, zukunftsbezogene Entscheidungen nutzbar sein.	*Stenzel/Stenzel (1997), S. 46* *Brown/Laverick (1994), S. 96* *Dhavale (1996), S. 55* *Klingebiel (1996), S. 81* *Maskell (1997), S. 36 f.* *Schiemann (1998), S. 46 f*

Abb. 7-16: Anforderungen an Kennzahlen im Performance Measurement (Teil 1)

Anforderungs-kriterium	Beschreibung	Quellen
Akzeptanz	Die ausgewählten/gebildeten Kennzahlen sind von Managern und Mitarbeitern akzeptiert.	Atkinson et al. (1997), S. 34 McMann/Nanni (1994), S. 56 Rose (1995), S. 64 Hronec (1996), S. 157 f.
Beeinflußbarkeit	Kennzahlen müssen von den Kennzahlenanwendern hinsichtlich ihrer Ausprägungen in einem angemessenen Zeitraum beeinflußbar sein.	Lüthi et al. (1998), S. 45 Stenzel/Stenzel (1997), S. 47 Lebas (1995), S. 35 Dhavale (1996), S. 55 McMann/Nanni (1994), S. 56 Klingebiel (1996), S. 81 Taylor/Convey (1993), S. 23 f. Hronec (1996), S. 147 ff. Eichen/Swinford (1997), S. 29 f. Forson (1997), S. 24

Abb. 7-17: Anforderungen an Kennzahlen im Performance Measurement (Teil 2)

7.4.4.1.1.1 Konzepte der Unternehmensebene

Als Stakeholdermodell zur Ableitung von Kennzahlen schlägt *Müller-Stewens* das in Abb. 7-18 dargestellte Prozeßmodell vor, das auf der Ebene organisatorischer Teileinheiten mit definierten Strategien angewendet werden kann. Betrachtungsgegenstand des Modells sind die im folgenden beschriebenen Prozeßschritte Input, Output, Outcome und Leistungsprozeß.

Als Input des Prozesses gehen die angenommenen Erwartungshaltungen der Anspruchsgruppen in Form von Zielvorgaben ein. Strukturelle Gegebenheiten des Geschäftsumfelds wie beispielsweise Preis- und Qualitätserwartungen der Kunden sind hier bereits berücksichtigt. Auf den Input aufbauend erfolgt eine strategische Sollpositionierung der verschiedenen Geschäftsfelder des Unternehmens, die zu einer spezifischen Ausgestaltung des Leistungsprozesses und somit der Leistung führen. Der Outcome stellt das Ziel der unternehmerischen Leistungserstellung dar: zufriedene Stakeholder. Um den Zielerreichungsgrad besser messen und steuern zu können, versucht man diese Zufriedenheit über die als Output bezeichneten Kennzahlen zu operationalisieren und zu messen.

Ansatzpunkt für eine Kennzahlenauswahl ist sowohl der Output als auch der Outcome. Der Faktor Zufriedenheit kann bspw. direkt beim Stakeholder (etwa über Befragungen) gemessen werden oder über Outputzielgrößen, "von denen angenommen wird, daß sie mit der Zufriedenheit korrelieren." (*Müller-Stewens* 1998, S. 42)

Das Konzept eignet sich nicht direkt zur Umsetzung in der Praxis, da konkrete Realisierungsschritte nicht genannt werden. Kritisch zu bewerten ist auch die nicht vollzogene Integration von Kennzahlen des Leistungserstellungsprozesses in den Auswahlprozeß, obwohl der Autor dies explizit an anderer Stelle fordert (vgl. *Müller-Stewens* 1998, S. 37).

Weitere umfassende Vorschläge zur Kennzahlenauswahl im Unternehmensumfeld machen *Kaplan* und *Norton* im Zusammenhang mit der Balanced Scorecard (vgl. Kap. 4.1.3.). Diese Vorschläge greift *Michel* auf und verbindet die Funktionalitäten einer Balanced Scorecard mit den Anforderungen an ein Shareholder Value-Management. Hierzu zeigt er auf, welche Aktivitäten zur systematischen Auswahl relevanter Kennzahlen notwendig sind. Die von ihm empfohlenen acht Schritte seien beispielhaft für andere Empfehlungen (vgl. *Michel* 1997, S. 280ff. und z.B. auch bei *Maskell* 1989, S. 3ff.) aufgeführt:

1. Anforderungen an den Kennzahleneinsatz definieren.
2. Ableitung von finanziellen und nicht-finanziellen Kennzahlen aus dem Unternehmens- bzw. Geschäftsmodell. Mit Hilfe der Sensitivitätsanalyse sind diejenigen Maßgrößen herauszufiltern, die den größten Hebeleffekt auf den Shareholder Value haben.
3. Weitere Kennzahlen für die strategischen Ziele der einzelnen Segmente der Balanced Scorecard bestimmen.
4. Top-down-Analyse der Kennzahlen bis hin zu ihren bestimmenden Faktoren auf der Bottom-line. Es wird der Aufbau eines Kennzahlensystems empfohlen.
5. Sensitivitätsanalysen der identifizierten Kennzahlen.
6. Auswahl der Kennzahlen mit dem größten Effekt auf die oberste finanzielle Kennzahl. In diesem Fall die Wertentwicklung (SHV).
7. Endgültige Zuordnung der ausgewählten Kennzahlen zu den strategischen Zielen in der Balanced Scorecard.
8. Generierung von Vektoren zwischen den Kennzahlen in einem Ursache-Wirkungsnetzwerk, das die Strategie vollständig abdeckt.

Viele konzeptionelle Vorschläge zur Kennzahlenauswahl und –entwicklung eignen sich nicht zum Einsatz im praktischen Umfeld, da Operationalisierungsschritte und -maßnahmen nicht konkretisiert werden (vgl. *Neely* et al. 1995, S. 101). Als Negativbeispiele werden hierzu die Ausführungen von *Wisner/Fawcett* (vgl. *Wisner/Fawcett* 1991, S. 5-11) sowie *Blenkinsop* und *Davis* (vgl. *Blenkinsop/Davis* 1991, S. 6-23) genannt.

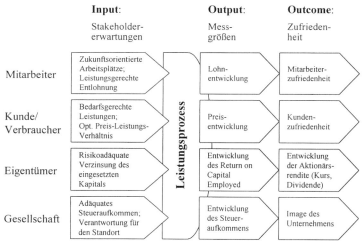

Abb. 7-18: Zentrale Stakeholder, deren Erwartungen und daraus abgeleitete Kennzahlen (vgl. Müller-Stewens 1998, S. 42)

7.4.4.1.1.2 Konzepte der (Geschäfts-)Prozeßebene
Hinsichtlich der Prozeßebene dominiert bei der Auswahl und der Definition der Kennzahlen die Ausrichtung an den Leistungsdimensionen und Zielen von Geschäftsprozessen (vgl. *Fries/Seghezzi* 1994, S. 340, *Kueng* 1997, S. 49ff. und *Lüthi et al.* 1998, S. 39ff.). Nachfolgend sind die vorgeschlagenen Entwicklungs- und Implementierungsschritte vergleichend gegenübergestellt. Anzumerken ist hierbei, daß die für die Firma *Hofmann-La Roche* entwickelte Konzeption auf den konzeptionellen Überlegungen von *Kueng* (Prozeß-Monitoring-System) aufbaut. Aufgrund der existierenden Unterschiede in der Indikatorenentwicklung wurden beide Konzepte in der Abb. 7-19 aufgeführt.

Ganzheitlicher Meßgrößenentwicklungsprozeß nach *Fries/Seghezzi* 1994, S. 341ff. und *Fries* 1994, S. 111	Herleitung von Indikatoren zur Messung der Geschäftsprozeß-qualität bei *Hoffmann-La Roche* nach *Lüthi/Krahn/Küng* 1998, S. 39ff.	Indikatorenentwicklung und -anwendung im Prozeß-Monitoring-System (Forschungsprojekt Promosys) nach *Kueng* 1997, S. 49ff.
1. Prozeßentwurf	1. Definition des Geschäftsprozeßmodells: Elemente sind Output, Aktivitäten, Aktivitätenreihenfolge, Rollen der Aktivitäten und Stakeholder der Geschäftsprozesse	1. Identifizieren der Geschäftsprozeßziele
2. Nennungsphase Sammlung der Leistungsfaktoren eines Prozesses Begriffsklärungen	2. Bestimmung der Geschäftsprozeß-Ziele: Lagebeurteilung, Ermittlung möglicher Ziele, Zielauswahl, Verfassung Zielvorschriften	2. Bestimmung von Indikatoren je Geschäftsprozeßziel
3. Analysephase Auswahl der Leistungsfaktoren mit - Affinitätsdiagrammen - Realtionendiagramm - Kausaldiagramm	3. Bestimmung der Geschäftsprozeß-Erfolgsfaktoren: Erfolgsfaktoren der Prozeßleistung, Erfolgsfaktoren des Prozeßablaufs sowie prozeßspezifische Erfolgsfaktoren	3. Ziele und Indikatoren anhand einer Checkliste mit den Kriterien - Entwicklungsaspekte, - Finanzielle Aspekte, - Gesellschaftliche Aspekte, - Mitarbeiteraspekte, - Kundenaspekte erweitern
4. Auswahlphase anhand der Faktoren Relevanz, Manipulierbarkeit und Meßbarkeit Bewertung Ranking der Leistungsfaktoren (Kennzahlen)	4. Festlegung der Indikatoren: Abstimmung mit den Geschäftsprozeßzielen, Abstimmung mit den Geschäftsprozeß-Erfolgsfaktoren	4. Meinung der Mitarbeiter einholen
5. Meßgrößenimplementierung		5. Datenquellen und Indikatorenplanvorgaben festlegen
6. Migrationsplan		6. Realisierbarkeit und Wirtschaftlichkeit prüfen
		7. Prozeß der Informationsverarbeitung definieren (Erhebung, Verwaltung, Verarbeitung, Weiterleitung)
		8. Prozeß Monitoring-System einsetzen
		9. Geschäftsprozesse sowie Ziele und Indikatoren fortwährend verbessern

Abb. 7-19: Indikatorenauswahl und -festlegung in prozeßbezogenen Konzepten

Die vergleichende Darstellung der Konzepte zeigt einige grundsätzliche Unterschiede auf, auf die nachfolgend kurz eingegangen wird.

Der Ansatz von *Fries* und *Seghezzi* überzeugt, im Gegensatz zu der bei *Kueng* nur wenig berücksichtigten Mitarbeiterperspektive (dieser schlägt lediglich eine Erhebung der Mitarbeitermeinung über bereits bestimmte Indikatoren vor), insbesondere aufgrund der starken Mitarbeiterintegration in ihren gruppen- und teambasierten Indikatorenermittlungsprozeß (vgl. *Fries/Sehgezzi* 1994, S. 340, die sich in diesem Zusammenhang auch auf *Sink* und dessen Forderung nach Einbeziehung der Mitarbeiter sowie der Nutzung deren prozeßbezogener reichhaltigen Informationsbasis berufen [vgl. *Sink* 1985, S. 302f.]).

Ebenso überzeugt die instrumentelle Basis. Es werden (im Gegensatz zu den beiden anderen aufgeführten Konzepten) konkrete Hilfsmittel für die Indikatorenauswahl genannt (vgl. Punkt 3 in Abb. 7-19) und in den Auswahlprozeß einbezogen (vgl. die Anwendung des Affinitätsdiagramms bei *Fries/Seghezzi* 1994, S. 342, die Anwendung des Relationendiagramms bei *Fries/Seghezzi* 1994, S. 343 sowie die Anwendung eines Kausaldiagramms bei *Fries/Seghezzi* 1994, S. 344).

Die nicht nachhaltig vollzogene Einbeziehung der weiteren Geschäftsprozeßstakeholder und deren Zielvorstellungen ist als Schwachpunkt im Konzept von *Fries/Seghezzi* zu nennen. Hier nennen *Lüthi et al.* Ansatzpunkte, kritisieren aber, daß bereits die bekannten Konzepte der Prozeßmodellierung die Stakeholder nicht differenziert berücksichtigen (vgl. *Lüthi et al. 1998*, S. 40).

Die drei Konzepte wurden für die Entwicklung und die Auswahl von Kennzahlen auf Prozeßebene entwickelt, lassen sich in ihrer grundsätzlichen Systematik allerdings auch auf weitere Leistungsebenen im Unternehmen übertragen.

7.4.4.1.1.3 Fazit: Probleme bei der Kennzahlenauswahl und erfaßbare Variablen für die empirische Untersuchung

Neben der notwendigen Abstimmung der Kennzahlen mit den strategischen Zielen und den Strategien der Leistungsebene sowie der anforderungsgerechten Gestaltung der Kennzahlen ist auch deren Akzeptanz bei den verschiedenen Leistungsebenenverantwortlichen ein weiterer Schlüssel zum nachhaltigen Unternehmenserfolg. Die Akzeptanz ist beispielsweise auch dann gefährdet, wenn der Anwender bzw. Empfänger der Kennzahlen zu viel Zeit für deren Interpretation aufwenden muß. Der Umfang und die Ausgewogenheit von Steuerungskennzahlen muß daher genau den jeweiligen strategischen Leistungsebenenerfordernissen sowie den Geschäftsfeldstrategien angepaßt sein. Für die Anwender erfordert dies in der Regel transparente und leicht interpretierbare Kennzahlen.

Anwendungs- und Inplementierungsprobleme beim Kennzahleneinsatz können daraus resultieren, daß

- die Mitarbeiter die ausgewählten Kennzahlen für unwichtig halten,
- die Leistungsmaße kontinuierlich unzuverlässig sind,
- Leistungsmaße leistungshemmend bzw. kritikbezogen statt verbesserungsinduzierend sind,
- die Leistungsmaße nicht notwendig zur Aufgabenerfüllung sind und
- durch den neuen „Kennzahlenenthusiasmus" zu viele Kennzahlen generiert werden (vgl. *Hronec* 1996, S. 157ff.).

Zur Feststellung des Partizipationsgrades der Leistungsebenenverantwortlichen bei der Kennzahlenauswahl wurden im Rahmen der empirischen Untersuchung fünf Hauptfälle unterschieden:

- Kennzahlen werden von der Leistungsebenenführung festgelegt,
- Kennzahlen werden der Leistungsebenenführung vorgegeben,
- Kennzahlen werden gemeinsam von den übergeordneten Vorgesetzten und der Leistungsebenenführung festgelegt,
- Kennzahlen werden von den Leistungsebenenmitarbeitern festgelegt,
- Kennzahlen werden gemeinsam von der Leistungsebenenführung und den Leistungsebenenmitarbeitern festgelegt.

Die operative Umsetzung, d.h. die konkrete Vorgehensweise bei der einzelnen Kennzahlenauswahl, wurde im Rahmen der empirischen Untersuchung nicht weiter analysiert. Dies sollte besser in Form von deskriptiven Feldstudien oder mit Fallstudien an einzelnen, ausgewählten Beispielen näher untersucht und beschrieben werden.

7.4.4.1.2 Kennzahlenplanvorgabe

Aufgrund fehlender Erfahrungen ist die erstmalige Festlegung von Kennzahlenplanausprägungen ein sehr schwieriger und oftmals zeitintensiver Prozeß, will man nicht den Fehler machen, Planvorgaben zu hoch oder zu niedrig anzusetzen (vgl. *Kueng* 1997, S. 49ff.). Die Erreichbarkeit einer Budgetvorgabe sowie die Schwierigkeit, eine Balance zu finden zwischem dem, was aus Sicht der übergeordneten Manager als erreichbar gilt und dem, was die Leistungsebenenmanager für erreichbar halten, war bereits Gegenstand vieler Untersuchungen im Zusammenhang mit der Gestaltung von Budgetierungssystemen (vgl. bei *Horváth et al.* 1985 sowie die Teilstudien von *Jung* 1985, *Dambrowski* 1986 und *Posselt* 1986 sowie bereits bei *Tosi* 1975 oder *Hofstede* 1968). Im Zusammenhang mit diesen Untersuchungen wurde unter anderem festgestellt, daß quantitative (Budget-)Zielvorgaben eine höhere Leistungsebenenleistung induzieren als keine Zielvorgaben. Allerdings sollten die Planvorgaben realistisch und nicht demotivierend sein.

Dieses allgemeine Problem der Planung führte beispielsweise im Budgetierungsprozeß in vielen Fällen zu umfassenden, auch system- und instrumentengestützten Planungsaktivitäten zur Ableitung von budgetbezogenen Planwerten. So können zur Budgetvorgabe sowohl inputorientierte (z.B. die Gemeinkostenwertanalyse) als auch outputorientierte Systeme (z.B. das Zero-Base-Budgeting) zum Einsatz kommen (vgl. *Küpper* 1995, S. 306ff.).

Zur Umgehung der Planungsproblematik im Performance Measurement wird für die Einführungsphase neuer Kennzahlen zunächst die Vereinbarung wenig anspruchsvoller kurzfristiger Planziele empfohlen (vgl. *Taylor/Convey* 1993, S. 24). Die mit den Kennzahlen arbeitenden Mitarbeiter werden durch erste Erfolge im Umgang mit den Kennzahlen motiviert und können ihre Problemlösungsfähigkeiten weiterentwickeln. Erste Umsetzungserfolge wecken auch ein Bewußtsein für Mißerfolgsfaktoren und animieren zu weiteren Verbesserungsaktivitäten.

Dennoch ist, wird eine leistungsrelevante Kennzahl zu Planungs- und Steuerungszwecken im Performance Measurement eingesetzt, zu überlegen, wie grundsätzlich Planvorgaben festgelegt werden können. Diese Frage ist auch vor dem Hintergrund einer gewünschten Verhaltensbeeinflußung im Zusammenhang mit der Festlegung der Kennzahlenplanwerte zu untersuchen, da viele Kennzahlen die Basis für eine leistungsabhängige Entlohung des Managements bilden (vgl. hierzu *Eichen/Swinford* 1996, S. 22). Dies erfordert eine enge Verbindung der Ziele und Strategien einer Organisationseinheit (Leistungsebene) mit der Kennzahl sowie eine Transparentmachung der möglichen Erfolgsbeiträge der verschiedenen

Organisationsmitglieder im Hinblick auf die Ziel- und Strategieerreichung (vgl. *Balkom et al.* 1997, S. 23, *Eichen/Swinford* 1997, S. 33 und *Forson* 1997, S. 25).
In der Performance Measurement-Literatur werden, unabhängig vom Einsatz unterstützender Instrumente sowie einer Verbindung zum Anreiz- und Entlohnungssystem, vorwiegend zwei Vorgehensweisen hinsichtlich der Festlegung der Kennzahlenplanwerte genannt:
- Alternative 1: Die Festlegung der kennzahlenbezogenen Planwerte durch eine den betroffenen Leistungsebenen übergeordnete Stelle (Top-down-Vorgabe, vgl. *Kaplan/Norton* 1997a, S. 216 und S. 218).
- Alternative 2: Die Verhandlung von Leistungsebenenverantwortlichen (oder einer Sonderform, eines Leistungsebenenteams oder einer Leistungsebenengruppe, vgl. bei *Hronec* 1996, S. 182) und eines übergeordneten Managers mit dem Ziel einer Festlegung einer gemeinsam abgestimmten Zielvorgabe (vgl. das Beispiel *Peugeot* bei *Fitzgerald/Moon* 1996, S. 49).

Alternative 1 wird oft zusammen mit marktbezogenen Vorgaben verwendet (vgl. *Atkinson et al.* 1997, S. 33). Vorgaben des Managements werden als Mindestvorgaben definiert und um marktbezogene Komponenten erweitert. Hierzu werden, abgeleitet aus Kundenwünschen (vgl. *Lynch/Cross* 1993, S. E3-11) oder über den Einsatz eines Benchmarking (vgl. *Eccles* 1991, S. 133 und *Dhavale* 1996, S. 55), „best-practice"-Planwerte ermittelt.
Alternative 2 ist mit der Schwierigkeit behaftet, ob bezüglich der Verhandlungen und dem Verhandlungsgegenstand eine vollständige Informationstransparenz sowie eine Harmonie zwischen Auftraggeber und Beauftragtem herrscht. Ist dies nicht der Fall, kann dies zu einer Principle-Agent-Problematik führen (vgl. Kap. 3.4.2). Am Beispiel der Budgetierung wurde aufgezeigt, daß hieraus dysfunktionale Verhaltensweisen der Beauftragten möglich sind („Budget Wasting" oder „Slacks" in Budgets, vgl. *Horváth* 1991, S. 274).
Zur Feststellung der Verantwortlichkeiten hinsichtlich der kennzahlenbezogenen Planvorgaben wurden im Rahmen der empirischen Untersuchung fünf (mit den Fällen der Kennzahlenauswahl identische) Hauptfälle unterschieden:
- Kennzahlenplanvorgaben werden von der Leistungsebenenführung festgelegt,
- Kennzahlenplanvorgaben werden der Leistungsebenenführung vorgegeben,
- Kennzahlenplanvorgaben werden gemeinsam von den übergeordneten Vorgesetzten und der Leistungsebenenführung festgelegt,
- Kennzahlenplanvorgaben werden von den Leistungsebenenmitarbeitern festgelegt,
- Kennzahlenplanvorgaben werden gemeinsam von der Leistungsebenenführung und den Leistungsebenenmitarbeitern festgelegt.

7.4.4.2 Strukturvariablen Kennzahlenüberprüfung und –änderung

Da ein wichtiger funktionaler Bestandteil des Performance Measurement die Unterstützung eines kontinuierlichen Verbesserungsprozesses ist (vgl. *Lebas* 1995, S. 35, *Heimes* 1995, S. 77f. oder *Atkinson et al.* 1997, S. 33ff.), können sich auch das Performance Measurement selbst und insbesondere die angewandten Kennzahlen kontinuierlichen Verbesserungsbestrebungen nicht entziehen (vgl. *Lebas* 1995, S. 27 und *Stenzel/Stenzel* 1997, S. 43). Ist ein Performance Measurement-Konzept eingeführt und sind als dessen Kernbestandteil strategische oder operative Performance-Kennzahlen implementiert, müssen diese ständig überprüft und weiterentwickelt werden (vgl. *Eccles/Pyburn* 1992, S. 44). Es besteht die

Vermutung, daß sich Kennzahlen entsprechend den sich ändernden Umwelt- und Umfeldgegebenheiten kontinuierlich wandeln sollten (vgl. *Maskell* 1991, S. 114: „...measures change as circumstances do"). Der Schluß hieraus ist, daß Kennzahlen im Performance Measurement nur eine eingeschränkte Lebensdauer haben (vgl. *Meyer/Gupta* 1992, S. 309ff.). *Wisner* und *Fawcett* empfehlen eine regelmäßige Überprüfung des gesamten Performance Measurement-Systems in bezug auf das jeweilig gültige Wettbewerbsumfeld (vgl. *Wisner/Fawcett* 1991, S. 5ff.). Dies kann aufwandsarm geschehen, da die Leistungskennzahlen in der Regel kontinuierlich gemessen und die Istausprägungen mit den Planwerten abgestimmt sowie fallweise Korrekturmaßnahmen eingeleitet werden können. Die Verifizierung der Gültigkeit von Beziehungen zwischen Leistungstreibern und Ergebnissen oder die umfeldgerechte Kennzahlengestaltung können im Rahmen solcher Überprüfungen mitgeleistet werden (vgl. *Atkinson et al.* 1997, S. 33ff.).
Empfohlen wird die jährliche, systematische Überprüfung (vgl. *Hronec* 1996, S. 164). Ein solcher Zeitraum wird auch im Zusammenhang mit Anwendungen des Balanced Scorecard-Konzeptes genannt. *Kaplan* und *Norton* empfehlen diese Überprüfung in den Ablauf der strategischen Planung, insbesondere die Zielsetzung sowie die Mittelzuweisung, einzubinden (vgl. *Kaplan/Norton* 1994, S. 103).
Bei der schriftlichen Befragung wurden für die Überprüfung der Kennzahlen und der Kennzahlenplanvorgaben die Zeiträume
- regelmäßig jährlich,
- regelmäßig unterjährig (Überprüfungsrhythmus alternativ 9, 6, 3 Monate, 1 oder weniger als 1 Monat),
- selten bis nie sowie
- die Alternative „Nur auf Wunsch der Kennzahlenanwender"

vorgegeben.
Hinsichtlich der Gründe für die Änderung oder Anpassung von Kennzahlen im Performance Measurement gibt es eine Vielzahl von Aussagen in der Performance Measurement-Literatur. Nachfolgend werden die drei wichtigsten Gründe (Strategieanpassung, mitarbeiterbezogene Vertrautheit sowie organisatorische Änderungen) kurz skizziert. Weitere mögliche Gründe sind anschließend zusammengefaßt dargestellt:
- **Strategieanpassung:** Es ist wichtig, regelmäßige Überprüfungen der Kennzahlen in bezug auf die Kongruenz zur Strategie und bei unternehmensbezogenen Änderungen vorzunehmen (vgl. *Vokurba/Fliedner* 1995, S. 40 und *Hronec* 1996, S. 163f.). Der Wechsel der Unternehmens- oder Leistungsebenenstrategie sollte in jedem Fall eine Überprüfung der bisher angewandten Kennzahlen sowie des gesamten Kennzahlenbündels und den zugrundegelegten Beziehungszusammenhängen induzieren, da die Kennzahlen in der Regel aufgrund früherer Probleme, Programme oder strategischer Zielsetzungen entwickelt wurden (vgl. *McMann/Orlando* 1998, S. 13, *Vitale/Mavrinec* 1995, S. 46 und *Tarr* 1996, S. 83). Gleiches gilt für Strategien anderer Leistungsebenen, wenn diese auf die betrachtete Leistungsebene Auswirkungen haben.

Das Ziel der Überprüfungen im Zusammenhang mit der Strategieanpassung ist die Ermittlung strategierelevanter bzw. die Eliminierung nicht strategiegerechter Kennzahlen unter Beachtung wirtschaftlicher Aspekte (bzgl. Kennzahlenanzahl und Meß- bzw. Berichtszyklus).

- **Mitarbeiterbezogene Vertrautheit:** Durch für Mitarbeiter und Manager vertraute Kennzahlen, wächst die Gefahr von Kennzahlenmanipulationen zur Erreichung der „gewünschten" Ergebnisse (vgl. *Vitale/Mavrinac* 1995, S. 46 und *Siesfeld* 1998, S. 15f.), da den Anwendern kennzahlenbezogene Ursache- und Wirkungszusammenhänge genau bekannt sein können. Dies ist besonders dann kritisch zu beurteilen, wenn die Kennzahlen nur noch eingeschränkt die Leistung einer Leistungsebene wiedergeben.
- **Organisatorische Änderungen:** Die Anpassung der Ablauf- und Aufbauorganisation in einem Unternehmen - verursacht beispielsweise durch die Bildung von marktnahen Organisationseinheiten, Akquisitionen, die Vereinbarung strategischer Partnerschaften mit Wettbewerbern oder durch eine enge Zusammenarbeit mit Zulieferern - erfordert auch eine Überprüfung und mögliche Anpassung der Performance Measurement-Kennzahlen, da diese eng mit dem jeweiligen organisatorischen Umfeld verknüpft sein sollten (vgl. *Eccles* 1991, S. 134, *McMann/Orlando* 1998, S. 14 und *Tarr* 1996, S. 83). Dies gilt auch für organisatorische Änderungen im Zusammenhang mit strategischen Programmen, die sich auf die Organisation eines Unternehmens oder einer Leistungsebene auswirken (z.B. Total Quality Management oder Business Process Reengineering).

In der nachfolgenden Abb. 7-20 sind, neben den drei oben skizzierten Gründen, zusammengefaßt die in der Performance Measurement-Literatur genannten möglichen Gründe für Anpassungen der Kennzahlen aufgeführt (vgl. *Vitale/Marvinec* 1995, S. 44ff., *McMann/Orlando* 1998, S. 13ff., *Eccles* 1991, S. 133ff., *Tarr* 1996, S. 83f., *Atkinson et al.* 1997, S. 34):

• Strategienanpassung	• Der Aktienkurs ist trotz guter Bilanzzahlen sehr träge
• Mitarbeiterbezogene Vertrautheit	• Änderungen der Informationstechnologie
• Organisatorische Änderungen	• Keine Verbindung mit kritischen Erfolgsfaktoren und Leistungstreibern
• Negatives finanzielles Ergebnis trotz guter Ergebnisse in den nichtfinanziellen Kennzahlenkategorien	• Organisatorische Erfolgsfaktoren können mit dem Performance Measurement-Konzept nicht kommuniziert werden
• Kunden kaufen die Produkte trotz wettbewerbsfähiger Preise nicht	• Induktion dysfunktionaler Verhaltensweisen durch nicht erfolgte leistungsebenenübergreifende Abstimmung der Zielsysteme
• Anwender merken das Fehlen von Kennzahlenberichten nicht	• Anwender investieren viel Zeit in die Interpretation der Kennzahlen
• Ständig starke Abweichung von Vorgabe- und Istwerten einer Kennzahl	• Änderungen der Rechnungswesensysteme und –techniken

Abb. 7-20: Mögliche Gründe für die Überprüfung und Anpassung von Kennzahlen im Performance Measurement

Als Hilfsmittel zur Kontrolle von Kennzahlen können Fragebögen eingesetzt werden, die bestimmte relevante Sachverhalte prüfen und zusammenfassende Aussagen über den Stand des Kennzahleneinsatzes zulassen (vgl. *McMann/Nanni* 1994, S. 57 sowie das Beispiel von *Brown* 1994, S. 7ff., der mit Hilfe von 50 Fragen alle seiner Meinung nach wichtigen

Kennzahlenaspekte [overall approach to measurement, specific types of measures on your scorecard, reporting and analyzing data] überprüft, die Anwender die Kennzahlenaspekte mit einer 5-Punkte-Skala bewerten läßt und über eine Gesamtpunktzahl eine Aussage zum Stand des Kennzahleneinsatzes im Performance Measurement trifft).
Hinsichtlich der empirischen Untersuchung wurden solche Änderungsgründe vorgegeben, die mit einem Fragebogen gut erfaßbar sind (schwierig wäre bspw. die Erfaßbarkeit einer mitarbeiterbezogenen Vertrautheit; deshalb wurde dieser Aspekt nicht berücksichtigt).
Die berücksichtigten Gründe sind nachfolgend aufgeführt, weitere Gründe konnten ergänzend genannt werden:
Kennzahlen und Kennzahlenplanvorgaben werden überprüft
- bei einer Änderung der strategischen Ziele und der Strategien übergeordneter Leistungsebenen,
- bei einer Änderung der strategischen Leistungsebenenziele und Strategien,
- bei einer Änderung der operativen Leistungsebenenziele,
- bei einer Änderung der kritischen Erfolgsfaktoren der jeweiligen Leistungsebene,
- bei einer Änderung der Rechnungswesensysteme und –techniken,
- bei einer Änderung der Informationstechnologie,
- bei abweichenden Vorgabe-/Istwerten bei der Leistungsmessung,
- bei organisatorischen oder sonstigen Änderungen in der Leistungsebene,
- bei organisatorischen oder sonstigen Änderungen im Unternehmen/Konzern.

7.4.5 Konzeptionalisierung und Operationalisierung des Systemumfeldes

7.4.5.1 Strukturvariablen Performance Measurement-Konzepte
In Kapitel 4 wurden die bekannten Performance Measurement-Konzepte umfassend dargestellt und vergleichend beurteilt. Für die empirische Untersuchung fanden nur jene Konzepte Berücksichtigung, die zum Zeitpunkt der Erhebung im deutschen Sprachraum einen wenigstens geringen Bekanntheitsgrad hatten. Indikator für einen solchen Bekanntheitsgrad sind konzeptbezogene Veröffentlichungen in deutschsprachigen betriebswirtschaftlichen Fachzeitschriften oder Fachbüchern.
Solche Veröffentlichungen waren zum Zeitpunkt der Versendung (Herbst 1997) nur von den drei nachfolgend aufgeführten Performance Measurement-Konzepten bekannt:
- **Balanced Scorecard** (vgl. dazu die ausführliche Darstellung in Kap. 4.1.3, Veröffentlichungen im deutschen Sprachraum bis Herbst 1997: z.B. *Kaplan/Norton* 1992b, *Kaplan/Norton* 1994, *Kaplan* 1995, *Kaplan/Norton* 1997b, *Horváth&Partner* 1995, 195ff., *Gleich/Haindl* 1996, *Gleich* 1997c).
- **Quantum Performance Measurement-Konzept** (vgl. dazu die ausführliche Darstellung in Kap. 4.1.8, Veröffentlichungen im deutschen Sprachraum bis Herbst 1997: *Hronec* 1996 sowie *Biel* 1997).
- **Data Envelopment Analysis** (vgl. dazu die ausführliche Darstellung in Kap. 4.1.1, Veröffentlichungen im deutschen Sprachraum bis Herbst 1997: z.B. *Schefczyk/Gerpott* 1995, *Schefczyk* 1996, *Brokemper* 1995, *Werner/Brokemper* 1996).

Ferner wurden die drei Konzepte für die Befragung um drei klassische Kennzahlensysteme ergänzt:

- Das **DuPont-Kennzahlensystem** mit der Spitzenkennzahl Return-on-Investment (Gesamtkapitalrentabilität), die sich in die Kennzahlen Umsatzrentabilität und Kapitalumschlag aufspaltet (vgl. die ausführliche Darstellung bei *Horváth* 1991, S. 517-520).
- Das **ZVEI-Kennzahlensystem** mit den Teilbestandteilen der Wachstumsanalyse (Periodenvergleich absoluter finanzieller und nichtfinanzieller Kennzahlen) und der Strukturanalyse (zur Beurteilung der Unternehmenseffizienz mit der Spitzenkennzahl Eigenkapitalrentabilität) (vgl. *ZVEI* 1989).
- Das **RL-Kennzahlensystem** von *Reichmann* und *Lachnit* mit den zentralen Größen Erfolg/Rentabilität und Liquidität sowie den Bestandteilen „allgemeiner Teil" (für Planungs- und Kontrolltätigkeiten sowie zwischenbetriebliche Vergleiche) und „Sonderteil" (für firmenspezifische Besonderheiten zur vertiefenden Ursachenanalyse und Kontrolle) (vgl. *Reichmann* 1993, S. S. 27ff.).

Ergänzungen waren in der Befragung möglich. Explizit vorgegeben war noch die Alternative „Eigenes Konzept" zur Kennzahlenintegration und –kombination im Rahmen der strategischen und operativen Planung und Steuerung im Unternehmen.
Hinsichtlich des Einsatzes der Konzepte wurde differenziert in Konzept
- „bereits eingesetzt" und
- „Einsatz geplant".

Ferner wurde grundsätzlich gefragt, ob die Unternehmen überhaupt die Notwendigkeit sehen, solche Konzepte einzusetzen.

7.4.5.2 Strukturvariablen Akteure

In der Literatur werden viele Aussagen zum konzeptionellen Aufbau eines Performance Measurement-Konzeptes, verschiedenen Kennzahlenkategorien im Performance Measurement oder zur Verknüpfung eines Performance Measurement-Konzeptes mit strategischen Zielsetzungen und der strategischen Planung gemacht. Zu den Akteuren des Performance Measurement sowie den Verantwortlichen für den Aufbau und den kontinuierlichen Ablauf eines Performance Measurement erfolgen nur wenig Anmerkungen. Im Mittelpunkt dieser Ausführungen steht der Funktionsträger „Management Accountant" (vgl. *Grady* 1991, S. 53, *Sharman* 1995, S. 37, *Evans et al.* 1996, S. 20ff., *Sharman* 1997, S. 16) oder der Controller (vgl. *Grady* 1991, S. 53, *Kaplan/Norton* 1997a, S. 300 sowie *Gleich/Haindl* 1996, S. 270).
Das Management Accounting als „führungsorientiertes Rechnungswesen" (vgl. *Horváth* 1991, S. 431) ist ein wesentlicher Bestandteil des Informationsversorgungssystems eines Unternehmens. Management Accounting-Systeme sollen den Managern Informationen für ihre Planungs- und Kontrollaktivitäten bereitstellen (vgl. *Kaplan/Atkinson* 1989, S. 1ff.).
Diese Systeme sowie alle weiteren Informationssysteme (z.B. Informationssysteme der strategischen Planung oder steuerliche Informationen) bilden den Informationsinput für das Planungs- und Kontrollsystem. Der Controller koordiniert, sowohl hinsichtlich der Systemgestaltung als auch der Systemkopplung, die Informationsbeschaffung und die Informationsverwendung. D.h. er stimmt den Informationsbedarf der Planung und Kontrolle mit den durch die Informationssysteme generierten Informationen ab (vgl. *Horváth* 1991, S. 348). Der Controller hat demnach ein breiteres Aufgabengebiet als der Management

Accountant, er ist „...more than an accountant and something less than a chief executive" (*Anthony* 1970, S. 33).

Kaplan und *Norton* unterscheiden hinsichtlich des Controllers zwei Typen, den „change agent" und den traditionellen, durch die Buchhaltung geprägten Typus (vgl. *Kaplan/Norton* 1997a, S. 300). Letzterer ist ihrer Meinung nach ungeeignet als Architekt eines Performance Measurement-Konzeptes (hier: Balanced Scorecard-Konzept), da er allein die Objektivität, Überprüfbarkeit und Integrität der finanziellen Kennzahlen im Auge hat. Der „change agent" sollte hingegen als „Architekt" (*Kaplan/Norton* 1997a, S. 289) eines Performance Measurement systembildende Arbeiten wahrnehmen und die kontinuierliche Anwendung eines Konzeptes als Prozeßleiter unterstützen. Begründet wird diese Klassifikation damit, daß dieser Controllertypus seine Fähigkeiten und Systeme nutzt, um neben (vergangenheitsbezogenen) finanziellen Kennzahlen weitere, wettbewerbsrelevante Informationen zu sammeln und zur Systembildung und –nutzung einzusetzen (vgl. *Kaplan/Norton* 1997a, S. 300).

Neben dem Controller können auch Führungskräfte anderer Zentralabteilungen einer Organisation „Architekt" eines Performance Measurement-Konzeptes sein. Genannt werden im Zusammenhang mit dem Aufbau der Balanced Scorecard der Leiter der Strategischen Planung sowie der Leiter des Qualitätsmanagements. Es werden auch Projekte erwähnt, die von externen Beratern geleitet werden (vgl. *Kaplan/Norton* 1997a, S. 289-290).

Auch dem Management Accountant wird eine Schlüsselrolle im Rahmen der Entwicklung und Anwendung eines Performance Measurement-Konzeptes zugesprochen. Hierzu sind Unzulänglichkeiten der bestehenden finanziellen Systeme zu identifizieren und zu eliminieren sowie Ursache-Wirkungsketten zwischen nichtfinanziellen Performance Measures und finanziellen Ergebnissen aufzubauen (vgl. *Grady* 1991, S. 53). Speziell der Aufbau und die Verknüpfung von finanziellen und nichtfinanziellen Kennzahlen wird als Aufgabe der Management Accountants betrachtet (vgl. *Sharman* 1997, S. 16).

Neben den oben genannten Funktionsträgern spielen im Rahmen des Aufbaus und des Ablaufs des Performance Measurement auch die Leistungsempfänger, d.h. die Leistungsebenenmanager und deren Mitarbeiter oder weiter gefaßt, die Geschäftsführung, Bereichsleiter, Anteilseigner, teilweise das Controlling selbst oder auch Kostenstellenverantwortliche in den direkten und indirekten Bereichen einer Unternehmung (vgl. *Gleich/Haindl* 1996, S. 270) eine mehr oder weniger bedeutsame Rolle. Die Leistungsempfänger sollten als Kunden des Performance Measurement-Prozesses in die Entwicklungsaktivitäten eng mit eingebunden werden (vgl. *Kaplan/Norton* 1997a, S. 289). In diesem Zusammenhang wird auch die Bildung von Leistungsempfänger-Teams angeraten, die das Design und die Implementierung des Performance Measurement unterstützen sollen (vgl. *Hronec* 1996, S. 165).

Für die empirische Untersuchung wurden folgende Akteure vorgegeben:
- Mitarbeiter des zentralen Controlling,
- Mitarbeiter des dezentralen Controlling,
- Mitarbeiter der strategischen Planung,
- Leistungsebenenführung,
- Mitarbeiter in den Leistungsebenen,

- 1. Führungsebene Unternehmen/Konzern,
- Mitarbeiter der EDV/Organisation.

Weitere Akteure konnten noch hinzugefügt werden.
Hinsichtlich der Aufgaben der Akteure im Performance Measurement wurden sechs Rollen unterschieden:
- keine Rolle: Der Akteur wirkt im Performance Measurement nicht mit.
- beratende Rolle: Der Akteur berät andere Akteure in der Ausgestaltung oder Anwendung des Performance Measurement.
- umsetzende Rolle: Der Akteur ist verantwortlich für die Umsetzung des Performance Measurement-Konzeptes im Organisationsumfeld (Performance Measurement-Gestaltung und –Ablauf).
- koordinierende Rolle: Der Akteur koordiniert Aktivitäten, Informationsflüsse und Ressourcen im Zusammenhang mit dem Aufbau und dem Ablauf des Performance Measurement.
- analysierende Rolle: Der Akteur analysiert für die Gestaltung und den Ablauf des Performance Measurement wichtige Sachverhalte.
- entscheidende Rolle: Der Akteur entscheidet über die aktuell gültige Gestaltung und den Ablauf des Performance Measurement.

Es wurde unterstellt, daß die Akteure gleichzeitig mehrere Rollen im Performance Measurement wahrnehmen sowie auch mehrere Akteure gemeinsam eine Rolle ausführen können.

7.4.5.3 Strukturvariablen unterstützende Instrumente

In der Literatur wird eine Vielzahl an Instrumenten genannt, die ein Performance Measurement wirkungsvoll unterstützen können. Sechs Instrumente stehen dabei im Mittelpunkt der jeweiligen Ausführungen:
- **Benchmarking** (vgl. die Ausführungen und Quellenangaben in Kapitel 6.5.3).
- **Target Costing** (Target Costing stellt einen Ansatz des marktorientierten Kostenmanagements dar, der in Japan aus der betrieblichen Praxis heraus entstanden ist [vgl. *Horváth/Seidenschwarz* 1992, S. 142, *Seidenschwarz* 1993, *Tanaka* 1989, S. 49ff.] Mit der praktischen Anwendung und der Diskussion des Ansatzes haben sich viele unterschiedliche Ausprägungen und Formen des Target Costing entwickelt [vgl. *Seidenschwarz* 1993, S. 6ff.]. Target Costing hat sich mittlerweile auch in der deutschen Unternehmenspraxis etabliert [vgl. *Franz/Kajüter* 1997 und *Arnaout* 1999]).
- **Shareholder Value-Konzepte** (Diese auch Wertsteigerungskonzepte genannten, in der Unternehmens- und Beratungspraxis entstandenen Instrumente definieren den Unternehmenswert als Barwert derjenigen Zahlungsüberschüsse [Cash Flows], „der nicht wieder für Investitionen in das Anlagevermögen oder das Netto-Umlaufvermögen (Working Capital) verwendet werden muß" [*Günther* 1997, S. 3]. Zu den verschiedenen Konzepten mit sehr unterschiedlichen Ausprägungen geben *Günther* [1997] sowie *Michel* [1996, S. 92ff. und 1998] einen Überblick).
- **Prozeßkostenrechnung/Activity Based Costing** (vgl. die Ausführungen und Quellenangaben in Kapitel 6.5).

- **Total Quality Management** (vgl. die Ausführungen und Quellenangaben in Kapitel 8.2.1.1.9).
- **Time Based Management–Konzepte** (Diese haben zum Ziel, die Durchlaufzeiten im Unternehmen zu verkürzen [vgl. *Fischer* 1996, S. 8-49 – 8-50 sowie die Darstellung einer praktischen Umsetzung bei *Link* 1998, S. 185ff.. Grundsätzlich z.B. bei *Stalk/Hout* 1990 oder *Hum/Sim* 1996]. In vier Phasen und acht phasenbezogenen Schritten [„Mapping", „Measuring", „Modeling", „Modifying", „Mastering", „Moving", „Managing", „Monitoring", „Marketing"] werden Abläufe aufgezeigt, gemessen, neu gestaltet und schließlich implementiert. Im Mittelpunkt stehen dabei die [Steigerung der] Effektivität des Gesamtsystems aus Kundensicht [„Machen wir die richtigen Dinge?"] sowie die Eliminierung nicht wertschöpfungsbezogener Prozesse [z.B. Liege- und Wartezeiten in der Produktion]).

In Abb. 7-21 ist aufgeführt, in welchem Zusammenhang diese sechs Instrumente in Performance Measurement-Veröffentlichungen genannt wurden. Herausgestellt wurde hierbei insbesondere der Instrumentenzweck im Rahmen des Aufbaus und des Einsatzes eines Performance Measurement.
Wie die Aufstellung zeigt, messen viele Autoren dem Benchmarking eine wichtige Aufgabe bei der Kennzahlenplanvorgabe bei. Auch das Target Costing und die Prozeßkostenrechnung werden in diesem Zusammenhang genannt. Darüber hinaus vermittelt der Einsatz der beiden letztgenannten Instrumente auch wichtige Ansatzpunkte für die Definition von Kennzahlen, was in der Performance Measurement-Literatur auch explizit hervorgehoben wird.
Auch die Anwendung eines Total Quality Management sowie eines Time Based Management zeigen Möglichkeiten für die Ableitung von Kennzahlen auf.
In mehreren Veröffentlichungen wird die Verknüpfung von Shareholder-Value-Konzepten mit Performance Measurement-Konzepten befürwortet. Dadurch soll das Shareholder Value-Konzept operationalisiert, um nichtfinanzielle Größen erweitert und für die Mitarbeiter verständlich gemacht werden. Für das Performance Measurement sind Shareholder-Value bezogene Vorgaben als finanzielle Kernkennzahlen oftmals unverzichtbar, was eine enge Kopplung der Konzepte aus Sicht vieler Autoren ratsam erscheinen läßt.
Im Rahmen der empirischen Untersuchung wurde gefragt, ob die genannten neuen betriebswirtschaftlichen Instrumente regelmäßig, zeitweise, selten bis nie oder überhaupt nicht im Zusammenhang mit Performance Measurement-Aktivitäten eingesetzt werden. Ergänzend wurde erhoben, ob diese Instrumente unabhängig vom Einsatz im Performance Measurement Anwendung finden.
Die sechs Instrumente wurden noch um das Instrument des Life-Cyle-Costing erweitert. Dieses ist als Ergänzung zum Target Costing zu betrachten und liefert Aussagen über die lebenszyklusbezogenen Kosten eines Produktes (vgl. *Fröhling/Spilker* 1990, S. 74ff., *Horváth/Gentner* 1992, S. 176ff., *Fischer* 1993a, S. 277ff., *Kralj* 1999).
Beim Benchmarking wurde zusätzlich in ein Produkt- und ein Prozeßbenchmarking unterschieden.

Unterstützende/ Ergänzende neue betriebswirtschaftliche Instrumente	Instrumentenzweck im Zusammenhang mit dem Einsatz im Performance Measurement	Quellen
Benchmarking	Kennzahlenplanvorgabe	*Gleich/Haindl* (1997), S. 270 *Hazell/Morrow* (1992), S. 45 *Neely et al.* (1995), S. 104ff. *Sharman* (1995), S. 35 *Grady* (1991), S. 52 *Fitzgerald/Moon* (1996), S. 1 *Hronec* (1996), S. 19 und 70ff. *Rummler/Brache* (1995), S. 47 *McMann/Nanni* (1994), S. 56 *Dhavale* (1996), S. 55 *Eccles* (1991), S. 133
	(Geschäftsprozeß)verbesserungen	*Hazell/Morrow* (1992), S. 45
Target Costing	Ableitung von Kennzahlen und Kennzahlenplanvorgaben	*Bark/Waller/Gleich* (1997), S. 28 *Hronec* (1996), S. 72ff.
Shareholder Value-Konzepte	Allgemein	*Brunner/Sprich* (1998), S. 32 *Rummler/Brache* (1995), S. 156 *Balkom et al.* (1997), S. 28f.
	Ableitung von Kennzahlen und Kennzahlenplanvorgaben	*Sharman* (1995), S. 34
	Durch Verbindung SHV und Performance Measurement differenziertere Formulierung, Bewertung, Kommunikation und Performance-Messung von Strategien	*Michel* (1997), 273ff.
Prozeßkostenrechnung/Activity-Based-Costing	Allgemein	*Morrow/Ashworth* (1994), S. 36 *Newing* (1995), S. 23 *Sharman* (1995), S. 35 *Hronec* (1996), 139ff. *Rummler/Brache* (1995), S. 63 u. 116 *Fries/Seghezzi* (1994), S. 341
	Ableitung von Kennzahlen und Kennzahlenplanvorgaben	*Bark/Waller/Gleich* (1997), S. 28 *Ostinelli/Toscano* (1998), S. 8 *Lebas* (1995), S. 29ff. *Kaplan/Norton* (1997), S. 118 *Morrisey/Hudson* (1997), S. 50
	Messen und Bewerten von Kosten	*Kaplan/Norton* (1997), S. 119
Total Quality Management	Allgemein	*Hronec* (1996), S. 35ff. *Vitale/Mavrinec* (1995), S. 44
	Ableitung von Kennzahlen	*Eccles/Pyburn* (1992), S. 44 *Neely et al.* (1995), S. 85 *Kaplan/Norton* (1997), S. 224
Time Based Management	Allgemein	*Vitale/Mavrinec* (1995), S. 44 *Lynch/Cross* (1993), S. E3-3
	Ableitung von Kennzahlen	*Azzone et al.* (1991)

Abb. 7-21: Das Performance Measurement unterstützende neue betriebswirtschaftliche Instrumente im Überblick

7.5 Operationalisierung der Basishypothesen

In den Kap. 2.3 und 7.1 wurden bereits die für die empirische Untersuchung maßgeblichen beiden Basishypothesen aufgeführt, die nachfolgend nochmals beschrieben werden:
- **Eine Basishypothese** der empirischen Untersuchung im Forschungsvorhaben unterstellt, daß es **abhängig vom Systemkontext System- und Subsystemausprägungen und Entwicklungsstufen** eines **Performance Measurement-Systems** gibt. Die Ausgestaltung

der Systembestandteile eines Performance Measurement-Systems hängt besonders von unternehmensinternen und unternehmensexternen Einflüssen bzw. Variablenausprägungen ab (Kontextanalyse).
- Mittels einer **weiteren Basishypothese** soll der **Erfolgsbeitrag des Performance Measurement** empirisch untersucht werden. Unterstellt wird, daß wenn ein Unternehmen ein hochentwickeltes Performance Measurement-System anwendet, sich dies positiv auf den Unternehmenserfolg auswirkt. Vergleichsmaßstab ist hierbei die durchschnittliche Branchenprofitabilität (Erfolgsanalyse).

Diese Basishypothesen postulieren eine kausale Verknüpfung von verschiedenen Ereignissen (Umwelt- und Unternehmensvariable sowie Profitabilität) mit dem Performance Measurement-System sowie den verschiedenen Subsystemen in Form eines Ursache (X) – Wirkungs (Y)-Verhältnisses.
Eine solche kausale Verknüpfung existiert dann, wenn die folgenden vier empirischen Bedingungen erfüllt sind (vgl. *Schnell/Hill/Esser* 1995, S. 55):
- Zwischen Ursache und Wirkung muß ein statistischer Zusammenhang (Korrelation) erkennbar sein,
- eine zeitliche Reihenfolge bestehen (erst Ursache, dann Wirkung),
- ein isoliertes System, ohne Einfluß möglicher Störgrößen, existieren und
- bei der Messung dürfen keine systematischen Fehler auftreten.

Hinsichtlich der Hypothesenformulierung ist darauf zu achten, daß Hypothesen keine ethisch-normativen Aussagen und Tautologien (d.h. sie müssen prinzipiell falsifizierungsfähig sein) enthalten sowie nicht kontradiktorisch (d.h. sie müssen prinzipiell bestätigungsfähig sein) formuliert sein dürfen (vgl. *Witte* 1976, S. 1267).
Die Operationalisierung der Hypothesen erfordert, daß die mit der Hypothese verbundenen (Ursache- und Wirkungs-)Variablen mindestens zwei unterschiedliche Wertausprägungen annehmen können. Der Begriff der Operationalisierung bezeichnet die „Spezifikation von Indikatoren für eine Begriffsvariable sowie die Bezeichnung der Feststellungsoperationen, mit deren Hilfe der reale Wert einer Begriffsvariablen im empirischen Kontext durch den Forscher erfaßt werden kann" (*Witte* 1976, Sp. 1271).
Nachfolgend sind, getrennt nach Kontext- und Erfolgsanalyse, die aus den Basishypothesen abgeleiteten Untersuchungshypothesen aufgeführt und erläutert.
Die korrekte Formulierung von Hypothesen im Sinne des kritischen Rationalismus (vgl. *Popper* 1971) würde, da dieser eine Verifikation von Aussagen ausschließt, die Formulierung des Gegenteils der zu testenden Tatbestände erfordern. Die Widerlegung (Falsifikation) kann durch den empirischen Nachweis, welcher im Widerspruch zur formulierten Hypothese steht, erfolgen. Damit erfolgt bei Anwendung des Falsifikationsprinzips die systematische, empirisch gestützte Eliminierung von falschen Aussagen statt der mit der Verifizierung einhergehenden kumulativen Ansammlung wahren Wissens (vgl. *Schnell/Hill/Esser* 1995, S. 59).
Die Hypothesen sind in der Regel entsprechend dieser Überlegungen zu konzipieren, d.h. es sollte stets unterstellt werden, daß kein Zusammenhang zwischen den Hypothesenvariablen besteht. Aufgrund der daraus folgenden Argumentations- und Begründungsschwierigkeiten

werden im Rahmen dieser Arbeit die zu testenden vermuteten kausalen Zusammenhänge direkt als Untersuchungshypothesen formuliert. Wird eine Hypothese bestätigt, handelt es sich allerdings nicht um eine Verifizierung des zu testenden Sachverhaltes, sondern um eine Falsifizierung des Gegenteils des zu testenden Zusammenhangs. Dieser vermutete Zusammenhang kann als Nullhypothese bezeichnet werden (vgl. *Günther* 1991, S. 259).

7.5.1 Formulierung der Untersuchungshypothesen zur Kontextanalyse
Kontexthypothese 1:
Die Kontextsituation beeinflußt maßgeblich die Ausgestaltung des Performance Measurement-Systems.
Die Operationalisierung der Variablen „Kontextsituation" und „Ausgestaltung Performance Measurement-Systems" erfolgt wie anschließend skizziert:
Die Kontextsituation eines Unternehmens wird allgemein über das strukturentdeckende Verfahren der Clusteranalyse erfaßt und beschrieben. Dies bedeutet, daß die relevanten Variablen des internen und externen Umfelds (vgl. hierzu die Variablen in Kapitel 8.2) durch den Einsatz dieses strukturentdeckenden multivariaten Verfahrens zu Kontexttypen zugesammengeführt werden (vgl. Kapitel 8.2.4). Diese Kontexttypen, die sich anhand der entdeckten Ausprägungen der Umwelt- und Unternehmensvariablen eindeutig beschreiben lassen, sind hinsichtlich ihrer Wirkungen auf das Performance Measurement System zu untersuchen.
Performance Measurement-Systemausprägungen werden in mehreren Stufen ermittelt und operationalisiert: Je Performance Measurement-Subsystem erfolgen zunächst anhand der jeweiligen Strukturvariablen und deren Ausprägungen multivariate Clusteranalysen zur Ermittlung von Subsystemtypen (vgl. die Ausführungen in den Kapiteln 8.3.1.3, 8.3.2.3, 8.3.3.3, 8.3.4.3 und 8.3.5.3). Diese Subsystemtypen und ihre fallbezogenen Ausprägungen werden in einem nächsten Schritt als Variable des Gesamtsystems definiert und bilden die Grundlage für die gesamtsystembezogene Clusteranalyse (vgl. Kap. 8.3.6). Die Typen des Gesamtsystems lassen sich wiederum über die Ausprägungen der Subsysteme sowie deren Strukturvariablen beschreiben.
Als ergänzende Untersuchungshypothesen zur ersten Kontexthypothese werden die nachfolgend aufgeführten weiteren kausalen Verknüpfungen formuliert. Diese basieren kontextbezogen auf den wichtigsten umwelt- und unternehmensbezogenen Variablen (zur Operationalisierung dieser Variablen vgl. die Ausführungen in Kapitel 8.2.1).

7. Konzeption der eigenen empirischen Untersuchung

Kontexthypothese 1A: *Die Unternehmensgröße beeinflußt maßgeblich die Ausgestaltung des Performance Measurement-Systems (PMS).*	Kontexthypothese 1B: *Die Abhängigkeit eines Unternehmens beeinflußt maßgeblich die Ausgestaltung des PMS.*
Kontexthypothese 1C: *Die Rechtsform eines Unternehmens beeinflußt maßgeblich die Ausgestaltung des PMS.*	Kontexthypothese 1D: *Die Innovations- und Wachstumskraft eines Unternehmens beeinflußt maßgeblich die Ausgestaltung des PMS.*
Kontexthypothese 1E: *Der Einfluß des Controllers im Rahmen der Strategischen Planung beeinflußt maßgeblich die Ausgestaltung des PMS.*	Kontexthypothese 1F: *Die Marktstellung eines Unternehmens beeinflußt maßgeblich die Ausgestaltung des PMS.*
Kontexthypothese 1G: *Die Ratingintensität beeinflußt maßgeblich die Ausgestaltung des PMS.*	Kontexthypothese 1H: *Die hierarchische Ebene des Controlling beeinflußt maßgeblich die Ausgestaltung des PMS.*
Kontexthypothese 1I: *Die Kundenstrukturdynamik beeinflußt maßgeblich die Ausgestaltung des PMS*	Kontexthypothese 1J: *Die Wettbewerbsintensität beeinflußt maßgeblich die Ausgestaltung des PMS.*

Abb. 7-22: Ergänzende Untersuchungshypothesen zur Kontexthypothese 1

Die Kontexthypothesen 2 bis 6 sowie die jeweils ergänzenden Untersuchungshypothesen A-J beziehen sich auf die Ausgestaltung der fünf Performance Measurement-Subsysteme:

Kontexthypothese 2:
Die Kontextsituation beeinflußt maßgeblich die Ausgestaltung des Subsystems „Strategisches Umfeld".

Kontexthypothese 3:
Die Kontextsituation beeinflußt maßgeblich die Ausgestaltung des Subsystems „Operatives Umfeld".

Kontexthypothese 4:
Die Kontextsituation beeinflußt maßgeblich die Ausgestaltung des Subsystems „Kennzahlenaufbau und –pflege".

Kontexthypothese 5:
Die Kontextsituation beeinflußt maßgeblich die Ausgestaltung des Subsystems „Leistungsanreize, -vorgaben und –messung".

Kontexthypothese 6:
Die Kontextsituation beeinflußt maßgeblich die Ausgestaltung des Subsystems „Umfeld Performance Measurement".

Zur Operationalisierung der Kontextsituation sowie zu den Kontextvariablen wurden oben bereits Anmerkungen gemacht.
Auch die Operationalisierung der Subsystemausgestaltungen durch die Bildung von Subsystemtypen ist bereits oben am Beispiel des Gesamtsystems beschrieben worden.
Im Zusammenhang mit der Kontextanalyse sind demnach insgesamt 60 Hypothesen zu testen, was Gegenstand der Ausführungen im Kapitel 8.4.1 sein wird.

7.5.2 Formulierung der Untersuchungshypothesen zur Erfolgsanalyse
Insgesamt wurden sechs Hypothesen im Rahmen der Erfolgsanalyse formuliert:

Erfolgshypothese 1:
Die Ausgestaltung des Performance Measurement-Systems beeinflußt maßgeblich die Profitabilität eines Unternehmens.

Erfolgshypothese 2:
Die Ausgestaltung des Subsystems „Strategisches Umfeld" beeinflußt maßgeblich die Profitabilität eines Unternehmens.

Erfolgshypothese 3:
Die Ausgestaltung des Subsystems „Operatives Umfeld" beeinflußt maßgeblich die Profitabilität eines Unternehmens.

Erfolgshypothese 4:
Die Ausgestaltung des Subsystems „Kennzahlenaufbau und –pflege" beeinflußt maßgeblich die Profitabilität eines Unternehmens.

Erfolgshypothese 5:
Die Ausgestaltung des Subsystems „Leistungsanreize, -vorgaben und –messung" beeinflußt maßgeblich die Profitabilität eines Unternehmens.

Erfolgshypothese 6:
Die Ausgestaltung des Subsystems „Umfeld Performance Measurement" beeinflußt maßgeblich die Profitabilität eines Unternehmens.

Die Schritte zur Operationalisierung des Performance Measurement-Systems sowie der Subsysteme sind bereits im vorhergehenden Kapitel beschrieben worden.
Die Operationalisierung der Ergebnisvariable „Profitabilität" ist Gegenstand des Kapitels 8.2.2.
Die Prüfung der Hypothesen zur Erfolgsanalyse erfolgt im Kapitel 8.4.2.

7.6 Vorgehensweise der Untersuchung

7.6.1 Einbindung in die „Stuttgarter Studie"
In Kapitel 7.2.2 wurde bereits darauf hingewiesen, daß die vorliegende empirische Untersuchung Teil der sogenannten Stuttgarter Studie war, einem umfassenden Forschungsprogramm des Lehrstuhls Controlling der Universität Stuttgart zu neuen Entwicklungen im Controlling und Kostenmanagement. Neben der Untersuchung des Performance Measurement fanden Studien zum Prozeßkostenmanagement, zum Target Costing sowie zum Controlling beweglicher Strukturen statt (vgl. u.a. bei *Horváth et al.* 1999, *Arnaout et al.* 1997, *Stoi* 1999a, *Stoi* 1999b).
Nach der Erarbeitung der Untersuchungskonzeptionen und der speziellen Untersuchungsbezugsrahmen für die jeweiligen Teilprojekte - die bei den anderen Studien vor allem auf Literaturauswertungen sowie der Durchführung von Experteninterviews und nur wenig in Form der hier auch begleitend eingesetzten innovativen Aktionsforschung beruhte -

erfolgte bis Ende des Sommers 1997 die Hypothesenbildung in den Teilforschungsvorhaben und deren Abstimmung.
Zwei Basishypothesen bildeten die Grundlage für die Hypothesenausgestaltung in allen Forschungsteilprojekten (vgl. *Horváth et al.* 1999, n.o.S.):
- Die Ausgestaltung der Strukturmerkmale der zu untersuchenden Systeme (Prozeßkostenmanagement/Target Costing/Performance Measurement/Controlling beweglicher Strukturen) wird im wesentlichen vom Unternehmens- und Umweltkontext beeinflußt.
- Es besteht ein signifikanter Zusammenhang zwischen der Ausgestaltung der Systeme und dem Unternehmenserfolg.

Im Anschluß an die Hypothesenbildung wurde, neben den teilprojektspezifischen Fragebögen, der gemeinsame Fragebogenteil, in dessen Mittelpunkt die gemeinsamen Umwelt- und Unternehmensfaktoren standen, entwickelt. Die Fragenkomplexe der Teilprojekte wurden bezüglich Inhalt und Umfang - soweit wie möglich - aufeinander abgestimmt.
In Zusammenarbeit mit den Unternehmen, die im Vorfeld der Forschungskonzeption als Interviewpartner zur Verfügung standen, wurde anschließend ein Pre-Test der Kontext-Fragebögen durchgeführt. Falls Anregungen gemacht wurden, erfolgte eine entsprechende Überarbeitung des Fragebogens.

7.6.2 Vorarbeiten, Fragebogen, Verlauf und Basisdaten der Untersuchung

Der Fragebogen zum Performance Measurement wurde in einer ersten Version ebenfalls im Sommer 1997 fertiggestellt und mehreren Pre-Tests mit Praxispartnern unterzogen.
Der Fragebogen selbst kann als Mittel zur Überprüfung der Untersuchungshypothesen angesehen werden. Nach der Klärung der wissenschaftlichen Problemstellung, der Begriffspräzisierung und der Hypothesenbildung kann der Fragebogen zur Informationsbeschaffung eingesetzt werden (vgl. *Kromrey* 1995, S. 277). Dabei wird das theoretische Modell in Fragen übersetzt (operationalisiert), die als Bindeglied zwischen den Hypothesenvariablen und den Antworten (Variablenausprägungen) aufgefaßt werden können (vgl. *Friedrichs* 1982, S. 204).
Alle Fragen wurden in strenger Anlehnung an das Modell des Performance Measurement-Systems (vgl. Abb. 7-3) sowie an die Untersuchungshypothesen (vgl. Kap. 7.5) als geschlossene oder halbgeschlossene Fragen formuliert (vgl. Anhang 1).
Eine halbgeschlossene Frage beinhaltet die aus Sicht des Forschers wichtigsten Antwortalternativen, die mit der Kategorie „Sonstiges" aus Sicht der Befragten ergänzt werden können (vgl. *Schnell/Hill/Esser* 1988, S. 305).
Bei einer geschlossenen Frageform werden alle Antwortalternativen vorgegeben (vgl. *Kromrey* 1995, S. 279).
Da der Gesamtfragebogen der „Stuttgarter Studie" aus einem allgemeinen Kontextfaktorenteil und vier spezifischen Teilen zu den Forschungsteilprojekten bestand, war eine gezielte Versendung die Voraussetzung für einen auswertbaren Rücklauf.
Aus diesem Grund wurde im Spätherbst 1997 ein Kontaktbrief an die Vorstände/Leiter Finanzen/Controlling/Rechnungswesen aller deutschen Industrie-/Handels- und Dienstleistungsunternehmen mit mehr als 1000 Mitarbeitern verschickt. Dies ergab einen Umfang von 2490 Unternehmen. Der Kontaktbrief enthielt ein Rückantwortfax, auf dem das angeschriebene Unternehmen vermerken konnte, an welchem Teil der Untersuchung es

teilnehmen wollte bzw. warum kein Interesse an einer Studienteilnahme bestand und ob eventuell ein anderer Mitarbeiter im Unternehmen Adressat des Fragebogens wäre.
Ferner enthielt der Kontaktbrief eine Kommentarseite mit grundsätzlichen Informationen zu den einzelnen Forschungsteilprojekten (Forschungsziele und wichtigste Inhalte).
Von den 2490 kontaktierten Unternehmen machten 268 Angaben zu den im Rückantwortfax aufgeführten vier Controllingthemen. 233 von diesen Unternehmen bekundeten über alle Themen Interesse an einer Studienteilnahme. Dies entspricht einer Rücklaufquote von 9,4%, die aufgrund des hohen Innovationsgehaltes der Instrumente als zufriedenstellend bezeichnet werden kann.
Nachfolgend werden die Auswertungsergebnisse der Kurzfragebogenseite der „Stuttgarter Studie" in bezug auf das Teilprojekt „Performance Measurement" vorgestellt (vgl. Abb. 7-23):

	Performance Measurement	
	Anzahl	Prozent
vorläufige Teilnehmer	128	47,8
endgültige Teilnehmer	*84*	*31,3*
Gründe für Nichtteilnahme:		
kein Interesse	55	20,5
Sonstige Ablehnungsgründe	29	10,8
davon:		
zur Zeit geprüft	11	*37,9*
als unvorteilhaft geprüft	0	*0*
Einführung geplant	4	*13,8*
Einsatz wieder beendet	0	*0*
Thematik unbekannt	14	*48,9*
keine Angabe	56	20,9
Summe	268	100

Abb. 7-23: Auswertung des Kurzfragebogens

125 dieser Unternehmen (5,02%) zeigten ein grundsätzliches Interesse an der Thematik „Performance Measurement" und verlangten die Zusendung eines Fragebogens, was im Dezember 1997 geschah. Der Rücklauf, begleitet von einer Januar 1998 begonnenen Nachfaßaktion, war bis Mitte März 1998 abgeschlossen. Damit sollten die Befragten telefonisch an den Fragebogen erinnert werden (vgl. hierzu die Empfehlungen bei *Berekoven* 1996, S. 116).
84 Unternehmen sendeten einen vollständig ausgefüllten Fragebogen zurück (3,37%).
Aufgrund des hohen Innovationsgehaltes dieser Thematik kann auch dieses Ergebnis als zufriedenstellend bezeichnet werden.

8 Datenauswertung und Ergebnisse der empirischen Untersuchung

8.1 Grundlagen

8.1.1 Anmerkungen zur Datenauswahl, Repräsentativität und Datenauswertung

Im Forschungsprojekt erstreckte sich die Datenerhebung (1. Kontaktbrief) zunächst auf alle Elemente der Grundgesamtheit (Unternehmen mit mehr als 1000 MA in Deutschland). Aus dieser Vollerhebung (vgl. *Kromrey* 1995, S. 187) wurde im zweiten Schritt (Fragebogen an interessierte Unternehmen) eine Teilerhebung. Es ist schwierig hier von einer systematischen Teilerhebung (d.h. Auswahl der Unternehmen nach bestimmten Regeln) zu sprechen, da die Unternehmen ihre Mitwirkung selbst bestimmen konnten. Es kann vermutet werden, daß in der Regel nur Unternehmen teilgenommen haben, denen der Begriff und die Idee eines Performance Measurement bekannt war.

Aus diesen Gründen kann die Menge der teilnehmenden Unternehmen auch nicht unbedingt repräsentativ für die Gesamtheit aller Fälle (Unternehmen mit mehr als 1000 MA in Deutschland) sein. Die von Friedrich definierten zu erfüllenden vier Voraussetzungen (vgl. *Friedrich* 1982, S. 125), damit von Teilerhebungen auf die Grundgesamtheit geschlossen werden kann, sind in der vorliegenden Untersuchung nicht vollständig erfüllt. Die Stichprobe der Untersuchung ist kein verkleinertes Abbild der bekannten und beschreibbaren Grundgesamtheit „hinsichtlich der Heterogenität der Elemente und hinsichtlich der Repräsentativität der für die Hypothesenprüfung relevanten Variablen" (*Friedrich* 1982, S. 125, Vorausetzung 1).

Damit läßt sich anhand der vorliegenden Stichprobe keine Inferenzstatistik anwenden. Diese beschäftigt sich unter anderem mit der Frage, ob ein beobachteter Stichprobeneffekt zufällig entstanden ist, wenn gleichzeitig angenommen wird, daß in der Grundgesamtheit ein solcher Effekt nicht besteht (vgl. *Schnell/Hill/Esser* 1995, S. 410). Diese Verfahren werden Signifikanztests genannt.

Die Zufallswahrscheinlichkeit eines Korrelationskoeffizienten wird als Signifikanzniveau bezeichnet (vgl. *Schlosser* 1976, S. 35). Das Signifikanzniveau ist im wesentlichen abhängig von dem Stichprobenumfang und ist über die Stichprobenverteilung der Korrelationskoeffizienten definiert. Diese entspricht einer Normalverteilung. Das Signifikanz-Niveau ist die Wahrscheinlichkeit, bei der die Nullhypothese aufgrund der Glaubwürdigkeitsansprüche verworfen werden muß. Hierbei handelt es sich um die Wahrscheinlichkeit, fälschlicherweise einen Effekt zu entdecken, obwohl er in der Grundgesamtheit nicht existiert. Man spricht hierbei auch vom Fehler 1. Art bzw. dem Alpha-Fehler (vgl. *Schnell/Hill/Esser* 1995, S. 415).

In der sozialwissenschaftlichen Forschung ist das Signifikanz-Niveau $p <= 0,05$ üblich, was einer 95%igen Wahrscheinlichkeit gegen das Zutreffen der Nullhypothese entspricht (vgl. *Witte* 1976, Sp. 1274).

Signifikanztests sind Gegenstand einer kontroversen Debatte, da deren generelle Nützlichkeit umstritten ist (vgl. *Krämer* 1998, S. 1084). Die Signifikanz sagt weder über die Wahrschein-

lichkeit einer Effektexistenz, die Effektstärke, noch über die theoretische Wichtigkeit des Effekts etwas aus (vgl. *Schnell/Hill/Esser* 1995, S. 414f.). Eine noch so unscheinbare Korrelation kann jedoch statistisch signifikant werden, wenn der Stichprobenumfang groß genug ist (vgl. *Schlosser* 1976, S. 37 sowie *Krämer* 1998, S. 1084).
Die Überprüfung des Zusammenhangs auf statistische Sicherheit (bezüglich der Übertragung der Stichprobenwerte auf die Grundgesamtheit) kann, wie bereits erläutert, in der vorliegenden Untersuchungskonstellation nicht durchgeführt werden (keine repräsentative Stichprobe aus der Grundgesamtheit, daher auch kein Repräsentationsschluß und Inklusionsschluß, vgl. *Kromrey* 1995, S. 188). Dennoch werden besonders signifikante Resultate (trotz der unbekannten Grundgesamtheit und trotz der insgesamt geringen Stichprobenanzahl) in den Ergebnissen angeführt.

Die Signifikanzniveaus werden folgendermaßen symbolisiert:
Irrtumswahrscheinlichkeit p: $p \leq 0{,}001$: *** (= höchst signifikant)
Irrtumswahrscheinlichkeit p: $0{,}001 < p \leq 0{,}01$: ** (= sehr signifikant)
Irrtumswahrscheinlichkeit p: $0{,}01 < p \leq 0{,}05$: * (= signifikant)
Irrtumswahrscheinlichkeit p: $0{,}05 < p \leq 0{,}1$: + (= tendenziell signifikant)

Für eine Annahme oder Ablehnung einer Hypothese haben sie jedoch keine Bedeutung. Hierzu werden, wie später ausgeführt, die Korrelationskoeffizienten und deren Ausprägungen herangezogen.
Die Beschreibung der Datensatzinformationen der untersuchten Datenmenge erfolgte im Rahmen der deskriptiven Datenanalyse. Hierbei sind univariate (Beschreibung einer Variable), bivariate (Beschreibung von Zusammenhängen zwischen zwei Variablen) und multivariate (Beschreibung von Zusammenhängen zwischen mehreren Variablen) Datenanalysen möglich und auch durchgeführt worden (vgl. *Berekoven* 1996, S. 193).
Im vorliegenden Forschungsprojekt werden die Hypothesen über die Korrelationskoeffizienten getestet. Korrelationskoeffizienten geben die Stärke eines Zusammenhangs zwischen zwei Variablen wieder (vgl. *Bühl/Zöfel* 1996, S. 298). In Abhängigkeit vom Skalenniveau der betreffenden Variablen (nominal-, ordinal- oder intervallskaliert) werden verschiedenen Korrelationsmaße eingesetzt (Cramers V für nominalskalierte Variablen, Pearsons R für ordinale Variablen, ETA für metrische/ordinale [abh.] und nominal unabhängige Variablen).

8.1.2 Methoden der Datenanalyse
Die Auswertung der zurückgesandten Fragebögen vollzog sich in mehreren Schritten:
- Zunächst wurden umfassende deskriptive Datenanalysen vorgenommen. Hierzu erfolgten uni-, bi- und multivariate Datenanalysen (vgl. im Überblick bei *Voß* 1997, S. 10ff.).
- Univariate Datenanalysen beziehen sich auf die Auswertung der Ergebnisse einer Untersuchungsvariablen. Im Forschungsprojekt wurde hierbei die Methodik der Häufigkeitsverteilung eingesetzt. Deren Ergebnissen wurden häufig auch graphisch dargestellt.
- Stehen Zusammenhänge zweier Variablen im Zentrum der Auswertungen, spricht man von bivariaten Analysen. In einem solchen Fall bedient man sich der Methoden der bivariaten Statistik (vgl. hierzu die methodischen Ausführungen in Kap. 8.1.2.1).

- Sollen Verbindungen mehrerer Variablen untersucht werden, werden multivariate Datenanalysen durchgeführt (vgl. hierzu die methodischen Ausführungen in Kap. 8.1.2.2).
- In einem nächsten Schritt wurden die definierten Basis- und Untersuchungshypothesen mit Hypothesentests überprüft (vgl. hierzu die methodischen Ausführungen zu Beginn des Kap. 8.4).
- Aufbauend auf den Ergebnissen der Datenanalyse und der Hypothesentests werden Empfehlungen zum Aufbau eines Performance Measurement-Systems sowie der Subsysteme und zum Ablauf eines Performance Measurement für Unternehmen in unterschiedlichen Kontextsituationen gemacht.
- Die Auswertungen erfolgten mit dem Statistik-Programm SPSS 7.5 für Windows, das alle notwendigen Auswertungsmethoden unterstützt.

8.1.2.1 Methoden der bivariaten Datenanalyse

Zur Messung der Stärke und Natur von Beziehungen zwischen zwei Variablen reichen die Analysen der Zeilen- und Spaltenprozente von Kreuztabellen allein noch nicht aus. Hierzu sind ergänzend geeignete Maßzahlen einzusetzen. In Abhängigkeit vom Skalenniveau der Variablen (in der Regel wird nach *Stevens* differenziert in Variable mit Nominal-, Ordinal-, Intervall- oder Ratioskalen, zitiert nach *Schnell/Hill/Esser* 1995, S. 132) werden unterschiedliche Zusammenhangsmaße eingesetzt.

Assoziationsmaße zeigen nur die Stärke eines Zusammenhangs an, geben jedoch keine Informationen über Richtung oder Natur der Beziehung (vgl. *Bühl/Zöffel* 1998, S. 238). Korrelationsmaße geben Auskunft über die wahrscheinliche Strenge der Variablenbeziehung durch die Untersuchung des gemeinsamen Variationsgrades (vgl. *Berekoven* 1996, S. 200). Im Gegensatz zu Assoziationsmaßen erlauben sie auch Aussagen über die Richtung (positive oder negative) einer Korrelation.

Assoziationsmaße werden besonders zur Messung der Zusammenhänge zwischen nominalen, Korrelationsmaße in der Regel für jene intervall- sowie ordinalskalierter Variablen eingesetzt. Als Assoziationsmaß für Zusammenhangsmessungen zwischen nominalen Variablen sowie nominalen Variablen und Variablen mit anderen Skalenniveaus (wenn die abhängige Variable nominalskaliert ist) eignet sich die Maßzahl Cramers V. Cramers V ist eine Variante des Phi-Koeffizienten und ergibt für beliebige Kreuztabellen Werte zwischen 0 und 1 (vgl. *Bühl/Zöfel* 1998, S. 231 sowie *Kromrey* 1995, S. 382).

Mit dem Korrelationskoeffizient von *Pearson* (Pearson's R) lassen sich Zusammenhänge zwischen intervallskalierten Variablen messen. Allerdings können damit auch Korrelationen zwischen ordinalskalierten Variablen gemessen werden. Dies ist dann der Fall wenn angenommen oder (wie in dem der empirischen Untersuchung zugrundeliegenden Fragebogen) suggeriert wird, daß die Abstände der einzelnen Ausprägungen auf der Ordinalskala gleich sind (vgl. *Gehring/Weins* 1998, S. 46). Als Maß für ordinalskalierte Variablen wird in der Literatur ansonsten in der Regel der Spearmansche Korrelationskoeffizient empfohlen (vgl. z.B. *Voß* 1997, S. 153 und *Bühl/Zöfel* 1998, S. 301).

Mit dem Eta-Korrelationskoeffzienten lassen sich Zusammenhänge zwischen intervallskalierten abhängigen Variablen und nominal- oder ordinalskalierten unabhängigen Variablen messen (vgl. *Bühl/Zöffel* 1998, S. 242).

Die nachfolgende Abb. 8-1 zeigt im Überblick die im Rahmen der bivariaten Datenanalysen eingesetzten Korrelations- und Assoziationsmaße.

Abhängige/ Unabhängige Variable	Intervallskala	Ordinalskala	Nominalskala
Intervallskala	Pearson's R	Eta-Koeffizient	Eta-Koeffizient
Ordinalskala	Pearson's R	Pearson's R	Cramers V
Nominalskala	Cramers V	Cramers V	Cramers V

Abb. 8-1: Skalenabhängige Assoziations- und Korrelationsmaße

Zur Beurteilung der Maßstärke lassen sich zwei Extremwerte unterscheiden (vgl. *Berekoven* 1996, S. 201):
- Der Wert 0 zeigt an, daß kein linearer Zusammenhang zwischen zwei Variablen besteht. Damit sind diese voneinander unabhängig.
- Der Wert 1 zeigt einen vollständigen Zusammenhang zwischen zwei Variablen an (bei Korrelationskoeffizienten kann es sich um einen vollständig positiven oder vollständig negativen Zusammenhang handeln).

Ab dem Korrelationskoeffizienten (stets mit r symbolisiert) 0,2 besteht eine geringe, ab 0,5 eine mittlere, ab 0,7 eine hohe und ab 0,9 eine sehr hohe Korrelation zwischen zwei Variablen (vgl. *Bühl/Zöfel* 1998, S. 229 sowie S. 298).

Zur Identifikation von Scheinkorrelationen werden fallweise Drittvariableneinflüsse untersucht. Durch die Berechnung partieller Korrelations- oder Assoziationskoeffizienten sollen diese auspartialisiert werden (vgl. *Voß* 1997, S. 181).

8.1.2.2 Methoden der multivariaten Datenanalyse

Backhaus et al. (1990, S. XIVf.) unterscheiden bei multivariaten Analysemethoden zwischen strukturenprüfenden und strukturenentdeckenden Verfahren. Erstere sollen Zusammenhänge zwischen Variablen und Objekten entdecken, letztere Zusammenhänge zwischen Variablen prüfen.

Strukturenentdeckende Verfahren sind beispielsweise die Faktoren- oder die Clusteranalyse, strukturenprüfende Verfahren die Regressions-, die Varianz- oder die Kontingenzanalyse.

Die Clusteranalyse gehört zu den multivariaten statistischen Verfahren die mögliche Beziehungszusammenhänge aufdecken können und stellt ein Verfahren zur Gruppenbildung dar (vgl. *Backhaus et al.* 1990, S. 115ff. und *Voß* 1997, S. 285ff.). Sie beginnt mit dem Aufbau einer Rohdatenmatrix in der Objekte und Variablen beschrieben werden. Im Innern der Matrix stehen die Variablenwerte. Diese Matrix wird anschließend in eine Distanz- oder Ähnlichkeitsmatrix überführt (vgl. *Backhaus et al.* 1990, S. 117). Dies ist für die Wahl des Proximitätsmaßes erforderlich, das eine Quantifizierung der Ähnlichkeit oder Distanz zwischen den betrachteten Objekten ermöglicht (vgl. *Backhaus et al.* 1990, S. 118).

Im Rahmen der multivariaten Datenanalysen wurde eine Clusteranalyse nach dem agglomerativ hierarchischen Verfahren WARD durchgeführt (vgl. *Backhaus et al.* 1990, S. 141f.). Das Ziel des WARD-Verfahrens besteht darin, jeweils diejenigen Objekte zu vereinigen, die die Streuung (Varianz) in einer Gruppe möglichst wenig erhöhen. Dadurch werden möglichst homogene Cluster gebildet. Das WARD-Verfahren empfiehlt sich besonders dann, wenn die Gruppen ungefähr die gleiche Stärke haben, die Variablen unkorreliert sind und alle Variablen auf metrischem Skalenniveau gemessen wurden (vgl. *Backhaus et al.* 1990, S. 144). Die in den Analysen verwendeten Variablen sind mit ihren

"Ja"- und "Nein"-Ausprägungen lediglich nominalskaliert. In der Praxis der empirischen Sozialforschung ist es jedoch durchaus erlaubt und üblich, dichotome Merkmale (also nur 2 Ausprägungen) als numerische Variablen zu behandeln und Analysen durchzuführen, die metrische Daten erfordern. Solche Variablen nennt man Dummy-Variablen, manchmal auch Niveauverschiebungs- oder Shift-Variablen (vgl. *Brosius/Brosius* 1997, S. 483 sowie *Voß* 1997, S. 302).

Als Heterogenitätsmaß wird das Varianzkriterium verwendet, das auch als Fehlerquadratsumme bezeichnet wird (vgl. *Backhaus et al.* 1990, S. 141). Bei der Clusteranalyse mit der WARD-Methode wurde die quadrierte Euklidische Distanz als Proximitätsmaß zugrundegelegt. Beim Fusionierungsprozeß der WARD-Analyse wird zunächst von der feinsten Partition (alle Unternehmen bilden jeweils ein eigenständiges Cluster) ausgegangen bis schließlich alle Unternehmen in einer großen Gruppe zusammengefaßt werden. Um zu entscheiden, welche Anzahl von Gruppen als die "beste" anzusehen ist, wurde das Elbow-Kriterium verwendet.

Ergänzend zu den durchgeführten Clusteranalysen, die aus den verschiedenen vorgegebenen Merkmalen Gruppen bzw. Typen von Unternehmen identifizierten, die Ähnlichkeiten aufweisen, wurde in einem zweiten Schritt eine Diskriminanzanalyse zur Ergebnisprüfung durchgeführt (vgl. *Backhaus et al.* 1990, S. XVI). Diese leistet dann eine Gruppenspezifikation, d.h. es werden diejenigen Merkmale aufgezeigt, die zu einer Trennung der Typen führten. Die Diskriminanzanalyse versucht demnach die Zugehörigkeit der Merkmalsträger zu einzelnen Gruppen zu erklären (vgl. *Voß* 1996, S. 253). Zum einen wird so die Unterschiedlichkeit der Typen erklärt und zum anderen werden unwichtige Merkmale aus der Analyse entfernt. Die Maßzahl ist hierfür der sogenannte F-Wert, dem die F-Verteilung zugrunde liegt. Mit diesem wird überprüft, wie groß die Streuung der Variablen zwischen den Gruppen ist. Je größer der F-Wert, desto größer ist die Streuung zwischen den mit der Clusteranalyse ermittelten Gruppen und desto kleiner ist die Streuung innerhalb der Gruppen (vgl. *Brosius/Brosius* 1997, S. 778).

Mit dem F-Wert wird die Nullhypothese überprüft, daß die Variable über alle Gruppen gleich verteilt ist. Ist die Nullhypothese wahr, sollte der Wert nahe 1 sein. Zur Ermittlung des Signifikanzniveaus wird der ermittelte F-Wert mit der F-Verteilung verglichen (vgl. *Voß* 1997, S. 198). Die F-Verteilung ist die Verteilung der F-Statistik bei Gültigkeit der Nullhypothese.

Alternativ können zur simultanen Diskriminanzanalyse auch schrittweise Analysen durchgeführt werden (vgl. *Backhaus et al.* 1990, S. 210). Schrittweise Analysen empfehlen sich besonders bei vielen unabhängigen Variablen (vgl. *Bühl/Zöfel* 1998, S. 443). In der schrittweise Diskriminanzanalyse werden die Merkmalsvariablen einzeln nacheinander in die Diskriminanzfunktion einbezogen. Dabei wird jeweils diejenige Variable ausgewählt, die ein bestimmtes Gütemaß maximiert. In den durchgeführten Analysen wird *Wilks'* Lambda als Gütemaß verwendet und dies wird dabei minimiert, da es sich um ein inverses Gütemaß handelt. Bei Anwendung einer schrittweisen Diskriminanzanalyse werden nur Merkmalsvariablen aufgenommen, die signifikant zur Verbesserung der Diskriminanz beitragen. Der Algorithmus wählt dann automatisch aus der Menge der Variablen die wichtigsten aus. Aus der Rangfolge, mit der die Variablen in die Diskriminanzfunktionen aufgenommen werden, läßt sich deren relative Wichtigkeit erkennen (vgl. *Backhaus et al.* 1990, S. 210).

8.2 Ergebnisse der Auswertung der Kontext- und Ergebnisvariablen

8.2.1 Univariate Analyse der Kontextvariablen

8.2.1.1 Unternehmensvariablen

8.2.1.1.1 Branchenzugehörigkeit

Bei der Brancheneinteilung des Fragebogens wurde in zwölf verschiedene Branchen unterschieden (vgl. auch bei *Stoi* 1999, n.o.S. sowie *Arnaout* 1999, n.o.S.). Zusätzlich zu den in Abb. 8-2 genannten Branchen waren dies noch die Branchen „Textil/Bekleidung/Leder" sowie „Eisen/Stahl".

Da aufgrund ihrer Größe viele der antwortenden Unternehmen in mehreren Branchen tätig sind, sollten im Fragebogen die Branche oder Branchen genannt werden, in denen das Unternehmen seine Kernaktivitäten sieht.

Bei zwei oder mehr Nennungen erfolgte im Fall der nicht anonymen Zurücksendung der ausgefüllten Fragebögen (gestützt durch nachvollziehbare Umsatzanteile oder bekannte Tochterunternehmen) eine schwerpunktbezogene Zuordnung des Konzerns in eine Hauptbranche. Bei einer anonymen Zurücksendung und Mehrfachnennungen hätte keine eindeutige Brancheneinteilung durchgeführt werden können. Dies war allerdings bei keinem Unternehmen der Fall.

Die Abb. 8-2 zeigt die festgestellten Branchen der 84 antwortenden Unternehmen.

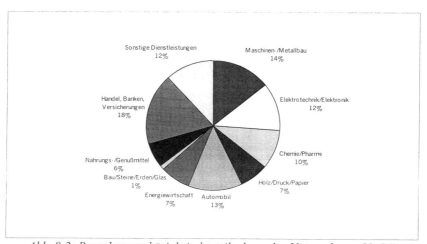

Abb. 8-2: Branchenzugehörigkeit der teilnehmenden Unternehmen (N=84)

In der Untersuchungsstichprobe waren die Maschinen- und Metallbaubranche mit 12 Unternehmen (14% der antwortenden Unternehmen), die Automobilbranche mit 11 Unternehmen (13%) sowie die Branche Handel, Banken und Versicherungen mit 15 Unternehmen (18%) besonders dominant.

Als weitere wichtige Branchen wurden die Elektronik-/Elektrotechnikbranche (10 Unternehmen, 12%) sowie die Branche „Sonstige Dienstleistungen" (10 Unternehmen, 12%) ermittelt.

8.2.1.1.2 Unternehmensgröße

Die Unternehmensgröße läßt sich entweder über die Beschäftigtenanzahl, die Umsatzhöhe oder die Bilanzsumme ermitteln. Die Bestimmung kann eindimensional oder mehrdimensional (wie bspw. im Publizitätsgesetz vom 15.8.1969 mit der gemeinsamen Anwendung der Größen Bilanzsumme, Umsatzerlöse und Beschäftigtenzahlen gefordert) erfolgen. Die Maßgröße(n) sollte(n) abhängig vom Zweck der Größenbestimmung ausgewählt werden. Als zweckmäßig für controllingbezogene Untersuchungen wird die Anzahl der Beschäftigten betrachtet (vgl. z.B. bei *Pfohl/Kellerwessel* 1982, S. 14f. und *Niedermayr* 1994, S. 191 sowie S. 146).

Für amtliche Statistiken werden in der Regel Beschäftigtenzahlen zur Bildung von Größenklassen herangezogen. Dabei unterscheidet man in Klein- (bis 49 Beschäftigte), Mittel- (bis 499 Beschäftige) und Großbetriebe (über 500 Beschäftigte, vgl. z.B. bei *Hoffmann* 1980, S. 42).

In die durchgeführten Untersuchung wurden nur Großunternehmen mit mehr als 1000 Beschäftigten einbezogen. Diese wurden in fünf Größenklassen gegliedert.

Wie die Auswertung der Ergebnisse zeigte, sind mehr als 50% der antwortenden Unternehmen entweder in der Größenklasse „1000-2000" oder in der Klasse „> 10000" vertreten (vgl. Abb. 8-3).

Mitarbeiteranzahl	In Prozent
MA 1000-2000	28%
MA 2001-3000	12%
MA 3001-5000	19%
MA 5001-10000	17%
MA > 10000	24%

Abb. 8-3: Verteilung der Unternehmensgröße (N=83)

8.2.1.1.3 Abhängigkeit

Die Unternehmen wurden im Fragebogen auch bezüglich einer möglichen Konzernabhängigkeit befragt. Dabei wurde in zwei Kerngruppen von Unternehmen unterschieden:

Unternehmen die konzernunabhängig sind und Unternehmen, die in Konzerne eingebunden sind. Letztere Gruppe wurde noch differenziert in Mutter- oder Tochtergesellschaften sowie selbständige Geschäftseinheiten im Konzern (z.B. größte Zweigniederlassung eines Konzerns ohne eigene Rechtsform).

Die Auswertung dieser Frage erbrachte folgende Ergebnisse:

10 der antwortenden Unternehmen sind konzernunabhängig (12%). Ferner wurden 26 Muttergesellschaften (31,33%), 21 Tochtergesellschaften (25,33%) und 26 selbständige Geschäftseinheiten im Konzern (31,33%) gezählt.

Wie die Abb. 8-4 zeigt, verteilen sich die Abhängigkeitsalternativen relativ gleichmäßig auf die einzelnen Größenklassen. Auffällig ist der hohe Anteil mittelgroßer Tochtergesellschaften

(23,8% statt der erwarteten 19,3%) und selbständiger Geschäftseinheiten (26,9%). Erwartungsgemäß dominieren konzernunabhängige Unternehmen die kleinste Größenklasse (1000-2000 MA), während Muttergesellschaften im Vergleich zu den anderen Abhängigkeitsstufen höhere Anteile an den oberen Größenkategorien haben.

Abhängigkeit * Mitarbeiterzahl Crosstabulation

				Mitarbeiterzahl				Total
			1000-2000	2001-3000	3001-5000	5001-10000	>10000	
Abhängigkeit	konzernunabhängiges Unternehmen	Count	6	1		2	1	10
		% within Abhängigkeit	60,0%	10,0%		20,0%	10,0%	100,0%
		% within Mitarbeiterzahl	26,1%	10,0%		14,3%	5,0%	12,0%
		% of Total	7,2%	1,2%		2,4%	1,2%	12,0%
	Muttergesellschaft	Count	5	4	4	6	7	26
		% within Abhängigkeit	19,2%	15,4%	15,4%	23,1%	26,9%	100,0%
		% within Mitarbeiterzahl	21,7%	40,0%	25,0%	42,9%	35,0%	31,3%
		% of Total	6,0%	4,8%	4,8%	7,2%	8,4%	31,3%
	Tochtergesellschaft	Count	5	3	5	2	6	21
		% within Abhängigkeit	23,8%	14,3%	23,8%	9,5%	28,6%	100,0%
		% within Mitarbeiterzahl	21,7%	30,0%	31,3%	14,3%	30,0%	25,3%
		% of Total	6,0%	3,6%	6,0%	2,4%	7,2%	25,3%
	selbständige Geschäftseinheit im Konzern	Count	7	2	7	4	6	26
		% within Abhängigkeit	26,9%	7,7%	26,9%	15,4%	23,1%	100,0%
		% within Mitarbeiterzahl	30,4%	20,0%	43,8%	28,6%	30,0%	31,3%
		% of Total	8,4%	2,4%	8,4%	4,8%	7,2%	31,3%
Total		Count	23	10	16	14	20	83
		% within Abhängigkeit	27,7%	12,0%	19,3%	16,9%	24,1%	100,0%
		% within Mitarbeiterzahl	100,0%	100,0%	100,0%	100,0%	100,0%	100,0%
		% of Total	27,7%	12,0%	19,3%	16,9%	24,1%	100,0%

Abb. 8-4: Unternehmensabhängigkeit und Mitarbeiterzahl

8.2.1.1.4 Rechtsform

Im Fragebogen wurde die Kontextvariable Rechtsform durch die Auflistung der wichtigsten, gesetzlich zulässigen Ausprägungen einer Kapitalgesellschaft (Aktiengesellschaften [AG] und Gesellschaften mit beschränkter Haftung [GmbH]) sowie der Mischform GmbH & Co. KG operationalisiert.

Bei den Aktiengesellschaften wurde noch zwischen börsen- und nicht börsennotierten Gesellschaften unterschieden.

Ferner wurden die verschiedenen Personengesellschaften (z.B. Offene Handelsgesellschaft [OHG] oder Kommanditgesellschaft [KG]) zusammengefaßt als Rechtsformalternative aufgeführt sowie für die Antwortenden die Möglichkeit offengelassen, sonstige Gesellschaftsformen (z.B. öffentlich-rechtliche Formen mit eigener Rechtspersönlichkeit wie öffentlich rechtliche Körperschaften oder Stiftungen) zu nennen (vgl. zur Operationalisierung auch die Überblicke bei *Schierenbeck* 1997, S. 28 oder *Bea* 1997, S. 442).

Die Auswertung der Antworten ergab folgende Ergebnisse:

- Nur 5 der antwortenden Unternehmen sind Personengesellschaften (6%),
- 3 Unternehmen sind Körperschaften des öffentlichen Rechts (vornehmlich Sparkassen, 3,6%).
- Etwas weniger als die Hälfte der Unternehmen (46,4%, N=39) sind Aktiengesellschaften, davon sind 27,4% börsennotiert.
- 28,6% der antwortenden Unternehmen haben die Rechtsform einer GmbH,
- 15,4% sind Mischformen zwischen Kapital- und Personengesellschaften oder reine Personengesellschaften (GmbH & Co. KG oder OHG).

8.2.1.1.5 Innovations- und Wachstumskraft: Umsatz und Umsatzentwicklung

Die Innovations- und Wachstumskraft wurde anhand der durchschnittlichen jährlichen Umsatzentwicklung des befragten Unternehmens bzw. der Geschäftseinheit in den zum Befragungszeitpunkt zurückliegenden letzten drei Jahren gemessen (vgl. auch die Ausführungen bei *Niedermayr* 1994, S. 155 sowie in Kap. 7.3.5).
Hierzu wurden fünf Wachstumskategorien vorgegeben (<-10%, -10% bis –5%, -5% bis 5%, 5% bis 10%, mehr als 10%).
Die Ergebnisse der antwortenden Unternehmen sind in Abb. 8-5 zusammengestellt:
Diese zeigen, daß mehr als 60% der antwortenden Unternehmen einen jährlich steigenden (+ 5-10%) bzw. stark steigenden (> + 10%) Umsatz verzeichnen konnten.
Auffallend wenig Unternehmen (4%) hatten rückläufige bzw. stark rückläufige Umsatzzuwächse (geringer als –5% in den vergangenen drei Jahren). Hierbei handelte es sich um je ein Unternehmen aus dem Maschinenbau, der Branche Holz/Papier/Druck und der Energiewirtschaftsbranche.

Durchschnittliche jährliche Umsatzentwicklung der antwortenden Unternehmen in den letzten 3 Jahren	in Prozent
< -10%	1%
-10% bis -5%	3%
-5% bis +5%	34%
5% bis 10%	38%
>10%	24%

Abb. 8-5: Innovations- und Wachstumskraft der antwortenden Unternehmen gemessen an der Umsatzentwicklung (N=82)

8.2.1.1.6 Marktstellung

Hinsichtlich der Marktstellung, als Ausdruck des relativen Marktanteils sowie des Marktwachstums (vgl. die Ausführungen in Kap. 7.3.5), mußte von den befragten Controllern eine (marktanteilslastige) Einschätzung dahingehend erfolgen, ob das Unternehmen insgesamt, d.h. über alle relevanten strategischen Geschäftsfelder in der Kernbranche,
- marktführend (Nr. 1 oder 2 in der Branche),
- marktmitbestimmend oder
- nicht marktbestimmend ist.

Strategische Geschäftsfelder sind Produkt-Markt-Kombinationen einer Unternehmung mit Unterschieden in der Kostensituation sowie besonders in den Nachfrage- und wettbewerbsbedingten Erfolgseinflüssen (vgl. *Köhler* 1993, S. 29).
Die ermittelte Marktstellung bezog sich auf den Unternehmensanteil am gesamten deutschen Markt.
Die Ergebnisse zeigen den hohen Anteil an Marktführern unter den antwortenden Unternehmen:
- mehr als die Hälfte der antwortenden Unternehmen (54%) betrachten sich als marktführend,
- knapp ein Drittel ist marktmitbestimmend (31%).
- Die restlichen Unternehmen (15%) sind nicht marktmitbestimmend.

8.2.1.1.7 Controlling und Strategische Planung sowie Controllinghierarchie

Horváth definiert Controlling aus funktionaler Sicht als dasjenige Subsystem der Führung, das Planung und Kontrolle sowie Informationsversorgung systembildend und systemkoppelnd ergebniszielorientiert koordiniert und so die Adaption und Koordination des Gesamtsystems unterstützt (vgl. *Horváth* 1996, S. 141, weitere Anmerkungen zu unterschiedlichen Interpretationen der Controllingfunktion im Unternehmen wurden bereits in Kap. 6.4.1 gemacht; vgl. die Übersicht bei *Hahn* 1997, S. 21ff. sowie bei *Küpper* 1995, S. 5ff.). Für die Gesamtheit der Controllingaufgaben im Sinne der oben beschriebenen Funktion steht im amerikanischen Sprachgebrauch die Bezeichnung „Controllership" (vgl. *Horváth* 1991, S. 25), die auch organisatorische Aspekte mit beinhaltet. Nicht gemeint ist mit Controlling im oben beschriebenen Zusammenhang der auf der englischsprachigen Managementliteratur basierende „control"- Begriffsinhalt (beherrschen, lenken, steuern und regeln von Prozessen). Demnach wäre Controlling im Sinne von Steuerung zu interpretieren und als zentrale Managementaufgabe anzusehen (vgl. *Horváth* 1991, S. 25).
In der deutschen Controllingliteratur hat sich allerdings der Begriff des „Controllership" nicht durchgesetzt, so daß stets vom Controlling gesprochen wird, allerdings das „Controllership" gemeint ist (vgl. *Horváth* 1991, S. 26 sowie die Zusammenstellung bei *Hahn* 1997, S. 19).
Der Controlling-Auffassung von *Horváth* wurde im Zusammenhang mit der empirischen Untersuchung gefolgt, da diese Interpretation des Controlling eine hohe Akzeptanz und starke Verbreitung in der Unternehmenspraxis hat.
Die Controllingfunktion wird in den Unternehmen von den Controllern als Aufgabenträger wahrgenommen, die in der Regel einem organisatorisch klar abgegrenzten Bereich zugeordnet werden können und somit das institutionalisierte Controlling durchführen (vgl. *Horváth* 1991, S. 25ff., *Weber* 1990, S. 6).
Orientiert man sich bezüglich der Aufgaben des Controlling in der Praxis an der Formulierung des Controller-Leitbildes der früheren Interessengemeinschaft Controlling (heute: International Group of Controlling, vgl. *IGC* 1996, S. 133 sowie nochmals Kap. 6.4.1), leisten die Controller, also die Funktionsträger der Controllingaufgaben, begleitenden betriebswirtschaftlichen Service für das Management zur zielorientierten Planung und Steuerung.
Konkret wird darunter
- die Schaffung einer Ergebnis- und Strategietransparenz,
- die ganzheitliche Koordination der Teilziele und Teilpläne,

- die Organisation eines unternehmensübergreifenden zukunftsorientierten Berichtswesens und
- die Sicherung der Daten- und Informationsversorgung der Entscheidungsträger

verstanden.

Ergänzend hierzu soll der Controller aktiv und innovativ die Systemwirtschaftlichkeit fördern und zu ökonomischem Denken anregen. Des weiteren sind die Controller die internen betriebswirtschaftlichen Berater und sollen als Lotsen bei der Zielerreichung wirken.

Die in Abb. 8-6 dokumentierten Ergebnisse stützen die im Leitbild implizit formulierte Forderung nach einer engen Einbindung des Controllers in den strategischen Planungsprozeß. Demnach ist die strategische Planung mittlerweile ein wichtiger Bestandteil der Controllerarbeit geworden (vgl. nochmals die Ausführungen in Kap. 7.3.5).

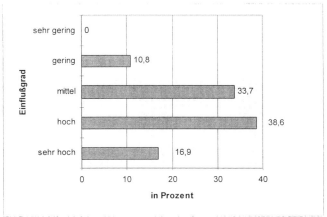

Abb. 8-6: Einfluß des Controllers im Rahmen der strategischen Planung (N=83)

In nur 10,8% der antwortenden Unternehmen hat der Controller einen geringen bzw. einen (in der Stichprobe bei keinem Unternehmen vorhandenen) sehr geringen Einfluß im Rahmen der strategischen Planung. 28 Controller haben einen mittleren Einfluß (33,7%), die absolute Mehrheit der Controller hat einen hohen oder einen sehr hohen Einfluß.

Dies läßt darauf schließen, daß die Unterstützung der strategischen Planung zu einer wichtigen Aufgabe des Controllers geworden ist und er den Planungsprozeß in allen Phasen gestaltend begleitet.

Relativierend ist anzumerken, daß die Controller selbst Adressaten des Fragebogens waren. Obwohl diesen nicht die objektive Einschätzung ihrer Arbeit und deren Auswirkungen abgesprochen werden soll, ist eher von einer Über- als einer Unterschätzung des eigenen Arbeitserfolges sowie der sich selbst beigemessenen Rolle im Unternehmen auszugehen.

Ein weiteres, objektiveres Kriterium für die Einschätzung der Wertschätzung und Bedeutung des Controlling sowie des Controllers als Funktionsträger, ist die Stellung des Funktionsbereichs im Unternehmen. Für die empirische Untersuchung war demzufolge von hoher Wichtigkeit, welcher Hierarchieebene das Controlling (der Controllerbereich) angehört.

Frühere Untersuchungen haben bereits gezeigt, daß das Controlling oftmals in der ersten oder zweiten Hierarchieebene angesiedelt ist (z.b. bei 87% der antwortenden Unternehmen bei *Uebele* 1981 sowie 83% bei *Hahn* 1978).
Auch aktuellere empirische Untersuchungen zum Stand des Controlling in deutschen Unternehmen zeigen, daß die ranghöchsten Controller in sehr vielen Fällen auf der ersten oder zweiten Führungsebene zu finden sind (vgl. z.B. *Amshoff* 1993, *Stoffel* 1995 und die Feldstudie von *Hahn* 1997, S. 43).
Die Befragungsergebnisse bestätigen diese empirisch gestützten Aussagen, da nur 4% der antwortenden Unternehmen ihr Controlling in der dritten Führungsebene verankert haben (vgl. Abb. 8-7). In der zweiten Führungsebene sind 57%, in der ersten Führungsebene 39% der Controllerbereiche angesiedelt.

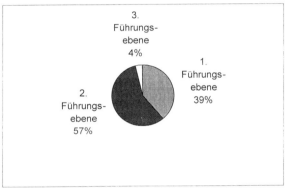

Abb. 8-7: Hierarchische Ebene des Controlling (N=83)

8.2.1.1.8 Rating

Rating ist ein Verfahren zur Einschätzung und Beurteilung von Personen, Unternehmen oder anderen Objekten (vgl. *Everling* 1995, Sp. 1601). Ziel ist hierbei Finanztitel sowie die mit diesen verbundene Emittenten nach qualitativen oder quantitativen Kriterien in Form eines Gesamturteils zu bewerten (vgl. *Steiner* 1992, S. 509). Das Urteil wird in einer je nach Bewertungsagentur unterschiedlichen Buchstaben- oder Ziffernkombination ausgedrückt (z.B. AAA für extrem starke Zinszahlungs- und Tilgungskraft des Emittenten bei den Ratingagenturen *Moody's* und *Standard & Poors*).
Das Rating ist keine Kaufempfehlung oder ähnliches, sondern drückt nur die Ansicht der beurteilenden Ratingagentur aus (vgl. *Everling* 1995, Sp. 1608). Gegenstand des Rating sind meist Schuldtitel, Anleihen oder Geldmarktpapiere. Die Emittenten werden dabei auf ihre Kreditwürdigkeit und das Insolvenzrisiko überprüft (vgl. *Steiner* 1992, S. 509).
Die Beurteilung von Risiko- und Qualitätsaspekten sowie die Untersuchung der augenblicklichen Aktienbewertung sind Gegenstand einer Sonderform des Rating, des Stock-Rating (vgl. *Steiner* 1992, S. 509). Die angewandten Risikomaßgrößen sind der modernen Kapitalmarkttheorie entnommen (z.B. Standardabweichung der Renditen oder des Betafaktors). Die Gesamtbewertung der Aktien erfolgt mit dem vollständigen Instrumentarium der Wertpapieranalyse.

Initiator des Rating ist zumeist der Emittent einer Anleihe, der eine Rating-Agentur bspw. zur Anleihenbeurteilung auffordert. Ein spezielles Analyseteam untersucht daraufhin in vier Schritten das Objekt (Ratingauftrag, Managementgespräch, Ratingkomitee und Veröffentlichung, vgl. *Everling* 1995, Sp. 1603ff. sowie die ausführliche Ablaufschilderung bei *Everling* 1989, S. 673-674).

Neben Länder- und Branchenrisiken werden unternehmensbezogene Risiken untersucht (vgl. *Steiner* 1992, S. 511). Diese beziehen sich zumeist auf das Geschäftsrisiko und das finanzielle Risiko. Hierfür werden bekannte Kennzahlen zur Unternehmensanalyse eingesetzt (z.B. Eigenkapitalquoten oder Verschuldungsgrad, vgl. *Everling* 1995, Sp. 1607). Daneben ist noch die Qualität des Managements ein wichtiger Bewertungsfaktor.

Für die empirische Untersuchung wurden drei Formen des Rating und deren Anwendungshäufigkeit erfragt, da eine enge Verbindung zwischen der Ausgestaltung eines Performance Measurement sowie den Anforderungen von Ratingagenturen an Unternehmen unterstellt wurde:
- Das klassische Risiko-Rating,
- das Erfolgspotential-Rating (als Form des Stock-Rating) sowie
- das Rating der Managementqualität.

Derartige Untersuchungen müssen nicht unbedingt von Rating-Agenturen durchgeführt werden. Vielmehr können diese Untersuchungen auch von Brokerhäusern oder Analysten initiiert werden.

Wie die Auswertungen zeigen (vgl. Abb. 8-8) werden bei mehr als der Hälfte der antwortenden Unternehmen keine Rating-Analysen durchgeführt. Am häufigsten wurde nicht das weit verbreitete Risiko-Rating (47,6%), sondern das Erfolgspotential-Rating genannt (48,8%). Nur vergleichsweise wenige Unternehmen müssen sich einem Rating der Managementqualität unterziehen (34,5%, 29 Unternehmen).

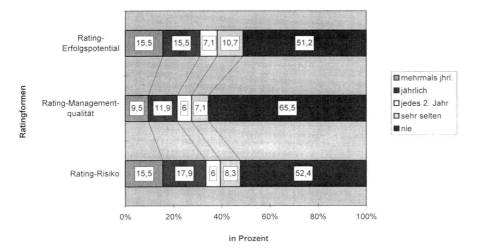

Abb. 8-8: Durchführungsintensität der verschiedenen Ratingformen

Wie die ausgewerteten Ergebnisse ferner zeigen, werden jeweils ca. 30% der von Ratingagenturen hinsichtlich ihrer Erfolgspotentiale sowie eines Risikos bewerteten Unternehmen mindestens einmal jährlich zu Beurteilungszwecken besucht. 17,8% bzw. 14,3% der Unternehmen werden allerdings nur jedes zweite Jahr oder weniger besucht.

8.2.1.1.1.9 Quality-Audits für Quality-Awards

Neben der Ratingintensität beeinflußt auch die Teilnahme an Qualitätswettbewerben die Leistungstransparenz und die zukünftige Leistung eines Unternehmens. Als wichtigste Wettbewerbe zur Erlangung von Qualitätsauszeichnungen seien der vom amerikanischen Wirtschaftsministerium im Jahr 1987 geschaffene *Malcolm Baldrige Award* (vgl. *Steeples* 1992) und der *European Quality Award* (vgl. *European Foundation for Quality Management* 1996) genannt (vgl. auch nochmals die Ausführungen in Kap. 4.3).

Beispielsweise sind beim *European Quality Award* als maßgebliche Kriterien (vgl. *Radtke/Wilmes* 1996, S. 534 sowie *Schneider* 1998, S. 371) folgende Punkte genannt:
- als „results" die Mitarbeiter- und Kundenzufriedenheit, die gesellschaftliche Verantwortung sowie die Geschäftsergebnisse,
- als „enablers" die Führung, die Mitarbeiterorientierung, Politik und Strategie, Ressourcen und Prozesse.

Die Kriterien zur Bewertung der Unternehmensqualität unterscheiden sich nicht sehr von den Leistungsbeurteilungskriterien bekannter Performance Measurement-Anwendungen, bei denen ebenfalls in vielen Fällen Ergebnisse und Ergebnistreibergrößen zur Leistungsbeurteilung herangezogen werden (vgl. z.B. die Ausführungen zu Konzepten in den Kap. 4.1.3 und 4.1.2.).

Auch beim *Malcolm Baldridge Award* wird, im Gegensatz zum stark technisch beeinflußten Qualitätsverständnis der DIN ISO 9000, mit einem modernen und umfassenden, stark kundengeprägten Qualitätsverständnis gearbeitet („Quality is what the customer says it is", vgl. *Homburg* 1994a, S. 36). Wichtig ist bei der Qualitätsbewertung im Fall des *Malcolm Baldridge Award* insbesondere das kontinuierliche Betreiben eines Total Quality Managements sowie das Ziel, Qualität meßbar zu machen.

Die Bewertung des TQM-Systems im Unternehmen erfolgt anhand eines umfangreichen Kriterienkatalogs, in dem die vier Kriterienkategorien Unternehmensleitung (als Treiber), System (qualitätsrelevante Unternehmensprozesse), Erfolgsmessung und Zielorientierung (vgl. Abb. 8-9) berücksichtigt sind. Daraus werden sieben Qualitätsfaktoren abgeleitet und in die Bewertung einbezogen (vgl. *Steeples* 1992, S. 364):
- Leadership (Bewertungsanteil 10%)
- Information and Analysis (Bewertungsanteil 7%)
- Strategic Quality Planning (Bewertungsanteil 6%)
- Human Resource Utilization (Bewertungsanteil 15%)
- Quality Assurance of Products and Services (Bewertungsanteil 14%)
- Quality Results (Bewertungsanteil 18%)
- Customer Satisfaction (Bewertungsanteil 30%)

Homburg berichtet von mittelständischen Baldrige-Gewinnern, die durch ein Total Quality-Management Qualitätsverbesserungen und Kostensenkungen realisieren konnten, verweist jedoch auch darauf, daß dies nur durch einen jahrelangen Aufbau des Qualitätsmanagements

möglich ist (vgl. *Homburg* 1994a, S. 37). Wird dies nicht oder nur unzureichend durchgeführt, scheitert das TQM-Projekt mit großer Wahrscheinlichkeit (man spricht von 60% gescheiterter TQM-Projekte, vgl. *Homburg* 1994a, S. 37).
Die Unterschiede der verschiedenen Qualitätsbewertungsmodelle zum Performance Measurement sind speziell in der nicht konsequent betriebenen Anbindung der Qualitäts- und Kundenzufriedenheitsprogramme an das unternehmensinterne Planungs- und Steuerungssystem zu sehen. Oftmals werden diese Programme statt dessen zum Selbstzweck (vgl. *Kaplan/Norton* 1997a, S. 145).

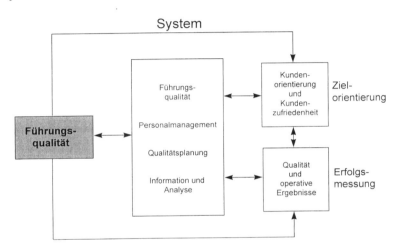

Abb. 8-9: Der Kriterienrahmen des Malcolm Baldridge Award (vgl. Homburg 1994b, S. 26)

Eine Integration in das Planungs- und Steuerungskonzept ist beispielsweise nicht als Bewertungskriterium im *Malcolm Baldrige Award* vorgesehen. Es findet auch keine Bewertung des finanziellen Erfolgs des TQM statt. Dies scheint, was auch die finanziellen Probleme eines der letzten Award-Gewinner zeigen, ein Versäumnis zu sein (vgl. *Kaplan/Norton* 1997a, S. 145). Allerdings läßt sich auch ein Zusammenhang zwischen dem Renommee, welches ein Unternehmen durch die Auszeichnung mit oder Nominierung für einen Quality-Award erhält sowie Kurssteigerungen an der Börse nachweisen. Für amerikanische Unternehmen konnte ein solcher, allerdings unterschiedlich intensiver Effekt sowohl für Wettbewerbsfinalisten als auch für Preisgewinner nachgewiesen werden (vgl. *Töpfer* 1998, S. 68).
Die Auswertung der Antworten bezüglich der Teilnahme an Quality-Awards erbrachte folgende Ergebnisse:
Von den 36 Unternehmen (43% der antwortenden Unternehmen), die an Quality-Award-Wettbewerben teilgenommen haben (vgl. Abb. 8-10), waren 24 (66,7% der teilnehmenden Unternehmen) nach eigenen Angaben in den Wettbewerben erfolgreich.
31% der antwortenden Unternehmen nehmen mindestens einmal jährlich an solchen Wettbewerben teil, jeweils 5 Unternehmen (je 6%) nur jedes 2. Jahr oder seltener.

280   8. Datenauswertung und Ergebnisse der empirischen Untersuchung

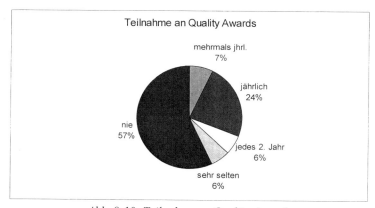

Abb. 8-10: Teilnahme an Quality-Awards

8.2.1.2 Umweltvariablen

8.2.1.2.1 Kundenstrukturdynamik

Der Grad der Dynamik ist ein Maß für die Änderungshäufigkeit des Umfeldfaktors, dessen Änderungsstärke sowie der Irregularität (vgl. *Niedermayr* 1994, S. 142 sowie die Ausführungen in Kap. 7.3.4). Die Dynamik der Kundenstruktur sollte von den befragten Controllern selbst eingeschätzt werden, wobei eine fünfstufige Ordinalskala vorgegeben wurde (Kundenstrukturdynamik sehr hoch, hoch, durchschnittlich, gering oder sehr gering).

Die Auswertung der gewählten Variablenausprägungen der 83 antwortenden Unternehmen ergab beträchtliche Unterschiede (Abb. 8-11):

Nur 22% der antwortenden Unternehmen haben eine hohe oder sehr hohe Kundenstrukturdynamik, d.h. schnelle und/oder häufige Änderungen bspw. der Kundengruppen, der Anteile an Groß- oder Kleinkunden, der Kundenanzahl oder der Kernkunden.

71% der Unternehmen haben nur eine durchschnittliche oder geringe, lediglich 7% eine sehr geringe Dynamik bezüglich der Kundenstruktur.

Dynamik der Kundenstruktur	in Prozent
sehr hoch	4%
hoch	18%
durchschnittlich	34%
gering	37%
sehr gering	7%

Abb. 8-11: Kundenstrukturdynamik (N=83)

8.2.1.2.2 Wettbewerbsintensität

Die Wettbewerbsintensität wurde unter Einbeziehung der wichtigsten Wettbewerbskräfte sowie unter Beachtung der umfeldrelevanten Unsicherheitsfaktoren Dynamik und Komplexität (vgl. die Ausführungen in Kap. 7.3.4) folgendermaßen operationalisiert:

- Die Anzahl der Wettbewerber soll Rückschlüsse auf die Marktausprägung geben (Polypol, Oligopol oder Monopol),
- die Veränderung der Anzahl der Wettbewerber gibt Informationen über die Veränderungsdynamik bezüglich der Konkurrenzsituation,
- produktbezogen geben die Angaben über die Wettbewerbsintensität Aufschluß über die Kontinuität bzw. Diskontinuität der Produktpreise und des Qualitätsniveaus sowie unterschiedlich komplexe Produktanforderungen.

Die Ergebnisse der Fragebogenauswertung zeigen (vgl. Abb. 8-12), daß ca. 65% der antwortenden Unternehmen in einer stabilen Marktsituation, ohne die ständige Gefahr unerwarteter neuer Konkurrenten oder der Substitution der eigenen Produkte durch neue Produkte, agieren können. Dies entspricht einer Wettbewerbsintensität bzgl. der Anzahl der Wettbewerber die nur durchschnittlich bis sehr gering ist.
Nur etwas mehr als 35% der antwortenden Unternehmen sind einem durch die Anzahl der Wettbewerber in einer Branche induzierten hohen oder sehr hohen Wettbewerb ausgesetzt. Die relative Mehrheit hat hinsichtlich dieser Kategorie eine durchschnittliche Wettbewerbsintensität (36,9%, vgl. auch Abb. 8-12).
Bei der überwiegenden Mehrheit der Unternehmen über alle Branchen hinweg gibt es jedoch einen intensiven Preis- und Qualitätswettbewerb, der für die heutige Wettbewerbssituation in vielen Branchen typisch ist und auch in den dominierenden Wettbewerbsstrategien der Kostenführerschaft und der Differenzierung Ausdruck findet (vgl. ursprünglich bei *Porter* 1980 sowie die Ausführungen bei *Eschenbach* 1996b, S. 8-24 und *Frese* 1996, S. 3-13, der die Differenzierung noch in eine Lieferservice- und Qualitätsorientierung unterteilt).
Etwas weniger als 90% der antwortenden Unternehmen haben eine sehr hohe oder hohe preisbezogene, beinahe 80% eine hohe oder sehr hohe qualitätsbezogene Wettbewerbsintensität.
Nur sehr wenige Unternehmen haben eine geringe oder sehr geringe preis- (10,7%) und qualitätsbezogene (3,6%) Wettbewerbsintensität (vgl. nochmals Abb. 8-12).

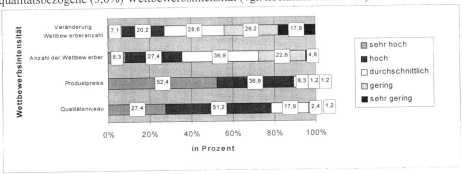

Abb. 8-12: Ausprägung der Wettbewerbsintensität

8.2.2 Univariate Analyse Ergebnisvariable Profitabilität
In der empirischen Untersuchung wurde in Form einer Basishypothese die Vermutung formuliert, daß die Unternehmensführung durch eine entsprechende Gestaltung des

Performance Measurement-Systems, unter Einbeziehung der jeweiligen Kontextsituation, den Unternehmenserfolg beeinflussen kann. Es ist wichtig darauf hinzuweisen, daß der Unternehmenserfolg nicht erklärt, sondern (in Anlehnung an die Vorgehensweise von *Homburg* 1995, S. 155) nur untersucht werden soll, wie groß der Einfluß mehrerer Variablen bzw. Variablengruppen (des Performance Measurement-Systems) auf den Erfolg ist. Der Erklärungsgehalt reduziert sich demnach darauf, inwiefern es signifikante Assoziationen zwischen der Ausgestaltung des Performance Measurement-Systems und dem Unternehmenserfolg gibt (vgl. auch *Homburg* 1995, S. 156).

Bleibt das Problem der Konzeptualisierung des Erfolgs zu klären. Zu unterscheiden sind (vgl. *Homburg* 1995, S. 156, *Staehle* 1989, S. 411ff. und *Fritz* 1992, S. 219ff) hierbei der

- Ziel-Ansatz (Erfolg = Grad der Erreichung der Unternehmensziele),
- der System-Ansatz (Erfolg = auch Fähigkeit des Unternehmens Ressourcen zu erwerben und interne Systemstabilität zu erreichen sowie erfolgreich mit der Außenwelt zu agieren) und
- der interessenpluralistische Ansatz (Erfolg ist dann vorhanden, wenn alle Stakeholder-Erwartungen erfüllt sind).

Nachfolgend wird vom Ziel-Ansatz ausgegangen, dem *Fritz* und *Homburg* eine große forschungspraktische Relevanz zusprechen (vgl. *Fritz* 1992, S. 220 und *Homburg* 1995, S. 156). Dies widerspricht nicht unbedingt interessenpluralistischen Ansätzen, wenn die Stakeholdererwartungen wie im Kapitel 7.4.1.1.3 beschrieben sowie in vielen Performance Measurement-Veröffentlichungen gefordert (vgl. die Literaturangaben in Abb. 7-7), in Form von Zielvorgaben definiert und deren Umsetzung hohe Relevanz im Unternehmen und in den verschiedenen Leistungsebenen hat.

Die Anwendung des interessenpluralistischen Ansatzes oder des Systemansatzes würde jedoch nachhaltige Schwierigkeiten bei der Konzeptualisierung und Operationalisierung induzieren und eine empirische Untersuchung erschweren (vgl. *Homburg* 1995, S. 156).

Aus diesem Grund erfolgt bezüglich des Zielansatzes die Ausrichtung an der Gewinnerzielung. Alle anderen finanziellen und weiteren (vor allem für die Stakeholder wichtige nichtfinanzielle) Ziele, wie die Kunden- oder Mitarbeiterzufriedenheit oder die unternehmerische Leistungserstellung, führen wieder oder sollen dazu führen, daß die Gewinne im Unternehmen maximiert werden (vgl. *Homburg* 1995, S. 157 und *Gutenberg* 1983, S. 465).

Für die empirische Untersuchung wird der Erfolg daher in Form der Profitabilität untersucht, die in Anlehnung an die Vorgehensweise bei der Untersuchung von *Homburg* (vgl. *Homburg* 1995, S. 162f.) durch den Indikator

- Profitabilität des Unternehmens im Vergleich zur durchschnittlichen Profitabilität der Branche

gemessen wird.

Die Branchenprofitabilität läßt sich über allgemeine Branchenveröffentlichungen (z.B. die Veröffentlichungen von der *VDMA* oder dem *ZVEI* über die durchschnittliche Umsatzrentabilität der Mitgliedsunternehmen) ermitteln und ist den Unternehmensvertretern, insbesondere den befragten Controllern, in der Regel bekannt.

8. Datenauswertung und Ergebnisse der empirischen Untersuchung

Die allgemeine wirtschaftliche Situation wurde nicht erfragt, da zu viele subjektive Eindrücke und Empfindungen keine objektiven Vergleiche zulassen.
Allgemein ist an dieser Stelle anzumerken, daß die Heranziehung von objektiven Profitabilitätsmeßgrößen wie der Eigenkapitalrentabilität oder dem Return-on-Investment kritisch beurteilt wird. Diese Kennzahlen sind in vielen Fällen manipulierbar, nicht objektiv nachvollziehbar bzw. ermittelbar oder werden bei bestimmten Gesellschaftsformen nur ungern publiziert (vgl. *Homburg* 1995, S. 162f.).
Eine Heranziehung subjektiver Profitabilitätsindikatoren ist daher zu befürworten (vgl. *Dess/Robinson* 1984 und *Homburg* 1995, S. 163).
Hierzu wurde eine fünfstufige Ordinalskala herangezogen (Unternehmensprofitabilität im Vergleich zum Branchendurchschnitt: sehr hoch, hoch, durchschnittlich, gering oder sehr gering).
Wie die Ergebnisse der Abb. 8-13 zeigen, haben 47% der antwortenden Unternehmen eine im Vergleich zur Branche überdurchschnittliche Profitabilität, nur 13% haben eine unterdurchschnittliche Profitabilität.

Profitabilität der Unternehmen	*in Prozent*
sehr hoch	12%
hoch	35%
durchschnittlich	40%
gering	12%
sehr gering	1%

Abb. 8-13: Profitabilität der antwortenden Unternehmen im Vergleich zur Branche (N=83 Unternehmen)

8.2.3 Bivariate Analysen Kontext- und Ergebnisvariable

Im Rahmen der bivariaten Analyse der Kontext- und Ergebnisvariablen wurde untersucht, ob und welche Zusammenhänge zwischen den verschiedenen Kontextvariablen untereinander sowie zwischen den Kontextvariablen und der Ergebnisvariable existieren (vgl. Abb. 8-14).
Wie in Kapitel 8.1.2.1 ausgeführt, wurden hierzu, in Abhängigkeit von der Variablenskalierung, die Korrelations- bzw. Assoziationsmaße Pearson's R, Eta und Cramers V eingesetzt. Drittgrößeneinflüsse wurden an dieser Stelle nicht untersucht.
Wie die in Abb. 8-15 dargestellten Ergebnisse zeigen, gibt es hinsichtlich des Zusammenhangs zwischen der Profitabilität und den verschiedenen Kontextvariablen nur wenig bemerkenswerte Korrelationen. Solche bestehen lediglich zur Innovations- und Wachstumskraft (Umsatzentwicklung) (r = 0,416***) und zur Branche (r = 0,339).
Alle Unternehmen mit einer sehr hohen Profitabilität im Vergleich zur Branche sind innovativ, d.h. sie hatten ein mindestens konstantes Umsatzwachstum in den letzten drei Jahren vor dem Befragungszeitpunkt.
60% dieser sehr hoch profitablen Unternehmen haben eine stark steigende Umsatzentwicklung in den letzten drei Jahren hinter sich (durchschnittlicher Umsatzzuwachs >10% je Jahr). Ähnliche Aussagen lassen sich auch für alle hoch profitablen Unternehmen machen.

284 8. Datenauswertung und Ergebnisse der empirischen Untersuchung

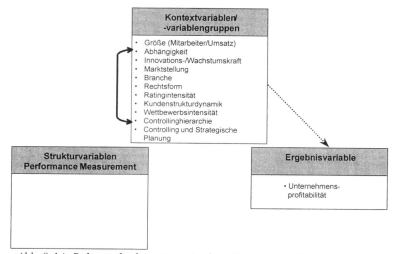

Abb. 8-14: Rahmen der bivariaten Analyse Kontext- und Ergebnisvariable

Zu der Korrelation zwischen der Branche und der Profitabilität läßt sich anmerken, daß die Verteilung der Profitabilitätsabstufungen in Abhängigkeit von der Branche sehr unterschiedlich ist. Demnach waren bspw. die antwortenden Nahrungs- und Genußmittelunternehmen im Durchschnitt profitabler als die Vertreter der Branche Handel, Banken und Versicherungen. Solche Aussagen sind sicherlich auf die sehr geringe Stichprobe zurückzuführen, die keine normalverteilten Profitabilitätsausprägungen erwarten läßt. Aufgrund dieser branchenbezogenen Zufälligkeiten wird diese Variable in den weiteren Analysen nicht mehr berücksichtigt.

Innerhalb der Kontextvariablen konnten einige mittlere und hohe Zusammenhänge analysiert werden (vgl. nochmals Abb. 8-15). Hohe Korrelationen (0,5 < r < 0,7) bestehen erwartungsgemäß zwischen den Variablen Unternehmensgröße und Anzahl Mitarbeiter (r = 0,767***): Umsatzzuwachs induziert in der Regel auch Mitarbeiterzuwachs und umgekehrt.

Ein starker Zusammenhang ließ sich auch innerhalb der drei Variablen zur Wettbewerbsintensität nachweisen: Eine hohe Wettbewerbsintensität bezüglich der Wettbewerberanzahl ist oftmals stark mit einer hohen Wettbewerbsintensität hinsichtlich einer Veränderung der Wettbewerberanzahl gekoppelt (r = 0,51***).

Sehr hohe Korrelationen (r > 0,9) bestehen zwischen den drei untersuchten Formen des Rating (Risiko, Management-Qualität, Erfolgspotential). Dies ist sicherlich damit zu begründen, daß insbesondere Aktiengesellschaften von den Ratingagenturen nicht nur zu Risiko-, sondern auch zu Anlagezwecken untersucht werden. Diese Vermutung läßt sich auch durch die analysierten Zusammenhänge zwischen den Variablen Rechtsform und Ratingrisiko (r = 0,34*) sowie Rating-Erfolgspotential (r = 0,332*) stützen. Nur bei 16% der börsennotierten Aktiengesellschaften werden keine Risiko-Ratinguntersuchungen durchgeführt. Alle anderen Gesellschaftsformen (auch nicht börsennotierte Aktiengesellschaften) haben hier wesentlich höhere Quoten (zwischen 42% und 100% je nach Rechtsform). Tendenziell ähnliche Aussagen lassen sich zum Erfolgspotential-Rating machen.

Die Ergebnisse zeigen weiter einen bedeutenden Zusammenhang zwischen der Ratingintensität und der Mitarbeit an Quality-Awards (je nach Ratingform zwischen r = 0,631*** und 0,681***). Dies zeigt, daß viele Unternehmen, die jährlich mindestens einmal von Rating-agenturen untersucht werden auch überdurchschnittlich häufig an Qualitätswettbewerben teilnehmen. Ein Grund können die identischen oder ähnlichen Beurteilungskriterien eines Erfolgspotential- bzw. eines Managementqualität-Ratings und eines Quality-Awards sein.

Kontextvariable		N	I	I	I	N	N	O	O	O	O	O	O	O	N	O	O	O	O	O
Skala	Code	Inhalt	KA	KB	KC	KD	KF	KG	KH	KI	KJ	KK	KL	KT	KU	KV	KW	KX	KY	KZ	KE
N	KA	Abhängigkeit	1,000																		
I	KB	Mitarbeiter	0,220	1,000																	
I	KC	Umsatz	0,393	*0,767*	1,000																
I	KD	Umsatzentw.	0,230	0,214	*0,307*	1,000															
N	KF	Marktstellung	0,293	0,271	0,182	0,026	1,000														
N	KG	Branche	0,382	0,407	0,235	0,271	*0,458*	1,000													
O	KH	WI-Q-Niveau	0,237	-0,135	-0,064	-0,191	0,162	0,398	1,000												
O	KI	WI-Prod.Pr.	0,190	-0,127	-0,047	0,094	0,229	0,363	0,143	1,000											
O	KJ	WI-Wett.Anz.	0,249	-0,299	-0,220	-0,329	0,128	0,360	0,100	0,124	1,000										
O	KK	WI-Änd. WA	0,301	-0,036	0,008	-0,260	0,256	*0,411*	0,003	-0,080	*0,510*	1,000									
O	KL	Kd.Str. Dyn.	0,212	0,025	0,074	-0,247	0,190	0,316	0,206	-0,065	0,112	0,254	1,000								
O	KT	Contr.-SP	0,232	0,060	-0,077	0,047	0,096	0,343	0,090	-0,104	0,122	-0,060	0,008	1,000							
N	KU	Contr.-Hierar.	0,133	-0,068	-0,092	0,115	0,264	0,250	-0,064	0,145	0,005	-0,030	-0,129	0,153	1,000						
N	KV	Rechtsform	0,313	0,434	*0,477*	0,174	0,263	*0,422*	0,225	0,227	0,245	0,250	-0,180	0,220	0,149	1,000					
O	KW	Rating Risiko	0,234	-0,271	-0,292	-0,069	*0,408*	0,360	-0,026	0,012	0,073	-0,099	0,060	0,099	0,168	*0,340*	1,000				
O	KX	Rating Mgt.-Q	0,284	-0,221	-0,242	-0,158	0,203	0,362	0,199	-0,042	0,050	-0,048	0,173	0,055	0,168	0,270	*0,913*	1,000			
O	KY	Rating-Erf.Pt.	0,243	-0,296	-0,309	-0,104	0,248	0,293	0,024	-0,015	0,089	-0,123	0,093	0,047	0,160	*0,332*	*0,972*	*0,927*	1,000		
O	KZ	Q-Awards	0,258	-0,176	-0,195	-0,133	0,331	0,401	0,136	0,055	0,006	-0,025	0,097	0,231	0,003	*0,286*	*0,663*	*0,631*	*0,681*	1,000	
O	KE	Profitabilität	0,197	-0,091	-0,168	*-0,416*	0,188	0,339	0,117	-0,073	0,147	0,202	0,201	-0,039	-0,002	*0,221*	0,042	0,034	0,032	0,143	1,000

	Pearson's R	mindestens geringe Korrelation (>0,3)
	Eta	**Fett** Signifikanzniveau 5%
	Cramers'V	**Fett** Signifikanzniveau 1%
		Fett Signifikanzniveau 0,1%

Abb. 8-15: Ergebnisse der bivariaten Analysen

8.2.4 Multivariate Analyse Kontextvariable

In die kontextbezogene Clusteranalyse wurden, mit Ausnahme der Variablen Branche (Grund: zu geringe Fallzahl je Branche) und Umsatz (hoher Zusammenhang mit der Variable Mitarbeiter) sowie einer Ratingvariablen, alle Kontextvariablen einbezogen.

Besonders bei hohen Korrelationen (> 0,9) sollte überdacht werden, ob eine der beiden Variablen nicht aus der Analyse ausgeschlossen werden sollte, da sonst Informationen durch beide Variablen geliefert werden (vgl. *Backhaus et al.* 1990, S. 155). Aufgrund der sehr hohen Korrelation der Ratingvariablen untereinander wurde auf die Variable Risiko-Rating verzichtet.

Alle Variablen wurden vor der Durchführung der Cluster- und Diskriminanzanalysen zu dichotomen Variablen umverschlüsselt, um den Anforderungen der multivariaten Analyseverfahren zu genügen (vgl. nochmals die Ausführungen in Kap. 8.1.2.2).

Insgesamt ließen sich als Ergebnis der Clusteranalyse fünf Kontexttypen unterscheiden (vgl. Abb. 8-16). Diese werden nachfolgend bezüglich der wichtigsten Clustervariablen skizziert:

- 10 Unternehmen entsprechen dem Kontexttyp 1. Dies sind überwiegend (entspricht mehr als 90% der Unternehmen im Cluster, vgl. auch die Anmerkungen unter den identifizierten Kontext-Typen in Abb. 8-16) sehr große (> 10.000 Mitarbeiter) und vorwiegend (entspricht mehr als 70% der Unternehmen im Cluster) börsennotierte Großunternehmen mit einer überwiegend hohen bis sehr hohen Wettbewerbsintensität hinsichtlich aller vier

Intensitätskriterien (Qualität, Preise, Wettbewerberanzahl, Änderung Wettbewerberanzahl). Die Unternehmen sind mehrheitlich (entspricht 50% der Unternehmen im Cluster) marktmitbestimmend, Muttergesellschaften und hatten in den letzten drei Jahren ein stark steigendes Umsatzwachstum. Ferner werden sie intensiv von Ratingagenturen untersucht (z.B. 80% Rating-Erfolgspotential). Bei 90% der Unternehmen ist das Controlling nicht auf der 1. Führungsebene angesiedelt.

- Keines der 17 Unternehmen die dem Kontexttyp 2 zugeordnet wurden ist ein sehr großes Großunternehmen. 41% sind kleine Großunternehmen (bis 3.000 Mitarbeiter), 59% maximal große Großunternehmen (bis 10.000 Mitarbeiter). Es handelt sich vorwiegend um nicht börsennotierte Unternehmen mit hohem bis sehr hohem Controllingeinfluß im Rahmen der strategischen Planung und einer hohen bis sehr hohen preis- und qualitätsbezogenen Wettbewerbsintensität. Gering bzw. sehr gering ist diese bezüglich der Änderung der Wettbewerberanzahl. Die Unternehmen sind mehrheitlich selbständige Geschäftseinheiten mit einem Controlling auf der 1. Hierarchieebene (bei 65% der Clusterunternehmen) sowie regelmäßig und intensiv durchgeführten Ratinguntersuchungen (88% der Unternehmen werden auf Managementqualität, 65% auf Erfolgspotential untersucht). Hinsichtlich des Umsatzwachstums haben 77% der Unternehmen nur ein konstantes oder ein rückläufiges Wachstum.
- 19% der klassifizierten Unternehmen (N=16) entsprechen dem Kontexttyp 3. Hierbei handelt es sich vorwiegend um mittlere bis große Großunternehmen (81% der Clusterunternehmen), die überwiegend nicht börsennotiert sind. Die Unternehmen werden überwiegend nicht von Ratingagenturen untersucht und das Controlling ist stets auf der 2. oder 3. Hierarchieebene angesiedelt. Besonders bei Preisen und der Qualität herrscht eine hohe bis sehr hohe Wettbewerbsintensität (88% bzw. 76% der Clusterunternehmen) und bei drei Viertel der Unternehmen nur eine geringe Änderung der Kundenstruktur. Gering bzw. sehr gering ist die Wettbewerbsintensität bezüglich der Änderung der Wettbewerberanzahl bei 56% der Unternehmen. Diese sind mehrheitlich Tochtergesellschaften sowie marktmitbestimmend und haben ein konstantes bzw. rückläufiges Umsatzwachstum. Ferner hat das Controlling in 10 der 16 Unternehmen einen sehr hohen oder hohen Einfluß auf die strategische Planung.
- Die größte Gruppe von Unternehmen findet sich im Kontexttyp 4. Diese 24 Unternehmen sind zu 76% kleine bis große und marktführende, nicht börsennotierte Großunternehmen. Besonders hinsichtlich der Preise und Qualität herrscht eine hohe bis sehr hohe Wettbewerbsintensität (92% bzw. 76% der Clusterunternehmen) und in 79% der Unternehmen ein stark steigendes oder steigendes Umsatzwachstum. Das Controlling hat mehrheitlich nur einen mittleren oder geringen Einfluß im Rahmen der strategischen Planung und ist oftmals in der 1. Führungsebene angesiedelt (58% der Clusterunternehmen). Die Unternehmen sind zu 58% Muttergesellschaften und werden nur in wenigen Ausnahmefällen von Ratingagenturen besucht.
- 10 Unternehmen entsprechen dem Kontexttyp 5. Diese sind alle marktführend, mehrheitlich sehr große Großunternehmen und zu 80% börsennotiert. Es herrscht eine vorwiegend hohe bis sehr hohe preis- und qualitätsbezogene Wettbewerbsintensität und eine geringe bis sehr geringe Wettbewerbsintensität hinsichtlich der Änderung der Wettbewerberanzahl. Die Unternehmen zeichnen sich durch ein mehrheitlich steigendes

Umsatzwachstum, nur durchschnittlichen Änderungen der Kundenstruktur sowie durch regelmäßige Ratinguntersuchungen aus. Das Controlling hat nur einen mittleren bis geringen Einfluß auf die strategische Planung. Alle anderen Kriterien sind im Cluster annähernd gleichverteilt.

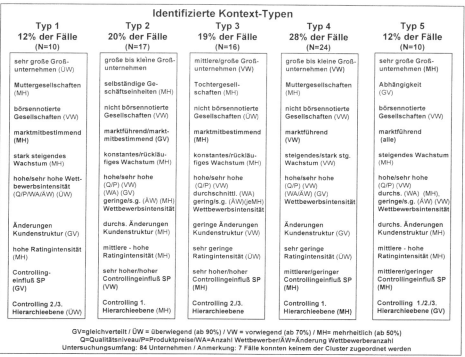

Abb. 8-16: Kontext-Typen im Überblick

Die Diskriminanzanalyse ergab für 28 Variablen hohe F-Werte (> 2,478) mit einer maximal 5%igen Irrtumswahrscheinlichkeit. Die höchsten F-Werte wurden für die Variablen „Rating Managementqualität JA" (F-Wert: 31,584***), „Rating Managementqualität NEIN" (F-Wert: 31,584***) sowie „Rating Erfolgspotential nie" (F-Wert 31,399***) ermittelt. Je höher der F-Wert, desto größer ist die Streuung zwischen den Kontextgruppen und desto kleiner innerhalb der Gruppen (vgl. nochmals Kap. 8.1.2.2).

Anhand der Variablen zur „Rating Managementqualität" soll die Gruppenstreuung erläutert werden:

Diese Variable ist in ihrer positiven Ausprägung nur in den Kontexttypen 1, 2 und 5 vertreten (50% bzw. 88% bzw. 70% der jeweiligen Clusterunternehmen werden von Ratingagenturen diesbezüglich untersucht). Ein solches Rating wird allerdings bei keinem der Unternehmen in Cluster 3 oder 4 durchgeführt. Dies verdeutlicht die hohe Streuung zwischen sowie die Einheitlichkeit innerhalb der Gruppen und erklärt den hohen F-Wert dieser Variablen.

Die Abbildung zeigt im Überblick alle Kontextvariablen mit hohen F-Werten (>5) und somit beträchtlichen Gruppenstreuungen:

	Kontextvariablen	F-Wert	Signifikanz-niveau
K36	Rating Managementqualität "Ja"	31,584	.000
K37	Rating Managementqualität "Nein"	31,584	.000
K40	Rating Erfolgspotential nie	31,399	.000
K43	Rating Quality-Award Reviews nie	14,522	.000
K39	Rating Erfolgspotential selten bis sehr selten	11,353	.000
K34	Börsennotierte Gesellschaften	11,061	.000
K20	Wettbewerbsintensität Wettbewerberanzahl sehr hoch bis hoch	7,674	.000
K32	Controlling 1. Führungsebene	7,416	.000
K33	Controlling 2.+ 3. Führungsebene	7,416	.000
K10	konstantes, rückläufiges, stark rückläufiges Wachstum	7,126	.000
K11	Marktführend	6,702	.000
K12	Marktmitbestimmend	6,496	.000
K7	Kleine Großunternehmen (1000 – 3000 Mitarbeiter)	6,191	.000
K5	Sehr große Großunternehmen (>10 000 Mitarbeiter)	6,015	.000
K14	Wettbewerbsintensität Qualitätsniveau sehr hoch	5,687	.000
K42	Rating Quality-Award Reviews selten bis sehr selten	5,668	.001
K2	Muttergesellschaft	5,533	.001
K35	Nicht Börsennotierte Gesellschaften	5,323	.001
K38	Rating Erfolgspotential mehrmals jährlich	5,117	.001

Abb. 8-17: Ergebnisse der Diskriminanzanalyse zur Gruppenspezifikation Kontext

			Wilks' Lambda	Signifikanz-niveau
1.	K37	Rating Managementqualität "Nein"	,363	.000
2.	K34	Börsennotierte Gesellschaften	,241	.000
3.	K40	Rating Erfolgspotential nie	,163	.000
4.	K10	konstantes, rückl., stark rückläufiges Wachstum	,112	.000
5.	K33	Controlling 2.+ 3. Führungsebene	,007	.000
6.	K12	Marktmitbestimmend	,054	.000
7.	K20	WI Wettbewerberanzahl sehr hoch bis hoch	,039	.000
8.	K43	Rating Quality-Award Reviews nie	,029	.000
9.	K14	Wettbewerbsintensität Qualitätsniveau sehr hoch	,022	.000
10.	K2	Muttergesellschaft	,018	.000
11.	K27	Änderungen Kundenstruktur durchschnittlich	,015	.000
12.	K5	Sehr große Großunternehmen	,012	.000

Abb. 8-18: Ergebnisse der schrittweisen Diskriminanzanalyse Kontext

Mit der anschließend durchgeführten schrittweisen Diskriminanzanalyse ließen sich die zwölf wichtigsten Merkmalsvariablen ermitteln. Wie die Skizzierung der Kontexttypen bereits gezeigt hat und die Ergebnisse der Abb. 8-18 verdeutlichen, haben insbesondere die Rating-

und Qualitätswettbewerbsvariablen (K37, K40, K43) sowie die Variablen zur Innovations- und Wachstumskraft (Umsatzwachstum) und bestimmte Rechtsformausprägungen (börsennotierte Gesellschaften, Variable K34) eine hohe, gruppenerzeugende Relevanz.

8.3 Ergebnisse der Auswertung der Strukturvariablen des Performance Measurement in der deutschen Unternehmenspraxis

8.3.1 Analysen Subsystem strategisches Planungsfeld

8.3.1.1 Univariate Analysen

8.3.1.1.1 Strategische Planung und Ziele je Leistungsebene

Die Ergebnisse zur leistungsebenenbezogenen strategischen Planung und Zielfestlegung sind in Abb. 8-19 und Abb. 8-20 dargestellt. Demzufolge findet bei insgesamt 75% der befragten Unternehmen auf Konzernebene und bei 87% auf Unternehmensebene eine strategische Planung statt. Die Ergebnisse zur Häufigkeit einer geschäftsfeldbezogenen strategischen Planung stimmen genau mit den Ergebnissen der (allerdings stark industriefokussierten) umfassenden Untersuchung von *Hahn et al.* überein (vgl. *Hahn/Oppenländer/Scholz* 1997, S. 1068, Erhebungszeitpunkt: Sommer 1989 bei 1.461 Industrieunternehmungen). Sowohl bei *Hahn* als auch bei der vorliegenden Untersuchung erfolgt bei 79% der antwortenden Unternehmen eine strategische Planung auf dieser Leistungsebene (*Hahn et al.* differenzieren in regelmäßig oder fallweise sowie in unterschiedliche Größenklassen; die Angaben beziehen sich auf Unternehmen mit mehr als 1000 Beschäftigten).

Eine Ergebnisübereinstimmung gibt es auch bei der regionenbezogenen strategischen Planung. In der vorliegenden Untersuchung wurde eine solche bei 44% der Unternehmen, bei *Hahn et al.* bei ca. 45% der Unternehmen durchgeführt. Abweichungen gibt es bei der Häufigkeit einer strategischen Planung auf Funktionsbereichsebene. Bei der Untersuchung von *Hahn et al.* erstellten mehr als 58% strategische Pläne auf dieser Leistungsebene, in der vorliegenden Untersuchung waren es nur 27% der antwortenden Unternehmen. Dies kann sicherlich auf die zunehmende Divisionalisierung zurückgeführt werden, die als Organisationsprinzip speziell bei Großunternehmen in den letzten zehn Jahren zunehmend das Funktionsprinzip abgelöst hat (vgl. auch die Ergebnisse der Untersuchung von *Günther* zum strategischen Controlling, 1991, S. 130). Sowohl in den Untersuchungen von *Töpfer* (vgl. *Töpfer* 1976, S. 371ff.) als auch bei *Hahn et al.* (vgl. *Hahn et al.* 1997) überwogen bei den Unternehmen mit mehr als 1000 Beschäftigten die funktional organisierten Unternehmen. Obwohl dieses Kriterium in der empirischen Untersuchung zum Performance Measurement nicht erfaßt wurde, wird vermutet, daß die Mehrheit der antwortenden Unternehmen ihrer Aufbauorganisation nach dem divisionalen Prinzip gestaltet haben.

Die Auswertung der Zielinhalte und der jeweiligen ergab auf den ersten drei Leistungsebenen eine klare Dominanz der finanziellen Ziele (80% auf Konzern-, 94% auf Unternehmens- und 77% auf Geschäftsfeldebene, vgl. Abb. 8-19).

Dieser Geschäftsfeldwert wird von dem Ergebnis der Untersuchung von *Welge/Al-Laham* deutlich übertroffen. Geschäftsfeldbezogen waren bei 93% der von diesen befragten Unternehmen der Gewinn und bei 92,2% die Rendite wichtige inhaltliche Ziele (vgl. *Welge/Al-Laham* 1997, S. 794, Befragung von 65 der 500 größten deutschen Unternehmen im

Juli 1994 am Bsp. einer Sparte oder strategischen Geschäftseinheit). In der Befragung von *Günther* (vgl. *Günther* 1991) wurden als quantitative finanzielle Ziele im Rahmen der strategischen Planung Zielkennzahlen erfaßt, die erst im entsprechenden Kapitel diskutiert werden.

Strategische Planung und Ziele je Leistungsebene (1)	Strategische Planung	Finanzielle Ziele	Wettbewerberbezogene NF Ziele	Zuliefererbezogene NF Ziele	Kundenbezogene NF Ziele
Konzern	75%	80%	50%	19%	30%
Unternehmen	87%	94%	67%	26%	46%
Geschäftsfeld	79%	77%	74%	18%	57%
Produkteinheit	55%	41%	45%	16%	41%
Region	44%	33%	29%	7%	31%
Funktionsbereich	27%	19%	8%	11%	10%

Abb. 8-19: Strategische Planung und Ziele je Leistungsebene (1) (N=84)

Strategische Planung und Ziele je Leistungsebene (2)	Mitarbeiterbezogene NF Ziele	Gesellschaftsbezogene NF Ziele	Umweltbezogene NF Ziele	Herstellungsbezogene NF Ziele	Keine Ziele
Konzern	27%	31%	26%	20%	16%
Unternehmen	49%	43%	37%	38%	4%
Geschäftsfeld	30%	17%	16%	32%	12%
Produkteinheit	7%	4%	14%	30%	36%
Region	11%	6%	4%	7%	50%
Funktionsbereich	18%	1%	5%	8%	60%

Abb. 8-20: Strategische Planung und Ziele je Leistungsebene (2) (N=84)

Der in der Untersuchung von *Welge/Al-Laham* identifizierte starke Wettbewerbsbezug im strategischen Zielsystem (die Zielindikatoren Kundenzufriedenheit, Wettbewerbsfähigkeit und Erhöhung der Marktanteile werden bei mehr als 84,4% der befragten Unternehmen berücksichtigt, vgl. *Welge/Al-Laham* 1997, S. 793f., vgl. hierzu auch die kennzahlenbezogenen Ergebnisse in Kap. 8.3.1.1.4) zeigt sich auch in den Ergebnissen dieser Befragung: Wettbewerberbezogene Ziele werden auf Geschäftsfeldebene bei 77% der Unternehmen als Zielkategorie im Rahmen der strategischen Planung eingesetzt, kundenbezogene Ziele bei 57%.

Mitarbeiterbezogene Ziele haben bei den antwortenden Unternehmen besonders auf Unternehmens- und Geschäftsfeldebene eine wesentliche Häufigkeit (49% bzw. 30%). Gleiches kann bezogen auf die Konzern- und Unternehmensebene für gesellschafts- (31% bzw. 43%) und umweltbezogene nichtfinanzielle Ziele (26% bzw. 37%) gesagt werden.

Die Ergebnisse sind sicherlich auch auf die besonderen gesetzlichen, gesellschaftlichen und sozialen Rahmenbedingungen, Gepflogenheiten und Regelungen in Deutschland zurückzuführen (vgl. hierzu nochmals die Ausführungen zu Corporate Governance in Kap. 7.4.1.2).

8.3.1.1.2 Einfluß/Berücksichtigung der Stakeholder in der strategische Planung

Eine wichtige Frage im Rahmen der strategischen Planung ist, inwieweit Stakeholderinteressen tatsächlich Berücksichtigung bei der strategischen Zielplanung finden (vgl. *Welge/Al-Laham* 1997, S. 794) und wie hoch deren tatsächlicher Einfluß ist. Wichtigste Stakeholder aus Sicht der befragten Unternehmen sind die Eigentümer (Einfluß 2,0, vgl. in Abb. 8-21 Spalte 3), die Kunden (2,4) sowie die Wettbewerber (2,5), die alle einen starken Einfluß auf die strategische Zielplanung haben. Erst an vierter Stelle folgen die Beschäftigten (Einfluß 3,5 = mittlerer bis geringer Einfluß).

Dies deckt sich nicht ganz mit den Ergebnissen der Befragung von *Welge/Al-Laham* (rechte Spalte in Abb. 8-21), welche die Beschäftigten (mit deutlichem Abstand hinter den Eigentümern und Kunden) an dritter Stelle und die Konkurrenten an vierter Stelle führten.

Stakeholder	Nennung	Einfluß	Rang	Rang bei *Welge/Al-Laham* 1997 (andere Bewertungsmethodik)
Eigentümer/Aktionäre	96,4%	2,0	1	1
Kunden	97,6%	2,4	2	2
Wettbewerber	94,0%	2,5	3	4
Beschäftigte	95,2%	3,5	4	3
Finanzgeber/Banken	88,1%	4,5	7	5
Zulieferer	89,3%	4,7	8	7
Gesellschaft/Medien/Politik	92,9%	4,0	5	8 bzw. 10 bzw. 12 (Stakeholder getrennt)
Betriebsrat	95,2%	4,3	6	6
Gewerkschaften	92,9%	4,9	9	13

Abb. 8-21: Stakeholder und strategische Planung in der eigenen Untersuchung im Vergleich mit Untersuchung von Welge/Al-Laham (N=84, 1=sehr starker Einfluß, 6=kein Einfluß)

Ähnlich wie bei *Welge/Al-Laham* fällt es schwer, zu beurteilen, ob über alle antwortenden Unternehmen hinweg von einer anspruchsgruppenbezogenen strategischen Zielplanung gesprochen werden kann. Der Grund liegt an den fehlenden Maßstäben die es erlauben, hier ein Urteil zu sprechen (*Welge/Al-Laham* sprechen von „Schwellenwerten", vgl. *Welge/Al-Laham* 1997, S. 794).

Nimmt man den erhobenen Einfluß als Grundlage für eine Beurteilung, so haben doch sechs Stakeholder (Eigentümer/Aktionäre, Kunden, Wettbewerber, Beschäftigte, Gesellschaft/ Medien/Politik, Betriebsrat) mindestens einen geringen Einfluß auf die strategische Zielplanung. Es wäre sicherlich falsch, hier von einer fehlenden Anspruchgruppenbezogenheit zu sprechen.

8.3.1.1.3 Strategiefestlegung und Zielabstimmung

Die überwiegende Mehrheit der Unternehmen, die eine strategische Planung durchführen, legt auf den verschiedenen Leistungsebenen die jeweiligen Strategien erst nach inhaltlicher Abstimmung mit den generellen, je Leistungsebene vorgegebenen finanziellen und nichtfinanziellen strategischen Zielen fest (vgl. Abb. 8-22). Nur wenige Unternehmen legen Strategien ohne Berücksichtigung dieser Ziele fest (zwischen 4,8% und 7,1% der antwortenden

Unternehmen) bzw. ohne daß eine Zielvorgabe existiert (nur 1,2% auf drei Leistungsebenen) fest.
Die Ergebnisse stimmen bis auf wenige Prozentpunkte mit den Resultaten in Abb. 8-19 überein (Spalte „Strategische Planung"). Ungenauigkeiten können zum einen darauf zurückgeführt werden, daß teilweise bis zu 9,5% der Unternehmen keine Angaben zur Strategiefestlegung machten (vgl. Abb. 8-22, rechte Spalte). Zum anderen aus dem Grund, weil eine leistungsebenenbezogene Strategiefestlegung gemäß den Kategorien zwei und drei dieser Frage (vgl. Abb. 8-22, dritte und vierte Spalte) nicht die Existenz einer durchgängigen strategischen Planung mit den in Kapitel 7.4.1.1 genannten Schritten voraussetzt.

Leistungsebenen-bezogene Strategiefestlegung	Inhaltliche Abstimmung Ziele/Strategie	Strategie ohne Berücksichtigung Ziele	Strategie ohne Zielvorgabe	Keine Strategie	Keine Angaben
Konzern	71,4%	7,1%	0,0%	16,7%	4,8%
Unternehmen	82,1%	4,8%	1,2%	7,1%	4,8%
Geschäftsfeld	77,4%	4,8%	1,2%	11,9%	4,7%
Produkteinheit	50,0%	6,0%	1,2%	33,3%	9,5%
Region	35,7%	6,0%	0,0%	51,1%	7,2%
Funktionsbereich	25,0%	4,8%	0,0%	61,8%	8,4%

Abb. 8-22: Leistungsebenenbezogene Strategiefestlegung (N=84)

Zu den Antwortkategorien und Ergebnissen ist noch ergänzend anzumerken, daß ein strategischer Plan sowie eine festgelegte Strategie nur dann Wandel schaffen, wenn die Zielumsetzung als Teil der Pläne stets Beachtung und Integration findet (vgl. *Weber/Hambrecht/Goeldel* 1997, S. 9). Diese Forderung scheint bei einem Großteil der antwortenden Unternehmen berücksichtigt zu werden.

8.3.1.1.4 Strategische Kennzahlen
Nachfolgend sind die Ergebnisse zur Anwendung strategischer Kennzahlen in den an der Untersuchung beteiligten Unternehmen aufgezeigt (vgl. Abb. 8-23 und Abb. 8-24). Diese Kennzahlen sind zur Zieloperationalisierung und Strategieumsetzung Inhalt von Plänen und werden zur Steuerung der strategischen Leistungsebenen bei den befragten Unternehmen eingesetzt.
Die Analyse der Befragungsergebnisse vollzog sich innerhalb der deskriptiven Analysen in zwei Schritten:
- Zunächst wurde untersucht, auf welchen Leistungsebenen finanzielle Kennzahlen eingesetzt werden und mit welcher Intensität der Einsatz der drei finanziellen Kennzahlenkategorien je Leistungsebene erfolgt (vgl. nochmals Kap. 7.4.1.6 sowie Abb. 8-23). Die gleichen Analysen wurden für die nichtfinanziellen Kennzahlenkategorien durchgeführt (vgl. zur Kategorisierung nochmals Kap. 7.4.1.6 sowie Abb. 8-24).
- In einem zweiten Schritt wurden die jeweils vorgegebenen strategischen Kennzahlen innerhalb der drei finanziellen sowie der fünf nichtfinanziellen Kennzahlenkategorien bezüglich ihrer leistungsebenenbezogenen Einsatzintensität untersucht.

8.3.1.1.4.1 Kategorienbezogener Kennzahleneinsatz
Wie die in der Abb. 8-23 dokumentierten Ergebnisse zeigen, verzichtet keines der befragten Unternehmen im Rahmen der strategischen Planung und Steuerung auf den Einsatz von finanziellen Kennzahlen. Mehr als achtzig Prozent der Unternehmen setzen Kennzahlen des externen Rechnungswesens auf den Leistungsebenen Konzern, Unternehmen und Geschäftsfeld zur Zieloperationalisierung und Strategieumsetzung ein. Unternehmens- und geschäftsfeldbezogen haben auch die Kennzahlen des internen Rechnungswesens eine hohe Bedeutung, während aktienbezogene Kennzahlen nur auf der Leistungsebene „Konzern" eine gewisse Relevanz haben (39,3%).
Nachfolgende Leistungsebenen werden, wenn überhaupt finanzielle Kennzahlen eingesetzt werden, vorwiegend mit Kennzahlen des internen Rechnungswesens gesteuert (dies ist z.B. bei mehr als der Hälfte [51,2%] der befragten Unternehmen auf der Funktionsbereichsebene der Fall). Sehr interessant erscheint die Tatsache, daß im Rahmen der strategischen Planung und Steuerung mehr als 40% der Unternehmen keine regionenbezogenen und mehr als 26% keine funktionsbereichsbezogenen Kennzahlen einsetzen. Dies kann teilweise durch organisatorische Strukturen bedingt sein.
Bei der Anwendung nichtfinanzieller Kennzahlen (vgl. Abb. 8-24) dominieren marktbezogene Kennzahlen speziell auf den Leistungsebenen Geschäftsfeld (79,8% der antwortenden Unternehmen) und Unternehmen (77,4%).
Mitarbeiterbezogene Kennzahlen sowie Kennzahlen zum Wachstum und Fortschritt finden ebenfalls vorwiegend auf der Unternehmensebene Anwendung (77,4% sowie 64,3%). Produktivitätsbezogene Kennzahlen gewinnen (neben der Unternehmensebene) erst auf der Geschäftsfeld- und Produktebene an Bedeutung (60,7% und 52,4%).
Insgesamt überrascht auch bei den Ergebnissen zu den nichtfinanziellen Kennzahlenkategorien, daß auf den Leistungsebenen Region und Funktion nahezu bei der Hälfte der antwortenden Unternehmen keine nichtfinanziellen Kennzahlen eingesetzt werden. Ein Grund ist sicherlich das Nichtvorhandensein einer strukturierten strategischen Planung auf diesen Leistungsebenen bei 44% bzw. 27% der antwortenden Unternehmen (vgl. nochmals die Ergebnisse in Abb. 8-19).
Vergleicht man diese Ergebnisse mit der Studie von *Lingle/Schiemann* (1996, S. 56ff. sowie 5.1.4) fällt auf, daß nichtfinanzielle, vorwiegend stakeholderbezogene Kennzahlen bei den teilnehmenden deutschen Unternehmen sehr viel umfassender eingesetzt werden. Mitarbeiterbezogene Kennzahlen fanden beispielsweise in der amerikanischen Studie, bei der Manager von 203 Unternehmen befragt wurden, nur bei 17% der Unternehmen Anwendung, während beinahe 87% der deutschen Unternehmen solche Kennzahlen einsetzen.
Dies macht auch verständlich, daß zukünftig die Wichtigkeit der mitarbeiterbezogenen Kennzahlen in den antwortenden deutschen Unternehmen nicht zunehmen wird (vgl. Abb. 8-25). Diese besondere Stakeholderorientierung kann sicherlich teilweise durch die traditionell anderen institutionellen Rahmenbedingungen in Deutschland und den dadurch ausgeprägten Interessenpluralismus in der deutschen Unternehmenspolitik begründet werden (vgl. hierzu die Ausführungen und Quellenangaben zur Corporate Governance-Diskussion in Kap. 7.4.1.2).

Wenig ändern werden sich laut den ausgewerteten Ergebnissen auch die zukünftige Wichtigkeit der finanziellen Kennzahlen sowie der wachstums-/fortschritts- und produktivitäts-bezogenen Kennzahlen.

Finanzielle Kennzahlen je Leistungsebene	Externes ReWe	Internes ReWe	Aktienbezogen	Allgemein keine
Konzern	82,1%	61,9%	39,3%	15,5%
Unternehmen	97,6%	90,5%	11,9%	1,2%
Geschäftsfeld	83,3%	84,5%	1,2%	9,5%
Produkteinheit	66,7%	72,6%	1,2%	20,2%
Region	7,6%	45,2%	0,0%	41,7%
Funktionsbereich	14,3%	51,2%	0,0%	26,2%
Leistungsebenenübergreifend	98,8%	96,4%	42,9%	0,0%

Abb. 8-23: Finanzielle Kennzahlen im Rahmen der strategischen Planung und Steuerung (N=84)

Nichtfinanzielle Kennzahlen je Leistungsebene	Marktbezogen	Mitarbeiterbezogen	Wachstum / Fortschritt	Produktivität	Sonstige	Keine nichtfinanziellen
Konzern	47,6%	32,1%	31,0%	31,0%	25,0%	41,7%
Unternehmen	77,4%	77,4%	64,3%	57,1%	38,1%	8,3%
Geschäftsfeld	79,8%	56,0%	52,4%	60,7%	19,0%	15,5%
Produkteinheit	61,9%	7,1%	42,9%	52,4%	7,1%	28,6%
Region	45,2%	11,9%	6,0%	17,9%	1,2%	53,6%
Funktionsbereich	15,5%	40,5%	23,8%	34,5%	2,4%	48,8%
Leistungsebenenübergreifend	97,6%	86,9%	75,0%	82,1%	44,0%	0,0%

Abb. 8-24: Nichtfinanzielle Kennzahlen im Rahmen der strategischen Planung und Steuerung (N=84)

Einen höheren Stellenwert nehmen zukünftig nur marktbezogene Kennzahlen ein. Im Durchschnitt aller antwortenden Unternehmen sind diese Kennzahlen zukünftig „wichtiger als heute" (Durchschnitt 1,9, vgl. nochmals Abb. 8-25). Der gegenwärtige Erfolg vieler marktorientierter Konzepte in der deutschen betriebswirtschaftlichen Forschung und Praxis zeigt den enormen Nachholbedarf in der Erfassung, Analyse und aktiven Nutzung marktrelevanter Informationen. Als Beispiel hierfür sei die wachsende Akzeptanz eines marktorientierten Kostenmanagements (vgl. *Homburg/Daum* 1997), einer marktorientierten Unternehmensführung (vgl. *Töpfer* 1998) sowie aus Sicht des Controlling speziell des Target Costing (vgl. *Tanaka* 1989, *Sakurai* 1989 und *Seidenschwarz* 1993), genannt. Auch die Erkenntnis der hohen Wichtigkeit der Kundenzufriedenheit (vgl. hierfür die Veröffentlichungen in *Simon/Homburg* 1995 sowie *Töpfer* 1996a), sowie die zunehmende Beschäftigung des Controlling in Wissenschaft und Praxis mit Fragestellungen wie „Kundenzufriedenheit und Wirtschaftlichkeit" (vgl. bspw. bei *Horváth* 1994c, *Ludwig* 1996, *Töpfer* 1996b) „Controlling und Kundenzufriedenheit" (vgl. *Weber* 1995) oder „Controlling der Kundenintegration" (vgl. *Kleinaltenkamp/Schweikart* 1998) verdeutlichen den hohen aktuellen und noch höheren zukünftigen Wissensbedarf hinsichtlich kundenrelevanter

Informationen speziell im Controlling-Umfeld. Ferner bedarf ein langfristiges effektives Management der Kundenzufriedenheit der Unterstützung durch das Controlling (vgl. *Homburg/Werner* 1996b, S. 172f.). Dies ist umso wichtiger, wenn berücksichtigt wird, daß die nachhaltige Erhöhung der Kundenzufriedenheit auch eine empirisch nachgewiesene Steigerung des ROI bewirkt (vgl. bei *Töpfer* 1996a, S. 114 und die dort zitierten Studien).

Kennzahlenkategorie	Nennung	Einfluß	Rang (nach Einfluß)
Externes Rechnungswesen	97,6%	2,3	2
Internes Rechnungswesen	97,6%	2,3	2
Aktienbezogen	69,0%	2,3	2
Marktbezogen	92,9%	1,9	1
Mitarbeiterbezogen	89,3%	2,6	7
Wachstums-/Fortschrittsbezogen	84,5%	2,3	2
Operative Produktivität	88,1%	2,3	2

Abb. 8-25: Zukünftige Wichtigkeit finanzieller und nichtfinanzieller Kennzahlen im Rahmen der strategischen Planung und Steuerung
(N=84, 1=viel wichtiger als heute, 5=viel unwichtiger als heute)

Besonders die Erfassung und Versorgung als auch die Weitergabe von Kundenzufriedenheitsinformationen sollten vom Controlling daher koordinierend begleitet werden. Die Schwesterfunktionen Controlling und Marketing (vgl. *Deyhle* 1988 und *Seidenschwarz/Gleich* 1998, S. 258) rücken somit immer stärker zusammen. Zwei Entwicklungen sind diesbezüglich grundsätzlich zu erkennen (vgl. *Seidenschwarz/Gleich* 1998, S. 260):
- Der Informationsbedarf des Marketing nimmt aus unterschiedlichen Gründen (z.B. zunehmende Globalisierung, Verschärfung des Wettbewerbs, stärkere Kundenorientierung, Komplexität der Produkte und Dienstleistungen) immer mehr zu. Entsprechend den neuen Anforderungen sind die dazu notwendigen Informationssysteme aufzubauen und zu pflegen. Speziell das Controlling ist hier, entsprechend seines Aufgabenprofils, als Informationsmanager und -berater gefordert.
- Auch im Controlling selbst hat sich, wie oben bereits skizziert, die Markt- und Kundenorientierung zunehmend ausgebreitet. Dabei hatte man nicht nur die internen Kunden des Controlling im Blickpunkt, vielmehr wurde vehement die (externe) Marktorientierung des Controlling gefordert (vgl. zusätzlich zu den oben genannten Quellen *Horváth* 1995, S. 4 sowie *Seeberg* 1997, S. 514f.). Ein wichtiger Katalysator dieser Entwicklung ist das Target Costing im Sinne eines marktorientierten Kostenmanagsments (vgl. oben). Über das marktorientierte Kostenmanagement wird die Einrichtung einer ergebnis- und marktorientierten Unternehmenssteuerung forciert (vgl. *Seeberg* 1997, S. 514f.). Dabei wird die Qualität der Controllinginformationen ständig auf ihren Marktbezug hin geprüft.

Demnach
- beginnt das Controlling beim Kunden,
- es sorgt für eine kontinuierliche Suche nach Best-Practice,

- es bindet das Zulieferermanagement in alle wichtigen Controllingenscheidungen mit ein und
- berücksichtigt Shareholdererwartungen in bezug auf Kapitalrenditeziele (vgl. *Seidenschwarz* 1997, S. 51).

Eine differenzierte Analyse der Schnittstellen zwischen dem Controlling und dem Marketing läßt sich in der Literatur kaum finden. Wichtige Ansatzpunkte zeigt *Köhler* zu der Schnittstelle Rechnungswesen bzw. Controlling und Marketing auf (vgl. *Köhler* 1989, S. 118ff. und 1993, S. 260f.). Allgemein läßt sich feststellen, daß die Bewältigung der Schnittstellen zwischen dem Leistungs- und dem Führungssystem oftmals einzelbereichsbezogene Führungsteilsysteme erfordern. Diese müssen untereinander sowie mit dem Gesamtführungssystem koordiniert werden. Diese Koordinationsaufgabe übernimmt in bezug auf das Marketing das Marketingcontrolling. Dieses soll die bereichsbezogenen Führungsteilsystme koordinieren und die Koordination mit dem Unternehmenscontrolling sowie mit dem dezentralen Controlling anderer Bereiche unterstützen (vgl. *Küpper* 1995, S. 368f.).

Das Controlling liefert den informationsinstrumentalen und planungsbegleitenden Service für das Marketing. Neben dem bereits erwähnten, das Controlling und Marketing verbindende Instrument des Target Costing sowie den klassischen Instrumenten und Konzepten (vgl. *Seidenschwarz/Gleich* 1998, S. 262) ist hierbei auch die Balanced Scorecard von hoher integrierender Wichtigkeit (vgl. *Seidenschwarz/Gleich* 1998, S. 263ff., *Guldin* 1997, S. 289ff., *Töpfer* 1998, S. 55).

8.3.1.1.4.2 Kennzahleneinsatz innerhalb der Kategorien
Nachfolgend sind die verschiedenen Auswertungsergebnisse dargestellt. Diese beziehen sich zunächst auf die sechs strategischen Leistungsebenen, wobei jeweils die zehn wichtigsten finanziellen und die zehn wichtigsten nichtfinanziellen Kennzahlen aufgeführt werden. Anschließend werden die Ergebnisse kurz zusammenfassend kommentiert und, sofern vorhanden, mit Ergebnissen anderer Studien verglichen. Zum Abschluß erfolgt die Zusammenstellung der je Leistungsebene insgesamt wichtigsten zehn Kennzahlen im Rahmen der strategischen Planung und Steuerung.

Wie die Abb. 8-26 zeigt, setzen mehr als 70% der antwortenden Unternehmen auf Konzernebene die Kennzahlen „Gewinn vor und nach Steuern" sowie 69% die Kennzahl „Betriebsergebnis" ein. Der Bilanzgewinn stellt den verteilungsfähigen, nicht in die Gewinnrücklage überführten Restbetrag des Jahresüberschusses sowie eventuell Teile einer in früheren Perioden gebildeten Gewinnrücklage oder eines Gewinnvortrags dar (vgl. *Wöhe* 1986, S. 1033).

Das Betriebsergebnis wird neben dem Finanzergebnis als Teil des ordentlichen Ergebnisses zur Beurteilung der Ertragskraft eines Unternehmens eingesetzt (vgl. *Reichmann* 1993, S. 72). Abhängig von dem für die Ermittlung angewandten Verfahren (Umsatzkosten- vs. Gesamtkostenverfahren, vgl. § 275 HGB sowie z.B. *Reichmann* 1993, S. 69ff. oder *Fischer* 1993) wird dieses auf unterschiedliche Art und Weise bestimmt. Im Rahmen der kurzfristigen Erfolgsrechnung wird das Ergebnis der wirklichen betrieblichen Leistungserstellung und – verwertung wiedergegeben (vgl. *Haberstock* 1987, S. 1124). Die kurzfristige Erfolgsrechnung baut auf der Kostenrechnung auf und weist daher in der Regel aufgrund der Verwendung von

Anders- und Zusatzkosten (vgl. *Hummel/Männel* 1986, S. 70ff.) ein anderes Betriebsergebnis auf, als die Gewinn- und Verlustrechnung, in der das Betriebsergebnis nach handelsrechtlichen Wertansätzen ermittelt wird (vgl. *Hahn* 1996, S. 163). Die Kennzahl Betriebsergebnis wurde im Fragebogen der Untersuchung dem internen Rechnungswesen zugeordnet.

Auf Unternehmensebene (vgl. Abb. 8-28) finden diese Kennzahlen eine noch höhere Akzeptanz (85,7% bzw. 83,3%). Die ermittelte Häufigkeit liegt deutlich über den Ergebnissen der bereits oben zitierten Untersuchung von *Hahn/Oppenländer/Scholz*. Diese ermittelten, daß das Betriebsergebnis bei 74,3% und das Bilanzergebnis bei 70,3% der von ihnen befragten Unternehmen als Kennzahlen in den Planungen eingesetzt werden (vgl. *Hahn/Oppenländer/Scholz* 1997, S. 1081).

Wie die Ergebnisse der Abb. 8-26 und Abb. 8-28 zeigen, besitzen die Kennzahlen „Return-on-Investment" (ROI) und „Cash-Flow-Kennzahlen" sowie verschiedenen Umsatzkennzahlen (Umsatzerlöse, Umsatzwachstum und Umsatzrendite) eine hohe Relevanz auf Unternehmens- und Konzernebene. Der ROI drückt die Gesamtkapital- bzw. Vermögensrentabilität aus (vgl. z.B. *Hahn* 1996, S. 159) und ist als Planungs- und Steuerungskennzahl zunehmend umstritten (vgl. bereits bei *Zünd* 1973, S. 128f. sowie in Kap. 2.1).

Dennoch findet der ROI auch aufgrund der Stellung als Spitzenkennzahl im DuPont-Kennzahlensystem (vgl. *Horváth* 1991, S. 518), noch eine große Anwendung in der untersuchten Unternehmenspraxis (51,2% auf Konzern- und 58,3% auf Unternehmensebene). Cash-Flow-Kennzahlen sind ergebnis- und liquiditätsorientierte Planungs- und Steuerungsgrößen, die einen Einblick in die unternehmensbezogene Liquiditätssituation sowie in ihre finanzielle Entwicklung geben sollen. Der Cash-Flow stellt eine Erweiterung des bilanziellen Ergebnisses um die Abschreibungen und weitere Korrekturen dar und erbringt Informationen über die Innenfinanzierungs- und Ertragskraft eines Unternehmens (vgl. *Hahn* 1996, S. 160 sowie *Coenenberg/Günther* 1993).

Kennzahl	Kennzahleneinsatz in % der antwortenden Unternehmen	Rang
Gewinn (vor u. nach Steuern)	70,2%	1
Cash Flows/CF-Kennzahlen	69,0%	2
Umsatzerlöse	63,1%	3
Betriebsergebnis	57,1%	4
Umsatzrendite	56,0%	5
Eigenkapitalrendite	52,4%	6
Return on Investment	51,2%	7
Umsatzwachstum	51,2%	8
Kapitalstrukturkennzahlen	46,4%	9
Liquiditätskennzahlen	42,9%	10
Gesamtkosten	42,9%	10

Abb. 8-26: Die 10 wichtigsten finanziellen Kennzahlen/Kennzahlenteilkategorien auf Konzernebene

Cash-Flow-bezogene Kennzahlen (bspw. Cash-Flow-Return-on-Investment) werden zunehmend im Rahmen einer wertorientierten Geschäftsfeldsteuerung eingesetzt und geben, im konzeptabhängigen einperiodigen oder mehrperiodigen Vergleich mit den Kapitalkosten, Aufschluß über die Wertentwicklung eines Geschäftsfeldes (vgl. z.B. das Veba-Konzept: *Köster/König* 1998, S. 47ff. sowie die Aufstellungen und Vorschläge bei *Michel* 1998, *Reichmann/Hüllmann* 1999 sowie bei *Küting/Lorson* 1999).

Kennzahl	Kennzahleneinsatz in % der antwortenden Unternehmen	Rang
Markt(segment)anteil	33,3%	1
Markt(segment)wachstum	31,0%	2
Auftragseingang/-bestand	28,6%	3
Krankheitsquote	26,2%	4
Mitarbeiterfluktuation	23,8%	5
Entwicklungsaufwand (absolut/relativ)	22,6%	6
Produktivitätskennzahlen	21,4%	7
Anteil neue Produkte am Umsatz	17,9%	8
Anzahl Überstunden	17,9%	8
Fortbildungs-/Schulungskennzahlen	16,7%	10

Abb. 8-27: Die 10 wichtigsten nichtfinanziellen Kennzahlen/Kennzahlenteilkategorien auf Konzernebene

Kennzahl	Kennzahleneinsatz in % der antwortenden Unternehmen	Rang
Gewinn (vor u. nach Steuern)	85,7%	1
Betriebsergebnis	83,3%	2
Cash Flows/CF-Kennzahlen	77,4%	3
Umsatzerlöse	77,4%	3
Kostenabweichungen (Plan/Ist)	75,0%	5
Gesamtkosten	73,8%	6
Umsatzwachstum	65,5%	7
Umsatzrendite	64,3%	8
Return on Investment	58,3%	9
Eigenkapitalrendite	56,0%	10

Abb. 8-28: Die 10 wichtigsten finanziellen Kennzahlen/Kennzahlenteilkategorien auf Unternehmensebene

Nur knapp ein Drittel der antwortenden Unternehmen setzt auf der Konzernebene nichtfinanzielle Kennzahlen zur strategischen Planung und Steuerung ein (vgl. Abb. 8-27). Wichtigste Kennzahlen sind hierbei marktbezogene Größen wie der Markt(segment)anteil oder das Markt(segment)wachstum. Auf Unternehmensebene erhöht sich der Anteil der mit nichtfinanziellen Kennzahlen arbeitenden Unternehmen sehr stark. Zusätzlich werden auch mitarbeiterbezogene Kennzahlen (Krankheitsquote, Mitarbeiterfluktuation) und Kennzahlen

zur Planung und Steuerung von Lernen und Wachstum zunehmend bedeutender (z.B. Fortbildungs-/Schulungskennzahlen oder Entwicklungsaufwand.
Auf Geschäftsfeldebene sind zunehmend Kennzahlen des internen Rechnungswesens von großer Wichtigkeit (vgl. Abb. 8-30). Neben den verschiedenen Umsatzkennzahlen wurden vor allem Kostenkennzahlen (Kostenabweichungen, Gesamtkosten, variable und fixe Kosten) genannt. Eine hohe Relevanz haben auch das Betriebsergebnis (bei 65,5% der antwortenden Unternehmen) sowie Deckungsbeiträge (bei 60,7%).
Bei den nichtfinanziellen Kennzahlen (vgl. Abb. 8-31) gewinnen auf der Geschäftsfeldebene neben Markt- und Mitarbeiterkennzahlen auch die Kennzahlen der operativen Produktivität und Effektivität an Bedeutung. 52,4% der antwortenden Unternehmen nannten Produktivitätskennzahlen, 39,3% Qualitätskennzahlen und 34,5% outputbezogene Mengen als relevante Kennzahlen im Rahmen der strategischen Planung und Steuerung.

Kennzahl	Kennzahleneinsatz in % der antwortenden Unternehmen	Rang
Krankheitsquote	69,0%	1
Markt(segment)anteil	58,3%	2
Mitarbeiterfluktuation	56,0%	3
Markt(segment)wachstum	54,8%	4
Anzahl Überstunden	52,4%	5
Auftragseingang/Auftragsbestand	47,6%	6
Produktivitätskennzahlen	47,6%	6
Fortbildungs-/Schulungskennzahlen	39,3%	8
Kundenzufriedenheit	36,9%	9
Entwicklungsaufwand (absolut/relativ)	36,9%	9
Qualitätskennzahlen	36,9%	9

Abb. 8-29: Die 10 wichtigsten nichtfinanziellen Kennzahlen/Kennzahlenteilkategorien auf Unternehmensebene

Kennzahl	Kennzahleneinsatz in % der antwortenden Unternehmen	Rang
Kostenabweichungen (Plan/Ist)	72,6%	1
Umsatzerlöse	69,0%	2
Betriebsergebnis	65,5%	3
Gesamtkosten	63,1%	4
Deckungsbeiträge	60,7%	5
Umsatzwachstum	58,3%	6
Umsatzrendite	54,8%	7
Variable Kosten	51,2%	8
Fixe Kosten	48,8%	9
Gewinn (vor und nach Steuern)	47,6%	10

Abb. 8-30: Die 10 wichtigsten finanziellen Kennzahlen/Kennzahlenteilkategorien auf Geschäftsfeldebene

Kennzahl	Kennzahleneinsatz in % der antwortenden Unternehmen	Rang
Markt(segment)anteil	66,7%	1
Markt(segment)wachstum	59,5%	2
Produktivitätskennzahlen	52,4%	3
Krankheitsquote	47,6%	4
Kundenzufriedenheit	46,4%	5
Auftragseingang/Auftragsbestand	44,0%	6
Qualitätskennzahlen	39,3%	7
Anzahl Überstunden	38,1%	8
Outputbezogene Mengen	34,5%	9
Anteil neue Produkte am Umsatz	33,3%	10

Abb. 8-31: *Die 10 wichtigsten nichtfinanziellen Kennzahlen/Kennzahlenteilkategorien auf Geschäftsfeldebene*

Wie auf der Geschäftsfeldebene dominieren auf der Produktebene (vgl. Abb. 8-32) die Kennzahlen des internen Rechnungswesens. Erstmals sind auf dieser Leistungsebene Zielkosten unter den zehn wichtigsten finanziellen Kennzahlen angegeben (40,5%).
Zielkosten sind Teil des Target Costing. Haupteinsatzschwerpunkt des Target Costing ist das Produkt (vgl. *Seidenschwarz* 1993, S. 277). Im Rahmen der Entwicklung werden vom Markt abgeleitete Zielkosten- und -leistungsanforderungen ermittelt und für die Verantwortlichen als Vorgaben definiert.

Kennzahl	Kennzahleneinsatz in % der antwortenden Unternehmen	Rang
Deckungsbeiträge	58,3%	1
Umsatzerlöse	57,1%	2
Variable Kosten	52,4%	3
Umsatzwachstum	45,2%	4
Kostenabweichungen (Plan/Ist)	44,0%	5
Fixe Kosten	42,9%	6
Gesamtkosten	41,7%	7
Zielkosten	40,5%	8
Umsatzrendite	38,1%	9
Betriebsergebnis	32,1%	10

Abb. 8-32: *Die 10 wichtigsten finanziellen Kennzahlen/Kennzahlenteilkategorien auf Produktebene*

Ergänzend zu den Vorgaben des Target Costing sind produktbezogen auf der nichtfinanziellen Ebene Wachstums- und Fortschrittskennzahlen von zunehmender Bedeutung. Die Erfassung und Verfolgung von Entwicklungszeiten und Entwicklungsaufwendungen sind für die Erreichung der Target Costing-Ziele von großer Wichtigkeit. Für eine antizipative Kontrolle von Entwicklungszeiten und produktbezogenen Investitionen eignet sich als Kennzahl das von

Hewlett-Packard entwickelte Break-even-time-Konzept (vgl. *Gaiser* 1991, S. 133ff., *Horváth/Scholl* 1996, S. 18-78f.). Das Konzept fokussiert auf die „Zeit im Produktlebenszyklus, die verstreicht, bis der Gewinn die Höhe der Investitionen (Entwicklungskosten, Kosten für Markt- und Produktionsvorbereitung, neuproduktbezogene Fertigungsinvestitionen) egalisiert" (*Horváth/Scholl* 1996, S. 18-79).

Kennzahl	Kennzahleneinsatz in % der antwortenden Unternehmen	Rang
Markt(segment)anteil	47,6%	1
Markt(segment)wachstum	41,7%	2
Qualitätskennzahlen	41,7%	3
Outputbezogene Mengen	38,1%	4
Produktivitätskennzahlen	35,7%	5
Entwicklungszeit	33,3%	6
Entwicklungsaufwand (absolut/relativ)	31,0%	7
Auftragseingang/Auftragsbestand	27,4%	8
Zeitkennzahlen	26,2%	9
Inputbezogene Mengen	25,0%	10

Abb. 8-33: Die 10 wichtigsten nichtfinanziellen Kennzahlen/Kennzahlenteilkategorien auf Produktebene

Zur strategischen Planung und Steuerung von Regionen werden relativ betrachtet nur bei weniger als der Hälfte der Unternehmen Umsatzkennzahlen eingesetzt (40,5% Umsatzerlöse, 33,3% Umsatzwachstum, vgl. Abb. 8-34), andere finanzielle Kennzahlen finden noch wesentlich geringere Anwendung.

Bedeutende nichtfinanzielle Kennzahlen auf Regionenebene sind nur der Markt(segment)anteil (34,5% der antwortenden Unternehmen) sowie das Markt(segment)wachstum (33,3%, vgl. Abb. 8-35).

Kennzahl	Kennzahleneinsatz in % der antwortenden Unternehmen	Rang
Umsatzerlöse	40,5%	1
Umsatzwachstum	33,3%	2
Kostenabweichungen (Plan/Ist)	33,3%	2
Gesamtkosten	32,1%	4
Deckungsbeiträge	28,6%	5
Betriebsergebnis	26,2%	6
Umsatzrendite	26,2%	6
Fixe Kosten	21,4%	8
Variable Kosten	21,4%	8
Kostenstrukturkennzahlen	19,0%	10

Abb. 8-34: Die 10 wichtigsten finanziellen Kennzahlen/Kennzahlenteilkategorien auf Regionenebene

Kennzahl	Kennzahleneinsatz in % der antwortenden Unternehmen	Rang
Markt(segment)anteil	34,5%	1
Markt(segment)wachstum	33,3%	2
Kundenzufriedenheit	21,4%	3
Auftragseingang/Auftragsbestand	20,2%	4
Anteil neuer Kunden	16,7%	5
Produktivitätskennzahlen	14,3%	6
Mitarbeiterfluktuation	9,5%	7
Krankheitsquote	9,5%	7
Anzahl Überstunden	9,5%	7
Qualitätskennzahlen	8,3%	10
Outputbezogene Mengen	8,3%	10

Abb. 8-35: Die 10 wichtigsten nichtfinanziellen Kennzahlen/Kennzahlenteilkategorien auf Regionenebene

Kennzahlen des internen Rechnungswesens werden auch auf Funktionsbereichsebene im Zusammenhang mit der strategischen Planung und Steuerung am häufigsten genannt (vgl. Abb. 8-36). Dies läßt sich dadurch begründen, daß auf dieser Leistungsebene die Kostenstellenrechnung die wichtigste Informationsbasis für bereichsbezogene Entscheidungen darstellt. Erstmals sind Prozeßkosten unter den wichtigsten zehn Kennzahlen (9,5% der antwortenden Unternehmen). Dies dokumentiert die zunehmende Bedeutung der Prozeßkostenrechnung in der deutschen Unternehmenspraxis, wenngleich die Zahl der absoluten Nennungen noch sehr gering ist (8 Unternehmen, vgl. auch die Ergebnisse bei *Stoi* 1999a und 1999b).

Kennzahl	Kennzahleneinsatz in % der antwortenden Unternehmen	Rang
Kostenabweichungen (Plan/Ist)	42,9%	1
Gesamtkosten	32,1%	2
Kostenstrukturkennzahlen	27,4%	3
Fixe Kosten	26,2%	4
Variable Kosten	25,0%	5
Deckungsbeiträge	16,7%	6
Betriebsergebnis	15,5%	7
Zielkosten	13,1%	8
Umsatzerlöse	11,9%	9
Prozeßkosten	9,5%	10

Abb. 8-36: Die 10 wichtigsten finanziellen Kennzahlen/Kennzahlenteilkategorien auf Funktionsbereichsebene

Prozeßkosten sind Bestandteil der Prozeßkostenrechnung, die aus den Mängeln der vorhandenen Kostenrechnungsverfahren sowie aus der Notwendigkeit einer höheren Kostentransparenz in den wachsenden indirekten bzw. Gemeinkostenbereichen der

Unternehmen entstanden ist (vgl. im Überblick bei *Horváth/Mayer* 1993, S. 15ff. sowie die Ausführungen im Kap. 6.5.2). Prozeßkosten sind im Rahmen eines Funktionsbereichs als Teilprozeßkosten zu verstehen. Teilprozesse sind abteilungsinterne Tätigkeitsbündel, die sich auf einen Aufwandstreiber zurückführen lassen (vgl. *Gleich/Brokemper* 1997, S. 59).
Unter den zehn wichtigsten nichtfinanziellen Kennzahlen bzw. Kennzahlenkategorien auf Funktionsbereichsebene werden vornehmlich mitarbeiterbezogene Kennzahlen (z.B. Krankheitsquote oder Anzahl Überstunden mit je 32,1% der antwortenden Unternehmen, vgl. Abb. 8-37) oder Kennzahlen der operativen Produktivität und Effektivität (z.B. Produktivitätskennzahlen 25%) genannt.

Kennzahl	Kennzahleneinsatz in % der antwortenden Unternehmen	Rang
Krankheitsquote	32,1%	1
Anzahl Überstunden	32,1%	1
Produktivitätskennzahlen	25,0%	3
Qualitätskennzahlen	20,2%	4
Mitarbeiterfluktuation	20,2%	4
Outputbezogene Mengen	19,0%	6
Mitarbeiterzufriedenheit	17,9%	7
Zeitkennzahlen	17,9%	7
Fortbildungs-/Schulungskennzahlen	15,5%	9
Inputbezogene Mengen	14,3%	10

Abb. 8-37: Die 10 wichtigsten nichtfinanziellen Kennzahlen/Kennzahlenteilkategorien auf Funktionsbereichsebene

Abschließend zu den Ausführungen in diesem Kapitel sind in den Abb. 8-38 und Abb. 8-39 die insgesamt zehn wichtigsten Kennzahlen je Leistungsebene aufgeführt. Wie bereits die Erläuterungen zu den Abb. 8-23 und Abb. 8-24 verdeutlicht haben, dominieren auf Konzern- und Unternehmensebene die finanziellen Kennzahlen (Abkürzung FK in den Abbildungen). Auf Konzernebene ist keine der in Abb. 8-27 genannten nichtfinanziellen Kennzahlen (Abkürzung NFK in den Abbildungen) so wichtig für die strategische Planung und Steuerung wie die bedeutendsten zehn finanziellen Kennzahlen. Auf Unternehmensebene sind zwei (in den Abbildungen kursiv hervorgehobene) nichtfinanzielle Kennzahlen unter den zehn wichtigsten plaziert.
Erst auf Funktionsbereichsebene ändert sich das Verhältnis zugunsten der nichtfinanziellen Kennzahlen (Verhältnis FK/NFK = 4/6), d.h. finanzielle Steuerungskennzahlen werden zunehmend durch nichtfinanzielle ersetzt und ergänzt.

Konzernebene	Unternehmensebene	Geschäftsfeldebene	Rang
Gewinn (vor u. nach Steuern)	Gewinn (vor u. nach Steuern)	(Kosten-)Abweichungen	1
Cash Flows/CF-Kennzahlen	Betriebsergebnis	Umsatzerlöse	2
Umsatzerlöse	Cash Flows/CF-Kennzahlen	*Markt(segment)anteil*	3
Betriebsergebnis	Umsatzerlöse	Betriebsergebnis	4
Umsatzrendite	(Kosten-)Abweichungen	Gesamtkosten	5
Eigenkapitalrendite	Gesamtkosten	Deckungsbeiträge	6
Return on Investment	*Krankheitsquote*	*Markt(segment)wachstum*	7
Kapitalstrukturkennzahlen	Umsatzwachstum	Umsatzwachstum	8
Liquiditätskennzahlen	Umsatzrendite	Umsatzrendite	9
Gesamtkosten	*Markt(segment)anteil*	Produktivitätskennzahlen	10
Verhältnis FK/NFK = 10/0	Verhältnis FK/NFK = 8/2	Verhältnis FK/NFK = 7/3	

Abb. 8-38: Die 10 wichtigsten Kennzahlen im Rahmen der strategischen Planung und Steuerung auf den drei Leistungsebenen Konzern, Unternehmen, Geschäftsfeld

Produktebene	Regionenebene	Funktionsbereichsebene	Rang
Deckungsbeiträge	Umsatzerlöse	(Kosten-)Abweichungen	1
Umsatzerlöse	*Markt(segment)anteil*	Gesamtkosten	2
Variable Kosten	Umsatzwachstum	*Krankheitsquote*	3
Markt(segment)anteil	(Kosten-)Abweichungen	*Anzahl Überstunden*	4
Umsatzwachstum	*Markt(segment)wachstum*	Kostenstrukturkennzahlen	5
(Kosten-)Abweichungen	Gesamtkosten	Fixe Kosten	6
Fixe Kosten	Deckungsbeiträge	*Variable Kosten*	7
Gesamtkosten	Umsatzrendite	*Produktivitätskennzahlen*	8
Markt(segment)wachstum	Betriebsergebnis	*Qualitätskennzahlen*	9
Qualitätskennzahlen	*Kundenzufriedenheit*	*Mitarbeiterfluktuation*	10
	Variable Kosten		
	Fixe Kosten		
Verhältnis FK/NFK = 7/3	Verhältnis FK/NFK = 7/3	Verhältnis FK/NFK = 4/6	

Abb. 8-39: Die 10 wichtigsten Kennzahlen im Rahmen der strategischen Planung und Steuerung auf den drei Leistungsebenen Produkt, Region, Funktionsbereich

8.3.1.1.5 Verbindung strategische und operative Ziele

Wie im Kapitel 7.4.1.1.4 bereits skizziert, scheitert die Umsetzung der strategischen Ziele und Vorgaben oftmals an der mangelhaften Kopplung an operative Ziele. Zwei Möglichkeiten zur Überwindung dieses Defizits sind für die Unternehmenspraxis denkbar. Neben der organisatorischen Lösung dieses Kopplungsproblems scheint die inhaltliche Verbindung der Ziele ebenfalls einen wichtigen Verbesserungsansatz darzustellen. Strategische und operative Ziele sowie die dazugehörigen Steuerungsgrößen müssen eng miteinander verknüpft werden. Dies ist heute nur selten der Fall und kann somit als ein großes Defizit der operativen Planung bezeichnet werden (vgl. *Weber/Hambrecht/Goeldel* 1997, S. 12). Im Extremfall erfolgt eine autonome Festlegung der operativen Ziele, die meist in Form einer Trendextrapolation erfolgt.

Organisatorische Lösungen (Linienmanager in strategische Planung mit einbezogen) lassen sich durch den geregelten Ablauf bei der Kopplung der strategischen mit den operativen Zielen flankieren.

Kopplung strategische und operative Ziele	Festgelegte Ableitung	Nicht festgelegte Ableitung	Keine Kopplung
Finanzielle Ziele	39,3%	48,8%	11,9%
Nichtfinanzielle Ziele	17,9%	25,0%	57,1%

Abb. 8-40: Kopplung strategische und operative Ziele (N=84)

Wie die Abb. 8-40 zeigt, gibt es in 39,3% der antwortenden Unternehmen eine festgelegte, beispielsweise im Planungshandbuch beschriebene, Ableitung von finanziellen Zielen für die operative Planung aus strategischen Zielen und Strategien. Bei 48,8% erfolgt eine Kopplung, die jedoch nicht festgelegt ist, bei 11,9% gibt es keine Verbindung, d.h. auch keine Kopplung zwischen finanziellen strategischen und operativen Zielen. Dies ist auch bei der Kopplung der nichtfinanziellen Ziele bei mehr als 57% der Unternehmen der Fall, d.h. es existiert keine inhaltlich aufeinander abgestimmte oder organisatorische Verbindung zwischen strategischen und operativen Zielen.

Dies korreliert mit den Erkenntnissen, die im Rahmen eines Arbeitskreises Controlling an der WHU in Koblenz gewonnen wurden (vgl. *Weber/Goeldel/Schäffer* 1997, S. 274). Demnach gibt es bei vielen deutschen Großunternehmen keine ausreichende Verbindung zwischen strategischer und operativer Planung, was u.a. auch auf die nicht befriedigende Kommunikation der strategischen Ziele zurückzuführen ist. Daraus folgen Umsetzungsprobleme bei der Realisierung der strategischen Ziele, da eine inhaltliche Zielabstimmung mit den operativen Einheiten und Leistungsebenen nicht erfolgt.

8.3.1.2 Bivariate Analysen

Nachfolgend sind in Ergänzung der univariaten Analysen die Ergebnisse einiger bivariater Zusammenhangsanalysen aufgeführt. Ausgewählt wurden hierzu die Strukturvariablengruppen „Strategische Ziele" und „Strategische Kennzahlen" der für die strategische Planung besonders relevanten Leistungsebenen Unternehmen und Geschäftsfeld sowie die Strukturvariablengruppe „Stakeholder" (vgl. Abb. 8-41).

In Abhängigkeit von der Variablenskalierung wurden die in Kapitel 8.1.2.1 aufgeführten Assoziations- bzw. Korrelationsmaße verwendet. Drittgrößeneinflüsse wurden bei diesen Analysen noch nicht berücksichtigt.

Bei ordinalen Maßen können Aussagen über die Art und die Richtung einer Beziehung gemacht werden (vgl. *SPSS* 1993, S. 237). Die Art der Beziehung besagt wie stark („Maßstärke") die Variablen miteinander verbunden sind (vgl. nochmals die Ausführungen in Kap. 8.1.2.1: $r > 0,2$ = geringe, $r > 0,5$ mittlere, $r > 0,7$ hohe und $r > 0,9$ sehr hohe Korrelation zwischen zwei Variablen).

Die Richtung einer Korrelation kann positiv oder negativ sein. Eine positive Korrelation liegt dann vor, wenn Fälle mit hohen Werten für eine Variable auch bei der anderen Variablen zu hohen Werten tendieren. Eine solche gleichgerichtete Beziehung gilt auch für niedrige Werte.

Eine negative Korrelation bedeutet eine entgegengesetzte Beziehung: je geringer die erste Variable, desto höher ist die zweite und umgekehrt.

Bei nominalen Maßen lassen sich nur Aussagen über die Stärke des Zusammenhangs zwischen zwei Variablen machen. Aussagen über die Richtung einer Beziehung lassen sie nicht zu.

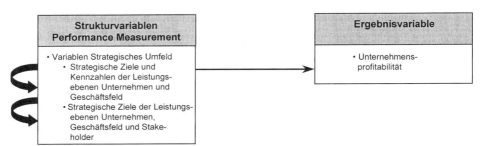

Abb. 8-41: *Rahmen der bivariaten Analyse Strukturvariable Strategisches Umfeld und Ergebnisvariable*

Folgende Ergebnisse erbrachten die bivariaten Analysen für die oben beschriebenen Strukturvariablen:

a) Strukturvariablen Strategische Ziele und Kennzahlen der Leistungsebenen Unternehmen und Geschäftsfeld sowie Unternehmensprofitabilität:

- Hinsichtlich der Zielkategorien der strategischen Planung für die Leistungsebenen Unternehmen und Geschäftsfeld (alles nominale Variablen, Assoziationsmaß Cramers V) konnten mittlere Korrelationen zwischen den Leistungsebenenvariablen „wettbewerberbezogene nichtfinanzielle Ziele Geschäftsfeld" und „kundenbezogene nichtfinanzielle Ziele Geschäftsfeld" ($r=0,523^{***}$) sowie den Variablen „mitarbeiterbezogene nichtfinanzielle Ziele Unternehmen" und „umweltbezogene nichtfinanzielle Ziele Unternehmen" ($r=0,635^{***}$) analysiert werden. Bei beiden Beziehungen sind die beobachteten Werte im Feld „Variablenausprägung JA" (z.B. Definition umweltbezogener Ziele JA, mitarbeiterbezogener Ziele JA) deutlich höher als die erwarteten Werte.

Dies bedeutet, daß Unternehmen oftmals sowohl mitarbeiter- als auch umweltbezogene Ziele definieren. Auf Geschäftsfeldebene hängt die Definition von wettbewerberbezogenen nichtfinanziellen Zielen sehr oft eng mit kundenbezogenen Zieldefinitionen zusammen.

- Leistungsebenenübergreifend konnten vier mittlere bzw. beinahe mittlere Korrelationen zwischen folgenden Variablenpaaren identifiziert werden:
„mitarbeiterbezogene nichtfinanzielle Ziele Unternehmen" und „mitarbeiterbezogene nichtfinanzielle Ziele Geschäfsfeld" mit $r=0,510^{***}$, „gesellschaftsbezogene nichtfinanzielle Ziele Unternehmen" und „gesellschaftsbezogene nichtfinanzielle Ziele Geschäftsfeld" mit $r=0,452^{***}$, „herstellungs-/produktionsbezogene nichtfinanzielle Ziele Unternehmen" und „herstellungs-/produktionsbezogene nichtfinanzielle Ziele Geschäftsfeld" mit $r=0,562^{***}$ sowie leistungsebenen- und auch dimensionenübergreifend

bei „mitarbeiterbezogene nichtfinanzielle Ziele Unternehmen" und „herstellungs-/produktionsbezogene nichtfinanzielle Ziele Geschäftsfeld" mit r=0,536***.
Bei allen Beziehungen sind die beobachteten Werte im Feld „Variablenausprägung JA" deutlich höher als die erwarteten Werte.
- Nur wenige mindestens mittlere Korrelationen konnten hinsichtlich der Kennzahlenzusammenhänge auf Unternehmensebene analysiert werden. Lediglich zwischen den Kennzahlenkategorien „mitarbeiterbezogene Kennzahlen" und „Kennzahlen operative Produktivität" ließ sich ein mittlerer Zusammenhang analysieren (r=0,509).
- Mehrere mindestens mittlere Beziehungen ergaben die Untersuchungen der Zusammenhänge zwischen den Kennzahlenkategorien auf Geschäftsfeldebene. Solche existieren zwischen der Kennzahlenkategorie „Kennzahlen externes Rechnungswesen" mit den Kennzahlenkategorien „Internes Rechnungswesen" (r=0,604***) und „marktbezogene Kennzahlen" (r=0,640***) sowie bei den Kennzahlenkategorien „marktbezogene Kennzahlen" und „Kennzahlen operative Produktivität" (r=0,528***) bzw. „Kennzahlen Wachstum/Fortschritt" mit „Kennzahlen operative Produktivität" (r=0551***).
- Auch bei den Beziehungen zwischen Zielen und Kennzahlen ließen sich für die Geschäftsfeldebene stärkere Verbindungen beobachten. So hat die Definition wettbewerbsbezogener Ziele in vielen Fällen auch den Einsatz marktbezogener (r=0,643***), wachstums-/fortschrittsbezogener Kennzahlen (r=0,516***) sowie Kennzahlen zur operativen Produktivität (r=0,519***) zur Folge. Auch die Festlegung kundenbezogener nichtfinanzieller Ziele induziert oft den Einsatz wachstums-/fortschrittsbezogener Kennzahlen (r=0,571***) sowie von Kennzahlen zur operativen Produktivität (r=0,584***).
Eine mindestens mittlere Korrelation konnte auch zwischen finanziellen Zielfestlegungen und dem Einsatz marktbezogener Kennzahlen ermittelt werden (r=0,578***).
- Nur geringe Korrelationen existieren zwischen den untersuchten Strukturvariablen des strategischen Subsystems und der Ergebnisvariablen „Unternehmensprofitabilität". Die höchsten Ausprägungen des Assoziationsmaßes ergaben die Variablen „kundenbezogene nichtfinanzielle Ziele Unternehmen" (r=0,319), „wachstums-/fortschrittsbezogene Kennzahlen Geschäftsfeld" (r=0,319) und „umweltbezogene nichtfinanzielle Ziele Unternehmen" (r=0,310). Aussagen über die Richtung der Beziehung können nicht gemacht werden.

b) Strukturvariablen Strategische Ziele und Kennzahlen der Leistungsebenen Unternehmen und Geschäftsfeld mit Stakeholdern sowie Unternehmensprofitabilität:
- Die bedeutendsten Korrelationen zwischen den verschiedenen Variablen der Strukturvariablengruppen „Strategische Ziele" und „Strategische Kennzahlen" der Leistungsebenen Unternehmen und Geschäftsfeld sind bereits oben dargestellt und erläutert worden.
- In der Strukturvariablengruppe „Stakeholder" (ordinale Variablen) konnte neben einigen geringen Korrelationen nur eine starke Korrelation zwischen den Variablen „Betriebsrat" und „Gewerkschaft" (r=0,762***) beobachtet werden. Dies bedeutet, daß erwartungsgemäß ein hoher (geringer) Einfluß des Betriebsrates bei der strategischen

Zielformulierung in einem Unternehmen oft mit einem ebenfalls hohen (geringen) Einfluß der Gewerkschaften einhergeht.
- Einen geringen Einfluß auf die Profitabilität haben die Stakeholder „Kunden" (r=0,278*).

8.3.1.3 Multivariate Analyse

In die multivariate Clusteranalyse wurden nicht alle oben beschriebenen Variablen mit einbezogen. Wäre dies erfolgt, hätten mehr als 350 Variablen in die Untersuchung mit aufgenommen werden müssen. Obwohl es keine grundsätzliche Variablenbeschränkung in der Clusteranalyse gibt, wurden die im Rahmen der Gruppenbildung betrachteten Variablen erheblich reduziert. Aufgrund der wenig relevanten Aussagen, die im Zusammenhang mit der Anwendungshäufigkeit einzelner Kennzahlen je Leistungsebene typenbezogen gemacht werden könnten, wurden (wie von *Backhaus et al.* 1990, S. 155 empfohlen) nur jene Variablen ausgewählt, die für den Gruppierungsprozeß vermutlich bedeutend sind. Statt der einzelnen Kennzahlen waren dies die in Abb. 8-23 und Abb. 8-24 ausgewerteten Kennzahlenkategorien je Leistungsebene.

Weiter wurden die zur Erfassung der zukünftigen Wichtigkeit einzelner Kennzahlenkategorien erforderlichen Variablen nicht berücksichtigt, da diese keine Aussagen über den aktuellen Stand sowie die Klassen des Performance Measurement-Subsystems zulassen würden.

Alle Variablen wurden vor der Durchführung der Cluster- und Diskriminanzanalysen zu dichotomen Variablen umverschlüsselt, um den Anforderungen der multivariaten Analyseverfahren zu genügen (vgl. nochmals die Ausführungen in Kap. 8.1.2.2).

Durch die Clusteranalyse zeigten sich vier verschiedene Typen des strategischen Umfelds, die nachfolgend kurz in ihren Ausprägungen beschrieben werden (vgl. Abb. 8-42):

- 25 Unternehmen haben ein Performance Measurement-System mit einem Subsystem Strategisches Umfeld, welches dem Typ 1 entspricht (30,5% der antwortenden Unternehmen, dies entspricht der relativen Mehrheit). Diese Unternehmen haben nur wenig Zielvorgaben und setzen lediglich vereinzelt Kennzahlen zur strategischen Planung und Steuerung ein. Es werden vorwiegend (bei mindestens 70% der Unternehmen im Cluster) finanzielle Ziele auf Konzern-, Unternehmens- und Geschäftsfeldebene definiert. Zu den anderen Zielkategorien ist anzumerken, daß mehr als die absolute Mehrheit der Unternehmen im Cluster nicht mit leistungsebenendifferenzierten Zielvorgaben arbeiten. Mehr als 50% der im Cluster 1 vertretenen Unternehmen haben auf Produkt- und Funktionsbereichsebene und mehr als 70% auf Regionenebene weder finanzielle noch nichtfinanzielle Zielvorgaben. Auch die Kennzahlenanwendung ist wenig differenziert und beschränkt sich vorwiegend auf die ersten drei Leistungsebenen sowie auf Kennzahlen des internen und externen Rechnungswesens bzw. teilweise auf markt- und mitarbeiterbezogene Kennzahlen. Mehr als 50% der Unternehmen setzen auf Funktionsbereichs- und mehr als 70% der Unternehmen auf Regionenebene keine Kennzahlen ein.

Die Unternehmen sind mit mehr als 70% stark bis sehr stark shareholderdominiert. Es existieren auf Produkt-, Regionen- und Funktionsbereichsebene in vielen Fällen keine Strategien. Die Kopplung an die operative Planung erfolgt nur bei finanziellen Zielen, wobei keine der denkbaren Kopplungsmöglichkeiten dominiert.

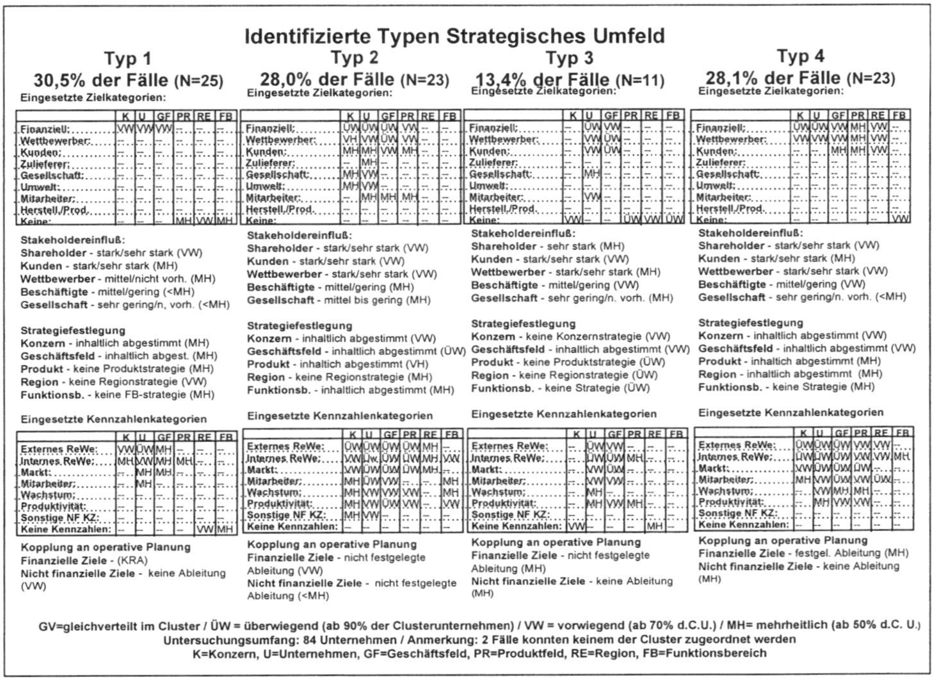

8. Datenauswertung und Ergebnisse der empirischen Untersuchung 309

Abb. 8-42: Typen strategisches Umfeld im Überblick (Vergrößerung vgl. Anlage 2)

- Dem strategischen Umfeld-Typ 2 lassen sich 28% der klassifizierten Unternehmen (N=23) zuordnen. Dieser Typ zeichnet sich durch eine differenzierte Zielvorgabe auf den Leistungsebenen Konzern, Unternehmen, Geschäfts- und Produktfeld aus. Zwischen mehr als 50% und bis zu 90% der Unternehmen arbeiten auf diesen Leistungsebenen mit finanziellen, wettbewerbs- und kundenbezogenen Zielvorgaben. Auf Konzern- und Unternehmensebene werden auch gesellschafts- und umweltbezogene Ziele (auf Konzernebene bei mehr als 50% und auf Unternehmensebene bei mehr als 70% der im Cluster gruppierten Unternehmen) definiert. Weiter haben auf einigen Leistungsebenen auch mitarbeiterbezogene Ziele eine hohe Wichtigkeit (Unternehmen, Geschäfts- und Produktfeld).

Diese Ziele werden mit Hilfe eines sehr differenzierten Kennzahleneinsatzes transparent und beeinflußbar gemacht. Auf allen Leistungsebenen findet eine Kennzahlenanwendung statt, auf den Leistungsebenen Unternehmen und Geschäftsfeld über beinahe alle Kennzahlenkategorien bei mindestens 70% der Clusterunternehmen.

Die Unternehmen sind nicht allein von Shareholdern beeinflußt (mehr als 70%), sondern auch von den Stakeholdern Kunden, Wettbewerbern (zu je mehr als 70%) sowie von Beschäftigten und der Gesellschaft (zu je mehr als 50%). Außer auf Regionenebene sind auf allen Leistungsebenen Strategien festgelegt und diese mehrheitlich bis überwiegend inhaltlich mit den strategischen Zielen abgestimmt.

- 11 Unternehmen entsprechen dem Umfeld-Typ 3 (13,4% der Fälle). Dieser ist stark unternehmens- und geschäftsfeldbezogen. Auf diesen Leistungsebenen werden bei mehr als 70% der klassifizierten Unternehmen differenzierte Zielvorgaben gemacht und differenzierte Kennzahlen eingesetzt. Mehr als 70% der Unternehmen definieren keine Zielvorgaben auf Konzern-, mehr als 90% der Unternehmen auf Produkt-, Regionen- und Funktionsbereichsebene. Nur auf Produktebene werden in nennenswertem Maß Kennzahlen eingesetzt. Dies ist bei mehr als 50% der klassifizierten Unternehmen bezüglich der Kennzahlen des internen Rechnungswesens sowie der Produktivität der Fall. Diese Unternehmen sind vorwiegend von Kunden und Beschäftigten beeinflußt und arbeiten nur auf den Leistungsebenen Unternehmen und Geschäftsfeld mit Strategien, die bei mehr als 70% der Unternehmen mit den Zielen inhaltlich abgestimmt sind.

  Bei einem Großteil der Unternehmen erfolgt eine Kopplung zwischen operativer und strategischer Planung, jedoch gibt es eine Gleichverteilung zwischen den beiden Kopplungsmöglichkeiten „festgelegte Ableitung" und „nicht festgelegte Ableitung".

- Unternehmen, die dem Typ 4 des strategischen Umfelds entsprechen, haben außer auf der Leistungsebene Funktionsbereich auf allen anderen Leistungsebenen größtenteils finanzielle und wettbewerberbezogene, teilweise auch kundenbezogene Zielvorgaben. Diese Zielvorgaben werden durch differenzierten Kennzahleneinsatz auf den Leistungsebenen Konzern, Unternehmen, Geschäfts- und Produktfeld flankiert. Mehr als 70%, teilweise mehr als 90% der hier klassifizierten Unternehmen setzen auf diesen Leistungsebenen Kennzahlen des externen und internen Rechnungswesens sowie markt- und mitarbeiter-bezogene Kennzahlen ein.

  Bei mehr als 70% der Unternehmen haben neben den Shareholdern besonders die Wettbewerber sowie die Beschäftigten einen hohen Einfluß. Außer auf Funktionsbereichsebene erfolgt auf allen anderen Leistungsebenen eine mit den strategischen Zielen abgestimmte Strategiefestlegung.

Die Diskriminanzanalyse erbrachte für insgesamt 96 Variablen hohe F-Werte (> 2,672) mit einer maximal 5%igen Irrtumswahrscheinlichkeit. Wie die nachfolgende Abb. 8-43 zeigt, wurden die höchsten F-Werte (je höher der F-Wert, desto größer ist die variablenbezogene Streuung zwischen den vier Gruppen des strategischen Umfelds und desto kleiner innerhalb der Gruppen) für die Variablen A7 „Finanzielle Ziele: Konzern" (F-Wert: 39,146***), FOP „Nichtfinanzielle Kennzahlen: Produktivität/Effektivität Geschäftsfeld" (F-Wert: 23,171***), GMA „Marktbezogene nichtfinanzielle Kennzahlen: Produkt" (F-Wert: 21,348***) sowie A60 „Keine Zielvorgaben: Produkt" (F-Wert: 20,718***) und HMA „Marktbezogene nichtfinanzielle Kennzahlen: Region" (F-Wert: 20,464***) errechnet. Am Beispiel der Variablen A7, FOP und GMA/HMA soll die Streuung hinsichtlich der vier Gruppen verdeutlicht werden:

- Kein Unternehmen des Clustertyps 3 hat auf Konzernebene finanzielle Ziele definiert, während die Unternehmen, die den Typen 1, 2 und 4 zugerechnet werden können, zu 89% (Typ 1), 91% (Typ 2) und 96% (Typ 4) mit solchen Zielvorgaben arbeiten.
- Nur 12% der dem Cluster 1 zugeordneten Unternehmen arbeiten mit nichtfinanziellen Kennzahlen der Produktivität und Effektivität auf Geschäftsfeldebene. Die Unternehmen

der Clustertypen 2 bis 4 arbeiten dahingegen zu mindestens 73% (Typ 3) bis zu 91% (Typ 2) mit solchen Kennzahlen.
- Auch beim Einsatz der marktbezogenen nichtfinanziellen Kennzahlen auf der Produkt- und der Regionenebene gibt es, wie die oben aufgeführten hohen F-Werte vermuten lassen, große Unterschiede zwischen den vier Clustern. Nur wenige Unternehmen in den Clustern 1 und 3 setzen solche Kennzahlen ein, während produktbezogene Kennzahlen von 96% der Unternehmen des Clusters 2 und von 87% der Unternehmen des Clusters 4 eingesetzt werden. Regionenbezogene Kennzahlen finden bei 52% (Typ 2) und 91% (Typ 4) der jeweils zugeordneten Unternehmen Anwendung.

	Strategisches-Umfeld-Variablen	F-Wert*	Signifikanz-niveau**
A7	Finanzielle Ziele: Konzern	39,146	,000
FOP	Nichtfinanzielle Kennzahlen Produktivität/Effekt.: Geschäftsfeld	23,171	,000
GMA	Marktbezogene nichtfinanzielle Kennzahlen: Produkt	21,348	,000
A60	Keine Zielvorgaben: Produkt	20,718	,000
HMA	Marktbezogene nichtfinanzielle Kennzahlen: Region	20,464	,000
A21	Kundenbezogene nichtfinanzielle Ziele: Geschäftsfeld	19,746	,000
GWF	Nichtfinanzielle Kennzahlen Wachstum/Fortschritt: Produkt	19,438	,000
A23	Kundenbezogene nichtfinanzielle Ziele: Region	18,187	,000
DKEIN	Keine Kennzahlen Konzern	17,928	,000
A16	Wettbewerberbezogene nichtfinanzielle Ziele: Produkt	16,880	,000
C13	Keine Konzernstrategie	15,561	,000
DIR	Kennzahlen internes Rechnungswesen: Konzern	15,454	,000
DER	Kennzahlen externes Rechnungswesen: Konzern	13,885	,000
A17	Wettbewerberbezogene nichtfinanzielle Ziele: Region	13,868	,000
HKEIN	Keine Kennzahlen: Region	12,858	,000
C11	Konzernstrategie inhaltlich abgestimmt	12,180	,000
IWF	Nichtfin. Kennzahlen Wachstum/Fortschritt: Funktionsbereich	12,035	,000
A10	Finanzielle Ziele: Produkt	11,911	,000
A61	Keine Zielvorgaben: Region	11,827	,000
A13	Wettbewerberbezogene nichtfinanzielle Ziele: Konzern	11,816	,000
A22	Kundenbezogene nichtfinanzielle Ziele: Produkt	11,428	,000
A15	Wettbewerberbezogene nichtfinanzielle Ziele: Geschäftsfeld	11,267	,000
FWF	Nichtfin. Kennzahlen Wachstum/Fortschritt: Geschäftsfeld	10,958	,000
C53	Keine Regionenstrategie	10,922	,000
A52	Herstellungs-/produktionsbezogene nichtfinanzielle Ziele: Produkt	10,908	,000
GOP	Nichtfinanzielle Kennzahlen: Produkt	10,219	,000

Abb. 8-43: Ergebnisse der Diskriminanzanalyse zur Gruppenspezifikation Strategisches Umfeld

Auch die Ergebnisse der schrittweisen Diskriminanzanalyse, mit der die relative Wichtigkeit der einzelnen Variablen untersucht wird (vgl. nochmals die Erläuterungen in Kap.8.1.2.2) zeigen die hohe Wichtigkeit der Variablen A7 und FOP bezüglich deren gruppenerzeugenden Charakter. In der Abb. 8-44 sind, neben den Variablen A7 (Finanzielle Ziele: Konzern) und FOP (Nichtfinanzielle Kennzahlen Produktivität/Effekt.: Geschäftsfeld) insgesamt weitere 21 Variablen aufgeführt, die alle signifikant zur Verbesserung der Diskriminanz beigetragen haben.

		Strategisches-Umfeld-Variablen	Wilks' Lambda	Signifikanz- niveau**
1.	A7	Finanzielle Ziele: Konzern	,402	,000
2.	FOP	Nichtfinan. Kennzahlen Produktivität/Effekt.: Geschäftsfeld	,214	,000
3.	C41	Produktstrategie inhaltlich abgestimmt	,132	,000
4.	A17	Wettbewerberbezogene nichtfinanzielle Ziele: Regionen	,082	,000
5.	A44	Umweltbezogene nichtfinanzielle Ziele: Unternehmen	,060	,000
6.	HMA	Marktbezogene nichtfinanzielle Kennzahlen: Region	,048	,000
7.	A62	Keine Zielvorgaben: Funktionsbereich	,039	,000
8.	FMI	Mitarbeiterbezogene nichtfinanzielle Kennzahlen: Geschäftsfeld	,033	,000
9.	FIR	Kennzahlen internes Rechnungswesen: Geschäftsfeld	,028	,000
10.	EMA	Marktbezogene nichtfinanzielle Kennzahlen: Unternehmen	,023	,000
11.	IOP	Nichtfinanzielle Kennzahlen Produktivität: Funktionsbereich	,018	,000
12.	A24	Kundenbezogene nichtfinanzielle Ziele: Funktionsbereich	,016	,000
13.	K11	Festgelegte Ableitung nichtfinanzielle Ziele für OP	,013	,000
14.	HSO	Sonstige nichtfinanzielle Kennzahlen: Region	,011	,000
15.	A23	Kundenbezogene nichtfinanzielle Ziele: Region	,009	,000
16.	A36	Mitarbeiterbezogene nichtf. Kennzahlen: Funktionsbereich	,008	,000
17.	GMA	Marktbezogene nichtfinanzielle Kennzahlen: Produkt	,008	,000
18.	B22	Kundeneinfluß stark	,007	,000
19.	K13	Keine Ableitung nichtfinanzielle Ziele für OP	,006	,000
20.	ESO	Sonstige nichtfinanzielle Kennzahlen: Unternehmen	,005	,000
21.	EAK	Aktienbezogene Kennzahlen: Unternehmen	,004	,000
22.	A38	Gesellschaftsbezogene nichtfinanzielle Ziele: Unternehmen	,004	,000
23.	A46	Umweltbezogene nichtfinanzielle Ziele: Produkt	,003	,000

Abb. 8-44: Ergebnisse der schrittweisen Diskriminanzanalyse Strategisches Umfeld

8.3.2 Subsystem operative Planung und Steuerung

8.3.2.1 Univariate Analysen

8.3.2.1.1 Leistungsebenenbezogene operative Planung

Kernebenen der operativen Planung sind, wie Abb. 8-45 verdeutlicht, das Unternehmen (84,5% der antwortenden Unternehmen), das Geschäftsfeld (84,5%) sowie die Kostenstelle (81%). Diese decken sich mit dem traditionellen Anwendungsfeld der Budgetierung sowie der Kostenplanung im Unternehmen.

Die verhältnismäßig geringe Verbreitung auf der Konzernebene ist auch auf die nicht immer vorhandene Konzernstruktur bei den antwortenden Unternehmen der Untersuchung zurückzuführen (bei 12% der Unternehmen der Fall).
Wie die Ergebnisse weiter zeigen, findet eine operative Planung auf Prozeßebene bereits in einigen deutschen Großunternehmen statt. Die höchste Anwendungshäufigkeit konnte für die Geschäftsprozeßebene analysiert werden (17,9%). Dies ist sicherlich auf die Auswirkungen der Reengineering-Welle zurückzuführen, die maßgeblich das unternehmensbezogene Denken und Handeln in Prozessen, insbesondere in Geschäftsprozessen (Kernprozessen), geprägt hat (vgl. z. B. *Hammer/Champy* 1993, *Horváth* 1994b, S. 2ff., *Reiß* 1994, S. 13).
Die Anwendung einer operativen Planung auf Geschäftsprozeßebene erfordert nicht nur die Definition und Beschreibung von Geschäftsprozessen, sondern auch deren erfolgreiche Implementierung in Form einer Geschäftsprozeßorganisation.
Auch auf Hauptprozeß- und Teilprozeßebene werden bei 16,7% bzw. 11,9% der antwortenden Unternehmen operative Planungen durchgeführt. Diese Durchdringung ist, wie auch das Prozeßmanagement im Reengineering, durch „die Krise funktionaler Strukturen" (*Gaitanides et al.* 1994, S. 11) begründet. Als wesentlicher Fortschritt einer prozeßbezogenen Planung ist zu nennen, daß diese sowohl an der Ressourcen-/Leistungsbeziehung, als auch an der Unternehmen-/Marktbeziehung ansetzt (vgl. *Gaitanides et al.* 1994, S. 12). Deren kunden- und wertkettengerechte Gestaltung wird über eine Erneuerung und Verbesserung der Unternehmensprozesse erzielt.
Während sich Geschäftsprozesse auf das gesamte Unternehmen beziehen, ist dies bei Teil- und Hauptprozessen nicht immer der Fall. Beide Begriffe entstammen (wie in Kap. 7.4.2.2 definiert: Hauptprozesse sind kostenstellenübergreifende, Teilprozesse kostenstelleninterne Aktivitätsketten) dem Konzept der Prozeßkostenrechnung, welches, wie möglicherweise die ursprüngliche Intention ihrer Entwickler war, nicht nur der verbesserten Produktkalkulation, sondern „primär dem Prozeßmanagement dienen soll" (*Hahn/Kaufmann* 1998, S. 224).
Die kontinuierliche und effektive Planung auf Haupt- und Teilprozeßebene im Performance Measurement erfordert den Aufbau und die Unterhaltung einer Prozeßkostenrechnung. Allerdings wenden nur 15,5% der antwortenden Unternehmen regelmäßig und 27,4% zeitweise eine Prozeßkostenrechnung an. Dieser Implementierungsstand erklärt die noch geringe Planungshäufigkeit auf den Leistungsebenen Hauptprozeß (16,7%) und Teilprozeß (11,9%).
Dieser Mißstand erschwert auch die Anwendung neuer Formen der Budgetierung, wie beispielsweise das auf dem Activity-Based-Costing basierende und dieselben Teilkomponenten umfassende Activity-Based-Budgeting (vgl. *Kaplan* 1994, *Kaplan/Cooper* 1998, S. 302f., *Brimson/Antos* 1998), welches besonders an den Schwachstellen der traditionellen Gemeinkostenbudgetierung ansetzt (vgl. *Dambrowski/Hieber* 1997, S. 303). Dabei wird versucht, eine planerische Verbindung zwischen den klassischen Budgetierungsobjekten (Bereiche) mit Produkten und Prozessen bzw. Kosteneinflußgrößen auch für produktionsnahe Bereiche und Verwaltungsstellen herzustellen, um eine durchgängig höhere Kosten- und Leistungstransparenz zu schaffen.
Erstaunlich ist der hohe Anteil der team- und mitarbeiterbezogenen operativen Planung bei den antwortenden Unternehmen (25% bzw. 31%). Dies läßt sich auf die Vielzahl verschiedener kosten- und leistungsbezogener Verbesserungskonzepte und –initiativen

zurückführen, die auf Grundlage des japanischen Kaizen-Konzeptes (vgl. *Imai* 1986 sowie *Horváth/Lamla* 1995, S. 74-76) in deutschen Unternehmen entstanden sind und oftmals die einzelnen Mitarbeiter in den direkten und indirekten Unternehmensbereichen als Konzept-Hauptträger ansehen (vgl. bspw. das Bosch-Konzept bei *Strube* 1991, S. 146ff. oder den Siemens-Ansatz bei *Kunerth* 1994, S. 87).

Operative Planung	findet statt
Konzern	64,3%
Unternehmen	90,5%
Geschäftsfeld	84,5%
Produkt	71,4%
Regionen	57,1%
Funktionsbereich	65,5%
Kostenstelle	81,0%
Geschäftsprozeß	17,9%
Hauptprozeß	16,7%
Teilprozeß	11,9%
Team	25,0%
Mitarbeiter	31,0%

Abb. 8-45: Leistungsebenenbezogene Anwendung der operativen Planung (N=84)

Als kostenbezogene Ergänzung des Kaizen-Konzeptes wurde in der japanischen Controllingpraxis das Kaizen Costing entwickelt (vgl. *Monden/Hamada* 1991 und *Monden/Lee* 1993), welches auf das „tagtägliche (!) Kostenmanagement der operativen Einheiten" (*Horváth/Lamla* 1995, S. 65) abstellt. Instrumentenanwender sind die an den Prozessen beteiligten Mitarbeiter.

8.3.2.1.2 Wichtigkeit finanzieller und nichtfinanzieller Ziele

Die Wichtigkeit finanzieller Ziele im Rahmen der operativen Planung nimmt mit der Tiefe der Leistungsebene ab (vgl. Abb. 8-46), während die Wichtigkeit nichtfinanzieller Ziele auf diesen tiefen Leistungsebenen wesentlich höher ist als auf den höheren Leistungsebenen (vgl. Abb. 8-47).

Auf Konzern-, Unternehmens- und Geschäftsfeldebene sind finanzielle Ziele sehr wichtig. Dies korreliert positiv mit der großen Relevanz des Aufgabenfeldes Budgetierung in der deutschen Unternehmenspraxis. Nach einer umfassenden, länderübergreifenden Analyse der Controlling-Aufgabenfelder hat sich das Aufgabenfeld Budgetierung in sehr vielen deutschen Unternehmen etabliert (97% der antwortenden Unternehmen, vgl. *Stoffel* 1995, S. 159). Ähnliche Ergebnisse erzielten auch andere Studien (vgl. z.B. bei *Amshoff* 1993, S. 325).

Mit der Leistungsebenentiefe nimmt die Einbeziehung in die Budgetierung und die Berücksichtigung der leistungsebenenbezogenen finanziellen Ziele demnach stark ab. Die wichtigen Zieldimensionen werden zunehmend nichtfinanziell, die Beteiligung an der Planung, insbesondere an der Formalzielplanung nimmt tendenziell ab.

Finanzielle Ziele und Leistungsebenen	werden berücksichtigt	durchschnittl. Wichtigkeit finanzieller Ziele
Konzern	64,3%	1,2
Unternehmen	90,5%	1,1
Geschäftsfeld	66,7%	1,3
Produkt	71,4%	1,7
Regionen	57,1%	1,7
Funktionsbereich	65,5%	1,9
Kostenstelle	81,0%	1,8
Geschäftsprozeß	17,9%	2,0
Hauptprozeß	16,7%	2,3
Teilprozeß	11,9%	2,1
Team	22,6%	2,3
Mitarbeiter	28,6%	2,4

Abb. 8-46: Berücksichtigung und Wichtigkeit der finanziellen Ziele im Rahmen der leistungsebenenbezogenen operativen Planung (N=84, 1=sehr wichtig, 4=unwichtig)

Nichtfinanzielle Ziele und Leistungsebenen	werden berücksichtigt	durchschnittl. Wichtigkeit nichtfinanzieller Ziele
Konzern	59,5%	2,4
Unternehmen	84,5%	2,0
Geschäftsfeld	84,5%	2,0
Produkt	67,9%	2,0
Regionen	54,8%	2,2
Funktionsbereich	59,5%	2,3
Kostenstelle	66,7%	2,6
Geschäftsprozeß	15,5%	2,2
Hauptprozeß	14,3%	2,6
Teilprozeß	10,7%	2,7
Team	25,0%	1,8
Mitarbeiter	31,0%	1,8

Abb. 8-47: Berücksichtigung und Wichtigkeit der nichtfinanziellen Ziele im Rahmen der leistungsebenenbezogenen operativen Planung (N=84, 1=sehr wichtig, 4=unwichtig)

8.3.2.1.3 Pläne und Planungshorizont

Im Rahmen des durchgeführten Forschungsprojektes wurde im Zusammenhang mit der operativen Planung im Performance Measurement auch untersucht, inwieweit schriftlich fixierte Pläne zur operativen Zielerreichung auf Konzern-, Unternehmens- und

Geschäftsfeldebene aufgestellt werden. Dies sollte aufzeigen, wie vielfältig und umfangreich die operative Planung ist.
Besondere Bedeutung bei den antwortenden Unternehmen (vgl. Abb. 8-48) haben die Absatzplanung (100% Anwendung), die Investitionsplanung (91,7%), die Personalplanung (90,5%) sowie die Kosten-/Erlös- und Ergebnisplanung (je 94%).

Schriftlich fixierte Pläne zur operativen Zielerreichung	Nennung
Absatzplanung (Basis: Auftragseingang)	64,3%
Absatzplanung (Basis: Umsatz)	100,0%
Produktionsplanung	76,2%
Beschaffungsplanung	63,1%
Logistikplanung	53,6%
F+E-Planung	58,3%
Produktionsprogrammplanung	63,1%
Kapazitätsplanung	79,8%
Investitionsplanung	91,7%
Finanzierungsplanung	75,0%
Finanz- und Kapitalstrukturplanung	67,9%
Personalplanung	90,5%
Informations- und Kommunikationsplanung	42,9%
Weiterbildungsplanung	78,6%
Projektplanung	67,9%
Organisationsplanung	47,6%
Umweltschutzplanung	36,9%
Kosten- und Erlösplanung	94,0%
Ergebnisplanung	94,0%
Prozeßplanung	22,6%

Abb. 8-48: Schriftlich fixierte Pläne zur operativen Zielerreichung (N=84)

Im Vergleich mit den Ergebnissen der Untersuchung von *Hahn* et. al kann von einer höheren Planungsintensität bei den beteiligten Unternehmen ausgegangen werden. Nach dieser Untersuchung zur Anwendung von Plänen in der unternehmerischen Planungspraxis (vgl. *Hahn et. al* 1997, S. 1073ff.), wurden von den befragten Unternehmen folgende Pläne mindestens einmal jährlich erstellt:
- Umsatzplan (von 78,3% der antwortenden Unternehmen durchgeführt),
- Absatz- und Vertriebsplan (76,5%),
- Investitionsplan (76,1%),
- Betriebsergebnisplan (74,9%),
- Produktionsplan (71,3%),
- Finanzierungsplan (70%) und
- Bilanzergebnisplan (68,5%).

8. Datenauswertung und Ergebnisse der empirischen Untersuchung

Das im Rahmen der Feldstudie (Stichprobenumfang 8 Unternehmen) von *Weber* et al. (vgl. *Weber/Hambrecht/Goeldel* 1997, S. 11) konstatierte deutliche Übergewicht der auf Formalzielen basierenden Planungen (bspw. Umsatz-, Kosten- oder Ergebnispläne) konnte durch die ermittelten Ergebnisse ebenfalls tendenziell bestätigt werden.

Allgemein haben, sicherlich aus unterschiedlichen Gründen (bspw. hohe Sachzielorientierung der Pläne, keine Umsetzung von Basiskonzepten im Unternehmen oder kein funktionaler Bezug), die Prozeßplanung als bereichsübergreifende Querschnittsplanung (nur bei 22,6% der antwortenden Unternehmen), die Umweltschutzplanung (36,9%), die Informations- und Kommunikationsplanung (42,9%) sowie die Organisationsplanung (47,6%) einen eher geringen Stellenwert in der deutschen Unternehmenspraxis.

Bei der Anwendung und Handhabung der verschiedenen schriftlich fixierten Pläne im Rahmen der operativen Planung kann noch bezüglich des Planungshorizonts unterschieden werden. Operative Pläne sind in der Regel kurzfristiger als strategische Pläne (vgl. *Pfohl* 1981, S. 44). Allein dieses Kriterium zur Abgrenzung der Planungsarten sollte, wie oben bereits ausgeführt, nicht herangezogen werden.

Allerdings ist denkbar und in der praktischen Anwendung nicht unüblich, daß bestimmte strategische Teilpläne mehr langfristigen, andere wieder mehr kurzfristigen Charakter haben. Kurzfristige Pläne beziehen sich auf einen Zeitraum von einem Jahr und weniger, mittelfristige Pläne auf einen Zeitraum zwischen einem und fünf Jahren, langfristige Pläne beziehen sich auf einen Zeitraum von mehr als 5 Jahren (vgl. *Schweitzer* 1997, S. 42). Demzufolge müssen bestimmte kurzfristige bzw. nur kurzfristige Planungshorizonte umfassende Planungen möglicherweise innerhalb der Planungsperiode von einem Jahr mehrmals durchgeführt werden.

In der Befragung wurden folgende Bezugszeiträume (Planungshorizonte) getrennt:
- Nach einem kurzfristigen Bezugszeitraum (Planungshorizont):
  - weniger als oder bis 3 Monate,
  - mehr als 3 und bis 6 Monate,
  - mehr als 6 und bis 12 Monate.
- Nach einem mittel- bis langfristigen Bezugszeitraum (Planungshorizont):
  - mehr als 12 und bis 24 Monate,
  - mehr als 24 und bis 36 Monate,
  - mehr als 36 Monate.

Wie die in Abb. 8-49 aufgeführten Ergebnisse zeigen, sind nur in sechs Fällen schriftlich fixierte Pläne in der operativen Planung mehrheitlich auf einen mittel- bis langfristigen Bezugszeitraum und nicht kurzfristig ausgelegt.

Dies ist bei der Umweltschutzplanung, der Organisationsplanung, der Projektplanung, der Investitionsplanung, der Produktionsprogrammplanung sowie der Forschungs- und Entwicklungsplanung der Fall.

Diese Pläne haben in der Regel einen starken strategischen und taktischen Bezug. Da im Rahmen dieser Pläne Erfolgspotentialabschätzungen und Ressourcen der Gegenwart und Zukunft zu berücksichtigen sind und Tagesgeschäftseinflüsse die Planungen nicht so stark beeinflussen, läßt sich dieser lange Planungshorizont durchaus erklären.

Für die schriftlich fixierten Pläne der operativen Planung wurden sogar von vielen Unternehmen bei der Forschungs- und Entwicklungsplanung (bei mehr als 19% der antwortenden Unternehmen), der Organisations- und der Umweltschutzplanung (jeweils 8,3%) mehr als 3 jährige Bezugszeiträume genannt.

Am häufigsten werden von den antwortenden Unternehmen im Zusammenhang mit einem kurzfristigen Planungshorizont die Weiterbildungsplanung (63,1% der antwortenden Unternehmen), die Absatzplanung (Basis Umsatz, 59,5%), die Personalplanung (54,8%), die Kosten- und Erlösplanung (54,7%), die Produktionsplanung (52,4%), die Ergebnisplanung (48,7%), die Kapazitätsplanung (46,5%) und die Beschaffungsplanung (45,2%) durchgeführt.

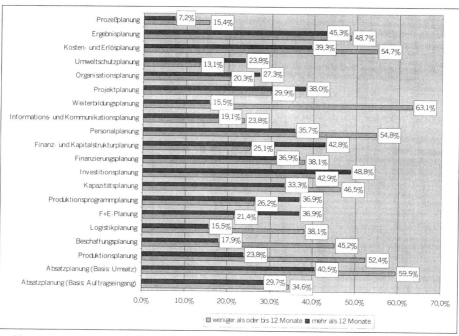

Abb. 8-49: *Planungszeiträume in der operativen Planung differenziert nach verschiedenen Plänen (N=84, Mehrfachnennungen, Restprozentsätze je Plan = Planung wird nicht durchgeführt, vgl. nochmals Abb. 8-48)*

Auch die Kernbestandteile des operativen Planungssystems beziehen sich bei vielen der antwortenden Unternehmen nicht nur auf den Zeitraum bis zu einem Jahr. Mehr als 23% der antwortenden Unternehmen haben einen Planungshorizont von mehr als 2 Jahren für ihre umsatzbezogene Absatzplanung sowie ihre Kosten- und Erlösplanung. Auch die Kapazitäts-, Finanz- und Kapitalstruktur- sowie die Personalplanung sind bei mindestens jedem fünften Unternehmen mit solch einem Planungshorizont versehen. Knapp ein Drittel der Unternehmen (28,4%) erstellt eine schriftlich fixierte Ergebnisplanung mit einem Planungshorizont von mehr als 24 Monaten.

Einige wenige der antwortenden Unternehmen erstellen operative Pläne auch für verschiedene Planungshorizonte. Dieser Aspekt wurde aufgrund der geringen Ausprägung nicht weiter berücksichtigt. Bei denjenigen Unternehmen, mit mehreren Planungshorizonten je schriftlich fixiertem Plan, wurde der jeweils kurzfristigere Planungshorizont in der Auswertung berücksichtigt.

8.3.2.1.4 Kennzahlenkategorien in der operativen Planung und Steuerung

Die Frage, welche Kennzahlen zur operativen Planung und Steuerung auf den verschiedenen Leistungsebenen eingesetzt werden, hängt eng mit der Frage nach den Kennzahlenkategorien und Kennzahlen in der strategischen Planung und Steuerung zusammen (vgl. nochmals Kap. 8.3.1.1.4). Infolgedessen ist zunächst zu klären, ob die Kennzahlen in den strategischen und operativen Plänen identisch oder unterschiedlich sind.

Bei vielen Unternehmen fanden über alle Leistungsebenen in der strategischen und operativen Planung und Steuerung identische Kennzahlen und besonders Kennzahlenkategorien Anwendung. Auf der Leistungsebene Konzern war diese Übereinstimmung bei 42,9% der antwortenden Unternehmen, auf Unternehmensebene bei 47,6% und auf Geschäftsfeldebene bei 45,3% zu finden (vgl. Abb. 8-50).

Auf den nachgelagerten Leistungsebenen gab es absolut weniger Unternehmen mit einer Kennzahlenübereinstimmung: Auf der Produktebene gab es nur bei einem Drittel der antwortenden Unternehmen, auf Regionen- und Funktionsbereichsebene nur bei 28,6% bzw. 24% eine Kennzahlenübereinstimmung (vgl. Abb. 8-50).

Leistungsebene	Durchführung operative Planung	Durchführung strategische Planung	Kennzahlen-übereinstimmung OP/SP (% der antwortenden Unternehmen)	Übereinstimmungsgrad (relative Kennzahlenübereinstimmung zu Schnittmenge OP/SP)
Konzern	64,3%	75%	42,9%	0,667
Unternehmen	90,5%	87%	47,6%	0,547
Geschäftsfeld	84,5%	79%	45,3%	0,573
Produkt	71,4%	55%	33,3%	0,605
Regionen	57,1%	44%	28,6%	0,650
Funktionsbereich	65,5%	27%	24,0%	0,888

Abb. 8-50: Kennzahlenübereinstimmung strategische und operative Planung

Die Werte der Kennzahlenübereinstimmung wurden in einem nächsten Analyseschritt den bereits in den oberen Abschnitten vorgestellten Häufigkeiten der leistungsebenenbezogenen strategischen und operativen Planung gegenübergestellt. Anschließend wurde der Faktor „Übereinstimmungsgrad" (relativer Kennzahlenübereinstimmungsgrad) gebildet, der aussagt, inwieweit bei durchgängiger strategischer und operativer Planung anteilsmäßig dieselben Kennzahlen Verwendung finden. Dadurch wurde ein relativer Faktor gebildet, der eine plausiblere Interpretation der Übereinstimmungswerte zuläßt, als der oben angeführte Übereinstimmungsanteil.

Eine hohe relative Kennzahlenübereinstimmung ist besonders auf den Leistungsebenen Funktionsbereich, Konzern und Region zu finden (je >= 0,65). Dies kann folgendermaßen interpretiert werden: Auf diesen Leistungsebenen gibt es bei den Unternehmen, die hier sowohl eine strategische als auch eine operative Planung durchführen, eine hohe Kennzahlenüber-einstimmung zwischen den beiden Planungsarten.

Diese Übereinstimmung gibt es in dieser Höhe beispielsweise auf der Leistungsebene Unternehmen nicht (Übereinstimmungsgrad = 0,547). Dies bedeutet, daß von den 87% der antwortenden Unternehmen, die eine strategische und operative Planung durchführen, nur 54,7% eine Kennzahlenübereinstimmung zwischen der operativen und strategischen Planung haben.

Nachfolgend sind die Einsatzhäufigkeiten der finanziellen und nichtfinanziellen Kennzahlenkategorien im Rahmen der operativen Planung und Steuerung aufgeführt (vgl. Abb. 8-51und Abb. 8-52).

Finanzielle Kennzahlen-kategorien und Leistungsebenen	Externes ReWe	Internes ReWe	Aktien-bezogen	Allgemein	Keine Kennzahlen
Konzern	67,9%	53,6%	36,9%	72,6%	23,8%
Unternehmen	82,6%	81,0%	14,3%	88,1%	11,9%
Geschäftsfeld	53,6%	77,4%	2,4%	79,8%	17,9%
Produkt	28,3%	57,1%	0,0%	61,9%	28,6%
Regionen	22,6%	40,5%	1,2%	44,0%	53,6%
Funktionsbereich	4,8%	50,0%	0,0%	50,0%	44,0%
Kostenstelle	1,2%	54,8%	0,0%	54,8%	39,3%
Geschäftsprozeß	0,0%	10,7%	0,0%	10,7%	89,3%
Hauptprozeß	0,0%	8,3%	0,0%	8,3%	91,7%
Teilprozeß	0,0%	7,1%	0,0%	7,1%	92,9%
Team	0,0%	9,5%	0,0%	9,5%	85,7%
Mitarbeiter	1,2%	10,7%	0,0%	10,7%	77,4%

Abb. 8-51: Einsatzhäufigkeit finanzieller Kennzahlenkategorien im Rahmen der operativen Planung und Steuerung (N=84)

Finanzielle Kennzahlenkategorien werden besonders oft auf der Unternehmensebene berücksichtigt. Mehr als 80% der antwortenden Unternehmen verwenden Kennzahlen des externen und internen Rechnungswesens. Dies ist auch auf den hohen Stellenwert der Kosten- und Erlösplanung bzw. der Ergebnisplanung in der operativen Planung dieser Unternehmen zurückzuführen (vgl. nochmals die Ergebnisse in Abb. 8-48: 94% der antwortenden Unternehmen). Die Kosten- und Erlösplanung ist die elementare Basis der Budgetierung, die in der Wirtschaftspraxis zu den Hauptaufgaben des Controllers im Bereich der Planung zählt (vgl. *Hahn* 1997, S. 36). Bestätigt wird diese Aussage auch durch Ergebnisse von verschiedenen empirischen Untersuchungen im deutschen Sprachraum (vgl. bspw. die obigen Ausführungen sowie die Ergebnisse der aktuellen Studien von *Stoffel* 1995, S. 159 und *Amshoff* 1993, S. 305ff. sowie *Horváth/Dambrowski/Jung/Posselt* 1985).

Geschäftsfeldbezogen dominieren Kennzahlen des internen Rechnungswesens. Hier bestätigt sich, daß das Hauptsteuerungsinstrument in einer Sparte oder einem Segment die Kostenrechnung ist und demzufolge Kennzahlen der Kosten- und Erlösrechnung auch die operative Planung dominieren. Diese Kennzahlen sind auch für den Funktionsbereich sowie die Kostenstelle relevante Steuerungs- und Planungsinformationen, die in der Regel in Form von monatlich erstellten Kostenstellenabrechnungen den Leistungsbereichen zur Verfügung gestellt werden. Dabei werden die Planwerte der operativen Planung und Budgetierung den Istwerten der Periode gegenübergestellt und Abweichungen ausgewiesen und kommentiert (vgl. z.B. *Kilger* 1987, S. 262-263).

Auf Konzernebene ist der hohe Anteil von aktienbezogenen Kennzahlen auffallend (36,9%). Dies ist zunächst auf den hohen Anteil von Aktiengesellschaften bei den antwortenden Unternehmen zurückzuführen (46,4%). Die Anteilseigner dieser Unternehmen bemessen den Wert des Unternehmens sowie die Verzinsung ihres eingesetzten Kapitals an aktienbezogenen Kennzahlen (z.B. Kurs-Gewinn-Verhältnis oder Aktienkurs). Zur Schaffung einer kapitalmarktbezogenen Steuerungssicht und einer stärker shareholderorientierten Sicht- und Handlungsweise wurden in mehreren deutschen Unternehmen in den letzten Jahren wertorientierte Controllingkonzepte entwickelt, welche die Defizite der auf dem externen Rechnungswesen basierenden Erfolgsmessung überwinden sollen (vgl. z.B. das VEBA-Konzept bei *Lauk* 1994, S. 27ff., *Lauk* 1997, S. 487ff. und *Köster/König* 1998, S. 43ff. sowie die grundsätzlichen Überlegungen bei *Günther* 1997, S. 65ff. und S. 203ff.).

Mit einer wertorientierten Erfolgsmessung sollen u.a. die Kosten des durch die Shareholder eingebrachten Eigenkapitals eine bessere Berücksichtigung finden sowie Risikoaspekte und Zeitwerte des Geldes berücksichtigt werden (vgl. hierzu *Rappaport* 1986, S. 11f. und 50ff., *Köster/König* 1998, S. 48).

Nichtfinanzielle Kennzahlenkategorien und Leistungsebenen	Markt-bezogen	Mitarbeiter-bezogen	Wachstum/ Fortschritt	Produktivität	Sonstige	Allgemein
Konzern	35,7%	32,1%	32,1%	25,0%	14,3%	51,2%
Unternehmen	56,0%	59,5%	53,6%	45,2%	20,2%	75,0%
Geschäftsfeld	66,7%	47,6%	50,0%	53,6%	14,3%	78,6%
Produkt	50,0%	11,9%	41,7%	38,1%	3,6%	63,1%
Regionen	34,5%	16,7%	16,7%	13,1%	1,2%	38,1%
Funktionsbereich	13,1%	32,1%	17,9%	26,2%	2,4%	41,7%
Kostenstelle	6,0%	22,6%	4,8%	15,5%	4,8%	33,3%
Geschäftsprozeß	1,2%	1,2%	0,0%	3,6%	1,2%	6,0%
Hauptprozeß	1,2%	1,2%	0,0%	3,6%	2,4%	7,1%
Teilprozeß	2,4%	1,2%	0,0%	2,4%	1,2%	6,0%
Team	4,8%	10,7%	2,4%	6,0%	1,2%	13,1%
Mitarbeiter	3,6%	19,0%	2,4%	4,8%	3,6%	20,2%

Abb. 8-52: Einsatzhäufigkeit nichtfinanzieller Kennzahlenkategorien im Rahmen der operativen Planung und Steuerung (N=84)

Bei mindestens 77% der antwortenden Unternehmen werden im Rahmen der operativen Planung und Steuerung auf den fünf unteren Leistungsebenen keine Kennzahlen eingesetzt. Dies ist größtenteils auf die nur in wenigen Fällen überhaupt durchgeführte operative Planung auf diesen Leistungsebenen zurückzuführen (vgl. nochmals Abb. 8-45).

Relativ bedeutende Kennzahlenkategorien sind auf diesen Leistungsebenen nur Kennzahlen des internen Rechnungswesens (bei 10,7% der Unternehmen auf Geschäftsprozeß- und Mitarbeiterebene) und mitarbeiterbezogene Kennzahlen (19% auf Mitarbeiterebene).

Auf den oberen Leistungsebenen haben Kennzahlen mit Markt- und Mitarbeiterbezug, speziell auf der Unternehmens- und Geschäftsfeldebene, eine große Bedeutung. Kennzahlen des Wachstums und des Fortschritts sind bei mehr als der Hälfte der antwortenden Unternehmen im Einsatz (53,6%). Gleiches gilt für Produktivitätskennzahlen auf der Geschäftsfeldebene.

Insgesamt läßt sich resümieren, daß auf Unternehmens-, Geschäftsfeld- und Produktebene bei mehr als der Häfte der antwortenden Unternehmen ein annähernd ausgewogener Kennzahleneinsatz in der operativen Planung und Steuerung erfolgt. Es überwiegen weder finanzielle noch nichtfinanzielle Kennzahlen zu sehr.

8.3.2.2 Bivariate Analysen

Für bivariate Analysen im operativen Umfeld wurden die Variablen für finanzielle und nichtfinanzielle Ziele auf den zwölf operativen Leistungsebenen herangezogen (vgl. Abb. 8-53). Bewußt wurde auf Korrelationsanalysen innerhalb der Variablengruppe „Operative Pläne" verzichtet, da hier naturgemäß hohe Zusammenhänge existieren, die über die notwendigen Verbindungen des Planungs- und Budgetsystems zu erklären sind.

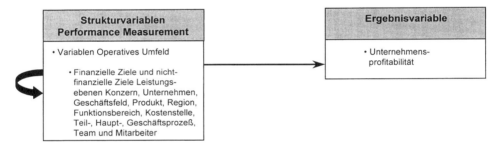

Abb. 8-53: *Rahmen der bivariaten Analysen Operatives Umfeld und Profitabilität*

Die bivariaten Analysen erbrachten folgende Ergebnisse (alle Variablen sind ordinale Variablen, Verwendung fand das Korrelationsmaß Pearson´s R):
- Keine oder nur schwache Zusammenhänge ließen sich bezüglich der Verbindung zwischen finanziellen und nichtfinanziellen Zielen auf den jeweiligen Leistungsebenen beobachten. Zwei mittlere Korrelationen gab es zwischen den Variablen der Leistungsebenen „Teilprozeß" (r=0,396) und „Geschäftsprozeß" (r=0,479). Einschränkend muß zu diesen Werten die sehr geringe Fallzahl angemerkt werden (<15).
So ist in der Regel von einer nur geringen gegenseitigen Abhängigkeit der Variablen „Wichtigkeit der finanziellen Ziele" und „Wichtigkeit der nichtfinanziellen Ziele" je Leistungsebene auszugehen.
- Mindestens mittlere Korrelationen konnten zwischen mehreren Leistungsebenen sowohl für finanzielle als auch für nichtfinanzielle Ziele festgestellt werden. So ließen sich positive hohe mittlere Korrelationen zu der Wichtigkeit der finanziellen Ziele zwischen

den Leistungsebenen Region und Funktionsbereich (r=0,654***), Funktionsbereich und Kostenstelle (r=0,617***) sowie Geschäftsfeld und Mitarbeiter (r=0,610***) identifizieren.

Zwischen den Leistungsebenen Team und Mitarbeiter konnten für die finanziellen Ziele (r=0,959***) und die nichtfinanziellen Ziele (r=0,914***) sehr starke positive Korrelationen festgestellt werden.

Eine starke Korrelation (zwischen den Leistungsebenen Produkt und Region: r=0,768***) sowie vier hohe mittlere Korrelationen (zwischen den Leistungsebenen Konzern und Unternehmen, Geschäftsfeld- und Produktebene, Produktebene und Funktionsbereich sowie Region und Funktionsbereich) ließen sich bezüglich der leistungsebenenübergreifenden Zusammenhänge der nichtfinanziellen Ziele beobachten.

- Einen Sonderfall stellen die Zusammenhänge zwischen den Leistungsebenen Teil-, Haupt- und Geschäftsprozesse dar. Diese sind für finanzielle und nichtfinanzielle Ziele positiv und stets stark bzw. sehr stark. Aufgrund der geringen Fallzahlen lassen sich allerdings keine endgültigen Aussagen machen.
- Diese Einschränkung läßt sich auch auf die Zusammenhänge zur Profitabilität übertragen, wo positive mittlere Korrelationen zwischen der Wichtigkeit nichtfinanzieller Ziele auf Teil- und Hauptprozeßebene und der Profitabilität beobachtet wurden. Bemerkenswerte geringe Zusammenhänge ergaben sich zu den Variablen „Wichtigkeit finanzieller Ziele auf Mitarbeiterebene" (r=0,344) und „Wichtigkeit nichtfinanzieller Ziele auf Teamebene" (r=0,330).

Es läßt sich aufgrund der analysierten Ergebnisse die These formulieren, daß profitable Unternehmen im Rahmen der operativen Planung und Steuerung bis in die untersten Leistungsebenen finanziellen sowie insbesondere nichtfinanziellen Zielen eine hohe Wichtigkeit beimessen.

8.3.2.3 Multivariate Analyse

Die multivariate Clusteranalyse des Subsystems „operatives Umfeld" ergab drei unterschiedliche Typen, bei der alle gruppierungsrelevanten Variablen berücksichtigt wurden. Wegen den Schwierigkeiten aufgrund der planbezogenen Zeitraumzuordnung (vgl. nochmals Abb. 8-49) einen unternehmensbezogenen „Planungshorizont-Typus" zu ermitteln, wurde der Zeitaspekt der operativen Planung (Planungshorizont) nicht berücksichtigt. Die Kennzahlenübereinstimmung zwischen der strategischen und operativen Planung deckt sich teilweise inhaltlich mit der Variable „Kopplung an operative Planung" im strategischen Subsystem. Daher wurde auch sie nicht in die Clusteranalyse mit einbezogen.

Alle Variablen wurden vor der Durchführung der Cluster- und Diskriminanzanalysen dichotomisiert.

Nachfolgend werden die drei analysierten Typen beschrieben (Abb. 8-54):

- 37% der antwortenden Unternehmen (N=31) haben im Rahmen ihres Performance Measurement ein operatives Umfeld mit wenig leistungsebenendifferenzierten Zielvorgaben und Kennzahlenanwendungen sowie einer mittleren, finanzdominierten Planungsvielfalt (Typ 1).

Finanzielle und nichtfinanzielle Ziele werden nur auf Unternehmens- und Geschäftsfeldebene vorgegeben. Finanzielle Ziele sind auf Unternehmensebene mehrheitlich (> 50%) sehr wichtig und für die Geschäftsfelder bei mehr als 70% der

Clusterunternehmen mindestens wichtig oder sehr wichtig. Nichtfinanzielle Ziele sind auf diesen Leistungsebenen mehrheitlich ebenfalls mindestens wichtig oder sehr wichtig. Konzernbezogen sind bei 55% der Clusterunternehmen finanzielle Ziele wichtig oder sehr wichtig.

Eine Kennzahlenanwendung findet ebenfalls nur auf Konzern-, Unternehmens- und Geschäftsfeldebene in erwähnenswertem Umfang statt. Auf allen anderen neun Leistungsebenen erfolgt bei mindestens 50% (Produktebene, Kostenstelle) bzw. mindestens 70% (Region) und mindestens 90% (alle sechs anderen Leistungsebenen) der Clusterunternehmen keine Kennzahlenanwendung im Rahmen der operativen Planung und Steuerung.

Einen hohen Stellenwert bei den Unternehmen des Typ 1 haben finanzielle Pläne wie der Umsatzplan (alle 31 Unternehmen erstellen einen solchen), der Kosten- und Erlösplan (mehr als 90%) sowie Ergebnis- und Investitionspläne (mehr als 70%).

- Die Mehrzahl der antwortenden Unternehmen (52% = 44 Unternehmen) arbeiten mit einer differenzierten Zielvorgabe sowie einem entsprechenden Kennzahleneinsatz auf allen Leistungsebenen und einer hohen ausgewogenen Planungsvielfalt (Typ 2).

Bei mehr als 70% der Clusterunternehmen sind finanzielle Ziele auf den Leistungsebenen Konzern, Unternehmen, Geschäftsfeld, Produktebene, Funktionsbereich und Kostenstelle wichtig oder sehr wichtig. Auch nichtfinanzielle Ziele haben auf diesen Leistungsebenen eine hohe, nicht jedoch den finanziellen Zielen gleichwertige Wichtigkeit.

Auf allen diesen Leistungsebenen werden Kennzahlen eingesetzt. Bei mehr als 70% der Unternehmen erfolgt auf den Leistungsebenen Geschäfts-, Haupt- und Teilprozeß keine Kennzahlenanwendung.

Der Einsatz schriftlich fixierter operativer Pläne erfolgt ausgewogen. Neben der hohen Einsatzhäufigkeit von finanziell dominierten Plänen (mehr als 90% setzen Umsatz- oder Kosten- und Erlöspläne ein), werden auch viele der Aktionsplanung zurechenbare Pläne wie Produktions-, Beschaffungs- und Kapazitätsplanung von mehr als 70% der Unternehmen erstellt. Bedeutend ist auch der Anteil der Clusterunternehmen, die Ressourcen- oder Infrastrukturpläne erstellen. Mehr als 70% erstellen Informations- oder Kommunikationspläne sowie Kapazitätspläne.

- Nur 11% (N=9) der Unternehmen praktizieren eine sehr stark leistungsebenendifferenzierte Zielvorgabe und Kennzahlenanwendung (bei mittlerer und nicht völlig ausgewogener Planungsvielfalt, Typ 3) im Rahmen ihrer operativen Planung und Steuerung.

Im Unterschied zu den anderen beiden Clustertypen definieren viele Unternehmen, welche diesem Typ zuordenbar sind, finanzielle und nichtfinanzielle Ziele auf beinahe allen operativen Leistungsebenen (Ausnahme: Konzernebene allgemein sowie Teamebene bei finanziellen Zielen). Die Mehrheit der Unternehmen des Typs 3 berücksichtigt beispielsweise im Rahmen der Zielfestlegung auch Ablaufaspekte, indem prozeßbezogene Ziele festgelegt werden.

Allerdings erfolgt im Rahmen dieser Zielplanungen kein durchgängiger Kennzahleneinsatz. So setzen mehr als 70% der Unternehmen keine Kennzahlen zur operativen Planung und Steuerung auf den drei prozeßorientierten Leistungsebenen sowie auf Regionen-, Team- und Mitarbeiterebene ein.

Die Mehrheit der Clusterunternehmen hat keine sehr hohe Planungsvielfalt. Es dominieren finanzielle Pläne (alle Unternehmen des Clusters erstellen Umsatz-, Investitions-, Kosten- und Erlös- sowie Ergebnispläne). Beschaffungs- und Produktionsplanungen sowie die Informations- und Kommunikationsplanungen haben noch eine erwähnenswerte Bedeutung. 44% der Unternehmen erstellen regelmäßig Prozeßpläne.

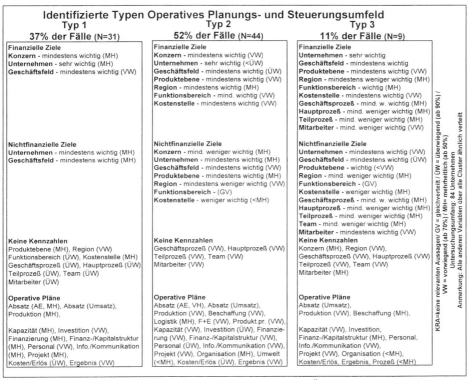

Abb. 8-54: Typen operatives Umfeld im Überblick

Ergänzend zu der Clusteranalyse wurde zur Überprüfung der analysierten Ergebnisse eine Diskriminanzanalyse durchgeführt.

Insgesamt 55 signifikante Variablen erbrachte die Diskriminanzanalyse (F-Wert > 3,093, maximal 5%ige Irrtumswahrscheinlichkeit). Wie die Abb. 8-55 verdeutlicht, wurden die höchsten F-Werte für die Variablen LF4 „Finanzielle Ziele: Funktionsbereich, keine Zielvorgabe" (F-Wert: 33,108***), LH7 „Nichtfinanzielle Ziele: Teilprozeß wenig wichtig/unwichtig" (F-Wert: 28,929***), LJ7 „Nichtfinanzielle Ziele: Geschäftsprozeß unwichtig" (F-Wert: 28,929***) und LF8 „Nichtfinanzielle Ziele: Funktionsbereich keine Zielvorgabe" (F-Wert: 26,243***) errechnet.

	Operatives Umfeld-Variablen	F-Wert*	Signifikanz-niveau**
LF4	Finanzielle Ziele: Funktionsbereich keine Zielvorgabe	33,108	,000
LH7	Nichtfinanzielle Ziele: Teilprozeß wenig wichtig/unwichtig	28,929	,000
LJ7	Nichtfinanzielle Ziele: Geschäftsprozeß unwichtig	28,929	,000
LF8	Nichtfinanzielle Ziele: Funktionsbereich keine Zielvorgabe	26,243	,000
LH4	Finanzielle Ziele: Teilprozeß keine Zielvorgabe	19,695	,000
LH3	Finanzielle Ziele: Teilprozeß wenig wichtig/unwichtig	18,080	,000
LJ3	Finanzielle Ziele: Geschäftsprozeß unwichtig	18,080	,000
OHNICHT	Keine Kennzahlen: Region	17,951	,000
OGNICHT	Keine Kennzahlen: Produkt	17,941	,000
OINICHT	Keine Kennzahlen Funktionsbereich	17,938	,001
LH8	Nichtfinanzielle Ziele: Teilprozeß keine Zielvorgabe	17,922	,000
LG4	Finanzielle Zielvorgabe: Kostenstelle keine Zielvorgabe	14,220	,000
LI7	Nichtfinanzielle Ziele: Hauptprozeß unwichtig	14,118	,000
LJ8	Nichtfinanzielle Ziele: Geschäftsprozeß keine Zielvorgabe	14,106	,000
LD4	Finanzielle Ziele: Produkt keine Zielvorgabe	13,450	,000
LE8	Nichtfinanzielle Ziele: Region keine Zielvorgabe	10,865	,000
LE4	Finanzielle Ziele: Region keine Zielvorgabe	10,499	,000
MF	F&E-Planung	10,366	,000
LL8	Nichtfinanzielle Ziele: Mitarbeiter keine Zielvorgabe	9,442	,000
LI8	Nichtfinanzielle Ziele: Hauptprozeß keine Zielvorgabe	9,259	,000
LD8	Nichtfinanzielle Ziele: Produkt keine Zielvorgabe	9,025	,000
LJ4	Finanzielle Ziele: Geschäftsprozeß keine Zielvorgabe	9,006	,000
LD6	Nichtfinanzielle Ziele: Produkt wichtig	8,670	,000
LI3	Finanzielle Ziele: Hauptprozeß unwichtig	8,219	,001
OJNIICHT	Keine Kennzahlen: Kostenstelle	8,052	,001
LI4	Finanzielle Ziele: Hauptprozeß keine Zielvorgabe	8,034	,001
LG8	Nichtfinanzielle Ziele: Kostenstell keine Zielvorgabe	7,973	,001
LF2	Finanzielle Ziele: Funktionsbereich wichtig	7,224	,001

Abb. 8-55: Ergebnisse der Diskriminanzanalyse zur Gruppenspezifikation Operatives Umfeld

Bezieht man diese Werte auf die Ergebnisse der Clusteranalyse, läßt sich zu den variantenbezogenen Streuungen folgendermaßen argumentieren:
- Die 31 Unternehmen des Clusters 1 haben zu 77% bzw. zu 81% keine finanziellen und nichtfinanziellen Zielvorgaben auf Funktionsbereichsebene (Variable LF4 und LF8), während dies in den Gruppen 2 und 3 nur sehr selten bzw. bei sehr wenigen Clusterunternehmen der Fall ist.
- Die Unternehmen der Gruppe 3 unterscheiden sich von den Unternehmen der Gruppen 1 und 2 besonders hinsichtlich der Variable LH7 „Nichtfinanzielle Ziele: Teilprozeß wenig wichtig/unwichtig". Teilprozesse finden im Rahmen der operativen Planung und

Steuerung bei Unternehmen der Gruppe 1 keine und bei Unternehmen der Gruppe 2 nur bei 2 der Unternehmen (dies entspricht 7% der Clusterunternehmen) Berücksichtigung. Hingegen verwenden 6 Unternehmen der Gruppe 3 (66% der Clusterunternehmen) die Teilprozeßebene zur Formulierung nichtfinanzieller oder finanzieller Ziele.
- Gleiches läßt sich auch zur Berücksichtigung der Geschäftsprozeßebene aussagen. Auch auf dieser Leistungsebene werden in nennenswertem Umfang nur bei Unternehmen im Cluster 3 Ziele formuliert.

Die ermittelten hohen F-Werte für die Variablen OHNICHT (Keine Kennzahlen Region, F-Wert: 17,951***), OGNICHT (Keine Kennzahlen Produkt, F-Wert 17,941***) und OINICHT (Keine Kennzahlen Funktionsbereich, F-Wert 17,938***) signalisieren auch eine große Streuung zwischen den drei Gruppen bezüglich dieser kennzahlenbezogenen Variablen. Die Unternehmen der Clustergruppe 2 setzen zu mehr als 90% (Produktebene) bzw. zu mehr als 70% (Regionen- und Funktionsbereichsebene) Kennzahlen ein, während dies bei den Unternehmen der Gruppe 1 nur sehr selten der Fall ist. Die Unternehmen der Gruppe 3 setzen ebenfalls kaum Kennzahlen auf der Regionenebene ein (78% der Unternehmen).

Die Ermittlung der relativen Wichtigkeit der einzelnen Variablen für die Gruppenerzeugung erfolgte wieder mit der schrittweisen Diskriminanzanalyse (vgl. die Ergebnisse in Abb. 8-56).

		Operatives–Umfeld-Variablen	Wilks' Lambda	Signifikanz-niveau**
1.	OINICHT	Keine Kennzahlen: Funktionsbereich	,478	.000
2.	LH7	Nichtfinanzielle Ziele: Teilprozeß unwichtig	,273	.000
3.	LL1	Finanzielle Ziele: Mitarbeiter sehr wichtig	,187	.000
4.	LD4	Keine finanzielle Zielvorgabe: Produkt	,149	.000
5.	OONICHT	Keine Kennzahlen: Konzern	,117	.000
6.	LE7	Nichtfinanzielle Ziele: Region unwichtig	,097	.000
7.	LH6	Nichtfinanzielle Ziele: Teilprozeß wichtig	,085	.000
8.	LL3	Finanzielle Ziele: Mitarbeiter unwichtig	,074	.000
9.	LL4	Keine finanzielle Zielvorgabe: Hauptprozeß	,061	.000
10.	LH1	Finanzielle Ziele: Teilprozeß sehr wichtig	,053	.000
11.	OHNICHT	Keine Kennzahlen: Region	,047	.000
12.	LF4	Keine finanzielle Zielvorgabe: Funktionsbereich	,039	.000
13.	LK6	Nichtfinanzielle Ziele: Mitarbeiter wichtig	,035	.000
14.	MG	Produktionsprogrammplanung	,030	.000
15.	LD1	Finanzielle Ziele: Produkt sehr wichtig	,026	.000
16.	LE1	Nichtfinanzielle Ziele: Region sehr wichtig	,025	.000
17.	LH3	Finanzielle Ziele: Teilprozeß unwichtig	,023	.000
18.	LI8	Keine nichtfinanzielle Zielangabe: Hauptprozeß	,018	.000

Abb. 8-56: Ergebnisse der schrittweisen Diskriminanzanalyse operatives Umfeld

Wichtigste Variable für die Gruppentrennung war die Variable OINICHT, die zum Ausdruck bringt, daß auf der Leistungsebene Funktionsbereich keine Kennzahlen zur operativen Planung und Steuerung eingesetzt werden. Wie oben erläutert, gab es bei dieser Variablen große Verteilungsunterschiede zwischen den Gruppen. Große gruppenerzeugende Unterschiede gab es auch bei den Variablen LH7, LL1 und LD4. Für die Gruppenerzeugung spielte der Einsatz und die möglichen gruppenbildenden Unterschiede bei der Anwendungshäufigkeit der verschiedenen schriftlich fixierten operativen Pläne, mit Ausnahme der Produktionsprogrammplanung, nur eine untergeordnete Rolle.

8.3.3 Subsystem Kennzahlenaufbau und -pflege

8.3.3.1 Univariate Analysen

8.3.3.1.1 Akteure für die „Kennzahlenauswahl" und „Planvorgaben Kennzahlen"

Die Festlegung bzw. die Auswahl der strategischen und auch der operativen Kennzahlen kann entweder alleinige Aufgabe des Leistungsebenenverantwortlichen oder der Leistungsebenenmitarbeiter sein oder auch das Ergebnis deren partnerschaftlicher Zusammenarbeit. Weiter ist eine Vorgabe von Kennzahlen durch die übergeordnete Führung denkbar. Die Top-down-Vorgabe wird beispielsweise dann oft praktiziert, wenn mit bestimmten Kennzahlen ein Konzern und dessen Teilbereiche geführt werden sollen (z.B. Eigenkapitalrentabilität oder die oft praktizierte Gesamtkapitalrentabilität [Return on Investment] auf Grundlage des DuPont-Kennzahlensystems).

Auch die gemeinsame Festlegung der Kennzahlen in Zusammenarbeit zwischen Leistungsebenenverantwortlichen und der Führung ist vorstellbar. Bei den 84 an der Teilstudie mitwirkenden Unternehmen erfolgt bei 34,5% die Kennzahlenauswahl im kooperativen Zusammenspiel zwischen den übergeordneten Vorgesetzten und der Leistungsebenenführung (vgl. Abb. 8-57). In mehr als jedem fünften der antwortenden Unternehmen ist allein die Leistungsebenenführung für die Kennzahlenauswahl verantwortlich. Mehr als jedes vierte Unternehmen (28,6%) praktiziert eine Top-down-Kennzahlenfestlegung.

Bei den antwortenden Unternehmen haben die Mitarbeiter einer Leistungsebene nur wenig Einfluß bei der Kennzahlenauswahl (6%).

Kennzahlenmanagement	Kennzahlenauswahl	Kennzahlen-planvorgaben
Aufgabe Leistungsebenenführung	21,4%	16,7%
Wird Leistungsebenenführung vorgegeben	28,6%	11,9%
Vorgesetzte und Leistungsebenenführung	34,5%	51,2%
Leistungsebenenführung und Mitarbeiter	2,4%	14,3%
Keine Angaben	6,0%	6,0%

Abb. 8-57: Verantwortlichkeiten im Rahmen des Kennzahlenmanagements (N=84)

Ein hoher Partizipationsgrad ließ sich hinsichtlich der Einbeziehung der Leistungsebenenmanager bei der Festlegung der Kennzahlenplanvorgaben feststellen. Bei mehr als 80% der antwortenden Unternehmen sind die Verantwortlichen einer Leistungsebene in die Festlegung der Planvorgaben mit eingebunden. Bei 16,7% der Unternehmen ist die Leistungsebenenführung allein verantwortlich für die Planfestlegung, bei 14,3% erfolgt dies gemeinsam mit den Mitarbeitern der Leistungsebene. In jedem zweiten Unternehmen waren Kennzahlenplanvorgaben das Ergebnis von Gesprächen und Verhandlungen zwischen Vorgesetzten und der Leistungsebenenführung.

Nur bei 11,9% der antwortenden Unternehmen sind die Leistungsebenenführung und die Mitarbeiter nicht in die Festlegung der Planwerte mit eingebunden, da diese der Leistungsebenenführung vorgegeben werden.

8.3.3.1.2 Gründe und Rhythmen für eine Kennzahlenüberprüfung und –änderung

Mehr als 60% der antwortenden Unternehmen sehen sich veranlaßt, ihre Kennzahlen zu überprüfen und gegebenenfalls anzupassen, falls Ziele oder Strategien übergeordneter Leistungsebenen geändert werden. Bei mehr als 35% der Unternehmen ist dies auch der Fall, wenn nur leistungsebenenbezoge Anpassungen erfolgen (sowohl bei Änderung operativer als auch bei Anpassung strategischer Ziele, vgl. Abb. 8-58). Dies läßt trotz der Möglichkeit von Mehrfachantworten den Umkehrschluß zu, daß vermutlich die Mehrheit der antwortenden Unternehmen Zieländerungen innerhalb einer Leistungsebene nicht zum Anlaß nimmt, die Kennzahlen des Performance Measurement zu überprüfen. Dies ist kritisch zu beurteilen, ist doch die Verknüpfung zwischen strategischen Zielen, Strategien und Kennzahlen ein wesentlicher Erfolgsfaktor im Performance Measurement (vgl. z.B. bei *McMann/Orlando* 1998, S. 14, *Neely et al.* 1995, S. 82 und 94, *Sellenheim* 1991, S. 53 oder *Balkcom* 1997, S. 29f.).

Auch die Änderung kritischer Erfolgsfaktoren sowie organisatorische Anpassungen innerhalb einer Leistungsebene ziehen nur bei ungefähr jedem vierten Unternehmen Kennzahlenkontrollen nach sich. Dies entspricht gleichfalls nicht der idealen Vorgehensweise zum Kennzahlenaufbau und der Kennzahlenanpassung im Performance Measurement (vgl. hierzu nochmals die Kriterien für eine Kennzahlenauswahl im Performance Measurement in Abb. 7-11 und Abb. 7-16).

Etwas bedeutsamer sind Organisationsänderungen im Konzern, die für 32,1% der antwortenden Unternehmen Anlaß sind, ihre Kennzahlen im Performance Measurement einer kritischen Prüfung zu unterziehen.

Durch Änderungen im Rechnungswesen (z.B. die Einführung neuer Kostenrechnungssysteme und neuer Instrumente wie Target Costing oder Prozeßkostenrechnung) sehen 19% der antwortenden Unternehmen eine Notwendigkeit, Kennzahlen des Performance Measurement eventuell anzupassen. Alle anderen Gründe wurden aus Sicht der Unternehmen als unwichtig eingestuft.

Unabhängig von den oben genannten Gründen erfolgt bei 65,5% der antwortenden Unternehmen regelmäßig einmal jährlich eine Überprüfung von Kennzahlen und Kennzahlenplanvorgaben im Performance Measurement (vgl. Abb. 8-59). Jedes fünfte der antwortenden Unternehmen überprüft seine Kennzahlen im Performance Measurement unterjährig, die Mehrheit davon quartalsbezogen.

Zieht man an dieser Stelle einen Vergleich zu den Ergebnissen der Studie von *Lingle und Schiemann* (vgl. *Lingle/Schiemann* 1996, S. 56ff. und die Ausführungen in Kapitel 5.1.4), fällt auf, daß wesentlich mehr Unternehmen aus der nordamerikanischen Unternehmenspraxis (bspw. bezüglich der finanziellen Kennzahlen 88% und der Kennzahlen zur operativen

Effizienz 69%) mindestens halbjährlich eine Überprüfung und gegebenenfalls eine Anpassung der Kennzahlen im Performance Measurement vornehmen (vgl. *Lingle/Schiemann* 1996, S. 58). Die Autoren konstatieren in diesem Zusammenhang, daß solche regelmäßigen Überprüfungen bei erfolgreichen Unternehmen häufiger durchgeführt werden als bei weniger erfolgreichen Unternehmen (vgl. *Lingle/Schiemann* 1996, S. 59).

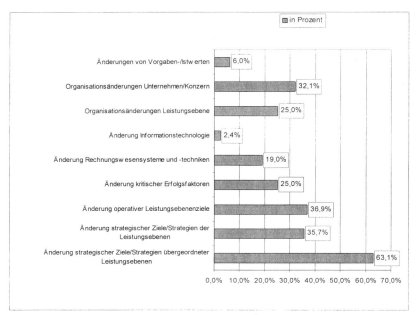

Abb. 8-58: Gründe für eine zeitpunktunabhängige Überprüfung von Kennzahlen und Kennzahlenplanvorgaben (N=84, Mehrfachnennungen waren möglich)

Überprüfungsrhythmus Kennzahlen und Kennzahlenplanvorgaben	in Prozent
Regelmäßig jährlich	65,5%
Regelmäßig unterjährig	20,3%
davon alle 6 Monate	4,8%
davon alle 3 Monate	10,7%
davon jeden Monat	4,8%
Selten oder nie	4,8%
Nur auf Wunsch der Kennzahlenanwender	3,6%
Keine Angaben	5,8%

Abb. 8-59: Überprüfungsrhythmus Kennzahlen und Kennzahlenplanvorgaben (N=84)

8.3.3.2 Bivariate Analysen Kennzahlenaufbau und -pflege

Die bivariaten Analysen innerhalb des Subsystems „Kennzahlenaufbau und –pflege" umfaßten die Untersuchung aller Zusammenhänge innerhalb des Subsystems sowie die Beziehung zur Ergebnisvariable „Unternehmensprofitabilität" (vgl. Abb. 8-60). Drittgrößeneinflüsse wurden im Rahmen dieser Analysen nicht untersucht.

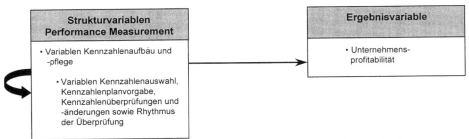

Abb. 8-60: *Rahmen der bivariaten Analysen Kennzahlenaufbau und -pflege*

Die bivariaten Analysen ergaben folgende Ergebnisse (alle Variablen, mit Ausnahme der ordinalen Variable „Unternehmensprofitabilität" haben nominales Skalenniveau, Verwendung fand das Assoziationsmaß Cramers V):

- Vier geringe bis mittlere Korrelationen ergab die Analyse der Zusammenhänge zwischen der Kennzahlenauswahl und der Kennzahlenplanvorgabe. Sehr oft existieren bei den antwortenden Unternehmen die gleichen Verantwortlichkeiten für die Kennzahlenauswahl und die Kennzahlenplanvorgaben. Dies gilt besonders, wenn beide Aufgaben in Zusammenarbeit zwischen den Vorgesetzten und der Leistungsebenenführung (r=0,505***) sowie in Zusammenarbeit von der Leistungsebenenführung und den Leistungsebenenmitarbeitern (r=0,447***) wahrgenommen werden.

- Zwischen den verschiedenen Anlässen für eine Kennzahlenüberprüfung oder -änderung ließen sich nur wenige geringe Zusammenhänge feststellen. Diese konnten für die Variablenpaare „Änderung kritische Erfolgsfaktoren" mit „Änderung Ziele und Strategien der Leistungsebene" (r=0,373***) sowie mit „Änderung operativer Leistungsebenenziele" (r=0,356***) beobachtet werden.
Einen starken Zusammenhang gibt es zwischen den Änderungs- bzw. Überprüfungsanlässen „Organisationsänderungen auf der Leistungsebene" und „Organisationsänderungen Konzern oder Unternehmen" (r=0,721***).

- Nur geringe Korrelationen konnten zwischen den verschiedenen Subsystemvariablen und der Unternehmensprofitabilität ermittelt werden. Den höchsten Einfluß haben die Variable „regelmäßige unterjährige Kennzahlenüberprüfung/-änderung" (r=0,308) sowie der Änderungsanlaß „Änderung Ziele und Strategien der Leistungsebene" (r=0,305).

Die Korrelationen innerhalb der Variablengruppen „Kennzahlenauswahl", „Kennzahlenplanvorgabe" und „Rhythmus der Kennzahlenüberprüfungen und -änderungen" werden nicht gesondert diskutiert, da hier teilweise aufgrund der Fragetechnik (nur eine Antwortmöglichkeit) und der Variablenskalierung mittlere bis hohe Korrelationen existieren müssen (Beispiel:

nur ein Kennzahlenüberprüfungsrhythmus existiert, eine nicht geringe Korrelation zu den anderen Rhythmen, wenn auch nur negativ, hat dies oftmals zur logischen Folge).

8.3.3.3 Multivariate Analysen Subsystem Kennzahlenaufbau und -pflege

Bei der multivariaten Clusteranalyse zur Ermittlung von Subsystemgruppen wurden alle in den beiden vorherigen Kapiteln besprochenen Variablen mit berücksichtigt. Vor der Durchführung der Cluster- und Diskriminanzanalysen wurden die Variablen dichotomisiert.

Die Analysen ergaben drei Gruppen innerhalb des Subsystems „Kennzahlenaufbau und -pflege", die nachfolgend zusammenfassend beschrieben werden (vgl. Abb. 8-61):

- 33% der antwortenden Unternehmen (N=28) führen weitgehend autonom die Kennzahlenauswahl sowie Kennzahlenplanvorgaben durch und sind, bei einer mehrheitlich regelmäßigen Kennzahlenüberprüfung, wenig flexibel bei kennzahlenrelevanten Umfeldänderungen (Typ 1).

Die Kennzahlenauswahl ist bei der Mehrheit der Clusterunternehmen alleinige Aufgabe der Leistungsebenenführung, bei 29% der Unternehmen erfolgt die Kennzahlenauswahl gemeinsam von der Leistungsebenenführung und den Leistungsebenenmitarbeitern. Bei den Kennzahlenplanvorgaben konnten, auch bezüglich des Mitarbeiterpartizipationsgrads, ähnliche Ergebnisse ermittelt werden.

Auffallend ist in dieser Gruppe, daß sowohl bei der Kennzahlenauswahl als auch bei den Kennzahlenplanvorgaben der Einfluß der Vorgesetzten sehr gering ist. Aus diesem Grund kann von einer völlig autonomen, bottom-up (bzw. leistungsebenen)-dominierten Vorgehensweise gesprochen werden.

Die Kennzahlenüberprüfungen und die Überprüfung der Kennzahlenplanvorgaben erfolgt bei der Mehrheit der Gruppenunternehmen (54%) einmal jährlich. Bei 43% der Unternehmen geschieht dies nur selten oder nie.

Bei 54% der Gruppenunternehmen erfolgen Prüfungen und Änderungen der Kennzahlen infolge von strategischen Anpassungen auf übergeordneten Leistungsebenen. Alle anderen Änderungsanlässe sind nur in wenigen Fällen Anlaß für Prüfungen, so daß der Schluß gezogen werden kann, daß die Unternehmen der Gruppe 1 nur wenig flexibel bei kennzahlenrelevanten Umfeldänderungen sind.

- Dem Typ 2 ließen sich 44% der antwortenden Unternehmen (N=37) zuordnen. Dabei handelt es sich um Unternehmen mit einer vorwiegend (> 70% der Clusterunternehmen) bzw. überwiegend (> 90%) leistungsebenenbezogenen teilautonomen Kennzahlenauswahl bzw. Kennzahlenplanvorgabe, mit regelmäßig jährlichen oder unterjährigen Überprüfungen und einer mittleren Flexibilität bei kennzahlenrelevanten Umfeldänderungen.

Die Kennzahlenauswahl erfolgt bei 41% der Clusterunternehmen allein von einer übergeordneten Stelle, bei 46% ist die Auswahl die Folge eines gemeinsamen Auswahlprozesses der Vorgesetzten mit der Leistungsebenenführung. Die Mitarbeiter der Leistungsebenen sind an den Auswahlprozessen in der Regel nicht beteiligt.

Die Kennzahlenüberprüfung erfolgt bei der Mehrheit der Clusterunternehmen jährlich, bei 27% sogar unterjährig (davon mehrheitlich je Quartal).

Die Clusterunternehmen zeigen eine mittlere Flexibilität bei der nichtzyklischen Überprüfung und Änderung der Kennzahlen: 68% der Unternehmen überprüfen und ändern ihre Kennzahlen bei Ziel- und Strategieänderungen übergeordneter

8. Datenauswertung und Ergebnisse der empirischen Untersuchung

Leistungsebenen. Zwischen 30% und 38% der Clusterunternehmen tun dies auch bei Ziel- und Strategieänderungen innerhalb der Leistungsebene, bei Änderungen der operativen Ziele sowie bei der Änderung kritischer Erfolgsfaktoren.

Identifizierte Typen Subsystem Kennzahlenaufbau und -pflege

Typ 1 33% der Fälle (N=28)	Typ 2 44% der Fälle (N=37)	Typ 3 23% der Fälle (N=19)
Völlig autonome, bottom-up-dominierte **Kennzahlenauswahl** (Führung/Mitarbeiter) (VW)	Eingeschränkte teilautonome, top-down-dominierte **Kennzahlenauswahl** (Vorgesetzte/Führung) (ÜW)	Eingeschränkte teilautonome, top-down-dominierte **Kennzahlenauswahl** (Vorgesetzte/Führung) (ÜW)
Völlig autonome **Kennzahlenplanvorgaben** (Führung/Mitarbeiter) (VW)	teilautonome, top-down-überwachte **Kennzahlenplanvorgaben** (Führung/Mitarbeiter) (VW)	teilautonome, top-down-überwachte **Kennzahlenplanvorgaben** (Führung/Mitarbeiter) (MH)
Regelmäßige jährliche Kennzahlenüberprüfung (MH)	Regelmäßige jährliche Kennzahlenüberprüfung (MH)	Regelmäßige jährliche Kennzahlenüberprüfung (VW)
Kennzahlenprüfungen und Änderungen Ziel/Strategieänderung übergeordnete Leistungsebene (MH)	Kennzahlenprüfungen und Änderungen Ziel/Strategieänderung übergeordnete Leistungsebene (MH)	Kennzahlenprüfungen und Änderungen Ziel/Strategieänderung übergeordnete Leistungsebene (MH) Ziel-/Strategieänderg. Leistungsebene (MH) Änderung operativer Ziele (MH) Organisationsänderungen LE (ÜW) Organisationsänderungen Konzern/Unternehmen (ÜW)

GV = gleichverteilt / ÜW = überwiegend (ab 90%) / VW = vorwiegend (ab 70%) / MH = mehrheitlich (ab 50%)
Untersuchungsumfang: 84 Unternehmen

Abb. 8-61: Typen Subsystem „Kennzahlenaufbau und –pflege"

- 19 der antwortenden Unternehmen entsprachen dem Clustertyp 3 (23%). Dies sind Unternehmen mit einer überwiegend bzw. vorwiegend leistungsebenenbezogenen teilautonomen Kennzahlenauswahl bzw. Kennzahlenplanvorgabe mit vorwiegend regelmäßig jährlichen Überprüfungen und einer hohen Flexibilität bei kennzahlenrelevanten Umfeldänderungen.

Die Kennzahlenauswahl bei 42% der Clusterunternehmen erfolgt allein von einer übergeordneten Stelle, bei 53% ist die Auswahl die Folge eines gemeinsamen

Auswahlprozesses der Vorgesetzten mit der Leistungsebenenführung. Die Mitarbeiter der Leistungsebenen sind an den Auswahlprozessen nur bei einem Unternehmen beteiligt.
Die Kennzahlenplanvorgaben liegen mehrheitlich in der Verantwortung der Leistungsebenenführung und der Mitarbeiter.
Die Kennzahlenüberprüfung erfolgt bei 84% der Clusterunternehmen jährlich.
Diese Unternehmen zeigen eine hohe Flexibilität bei der nichtzyklischen Überprüfung und Änderung der Kennzahlen. 95% der Unternehmen nehmen organisatorische Änderungen innerhalb der Leistungsebene und im Konzern oder Unternehmen zum Anlaß für Kennzahlenkontrollen. Die Mehrheit der Unternehmen führt auch bei strategischen und operativen Zielanpassungen sowie bei einer Änderung der kritischen Erfolgsfaktoren Kennzahlenkontrollen durch.

Zur Überprüfung der analysierten Ergebnisse wurde anschließend eine Diskriminanzanalyse durchgeführt, mit der zunächst geklärt werden sollte, inwieweit es clusterbezogene Streuungsunterschiede bei den einzelnen Variablen gibt, die maßgeblich zur Gruppenbildung beigetragen haben.

	Kennzahlenauswahl und –pflege Variablen	F-Wert*	Signifikanz-niveau**
V9	Kennzahlenüberprüfungen und –änderungen: Organisationsänderungen Leistungsebene	135,420	,000
V10	Kennzahlenüberprüfungen und –änderungen: Organisationsänderungen Konzern und Unternehmen	47,642	,000
U11	Kennzahlenauswahl: Aufgabe Leistungsebenenführung	21,436	,000
U23	Kennzahlenplanvorgaben: Aufgabe Vorgesetzte und Leistungsebenenführung	16,660	,000
U21	Kennzahlenplanvorgaben: Aufgabe Leistungsebenenführung	16,506	,000
U14	Kennzahlenauswahl: Aufgabe Leistungsebenenführung und Mitarbeiter	8,345	,001
U13	Kennzahlenauswahl: Aufgabe Vorgesetzte und Leistungsebenenführung	8,224	,001
V113	Kennzahlenüberprüfungsrhythmus: selten oder auf Anfrage	7,658	,001
V4	Kennzahlenüberprüfungen und –änderungen: Änderung kritischer Erfolgsfaktoren	6,993	,002
U12	Kennzahlenauswahl: wird Leistungsebenenführung vorgegeben	5,656	,005
V2	Kennzahlenüberprüfungen und –änderungen: Ziel- u. Strategieänderung Leistungsebene	4,283	,017
V7	Kennzahlenüberprüfungen und –änderungen: Informationssystem Änderungen	3,687	,029

Abb. 8-62: Ergebnisse der Diskriminanzanalyse zur Gruppenspezifikation Kennzahlenaufbau und -pflege

Die Diskriminanzanalyse ergab 12 signifikante Variablen (F-Wert > 3,687, maximal 5%ige Irrtumswahrscheinlichkeit, vgl. Abb. 8-62).

Am meisten trugen die Variablen V9 „Organisationsänderungen Leistungsebene" (F-Wert: 135,42***) und V10 „Organisationsänderungen Konzern und Unternehmen" (F-Wert 47,642***) zur Gruppenbildung bei. Kennzahlenüberprüfungen und -änderungen aufgrund von Organisationsanpassungen führen besonders die Unternehmen des Clustertyps 3 durch (95% der Clusterunternehmen).

Auch hinsichtlich der Variablen U11 „Kennzahlenauswahl: Aufgabe Leistungsebenenführung" (F-Wert 21,436***), U23 „Kennzahlenplanvorgaben: Aufgabe Vorgesetzte und Leistungsebenenführung" (F-Wert 16,66***) und U21 „Kennzahlenplanvorgaben: Aufgabe Vorgesetzte und Leistungsebenenführung" (F-Wert 16,506***) ließen sich große Unterschiede zwischen den drei Subsystemtypen analysieren.

Unternehmen mit einer durch die Leistungsebenenführung ausgeführten Kennzahlenauswahl (Variable U11) und Kennzahlenplanvorgabe (U21) wurden beinahe ausschließlich dem Typ 1 zugeordnet, Unternehmen mit einer gemeinsam von Vorgesetzten und der Leistungsebenenführung festgelegten Kennzahlenplanvorgabe vorwiegend den Subsystemtypen 2 und 3.

Die mit der schrittweisen Diskriminanzanalyse ermittelte relative Wichtigkeit der einzelnen Variablen für die Gruppenerzeugung (vgl. Abb. 8-63) ergab, daß die Variable V9 (Kennzahlenüberprüfung und -änderung infolge von organisatorischen Änderungen auf der Leistungsebene) zur Gruppenbildung am meisten beitrug. Ebenfalls wichtig und wesentlich zur Gruppenbildung beigetragen haben die Variablen U11 (Kennzahlenauswahl: Aufgabe Leistungsebenenführung) und U14 (Kennzahlenauswahl: Aufgabe Leistungsebenenführung und Mitarbeiter).

		Kennzahlenauswahl und -pflege Variablen	Wilks' Lambda	Signifikanz-niveau
1.	V9	Kennzahlenüberprüfungen und -änderungen: Organisationsänderungen: Leistungsebene	,230	,000
2.	U11	Kennzahlenauswahl: Aufgabe Leistungsebenenführung	,155	,000
3.	U14	Kennzahlenauswahl: Aufgabe Leistungsebenenführung und Mitarbeiter	,104	,000
4.	U23	Kennzahlenplanvorgaben: Aufgabe Vorgesetzte und Leistungsebenenführung	,079	,000
5.	U22	Kennzahlenplanvorgaben: Wird Leistungsebenenführung vorgegeben	,065	,000
6.	V10	Kennzahlenüberprüfungen und -änderungen: Organisationsänderungen: Konzern und Unternehmen	,058	,000
7.	V112	Kennzahlenüberprüfungsrhythmus regelmäßig unterjährig	,052	,000

Abb. 8-63: Ergebnisse der schrittweisen Diskriminanzanalyse Kennzahlenaufbau und -pflege

Nur wenig Einfluß auf die Gruppenbildung hatten die anderen Variablen. Dies ist darauf zurückzuführen, daß einige dieser Variablen über alle Gruppen annähernd gleich verteilt (z.B. Variable V111 „Kennzahlenüberprüfungsrhythmus regelmäßig einmal jährlich") oder in ihrem Anfall insgesamt unbedeutend und somit auch für die Gruppenbildung nicht relevant sind (z.B. die Variablen V8 „Kennzahlenüberprüfungen und -änderungen: Abweichung Vorgabe-/Istwerte").

8.3.4 Subsystem Leistungsanreize, -vorgaben und -messung

8.3.4.1 Univariate Analysen

8.3.4.1.1 Kennzahlenkategorien zur Leistungsvorgabe und Vorgabebezugspunkte

Die Kennzahlenkategorien für die Leistungsvorgaben im Performance Measurement wurden differenziert nach den verschiedenen Leistungsebenen erfaßt (vgl. Abb. 8-64).

Bei mehr als 25% der antwortenden Unternehmen entsprechen auf den Leistungsebenen Konzern, Unternehmen und Geschäftsfeld die verwendeten Kennzahlen zur Leistungsvorgabe den strategischen Kennzahlenkategorien. Zwischen 31% und 39,3% der Unternehmen verwendeten nicht alle, sondern nur ausgewählte Kennzahlenkategorien.

Keine Leistungsvorgaben verwenden 22,5% der antwortenden Unternehmen auf der Konzernebene. Zusammen mit denjenigen Unternehmen die keine Angaben machten, entspricht dies einem Drittel der Antworten.

Mindestens die Hälfte der Unternehmen definiert für die Leistungsebenen Produkt, Region, Funktionsbereich und Kostenstelle keine Leistungsvorgaben. Existieren solche dennoch, fokussiert man sich in der Regel auf einige wenige ausgewählte Kennzahlenkategorien.

Nur sehr selten existieren prozeßbezogene Leistungsvorgaben, wenn, dann hauptsächlich im Zusammenhang mit der Anwendung einer Prozeßkostenrechnung auf Teilprozeßebene (bei 11,9% der antwortenden Unternehmen, dies entspricht 10 Unternehmen).

Kennzahlenkategorien Leistungsvorgaben und Leistungsebenen	Strategische Kennzahlen-kategorien	Operative Kennzahlen-kategorien	Ausgewählte Kennzahlen-kategorien	Keine Leistungs-vorgabe	Keine Angaben
Konzern	29,8%	6,0%	31,0%	22,5%	10,7%
Unternehmen	34,5%	10,7%	38,1%	6,0%	10,7%
Geschäftsfeld	26,2%	11,9%	39,3%	11,9%	10,7%
Produkt	16,7%	7,1%	23,8%	41,7%	10,7%
Regionen	14,3%	3,6%	21,4%	50,0%	10,7%
Funktionsbereich	13,1%	14,3%	22,6%	39,3%	10,7%
Kostenstelle		23,8%	26,2%	39,3%	10,7%
Geschäftsprozeß		3,6%	0,0%	85,7%	10,7%
Hauptprozeß		4,8%	2,4%	82,1%	10,7%
Teilprozeß		4,8%	7,1%	77,4%	10,7%
Team		8,3%	8,3%	72,7%	10,7%
Mitarbeiter		8,3%	13,1%	67,9%	10,7%

Abb. 8-64: Kennzahlenkategorien für die Leistungsvorgabe (N=84 Unternehmen)

16,6% der antwortenden Unternehmen definieren auf Teamebene, sicherlich auch eine Folge der zunehmenden Gruppenarbeit, und mehr als 20% Leistungsvorgaben auf Mitarbeiterebene. Die nachfolgende Abbildung gibt einen Überblick über die auf den obersten drei Leistungsebenen Anwendung findenden Kennzahlenkategorien im Zusammenhang mit der Leistungsvorgabe.

Überraschend ist hierbei, daß beinahe 50% der Unternehmen auf Konzernebene aktienbezogene Leistungsvorgaben definieren, während bei nur 39,3% dieser Unternehmen aktienbezogene Kennzahlen Bestandteil der strategischen Planung und Steuerung sind (vgl. nochmals Abb. 8-23). Auch auf Geschäftsfeld- und Unternehmensebene konnte dieses Mißverhältnis nachgewiesen werden. Eine Ursache hierfür kann die in jüngster Zeit zunehmend zu beobachtende stärkere Orientierung von Leistungsvorgaben und einer leistungsorientierten Bezahlung von Führungskräften an Entwicklungen hinsichtlich des Aktienwertes eines Unternehmens sein (vgl. zu aktienorientierten Entgeltsystemen bei *Becker* 1997b, S. 113ff.). Allerdings scheint der Ausbau des strategischen Planungs- und Steuerungssystems zu einem wertorientierten Steuerungskonzept nicht mit dieser Entwicklung schrittzuhalten, was zu dem oben skizzierten Mißverhältnis führen muß.

Auffällig ist im Zusammenhang mit der Interpretation der Ergebnisse der Abb. 8-65 der, im Gegensatz zu den analysierten Gepflogenheiten auf der Konzernebene, auf den Leistungsebenen Unternehmen und Geschäftsfeld stark ausgeprägte Einsatz von nichtfinanziellen Kennzahlen im Rahmen der Leistungsvorgabe. So setzt jedes zweite Unternehmen marktbezogene und mehr als 40% der Unternehmen mitarbeiterbezogene nichtfinanzielle Kennzahlen ein. Auf der Leistungsebene Geschäftsfeld dominieren neben den Kennzahlen des externen und internen Rechnungswesens vor allem die markt- und produktivitätsbezogenen Kennzahlen.

Finanzielle Kennzahlen je Leistungsebene	Externes ReWe	Internes ReWe	Aktien-bezogen			
Konzern	29,8%	57,1%	48,8%			
Unternehmen	73,8%	70,2%	14,3%			
Geschäftsfeld	47,6%	69,0%	7,1%			
Nichtfinanzielle Kennzahlen je Leistungsebene	Allgemein	Markt-bezogen	Mitarbeiter-bezogen	Wachstum / Fortschritt	Produk-tivität	Sonstige
Konzern	36,9%	32,1%	22,6%	23,8%	17,9%	13,1%
Unternehmen	59,5%	50,0%	40,5%	36,9%	35,7%	17,9%
Geschäftsfeld	58,3%	44,4%	33,3%	35,7%	40,5%	14,3%

Abb. 8-65: Kennzahlenkategorien zur Leistungsvorgabe auf den Leistungsebenen Konzern, Unternehmen und Geschäftsfeld (N=84 Unternehmen)

Die Ergebnisse der empirischen Untersuchung bestätigen die Anmerkungen im Kapitel 7.4.3.2 (vgl. nochmals bei *Hendricks* 1994, S. 28), wonach die Bedeutung nichtfinanzieller Kennzahlen auf nachrangigen Leistungsebenen immer stärker zunimmt. So dominieren bspw. auf Mitarbeiter- und Teamebene vorwiegend nichtfinanzielle Kennzahlen zur Leistungsvorgabe, während finanzielle Kennzahlen nur äußerst selten eingesetzt werden.

Wie die Ergebnisse der Abb. 8-66 weiter verdeutlichen, erfolgt bei den antwortenden und eine Leistungsvorgabe definierenden Unternehmen eine starke Anlehnung an die Zyklen und Inhalte der operativen Planung bzw. an die Gesamtplanung im Unternehmen (als operative und strategische Planung).

Die durchgängig zu beobachtende Ausrichtung an der operativen Planung läßt sich möglicherweise durch deren, im Gegensatz zur oft unstrukturierten strategischen Planung, strukturiertere Vorgehensweise in der Unternehmenspraxis begründen. Dies betrifft besonders die, vorwiegend im Zusammenhang mit der Budgetierung, in der Unternehmenspraxis typischen eindeutigen Festlegungen und Beschreibungen der Abläufe, Berichte und Verantwortlichkeiten.

Allerdings zeigt die durchschnittliche Gültigkeitsdauer der Leistungsvorgaben vorwiegend auf den oberen Leistungsebenen keinen klaren Bezug zum für die operative Planung typischen Jahreszyklus. Hier erfolgt im Durchschnitt aller Antworten eine Orientierung mehr an den für strategische Planungszeiträume typischen, längerfristigen Planungszyklen (zwischen 14 Monaten auf der Funktionsbereichs- und 20 Monaten auf der Konzernebene).

Gültigkeitsdauer Leistungsvorgabe und Bezugspunkte der leistungsvorgebenden Unternehmen	Leistungsvorgaben	davon Anpassung Zyklus Inhalte SP	davon Anpassung Zyklus Inhalte OP	davon Anpassung Zyklus Inhalte SP und OP	Gültigkeitsdauer (in Monate/ Durchsch.)
Konzern	66,8%	26,7%	31,1%	42,2%	20
Unternehmen	83,3%	8,4%	42,4%	49,2%	19
Geschäftsfeld	77,4%	8,8%	47,4%	43,8%	16
Produkt	47,6%	5,7%	51,5%	42,8%	18
Regionen	39,3%	7,4%	59,3%	33,3%	16
Funktionsbereich	50,0%	0,0%	82,4%	17,6%	14
Kostenstelle	50,0%	5,3%	78,9%	15,8%	11
Geschäftsprozeß	3,6%	0,0%	50,0%	50,0%	9
Hauptprozeß	7,2%	0,0%	50,0%	50,0%	9
Teilprozeß	11,9%	0,0%	33,3%	66,7%	8
Team	16,6%	0,0%	90,9%	9,1%	14
Mitarbeiter	21,4%	0,0%	87,5%	12,5%	12

Abb. 8-66: Bezugspunkte und Gültigkeitsdauer der Leistungsvorgabe (N=84 Unternehmen)

8.3.4.1.2 Leistungsebenenbezogene Meßzyklen

Wie in Kapitel 7.4.3.2 erläutert, wird in der Performance Measurement-Literatur oftmals ausgeführt, daß die Meßfrequenz zunimmt, je tiefer die Leistungsebene ist.

Wie die Ergebnisse der Abb. 8-67 zeigen, trifft diese Vermutung bei den antwortenden Unternehmen nur eingeschränkt zu.

Die Leistungen nachrangiger Leistungsebenen werden nur selten regelmäßig gemessen, prozeßbezogen ist dies bei 12% (Geschäftsprozesse) bzw. 14,4% (Haupt- und Teilprozesse) der antwortenden Unternehmen der Fall. Die Durchführung team- und mitarbeiterbezogener Messungen erfolgt häufiger (bei 27,5% bzw. 36,9% der antwortenden Unternehmen).

Wird eine Leistungsmessung auf den Leistungsebenen Teilprozeß, Team oder Mitarbeiter durchgeführt, erfolgt diese häufiger im Tages- bzw. Wochenrhythmus als bei Leistungsmessungen auf höheren Leistungsebenen. Speziell auf Teilprozeßebene überrascht das Ergebnis, da in der Regel Prozesse in Gemeinkostenbereichen jahres-, halbjahres- oder

maximal quartalsbezogen gemessen werden. Es ist zu vermuten, daß es sich bei den Objekten der antwortenden Unternehmen um Produktionsprozesse handelt, die kontinuierlich beobachtet und zu produktionsbezogenen Planungs- und Steuerungszwecken quantitativ erfaßt werden.
Messungen im Monatszyklus finden bei der Mehrheit der antwortenden Unternehmen auf den Leistungsebenen Unternehmen, Geschäftsfeld und Produkt statt. Mit Ausnahme der Funktionsbereichs- und Kostenstellenebene erfolgen monatliche Leistungsmessungen auf unteren Leistungsebenen in deutlich weniger Fällen.
Auffällig ist weiter, daß viele Leistungsmessungen auf Prozeßebene nur sehr selten durchgeführt werden, was auf den diskontinuierlichen Einsatz der Instrumente Reeginering (Geschäftsprozesse sind oftmals im Zusammenhang mit Reengineeringaktivitäten zu sehen, die allerdings in vielen Fällen nur einmalig zur Unternehmenserneuerung durchgeführt werden, vgl. *Gaintanides* 1994, S. 11ff.) und Prozeßkostenrechnung (die Ergebnisse im späteren Kap. 8.3.5.1.2 werden dies verdeutlichen: mehr als 35% der antwortenden Unternehmen wenden eine Prozeßkostenrechnung nur zeitweise oder selten an) in der Unternehmenspraxis zurückzuführen ist.
Am verbreitesten sind Leistungsmessungen auf den Leistungsebenen Konzern, Unternehmen und Geschäftsfeld. In der Regel erfolgen diese im Jahres- oder Monatszyklus.

Leistungsmessungs-frequenz und Leistungsebene	nie und keine Angaben	Messungen Gesamt	davon sehr selten	davon jährlich	davon halb-jährlich	davon viertel-jährlich	davon monatlich	davon wöchent-lich/tägl.
Konzern	23,8%	76,2%	1,6%	43,7%	0,0%	15,6%	39,1%	0,0%
Unternehmen	4,8%	95,2%	2,5%	28,8%	2,5%	15,0%	51,2%	0,0%
Geschäftsfeld	11,9%	88,1%	2,7%	28,4%	1,4%	9,4%	56,8%	1,4%
Produkt	38,1%	61,9%	5,8%	23,1%	5,8%	7,8%	51,7%	5,8%
Regionen	51,2%	48,8%	4,9%	34,2%	2,5%	14,5%	41,4%	2,5%
Funktionsbereich	42,8%	57,2%	2,1%	33,2%	0,0%	10,5%	54,2%	0,0%
Kostenstelle	29,8%	70,2%	0,0%	20,4%	1,7%	11,8%	66,1%	0,0%
Geschäftsprozeß	88,0%	12,0%	50,0%	10,0%	0,0%	10,0%	30,0%	0,0%
Hauptprozeß	85,6%	14,4%	50,0%	25,0%	8,3%	0,0%	16,7%	0,0%
Teilprozeß	85,6%	14,4%	41,7%	16,7%	0,0%	0,0%	25,0%	16,7%
Team	72,5%	27,5%	4,4%	21,8%	4,4%	21,8%	43,3%	4,4%
Mitarbeiter	63,1%	36,9%	6,5%	51,5%	6,5%	6,5%	25,7%	3,3%

Abb. 8-67: *Leistungsebenenbezogene Meßzyklen (N=84 Unternehmen)*

8.3.4.1.3 Ergebniskommunikation
Die Auswertungen der Antworten zur Kommunikation der Ergebnisse der Leistungsmessung erbrachte eine nicht erwartete Dominanz der Ergebniskommunikation durch Vorgesetzte im Zusammenhang mit einem Vorgesetztengespräch. Beinahe die Hälfte der antwortenden Unternehmen vermitteln ihren Leistungsebenenverantwortlichen die Ergebnisse in dieser Form (vgl. Abb. 8-68). Denkbar ist, daß dies in Form von Review-Gesprächen im Rahmen der Anwendung des Personalführungsmodells „Management-by-Objectives" (MbO, vgl. hierzu z.B. *Macharzina* 1995, S. 451ff.) erfolgt, da die Leistungsbewertung und –kommunikation in

diesem Modell eng mit einer Ergebnisbesprechung des Vorgesetzten mit seinen Mitarbeitern verbunden ist.
Vermutlich handelt es sich hierbei allerdings mehr um Gespräche zur ergänzenden Ergebnisinterpretation durch den Vorgesetzten und die Besprechung möglicher Konsequenzen als die alleinige Kommunikation von relevanten Kennzahlenausprägungen. Insgesamt 36,9% der antwortenden Unternehmen favorisieren eine Ergebniskommunikation durch zeitnahe (Berichtszyklus entspricht dem Zyklus der Leistungsmessung: 22,2%) oder zeitverzögerte (Berichtszyklus entspricht nicht dem Zyklus der Leistungsmessung: 14,7%) Berichte, während nur wenige Unternehmen (3,6%) den Leistungsebenenverantwortlichen die Möglichkeit einer selbständigen oder durch den Datenverwalter autorisierten systemgestützten Ergebnisabfrage einräumen.

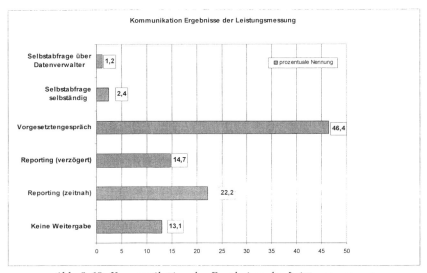

Abb. 8-68: Kommunikation der Ergebnisse der Leistungsmessung

8.3.4.1.4 Konsequenzen aus der Leistungsmessung und Erfolgskontrolle
Wie in den Kapiteln 7.4.3.1 und 7.4.3.3 bereits ausführlich dargestellt und erläutert, sollten die Leistungsmessung und Erfolgskontrolle hinsichtlich ihrer Konsequenzen für die Mitarbeiter und Manager im Unternehmen eng mit dem Anreizsystem, also auch mit Belohnung und Sanktion gekoppelt werden (vgl. auch die Ausführungen bei *Kohlgrüber* 1998, S. 104ff.).
Beförderung und Bezahlung, als mögliche Belohnungsalternativen, sollten jedoch nicht allein nach Rendite und Rentabilitätsaspekten erfolgen (vgl. hierzu auch *Eccles* 1991, S. 20). Es wäre daher falsch, mehrdimensionale Kennzahlen als wichtig für das Performance Measurement-System anzusehen, jedoch nur finanzielle Erfolge zu belohnen (vgl. *Eccles/Pyburn* 1992, S. 44). Ähnliche anreizbezogene Fehlentwicklungen sind auch im Zusammenhang mit der Einführung neuer Organisationsstrukturen zu vermeiden. Solche Fehlentwicklungen können dann auftreten, wenn Leistung infolge einer Reorganisation an

anderen (auf der Mitarbeiter-ebene bspw. Einhaltung der Akkordzeiten) als den neuen organisatorischen Zielen (bspw. höhere Flexibilität, Qualität und Kundenorientierung und geringe Kosten) gemessen wird.

Auch *Kaplan* und *Norton* empfehlen im Zusammenhang mit der Einführung einer Balanced Scorecard eine leistungsorientierte Vergütung in Anlehnung an eine Auswahl an kritischen strategischen Kennzahlen. Deren gewünschte Ausprägungen sollten daher in Form einer Schwelle quantifiziert werden. Nur wenn diese Schwelle erreicht wird, erfolgt eine Zusatzvergütung (vgl. *Kaplan/Norton* 1996, S. 81f.). Ist dies nicht der Fall, sind die Ursachen für Abweichungen zu identifizieren.

Ist dies geschehen, werden im Rahmen des Teilschrittes „Performance-Management" Aktivitäten, Maßnahmen und Wege zur besseren Planzielerreichung aufgezeigt. Ist aufgrund der ungünstigen Entwicklungen keine Planerreichung möglich, kann aufgrund der geänderten Peripherie- bzw. Umweltdaten eine Plananpassung der einzelnen Kenngrößen und/oder der Vorgaben bezüglich der Performanceebenen erfolgen.

Weitere Konsequenzen aus der Leistungsmessung können Schulungen oder Gespräche mit Vorgesetzten sein.

Aus der Leistungsmessung erfolgen dann keine Konsequenzen, wenn
- keine Leistungsmessung erfolgt,
- keine speziellen, festgelegten Konsequenzen existieren oder
- diese nicht gewünscht sind.

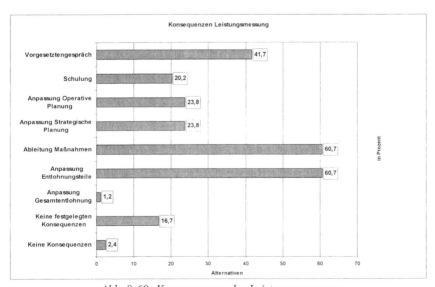

Abb. 8-69: Konsequenzen der Leistungsmessung
(N=84 Unternehmen, Mehrfachnennungen waren möglich)

In Abb. 8-69 sind die Ergebnisse der deskriptiven Datenanalyse der Variable Konsequenzen dargestellt. Demnach sind im Rahmen des Performance Measurement bei 60,7% der antwortenden Unternehmen Entlohnungsbestandteile an die Ergebnisse der Leistungsmessung

gekoppelt. Eine Kopplung des gesamten Gehalts an die jeweilige Leistung ist völlig ungewöhnlich (nur bei 1,2% der Unternehmen).
Ebenfalls 60,7% der Unternehmen definieren konkrete (Anpassungs-)Maßnahmen in Folge der Leistungsbewertung und -beurteilung. Oftmals erfolgt ergänzend hierzu noch ein Vorgesetztengespräch (bei 41,7%). Nur sehr selten werden keine Konsequenzen (2,4%) und nur selten keine festgelegten Konsequenzen (16,7%) gezogen.

8.3.4.2 Bivariate Analysen
In Ergänzung der univariaten Analysen wurden einige bivariate Untersuchungen durchgeführt. Hierzu erfolgte die Untersuchung der Beziehungen innerhalb der Strukturvariablengruppe „Kennzahlen zur Leistungsvorgabe" der Leistungsebenen Konzern, Unternehmen und Geschäftsfeld sowie die Beziehungen innerhalb und zwischen den Variablen der Strukturvariablengruppen „Leistungsmessungszyklen" und „Konsequenzen der Leistungsmessung" (vgl. Abb. 8-70).
Alle drei Strukturvariablengruppen wurden auch hinsichtlich ihrer Beziehung zur Ergebnisvariablen analysiert.

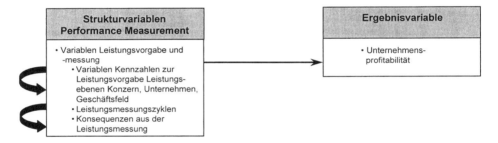

Abb. 8-70: Rahmen der bivariaten Analysen Subsystem „Leistungsvorgabe und –messung"

In Abhängigkeit von der Variablenskalierung wurden die in Kapitel 8.1.2.1 aufgeführten Assoziations- bzw. Korrelationsmaße verwendet. Drittgrößeneinflüsse wurden bei diesen Analysen noch nicht berücksichtigt.
Folgende Ergebnisse erbrachten die bivariaten Analysen für die oben beschriebenen Strukturvariablen:
a) Strukturvariablengruppe „Kennzahlen zur Leistungsvorgabe" auf den Leistungsebenen Konzern, Unternehmen und Geschäftsfeld sowie Unternehmensprofitabilität
Neben sehr vielen mittleren, konnten einige starke bzw. beinahe starke Korrelationen (stets gemessen mit dem Assoziationsmaß Cramers V, da alle Variablen, mit Ausnahme der Profitabilität, ein nominales Skalenniveau haben) besonders innerhalb der jeweiligen Leistungsebenen beobachtet werden.
Insgesamt vier solcher Beziehungen ließen sich auf Konzernebene analysieren: zwischen marktbezogenen sowie jeweils mitarbeiterbezogenen (r=0,713***) und wachstums-/fortschrittsbezogenen Kennzahlen (r=0,678***). Ebenso zwischen mitarbeiterbezogenen Kennzahlen und wachstums-/fortschrittsbezogenen (r=0,689***) bzw. sonstigen Kennzahlen (r=0,712***).

Auch auf den Leistungsebenen Unternehmen und Geschäftsfeld konnten annähernd starke Korrelationen zwischen marktbezogenen und mitarbeiterbezogenen Kennzahlen (r=0,645*** auf Unternehmensebene und r=0,648*** auf Geschäftsfeldebene) beobachtet werden. Eine starke Korrelation ließ sich auch zwischen mitarbeiterbezogenen Kennzahlen sowie wachstums-/fortschrittsbezogenen Kennzahlen auf Geschäftsfeldebene identifizieren (r=0,720***).

In all diesen Fällen ist der Erwartungswert hinsichtlich des gleichzeitigen Einsatzes von zwei verschiedenen Kennzahlenkategorien auf der betroffenen Leistungsebene deutlich geringer als der beobachtete Wert (Bsp.: Erwartungswert mitarbeiter- x marktbezogene Kennzahlen Unternehmen = 19 Fälle, Istwert = 31 Fälle).

Mindestens sieben mittlere Korrelationen wurden bei leistungsebenenübergreifenden Kennzahlenzusammenhängen beobachtet. Sechs davon bezogen sich auf gleiche (nichtfinanzielle) Kennzahlenkategorien über zwei Leistungsebenen (z.B. mitarbeiterbezogene Kennzahlen Konzern und mitarbeiterbezogene Kennzahlen Unternehmen: r=0,516***), eine Korrelation auf gleiche Kennzahlenkategorien über drei Leistungsebenen (sonstige Kennzahlen Konzern und Geschäftsfeld: r=0,539***).

Den stärksten Einfluß auf die Profitabilität haben die beiden Variablen „Kennzahlen des internen Rechnungswesens, Konzern" (r=0,319) und „Kennzahlen Wachstum/Fortschritt, Geschäftsfeld" (r=0,317).

Die Analyse der jeweils der Korrelationsbildung zugrunde liegenden Kreuztabellen zeigt, daß der Erwartungswert bezüglich mindestens durchschnittlich profitabler Unternehmen, die Kennzahlen des internen Rechnungswesens zur Leistungsvorgabe auf Konzernebene einsetzen, bei 35,2 Fällen liegt, beobachtet wurden 33 Fälle. Dies kommt einer geringen negativen Korrelation gleich.

Unternehmen, die auf Geschäftsfeldebenen wachstums- und fortschrittsbezogene Kennzahlen einsetzen, haben in der Regel eine höhere Profitabilität als Unternehmen die solche Kennzahlen nicht einsetzen (Erwartungswert hohe bzw. sehr hohe Profitabilität: 13,3 Fälle, beobachtet: 17 Fälle).

b) Strukturvariablengruppen „Leistungsmessungszyklen", „Konsequenzen aus der Leistungsmessung" sowie Unternehmensprofitabilität

Die Untersuchungen innerhalb der Strukturvariablengruppe „Leistungsmessungszyklen" (Variablen mit ordinalem Skalenniveau, Korrelationsmaß Pearson´s R) ergaben sehr viele starke positive (26 Beziehungen) und einige sehr starke positive (3 Beziehungen) Korrelationen. Ein Teil dieser Korrelationen soll jedoch nicht näher betrachtet werden, da nur wenige Fälle (< 15) der Korrelationsbildung zugrunde liegen (gilt für die Beziehungen der Variablen Leistungsmessung Teil-, Haupt- und Geschäftsprozeß).

Eine sehr starke Korrelation existiert zwischen der produktbezogenen Leistungsmessung und der Variablen „Leistungsmessung Team" (r=0,921***).

Mindestens vier starke Korrelationen konnten zu den Variablen „Leistungsmessung Konzern" (starke positive Korrelationen zur Leistungsmessung Unternehmen, Geschäftsfeld, Region, Funktionsbereich), „Leistungsmessung Unternehmen" (starke positive Korrelationen zur Leistungsmessung Geschäftsfeld, Produkt, Region, Kostenstelle) und „Leistungsmessung

Geschäftsfeld" (starke positive Korrelationen zur Leistungsmessung Produkt, Region, Funktionsbereich, Kostenstelle) beobachtet werden.
Neun mittlere und starke Korrelationen (ohne die Korrelationen der Variablen Leistungsmessung Teil-, Haupt- oder Geschäftsprozeß) sind zwischen den Strukturvariablengruppen „Leistungsmessung" und „Konsequenzen" vorhanden:
- Eine produktebenenbezogene Leistungsmessung hat mittlere Korrelationen zu „keine festgelegten Konsequenzen" (r=0,527*) und „Anpassung von Entlohnungsbestandteilen" (r=0,504*), eine regionenbezogene Leistungsmessung zu den Variablen „Keine Konsequenzen" (r=0,547*) und „Ableitung Maßnahmen" (r=0,523*).
- Eine teambezogene Leistungsmessung hat mittlere Korrelationen zu „Anpassung von Entlohnungsbestandteilen" (r=0,622) und „Ableitung Maßnahmen" (r=0,645) sowie eine starke Korrelation mit der Variablen „Anpassung strategische Planung" (r=0,712*).
- Zwei mittlere Korrelationen existieren zwischen einer mitarbeiterbezogenen Leistungsmessung sowie der Anpassung der gesamten Entlohnung (r=0,695*) und der Anpassung der operativen Planung (r=0,640).

Nur eine mittlere Korrelation konnte innerhalb der Strukturvariablengruppe „Konsequenzen" beobachtet werden:
- Diese existiert zwischen den Variablen „Anpassung strategische Planung" und „Anpassung operative Planung" (r=0,529***). In neun beobachteten Fällen hat die Anpassung der strategischen Planung auch die Anpassung der operativen Planung zur Folge (Erwartungswert: 2,6 Fälle).

Den stärksten Einfluß auf die Variable „Profitabilität" haben die Variablen „Leistungsmessung Hauptprozeß" (r=0,624*) und „Leistungsmessung Geschäftsprozeß" (r=0,607), wobei anzumerken ist, daß der Korrelationsbildung nur 12 bzw. 10 Fälle zugrunde lagen. Eine häufige Leistungsmessung auf diesen Leistungsebenen geschieht besonders bei mindestens hoch profitablen Unternehmen.
Zwei bemerkenswerte mittlere Korrelationen zur Profitabilität konnten für die Variablen „Leistungsmessung Kostenstelle" (r=0,355**) und Leistungsmessung Mitarbeiter" (r=0,385*) beobachtet werden. Monatliche oder wöchentliche Leistungsvorgaben auf Kostenstellen- und Mitarbeiterebene sind überproportional bei profitablen oder sehr profitablen Unternehmen Gepflogenheit (Bsp.: Erwartungswert monatliche Leistungsmessung hoch oder sehr hoch profitable Unternehmen: 16,5 Fälle. Beobachteter Wert: 22 Fälle).
Nur sehr geringen Einfluß haben, mit Ausnahme des Vorgesetztengesprächs (r=0,264) und der Anpassung der gesamten Entlohnung (r=0,298), die Konsequenzen der Leistungsmessung auf die Unternehmensprofitabilität.

8.3.4.3 Multivariate Analysen

Alle in den vorherigen Abschnitten zur Leistungsmessung, Leistungsplanung und zu Leistungsanreizen diskutierten Strukturvariablen des Subsystems "Leistungsmessung" wurden bei der strukturentdeckenden Clusteranalyse mit einbezogen. Vor der Durchführung der Cluster- sowie der Diskriminanzanalysen wurden die Variablen dichotomisiert.
Die Clusteranalysen führten zu fünf Subsystemtypen, die nachfolgend hinsichtlich ihrer Ausgestaltung und Zusammensetzung beschrieben werden (vgl. Abb. 8-71):

Identifizierte Typen Subsystem Leistungsmessung

	Typ 1 11% der Fälle (N=9)					Typ 2 27% der Fälle (N=23)					Typ 3 22% der Fälle (N=18)					Typ 4 22% der Fälle (N=18)					Typ 5 19% der Fälle (N=16)				
Kennzahlenkategorien Leistungsmessung	K	U	GF	P	RE	FB	K	U	GF	P	RE	FB	K	U	GF	P	RE	FB	K	U	GF	P	RE	FB
Externes ReWe	-	-	-	-	-	-	MH	-	-	-	-	-	MH	-	-	-	-	-	VW	ÜW	ÜW	-	-	-	MH	VW	VW	MH	MH
Internes ReWe	-	-	-	-	-	-	-	MH	-	-	-	-	MH	ÜW	ÜW	-	-	-	VW	VW	ÜW	MH	-	-	MH	VW	VW	MH	MH
Markt	-	-	-	-	-	-	-	-	-	-	-	-	MH	MH	VW	-	-	-	-	ÜW	VW	MH	-	-	VW	ÜW	ÜW	ÜW	-	-
Mitarbeiter	-	-	-	-	-	-	-	-	-	-	-	-	-	VW	VW	-	-	-	MH	VW	VW	-	-	MH	-	-	-	-	-	-
Wachstum	-	-	-	-	-	-	-	-	-	-	-	-	MH	VW	MH	-	-	-	MH	VW	VW	-	-	-	-	-	-	-	-	-
Produktivität	-	-	-	-	-	-	-	-	-	-	-	-	-	VW	MH	-	-	-	MH	VW	MH	-	MH	-	-	-	-	-	-	-
Sonstige NF Kennzahlen	-	-	-	-	-	-	-	-	-	-	-	-	-	-	-	-	-	-	-	-	-	-	-	-	-	-	-	MH	-
Keine Kennzahlen	ÜW	ÜW	ÜW	ÜW	ÜW	ÜW	-	-	-	VW	MH	MH	-	-	-	MH	ÜW	ÜW	-	-	-	-	-	-	-	-	-	-	-
Weitere Leistungsebenen	keine KZ (ÜW)						keine KZ (mind. VW)						keine KZ (mind. VW)						keine KZ (mind. VW) Kostenstelle - KZ InReWe (VW)						keine KZ (mind. MH) Kostenstelle - KZ InReWe (VW)					
Kennzahlenkategorien für die Leistungsvorgabe	K	U	GF	P	RE	FB	K	U	GF	P	RE	FB	K	U	GF	P	RE	FB	K	U	GF	P	RE	FB	K	U	GF	P	RE	FB
Strategische KZ-Kategorien	-	-	-	-	-	-	MH	MH	-	-	-	-	MH	VW	MH	-	-	-	MH	VW	MH	MH	-	-	-	-	-	-	-	-
Operative KZ-Kategorien	-	-	-	-	-	-	-	-	-	-	-	-	-	-	-	-	-	-	-	-	-	-	-	-	-	-	-	-	-	-
Ausgewählte KZ-Kategorien	-	-	-	-	-	-	-	MH	-	-	-	-	-	-	-	-	-	-	-	-	-	-	-	-	MH	VW	VW	MH	MH
Keine Leistungsvorgabe	ÜW	ÜW	ÜW	ÜW	ÜW	ÜW	-	-	-	VW	MH	MH	-	-	-	MH	VW	VW	-	-	-	-	-	-	-	-	-	-	-	-
Weitere Leistungsebenen	keine						Kostenstelle (Auswahl VW)						Kostenstelle (Auswahl MH)						Kostenstelle (Str. KZ MH)						Kostenstelle (Op. KZ MH)					
Zyklische/Inhaltliche Anpassung an	K	U	GF	P	RE	FB	K	U	GF	P	RE	FB	K	U	GF	P	RE	FB	K	U	GF	P	RE	FB	K	U	GF	P	RE	FB
Strategische Planung	-	-	-	-	-	-	-	-	-	-	-	-	-	-	-	-	-	-	-	-	-	-	-	-	-	-	-	-	-	-
Operative Planung	-	-	-	-	-	-	MH	-	-	-	-	-	MH	-	-	-	-	-	MH	-	-	-	-	-	-	-	-	-	-	VW
Strat. und operative Planung	-	-	-	-	-	-	-	-	-	-	-	-	-	-	-	-	-	-	-	-	-	-	-	-	-	MH	-	-	-	-
Keine, aber Leistungsvorg.	-	-	-	-	-	-	-	-	-	-	-	-	-	-	-	-	-	-	-	-	-	-	-	-	-	-	-	-	-	-
keine, keine Leistungsvorg.	ÜW	VW	VW	VW	VW	VW	-	-	-	MH	MH	MH	-	-	-	MH	VW	VW	-	-	-	-	-	-	-	-	-	-	-	MH
Weitere Leistungsebenen	keine relevanten Angaben						keine relevanten Angaben						keine relevanten Angaben						keine relevanten Angaben						Kostenstelle (Anp. Op. VW)					
Leistungsmessungsfrequenz	K	U	GF	P	RE	FB	K	U	GF	P	RE	FB	K	U	GF	P	RE	FB	K	U	GF	P	RE	FB	K	U	GF	P	RE	FB
Mindestens jährlich	-	-	-	-	-	-	-	-	-	-	-	-	-	-	-	-	-	-	-	-	-	-	-	-	-	-	-	-	-	-
Mindestens vierteljährlich	-	-	-	-	-	-	-	-	-	-	-	-	-	-	-	-	-	-	-	-	-	-	-	-	-	-	-	-	-	-
Mindestens monatlich	-	MH	MH	-	-	-	-	-	-	-	-	<MH	-	<MH	<MH	-	-	-	-	MH	MH	-	-	-	-	MH	MH	-	-	-
Keine Leistungsmessung	-	-	-	<MH	MH	MH	-	-	-	-	-	-	-	-	-	-	-	-	-	-	-	VW	MH	MH	-	-	-	-	-	<MH
Maßstäbe Leistungsmessung	(leistungsebenenunabhängig)						(leistungsebenenunabhängig)						(leistungsebenenunabhängig)						(leistungsebenenunabhängig)						(leistungsebenenunabhängig)					
Vorgabe-/Istwert PuS-KZ	>ÜW						VW						VW						VW						MH					
Vorgesetztenurteil	-						MH						MH						<MH						-					
Ergebniskommunikation LM	(leistungsebenenunabhängig)						(leistungsebenenunabhängig)						(leistungsebenenunabhängig)						(leistungsebenenunabhängig)						(leistungsebenenunabhängig)					
Im Rahmen des Reporting	MH						MH						MH						MH						MH					
Vorgesetztengespräch	-						-						-						-						-					
Konsequenzen LM	(leistungsebenenunabhängig)						(leistungsebenenunabhängig)						(leistungsebenenunabhängig)						(leistungsebenenunabhängig)						(leistungsebenenunabhängig)					
Anpassung Entlohnungsteile	MH						MH						-						MH						VW					
Ableitung Maßnahmen	<VW						MH						<VW						MH						-					
Vorgesetztengespräch	MH						MH						MH						MH						MH					

KRA=keine relevanten Aussagen/ GV=gleichverteilt / ÜW = überwiegend (ab 90% d.U. im Cluster) /
VW = vorwiegend (ab 70% der Unternehmen im Cluster)/ MH= mehrheitlich (ab 50% d.U. im Cl.), KZ=Kennzahlen
K=Konzern, U=Unternehmen, GF=Geschäftsfeld, P=Produktfeld, RE=Region, FB=Funktionsbereich
Untersuchungsumfang: 84 Unternehmen
K=Konzern, U=Unternehmen, GF=Geschäftsfeld, P=Produktfeld, RE=Region, FB=Funktionsbereich
Anmerkung: Alle anderen Variablen über alle Cluster ähnlich verteilt oder keine besonderen Ausprägungen

Abb. 8-71: Typen Subsystem „Leistungsmessung" (Vergrößerung vgl. Anlage 3)

- 11% der antwortenden Unternehmen (N=9) entsprechen dem Subsystemtyp 1. Diese Unternehmen zeichnen sich durch einen überwiegenden (> 90% der Clusterunternehmen) Verzicht auf eine kennzahlenbezogene Leistungsvorgabe und Leistungsmessung auf allen Leistungsebenen aus. Mehr als 70% dieser Unternehmen verzichtet völlig auf Leistungsvorgaben.

Zwar werden auf Unternehmens- und Geschäftsfeldebene mehrheitlich im Monatszyklus Leistungsmessungen durchgeführt, jedoch stützen sich diese vermutlich auf allgemeine

Trotz des weitgehenden Verzichts auf Leistungsvorgaben, erfolgt in mehr als 50% der Clusterunternehmen hinsichtlich von Entlohnungsbestandteilen eine erfolgsabhängige Bezahlung der Führungskräfte. In 67% der Clusterunternehmen werden bei nicht wunschgemäßen Ergebnissen Korrekturmaßnahmen eingeleitet.

- Dem Typ 2 ließen sich 27% der antwortenden Unternehmen (N=23) zuordnen. Dabei handelt es sich um Unternehmen, die vorwiegend auf Unternehmensebene mit externen und internen Kennzahlen Leistungsvorgaben definieren (57% der Clusterunternehmen). Die Leistungplanung und –messung wird auf der Unternehmensebene mehrheitlich an den Zyklus der operativen Planung angepaßt.

    Im Rahmen der Leistungsmessung dominiert, mit Ausnahme der für die Leistungsmessung insgesamt bedeutungslosen Leistungsebene „Funktionsbereich", kein Meßzyklus besonders stark. Dies gilt auch für die wichtige Leistungsebene „Unternehmen" (39% der Clusterunternehmen messen auf dieser Leistungsebene monatlich, 30% jährlich und 22% vierteljährlich).

    Die Unternehmen dieses Clusters orientieren sich bei der Leistungsmessung an den Maßstäben „Vorgabe-/Istwerte der Planungs- und Steuerungskennzahlen" (78%) sowie stark an Vorgesetztenurteilen (61%).

    Die Mehrheit der diesem Cluster zuordenbaren Unternehmen leitet aus den Ergebnissen der Leistungsmessung die Anpassung von Entlohnungsbestandteilen, Vorgesetztengespräche sowie Performance Management-Maßnahmen ab. 40% der Unternehmen passen fallweise ihre operativen Planungen den Ergebnissen der Leistungsmessung an.

- 18 der antwortenden Unternehmen entsprachen der Gruppe 3 (22%). Diese verwenden vorwiegend auf Unternehmens- sowie mindestens mehrheitlich auf Konzern- und Geschäftsfeldebene verschiedene finanzielle und nichtfinanzielle Kennzahlenkategorien, die mindestens mehrheitlich den strategischen Kennzahlenkategorien entsprechen.

    Die Leistungsplanung und –messung wird auf den Leistungsebenen Unternehmen und Geschäftsfeld der gesamten Planung, d.h. der strategischen und operativen Planung, angepaßt.

    Als Maßstäbe für die Leistungsmessung haben neben den Kennzahlen auch Vorgesetztenurteile eine hohe Bedeutung (bei 67% der Unternehmen).

    Die Leistungsmessung erfolgt auf diesen Leistungsebenen beinahe mehrheitlich (45% der Unternehmen) im Monatsrhythmus, auf der Konzernebene überwiegen vierteljährliche und jährliche Messungen. Die Ergebnisse werden im Rahmen des Reporting (bei 44% der Clusterunternehmen) sowie durch Vorgesetztengespräche vermittelt.

    Die Mehrheit dieser Clusterunternehmen leitet aus den Ergebnissen der Leistungsmessung die Anpassung von Entlohnungsbestandteilen, Vorgesetztengespräche sowie Performance Management-Maßnahmen ab.

- Typisch für die Unternehmen des Leistungsmessungstyps 4 ist ein bei mehr als 70% der Gruppenunternehmen vorzufindender sehr differenzierter Kennzahleneinsatz (finanzielle und nichtfinanzielle Kennzahlen) auf den obersten vier Leistungsebenen, sowie ein mehrheitlicher Kennzahleneinsatz auf den Leistungsebenen Region, Funktionsbereich und Kostenstelle.

Diese Kennzahlen entsprechen auf den Leistungsebenen Unternehmen und Geschäftsfeld mindestens mehrheitlich allen strategischen Kennzahlenkategorien (außer sonstige Kennzahlen). Auf den vier weiteren strategischen Leistungsebenen sind mindestens drei Kennzahlenkategorien mehrheitlich im Einsatz, auf der ersten operativen Leistungsebene Kostenstelle setzen mehr als zwei Drittel der Clusterunternehmen Kennzahlen des internen Rechnungswesens ein.
Leistungsmessungen erfolgen auf Unternehmens- und Geschäftsfeldebene mehrheitlich mindestens monatlich, während auf den anderen Leistungsebenen trotz der Vorgabe von Kennzahlenkategorien mehrheitlich keine regelmäßigen Leistungmessungen durchgeführt werden.
Die Mehrheit der diesem Cluster zuordenbaren Unternehmen leitet aus den Ergebnissen der Leistungsmessung die Anpassung von Entlohnungsbestandteilen und Performance Management-Maßnahmen ab.
Bezüglich der Variablen Anpassung an die Planung sowie für die Ergebniskommunikation ergaben sich keine für die Mehrheit der Clusterunternehmen gültige Aussagen.

- Ähnlich wie die Unternehmen des Clustertyps 4 zeichnen sich die Unternehmen des Subsystemtyps 5 (N=18, dies entspricht 19% der Fälle) durch einen Kennzahleneinsatz für Leistungsvorgaben auf den obersten sieben Leistungsebenen aus. Allerdings erfolgt, mit Ausnahme einiger marktbezogener Kennzahlen bei mindestens 50% der Clusterunternehmen, lediglich der Einsatz von Kennzahlen des externen und internen Rechnungswesens.
Insgesamt gibt es keine vollständige Orientierung an den strategischen oder operativen Kennzahlen-Kategorien, da nur ausgewählte Kennzahlen für die Leistungsvorgabe und – messung Verwendung finden. Auf Funktionsbereichs-, Kostenstellen (jeweils mehr als 70% der Clusterunternehmen) und Geschäftsfeldebene (>50%) erfolgt eine starke inhaltliche und zyklische Anlehnung an die operative Planung.
Leistungsmessungen erfolgen auf Unternehmens- und Geschäftsfeldebene mehrheitlich mindestens monatlich, während für die anderen Leistungsebenen keine mehrheitlich gültigen Aussagen möglich sind.
Als Maßstäbe für die Leistungsmessung haben neben den Kennzahlen auch Vorgesetztenurteile eine hohe Bedeutung (bei 62% der Unternehmen). Ferner legen 31% der Unternehmen auch Wert auf Mitarbeiter- oder Kundenurteile.
Die Kommunikation der Ergebnisse der Leistungsmessung erfolgt mehrheitlich im Vorgesetztengespräch. Als Konsequenzen ergeben sich Anpassungen von Entlohnungsbestandteilen sowie Performance Management-Aktivitäten.

Die mit der Clusteranalyse ermittelten Ergebnisse wurden anschließend mit der Methodik der Diskriminanzanalyse überprüft. Diese ergab, daß insgesamt 111 Variablen signifikant zur Gruppenbildung beigetragen haben (F-Wert > 2,502, maximal 5%ige Irrtumswahrscheinlichkeit).
In der nachfolgenden Abb. 8-72 sind die 30 Variablen mit dem höchsten F-Wert (bei annähernd 0%iger Irrtumswahrscheinlichkeit) aufgeführt. Dieser F-Wert stellt ein Maß für die Streuung zwischen den Gruppen dar.

Der deutlich höchste F-Wert, d.h. die höchste Streuung zwischen den mit der Clusteranalyse ermittelten Subsystemtypen (bei gleichzeitig kleiner Streuung innerhalb der Gruppen), konnte für die Variable P36E „Keine Anpassung an den Zyklus strategische oder operative Planung, keine Leistungsvorgabe Mitarbeiter" (F-Wert: 141,071***) ermittelt werden. Diese fällt zu 89% im Clustertyp 1 an, alle anderen Cluster haben im Rahmen der Leistungsmessung andere mitarbeiterbezogene zyklische und inhaltliche Anpassungen an die Planung.
Auch hinsichtlich des Einsatzes von Wachstumskennzahlen zur Leistungsmessung auf der Produktebene (Variable PGWF, F-Wert: 58,809***) sowie der nichtkennzahlengestützten Leistungsvorgabe auf Unternehmensebene (Variable PENICHT, F-Wert: 45,926***) gab es eine große Streuung zwischen den Gruppen:
- Für die Leistungsvorgabe werden Wachstumskennzahlen auf Produktebene in bedeutendem Ausmaß nur bei Unternehmen des Clustertyps 4 eingesetzt.
- Alle Unternehmen des Clustertyps 1 verwenden keine Kennzahlen zur Leistungsvorgabe auf der Unternehmensebene. In allen anderen Clustern ist dies, mit Ausnahme weniger Unternehmen des Clustertyps 2 (17% der Clusterunternehmen) nicht der Fall.

Große F-Werte (> 20) ließen sich auch für die Variablen P26E, PGMA, PEMI und P4A identifizieren. Deren Streuung zwischen den Gruppen wird nachfolgend diskutiert:
- Die Variable P26E (F-Wert: 28,695***) bezieht sich auf die Anpassung der Leistungsvorgaben an die Planungszyklen und -inhalte. Die Variablenausprägung besagt, daß es keine Anpassung gibt, da keine unternehmensbezogene Leistungsvorgabe durchgeführt wird. Dies ist bei 89% der Unternehmen des Clustertyps 1 der Fall, während alle anderen Unternehmen (mit Ausnahme einiger im Cluster 2) Leistungsvorgaben auf Unternehmensebene festlegen.
- Marktbezogene Kennzahlen auf Produktebene (Variable PGMA, F-Wert: 23,450***) sind in nennenswertem Umfang nur bei den Unternehmen der Clustertypen 4 (89% der Clusterunternehmen) und 5 (38% der Clusterunternehmen) Bestandteil der Leistungsvorgaben.
- Unternehmensbezogene Mitarbeiterkennzahlen (Variable PEMI, F-Wert: 20,727***) finden für Leistungsvorgaben vorwiegend nur bei den Clustertypen 3 und 4 zuordenbaren Unternehmen Anwendung (83% bzw. 78% der Clusterunternehmen).
- Die für die Leistungsvorgabe auf Produktbereichsebene verwendeten Kennzahlenkategorien (Variable: P4A, F-Wert: 20,130***) entsprechen nur bei einer Mehrzahl der Unternehmen des Clustertyps 4 (67%) den für die strategische Planung und Steuerung definierten Kennzahlenkategorien. Die Unternehmen der anderen Cluster orientieren sich mehr an den operativen Kennzahlenkategorien, definieren eine Kennzahlenauswahl oder führen keine produktbereichsbezogene Leistungsvorgabe durch (letzte Alternative ist mehrheitlich bei den Unternehmen der Cluster 2 und 3 der Fall).

Die anschließend durchgeführte schrittweise Diskriminanzanalyse hatte zum Ziel, die relative Wichtigkeit der verschiedenen Variablen für die Gruppenbildung zu ermitteln. Die Ergebnisse zeigt die Abb. 8-73, in der die 25 wichtigsten Variablen aufgeführt sind.

	Variablen Leistungsmessung	F-Wert*	Signifikanz-niveau**
P36E	Keine Anpassung, keine Leistungsvorgabe Mitarbeiter	141,071	,000
PGWF	Kennzahlen Wachstum, Produkt	58,809	,000
PENICHT	Keine Kennzahlen, Unternehmen	45,926	,000
P26E	Keine Anpassung, keine Leistungsvorgabe, Unternehmen	28,695	,000
PGMA	Kennzahlen Markt, Produkt	23,450	,000
PEMI	Kennzahlen Mitarbeiter, Unternehmen	20,727	,000
P4A	Leistungsvorgabe strategische KZ-Kategorien, Produkt	20,130	,000
P3A	Leistungsvorgabe strategische KZ-Kategorien, Geschäftsfeld	19,789	,000
P28E	Keine Anpassung, keine Leistungsvorgabe Produkt	19,251	,000
PEMA	Kennzahlen Markt, Unternehmen	19,142	,000
P27E	Keine Anpassung, keine Leistungsvorgabe Unternehmen	18,414	,000
PFIR	Kennzahlen Internes Rechnungswesen, Geschäftsfeld	18,411	,000
PGNICHT	Keine Kennzahlen, Produkt	18,233	,000
PEER	Kennzahlen Externes Rechnungswesen, Unternehmen	18,075	,000
P35D	Keine Anpassung, aber Leistungsvorgabe Team	17,845	,000
PFNICHT	Keine Kennzahlen, Geschäftsfeld	17,706	,000
PFMA	Kennzahlen Markt, Geschäftsfeld	16,879	,000
P4D	Keine Leistungsvorgabe Produkt	15,775	,000
PGIR	Kennzahlen Internes Rechnungswesen, Produkt	15,342	,000
P6A	Leistungsvorgabe strategische KZ-Kategorien, Funktionsbereich	15,285	,000
PEWF	Kennzahlen Wachstum, Unternehmen	14,938	,000
P1A	Leistungsvorgabe strategische KZ-Kategorien, Konzern	14,344	,000
PGER	Kennzahlen Externes Rechnungswesen, Produkt	13,685	,000
PEIR	Kennzahlen Internes Rechnungswesen, Unternehmen	13,500	,000
P5A	Leistungsvorgabe Strategische Kennzahlenkategorien, Region	12,898	,000
P11C	Leistungsvorgabe Auswahl Kennzahlenkategorien, Team	12,809	,000
PDMA	Kennzahlen Markt, Konzern	12,595	,000
PINICHT	Keine Kennzahlen, Funktionsbereich	12,425	,000
PHMA	Kennzahlen Markt, Region	11,814	,000
P2C	Leistungsvorgabe Auswahl Kennzahlenkategorien, Unternehmen	11,561	,000

Abb. 8-72: Ergebnisse der Diskriminanzanalyse zur Gruppenspezifikation Leistungsmessung

Neben den im Zusammenhang mit der Diskriminanzanalyse diskutierten Variablen PGWF und P36E, haben die Variablen P2A und P30E eine hohe relative Wichtigkeit für die Gruppenbildung.

Die Variable P2A bezieht sich auf den Zusammenhang von unternehmensbezogenen Kennzahlen für die Leistungsvorgabe mit den für die strategische Planung und Steuerung verwendeten Kennzahlen. Dieser Zusammenhang konnte vornehmlich für die Unternehmen der Cluster 3 (bei 83% der Clusterunternehmen) und 4 (bei 72% der Clusterunternehmen) nachgewiesen werden.

Die Variable P30E besagt, daß auf Funktionsbereichsebene im Rahmen der Leistungsmessung keine Anpassung an die Planung erfolgen kann, da auf dieser Leistungsebene keine Leistungsvorgabe durchgeführt wird. Dies geschieht vorwiegend bei den Unternehmen der Clustertypen 1 (89% der Clusterunternehmen) und 3 (83%) sowie mehrheitlich bei den Unternehmen des Clustertyps 2. Dementgegen definieren mehr als 80% der Unternehmen in den Clustern 4 und 5 funktionsbereichsspezifische Leistungsvorgaben.

		Variablen Leistungsmessung	Wilks' Lambda	Signifikanz-niveau
1.	PGWF	Kennzahlen Wachstum, Produkt	,028	,000
2.	P2A	Leistungsvorgabe strategische KZ-Kategorien, Unternehmen	,012	,000
3.	P36E	Keine Anpassung, keine Leistungsvorgabe Mitarbeiter	,006	,000
4.	P30E	Keine Anpassung, keine Leistungsvorgabe Funktionsbereich	,004	,000
5.	Q4A	Messung mindestens jährlich, Produkt	,003	,000
6.	PGER	Kennzahlen Externes Rechnungswesen, Produkt	,002	,000
7.	PFIR	Kennzahlen Internes Rechnungswesen, Geschäftsfeld	,002	,000
8.	PEMA	Kennzahlen Markt, Unternehmen	,001	,000
9.	P35D	Keine Anpassung, aber Leistungsvorgabe Team	,001	,000
10.	P35B	Anpassung operative Planung, Team	,000	,000
11.	P6A	Leistungsvorgabe strategische KZ-Kategorien, Funktionsbereich	,000	,000
12.	PDMA	Kennzahlen Markt, Konzern	,000	,000
13.	P1A	Leistungsvorgabe strategische KZ-Kategorien, Konzern	,000	,000
14.	P1C	Leistungsvorgabe Auswahl KZ-Kategorien, Konzern	,000	,000
15.	Q7D	Keine Leistungsmessung, Kostenstelle	,000	,000
16.	PIIR	Kennzahlen Internes Rechnungswesen, Funktionsbereich	,000	,000
17.	PGMA	Kennzahlen Markt, Produkt	,000	,000
18.	PHWF	Kennzahlen Wachstum, Region	,000	,000
19.	PNNICHT	Keine Kennzahlen, Team	,000	,000
20.	P1D	Keine Leistungsvorgabe, Konzern	,000	,000
21.	PDNICHT	Keine Kennzahlen, Konzern	,000	,000
22.	P7C	Leistungsvorgabe Auswahl KZ-Kategorien, Kostenstelle	,000	,000
23.	PESO	Sonstige Kennzahlen, Unternehmen	,000	,000
24.	P3A	Leistungsvorgabe strategische KZ-Kategorien, Geschäftsfeld	,000	,000
25.	P26E	Keine Anpassung, keine Leistungsvorgabe, Unternehmen	,000	,000

Abb. 8-73: Ergebnisse der schrittweisen Diskriminanzanalyse Leistungsmessung

Von den Strukturvariablen der Leistungsmessung haben die Variablen Q4A (Messung mindestens jährlich, Produkt) und Q7D (keine Leistungsmessung, Kostenstelle) noch eine hohe relative Wichtigkeit hinsichtlich der Gruppentrennung. Mindestens jährliche Leistungsmessungen auf Produktebene finden beispielsweise nicht bei den Unternehmen des Clusters 5 statt, da diese Unternehmen monatliche Meßzyklen bevorzugen (75% der Unternehmen). Bei den anderen Clustertypen sind jährlich Messungen nicht unbedeutend.

8.3.5 Subsystem Systemumfeld

8.3.5.1 Univariate Analysen

8.3.5.1.1 Performance Measurement-Konzepte

In Kapitel 7.4.5.1 wurde bereits ausgeführt, daß aufgrund des geringen Bekanntheitsgrads vieler Performance Measurement-Konzepte nur jene in die Befragung integriert wurden, die im deutschen Sprachraum bekannt sind bzw. wo zum Zeitpunkt der Befragung erste Veröffentlichungen existierten. Ferner wurden traditionelle bilanz- und rechnungswesenorientierte Konzepte mit in die Befragung aufgenommen.

Wie die Befragungsergebnisse ergaben, halten 22,6% der antwortenden Unternehmen solche Konzepte für nicht notwendig. Weitere 20,2% der Unternehmen haben ihr Performance Measurement noch nicht so weit ausgebaut, daß an einen Einsatz eines kennzahlenintegrierenden Konzeptes gedacht werden kann.

Wie die in Abb. 8-74 dargestellten Ergebnisse zeigen, wenden zum Zeitpunkt der Befragung etwas mehr als ein Drittel der antwortenden Unternehmen eigene Konzepte an (36,9%), knapp 20% arbeiten mit dem DuPont-Konzept, welches immer noch zu den bedeutendsten Konzepten in der deutschen Unternehmenspraxis zählt.

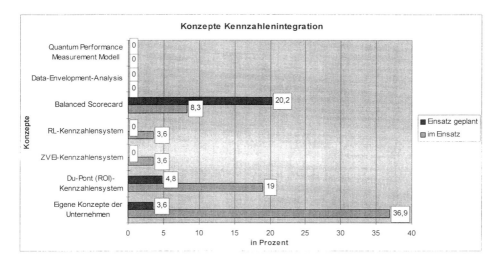

Abb. 8-74: Anwendung und geplante Anwendung von Performance Measurement-Konzepten sowie verschiedener Kennzahlensysteme (N=84, Mehrfachnennungen waren möglich)

Noch wenig verbreitet ist die Balanced Scorecard (8,3%). Allerdings planen mehr als 20% der Unternehmen zukünftig den Einsatz dieses Konzeptes. Diese Resultate verdeutlichen den hohen Bedeutungsgrad, der derzeit diesem neuen Konzept auch in deutschen Großunternehmen beigemessen wird.

Im Kreis der anwortenden Unternehmen konnte keine existierende oder geplante Anwendung der Konzepte „Quantum Performance Measurement Modell" und „Data Envelopment Analysis" nachgewiesen werden.

8.3.5.1.2 Unterstützende Instrumente

In Abb. 8-75 ist zusammenfassend aufgezeigt, welche neuen betriebswirtschaftlichen Instrumente bei den antwortenden Unternehmen regelmäßig, zeitweise, selten oder gar keine Anwendung finden.

Eine hohe Bedeutung haben demnach das Total Quality Management sowie das Produkt- und Prozeß-Benchmarking. Diese Instrumente werden nur bei jeweils ca. einem Drittel der antwortenden Unternehmen im Zusammenhang mit einem Performance Measurement nicht angewendet. Auch das Target Costing und Shareholder-Value-Konzepte sowie mit Abstrichen die Prozeßkostenrechnung sind noch bedeutend (keine Anwendung bei 40,5%, 41,7% bzw. bei 48,8% der antwortenden Unternehmen).

Die Konzepte des Time-Based-Managements sowie des Life-Cycle-Costing werden nur wenig im Zusammenhang mit einem Performance Measurement eingesetzt.

Unabhängig vom Einsatz im Performance Measurement hat die Mehrzahl der antwortenden Unternehmen bereits Erfahrungen mit allen genannten innovativen betriebswirtschaftlichen Instrumenten gemacht. Besonders häufig wurden hierbei das Benchmarking (allgemein) (97,6% der antwortenden Unternehmen), das Target Costing (90,5%), das Total Quality Management (89,3%) und Shareholder Value-Konzepte (88,1%) genannt.

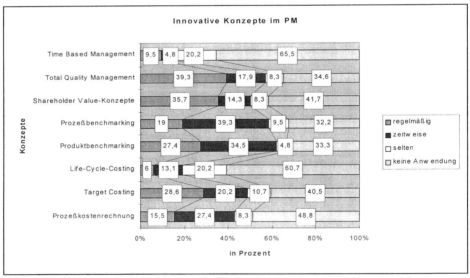

Abb. 8-75: Einsatz neuer betriebswirtschaftlicher Instrumente im Performance Measurement (N=84, Mehrfachnennungen waren möglich)

Die Ergebnisse in Abb. 8-75 lassen sich noch durch die Auswertung spezieller Kennzahlen ergänzen. Diese erfolgte um zusätzliche Informationen zur Anwendung des Target Costing sowie der Prozeßkostenrechnung im Performance Measurement zu bekommen. Aus diesem Grund wurde die Anwendung der Kennzahlen „Prozeßkosten" und „Zielkosten" als strategische Kennzahlen differenziert nach Leistungsebenen erfragt.

Die Ergebnisse in der Abb. 8-76 verdeutlichen zusätzlich zu den obigen Ergebnissen den hohen Umsetzungsgrad des Target Costing. Besonders auf der für ein Target Costing relevanten Leistungsebene „Produkt" werden bei 40,5% der antwortenden Unternehmen Zielkosten im Rahmen der strategischen Planung und Steuerung im Performance Measurement eingesetzt.

Ein wenig überrascht die geringe regelmäßige Anwendung der Prozeßkostenrechnung (15,5%, vgl. nochmals Abb. 8-75). Dieses Analyseergebnis stimmt jedoch mit den in Abb. 8-75 aufgezeigten Ergebnissen hinsichtlich der Anwendung von Prozeßkosten auf den verschiedenen Leistungsebenen überein. Demnach wenden nur sehr wenige Unternehmen Prozeßkosten, unabhängig von der Leistungsebene, als Kennzahl im Rahmen der strategischen Planung und Steuerung an (maximal 16,7% auf der Produktebene).

Ein Kernproblem bei der Einführung und der regelmäßigen Anwendung der Prozeßkostenrechnung scheint demnach in der Integration dieses Instruments in die vorhandenen Instrumente und Konzepte zur Planung und Steuerung zu liegen (z.B. Einbindung in die Budgetierung oder in die strategische Planung, vgl. auch die Ergebnisse bei *Hauer* 1995, S. 209, *Franz/Kajüter* 1997, S. 481ff. sowie bei *Stoi*, der für einzelne Elemente der Prozeßkostenrechnung einen laufenden Einsatz sowie eine Integration in das interne Rechnungswesen empfiehlt [vgl. Stoi 1999a, S. 213]).

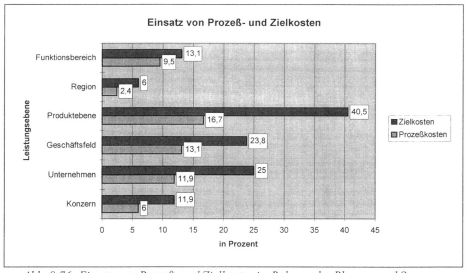

Abb. 8-76: Einsatz von Prozeß- und Zielkosten im Rahmen der Planung und Steuerung

8.3.5.1.3 Akteure und deren Rollen im Performance Measurement

Die Ergebnisse zu den Rollen der verschiedenen Akteure im Performance Measurement zeigen, wie Abb. 8-77 verdeutlicht, die dominierende Stellung der zentralen und dezentralen Controllerbereiche. So sind die Mitarbeiter des zentralen Controlling bei der Ausgestaltung und Anwendung des Performance Measurement sehr stark beratend tätig (bei 58,3% der antwortenden Unternehmen). Ferner erfolgen die koordinierenden und analysierenden

Aktivitäten in diesem Zusammenhang ebenfalls sehr häufig (bei jeweils 67,8%) durch Mitarbeiter des zentralen Controlling.
Unterstützung erfährt der zentrale Controller bezüglich der Analysetätigkeiten häufig vom dezentralen Controller (bei 60,7% der antwortenden Unternehmen). Dieser ist, zusammen mit der Leistungsebenenführung und den Leistungsebenenmitarbeitern ein wichtiger Akteur für die Umsetzung des Performance Measurement-Konzeptes im Organisationsumfeld.
An dieser Stelle ist anzumerken, daß die Antworten zu diesem Frageblock, wie bei den anderen Fragen, von der Bereichsleitung Controlling gegeben wurden. Subjektiv geprägte Antworten hinsichtlich der eigenen Rolle im Performance Measurement sind daher nicht auszuschließen.
Wichtige Rollen nehmen auch die Akteure „Leistungsebenenführung", „Leistungsebenenmitarbeiter" (im Rahmen der Umsetzung) und die Manager der ersten Führungsebene ein.
Neben ihrer wichtigen Umsetzungsrolle sind die Leistungsebenenmanager auch, in der Regel zusammen mit der dominanten ersten Führungsebene, an der Entscheidung über die Gestaltung und den Ablauf des Performance Measurement beteiligt (bei 66,7% der antwortenden Unternehmen entscheiden die Leistungsebenenmanager allein oder zusammen mit anderen Akteuren).
Eine nicht unbedeutende Rolle im Performance Measurement nehmen die Mitarbeiter des Funktionsbereichs Strategische Planung ein, die bei rund einem Drittel der antwortenden Unternehmen beratende, koordinierende und analysierende Arbeiten durchführen.
Die Mitarbeiter der EDV/Organisation sowie die Mitarbeiter anderer Funktionsbereiche haben nur wenig Einfluß auf die Gestaltung und den Ablauf eines Performance Measurement.

Akteure und deren Rollen	Keine	Beratend	Umsetzend	Koordinierend	Analysierend	Entscheidend
Mitarbeiter Zentrales Controlling	0,0%	58,3%	32,1%	67,9%	67,9%	21,4%
Mitarbeiter Dezentrales Controlling	6,0%	34,5%	48,8%	34,5%	60,7%	9,5%
Mitarbeiter Strategische Planung	10,7%	31,0%	13,1%	28,6%	31,0%	8,3%
Leistungsebenenführung	1,2%	11,9%	47,6%	16,7%	17,9%	66,7%
Leistungsebenenmitarbeiter	13,1%	19,0%	50,0%	6,0%	19,0%	10,7%
1. Führungsebene Untern./Konzern	2,4%	6,0%	17,9%	9,5%	15,5%	83,3%
Mitarbeiter EDV/Organisation	29,8%	21,4%	31,0%	3,6%	7,1%	1,2%

Abb. 8-77: Akteure und deren Rollen im Performance Measurement (N=84, Mehrfachnennungen möglich)

8.3.5.2 Bivariate Analyse
In die bivariaten Analysen wurden die Variablen der Variablengruppen „Konzepte zur Kennzahlenintegration" (alle mit nominaler Skalierung) sowie der „neuen betriebswirtschaftlichen Instrumente im Performance Measurement" (alle mit ordinaler Skalierung) in die Untersuchungen einbezogen (vgl. Abb. 8-78).
Drittgrößeneinflüsse wurden hierbei nicht berücksichtigt.

Die bivariaten Analysen ergaben folgende Ergebnisse (vgl. auch die ausführliche Ergebnisdarstellung im Anhang 8):

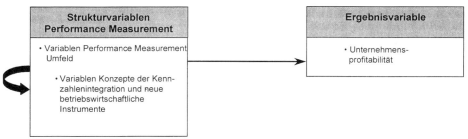

Abb. 8-78: *Rahmen der bivariaten Analysen Performance Measurement Umfeld*

- Mittlere bzw. beinahe mittlere Korrelationen ließen sich innerhalb der Variablengruppe „Konzepte zur Kennzahlenintegration" zwischen den Variablen „Konzepteinsatz geplant" und „geplanter Einsatz Balanced Scorecard" (r=0,531***), „Konzepte bereits eingesetzt" und „Eigene Konzepte" (r=0,469***) sowie „geplante eigene Konzepte" und „geplante traditionelle Konzepte" (r=0,559***) beobachten.

Anhand der Analyse der Kreuztabellen lassen sich folgende korrelationserläuternde Aussagen machen:

Wenn bei den antwortenden Unternehmen neue Konzepte zur Kennzahlenintegration geplant sind, dann in den meisten Fällen ein an die Balanced Scorecard angelehntes Konzept.

Die hohe Korrelation zwischen den geplanten eigenen und den traditionellen Konzepten resultiert nur aus 2 Fällen, wo parallel solche Konzepte geplant sind und 79 Fällen, wo jeweils solche Konzepte nicht geplant sind.

Die starke Korrelation zwischen dem Konzepteinsatz und den eigenen Konzepten bezieht sich auf 20 Unternehmen (Erwartungswert: 11,1 Unternehmen).

- Innerhalb der Variablen zum Einsatz von neuen betriebswirtschaftlichen Instrumenten im Performance Measurement gibt es positive mittlere bzw. beinahe mittlere Korrelationen zwischen den Variablen „Target Costing" und „Total Quality Management" (r=0,419***) bzw. „Time Based Management" (r=0,548***), den Variablen „Produktbenchmarking" und „Prozeßbenchmarking" (r=0,466***) sowie dem „Prozeßbenchmarking" und „Total Quality Management" (r=0,511***).

So geht in vielen betrachteten Fällen der Einsatz oder Nichteinsatz des Target Costing einher mit dem Einsatz und dem Nichteinsatz des Time Based Managements sowie des Total Quality Managements. Hierzu einige Analyseergebnisse:

Insgesamt 14 Unternehmen (16,7% der antwortenden Unternehmen) wenden sowohl das Target Costing als auch das Total Quality Management (Erwartungswert: 9,4 Unternehmen) regelmäßig an. Hinsichtlich des Time Based Managements sind es 11 Unternehmen, die dieses Instrument regelmäßig oder zeitweise parallel zum regelmäßigen oder zeitweisen Einsatz des Target Costing betreiben (Erwartungswert: 5,8 Unternehmen). Die regelmäßige oder zeitweise parallele Anwendung des Produkt- und Prozeßbenchmarkings wurde bei 38 (Erwartungswert: 30,3) der antwortenden

Unternehmen (45,2%), des Prozeßbenchmarkings und des Total Quality Managements bei 35 der antwortenden Unternehmen (Erwartungswert: 28,1) beobachtet.
- Zwischen den Konzepten und den Instrumenten wurden drei mindestens mittlere geringe Korrelationen beobachtet (>0,325): zwischen dem Time Based Management und den Konzeptvariablen „Ausbaugrad für ein Konzept zur Kennzahlenintegration noch nicht erreicht" (r=0,430**) sowie „Konzepte bereits eingesetzt" (r=0,338*). Das Time Based Management wird demnach oftmals als Vorstufe des Performance Measurement betrieben bzw. in der Systemaufbauzeit in vielen Fällen parallel zum Konzept unterhalten.
Eine weitere Korrelation existiert zwischen dem Einsatz der Balanced Scorecard-Konzeption und dem Prozeßbenchmarking (r=0,384*). Jene 7 Unternehmen, die bereits Balanced Scorecard-Konzepte anwenden, setzen auch (unterschiedlich intensiv) ein Prozeßbenchmarking ein (Erwartungswert: 4,8).
- Profitabilitätsbezogen wurde beobachtet, daß zwischen der Ergebnisvariablen und den Variablen „Konzepte zur Kennzahlenintegration unnötig" (r=0,389*) sowie „Einsatz eigener Kennzahlenkonzepte" (r=0,270) bemerkenswerte Korrelationen bestehen. Die Analyse der Kreuztabellen verdeutlicht einen geringen positiven Einfluß auf die Profitabilität von kennzahlenintegrierenden Konzepten im Vergleich zum Nichteinsatz dieser Konzepte.
15 der 19 Unternehmen (78,9%), die solche Konzepte für unwichtig oder unnötig halten, haben eine mindestens durchschnittliche Profitabilität (Erwartungswert: 16,4), während dies bei 57 der 65 Unternehmen (87,7%), die solche Konzepte für wichtig erachten, der Fall ist (Erwartungswert: 53,6).

8.3.5.3 Multivariate Analysen

Insgesamt vier Typen konnten für das Subsystem „Performance Measurement-Umfeld" mit der Clusteranalyse entdeckt werden (vgl. Abb. 8-79). Hierzu wurden alle Variablen zu Performance Measurement-Akteuren, deren Rollen, zu eingesetzten neuen betriebswirtschaftlichen Instrumenten sowie zu Konzepten zur Kennzahlenintegration in die Analyse einbezogen.
- 36% der antwortenden Unternehmen (N=30) haben ein controlling- und führungsdominiertes Performance Measurement und setzen mehrheitlich Performance Measurement- und Kennzahlenkonzepte sowie nur sehr selten unterstützende neue betriebswirtschaftliche Instrumente ein (Typ 1).
40% dieser Unternehmen setzen eigene Konzepte zur Kennzahlenintegration ein, weitere 23% traditionelle Standardkonzepte oder die Balanced Scorecard. Neue betriebswirtschaftliche Instrumente, außer das Prozeßbenchmarking (regelmäßige oder zeitweise Anwendung bei 44% der Clusterunternehmen), finden nur selten Anwendung im Performance Measurement.
Wichtigste Akteure im Rahmen der Performance Measurement-Gestaltung und Durchführung sind die Controller, die Leistungsebenenführung sowie die Top-Manager. Die Mitarbeiter des zentralen und dezentralen Controlling füllen allerdings mehrheitlich unterschiedliche, sich ergänzende Rollen aus. Die Leistungsebenenmitarbeiter werden nur wenig einbezogen.

8. Datenauswertung und Ergebnisse der empirischen Untersuchung

- 23 Unternehmen (27% der Fälle) ließen sich dem Typ 2 zuordnen. Diese Unternehmen haben wie die Unternehmen des Typs 1 ein vorwiegend controlling- und führungsdominiertes Performance Measurement.
Nur in wenigen Fällen finden Performance Measurement- und Kennzahlenkonzepte Anwendung, häufig werden neue betriebswirtschaftliche Instrumente eingesetzt.
Nur etwas mehr als 40% dieser Unternehmen wenden (vorwiegend selbstentwickelte) Konzepte zur Kennzahlenintegration an. Bedeutende Rollen im Performance Measurement nehmen die Mitarbeiter des zentralen Controlling, die Leistungsebenenführung sowie die erste Führungsebene der Unternehmen ein.
Die Clusterunternehmen verwenden im Performance Measurement häufig neue betriebswirtschaftliche Instrumente. Mehr als 70% der Clusterunternehmen setzen zeitweise ein Prozeß- oder ein Produktbenchmarking ein, mehr als 50% regelmäßig oder zeitweise die Instrumente des Total Quality Managements, des Target Costing oder Shareholder-Value-Konzepte.
- Dem Typ 3 entsprachen 23% der antwortenden Unternehmen (N=19). Diese Unternehmen zeichnen sich durch den häufigen Einsatz von kennzahlenintegrierenden Konzepten, eine ausgewogene Rollenverteilung im Performance Measurement sowie einen häufigen Einsatz neuer betriebswirtschaftlicher Instrumente im Performance Measurement aus.
Mehr als 70% der Unternehmen setzen Kennzahlensysteme oder Performance Measurement-Konzepte ein, wobei eigene Konzepte (36,8% der Clusterunternehmen) und traditionelle Kennzahlensysteme (31,6%) dominieren. 42% dieser Unternehmen planen ferner den zukünftigen Einsatz einer Balanced Scorecard (5,3% wenden diese bereits an).
Die Rollen bei der Gestaltung und der Durchführung des Performance Measurement sind sehr ausgewogen verteilt. Alle wesentlichen Funktionsbereiche sowie die Leistungsebenenmitarbeiter wirken hierbei mit, wobei der Einfluß der Mitarbeiter der strategischen Planung, des zentralen sowie des dezentralen Controlling bei mehr als 70% der Clusterunternehmen sehr groß ist.
Mehrheitlich werden die Instrumente des Total Quality Managements, des Target Costing sowie Shareholder Value-Konzepte eingesetzt. Ferner arbeiten mehr als 70% der Unternehmen regelmäßig oder zeitweise mit Informationen aus dem Produktbenchmarking.
- Nur 12 Unternehmen entsprachen dem Clustertyp 4 (14% der Fälle). Diese Unternehmen setzen sehr häufig kennzahlenintegrierende Konzepte ein und zeichnen sich durch eine annähernd ausgewogene Rollenverteilung sowie einen sehr häufigen Einsatz neuer betriebswirtschaftlicher Instrumente im Performance Measurement aus.
Beinahe alle Unternehmen setzen Kennzahlensysteme oder Performance Measurement-Konzepte ein. Jedes vierte sogar das Balanced Scorecard-Konzept.
Die Rollenverteilung ist, ähnlich wie bei den Unternehmen des Clustertyps 3, annähernd ausgewogen, d.h. alle genannten Funktionsbereiche, die Akteure der Leistungsebene sowie das Top Management wirken bei der Gestaltung und dem Ablauf des Performance Measurement mit. Allerdings ist auch bei diesen Unternehmen eine Dominanz der Controller im Performance Measurement-Prozeß unverkennbar. Statt der Mitarbeiter der strategischen Planung im Subsystemtyp 3, haben beim Subsystemtyp 4 in mehr als 50% der Unternehmen Mitarbeiter des Funktionsbereichs EDV/Organisation einen (beratenden)

Einfluß. Entscheidungen werden, wie bei den Typen 1 bis 3, von der ersten Führungsebene sowie der Leistungsebenenführung getroffen.

Die Unternehmen dieses Clustertyps arbeiten sehr häufig mit innovativen betriebswirtschaftlichen Konzepten. Im Gegensatz zu den Unternehmen der anderen Cluster setzen die Unternehmen des Clustertyps 4 auch die Instrumente der Prozeßkostenrechnung (75%, zeitweise oder regelmäßig) und des Life-Cycle-Costing (50%, zeitweise oder regelmäßig) ein. Auch alle anderen Instrumente finden mindestens mehrheitlich Anwendung.

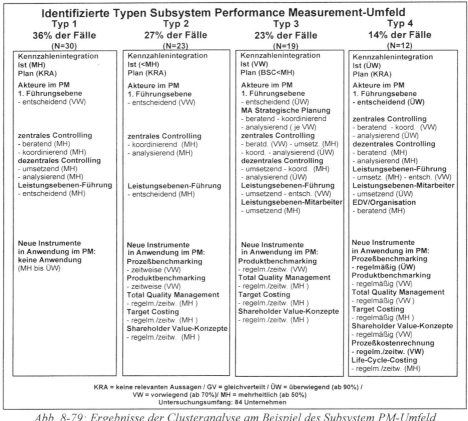

Abb. 8-79: *Ergebnisse der Clusteranalyse am Beispiel des Subsystem PM-Umfeld*

Die mit der Clusteranalyse analysierten Ergebnisse wurden ergänzend einer Diskriminanzanalyse unterzogen, um festzustellen, inwieweit einzelne Variablen die Clusterbildung erklären können.

	Umfeld-Variablen	F-Wert*	Signifikanz-niveau**
Y6A	Prozeßbenchmarking regelmäßig	41,280	,000
Y4B	Benchmarking allgemein zeitweise	38,266	,000
XC4	Mitarbeiter SP koordinierende Rolle	21,445	,000
Y5B	Produktbenchmarking zeitweise	13,257	,000
Y2D	Target Costing keine Anwendung im PM	12,747	,000
XC5	Mitarbeiter SP analysierende Rolle	12,627	,000
XC2	Mitarbeiter SP beratende Rolle	10,261	,000
XE4	1. Führungsebene Untern./Konzern koord. Rolle	9,226	,000
Y6B	Prozeßbenchmarking zeitweise	9,112	,000
Y5D	Produktbenchmarking keine Anwendung im PM	9,003	,000
Y7D	Shareholder V. Konzepte keine Anwendung im PM	8,764	,000
Y9D	Time Based Management keine Anwendung im PM	8,664	,000
Y5A	Produktbenchmarking regelmäßig	8,464	,000
Y8D	Total Quality Management keine Anwendung im PM	8,112	,000
Y3A	Life Cycle Costing regelmäßig	8,031	,000
Y4D	Benchmarking allgemein keine Anwendung im PM	7,769	,000
Y7A	Shareholder V. Konzepte regelmäßig	7,235	,000
Y3D	Life Cycle Costing keine Anwendung im PM	6,714	,000
XA5	zentrales Controlling analysierende Rolle	6,325	,001
Y2B	Target Costing zeitweise	5,561	,002
XB4	dezentrales Controlling koordinierende Rolle	5,319	,002
XB5	dezentrales Controlling analysierende Rolle	5,200	,002
Y6D	Prozeßbenchmarking keine Anwendung im PM	4,985	,003
XF2	EDV/Organisation beratende Rolle	4,901	,004
XD3	Leistungsebenenführung umsetzende Rolle	4,883	,004
Y4A	Benchmarking allgemein regelmäßig	4,665	,005
XG3	Mitarbeiter Leistungsebene umsetzende Rolle	4,456	,006
Y9C	Time Based Management nie	4,394	,006
XC3	Mitarbeiter SP umsetzende Rolle	4,127	,009
XA4	zentrales Controlling koordinierende Rolle	4,033	,010
Y2A	Target Costing regelmäßig	3,680	,015
Y3C	Life Cycle Costing selten bis nie	3,602	,017
Y8A	Total Quality Management regelmäßig	3,480	,020
Y9A	Time Based Management regelmäßig	3,460	,020
XC1	Mitarbeiter SP keine Rolle	3,367	,023
Y1B	Prozeßkostenrechnung zeitweise	3,179	,028
W19	Balanced Scorecard geplant	3,034	,034

Abb. 8-80: Ergebnisse der Diskriminanzanalyse zur Gruppenspezifikation Performance Measurement-Umfeld

Die Analyse ergab, daß 41 Variablen als signifikant bezeichnet werden können (F-Wert > 2,6, maximal 5%ige Irrtumswahrscheinlichkeit). Wie die nachfolgende Abb. 8-80 mit den wichtigsten gruppenbildenden Variablen verdeutlicht, wurden die höchsten F-Werte für die Variablen Y6A „Prozeßbenchmarking regelmäßig" (F-Wert: 41,280***), Y4B „Benchmarking allgemein zeitweise" (F-Wert: 38,266***) sowie XC4 „Mitarbeiter Strategische Planung, koordinierende Rolle" (F-Wert: 21,445***) ermittelt.

Am Beispiel dieser drei Variablen lassen sich die Streuungen zwischen den vier Subsystemgruppen verdeutlichen:

- Nur die Unternehmen des Clustertyps 4 wenden in bedeutendem Umfang (92% der Clusterunternehmen) ein regelmäßiges Prozeßbenchmarking an. Mit Ausnahme einiger Unternehmen des Clustertyps 1, die zu 17% dieses Instrument regelmäßig anwenden, wird das Prozeßbenchmarking bei allen anderen Unternehmen der Clustertypen 1, 2 und 3 nicht im Zusammenhang mit dem Performance Measurement eingesetzt.
- Statt dessen erfolgt insbesondere bei den Unternehmen des Clustertyps 2 eine zeitweise Benchmarkinganwendung (nicht differenziert nach Benchmarkingobjekten) (91% der Clusterunternehmen), während dies bei den Unternehmen der Typen 1 und 3 nur selten und bei den Unternehmen des Clustertyps 4 nie (aufgrund der vorzugsweise regelmäßigen Anwendung des Benchmarking, speziell des Prozeßbenchmarking!) der Fall ist.
- Einen starken gruppenbildenden Charakter haben die Variablen der „Mitarbeiter Strategische Planung" und deren Rollen im Performance Measurement-Prozeß, insbesondere, wie oben ausgeführt, die Variable XC4. Bedeutsam sind aber auch die Variablen XC5 „Mitarbeiter Strategische Planung – analysierende Rolle" (F-Wert: 12,627***) und XC2 „Mitarbeiter Strategische Planung – beratende Rolle" (F-Wert: 10,261***).

Die Mitarbeiter der Strategischen Planung haben nur bei den Unternehmen des Clustertyps 3 einen hohen Einfluß beim Aufbau und Ablauf des Performance Measurement. Bei 84% der Unternehmen nehmen diese Funktionsträger eine koordinierende Rolle ein, während dies bei den anderen Gruppen nur bei maximal 17% der Clusterunternehmen der Fall ist.

Die Analyse der relativen Wichtigkeit der einzelnen Umfeld-Variablen erfolgte wieder mit einer schrittweisen Diskriminanzanalyse. Diese kommt zu einem ähnlichen Ergebnis wie die oben beschriebene Diskriminanzanalyse und verdeutlicht durch die in Abb. 8-81 dargestellte Rangfolge die hohe relative Bedeutung der Variablen Y6A „Prozeßbenchmarking regelmäßig", Y4B „Benchmarking allgemein zeitweise" und XC4 „Mitarbeiter Strategische Planung – koordinierende Rolle".

Ferner trägt noch die Variable XA5 „Mitarbeiter zentrales Controlling – analysierende Rolle" stark zur Gruppenbildung bei. Diese Aufgabe im Performance Measurement-Prozeß nimmt der zentrale Controller bei mehr als 90% der Unternehmen der Gruppen 3 und 4 wahr, während dies bei den Unternehmen der Gruppe 1 nur bei 47% und bei Unternehmen der Clustergruppe 2 nur bei 61% der Clusterfälle beobachtet wurde.

		Umfeld-Variablen	Wilks' Lambda	Signifikanz-niveau**
1.	Y6A	Prozeßbenchmarking regelmäßig	,392	.000
2.	Y4B	Benchmarking allgemein zeitweise	,183	.000
3.	XC4	Mitarbeiter SP koordinierende Rolle	,103	.000
4.	XA5	zentrales Controlling analysierende Rolle	,082	.000
5.	Y2D	Target Costing keine Anwendung im PM	,065	.000
6.	XC2	Mitarbeiter SP beratende Rolle	,052	.000
7.	XB4	dezentrales Controlling koordinierende Rolle	,043	.000
8.	XC6	Mitarbeiter SP entscheidende Rolle	,036	.000
9.	XB1	dezentrales Controlling keine Rolle	,031	.000
10.	XF2	EDV/Organisation beratende Rolle	,027	.000
11.	Y6B	Prozeßbenchmarking zeitweise	,023	.000
12.	Y2A	Target Costing regelmäßig	,020	.000
13.	Y9D	TB Management keine Anwendung im PM	,017	.000
14.	Y7D	SV Konzepte keine Anwendung im PM	,013	.000
15.	XD6	Leistungsebenenführung entscheidende Rolle	,012	.000

Abb. 8-81: Ergebnisse der schrittweisen Diskriminanzanalyse Performance Measurement-Umfeld

8.3.6 Multivariate Analysen Gesamtsystem Performance Measurement

In Folge der verschiedenen uni-, bi- und multivariaten Auswertungen auf der Kontextebene sowie den Subsystemebenen, wurden die Ergebnisse der multivariaten Clusteranalyse in eine weitere Clusteranalyse einbezogen. Diese wurde mit dem Ziel durchgeführt, empirisch gestützte Aussagen zum Gesamtsystem des Performance Measurement sowie zu verschiedenen denkbaren und sinnvollen Kombinationen der Subsystembestandteile machen zu können.

Hierzu wurden die Ergebnisvariablen der fünf subsystembezogenen Clusteranalysen als dichotome Variablen umverschlüsselt, um den Anforderungen der multivariaten Analyseverfahren zu genügen.

Das Ergebnis der Clusteranalyse ist in Abb. 8-82 veranschaulicht und wird nachfolgend diskutiert. Die Subsystemtypen beziehen sich auf die Ausführungen in den Abb. 8-42 (Typen Strategisches Umfeld), Abb. 8-54 (Typen Operatives Umfeld), Abb. 8-61 (Typen Kennzahlenaufbau und –pflege), Abb. 8-71 (Leistungsmessungstypen) und Abb. 8-79 (Typen Performance Measurement-Umfeld).

Vier annähernd gleichstarke Typen ergab die gesamtsystembezogene Clusteranalyse. Dabei konnten mit Ausnahme eines Unternehmens alle anderen Unternehmen einem der vier Gesamtsystemtypen zugeordnet werden.

- Unternehmen des Gesamtsystemtyps 1 (N=19, 23% der Fälle) sind mehrheitlich (zu 63%) vom Typ 1 des Strategischen Umfelds geprägt. Dies kommt einer starken Gewichtung finanzieller Ziele und Kennzahlen und einer geringen Leistungsebenendifferenzierung bei der strategischen Planung und Steuerung sowie einem hohen Shareholdereinfluß gleich. Auch das operative Umfeld von 68% der Clusterunternehmen ist wenig leistungsebenendifferenziert. Finanzielle und nichtfinanzielle Ziele sowie Kennzahlen in nennenswertem Umfang werden lediglich auf den Leistungsebenen Unternehmen und Geschäftsfeld festgelegt. Es existiert eine mittlere Planungsvielfalt in der operativen Planung.

Die überwiegende Mehrheit der Clusterunternehmen (84%) betreibt eine völlig leistungsebenenautonome Kennzahlenauswahl und –planvorgabe mit mehrheitlich regelmäßigen jährlichen Kennzahlenüberprüfungen und einer geringen Änderungsflexibilität.

Hinsichtlich der Leistungsmessung gibt es eine annähernde Gleichverteilung zwischen den Subsystemtypen 1 bis 4. Diese sind in Summe wenig leistungsebenendifferenziert (Leistungsvorgaben gibt es vorwiegend für die Leistungsebenen Unternehmen und Geschäftsfeld) sowie wenig ausgewogen bzgl. finanzieller und nichtfinanzieller Kennzahlen zur Leistungsvorgabe. Die Leistung wird mindestens monatlich auf den beiden Leistungsebenen Unternehmen und Geschäftsfeld gemessen. Mehrheitlich erfolgen eine Anpassung der Entlohnungsbestandteile sowie die Ableitung von Performance Measurement-Maßnahmen.

Das Performance Measurement-Umfeld ist geprägt von den Umfeldtypen 1 und 2. Dies bedeutet, daß die Unternehmen des Gesamtsystem-Clusters 1 mehrheitlich Konzepte zur Kennzahlenintegration einsetzen, sich jedoch durch eine unausgewogene Rollenverteilung bezüglich der Performance Measurement-Akteure auszeichnen (stark vom zentralen Controlling und der Führung dominiert). Es gibt nur bei wenigen Unternehmen (weniger als 50%) zeitweise den Einsatz einiger neuer betriebswirtschaftlicher Instrumente im Performance Measurement.

Zusammenfassend kann man den Gesamtsystemtyp 1 folgendermaßen beschreiben:
Durchgängig wenig Leistungsebenendifferenzierung, stark finanziell geprägte strategische und operative Ziele und Kennzahlen, geringer Stakeholdereinfluß, vorwiegend leistungsebenenautonome Kennzahlenauswahl und –planvorgabe, wenig Kennzahlen-änderungsflexibilität, wenig ausgewogenes Verhältnis finanzieller und nichtfinanzieller Kennzahlen zur Leistungsvorgabe, mit mehrheitlich ergebnisbezogenen Konsequenzen sowie monatlicher Leistungsmessung, unausgewogener Rollenverteilung der PM-Akteure und geringem Einsatz neuer betriebswirtschaftlicher Instrumente.

- Dem Gesamtsystemtyp 2 ließen sich 26 (31% der Fälle) der antwortenden und klassifizierbaren Unternehmen (insgesamt 83) zuordnen. Diese Unternehmen haben ein ein eher uneinheitliches strategisches Umfeld. Dennoch lassen sich über die vier strategischen Subsystemtypen einige Aussagen zur Gestaltung des strategischen Umfelds im Performance Measurement machen. So haben 58% der Unternehmen in vielen Fällen nichtfinanzielle und finanzielle, sehr leistungsebenendifferenzierte Zielvorgaben, Strategiefestlegungen und Kennzahleneinsätze sowie einen starken Einfluß mehrerer Stakeholder (Strategische Umfeldtypen 2 und 4). Bei einem Großteil der Unternehmen gibt es keine festgelegte Ableitung finanzieller oder nichtfinanzieller Zielvorgaben für die operative Planung (entspricht den Inhalten der strategischen Umfeldtypen 1, 2 und 3).

Das operative Umfeld von 65% der Clusterunternehmen ist mindestens mehrheitlich wenig leistungsebenendifferenziert. Finanzielle und nichtfinanzielle Ziele sowie Kennzahlen werden in nennenswertem Umfang lediglich auf den Leistungsebenen

Unternehmen und Geschäftsfeld festgelegt. Es existiert bei mehr als 90% der Clusterunternehmen eine mittlere Planungsvielfalt in der operativen Planung (Subsystemtypen operatives Umfeld 1 und 3).

Die Kennzahlenauswahl und –planvorgabe ist überwiegend leistungsebenenteilautonom (bei maximal 96% der Unternehmen) mit mehrheitlich regelmäßiger jährlicher Kennzahlenüberprüfung und geringer Kennzahlenänderungsflexibilität.

Alle Subsystemtypen der Leistungsmessung sind im Gesamtsystemtyp 2 vertreten. Die nachfolgende Beschreibung bezieht sich auf die Subsysteme, deren Ähnlichkeiten und mögliche Zusammenfassungen.

Mehrheitlich existiert eine leistungsebenendifferenzierte sowie kennzahlenbezogen wenig ausgewogene Leistungsvorgabe und –messung mit monatlichen Meßzyklen. Die Ergebniskommunikation geschieht mehrheitlich durch Vorgesetzte. Beinahe alle Unternehmen passen Entlohnungsbestandteile an gemessene Leistungen an und reagieren auf Fehlentwicklungen mit Performance Management-Aktivitäten.

Das Performance Measurement-Umfeld wird mehrheitlich vom Umfeldtyp 1 (54% der Unternehmen) sowie vom Umfeldtyp 2 (23% der Unternehmen) geprägt.

Dies bedeutet, ähnlich wie beim Gesamtsystemtyp 1, daß die Unternehmen des Gesamtsystem-Clusters 2 mindestens mehrheitlich Konzepte zur Kennzahlenintegration einsetzen, sich jedoch durch eine unausgewogene Rollenverteilung bezüglich der Performance Measurement-Akteure auszeichnen (stark vom zentralen Controlling und der Führung dominiert). Die Mehrheit der Unternehmen setzt keine neuen betriebswirtschaftlichen Instrumente im Performance Measurement ein.

Zusammenfassend kann man den Gesamtsystemtyp 2 folgendermaßen beschreiben:

Durchgängig unterschiedliche Leistungsebenendifferenzierung (differenziert im strategischen Umfeld und in der Leistungsmessung, wenig differenziert im operativen Umfeld), wenig ausgewogene strategische und operative Ziele und Kennzahlen, mehrheitlich starker Stakeholdereinfluß, überwiegend leistungsebenenteilautonome Kennzahlen-auswahl und –planvorgabe, wenig Kennzahlenänderungsflexibilität, kennzahlenbezogen wenig ausgewogene Leistungsvorgabe, mit überwiegend ergebnisbezogenen Entlohnungskonsequenzen sowie mehrheitlich monatlicher Leistungsmessung, unausgewogener Rollenverteilung der PM-Akteure und keinem Einsatz neuer betriebswirtschaftlicher Instrumente.

- 19 Unternehmen entsprechen den Ausprägungen des Gesamtsystemtyps 3 (23% der antwortenden und klassifizierbaren Unternehmen). Obwohl keine Gruppe des strategischen Umfelds hervorsticht, können folgende Aussagen gemacht werden: Mehr als 60% der Clusterunternehmen arbeiten vielfach mit finanziellen und nichtfinanziellen, sehr leistungsebenendifferenzierten Zielvorgaben, Strategiefestlegungen und Kennzahleneinsätzen bei einem starken Einfluß mehrerer Stakeholder (Strategische Umfeldtypen 2 und 4). Bei etwas mehr als der Hälfte der Clusterunternehmen gibt es in vielen Fällen keine festgelegte Ableitung finanzieller oder nichtfinanzieller Zielvorgaben für die operative Planung (Strategische Umfeldtypen 1, 2 und 3).

Das operative Umfeld wird zu 100% vom Umfeldtyp 2 geprägt, der für eine leistungsebenendifferenzierte Festlegung finanzieller und nichtfinanzieller Zielvorgaben und Kennzahlen sowie eine hohe Planungsvielfalt steht.

Bezüglich der Kennzahlenauswahl und -planvorgabe gibt es eine Gleichverteilung zwischen einer völlig leistungsebenenautonomen sowie einer leistungsebenenteilautonomen Vorgehensweise. Eine solche gibt es auch hinsichtlich der Änderungsflexibilität, während die überwiegende Mehrheit der Unternehmen eine regelmäßige jährliche Kennzahlenüberprüfung betreibt.

Alle Subsystemtypen der Leistungsmessung sind auch im Gesamtsystemtyp 3 vertreten. Die nachfolgende Beschreibung bezieht sich auf die Subsysteme, deren Ähnlichkeiten und mögliche Zusammenfassungen.

Mehrheitlich existiert eine leistungsebenendifferenzierte sowie kennzahlenbezogen ausgewogene Leistungsvorgabe und -messung mit monatlichen Meßzyklen. Die Ergebniskommunikation geschieht ebenfalls mehrheitlich durch Vorgesetzte. Beinahe alle Unternehmen passen Entlohnungsbestandteile an gemessene Leistungen an und reagieren auf Fehlentwicklungen mit Performance Management-Aktivitäten.

53% der Clusterunternehmen entsprechen dem Umfeldtyp 3. Zusammen mit den weiteren Nennungen ergibt sich folgendes Umfeldbild für den Gesamtsystemtyp 3:

Beinahe alle Unternehmen haben kennzahlenintegrierende Konzepte im Einsatz, einige planen den Aufbau einer Balanced Scorecard. Die Akteure im Performance Measurement haben mehrheitlich eine mindestens ausgewogene Rollenverteilung. Die meisten Clusterunternehmen setzen zeitweise oder regelmäßig mehrere neue betriebswirtschaftliche Instrumente im Performance Measurement ein.

Zusammenfassend kann man den Gesamtsystemtyp 3 folgendermaßen beschreiben:
Durchgängige Leistungsebenendifferenzierung (im strategischen und operativen Umfeld sowie bei der Leistungsmessung), ausgewogene strategische und operative Ziele und Kennzahlen, mehrheitlich starker Stakeholdereinfluß, keine eindeutigen Mehrheiten hinsichtlich Kennzahlenauswahl und -vorgabe sowie Änderungsflexibilität, kennzahlenbezogen ausgewogene Leistungsvorgabe, mit überwiegend ergebnisbezogenen Entlohnungskonsequenzen sowie mehrheitlich monatlicher Leistungsmessung, mehrheitlich mindestens ausgewogene Rollenverteilung der Performance Measurement-Akteure und häufigem Einsatz neuer betriebswirtschaftlicher Instrumente.

- Die Unternehmen des Gesamtsystemtyps 4 (N=19, 23% der antwortenden und klassifizierbaren Unternehmen) entsprechen stark dem strategischen Umfeldtyp 2 und in einigen Fällen auch den Umfeldtypen 1 und 4. Die meisten der Clusterunternehmen verwenden demnach finanzielle und nichtfinanzielle, sehr leistungsebenendifferenzierte Zielvorgaben, Strategiefestlegungen und Kennzahleneinsätze bei einem starken Stakeholdereinfluß mit einer mindestens mehrheitlich nicht festgelegten Kopplung an die operative Planung.

Das operative Umfeld wird, ähnlich wie beim Gesamtsystemtyp 3, zu 95% vom Umfeldtyp 2 geprägt, der für eine leistungsebenendifferenzierte Festlegung finanzieller und nichtfinanzieller Zielvorgaben und Kennzahlen sowie eine hohe Planungsvielfalt steht.

8. Datenauswertung und Ergebnisse der empirischen Untersuchung

Die Kennzahlenauswahl und -planvorgabe ist bei den meisten Clusterunternehmen leistungsebenenteilautonom, mit mehrheitlich jährlicher Kennzahlenüberprüfung und geringer kennzahlenbezogener Änderungsflexibilität (Subsystemtyp 2, 95% der Clusterunternehmen).

Die Leistungsmessung prägen zu 42% der Subsystemtyp 5 und zu 16% der Subsystemtyp 4. Dies bedeutet, daß die Mehrheit der Unternehmen eine mindestens leistungsebenendifferenzierte, teilweise sehr differenzierte und nur in wenigen Fällen ausgewogene Leistungsvorgabe (finanzielle Kennzahlen dominieren) praktizieren. Die Leistungsmessung erfolgt bei vielen Unternehmen durch Vorgesetztenurteile, auch die Ergebniskommunikation erfolgt über Vorgesetzte. Bei der überwiegenden Mehrheit der Unternehemen erfolgen Anpassungen von Enlohnungsbestandteilen aufgrund von Ergebnissen, mehrheitlich erfolgen auch Performance Management-Aktivitäten.

Kein Umfeldtyp ragt im Gesamtsystemcluster besonders heraus. Folgendes läßt sich zum Umfeld aussagen: Der Einsatz neuer betriebswirtschaftlicher Instrumente im Performance Measurement ist bei den Clusterunternehmen nicht sehr ausgeprägt, knapp 50% setzen zeitweise oder regelmäßig einige Instrumente ein. Die Rolle der Akteure ist eher unausgewogen, mehrheitlich werden Konzepte zur Kennzahlenintegration eingesetzt.

Zusammenfassend kann man den Gesamtsystemtyp 4 folgendermaßen beschreiben:

Durchgängige, teilweise sehr starke Leistungsebenendifferenzierung (im strategischen und operativen Umfeld sowie bei der Leistungsmessung), ausgewogene strategische und operative Ziele und Kennzahlen, mehrheitlich starker Stakeholdereinfluß, vorwiegend leistungsebenenteilautonome Kennzahlenauswahl und -planvorgabe sowie geringe Änderungsflexibilität, kennzahlenbezogen nur wenig ausgewogene Leistungsvorgabe, mit überwiegend ergebnisbezogenen Entlohnungskonsequenzen sowie mehrheitlich monatlicher Leistungsmessung, mehrheitlich keine ausgewogene Rollenverteilung der Performance Measurement-Akteure und eher geringem Einsatz neuer betriebswirtschaftlicher Instrumente.

Performance Measurement-Gesamtsystem-Typen und **Merkmale Subsystem-Typen**	Typ 1 (N=19)	Typ 2 (N=26)	Typ 3 (N=19)	Typ 4 (N=19)
SU1: Finanziell dominierte, wenig leistungsebenendifferenzierte Zielvorgabe, Strategiefestlegung, Kennzahleneinsatz, starker Shareholdereinfluß ohne festgelegte Kopplung an operative Planung	63	27	21	16
SU2: Finanzielle und nichtfinanzielle, sehr leistungsebenendifferenzierte Zielvorgabe, Strategiefestlegung, Kennzahleneinsatz, starker Einfluß mehrerer Stakeholder ohne festgelegte Kopplung an operative Planung	11	23	16	63
SU3: Finanzielle und nichtfinanzielle, wenig leistungsebenen-differenzierte Zielvorgabe, Strategiefestlegung, Kennzahleneinsatz, Einfluß mehrerer Stakeholder, ohne festgelegte Kopplung an operative Planung	15	15	16	5
SU4: Finanzielle und nichtfinanzielle, sehr leistungsebenendifferenzierte Zielvorgabe, Strategiefestlegung, Kennzahleneinsatz, starker Einfluß mehrerer Stakeholder mit tw. festgelegter Kopplung an operative Planung	11	35	47	16
OU1: Wenig leistungsebenendifferenz. Festlegung finanzieller und nichtfinanzieller Zielvorgaben und Kennzahlen bei mittlerer Planungsvielfalt	68	65	-	5
OU2: Leistungsebenendifferenzierte Festlegung finanzieller und nichtfinanzieller Zielvorgaben und Kennzahlen bei hoher Planungsvielfalt	26	4	100	95
OU3: Stark leistungsebenendifferenz. Festlegung finanzieller und nichtfinanzieller Zielvorgaben und Kennzahlen bei mittlerer Planungsvielfalt	6	31	-	-
KT1: Völlig leistungsebenenautonome Kennzahlenauswahl und –planvorgabe, mit mehrheitlich regelmäßig jährlicher Kennzahlenüberprüfung und wenig Änderungsflexibilität	84	4	53	5
KT2: Leistungsebenenteilautonome Kennzahlenauswahl und –planvorgabe, mit mehrheitlich regelmäßig jährlicher Kennzahlenüberprüfung und wenig Änderungsflexibilität	16	61	-	95
KT3: Leistungsebenenteilautonome Kennzahlenauswahl und –planvorgabe, mit vorwiegend regelmäßig jährlicher Kennzahlenüberprüfung und hoher Änderungsflexibilität	-	35	47	-
LM1: Keine leistungsebenendifferenzierte kennzahlenbezogene Leistungsvorgabe und –messung, Ergebniskommunikation mit Reporting, mehrheitlich Anpassung Entlohnungsbestandteile und Performance Management	21	12	11	-
LM2: Wenig leistungsebenendifferenz. finanziell dominierte Leistungsvorgabe und –messung, Leistungsmessung nicht regelmäßig, auch durch Vorgesetztenurteil, Ergebniskommunikation durch Vorgesetzte, mehrheitlich Anpassung Entlohnungsbestandteile, Performance Mgt. u. Vorgesetztengesp.	26	31	21	31
LM3: Leistungsebenendiff. ausgewogen finanz./nichtfinanz. Leistungsvorgabe und –messung, oft monatliche Leistungsmessung, auch durch Vorgesetzenurteil, Ergebniskommunikation durch Vorgesetzte, mehrheitlich Anpassung Entlohnungsbestandteile und Performance Management	32	19	21	11
LM4: Sehr leistungsebenendiff. ausgewogen finanz./nichtfinanz. Leistungsvorgabe und –messung, oft monatliche Leistungsmessung, keine einheitliche Ergebniskommunikation, mehrheitlich Anpassung Entlohnungsbestandteile und Performance Management	21	23	26	16
LM5: Sehr leistungsebenendiff. kaum ausgewogene finanz./nichtfinanz. Leistungsvorgabe und –messung, oft monatliche Leistungsmessung, auch durch Vorgesetzenurteil, Ergebniskommunikation MH durch Vorgesetzte, VW Anpassung Entlohnungsbestandteile, MH Performance Management	-	15	21	42
UT1: MH Konzepte Kennzahlenintegration, unausgewogene Rollenverteilung Akteure, kein Einsatz neuer betriebsw. Instrumente	47	54	-	37
UT2: >MH Konzepte Kennzahlenintegration, unausgewogene Rollenverteilung Akteure, MH Einsatz einiger neuer betrw. Instrumente	37	23	32	21
UT3: VW Konzepte Kennzahlenintegration, MH BSC in Planung, sehr ausgew. Rollenvert. Akteure, MH Einsatz einiger neuer betrw. Instrumente	16	4	53	26
UT4: ÜW Konzepte Kennzahlenintegration, ausgewogene Rollenverteilung Akteure, VW Einsatz vieler neuer betriebsw. Instrumente	-	19	15	16

Abb. 8-82: Typen Gesamtsystem Performance Measurement

In Abb. 8-83 sind die vier Gesamtsystemtypen nochmals vereinfacht bezüglich ihrer Ausprägungen dargestellt. Verwendet wurden hierzu nur Funktionen, bei denen große Unterschiede zwischen den Gesamtsystem-Typen analysiert werden konnten. Gab es diese Unterschiede nicht (z.B. bei Konsequenzen aus der Leistungsmessung sowie der Kennzahlenintegration) oder nur geringfügig (bei der Kopplung der strategischen an die operative Planung oder der Ergebniskommunikation), erfolgte keine Aufnahme des Kriteriums.

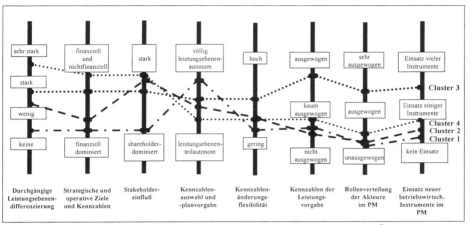

Abb. 8-83: Die Gesamtsystem-Cluster und deren Ausprägungen im Überblick

Wie die Abbildung zeigt, konnten acht Kriterien berücksichtigt werden, die anhand ihrer festgestellten Ausprägungen aufgeführt werden. In dieses Raster wurden die Gesamtsystem-Cluster. eingeordnet

Cluster 1 zeichnet sich bspw. durch eine durchgängige finanzielle Ausrichtung, eine geringe Leistungsebenendifferenzierung, eine unausgewogene Rollenverteilung der Performance Measurement-Akteure und einen kaum ausgeprägten Einsatz neuer betriebswirtschaftlicher Instrumente im Performance Measurement aus. Legt man die Anforderungen an ein Performance Measurement-Konzept als Bewertungshilfsmittel zugrunde (beschrieben bspw. in Abb. 4-31 sowie im Zusammenhang mit der Beschreibung der Strukturvariablen in Kapitel 7.4), handelt es sich bei den Unternehmen des Gesamtsystem-Cluster 1 um solche, die noch eine frühe Entwicklungsstufe repräsentierende Performance Measurement-Systeme einsetzen, die stark durch traditionelle Planungs- und Steuerungsinstrumente und auch deren systemimmanente Probleme geprägt sind (vgl. hierzu nochmals die Ausführungen in Kap. 2.1.2).

Die Kriterienausprägungen der Gesamtsystemcluster 2 und 4 entsprechen höheren Entwicklungsstufen eines Performance Measurement als das Gesamtsystemcluster 1. Unternehmen des Gesamtsystemclusters 4 haben eine sehr starke Leistungsebenendifferenzierung, einen ausgewogenen Ziel- und Kennzahleneinsatz sowie eine starke Stakeholderbezogenheit. Diesen hoch entwickelten Ausprägungen stehen bei den Clustertypen 2 und 4 ein nur wenig ausgewogener Kennzahleneinsatz zur Leistungsvorgabe, eine unausgewogene Rollenverteilung der Performance Measurement-Akteure sowie ein nur geringer Einsatz von neuen betriebswirtschaftlichen Instrumenten im Performance Measurement gegenüber.

Cluster 2 hat im Gegensatz zu Cluster 4 eine geringere Leistungsebenendifferenzierung sowie stärker finanziell geprägte Ziel- und Kennzahlenvorgaben. Sowohl die Unternehmen des Clusters 4, als auch die Unternehmen des Clusters 2 haben eine geringe Änderungsflexibilität hinsichtlich der Kennzahlen im Performance Measurement.

Die Ausprägungen der Cluster 2 und 4 lassen sich demnach als mittlere Entwicklungsstufe eines Performance Measurement-Systems charakterisieren.

Eine hohe Entwicklungsstufe repräsentiert der Clustertyp 3.
Unternehmen dieses Clustertyps lassen sich durch
- eine durchgängige Leistungsebenendifferenzierung,
- finanzielle und nichtfinanzielle Zielvorgaben und Kennzahlendefinitionen,
- einen starken Stakeholdereinfluß,
- eine ausgewogen autonome und teilautonome Kennzahlenauswahl und –planvorgabe,
- eine mittlere Änderungsflexibilität der Kennzahlen,
- ausgewogene Kennzahlen zur Leistungsvorgabe,
- eine sehr ausgewogene Rollenverteilung der Performance Measurement-Akteure sowie
- den Einsatz vieler neuer betriebswirtschaftlicher Instrumente im Performance Measurement

charakterisieren.

Auch die Ausprägungen der gesamtsystembezogenen Clusteranalyse wurden einer ergänzenden Diskriminanzanalyse unterzogen, deren Ergebnisse nachfolgend aufgeführt sind.

Merkmale Subsystemtypen	F-Wert*	Signifikanz- niveau**
Operum 2	71,234	,000
Kenn 2	29,755	,000
Kenn 1	26,937	,000
Operum 1	20,428	,000
Kenn 3	8,615	,000
Stratum 2	6,458	,001
Operum 3	6,246	,001
Umfeld 3	6,063	,001
Umfeld 1	5,963	,001
Stratum 1	4,558	,005
Stratum 4	2,978	,036

Abb. 8-84: Ergebnisse der Diskriminanzanalyse zur Gruppenspezifikation Gesamtsystem

Die größten Streuungsunterschiede zwischen den Gruppen gab es, wie Abb. 8-84 verdeutlicht, für die Variablen „Operativer Umfeldtyp 2" (F-Wert: 71,234***), „Kennzahlenaufbau und –pflege Typ 2" (F-Wert: 29,755***) und „Kennzahlenaufbau und –pflege Typ 1" (F-Wert: 26,937***).

Diese lassen sich folgendermaßen erklären:
- Die Variable „Operativer Umfeldtyp 2" dominiert zu 100% bzw. zu 95% die Gesamtsystemcluster 3 und 4 und kommt in den Typen 1 und 2 nur selten vor.
- Die Variable „Kennzahlenaufbau und –pflege Typ 2" ist stark im Cluster 4, mehrheitlich im Cluster 2, jedoch nur selten bzw. nicht in den anderen Clustern vertreten.
- Die Variable „Kennzahlenaufbau und –pflege Typ 1" dominiert demhingegen die Gesamtsystemcluster 1 und 3.

Die relative Wichtigkeit dieser drei Variablen ist ebenfalls herausragend (vgl. Abb. 8-85). Ebenfalls wichtig sind die Variablen „Strategischer Umfeldtyp 1" (stark im Gesamtsystemcluster 1 und schwach in den Clustern 2 bis 4 vertreten) und „Performance Measurement-Umfeld Typ 1" (mehrheitlich in den Gesamtsystemtypen 1 und 2).
Nur wenig Bedeutung haben die fünf Subsystemtypen der Leistungsmessung, was auch auf deren relativ ausgeglichene Verteilung über die Gesamtsystemcluster zurückzuführen ist.

		Wilks' Lambda	Signifikanz-niveau**
1.	Operum 2	,270	.000
2.	Kenn 2	,121	.000
3.	Kenn 1	,078	.000
4.	Stratum 1	,063	.000
5.	Umfeld 1	,055	.000
6.	LM 3	,049	.000
7.	Stratum 4	,043	.000

Abb. 8-85: Ergebnisse der schrittweisen Diskriminanzanalyse Gesamtsystem

8.4 Hypothesenprüfung und -diskussion

Die Prüfung der in den Kapiteln 7.5.1 und 7.5.2 formulierten Hypothesen erfolgt in vier Schritten (vgl. *Witte* 1976, S. 1270ff.):
- Zunächst sind die im Zusammenhang mit der Hypothese verwendeten Variablen zu operationalisieren (vgl. hierzu nochmals die Ausführungen zu Beginn des Kap. 7.5.1).
- Anschließend erfolgt die Faktenerhebung im festgelegten empirischen Umfeld (hier: Teilerhebung, vgl. hierzu die Erläuterungen in Kap. 7.6 und 8.1.1) sowie
- die Messung der Variablenausprägungen in Abhängigkeit deren Skalenniveaus.
- Schließlich erfolgt die Faktenauswertung mit Hilfe des Einsatzes statistischer Auswertungstests.

Im Zusammenhang mit der Faktenauswertung steht die Prüfung der Hypothesen. Im Kapitel 8.1.1 wurde bereits ausgeführt, daß die Hypothesen über Korrelations- oder Assoziationskoeffizienten getestet werden sollen. Korrelationskoeffizienten (r) können Werte zwischen 0 und +/- 1 annehmen, Assoziationskoeffizienten Werte zwischen 0 und 1.

Die Werte lassen sich folgendermaßen abstufen (vgl. *Bühl/Zöffel* 1998, S. 239 sowie *Schlosser* 1976, S. 34):

- $r = 0$: keine Korrelation,
- $0 < r \leq 0{,}2$ sehr geringe Korrelation,
- $0{,}2 < r \leq 0{,}5$ geringe Korrelation,
- $0{,}5 < r \leq 0{,}7$ mittlere Korrelation,
- $0{,}7 < r \leq 0{,}9$ hohe Korrelation,
- $0{,}9 < r \leq 1$ sehr hohe Korrelation.

Die Untersuchungshypothesen wurden so formuliert, daß starke Zusammenhänge zwischen zwei Variablen unterstellt werden.
Oder, um dem Falsifikationsprinzip Rechnung zu tragen: Es wurden keine Zusammenhänge unterstellt, was zu widerlegen war.
Die Nullhypothese besagt demnach, daß keine Korrelation zwischen zwei Variablen existiert. Je stärker nun die Korrelationskoeffizienten ausgeprägt sind, desto eher kann die Nullhypothese verworfen werden.
Bis zum Korrelationskoeffizient 0,2 werden die Nullhypothesen bestätigt, d.h. es existiert kein Zusammenhang zwischen den untersuchten Variablen in der vorliegenden Stichprobe. Die Nullhypothese (das Gegenteil des zu testenden Sachverhalts) wird bei allen darüberliegenden Werten verworfen.
Bei Werten der Korrelations- bzw. Assoziationskoeffizienten zwischen

- 0,2 und 0,3 werden die ursprünglichen Hypothesen (so wie sie in den Kapiteln 7.5.1 und 7.5.2 formuliert und in den folgenden Abschnitten diskutiert werden) als schwach bestätigt,
- ab mehr als 0,3 als bestätigt,
- ab mehr als 0,5 stark bestätigt und
- ab mehr als 0,7 als sehr stark bestätigt angesehen.

Zur Anwendung kam aufgrund der Vielzahl an nominalskalierten Variablen durchgängig das Assoziationsmaß Cramers V.
Wegen der nicht vorhandenen Repräsentativität der vorliegenden Stichprobe (vgl. die Ausführungen in Kap. 8.1.1), sind für die Annahme oder Ablehnung der Hypothesen Zufallswahrscheinlichkeiten nicht von Bedeutung. Diese werden der Vollständigkeit halber trotzdem aufgeführt.
Die Hypothesendiskussion erfolgt getrennt nach Kontext- und Erfolgshypothesen (vgl. Abb. 8-86). Innerhalb dieser Kapitel wird weiter differenziert in Hypothesen der verschiedenen Subsysteme sowie bezüglich des Performance Measurement-Gesamtsystems.

8. Datenauswertung und Ergebnisse der empirischen Untersuchung

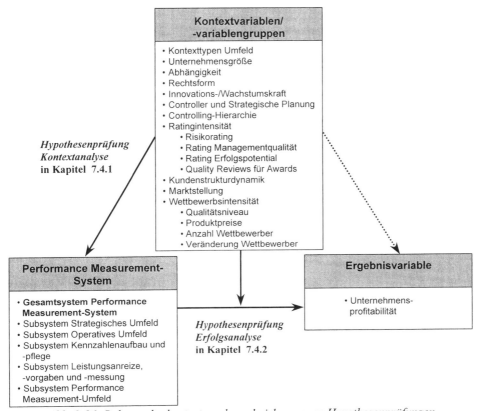

Abb. 8-86: Rahmen der kontext- und ergebnisbezogenen Hypothesenprüfungen

8.4.1 Ergebnisse der Hypothesenprüfung zur Kontextanalyse und Diskussion

8.4.1.1 Hypothesen Gesamtsystem

Insgesamt siebzehn Umfeldverbindungen der Ausprägungen des Performance Measurement-Gesamtsystems waren im Zusammenhang mit den kontextbezogenen Hypothesenprüfungen zu testen. Eine Untersuchungshypothese wurde voll bestätigt (r>0,3), elf Hypothesen lediglich schwach bestätigt (r>0,2) und fünf Hypothesen (r<=0,2) mußten verworfen werden (vgl. den Überblick in Abb. 8-87).

Den stärksten Einfluß auf die Ausgestaltung des Performance Measurement-Gesamtsystems hat die Variable „Quality Reviews für Awards" (Untersuchungshypothese KH1G4) mit r=0,303. Die Auswertung der Kreuztabellen der Korrelation erbrachte folgende für die antwortenden Unternehmen relevante Erkenntnisse bezüglich des Zusammenhangs zwischen der unabhängigen (Qualitätsreviews) und der abhängigen (Ausgestaltung Gesamt-PM) Variablen:

- Mindestens einmal jährlich durchgeführte Reviews wirken sich positiv auf die Entwicklung des Performance Measurement aus (vgl. nochmals die Herleitung der Entwicklungsstufen in Abb. 8-78). Jeweils mehr als 50% der den Gesamtsystemgruppen 3 und 4 zuordenbaren Unternehmen führen solche Reviews mindestens einmal jährlich durch (8 bzw. 7 Unternehmen, Erwartungswert waren 6,3 und 5,9 Unternehmen). Diese Gesamtsystemtypen repräsentieren die höchsten Entwicklungsstufen im Performance Measurement.

- Der daraus ableitbare Umkehrschluß, daß die niederen Entwicklungsstufen, die Clustertypen 1 und 2, sehr viel häufiger als erwartet bei nie durchgeführten Qualitätsreviews auftreten müssen, konnte voll bestätigt werden (Istwerte 7 bzw. 11 statt der erwarteten 5,9 und 8 Unternehmen).

Hypothese	Variablen	Zusammen-hang	Falsifikation Nullhypothese	Signifikanz-niveau
KH 1	Kontexttypen	0,262	✓	nicht signifikant
KH 1A	Unternehmensgröße	0,211	✓	nicht signifikant
KH 1B	Abhängigkeit	0,193	-	-
KH 1C	Rechtsform	0,261	✓	nicht signifikant
KH 1D	Innovations-/Wachstumskraft	0,211	✓	nicht signifikant
KH 1E	Controller und Strateg. Pl.	0,181	-	-
KH 1F	Controlling-Hierarchie	0,176	-	-
KH 1G1	Risikorating	0,242	✓	nicht signifikant
KH 1G2	Rating Managementqualität	0,287	✓	nicht signifikant
KH 1G3	Rating Erfolgspotential	0,261	✓	nicht signifikant
KH 1G4	Quality Review f. Awards	**0,303**	✓	nicht signifikant
KH 1H	Kundenstrukturdynamik	0,296	✓	5%
KH 1I	Marktstellung	0,264	✓	10%
KH 1J1	Qualitätsniveau	0,164	-	-
KH 1J2	Produktpreise	0,177	-	-
KH 1J3	Anzahl Wettbewerber	0,222	✓	nicht signifikant
KH 1J4	Veränderung Wettbewerber	0,235	✓	nicht signifikant

Abb. 8-87: Ergebnisse Hypothesenprüfung: Zusammenhang Kontextvariablen und Gesamtsystem Performance Measurement

Die drei stärksten der schwach bestätigten elf Hypothesen, zwei davon mit signifikanten Zusammenhängen, werden nachfolgend diskutiert:

- Die Kundenstrukturdynamik hat einen nicht unbeträchtlichen Einfluß auf die Ausgestaltung des Gesamtsystems (r=0,296*). Je höher die Dynamik ausgeprägt ist (sehr hoch oder hoch), desto höher ist die Wahrscheinlichkeit, daß die Unternehmen ein den Typen 1 oder 2 entsprechendes Gesamtsystem einsetzen. Diese Unternehmen (insbesondere beim Clustertyp 1) sind sehr viel stärker shareholder- und weniger stakeholderdominiert. Liegt eine bei einer durchschnittlichen oder geringeren Kundenstrukturdynamik vermutete engere Kundenbindung vor, führt dies mit höherer Wahrscheinlichkeit zu den Gesamtsystemtypen 3 und 4 (Istwerte: 17 und 16, Erwartungswerte: jeweils 14,8).
- Das Vorliegen eines Ratings der Managementqualität (mindestens jedes zweite Jahr) wirkt sich besonders stark auf den hochentwickelten Gesamtsystemtyp 3 (r=0,287) aus. Mehr als

70% der diesem Typ zurechenbaren Unternehmen werden von einer Ratingagentur mindestens im Zweijahres-Rhythmus besucht. Dies ist bei den anderen Gesamtsystemtypen nicht annähernd der Fall (Gesamtsystemtyp 1: 35,3%, Typ 2: 15,8%, Typ 3: 23,1%).
- Auch die Marktstellung eines Unternehmens hat vermutlich eine unmittelbare Auswirkung auf das Performance Measurement-System und die angewandte Entwicklungsstufe ($r=0,264^+$): Lag bei den antwortenden Unternehmen eine führende Marktstellung vor, führte dies in viel mehr als den erwarteten Fällen zu hoch entwickelten Performance Measurement-Systemen. Jeweils zwei von drei Unternehmen, die den hochentwickelten Gesamtsystemtypen 3 und 4 zurechenbar sind, agieren nach eigenen Angaben als Marktführer. Bei den Gesamtsystemtypen 1 und 2 ist es deutlich weniger als jedes zweite Unternehmen.
Den höchsten Anteil an nicht marktmitbestimmenden Unternehmen (26,9%) fand sich im Gesamtsystemcluster 2. Im Vergleich hierzu sehr gering sind die 5,6% der nicht marktmitbestimmenden Unternehmen im Gesamtsystemtyp 3 und die 15,8% im Gesamtsystemtyp 4.

Nicht bestätigen ließen sich die in den formulierten Untersuchungshypothesen vermuteten Zusammenhänge zwischen der Ausgestaltung des Performance Measurement-Gesamtsystems sowie den internen Kontextgrößen der „Abhängigkeit" (Hypothese KH1B), des „Controllereinflusses im Rahmen der strategischen Planung" (Hypothese KH1E) sowie der „Controlling-Hierarchie" (Hypothese KH1F).
Auch zu den zwei externen Faktoren „Wettbewerbsintensität: Qualitätsniveau" (Hypothese KH1J1) und „Wettbewerbsintensität: Produktpreise" (Hypothese KH1J2) existieren in der untersuchten Stichprobe nicht die vermuteten Zusammenhänge.

8.4.1.2 Hypothesen Subsystem Strategisches Umfeld
Von den siebzehn zu testenden Untersuchungshypothesen konnten lediglich elf schwach bestätigt werden ($0,2 < r <= 0,3$). Sechs Hypothesen wurden verworfen ($r >= 0,2$).
Die drei stärksten Zusammenhänge werden nachfolgend diskutiert (vgl. Abb. 8-88):
- Die Unternehmensgröße, gemessen an der Mitarbeiterzahl, beeinflußt in der untersuchten Stichprobe die Ausgestaltung der strategischen Subsysteme eines Performance Measurement-Systems. Stark wirkt sich die Unternehmensgröße auf den Subsystemtyp 3 aus (u.a. finanzielle und nichtfinanzielle, wenig leistungsebenendifferenzierte Zielvorgabe, Strategiefestlegung und Kennzahleneinsatz, Einfluß mehrerer Stakeholder):
60% der Subsystemunternehmen sind sehr große Großunternehmen (>10.000 Mitarbeiter). Innerhalb der anderen Subsystemtypen sind dies nur maximal 23,1%.
Auch der Subsystemtyp 1 (u.a. finanziell dominierte, wenig leistungsebenendifferenzierte Zielvorgabe, Strategiefestlegung und Kennzahleneinsatz, starker Shareholdereinfluß) wird überdurchschnittlich stark bei mittleren bis sehr großen Großunternehmen beobachtet (>3.000 Mitarbeiter, Istwert: 19 Erwartungswert: 15,8).
Die Unternehmen innerhalb der Subsystemtypen 2 und 4 (beide u.a. mit einer finanziellen und nichtfinanziellen leistungsebenendifferenzierten Zielvorgabe, Strategiefestlegung und Kennzahleneinsatz) sind zu 34,8% bzw. 30,4% kleine Großunternehmen (1.000-2.000

Mitarbeiter). Diese Unternehmensgröße wurde bei den anderen Subsystemtypen anteilig deutlich weniger beobachtet (Typ 1 23,1%, Typ 3 20%).

Hypothese	Variablen	Zusammenhang	Falsifikation Nullhypothese	Signifikanzniveau
KH 2	Kontexttypen	0,214	✓	nicht signifikant
KH 2A	Unternehmensgröße	0,256	✓	nicht signifikant
KH 2B	Abhängigkeit	0,142	-	-
KH 2C	Rechtsform	0,241	✓	nicht signifikant
KH 2D	Innovations-/Wachstumskraft	0,244	✓	nicht signifikant
KH 2E	Controller und Strateg. Pl.	0,142	-	-
KH 2F	Controlling-Hierarchie	0,172	-	-
KH 2G1	Risikorating	0,253	✓	nicht signifikant
KH 2G2	Rating Managementqualität	0,245	✓	nicht signifikant
KH 2G3	Rating Erfolgspotential	0,271	✓	nicht signifikant
KH 2G4	Quality Review f. Awards	0,185	-	-
KH 2H	Kundenstrukturdynamik	0,217	✓	nicht signifikant
KH 2I	Marktstellung	0,125	-	-
KH 2J1	Qualitätsniveau	0,236	✓	nicht signifikant
KH 2J2	Produktpreise	0,224	✓	nicht signifikant
KH 2J3	Anzahl Wettbewerber	0,226	✓	nicht signifikant
KH 2J4	Veränderung Wettbewerber	0,170	-	-

Abb. 8-88: Ergebnisse Hypothesenprüfung: Zusammenhang Kontextvariablen und Subsystem Strategisches Umfeld

- Die Kontextvariable Risikorating korreliert zwar ebenfalls nur schwach mit der abhängigen Variablen, hat jedoch die drittstärkste Ausprägung des Assoziationskoeffizienten erbracht (r=0,253). Die Auswertung der Felder der dazugehörigen Kreuztabelle ergab eine unterschiedliche Risikoratingfrequenz zwischen den vier Subsystemtypen. So ist ein mehrmals jährlich durchgeführtes Rating typisch für jedes dritte Unternehmen innerhalb des Subsystemtyps 2. Innerhalb der anderen Subsystemtypen hat diese Ausprägung einen maximalen Anteil von 17,4% (über alle Subsystemtypen 19,1%).

Bei 41,2% der antwortenden Unternehmen wird über alle Subsystemtypen kein Risikorating durchgeführt. Deutlich über diesem Wert liegen die Unternehmen innerhalb des Subsystemtyps 2 (50%), deutlich unter diesem Wert die Unternehmen innerhalb des Subsystemclusters 3 (25%).

- Auch bezüglich eines erfolgspotentialbezogenen Ratings (Ausprägung des Assoziationsmaßes r=0,271) ist die Häufigkeit einer mehrmals jährlich durchgeführten Bewertung besonders innerhalb des Subsystemtyps 2 auffällig. Mit 28,6% der Clusterunternehmen liegt dieser Wert deutlich über dem für alle Subsystemtypen ermittelten Durchschnittswert (18,8%). Auch das Nichtvorhandensein eines solchen Ratings ist wiederum bezüglich dieses Subsystemtyps stark ausgeprägt (52,4% im Vergleich zum Durchschnittswert 40,6%). Allerdings überrascht diese Übereinstimmung zwischen den Ausprägungen des Risiko- und des Erfolgspotentialratings nicht sonderlich, da die bivariaten Analysen im Kapitel 8.2.3 bereits eine sehr hohe Korrelation zwischen diesen Variablen aufgezeigt haben ($r=0{,}972$***).

Nur sehr geringe Korrelationen konnten zwischen der abhängigen Variablen und den Variablen „Abhängigkeit" (Hypothese KH2B), „Mitwirkung des Controllers bei der strategischen Planung" (Hypothese KH2E), „Controlling-Hierarchie" (Hypothese KH2F), „Quality Review für Quality Awards" (Hypothese KH2G4), „Marktstellung" (Hypothese KH2I, r nur bei 0,125) sowie „Wettbewerbsintensität bezüglich der Veränderung der Wettbewerberanzahl" (Hypothese KH2J4) gemessen werden. Dies führte zur Ablehnung dieser Untersuchungshypothesen und zur Nichtfalsifikation der Nullhypothesen.

8.4.1.3 Hypothesen Subsystem Operatives Umfeld

Die kontextbezogenen Hypothesenprüfungen bezüglich des operativen Umfelds des Performance Measurement erbrachten zwar wie beim strategischen Umfeld sechs Hypothesenablehnungen, allerdings auch drei nicht nur schwache, sondern relativ eindeutige Hypothesenbestätigungen ($r>0{,}3$ bei den Hypothesen KH3C, KH3G4, KH3H, vgl. Abb. 8-89). Auf diese wird nachfolgend erläuternd eingegangen:

- Einen beträchtlichen Einfluß auf die Ausgestaltung des operativen Umfeldes des Performance Measurement-Systems hat in der untersuchten Stichprobe die Rechtsform der antwortenden Unternehmen ($r=0{,}324$*). Die Prüfergebnisse zeigten, daß innerhalb des Subsystemtyps 2 (u.a. leistungsebenendifferenzierte Festlegung finanzieller und nichtfinanzieller Zielvorgaben und Kennzahlen bei hoher Planungsvielfalt) sehr viel häufiger als bei den anderen Subsystemtypen (33,4% Typ 1 und 14,3% Typ 3) Aktiengesellschaften beobachtet wurden (65,2% der Subsystemunternehmen). Demnach scheint diese Subsystemausprägung sehr typisch für eine solche Gesellschaftsform zu sein. Personengesellschaften und Unternehmen mit der Rechtsform einer GmbH bzw. einer GmbH & Co. KG waren vorwiegend innerhalb der Subsystemtypen 1 und 3 zu beobachten.
- Nur 28,6% der Unternehmen innerhalb des Subsystemtyps 2 unterziehen sich nicht einem Qualitätsreview im Zusammenhang mit verschiedenen Quality-Awards. Innerhalb der Subsystemtypen 1 und 3 sind es 59,1% bzw. 66,7%. Zieht man die oben aufgeführten Ergebnisse in die Interpretation dieser Werte mit ein, liegt der Eindruck nahe, daß hauptsächlich Aktiengesellschaften mit der beschriebenen Subsystemausprägung 2 an diesen Wettbewerben teilnehmen.
Mindestens einmal jährlich nehmen sogar mehr als 50% der Unternehmen innerhalb des Subsystemtyps 2 an Qualitätsreviews teil. Auch im Vergleich hierzu ist der Anteil innerhalb der Subsystemtypen 1 und 3 deutlich geringer (27,3% und 33,4%). Die großen subsystembezogenen Unterschiede hinsichtlich dieser Variablen ergaben eine Ausprägung des Assoziationsmaßes von $r=0{,}319$.
- Der Einfluß der Kundenstrukturdynamik auf die Ausgestaltung der operativen Subsysteme ($r=0{,}304$*) schlägt sich in leichten Unterschieden zwischen einer leistungsebenendifferenzierten (wie sie vom Subsystemtyp 2 repräsentiert wird) und einer nur wenig leistungsebenendifferenzierten (Subsystemtyp 1) Festlegung der finanziellen und nichtfinanziellen operativen Ziele und Kennzahlen nieder. Ferner existieren

Differenzen zwischen den Subsystemtypen mit mittlerer (Subsystemtypen 1 und 3) und hoher Planungsvielfalt (Subsystemtyp 2). Weniger als 40% der Unternehmen innerhalb des Subsystemtyps 2 gaben an, einer geringen oder sehr geringe Kundenstrukturdynamik ausgesetzt zu sein. Innerhalb des Subsystemtyps 1 (und auch im Subsystemtyp 3) waren es 50%.

Eine sehr hohe oder hohe Kundenstrukturdynamik wurde häufiger bei den Subsystemtypen mit mittlerer (Subsystemtypen 1 und 3: 33,3% bzw. 37,5%) als bei solchen mit hoher Planungsvielfalt (Subsystemtyp 2: 11,4%) beobachtet. Eine durchschnittliche bis sehr geringe Kundenstrukturdynamik hängt demnach in der untersuchten Stichprobe eng mit einer höheren Planungsvielfalt zusammen, wie sie vom operativen Subsystemtyp 2 verkörpert wird.

Hypothese	Variablen	Zusammenhang	Falsifikation Nullhypothese	Signifikanzniveau
KH 3	Kontexttypen	0,237	✓	nicht signifikant
KH 3A	Unternehmensgröße	0,278	✓	nicht signifikant
KH 3B	Abhängigkeit	0,235	✓	nicht signifikant
KH 3C	Rechtsform	**0,324**	✓	5%
KH 3D	Innovations-/Wachstumskraft	0,193	-	-
KH 3E	Controller und Strateg. .Pl.	0,171	-	-
KH 3F	Controlling-Hierarchie	0,134	-	-
KH 3G1	Risikorating	0,195	-	-
KH 3G2	Rating Managementqualität	0,215	✓	nicht signifikant
KH 3G3	Rating Erfolgspotential	0,202	✓	nicht signifikant
KH 3G4	Quality Review f. Awards	**0,319**	✓	nicht signifikant
KH 3H	Kundenstrukturdynamik	**0,304**	✓	5%
KH 3I	Marktstellung	0,172	-	-
KH 3J1	Qualitätsniveau	0,205	✓	nicht signifikant
KH 3J2	Produktpreise	0,174	-	-
KH 3J3	Anzahl Wettbewerber	0,161	-	-
KH 3J4	Veränderung Wettbewerber	0,233	✓	nicht signifikant

Abb. 8-89: Ergebnisse Hypothesenprüfung: Zusammenhang Kontextvariablen und Subsystem Operatives Umfeld

Zur Ablehnung der Untersuchungshypothesen führten die gemessenen nur sehr schwachen Zusammenhänge zwischen der Ausgestaltung des operativen Subsystems des Performance Measurement und den Variablen „Umsatzwachstum" (Hypothese KH3D), „Mitwirkung des Controllers bei der strategischen Planung" (Hypothese KH3E), der „Controllinghierarchie" (Hypothese KH3F), „Risikorating" (Hypothese KH3G1), „Marktstellung" (Hypothese KH3I), der „Wettbewerbsintensität bezüglich der Produktpreise" (Hypothese KH3J2) sowie der „Anzahl der Wettbewerber" (Hypothese KH3J3).

8.4.1.4 Hypothesen Subsystem Kennzahlenaufbau und –pflege

Die Hypothesenprüfungen im Zusammenhang mit den vermuteten Korrelationen zwischen der Ausgestaltung des Subsystems „Kennzahlenaufbau und –pflege" sowie den verschiedenen Kontextvariablen ergaben die Ablehnung von nur vier Untersuchungshypothesen (vgl. Abb. 8-90). Verworfen wurden die unterstellten Abhängigkeiten des Subsystems von den Ausprägungen der „Unternehmensabhängigkeit" (Hypothese KH4B), der „Innovations- und Wachstumskraft" (Hypothese KH4D), der „Controlling-Hierarchie" (Hypothese KH4F) sowie der „preisbezogenen Wettbewerbsintensität" (Hypothese KH4J2).

Die Prüfung ergab ferner für zwei Variablen eine mindestens mittlere geringe Korrelation ($r>0,3$) und damit eine eindeutige Bestätigung der Untersuchungshypothese. Einen nicht unbeträchtlichen Einfluß auf die Subsystemausgestaltung haben demnach die Mitwirkung des Controllers bei der strategischen Planung ($r=0,303**$) sowie die Teilnahme oder Nichtteilnahme an Quality-Reviews im Zusammenhang mit der Teilnahme an Quality Awards ($r=0,305$).

Innerhalb der Subsystemcluster ließen sich zum Controllereinfluß im Rahmen der strategischen Planung eindeutige Unterschiede identifizieren. Bei Unternehmen mit einem sehr hohen Einfluß des Controllers führt dies in der untersuchten Stichprobe eindeutig (bei 71,4% der Unternehmen) zum Subsystemtyp 2 (leistungsebenenteilautonome Kennzahlenauswahl und –planvorgabe, mit mehrheitlich regelmäßiger jährlicher Kennzahlen-Überprüfung und wenig Änderungsflexibilität). Innerhalb des Subsystemtyps 3 (wie Subsystemtyp 2, nur mit hoher Änderungsflexibilität) gibt es eine annähernde Gleichverteilung zwischen einem hohen, mittleren und geringen Controllereinfluß.

Die völlig leistungsebenenautonome Kennzahlenauswahl und –planvorgabe, repräsentiert vom Subsystemtyp 1, ist vorwiegend das Ergebnis eines hohen (48,1% der Clusterunternehmen) oder eines mittleren Controllereinflusses (37% der Clusterunternehmen).

Die Analyse der Kreuztabelle Qualitätsreview x Ausgestaltung des Subsystems Kennzahlenaufbau und –pflege erbrachte nur wenig starke Unterschiede zwischen den Subsystemtypen. Auffällig war beispielsweise, daß innerhalb des Subsystemtyps 3 nur 15,4% der Unternehmen nie an Quality-Reviews teilnahmen (erwartet wurden 42,9%), während dies innerhalb der Subsystemtypen 1 und 3 beinahe bei jedem zweiten Unternehmen der Fall war.

Eine mögliche Interpretation dieses Effektes könnte sich auf die hohe Kennzahlenänderungsflexibilität des Subsystemtyps 3 beziehen, die durch die hohe Teilnahmehäufigkeit der dem Subsystem zuordenbaren Unternehmen an den Quality Awards eine notwendige Erfolgsvoraussetzung darstellen könnte.

Elf Untersuchungshypothesen konnten schwach bestätigt werden (vgl. nochmals Abb. 8-90, $0,2<r>=0,3$). Die vier stärksten Korrelationen sollen im folgenden kurz hinsichtlich ihrer wichtigsten Ausgestaltungen diskutiert werden:

- Unternehmensgrößenbezogene Unterschiede zwischen den Subsystemtypen treten besonders bei kleinen und mittleren Großunternehmen auf ($r=0,272$). Statt der erwarteten 27,7% an kleinen Großunternehmen innerhalb der Subsystemcluster konnten innerhalb des Typs 2 37,8% und innerhalb des Typs 3 nur 5,3% gezählt werden. Eine leistungsebenenautonome Kennzahlenauswahl und –planvorgabe (Typ 1) ist eher für mittlere Großunternehmen (zwischen 3.001 und 5.000 Mitarbeiter) typisch. Bei großen Großunternehmen gibt es keine bedeutsamen Clusterdifferenzen.

- Ein Risikorating wird bei mehr als jedem zweiten (58,1%) Unternehmen innerhalb des Clustertyps 2 nicht durchgeführt. Im Vergleich hierzu sind die Werte der Subsystemtypen 1 (34,8%) und 3 (20%) sehr gering.
  Der größte Anteil an Unternehmen mit einem mindestens einmal jährlich durchgeführten Risikoratiiong ließ sich innerhalb des Subsystemtyps 3 beobachten (60%, statt der erwarteten 40,5%). Auch hier läßt sich ähnlich argumentieren wie im Zusammenhang mit der Teilnahme an den Quality Awards: Ratingagenturen erwarten von den Unternehmen eine hohe Flexibilität in vielerlei Hinsicht, die sich auch in der Ausgestaltung eines flexiblen Kennzahlensubsystems niederschlagen könnte.

Hypothese	Variablen	Zusammen-hang	Falsifikation Nullhypothese	Signifikanz-niveau
KH 4	Kontexttypen	0,227	✓	nicht signifikant
KH 4A	Unternehmensgröße	0,272	✓	nicht signifikant
KH 4B	Abhängigkeit	0,120	-	-
KH 4C	Rechtsform	0,222	✓	nicht signifikant
KH 4D	Innovations-/Wachstumskraft	0,169	-	-
KH 4E	Controller und Strateg. Pl.	**0,303**	✓	1%
KH 4F	Controlling-Hierarchie	0,159	-	-
KH 4G1	Risikorating	0,272	✓	nicht signifikant
KH 4G2	Rating Managementqualität	0,275	✓	nicht signifikant
KH 4G3	Rating Erfolgspotential	0,268	✓	nicht signifikant
KH 4G4	Quality Review f. Awards	**0,305**	✓	nicht signifikant
KH 4H	Kundenstrukturdynamik	0,279	✓	nicht signifikant
KH 4I	Marktstellung	0,242	✓	5%
KH 4J1	Qualitätsniveau	0,245	✓	nicht signifikant
KH 4J2	Produktpreise	0,168	-	-
KH 4J3	Anzahl Wettbewerber	0,239	✓	nicht signifikant
KH 4J4	Veränderung Wettbewerber	0,225	✓	nicht signifikant

Abb. 8-90: Ergebnisse Hypothesenprüfung: Zusammenhang Kontextvariablen und Subsystem Kennzahlenaufbau/-pflege

- Aufgrund der jeweils starken bivariaten Verbindungen dieser Variablen (vgl. nochmals Kap. 8.2.3) ergeben sich tendenziell ähnliche Ergebnisse wie bei den Variablen „Quality Award" und „Rating-Risiko" für die Variable „Rating Managementqualität" (r=0,275). Wieder ist der Anteil der Unternehmen, die nie von Ratingagenturen zur Managementqualität bewertet werden im Subsystemtyp 3 am geringsten und der Anteil der Unternehmen, die mindestens einmal jährlich bewertet werden am höchsten.
- Der bedeutsamste externe Kontextfaktor ist die Kundenstrukturdynamik (r=0,279). Die dem Subsystemtyp 1 entsprechenden Unternehmen sind zu 29,6% einer hohen oder sehr hohen Dynamik ausgesetzt (Typ 2: 19,5%, Typ 3: 15,8%). Der gleiche Anteil an Unternehmen hat eine maximal geringe Kundenstrukturdynamik. Im Vergleich hierzu ist der hohe Anteil innerhalb des Subsystemtyps 3 (73,7%) besonders auffällig. Demnach

scheinen die kennzahlenbezogene Prüf- und Änderungsflexibilität (hoch bei Typ 3, gering bei Typ 2) und die Kundenstrukturdynamik eng miteinander verbunden zu sein.

8.4.1.5 Hypothesen Subsystem Leistungsanreize, -vorgaben und –messung

Die Prüfung der kontextbezogenen Untersuchungshypothesen zum Subsystem „Leistungsanreize, -vorgaben und –messung" ergab drei bestätigte und acht schwach bestätigte sowie die Ablehnung von sechs Hypothesen (vgl. Abb. 8-91).

Hypothese	Variablen	Zusammen-hang	Falsifikation Nullhypothese	Signifikanz-niveau
KH 5	Kontexttypen	**0,387**	✓	0,1%
KH 5A	Unternehmensgröße	0,158	-	-
KH 5B	Abhängigkeit	0,244	✓	nicht signifikant
KH 5C	Rechtsform	0,255	✓	nicht signifikant
KH 5D	Innovations-/Wachstumskraft	0,257	✓	nicht signifikant
KH 5E	Controller und Strateg. Pl.	0,171	-	-
KH 5F	Controlling-Hierarchie	0,218	✓	nicht signifikant
KH 5G1	Risikorating	**0,335**	✓	1%
KH 5G2	Rating Managementqualität	**0,303**	✓	10%
KH 5G3	Rating Erfolgspotential	0,257	✓	nicht signifikant
KH 5G4	Quality Review f. Awards	0,249	✓	nicht signifikant
KH 5H	Kundenstrukturdynamik	0,203	✓	5%
KH 5I	Marktstellung	0,197	-	-
KH 5J1	Qualitätsniveau	0,193	-	-
KH 5J2	Produktpreise	0,180	-	-
KH 5J3	Anzahl Wettbewerber	0,235	✓	nicht signifikant
KH 5J4	Veränderung Wettbewerber	0,199	-	-

Abb. 8-91: Ergebnisse Hypothesenprüfung: Zusammenhang Kontextvariablen und Subsystem Leistungsanreize, -vorgaben und -messung

Voll bestätigt wurden die vermuteten Zusammenhänge mit den Kontexttypen (r=0,387***), dem Risikorating (r=0,335**) und dem Rating Managementqualität (r=0,303$^+$).

- Interessante Ergebnisse erbrachte die Analyse des Zusammenhangs zwischen den Kontexttypen und den Subsystemtypen. So war sehr auffällig, daß jeder Subsystemtyp von einem, in drei Fällen von zwei, Kontexttyp(en) dominiert wurde. Innerhalb des Subsystemtyps 1 (u.a. keine leistungsebenendifferenzierte kennzahlenbezogene Leistungsvorgabe und –messung) dominieren die durchaus sehr unterschiedlichen Kontexttypen 1 und 2 (vgl. nochmals Abb. 8-16). Dem Subsystemtyp 2 (u.a. mit wenig leistungsebenendifferenzierter, finanziell dominierter Leistungsvorgabe und –messung) ließen sich in der untersuchten Stichprobe zu mehr als 70% Unternehmen der Kontexttypen 3 und 4 zuordnen. Dies sind jeweils u.a. nicht börsennotierte, keine sehr großen Großunternehmen mit sehr geringer Ratingintensität.

Innerhalb des Subsystemtyps 3 (u.a. leistungsebenendifferenzierte und ausgewogen finanzielle und nichtfinanzielle Leistungsvorgabe und –messung) ragt mit einem Anteil von 41,2% der Kontexttyp 5 heraus. Dies sind u.a. sehr große börsennotierte und marktführende Großunternehmen mit steigendem Wachstum und mittlerer bis hoher Ratingintensität.

Unternehmen, die dem Kontexttyp 4 entsprechen, dominieren noch stärker (61,1% der Clusterunternehmen) den Subsystemtyp 4 (sehr leistungsebenendifferenzierte und ausgewogen finanzielle und nichtfinanzielle Leistungsvorgabe und –messung). Hierbei handelt es sich u.a. um kleine bis große, nicht börsennotierte, marktführende und teilweise stark wachsende Großunternehmen.

Der Subsystemtyp 5 (sehr leistungsebenendifferenzierte und kaum ausgewogen finanzielle und nichtfinanzielle Leistungsvorgabe und –messung) wird zu je 40% der Clusterunternehmen geprägt von den Kontexttypen 2 und 4. Dies sind jeweils kleine bis große, nicht börsennotierte, vorwiegend marktführende Großunternehmen mit einem Controlling auf der 1. Hierarchieebene sowie einer meist hohen bis sehr hohen preis- und qualitätsbezogenen Wettbewerbsintensität.

- Das risikobezogene Rating findet häufiger als erwartet besonders bei Unternehmen der Subsystemtypen 2 und 4 (50% bzw. 66,7% der Clusterunternehmen) nicht statt. Ein einmal oder mehrmals jährlich durchgeführtes Risikorating ist typischer für Unternehmen des Subsystemtyps 3. Beobachtet wurde dies bei mehr als 66,7% (erwartet: 40,5%) der Subsystemunternehmen.
- Aufgrund der hohen Korrelation zwischen dem Risiko- und dem Managementqualitätsrating konnten ähnliche Ergebnisse wie für das Risikorating auch für das Rating im Hinblick auf die Managementqualität identifiziert werden. Auch hier ließen sich für die Unternehmen des Subsystemcluster 3 sehr häufig mindestens einmal jährlich von einer Ratingagentur durchgeführte Überprüfungen der Managementqualität beobachten

Ebenso wie bei der risikobezogenen Beurteilung sind innerhalb der Subsystemtypen 2 und 4 jene Unternehmen dominant, die nie bezüglich ihrer Managementqualität bewertet werden (78,9% und 66,7% im Vergleich zu den erwarteten 55,4%).

Keine, d.h. nicht mindestens schwache Zusammenhänge mit der Subsystemvariablen „Leistungsanreize, - vorgaben und –messung", konnten zu den Variablen
- „Unternehmensgröße" (Hypothese KH5A),
- „Mitwirkung Controller bei der strategischen Planung" (Hypothese KH5E),
- „Marktstellung" (Hypothese KH5I),
- „Wettbewerbsintensität: Qualitätsniveau" (Hypothese KH5J1),
- „Wettbewerbsintensität: Produktpreise" (Hypothese KH5J2) und
- „Wettbewerbsintensität: Veränderung Anzahl Wettbewerber" (Hypothese KH5J4)

gemessen werden, was zur Verwerfung dieser Untersuchungshypothesen führte.

8.4.1.6 Hypothesen Subsystem Performance Measurement-Umfeld

Nur zwei Untersuchungshypothesen mußten im Zusammenhang mit den Hypothesenprüfungen zur Verbindung der Kontextvariablen mit dem Subsystem „Performance Measurement-Umfeld" abgelehnt werden ($r \leq 0,2$). Dies betraf die Zusammenhänge mit den Variablen „Innovations- und Wachstumskraft" (Hypothese KH6D) und „Wettbewerbsintensität: Produktpreise" (Hypothese KH6J2).

Hypothese	Variablen	Zusammen-hang	Falsifikation Nullhypothese	Signifikanz-niveau
KH 6	Kontexttypen	0,241	✓	nicht signifikant
KH A	Unternehmensgröße	**0,307**	✓	5%
KH 6B	Abhängigkeit	0,215	✓	nicht signifikant
KH 6C	Rechtsform	0,283	✓	10%
KH 6D	Innovations-/Wachstumskraft	0,185	-	-
KH 6E	Controller und Strateg. Pl.	0,272	✓	10%
KH 6F	Controlling-Hierarchie	0,234	✓	nicht signifikant
KH 6G1	Risikorating	**0,321**	✓	5%
KH 6G2	Rating Managementqualität	**0,333**	✓	5%
KH 6G3	Rating Erfolgspotential	**0,329**	✓	5%
KH 6G4	Quality Review f. Awards	0,291	✓	nicht signifikant
KH 6H	Kundenstrukturdynamik	0,278	✓	10%
KH 6I	Marktstellung	0,270	✓	5%
KH 6J1	Qualitätsniveau	0,236	✓	nicht signifikant
KH 6J2	Produktpreise	0,175	-	-
KH 6J3	Anzahl Wettbewerber	0,210	✓	nicht signifikant
KH 6J4	Veränderung Wettbewerber	0,272	✓	10%

Abb. 8-92: Ergebnisse Hypothesenprüfung: Zusammenhang Kontextvariablen und Subsystem Performance Measurement-Umfeld

Die Untersuchungshypothesen zu vermuteten Korrelationen zwischen der abhängigen Variablen Subsystem Performance Measurement Umfeld und den Kontextvariablen KH6A (Unternehmensgröße, r=0,307*), KH6G1 (Risikorating, r=0,321*), KH6G2 (Rating Managementqualität, r=0,333*) und KH6G3 (Rating Erfolgspotential, r=0,329*) konnten voll bestätigt werden.

Alle anderen, nicht erwähnten Untersuchungshypothesen wurden schwach, in einem Fall mit 5%iger (*), in vier Fällen mit 10%iger (⁺) Irrtumswahrscheinlichkeit, bestätigt (vgl. Abb. 8-92).

Zu den vier voll bestätigten Untersuchungshypothesen sind nachfolgend einige die Zusammenhänge erläuternde Anmerkungen aufgeführt:

- Zur Variablen der Unternehmensgröße ist anzumerken, daß sehr große Großunternehmen anteilig besonders häufig im Subsystemtyp 4 (u.a. ausgewogene Rollenverteilung der PM-Akteure, vorwiegend Einsatz vieler neuer betriebswirtschaftlicher Instrumente) vertreten sind (41,7%). Dies läßt darauf schließen, daß diese innovative Gruppenausprägung eher (bspw. in Form von Pilotprojekten zur Überprüfung der Effekte neuer betriebswirtschaftlicher Instrumente) typisch für große als für kleine Unternehmen ist. Kleine Großunternehmen (<=3.000 Mitarbeiter) sind sehr stark im Umfeldtyp 1 vertreten (60%). Dieser repräsentiert das „traditionelle" Umfeld: eine eher unausgewogene, stark vom Controlling und weniger von den Leistungsebenenmitarbeitern sowie –ver-antwortlichen dominierte Rollenverteilung im Performance Measurement und kein Einsatz neuer betriebswirtschaftlicher Instrumente wie bspw. der Prozeßkostenrechnung, des

Target Costing oder des Benchmarking (vgl. die ausführliche Beschreibung und Erläuterung in Kap. 8.3.5.3).
- Den höchsten Anteil der Unternehmen, die nie von Ratingagenturen zu Risikoaspekten bewertet werden, verzeichnen die Subsystemtypen 1 (57,1%) und 4 (60%). Demzufolge finden Risikobewertungen sehr viel häufiger bei Unternehmen innerhalb der Subsystemtypen 2 und 3 statt. Diese sind, außer des in beiden Typen vorkommenden mehrheitlichen Einsatzes neuer betriebswirtschaftlicher Instrumente, in ihren Ausprägungen höchst unterschiedlich.
- Ähnliche Ergebnisse konnten für die Variablen „Rating Managementqualität" und „Rating Erfolgspotential" beobachtet werden. Bei beiden Variablen ist innerhalb der Subsystemtypen 1 und 4 der Anteil der Unternehmen, die nie von Ratingagenturen beurteilt werden deutlich höher als erwartet (85% und 66,7% statt der erwarteten 55,4% beim Rating Managementqualität bzw. 58,3% und 66,7% statt der erwarteten 41,4% beim Rating Erfolgspotential).

Der Anteil der Unternehmen, die mehrmals jährlich beurteilt werden, ist bei den dem Subsystem 2 zuordenbaren Unternehmen jeweils am höchsten: bei 26,3% der Unternehmen beim Rating Managementqualität (statt der erwarteten 12,3%) sowie bei 36,8% beim Erfolgspotentialrating (statt der erwarteten 18,6%).

8.4.2 Ergebnisse der Hypothesenprüfung zur Erfolgsanalyse und Diskussion

Die Prüfung der Hypothesen zur Erfolgsanalyse umfaßt zum einen die Untersuchung der direkten Korrelationen zwischen den Performance Measurement-Subsystemen sowie dem Gesamtsystem mit der Ergebnisvariable Profitabilität.

Zum anderen werden ergänzend hierzu noch die Wirkungen intervenierender Kontextvariablen auf die in den Hypothesen beschriebenen Kausalbeziehungen untersucht. Solche sogenannten „intervenierenden" Variablen haben eine (positive oder negative) verstärkende Wirkung auf den bivariaten Zusammenhang zwischen der abhängigen Variablen „Profitabilität" und den unabhängigen Variablen der Subsysteme bzw. des Gesamtsystems (vgl. *Armbrecht* 1992, S. 131). Solche Drittvariableneinflüsse lassen sich durch die Berechnung partieller Korrelationskoeffizienten messen. Hierbei erfolgt ein Auspartialisieren des Drittvariableneinflusses (vgl. *Voß* 1997, S. 181).

Die Berechnung der partiellen Korrelationskoeffizienten sowie deren Interpretation erfolgte in mehreren Schritten:
- Zunächst wurden die möglichen intervenierenden Variablen (man spricht auch von Kontrollvariablen) ausgewählt. Hierbei erfolgte eine Beschränkung auf die im vorherigen Kapitel besprochenen Kontextvariablen.
- Verwendet wurden die im Vorfeld der kontextbezogenen Clusteranalyse gebildeten Ausprägungen dieser Kontextvariablen (vgl. Kap. 8.2.4). Damit erfolgte eine Zusammenfassung von Ausprägungen zur Eliminierung von Sonderfällen sowie die Vermeidung zu geringer Erwartungswerte in den Zellen der Kreuztabelle.
- Die dadurch teilweise leicht veränderten, auf Basis aller im Fragebogen angegebenen Variablenausprägungen berechneten Originalkorrelationen zwischen den Kontextvariablen und der Profitabilität (vgl. Kap. 8.2.3) wurden in den weiteren Analysen berücksichtigt.
- Für jede Ausprägung der Kontrollvariable wurden spezielle Kreuztabellen sowie Korrelationen (partielle Korrelationen) zwischen der abhängigen Variablen

(=Profitabilität) und den unabhängigen Variablen (=Subsysteme bzw. Gesamtsystem) berechnet.
- Die Interpretation der Ergebnisse erfolgte zunächst durch den Vergleich der Originalkorrelation zwischen der abhängigen und der unabhängigen Variablen sowie der partiellen Korrelationen. War letztere deutlich höher als die Originalkorrelation (+ 0,2), konnte von einem verstärkenden Einfluß der intervenierenden Variablen (bezogen auf die jeweils untersuchte Variablenausprägung) ausgegangen werden. Nicht berücksichtigt wurden Variablenausprägungen mit einer Fallzahl < 15 (mit Ausnahme der Kontextcluster) aufgrund des zu geringen Stichprobenumfangs (und den damit verbundenen sehr geringen Erwartungswerten je Zelle in der Kreuztabelle. Hierzu ist ergänzend anzumerken, daß dieses Problem im Rahmen der Untersuchung aufgrund des insgesamt geringen Stichprobenumfanges durchgängig existierte. Aus diesem Grund konnte nicht in allen Fällen auf Mindestanforderungen hinsichtlich zellenbezogener Erwartungswerte Rücksicht genommen werden) für die Berechnung realistischer partieller Korrelationskoeffizienten.
- Anschließend erfolgte eine Diskussion der Ergebnisse auf Grundlage des Assoziationsmaßes sowie der Ergebnisse der Kreuztabellen.

8.4.2.1 Hypothesen Gesamtsystem

Die Untersuchungshypothese, wonach die Ausgestaltung des gesamten Performance Measurement-Systems den Unternehmenserfolg beeinflußt, konnte bestätigt werden (Korrelation: $r = 0,3*$, vgl. Abb. 8-93). Die weitere Analyse der Kreuztabellen ergab, daß eine sehr hohe Profitabilität im Vergleich zum Branchendurchschnitt häufiger als bei den anderen Clustertypen besonders bei den Unternehmen des Clustertyps 3 beobachtet werden konnte. Mehr als jedes fünfte Clusterunternehmen hat eine sehr hohe Profitabilität, während dies nur bei jedem zehnten Unternehmen der Clustertypen 1 und 2 sowie bei jedem zwanzigsten Unternehmen des Clustertyps 4 der Fall ist.

Allerdings haben auch sechs Unternehmen des Clustertyps 3 (31,6%) eine geringe oder sehr geringe Profitabilität, was sich in dieser negativen Ausprägung bei keinem anderen Clustertyp identifizieren ließ.

Dies läßt den Schluß zu, daß ein hochentwickeltes Performance Measurement System im Sinne des Clustertyps 3 (vgl. nochmals die Beschreibung der Clusterausprägungen in Abb. 8-83) zum einen möglicherweise zu sehr hoher Profitabilität führen kann, zum anderen aber auch von Unternehmen mit einer problematischen Ergebnissituation eingesetzt wird. Aufgrund der vorliegenden empirischen Erkenntnisse läßt sich nicht nachvollziehen, ob die Unternehmen aufgrund ihrer unbefriedigenden Ergebnissituation ein umfassenden Performance Measurement konzipiert haben und Ergebniseffekte zum Zeitpunkt der empirischen Untersuchung noch nicht sichtbar waren oder ob die Ergebnissituation auch, bei bestimmten Umfeldfaktoren, stark negativ von der Ausgestaltung des Performance Measurement beeinflußt wurde.

Die Berechnung der partiellen Korrelationskoeffizienten für die verschiedenen Kontextvariablen ergab einen verstärkenden Einfluß auf die Originalkorrelation besonders bei den Variablen Kontextcluster 2, 3 und 5 sowie „Wettbewerbsintensität: Veränderung Wettbewerberanzahl".

Bei einer durchschnittlichen Wettbewerbsintensität hinsichtlich der Veränderung der Wettbewerberanzahl im Umfeld der beobachteten Unternehmen, konnte keines eine sehr hohe Profitabilität vorweisen, während ohne den Einfluß der moderierenden Variablen 12,2% der Unternehmen eine hohe Profitabilität haben.

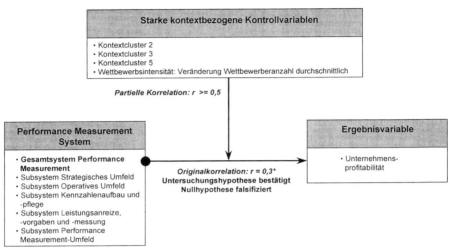

Abb. 8-93: Ergebnis Erfolgshypothese: Gesamtsystem

50% der Unternehmen des Clustertyps 1 hatten bei vorliegender durchschnittlicher Wettbewerbsintensität hinsichtlich der Veränderung der Wettbewerberanzahl sogar nur eine geringe Profitabilität vorzuweisen (ohne den moderierenden Variableneinfluß, d.h. auch über alle Ausprägungen der Veränderung der Wettbewerberanzahl, nur 22,2% der Clusterunternehmen).

Der höchste partielle Korrelationskoeffizient konnte für die Variable „Kontextcluster 5" analysiert werden (r = 0,612). Dabei handelt es sich um marktführende, mehrheitlich sehr große Großunternehmen, die zu 80% börsennotiert sind (vgl. die weiteren Ausprägungen in Kap. 8.2.4). Im Zusammenhang mit dieser moderierenden Variablen ist bemerkenswert, daß keines der Unternehmen des Kontexttyps 5, unabhängig vom Clustertyp des Performance Measurement-Systems, eine geringe oder sehr geringe Profitabilität (in der Originalkorrelation: bei 13,4% der Unternehmen) vorweisen konnte.

Die Unternehmen des Kontexttyps 3 haben eine negativ verstärkende Wirkung auf die Profitabilität: 20% haben eine geringe oder sehr geringe Profitabilität, keines der Unternehmen hat eine sehr hohe Profitabilität aufzuweisen (in der Originalkorrelation: 12,2% der Unternehmen). Hierbei handelt es sich um mittlere bis große Großunternehmen, die überwiegend nicht börsennotiert sind, mit einer vorwiegend preis- und qualitätsbezogenen hohen bis sehr hohen Wettbewerbsintensität sowie einem Controlling, welches stets auf der zweiten oder dritten Hierarchieebene angesiedelt ist.

Allerdings ist zu diesen Ausführungen anzumerken, daß Aussagen zu den moderierenden Variablen Kontextcluster 2, 3 und 5 aufgrund der geringen Fallzahlen (zwischen 10 und 17

Unternehmen) sehr problematisch sind. Aus diesem Grund wird auf weitere Interpretationen bezüglich dieser moderierenden Größen verzichtet.

8.4.2.2 Hypothesen Subsystem Strategisches Umfeld

Die Untersuchungshypothese zum Zusammenhang zwischen dem Performance Measurement Subsystem „Strategisches Umfeld" sowie der Unternehmensprofitabilität ließ sich nur schwach bestätigen (r = 0,218, vgl. Abb. 8-94). Die Analysen ergaben dennoch aufschlußreiche Informationen über den Zusammenhang der verschiedenen Subsystemtypen und der Profitabilität. Während über alle Clustertypen 12,2% der Unternehmen eine sehr hohe Profitabilität aufweisen, sind es bei den Unternehmen des Clustertyps 3 mehr als 25% der Unternehmen. Der Clustertyp 3 zeichnet sich durch eine finanzielle und nichtfinanzielle, wenig leistungsebenendifferenzierte Zielvorgabe sowie einen auf den Leistungsebenen Unternehmen und Geschäftsfeld ausgewogenen Kennzahleneinsatz sowie den starken Einfluß mehrerer Stakeholder aus (vgl. nochmals die Ausführungen und Typenbeschreibungen in Kap. 8.3.1.3). Eine noch leistungsebenendifferenziertere Ausgestaltung des strategischen Subsystem zeichnet die Unternehmen des Typs 2 aus. Diese sind zu mehr als 56% mindestens hoch profitabel (über alle Clustertypen: 46%) und damit sehr viel erfolgreicher als die Unternehmen der Typen 1 und 4 sowie ähnlich erfolgreich wie die Unternehmen des Typs 3 (54% mindestens hoch profitabel).

Am wenigsten profitabel sind die Unternehmen, die im Performance Measurement ein dem Clustertyp 1 oder 4 entsprechendes strategisches Umfeld haben. Das Umfeld des Clustertyps 4 ist unter anderem geprägt von einer leistungsebenendifferenzierten, jedoch wenig ausgewogenen Zielvorgabe sowie einem ausgewogenen und differenzierten Kennzahleneinsatz. 65,2% der Clusterunternehmen 4 sowie 56% der Clusterunternehmen 1 haben nur eine geringe oder durchschnittliche Profitabilität. Diese Unternehmen (Strategischer Umfeldtyp 1) definieren vorwiegend nur finanzielle Zielvorgaben und finanzielle Kennzahlen auf den Leistungsebenen Konzern, Unternehmen und Geschäftsfeld und sind stark von den Shareholdern dominiert.

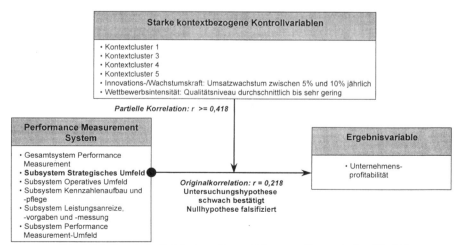

Abb. 8-94: Ergebnis Erfolgshypothese: Subsystem Strategisches Umfeld

Starke partielle Korrelationskoeffizienten konnten für die Kontextcluster 1, 3, 4 und 5 sowie für Ausgestaltungen der Innovations- und Wachstumskraft und der qualitätsbezogenen Wettbewerbsintensität beobachtet werden.
Den stärksten moderierenden Einfluß hat die Variable „Kontextcluster 1" (r = 0,837). Unternehmen, die diesem Kontextcluster zugerechnet werden können (u.a. sehr große börsennotierte Großunternehmen, marktmitbestimmend mit stark steigendem Umsatz sowie hoher bis sehr hoher Wettbewerbsintensität), sind zu 77,7% mindestens hoch profitabel (Originalkorrelation: 46,3%). Unternehmen des Kontexttyps 3 (partieller Korrelationskoeffizient r = 0,576, u.a. mittlere bis große nicht börsennotierte Großunternehmen, marktmitbestimmend mit konstantem bzw. rückläufigem Umsatz sowie teilweise hoher bis sehr hoher Wettbewerbsintensität) weisen eine deutlich geringere Profitabilität auf (nur 33,3% der Clusterunternehmen haben eine mindestens hohe Profitabilität).
Auch die Innovations- und Wachstumskraft beeinflußt die Originalkorrelation zwischen strategischem Umfeld und der Profitabilität nicht unwesentlich (partieller Korrelationskoeffizient: r = 0,443*). Dies wirkt sich besonders auf die den Subsystemclustern 1 und 4 zuordenbaren Unternehmen aus, die bei einem Umsatzwachstum zwischen 5% und 10% jährlich noch weniger profitabel sind als die Gesamtheit der jeweiligen Clustertypunternehmen (mehr als 70% der Unternehmen haben eine geringe bzw. durchschnittliche Profitabilität im Vergleich zu den oben bereits erläuterten Werten der Originalkorrelation).
Als weitere wichtige moderierende Variable ist die durchschnittliche bis sehr geringe qualitätsbezogene Wettbewerbsintensität zu erwähnen (r = 0,425). Unternehmen mit einem solchen Umfeld unterscheiden sich von der Gesamtzahl aller antwortenden Unternehmen hinsichtlich der Originalkorrelation besonders durch eine stärker ausgeprägte durchschnittliche Profitabilität (50% der Unternehmen, statt 40,2% der Originalkorrelation) und geringere Werte für eine hohe sowie sehr hohe Profitabilität (38,9% der Unternehmen, statt 46,3% der Originalkorrelation).

8.4.2.3 Hypothesen Subsystem Operatives Umfeld

Die Untersuchungshypothese, daß die Ausgestaltung des Subsystems operatives Umfeld die Unternehmensprofitabilität beeinflußt, konnte bestätigt werden (r = 0,325*, vgl. Abb. 8-95). In Abhängigkeit vom jeweiligen operativen Umfeld ließen sich unterschiedliche Wirkungen auf die Ergebnisvariable feststellen. Die größte Profitabilität erzielen Unternehmen mit einer wenig leistungsebenendifferenzierten Festlegung finanzieller und nichtfinanzieller Zielvorgaben und Kennzahlen sowie mit mittlerer Planungsvielfalt (Subsystemcluster 1, vgl. auch die ausführlicheren Erläuterungen in Kap. 8.3.2.3). Mehr als 66% dieser Unternehmen haben eine mindestens hohe Profitabilität (Istwert: 20, Erwartungswert: 14,1). Im Vergleich hierzu ist dies nur bei 38,6% der Unternehmen des Subsystemclusters 2 sowie bei 22,2% der Unternehmen des Subsystemclusters 3 der Fall.
Diese eindeutige Tendenz zugunsten des Subsystemclusters 1 hat auch bei einer nur geringen bzw. sehr geringen Profitabilität Bestand:
Nur ein Unternehmen, welches dem Cluster zugeordnet werden konnte, hat eine geringe oder sehr geringe Profitabilität, während bei Subsystemtyp 2 18,2% (8 Unternehmen) und bei

Subsystemtyp 3 22,2% (2 Unternehmen) der Unternehmen eine solche Ausprägung der Ergebnisvariable haben.

Demnach kann die Vermutung aufgestellt werden, daß eine diesen Subsystemtypen entsprechende leistungsebenendifferenzierte Zielfestlegung und ein Kennzahleneinsatz auf vielen Leistungsebenen im Rahmen der operativen Planung und Budgetierung sowie eine dem Typ 2 entsprechende hohe Planungsvielfalt nur in wenigen Fällen zu einer sehr hohen Profitabilität führen.

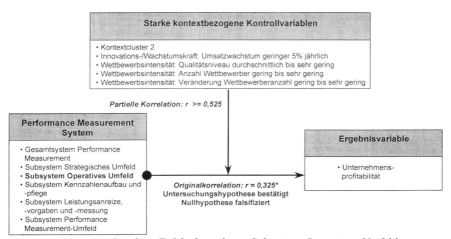

Abb. 8-95: Ergebnis Erfolgshypothese: Subsystem Operatives Umfeld

Eine verstärkende Wirkung auf die Originalkorrelation haben fünf Variablen bzw. Variablenausprägungen:

Der Kontextcluster 2 (r=0,588), die Innovations- und Wachstumskraft bei einem jährlichen Umsatzwachstum von weniger als 5% (r=0,443*), die durchschnittliche bis sehr geringe qualitätsbezogene Wettbewerbsintensität (r=0,587), die geringe bis sehr geringe Wettbewerbsintensität bezüglich der Wettbewerberanzahl (r=0,592*) sowie der Veränderung der Wettbewerberanzahl (r=0,57*). Nachfolgend hierzu einige Erläuterungen:

- Unternehmen mit dem im Kontextcluster 2 beschriebenen Umfeld (u.a. große bis kleine Großunternehmen, nicht börsennotiert, mit mehrheitlich konstantem bzw. rückläufigem Wachstum, einer hohen bzw. sehr hohen qualitäts- und preisbezogenen Wettbewerbsintensität und mit einem vorwiegend sehr hohen bzw. hohen Einfluß des Controlling auf die strategische Planung) sind weniger profitabel als die Gesamtheit aller antwortenden Unternehmen. 64,7% der Clusterunternehmen haben eine maximal durchschnittliche Profitabilität. Im Vergleich zu allen antwortenden Unternehmen (53%) sind dies deutlich mehr wenig profitable Unternehmen. Dennoch ist in diesem Kontextumfeld die Quote der mindestens hoch profitablen Unternehmen mit einem operativen Subsystem des Typs 1 höher als in der Originalkorrelation (80% statt der oben bereits ausgeführten 66,7%).
- Liegt bei den betrachteten Unternehmen ein konstantes bzw. rückläufiges Umsatzwachstum vor (<5% jährlich), ist im Vergleich mit der Originalkorrelation ein

deutlich geringerer Anteil mindestens hoch profitabler Unternehmen zu beobachten (statt 46,9% in der Originalkorrelation nur 32,2% der Unternehmen). Dies trifft allerdings nur eingeschränkt für die dem operativen Subsystemtyp 1 zuordenbaren Unternehmen zu.

Die Beobachtungen zeigten auch, daß weit mehr Unternehmen der operativen Subsystemtypen 2 und 3 bei konstantem oder rückläufigem Umsatzwachstum, im Vergleich zu Unternehmen mit anderem Umsatzwachstum, nur eine geringe oder sehr geringe Profitabilität haben (jedes dritte Unternehmen, statt der oben aufgeführten Werte).

- Auch bei geringer bzw. sehr geringer Wettbewerbsintensität hinsichtlich der Veränderung der Wettbewerberanzahl sowie bezüglich des Qualitätsniveaus ist die Anzahl der Unternehmen mit einer mindestens hohen Profitabilität geringer als in der Originalkorrelation (40,5% bzw. 38,9% statt 46,9%). Diese negative Verstärkung im Vergleich zur Originalkorrelation konnte besonders für die operativen Subsystemtypen 2 beobachtet werden, wo mehr als 25% der Unternehmen bei einer geringen und sehr geringen Wettbewerbsintensität hinsichtlich der Veränderung der Wettbewerberanzahl eine geringe oder sehr geringe Profitabilität haben (im Vergleich zu 18,2% der Unternehmen in der Originalkorrelation).
- Hat ein Unternehmen nur wenige Wettbewerber, d.h. herrscht nur eine geringe bzw. sehr geringe Wettbewerbsintensität bezüglich der Wettbewerberanzahl, ließ sich eine höhere Profitabilität der Unternehmen im Vergleich zur Originalkorrelation feststellen. Diese Verstärkung konnte bei dieser Umfeldkonstellation auch für die Unternehmen des operativen Subsystems 1 analysiert werden. Statt der in der Originalkorrelation beobachteten 66,7% wurden 87,5% mindestens profitable Unternehmen ermittelt.

8.4.2.4 Hypothesen Subsystem Kennzahlenaufbau und –pflege

Der in der Untersuchungshypothese vermutete Zusammenhang zwischen der Ausgestaltung des Subsystems „Kennzahlenaufbau und –pflege" und der Ergebnisvariable konnte nur schwach bestätigt werden (r=0,227). Insgesamt ließen sich nur wenige bedeutsame Unterschiede zwischen den Subsystemtypen beobachten. So fällt beispielsweise auf, daß dem Kennzahlen-Subsystemtyp 2 (leistungsebenenteilautonome Kennzahlenauswahl und –planvorgabe, mit mehrheitlich regelmäßiger jährlicher Kennzahlenüberprüfung und wenig Änderungsflexibilität) zuordenbare Unternehmen in weniger Fällen eine sehr hohe Profitabilität vorweisen können (8,1% der Unternehmen des Subsystemtyps 2) als die Unternehmen der Subsystemcluster 1 und 3 (14,8% bzw. 15,8%). Ferner haben Unternehmen des Subsystemtyps 2 einen höheren Anteil von maximal durchschnittlich profitablen Unternehmen als die beiden anderen Clustertypen 1 und 3.

Diese Unternehmen unterscheiden sich in ihrer Ausgestaltung vom Subsystemtyp 2 (vgl. nochmals die ausführlichen Ausführungen in Kap. 8.3.3.3). Subsystemtyp 1 ist statt von der im Typ 2 dominanten teilautonomen, von einer leistungsebenenautonomen Kennzahlenauswahl und –planvorgabe geprägt. Subsystemtyp 3 hat eine ähnliche Form der Kennzahlenauswahl und –planvorgabe wie Subsystemtyp 2, zeichnet sich allerdings durch eine sehr viel höhere Änderungsflexibilität aus.

8. Datenauswertung und Ergebnisse der empirischen Untersuchung

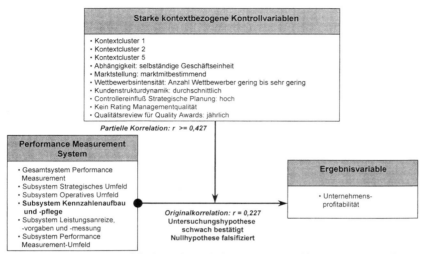

Abb. 8-96: Ergebnis Erfolgshypothese: Subsystem Kennzahlenaufbau und -pflege

Insgesamt zehn Variablen und Variablenausprägungen haben einen verstärkenden Einfluß auf die Originalkorrelation (alle mit einem partiellen Korrelationskoeffizienten >= 0,427, vgl. Abb. 8-96). Auf vier bedeutsame Einflußgrößen und deren verstärkende Wirkungen auf die Originalkorrelation wird nachfolgend ausführlicher eingegangen:

- Liegt bei den antwortenden Unternehmen eine durchschnittliche Kundenstrukturdynamik vor (partieller Korrelationskoeffizient r=0,545**), vermindert sich im Vergleich zu allen antwortenden Unternehmen der Anteil mindestens hoch profitabler Unternehmen (statt 46,9% nur noch 39,3%). Differenziert nach Subsystemtypen ist dieser Profitabilitätsunterschied auch für die Cluster 1 und 2 zu beobachten. Zum Subsystemtyp 3 lassen sich aufgrund der geringen Fallzahl (N=3) keine Aussagen treffen.
- Ein sehr hoher Controllereinfluß im Rahmen der strategischen Planung verstärkt die Originalkorrelation erheblich (partieller Korrelationskoeffizient r=0,503*). Über alle Cluster hinweg erhöht sich der Anteil der sehr profitablen Unternehmen leicht, innerhalb des Subsystemclusters 1 sogar stark (28,6%, statt 14,8% in der Originalkorrelation). Ferner ließen sich bei diesem Kontexteinfluß keine Unternehmen mit sehr geringer, jedoch deutlich mehr Unternehmen mit einer geringen Profitabilität im Vergleich zur Originalkorrelation feststellen (21,4% statt 12%). Dies macht sich besonders innerhalb des Subsystemclusters 2 bemerkbar.
- Einen bedeutsamen verstärkenden Einfluß auf die Originalkorrelation hat das Nichtvorhandensein eines Ratings der Managementqualität bei den antwortenden Unternehmen (partieller Korrelationskoeffizient r=0,431). Liegt diese Variablenausprägung vor, sinkt zum einen der Anteil der Unternehmen mit mindestens hoher und zum anderen der Anteil der Unternehmen mit geringer und sehr geringer Profitabilität im Vergleich zur Originalkorrelation (42,9% zu 46,9% und 8,6% zu 13,2%). Dieser Effekt wirkt sich besonders innerhalb des Subsystemtyps 1 aus, wo statt der bei der Originalkorrelation beobachteten 48,1% mindestens hoch profitabler Subsystemunternehmen nur noch 36,4% gemessen wurden.

- Ein mindestens einmal jährlich durchgeführtes Qualitätsreview verstärkt den Zusammenhang zwischen der abhängigen Variable Profitabilität und der unabhängigen Variable Subsystem „Kennzahlenaufbau und –pflege" erheblich (partieller Korrelationskoeffizient r=0,456). Unternehmen, die solche Reviews durchführen, sind profitabler als die Menge aller antwortenden Unternehmen (53,9% der Unternehmen sind mindestens hoch profitabel). Dieser positiv verstärkende Einfluß macht sich besonders bei den Unternehmen des Subsystemtyps 3 bemerkbar, wo mehr als 80% in dieser Kontextkonstellation eine hohe oder sehr hohe Profitabilität aufweisen (statt der 46,9% in der Originalkorrelation).

8.4.2.5 Hypothesen Subsystem Leistungsanreize, -vorgaben und –messung

In der Untersuchungshypothese wurde ein Zusammenhang zwischen der Ausgestaltung des Subsystems „Leistungsanreize, -vorgaben und –messung" sowie der Unternehmensprofitabilität vermutet, der aufgrund der Auswertungen schwach bestätigt werden kann (r=0,22, vgl. Abb. 8-97).

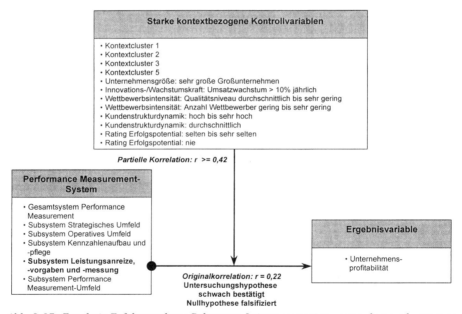

Abb. 8-97: Ergebnis Erfolgsanalyse: Subsystem Leistungsanreize, - vorgaben und -messung

Ähnlich wie beim Subsystemtyp „Kennzahlenaufbau und –pflege" ließen sich nur geringe subsystembezogene Profitabilitätsunterschiede erkennen. Auffällig ist, daß innerhalb der Subsystemtypen 4 und 5 (beide unter anderem mit einer sehr leistungsebenendifferenzierten Leistungsvorgabe und –messung sowie einer mindestens mehrheitlichen leistungsbezogenen Anpassung der Entlohnungsbestandteile und einem Performance Management, vgl. Kap. 8.3.4.3) anteilig deutlich weniger Unternehmen eine geringe oder sehr geringe Profitabilität aufweisen, als bei den anderen Subsystemtypen 1-3.

Bei den Unternehmen mit keiner leistungsebenendifferenzierten Leistungsmessung und -vorgabe (Subsystemtyp 1) konnte kein sehr profitables Unternehmen beobachtet werden, auch der Anteil der Unternehmen mit einer geringen und sehr geringen Profitabilität war vergleichs-weise sehr hoch (22,2% statt 5,6% und 6,3% bei den Subsystemtypen 4 und 5).

Insgesamt 12 Variablen und Variablenausprägungen üben einen erheblichen verstärkenden Einfluß (partieller Korrelationskoeffizient >= 0,42) auf den Zusammenhang zwischen dem Subsystem „Leistungsanreize, -vorgaben und –messung" und der Unternehmensprofitabilität aus. Zu vier verstärkenden Effekten wird nachfolgend umfassender Stellung bezogen:

- Liegt bei den antwortenden Unternehmen ein dem Clustertyp 4 entsprechender Kontext vor, so wirkt sich dies stark negativ auf die Originalkorrelation LM-Subsystem und Profitabilität aus (partieller Korrelationskoeffizient r=0,678). Deutlich weniger Unternehmen haben eine mindestens hohe (35,2% statt 46,9%), deutlich mehr eine geringe oder sehr geringe Profitabilität (29,4% statt 13,2%). Die weitere Analyse der einzelnen Subsysteme ist aufgrund der geringen Fallzahlen problematisch und wird an dieser Stelle unterlassen.
- Eine geringe oder sehr geringe Wettbewerbsintensität hinsichtlich der Anzahl der Wettbewerber verstärkt ebenfalls stark die Originalkorrelation (partieller Korrelationskoeffizient r=0,543*). Unternehmen mit dieser Kontextkonstellation sind teilweise profitabler als die Gesamtheit aller antwortenden Unternehmen (mindestens hohe Profitabilität von 52,2% statt 46,9% bei der Originalkorrelation). Dieser Effekt ist besonders bei den Subsystemtypen 1 und 4 ausgeprägt, während die Subsystemtypen 2 und 3 bei Vorliegen dieser Variablenausprägung im Vergleich zum Nichtvorhandensein dieses Einflusses einen höheren Anteil von Unternehmen mit maximal geringer Profitabilität aufweisen.
- Das Vorhandensein einer durchschnittlichen Kundenstrukturdynamik (partieller Korrelationskoeffizient r=0,499**) wirkt auf den Zusammenhang von Subsystem und Ergebnisvariablen negativ aus. Unternehmen, die sich dieser Kontextkonstellation zuordneten sind weniger profitabel (nur 39,3% haben eine mindestens hohe Profitabilität statt 46,9% bei der Originalkorrelation). Sehr auffällig ist dieser Effekt bei den Subsystemtypen 2 bis 4 ausgeprägt, also allen Unternehmen die eine mehr oder weniger aufwendige, leistungsebenendifferenzierte Leistungsvorgabe und –messung durchführen. Demgegenüber tritt dieser Effekt bei den antwortenden Unternehmen des Subsystemtyps 1, bei dem keine leistungsebenendifferenzierte Leistungsvorgabe und –messung durchgeführt wird, sehr viel schwächer auf.
- Der starke Einfluß eines nicht durchgeführten Erfolgspotential-Ratings (partieller Korrelationskoeffizient r=0,472) auf die Originalkorrelation führt besonders bei den Subsystemtypen 3 und 5 zu einem höheren Anteil von mindestens profitablen Unternehmen (50% bzw. 66,7% statt 44,5% bzw. 43,8% in der Originalkorrelation). Jedoch hat ein nicht vorhandenes Erfolgspotential-Rating in der untersuchten Stichprobe auch das Nichtvorhandensein von sehr hoher Profitabilität zur Folge: kein Unternehmen innerhalb der Subsystemtypen 3 und 5 kann bei dieser Kontextkonstellation eine solche Ausprägung der Ergebnisvariablen aufweisen (in der Originalkorrelation: 12% der antwortenden Unternehmen).

8.4.2.6 Hypothesen Subsystem Performance Measurement-Umfeld

Die Untersuchungshypothese, die einen Zusammenhang zwischen der Ausgestaltung des Performance Measurement-Umfelds und der Ergebnisvariable „Profitabilität" unterstellt, konnte schwach bestätigt werden (r=0,253, vgl. Abb. 8-98).
Hierzu sind zwei wesentliche Ergebnisse zum clusterbezogenen Einsatz innovativer Controllingkonzepte im Performance Measurement aufgeführt und im Hinblick auf die Zusammenhänge mit der Unternehmensprofitabilität interpretiert:
- 75% der Unternehmen mit einem Performance Measurement-Umfeld vom Typ 4 haben eine sehr hohe oder hohe Profitabilität. Keines dieser Unternehmen hat eine geringere Profitabilität als der Branchendurchschnitt.
- Die Unternehmen, deren Performance Measurement-Umfeld den Typen 1 bis 3 entspricht, sind im Durchschnitt deutlich weniger hoch oder sehr hoch profitabel (46,7%, 45,4% sowie 31,6%).

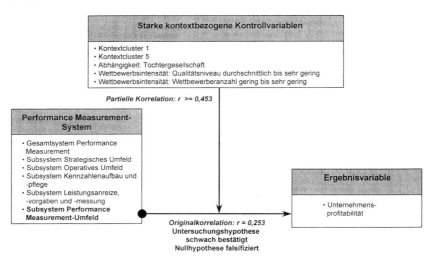

Abb. 8-98: Ergebnis Erfolgsanalyse: Subsystem Umfeld Performance Measurement

Die Unternehmen, die dem Performance Measurement-Subsystem Typ 4 zugeordnet werden können (N=12), zeichnen sich u.a. durch einen vorwiegenden Einsatz vieler neuer betriebswirtschaftlicher Instrumente aus (vgl. hierzu die ausführlichen Erläuterungen in Kap. 8.3.5.3). Hierzu gehören
- ein regelmäßiger Einsatz eines Prozeßbenchmarking (92% der Unternehmen des Subsystemtyps 4) sowie eines Produktbenchmarking (75%),
- ein regelmäßiges Target Costing (67% der Unternehmen)
- sowie den mindestens zeitweisen Einsatz einer Prozeßkostenrechnung (75% der Unternehmen).

Dies entspricht einem deutlich höheren Einsatzgrad der Instrumente im Vergleich zu dem analysierten clusterübergreifenden Einsatz.
Ferner gibt es bei den Unternehmen, die eine dem Subsystemtyp 4 entsprechende Umfeldgestaltung aufweisen, eine ausgewogene Rollenverteilung zwischen vielen Akteuren

im Performance Measurement. Beispielsweise herrscht kein sehr dominantes Controlling vor. Auch die übergeordneten Führungskräfte haben nicht zu hohes Gewicht. Statt dessen erhalten besonders die Leistungsebenenmitarbeiter im Performance Measurement umfassende Mitgestaltungs- und Umsetzungsmöglichkeiten.

Damit läßt sich die Vermutung aufstellen, daß sich zum einen eine ausbalancierte Rollenverteilung im Rahmen eines Performance Measurement und zum anderen der unterstützende regelmäßige Einsatz mehrerer neuer betriebswirtschaftlicher Instrumente für die Unternehmen durchaus lohnen kann. Weitere umfassendere Untersuchungen mit einem wesentlich höheren Stichprobenumfang sind zur Bestätigung dieser Vermutung jedoch wünschenswert und erforderlich.

Fünf Kontextvariablen bzw. Variablenausprägungen haben einen verstärkenden Einfluß auf die Originalkorrelation (partieller Korrelationskoeffizient r>= 0,453).

Zu nennen sind hierbei zunächst die Kontextcluster 1 (partieller Korrelationskoeffizient r=0,589) und 5 (partieller Korrelationskoeffizient r=0,535).

- 70% der Unternehmen, die dem Kontexttyp 1 zugeordnet wurden (Merkmale u.a. sehr große Großunternehmen, börsennotiert, marktmitbestimmend, mit stark steigendem Wachstum und hoher bis sehr hoher Wettbewerbsintensität), lassen sich im Subsystem PM-Umfeld den Typen 1 und 2 zuordnen. Demnach ist das Performance Measurement in diesen Unternehmen sehr stark von der Führung und dem Controlling dominiert. Innovative betriebswirtschaftliche Steuerungsinstrumente werden nicht oder nur wenig eingesetzt.

  Dies läßt sich vermutlich unter anderem dadurch erklären, daß diese Großunternehmen durch den Einsatz von integrierter Standardsoftware nur wenig Flexibilität in bezug auf den kontinuierlichen Einsatz neuer Instrumente haben. Die zentralistische Ausrichtung dieser Unternehmen scheint auch die Mitarbeit der Leistungsebenenmitarbeiter und Fachbereichsexperten zugunsten des Controllingeinflusses eher zu hemmen. Die durchschnittliche Profitabilität der dem Kontexttyp 1 zuordenbaren Unternehmen ist höher, als in der Originalkorrelation. Weitere subsystembezogene Aussagen läßt die geringe Fallzahl nicht zu.

- Dies gilt auch für den Kontexttyp 5. Allerdings ist hierzu anzumerken, daß die Unternehmen mit diesem internen und externen Umfeld im Durchschnitt profitabler sind als die Gesamtheit aller antwortenden Unternehmen (mindestens hohe Profitabilität von 50% der Unternehmen satt 46,9% in der Originalkorrelation).

Auch die Variablenausprägung „Tochtergesellschaft" hat mit einem partiellen Korrelationskoeffizienten von r=0,463 einen stark moderierenden Einfluß auf den Zusammenhang zwischen der Subsystem- und der Ergebnisvariable. Positive Effekte ließen sich besonders für Tochterunternehmen mit den Performance Measurement-Umfeldtypen 2 und 4 feststellen, da die Profitabilität der Unternehmen bei dieser Kontextausprägung höher war als in der Originalkorrelation (50% der Unternehmen des Umfeldtyp 2 und mehr als 85% der Unternehmen des Umfeldtyps 4 hatten eine mindestens hohe Profitabilität im Vergleich zu 45,4% bzw. 75% in der Originalkorrelation).

Einen moderierenden Einfluß auf die Originalkorrelation haben auch zwei Variablenausprägungen der Wettbewerbsintensität:

- Bei Vorhandensein einer maximal durchschnittlichen qualitätsbezogenen Wettbewerbsintensität (partieller Korrelationskoeffizient r=0,467) konnte speziell bezüglich der Subsystemcluster 1 und 3 eine im Vergleich zur Originalkorrelation deutlich geringere Profitabilität beobachtet werden.
- Eine geringe bis sehr geringe Wettbewerbsintensität bezüglich der Anzahl der Wettbewerber (partieller Korrelationskoeffizient r=0,475) erbringt besonders bei den Subsystemtypen 2 und 4 im Vergleich zur Originalkorrelation deutlich höhere Profitabilitäten.

Auffällig sind die geringen Fallzahlen des Subsystemtyps 4 bei solchen Kontextgegebenheiten. Dies läßt darauf schließen, daß jene Unternehmen einer, im Vergleich mit den Unternehmen der anderen Subsystemcluster, durchschnittlich höheren Wettbewerbsintensität bezüglich dieser beiden Kriterien ausgesetzt sind. Dies würde aufgrund der Ausgestaltung und auch der oben beschriebenen Ergebniswirkung dieses Umfeldtyps die Vermutung zulassen, wonach ein derart anspruchsvolles Wettbewerbsumfeld eine Vielzahl neuer betriebswirtschaftlicher Instrumente zur Planung und Steuerung erforderlich macht, um erfolgreich im Wettbewerb bestehen zu können.

9 Folgerungen aus den Analysen

Als Folgerungen aus den vorhergehenden Analysen werden zunächst die zusammengefaßten Ergebnisse der empirischen Untersuchung in Form des theoretischen Grundkonzept des Performance Measurement vorgestellt. Ferner folgen aus dem theoretischen Grundkonzept sowie aus den verschiedenen Untersuchungsergebnissen im Kapitel 8 Gestaltungs- und Anwendungsempfehlungen zum Einsatz eines Performance Measurement für die Unternehmenspraxis.

9.1 Theoretisches Grundkonzept und Gestaltungsempfehlungen zum Performance Measurement

9.1.1 Fazit der Hypothesenprüfung: Theoretisches Grundkonzept des Performance Measurement

Die Erarbeitung des theoretischen Grundkonzeptes erfolgt in drei Schritten:
- Zunächst wird überprüft, welche Kontextgrößen über alle Subsystem- bzw. Gesamtsystemtypen als wichtige und damit systemprägende Umwelt- und Unternehmensvariablen eingestuft werden können (vgl. Kap. 9.1.1.1).
- Anschließend erfolgt eine Selektion der bedeutsamsten erfolgsbezogenen Kontextkonfigurationen (vgl. Kap. 9.1.1.2).
- Diese Ergebnisse werden in Kapitel 9.1.1.3 zusammengeführt zum Theoretischen Grundkonzept des Performance Measurement mit den Bestandteilen „Kontext-Systembeziehungen" sowie „System-Ergebnisbeziehungen und moderierende Einflußgrößen"

9.1.1.1 Fazit der Überprüfung der Kontexthypothesen

Abschließend wird zusammenfassend aufgeführt, welche der siebzehn im Zusammenhang mit den kontextbezogenen Hypothesenprüfungen über alle Subsystem- bzw. Gesamtsystemtypen untersuchten Umfeldvariablen als bedeutsame, systemprägende Kontextgrößen eingestuft werden können.

Die Bedeutung der Umfeld- und Unternehmensvariablen läßt sich anhand der vorgefundenen Korrelationsstärken bestimmen:
- Eine *sehr hohe Bedeutung* haben jene Kontextgrößen, deren Untersuchungshypothesen in mindestens zwei Fällen (von den sechs Hypothesenprüfungen je Kontextgröße) mehr als schwach bestätigt ($r > 0,3$) und nie abgelehnt wurden ($r > 0,2$).
- Eine Variable deren Untersuchungshypothesen durchgängig über alle Subsystemtypen mindestens schwach bestätigt wurden ($r > 0,2$), hat eine *hohe Bedeutung*.
- *Eingeschränkt bedeutend* ist eine Kontextgröße dann, wenn mehr als drei Untersuchungshypothesen nicht abgelehnt werden mußten.
- *Unbedeutend* ist eine Variable, wenn nur drei oder weniger kontextbezogene Untersuchungshypothesen nicht abgelehnt wurden.

Klassifiziert man die siebzehn Kontextgrößen nach diesem Beurteilungsraster, ergibt sich das in Abb. 9-1 veranschaulichte Ergebnis.
Als bedeutendste Größe kann demnach das Rating im Hinblick auf die Managementqualität bezeichnet werden. Wie die Ausführungen in den oberen Kapiteln bereits verdeutlicht haben, beeinflußt diese Kontextgröße die Ausgestaltung aller Subsysteme sowie des Gesamtsystems. Mehr als schwache Korrelationen konnten im Zusammenhang mit den Subsystemen „Leistungsanreize, -vorgaben und –messung" ($r = 0,303^+$) sowie dem Performance Measurement-Umfeld ($r = 0,333*$) festgestellt werden.
Eine hohe Bedeutung haben die Kontextgrößen Kontexttypen, Rechtsform, Rating Erfolgspotential und die Kundenstrukturdynamik.
Zu der Rechtsform ist anzumerken, daß durchgängig Unterschiede in der Ausgestaltung des Performance Measurement beobachtet wurden, die teilweise auf unterschiedliche Gesellschaftsformen zurückzuführen sind (insbesondere im operativen Umfeld [$r = 0,324*$] sowie im PM-Umfeld [$r = 0,283^+$]). So erfordern als Aktiengesellschaften geführte Unternehmen, insbesondere dann, wenn sie börsennotiert sind, andere Formen der Planung, der Leistungsvorgabe, der Leistungsmessung und des Kennzahleneinsatzes wie beispielsweise als Personengesellschaften geführte Unternehmen.
Durchgängig prägt auch die Kundenstrukturdynamik die Ausgestaltung der Performance Measurement-Systeme bei den untersuchten Unternehmen. Bedeutende Einflüsse ließen sich besonders bezüglich des Gesamtsystems des Performance Measurement ($r = 0,296*$), des operativen Umfelds ($r = 0,304*$) sowie des „Performance Measurement-Umfelds" beobachten ($r = 0,278**$).
Die verschiedenen mittels einer Clusteranalyse gebildeten Kontexttypen beeinflussen besonders das Design des Subsystems „Leistungsanreize, -vorgaben und –messung" ($r = 0,387***$), während die Ausgestaltung der Kontextgröße „Rating Erfolgspotential" einen besonders starken Einfluß auf die Subsysteme „Performance Measurement-Umfeld" ($r = 0,329*$) sowie das „Strategische Umfeld" ($r = 0,271$) hat.
Fünf Kontextgrößen wurden als unbedeutend eingestuft.
Von diesen Variablen ist in der untersuchten Stichprobe die preisbezogene Wettbewerbsintensität nur in einem Fall für eine Subsystemausgestaltung bedeutend gewesen. Nur in jeweils zwei Fällen konnten die Untersuchungshypothesen der beiden controllingbezogenen Variablen bestätigt werden. Dies läßt den Schluß zu, daß der Kontextfaktor „Controlling" nicht sehr bedeutsam für die Ausgestaltung des Performance Measurement zu sein scheint.
Für den Grad der Abhängigkeit der untersuchten Unternehmen sowie für die durch das Umsatzwachstum gemessene Innovations- und Wachstumskraft lassen sich die gleichen Schlüsse ziehen.

Sehr hohe Bedeutung	Hohe Bedeutung	Eingeschränkt bedeutend	Unbedeutend
• Rating Management-qualität	• Kontexttypen • Rechtsform • Rating Erfolgs-potential • Kundenstruktur-dynamik	• Unternehmensgröße • Risikorating • Quality Reviews für Quality Awards • Marktstellung • Wettbewerbsintensität Qualitätsniveau • Wettbewerbsintensität Anzahl Wettbewerber • Wettbewerbsintensität Veränderung Wett-bewerberanzahl	• Abhängigkeit • Innovations- und Wachstumskraft • Mitwirkung Controller an SP • Hierarchie Controlling • Wettbewerbsintensität Produktpreise

Abb. 9-1: Bedeutungsgrad der siebzehn untersuchten Kontextgrößen

9.1.1.2 Fazit der Überprüfung der Erfolgshypothesen

Auch die Ergebnisse der Erfolgshypothesen sollen abschließend zusammenfassend bewertet werden. Hierzu ist zu selektieren, welche der fünfzig im Zusammenhang mit den erfolgsbezogenen Hypothesenprüfungen über alle Subsystemtypen untersuchten Kontextvariablenausprägungen als bedeutsame, d.h. stark intervenierende Kontextgrößen eingestuft werden können. Ferner sind die direkten Beziehungen zwischen dem Performance Measurement-System und den Kontextvariablen zur Ergebnisvariable zu klassifizieren. Da diese in den vorherigen Kapiteln bereits ausführlich beschrieben wurden, sollen die wichtigsten Korrelationen lediglich im Überblick in diesem Kapitel veranschaulicht werden.

Die Bedeutung der Umfeld- und Unternehmensvariablen als moderierende Größen läßt sich anhand der vorgefundenen partiellen Korrelationsstärken bestimmen:

- Eine *sehr hohe moderierende Bedeutung* haben jene Kontextgrößen, deren hoher verstärkender Einfluß in mindestens vier Fällen bestätigt wurde. Dies bedingt, daß die Variablenausprägung einen mindestens mehr als 0,2 Punkte höheren partiellen Korrelationskoeffizienten haben muß, als der Koeffizient der Originalkorrelation zwischen den unabhängigen Variablen und der abhängigen Erfolgsgröße.
- Eine Variablenausprägung deren verstärkender Einfluß in zwei oder drei Fällen bestätigt wurde, hat eine *hohe moderierende Bedeutung*.
- Eine *eingeschränkt moderierende Bedeutung* hat eine Variablenausprägung dann, wenn in einem Fall ein stark verstärkender Einfluß festgestellt werden konnte.
- *Als moderierende Größe unbedeutend* ist eine Variablenausprägung dann, wenn in allen Fällen kein stark verstärkender Einfluß festgestellt werden konnte.

Nicht klassifiziert wurden jene Variablenausprägungen, mit Ausnahme der Ausprägungen der Kontexttypen, mit einer Fallzahl geringer 15.

Klassifiziert man die fünfzig Kontextgrößen (entspricht den siebzehn Kontextgrößen und deren Variablenausprägungen) nach diesem Beurteilungsraster, ergibt sich das in Abb. 9-2 veranschaulichte Ergebnis:

Sehr bedeutsam als moderierende Größen im Hinblick auf die Originalkorrelation zwischen den Subsystem- bzw. den Gesamtsystemtypen und der Profitabilität sind neben den Kontexttypen 1, 2 und 5 die maximal durchschnittliche qualitätsbezogene Wettbewerbsintensität sowie die geringe bis sehr geringe Wettbewerbsintensität hinsichtlich der Anzahl der Wettbewerber (die Darstellung der verschiedenen Einflüsse sowie deren Interpetation erfolgte bereits oben in Kap. 8.4.2).

Eine maximal durchschnittliche qualitätsbezogene Wettbewerbsintensität hat besonders auf die Subsysteme „Strategische Umfeld" (r = 0,425), „Operatives Umfeld" (r = 0,587) sowie das „Performance Measurement-Umfeld" (r = 0,467) hohen moderierenden Einfluß.

Die geringe bis sehr geringe Wettbewerbsintensität hinsichtlich der Anzahl der Wettbewerber wirkt besonders stark moderierend auf die Subsysteme „Operatives Umfeld" (r = 0,592*), „Leistungsanreize, -vorgaben und –messung" (r = 0,543*) sowie auf das Subsystem „Performance Measurement-Umfeld" (r = 0,475).

Kontexttyp 1 beeinflußt besonders die Originalkorrelationen zwischen den Subsystemen „Strategisches Umfeld" (r = 0,837) sowie „Performance Measurement-Umfeld" (r = 0,589) und der Ergebnisvariable, während hinsichtlich des Kontexttyps 2 vorwiegend ein verstärkender Einfluß auf die Beziehung zwischen dem Subsystem „Operatives Umfeld" (r = 0,588) und der Profitabilität zu nennen ist.

Der Kontexttyp 5 verstärkt maßgeblich die Originalkorrelationen zwischen dem Gesamtsystem (r = 0,612) und des Subsytems „Performance Measurement-Umfeld" (r = 0,535) mit der Ergebnisgröße.

Aufgrund der geringen Fallzahlen sind die Einflüsse der Kontexttypen 1 und 5 allerdings kritisch zu beurteilen.

Insgesamt fünf ursprüngliche Variablen, hier als Variablenausprägungen in die partielle Korrelationsanalyse integriert, haben als moderierende Größen keine Bedeutung:
- die produktpreisbezogene Wettbewerbsintensität,
- die Kundenstrukturdynamik,
- die Mitwirkung des Controllers an der strategischen Planung,
- die Hierarchie-(Führungs-)ebene des Controlling,
- die Rechtsform sowie
- das Risikorating.

Drei dieser Größen, die produktpreisbezogene Wettbewerbsintensität sowie die beiden controllingbezogenen Variablen, wurden bereits als unbedeutend hinsichtlich des Kontexteinflusses bewertet.

Dies führt zu der abschließenden Vermutung, daß diese Größen nicht nur innerhalb der Stichprobe, sondern eventuell auch bezogen auf alle deutsche Großunternehmen für die Ausgestaltung des Performance Measurement sowie als moderierende Größe bezüglich der Erfolgswirkung eines Performance Measurement-Systems keine starke Bedeutung haben.

Sehr hohe moderierende Bedeutung	Hohe moderierende Bedeutung	Eingeschränkt moderierende Bedeutung	Unbedeutend
• Kontexttyp 1 • Kontexttyp 2 • Kontexttyp 5 • WI: Qualitätsniveau <= durchschnittlich • WI: Anzahl Wettbewerber < gering	• Kontexttyp 3 • Kundenstrukturdynamik durchschn.	• Kontexttyp 4 • Sehr große GU • Tochtergesellschaften • Selbständige Geschäftseinheiten • geringe Innovations- und Wachstumskraft • mittlere Innovations- und Wachstumskraft • hohe Innovations- und Wachstumskraft • Marktmitbestimmende Unternehmen • WI: Veränderung Wettbew. durchschn. • WI: Veränderung Wettbew. < geringe • Dynamik Kundenstruktur >= hoch • Controllereinfluß SP hoch • Kein Rating Managementqualität • Rating Erfolgspotential <= selten • Rating Erfolgspotential nie • Jährliches Qualitätsreview	• Mittlere – große GU • Kleine GU • Muttergesellschaften • Marktführende Unternehmen • WI: Qualitätsniveau sehr hoch • WI: Qualitätsniveau hoch • WI: Produktpreise sehr hoch • WI: Produktpreise hoch • WI: Anzahl Wettbewerber >= hoch • WI: Anzahl Wettbewerber durchschn. • WI: Veränderung Wettbewerber >=hoch • Dynamik Kundenstruktur <= gering • Controllereinfluß SP mittel bis sehr gering • Controlling 1. FE • Controlling 2./3. FE • börsennotierte AG´s • nicht börsennotierte Gesellschaften • Rating Risiko • kein Rating Risiko • Rating Managementqualität • Qualitätsreviews nie

Abb. 9-2: Moderierender Bedeutungsgrad der fünfzig Kontextgrößenausprägungen
(WI=Wettbewerbsintensität, SP=Strategische Planung, GU=Großunternehmen, FE=Führungsebene)

9.1.1.3 Theoretisches Grundkonzept des Performance Measurement im Überblick

Wie in Kapitel 7.3.2 bereits ausgeführt wurde, ist eine Theorie ein System von Aussagen, das meist mehrere Hypothesen umfaßt. Dies bedeutet, daß mit einer Theorie Aussagen über Variablen- und Ursache-Wirkungszusammenhänge gemacht werden können, welche wiederum die Grundlage für praxisbezogene Handlungs- und Gestaltungsalternativen darstellen.

In der vorliegenden Arbeit wurde auf Basis von mehreren Voranalysestufen (Literaturanalyse, innovative Aktionsforschung), Begriffsklärungen sowie der definierten Basishypothesen der Modellrahmen für ein Performance Measurement-System sowie dessen Einflußfaktoren und Auswirkungen geschaffen. Darauf aufbauend wurde eine empirische Untersuchung in deutschen Großunternehmen durchgeführt, um die vermuteten, modellhaft formulierten Zusammenhänge (Hypothesen) zu überprüfen.

Die Darstellung der Resultate der verschiedenen kontext- und ergebnisbezogenen Prüfungen sowie deren Diskussion waren Gegenstand des vorigen Kapitels.
Das Ergebnis der verschiedenen Forschungsaktivitäten, als Zusammenfassung der in Kapitel 8 dargestellten und diskutierten Hypothesenprüfungen, ist das theoretische Grundkonzept des Performance Measurement.
Dieses teilt sich auf in
- den Konzeptteil mit den Kontext-Systembeziehungen (vgl. Abb. 9-3) sowie
- den Konzeptteil System-Ergebnisbeziehungen und moderierende Einflußgrößen (vgl. Abb. 9-4).

Wie die oben dargestellten Ergebnisse zeigen, prägen neun Variablen aufgrund hoher Einzelkorrelationen mit dem Gesamtsystem des Performance Measurement oder den verschiedenen Subsystemen besonders stark deren Ausgestaltung. Sehr stark beeinflussend, mit mindestens zwei starken Korrelationen zum Performance Measurement-System bzw. den Subsystemen, sind hier besonders die Variablen „Risikorating", „Rating Managementqualität" sowie „Quality Reviews für Quality Awards".

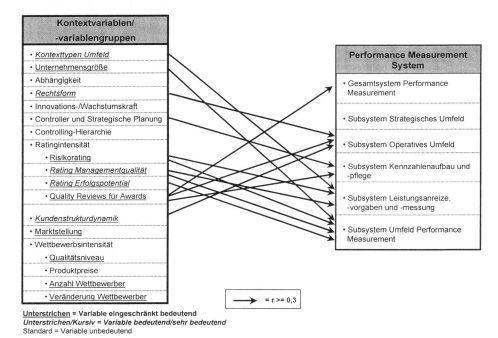

Abb. 9-3: Theoretisches Grundkonzept I: Kontext-Systembeziehungen

Ferner wurde der in Kapitel 9.1.1.1 ermittelte Bedeutungsgrad der Kontextgrößen, der nicht nur von den in der Abbildung dargestellten starken Zusammenhängen, sondern auch von der Summe der schwachen Einflüsse abhängig war, nochmals in der Abb. 9-3 hervorgehoben. Neben den neun Variablen mit den hohen Einzelkorrelationen sind daher auch die

eingeschränkt bedeutenden Variablen durch eine Hervorhebung gekennzeichnet (unterstrichen bzw. unterstrichen/kursiv hervorgehoben).
Ein großer Unterschied zu den in Abb. 9-1 klassifizierten Kontextgrößen besteht in der Sonderrolle der Kontextvariablen „Mitwirkung des Controllers an der Strategischen Planung". Diese Variable hat zwar einen hohen Einfluß auf die Ausgestaltung des Subsystems „Kennzahlenaufbau und –pflege" (r = 0,303**), ist jedoch über alle Teilsysteme bzw. das Gesamtsystem betrachtet eher unbedeutend.
Wie die Abb. 9-3 verdeutlicht, wird das Subsystem „Strategisches Umfeld" von keiner Kontextvariablen stark in seiner Ausgestaltung beeinflußt. Die stärkste beeinflussende Größe ist das „Rating Erfolgspotential" mit r = 0,271 (vgl. nochmals Abb. 8-88).
Das Subsystem „Performance Measurement Umfeld" wird gleich von vier Größen stark geprägt wird, je drei Größen prägen die Subsysteme „Operatives Umfeld" sowie „Leistungsanreize, -vorgaben und –messung".
Die verschiedenen Einflußrichtungen der Variablen auf die Systeme, sofern beim angewandten Assoziationsmaß Cramers V durch die Analyse der Kreuztabellen überhaupt bestimmbar, wurden bereits in den verschiedenen systembezogenen Unterkapiteln des Kapitels 8.4.1 vorgestellt und interpretiert. Auf eine nochmalige Erläuterung wird daher verzichtet, da die wesentlichen Gestaltungsanregungen auch Gegenstand der im nächsten Kapitel aufgeführten Gestaltungsempfehlungen für die Unternehmenspraxis sein werden.

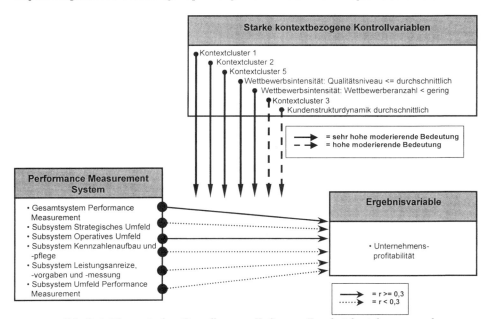

Abb. 9-4: Theoretisches Grundkonzept II: System-Ergebnisbeziehungen und moderierende Einflußgrößen

Die Abb. 9-4 zeigt das theoretisches Grundkonzept hinsichtlich der System-Ergebnisbeziehungen und moderierende Einflußgrößen im Überblick.

Einen starken Einfluß auf die Unternehmensprofitabilität haben vor allem als unabhängige Variablen das „Gesamtsystem Performance Measurement-System" (r=0,3*, vgl. nochmals Kap. 8.4.2.1) und das Subsystem „Operatives Umfeld" (r=0,325*, vgl. nochmals Kap. 8.4.2.3). Entsprechend der Ausgestaltung der Systeme (in Form der System- bzw. Subsystemcluster) ist ein Einfluß auf die Ergebnisvariable deutlich nachweisbar.
Alle anderen Subsysteme haben zwar eine schwache Beziehung zur Ergebnisvariablen, jedoch liegt die gemessene Ausprägung des Assoziationsmaßes unter r=0,3.
Von den fünfzig relevanten Kontextausprägungen (= Summe aller Kontextgrößen und deren jeweiligen Ausprägung), die bereits im Kapitel 9.1.1.2 zusammenfassend hinsichtlich ihres Bedeutungsgrades beurteilt wurden, ragen sieben, auch in Abb. 9-4 hervorgehobene Kontextausprägungen, als moderierende Größen heraus.
Sowohl die Kontexttypen 1, 2, 5 und 4 (vgl. zu deren Ausgestaltung in Kap. 8.2.4), als auch die aufgeführten Ausprägungen der Wettbewerbsintensität und der Kundenstrukturdynamik beeinflussen die Beziehungen zwischen dem Performance Measurement-System und der Ergebnisvariable nachhaltig.
Aufgrund der richtungsbezogenen Interpretationsschwierigkeiten bei der Anwendung eines Assoziationsmaßes, kann eine Beziehungsrichtung nicht endgültig genannt werden. Die Analysen der den Prüfungen zugrundegelegten Kreuztabellen erbrachten jedoch Anhaltspunkte für mögliche Richtungstendenzen (dargestellt und diskutiert in Kapitel 8.4.2 und dessen Unterkapiteln). Auf einige dieser Aussagen wird im Zusammenhang mit den Gestaltungsempfehlungen für die Unternehmenspraxis nochmals eingegangen.

9.1.2 Gestaltungs- und Anwendungsempfehlungen für die Unternehmenspraxis

Um Gestaltungs- und Anwendungsempfehlungen für die Unternehmenspraxis formulieren zu können, wird zunächst noch einmal der Grundaufbau der Arbeit sowie die Art und Weise der Bearbeitung des Forschungsprojektes reflektiert. Damit lassen sich konkrete Empfehlungen für die Praxis in den einzelnen projektbezogenen Arbeitsschritten verankern.
Im Rahmen dieser Arbeit wurde zunächst versucht, die inhaltlichen Ideen und Bestandteile eines Performance Measurement zu beschreiben. Hierbei wurden folgende Kriterien als Bestandteil oder notwendige Funktionalität eines Performance Measurement angesehen:

1. Visions- und Strategieanbindung des Konzeptes bzw. Systems (Anbindung an Strategische Planung) sowie Regelungen zur Planzielvorgabe (vgl. Kap. 3.1.1)
2. Einsatz einer stakeholderbezogenen Zieldifferenzierung (vgl. Kap. 3.1.1)
3. Berücksichtigung mehrerer Leistungsebenen (vgl. Kap. 3.1.1)
4. Beschreibung der Regelungen zum Kennzahlenmanagement
   (Kennzahlenaufbau und –pflege) (vgl. Kap. 3.1.2)
5. Modalitäten der Messung (u.a. Meßzyklen, Meßpunkte) (vgl. Kap. 3.1.3)
6. Vorgehensweise bei der Leistungsbeurteilung und Abweichungsanalyse (vgl. Kap. 3.1.3)
7. Berücksichtigung von Anreiz- und Belohnungsaspekten (vgl. Kap. 3.1.5)
8. Integration eines Reportingkonzeptes (vgl. Kap. 3.1.5)
9. Institutioneller Rahmen (PM-Ablauf und –beteiligte) (vgl. Kap. 3.1.6)
10. Einsatz von Instrumenten im PM (vgl. Kap. 3.1.7)
11. Verbindung zu einem Performance Management sowie die Integration kontinuierlicher Verbesserungsaspekte (vgl. Kap. 3.1.4)

Anhand dieser Kriterien wurden auch die aus der Literatur bekannten Performance Measurement-Konzepte sowie die vom Forscher im Rahmen der innovativen Aktionsforschung begleiteten bzw. entwickelten praktischen Anwendungen und Umsetzungen beurteilt. Hierbei wurde deutlich, daß auch bekannte und anerkannte Konzepte wie die Balanced Scorecard noch konzeptimmanente Schwachpunkte haben und nicht alle Kriterien bzw. Anforderungen an ein Performance Measurement-Konzept zufriedenstellend berücksichtigen (vgl. Abb. 4-31 zu den Konzeptbeurteilungen sowie Abb. 6-33 zu den inhaltlichen Schwerpunkten der praktischen Anwendungen).
Die vorstellbaren systembezogenen Ausgestaltungen eines Performance Measurement auf Basis der oben aufgeführten elf Kernanforderungen, war Grundlage der Modellierung eines Performance Measurement-Systems mit den fünf Subsystemen
- strategisches Umfeld,
- operatives Umfeld,
- Kennzahlenaufbau und –pflege,
- Leistungsanreize, -vorgaben und –messung und
- Performance Measurement-Umfeld

sowie den jeweils dazugehörigen Strukturvariablen (vgl. Abb. 7-3).
Dieses Modell wurde empirisch verifiziert, d.h. es wurde untersucht, welche Ausgestaltungen des Gesamtsystems sowie der Subsysteme in ausgewählten deutschen Großunternehmen vorzufinden sind.
Ferner wurde untersucht, welche Kontextgrößen die Ausgestaltungen maßgeblich beeinflussen und inwiefern von bestimmten Ausgestaltungen eines Performance Measurement-Systems und seiner Subsysteme positive oder negative Ergebnisauswirkungen zu erwarten sind.

Zum Systemaufbau ist der Unternehmenspraxis nachhaltig zu empfehlen, die skizzierten Bestandteile und notwendigen Funktionalitäten eines Performance Measurement-Systems als Grundlage für die eigene Systemgestaltung oder für die unternehmensbezogene Adaption bekannter Konzepte, wie beispielsweise der Balanced Scorecard oder der Performance Pyramid, heranzuziehen.
Wie die deskriptiven multivariaten Analysen ergeben haben, konnten insgesamt 19 Unternehmen identifiziert werden, deren Performance Measurement-System (**Gesamtsystemcluster 3**, vgl. die Abb. 8-82 und Abb. 8-83) annähernd der oben skizzierten idealtypischen Ausgestaltung entspricht.
Dies bedeutet es existieren Regelungen zu den oben skizzierten elf Kernanforderungen an ein Performance Measurement.
Zusammenfassend kann man den Gesamtsystemtyp 3 folgendermaßen beschreiben (vgl. die Herleitung in Kap. 8.3.6):
Durchgängige Leistungsebenendifferenzierung (im strategischen und operativen Umfeld sowie bei der Leistungsmessung), ausgewogene strategische und operative Ziele und Kennzahlen, mehrheitlich starker Stakeholdereinfluß, keine eindeutigen Mehrheiten hinsichtlich der Verantwortlichkeiten bei der Kennzahlenauswahl und –vorgabe sowie der Änderungsflexibilität, kennzahlenbezogen ausgewogene Leistungsvorgabe, mit überwiegend ergebnisbezogenen Entlohnungskonsequenzen sowie mehrheitlich monatlicher

Leistungsmessung, mehrheitlich mindestens ausgewogene Rollenverteilung der Performance Measurement-Akteure und häufigem Einsatz neuer betriebswirtschaftlicher Instrumente.

Im Zusammenhang mit den Hypothesenprüfungen zur Erfolgsanalyse wurde festgestellt, daß diese Unternehmen weitaus häufiger als andere Unternehmen (mit anderen PM-Systemausgestaltungen: den Gesamtsystemtypen 1, 2 und 4) eine sehr hohe Profitabilität aufweisen (21,1% bei Gesamtsystemtyp 3, statt 12,2% über alle Clusterunternehmen, vgl. auch Kap. 8.4.2.1).

Es ist daher, gemäß einer der aufgestellten Basishypothesen des Forschungsprojektes, anzunehmen, daß die Ausgestaltung eines Performance Measurement-Systems das Ergebnis eines Unternehmens nachhaltig (positiv oder negativ) beeinflußt.

Unternehmen, die erwägen ein Performance Measurement zu konzipieren, sollten sich daher an den funktionalen Ausgestaltungen, den unterstützenden Instrumenten sowie den organisatorischen Regelungen des Gesamtsystemtyps 3 orientieren.

Zu den einzelnen Subsystemen, deren Ausgestaltung sowie den zu erwartenden Erfolgswirkungen wurden im Kapitel 8.4.2 umfassende Anmerkungen gemacht.

Auch diese Anmerkungen sind für Praktiker als Gestaltungsempfehlungen zu verstehen. Zusammengefaßt sind, wie in den Unterkapiteln des Kapitels 8.4.2 beschrieben, positive Ergebniswirkungen von folgenden Subsystemkonstellationen zu erwarten (moderierende Einflüsse sind hierbei nicht berücksichtigt):

- **Typ 3 Strategisches Umfeld** (finanzielle und nichtfinanzielle, wenig leistungsebenendifferenzierte Zielvorgabe, Strategiefestlegung, Kennzahleneinsatz, Einfluß mehrerer Stakeholder, ohne festgelegte Kopplung an operative Planung).
  54% der Unternehmen die diesen Umfeldtyp anwenden, sind mindestens hoch profitabel, statt 46% über alle Cluster.
- **Typ 2 Strategisches Umfeld** (finanzielle und nichtfinanzielle, sehr leistungsebenendifferenzierte Zielvorgabe, Strategiefestlegung, Kennzahleneinsatz, starker Einfluß mehrerer Stakeholder, ohne festgelegte Kopplung strategische Planung an operative Planung).
  56% der Clusterunternehmen sind mindestens hoch profitabel, statt 46% über alle Cluster.
- **Typ 1 Operatives Umfeld** (wenig leistungsebenendifferenzierte Festlegung finanzieller und nichtfinanzieller Zielvorgaben und Kennzahlen bei mittlerer Planungsvielfalt).
  66% der Clusterunternehmen haben eine hohe oder sehr hohe Profitabilität, statt 46% über alle Cluster.
- **Typ 4 Leistungsanreize, -vorgaben und -messung** (sehr leistungsebenendifferenzierte und ausgewogen finanzielle/nichtfinanzielle Leistungsvorgabe und -messung, oft monatliche Leistungsmessung, keine einheitliche Ergebniskommunikation, mehrheitlich Anpassung Entlohnungsbestandteile und Performance Management).
  Nur 5,6% der Clusterunternehmen haben eine geringe oder sehr geringe Profitabilität (statt 13,2% über alle Cluster), ferner sind 55,5% der Clusterunternehmen mindestens hoch profitabel (statt 46% über alle Cluster).

- **Typ 4 Performance Measurement-Umfeld** (überwiegend Konzepte zur Kennzahlenintegration im Einsatz, ausgewogene Rollenverteilung der Akteure im PM, vorwiegend Einsatz vieler neuer betriebwirtschaftlicher Instrumente im PM).
75% der Unternehmen haben eine hohe oder sehr hohe Profitabilität, während dies über alle Clusterunternehmen nur bei 47% der Fall ist.

Nur wenig ergebnisrelevante Unterschiede konnten zwischen den Typen des Subsystemes „Kennzahlenaufbau und –pflege" identifiziert werden. In Folge dessen werden keine diesbezüglichen Gestaltungsempfehlungen für die Unternehmenspraxis gegeben.

Der **Gesamtsystemtyp 3**, als hochentwickeltes Performance Measurement-System in der Unternehmenspraxis, entspricht inhaltlich in seinen Teilbestandteilen nicht ausschließlich diesen Umfeldtypen. Allerdings sind die dominierenden Subsystemtypen des Gesamtsystemclusters 3, sofern sie nicht den oben beschriebenen Subsystemausgestaltungen entsprechen, inhaltlich stark an die erfolgsversprechendsten Ausgestaltungen angelehnt (vgl. hierzu nochmals die genaue Subsystemtypenaufteilung auf die Gesamtsysteme in Abb. 8-82). Demzufolge lohnen sowohl der durchgängige Einsatz von erfolgsversprechenden Subsystemausgestaltungen als auch andersweitige, jedoch inhaltlich ähnliche Kombinationen in einem Gesamtsystem.

Die Kombination der oben aufgeführten erfolgsversprechendsten Subsystemausgestaltungen in einem Gesamtsystem sollte demzufolge mit hoher Wahrscheinlichkeit zu einer hohen oder sehr hohen Unternehmensprofitabilität führen und damit zu einer noch höheren Erfolgswahrscheinlichkeit als bei einer Anwendung des **Gesamtsystemtyps 3**.

Erklärungen, warum bestimmte Umfeldkonstellationen bestimmte Ausgestaltungen eines Performance Measurement-Systems zur Folge haben, lieferten die Hypothesenanalysen zur Kontextanalyse (vgl. Kap. 8.4.1). Hierbei können die Unternehmen nur bei einigen Kontextgrößen (besonders bezüglich der Unternehmensfaktoren) gestaltend wirken.

Für den hochentwickelten und eine hohe Profitabilität schaffenden **Gesamtsystemtyp 3** werden nochmals zusammenfassend die wichtigsten Kontextfaktoren als Anhaltspunkte für die Unternehmenspraxis aufgezeigt (vgl. Kap. 8.4.1.1):

- Mehr als 53% der Clusterunternehmen nehmen mindestens einmal jährlich an Qualitätswettbewerben teil und lassen sich diesbezüglich regelmäßig auditieren (über alle Unternehmen: 42%).
- Im Gesamtsystemcluster sind Unternehmen aller Größenklassen vertreten, mehrheitlich Unternehmen mit 3000 bis 5000 Mitarbeitern (42,1%, über alle Unternehmen: 19,5%).
- Die Unternehmen sind zu mehr als 50% selbständige Geschäftseinheiten in einem Konzern (über alle Unternehmen: 31,3%) und die Muttergesellschaft ist in vielen Fällen eine Aktiengesellschaften (bei 73,7%, über alle Unternehmen: 48,1%).
- Die Innovationsfähigkeit der Clusterunternehmen, operationalisiert durch die Umsatzentwicklung, entspricht annähernd den Durchschnittswerten aller Unternehmen.
- Ferner zeichnen sich die Unternehmen durch einen mehrheitlich hohen Controllereinfluß auf die Strategische Planung (52,6% der Clusterunternehmen) aus (über alle Unternehmen: 39%).

- Das Controlling ist bei 57,9% der Unternehmen auf der ersten Hierarchieebene angesiedelt (über alle Unternehmen: 39%).
- Die Ratingintensität ist bei den Clusterunternehmen des Gesamtsystemtyps 3 durchgängig sehr hoch. Zwei Drittel der Clusterunternehmen sind mindestens einmal jährlich Gegenstand eines Risikoratings (über alle Unternehmen: 41,2%) oder eines Erfolgspotentialratings (über alle Unternehmen: 37,6%). Mehr als 60% werden von Ratingagenturen mindestens einmal jährlich zur Managementqualität untersucht (über alle Unternehmen: 28,1%).
- Die Kundenstrukturdynamik ist bei mehr als 84% der Clusterunternehmen durchschnittlich oder gering (über alle Unternehmen: 70%).
- Mehr als 66% der Clusterunternehmen bezeichnen sich als Marktführer (über alle Unternehmen: 54,9%).
- Die Wettbewerbsintensität im Umfeld der Unternehmen des Gesamtsystems 3 unterscheidet sich vom Durchschnitt über alle Cluster nur wesentlich bezüglich des Qualitätswettbewerbs. So haben 36,8% der Clusterunternehmen eine sehr hohe qualitätsbezogene (über alle Cluster: 27,7%) Wettbewerbsintensität.

Abschließend sei hierzu angemerkt, daß ein Performance Measurement allein, d.h. ohne ein geeignetes Ressourcen-, Produkt- und Marktumfeld kein Erfolgsfaktor für ein Unternehmen ist. Sehr wichtig und erfolgsdeterminierend werden auch weiterhin die von den externen Kunden vornehmlich wahrnehmbaren und nachgefragten Produkte und Dienstleistungen eines Unternehmens sein.

Allerdings kann ein „richtig" konzipiertes Performance Measurement unter anderem helfen
- Ziele und Strategien in alle wichtigen Leistungsebenen eines Unternehmens zu transferieren und den Leistungsträgern verständlich zu machen
- sowie die Ansprüche aller wichtigen Stakeholder zu erfassen und zu quantifizieren,
- die „richtigen" Produkte zu generieren und effizient herzustellen,
- erfolgsbringende Prozesse zur Produktentwicklung und -erstellung zu generieren,
- die Ressourcen hierzu „richtig" zu steuern,
- „richtige" Planungs- und Steuerungsentscheidungen auf finanzieller und nichtfinanzieller Basis zu treffen oder
- für den Erfolg oder Fortbestand eines Unternehmens relevante Umfeldentwicklungen frühzeitig wahrzunehmen helfen und
- das Lernen und die Innovation im Unternehmen kontinuierlich zu unterstützen.
- Ferner werden alle Leistungsebenenmanager bezüglich ihrer erbrachten Leistung bewertet und, sofern Anreiz- und Entlohnungssysteme dies ermöglichen, vergütet.

In diesem Sinne sei den Unternehmen der Aufbau und die Anwendung eines Performance Measurement-Systems oder -Teilsystemen in den oben beschriebenen Ausgestaltungsalternativen angeraten.

9.2 Anknüpfungspunkte für weitere Forschungsaktivitäten im Performance Measurement

Im Kapitel 3.3 wurde skizziert, welche Forschungsfelder in der Performance Measurement-Forschung noch existieren. Einige der dabei aufgeführten Inhalte wurden im Rahmen dieser Arbeit behandelt:
- die Darstellung und Diskussion der Aufgaben eines Performance Measurement (vornehmlich in den Kapiteln 3.1 und 7.3),
- die Diskussion und Beschreibung der notwendigen Ablaufaktivitäten im Performance Measurement (vgl. Kap. 3.2 und 7.3.2) sowie
- die empirische Untersuchung der Akteure und deren Rollen im Performance Measurement (am Beispiel deutscher Großunternehmen, vgl. Kap. 8.3.5.1.3),
- die Ableitung von unterschiedlichen Ausbaustufen eines Performance Measurement-Systems und dessen Teilsystemen am Beispiel deutscher Großunternehmen sowie die Untersuchung der Erfolgswirkungen und Einflußgrößen der verschiedenen Ausbaustufen (vgl. Kap. 8.3) und
- die Ankopplung des Performance Measurement an das strategische und operative Planungs- und Steuerungssystem (vgl. Kap. 7.4.1 und 7.4.2)
- sowie an das Anreiz- und Entlohnungssystem im Unternehmen bzw. auf der Leistungsebene (vgl. Kap. 7.4.3).

Ein wichtiges Ergebnis des Forschungsprojektes war die Erstellung eines theoretischen Grundkonzeptes des Performance Measurement, welches die Grundlage weiterer Forschungsaktivitäten darstellen kann (vgl. im Überblick in Kap. 9.1.1.3).
Ferner wurden neue betriebswirtschaftliche Instrumente und Konzepte auf ihre Gemeinsamkeiten und Unterschiede zum Performance Measurement untersucht sowie deren Rolle im Performance Measurement empirisch geklärt (vgl. die Kap. 3.4.4, 7.4.5.3 und 8.3.5.1.2).
Es wurde auch der Versuch unternommen, die bislang bekannten Performance Measurement-Konzepte von Unternehmen, Wissenschaftlern und Beratungen zu beschreiben und anhand eines Kriterienrahmens zu bewerten (vgl. Kap. 4).
Allerdings existieren noch viele offene Themenfelder für weitere Forschungsaktivitäten. Einige davon werden abschließend kurz skizziert:
- Die Verbindung zwischen dem Performance Measurement und Shareholder Value-Konzepten wurde im Rahmen dieser Arbeit nur wenig behandelt, ist jedoch, da solche Anbindungen bereits im Zusammenhang mit Balanced Scorecard-Konzepten in der Unternehmenspraxis behandelt werden (vgl. z.B. *Michel* 1998, S. 189ff. sowie die grundsätzlichen Überlegungen bei *Horváth/Kaufmann* 1998, S. 39), besonders auf Geschäftsfeld-, Unternehmens- und Konzernebene weiter zu analysieren und zu konkretisieren.
- Zu untersuchen ist insbesondere auch, ob bestimmte Shareholder Value-Konzepte wie das EVA-Konzept langfristig überhaupt zur Leistungssteigerung eines Unternehmens oder Konzerns beitragen (vgl. hierzu die Kritik und die Forschungsfelder nach *Ittner/Larcker* 1998, S. 213ff.).

- Gleiches gilt auch für Performance Measurement-Konzepte. Hierbei sollte untersucht werden, ob solche Konzepte wie bspw. die Balanced Scorecard oder das Quantum Performance Measurement-Konzept langfristig, wie oftmals postuliert, tatsächlich die Ziel- und Strategieumsetzung verbessern helfen und damit auch eine Steigerung des Unternehmenswerts unterstützen (vgl. z.B. *Kaplan/Norton* 1997a, S. 20ff., *Horstmann* 1999, S. 199) oder sogar Wettbewerbsvorteile schaffen (vgl. *Hronec* 1996, S. VIII).
- Auch die Frage, ob bestimmte Sachverhalte mit „performance measures" überhaupt gemessen werden können bzw. gemessen werden sollten oder was zur Steuerung eines Unternehmens wichtiger und erfolgsversprechender ist - die Kenntnis über Ursache-Wirkungszusammenhänge oder „instrument panels" mit einer Vielzahl von Performance Kennzahlen - kann kritisch hinterfragt und wissenschaftlich untersucht werden (vgl. *Johnson* 1998, S. 1ff.).
- Es ist ferner zu untersuchen, welche innovativen Anreizsysteme langfristig kompatibel zu Performance Measurement-Konzepten sind. Hier bestehen noch sehr viel Methodenunsicherheit und –unklarheit (vgl. *Eichen/Swinford* 1997, *Ittner/Larcker/Rajan* 1997, *Eaton/Trebby* 1999, S. 20ff. sowie *Becker* 1997b, S. 113ff. sowie die Übersicht über die konzeptbezogene Behandlung des Anreiz- und Entlohnungsaspektes in Abb. 4-31) sowie unterschiedliche Vorstellungen und Erwartungen in der Unternehmenspraxis (vgl. hierzu die empirische Untersuchung von *Becker* 1997a, S. 94ff.).
In der Ausgestaltung eines Anreiz- und Entlohnungssystems sollte auch nach den Anforderungen der Mitarbeiter und organisatorischen Kriterien, differenziert nach den verschiedenen Leistungsebenen, unterschieden werden (vgl. die Übersicht bei *Klingebiel* 1999, S. 148).
- Als weiteres Forschungsfeld wurde im Kapitel 3.3 aufgeführt (vgl. die dort aufgeführten Quellen), daß sich sehr viele empirische Untersuchungen im angloamerikanischen Sprachraum auf die Anwendung nichtfinanzieller Kennzahlen und der daraus folgenden (Ergebnis-) Konsequenzen beziehen. Solche Forschungsaktivitäten ließen sich auch im deutschen Sprachraum durchführen (z.B. die Verwendungshäufigkeit nichtfinanzieller Kennzahlen im Controlling mittelständischer deutscher Unternehmen). Um einen internationalen Vergleich zu ermöglichen, können das Forschungsdesign und die Forschungsideen amerikanischer Wissenschaftler als Grundlage dienen.
- Das Performance Measurement findet auch im amerikanischen Public-Sektor zur Schaffung von effektiveren und effizienteren Verwaltungsabläufen sehr viel Beachtung (vgl. die Übersicht bei *Ittner/Larcker* 1998, S. 229ff.). Auch für ein neues Verwaltungsmanagement in Deutschland kann das Performance Measurement wichtige Dienste leisten. So sind beispielsweise bereits Anwendungen von Balanced Scorecards im öffentlichen Bereich bekannt (vgl. *Kaplan/Norton* 1997a, S. 173ff. sowie *Haine* 1999, S. 13ff.) sowie Publikationen zum Performance Measurement im Public-Sektor sowie in Non-Profit-Organisationen erschienen (vgl. die Übersicht bei *Klingebiel* 1999, S. 36ff. sowie insbesondere das 3-Ebenen-Konzept von *Budäus* 1996, S. 485ff.).
Es ist beispielsweise zu untersuchen, ob ergebnisorientierte Konzepte des Performance Measurement auf den öffentlichen Sektor und dessen vielfältige Ausgestaltungsformen (Gemeinde-, Landkreisverwaltungen, Regierungspräsidien, Ministerien auf Länder- und

Bundesebene, Schulen, Polizeistationen usw.) übertragbar oder ob andere, umfeldgerechtere Konzepte zu entwickeln sind (vgl. *Ittner/Larcker* 1998, S. 234).
- Auch unterschiedliche branchenbezogene Anforderungen an ein Performance Measurement sind zu klären. Bislang dominieren noch sehr stark industriebezogene Anwendungen. Erste Erfahrungen mit Performance Measurement-Konzepten wurden mittlerweile allerdings auch von Dienstleistungs- (vgl. besonders die Beispiele bei *Fitzgerald/Moon* 1996) und Handelsunternehmen (vgl. *Küntzle* 1998, S. 363ff.) gemacht.
- Neben branchenbezogenen sind auch leistungsebenenbezogene Forschungsaktivitäten denkbar und notwendig. Hierbei ist z.B. kritisch zu untersuchen, ob bestehende Konzepte wie die Balanced Scorecard entgegen den ursprünglichen Absichten der Konzeptentwickler zu einem Mehrebenenkonzept ausgebaut werden können, ohne an Effektivität zu verlieren (vgl. das Beispiel bei *Perlitz* 1999, S. 8, wo die Balanced Scorecard auf Unternehmens-, Geschäftsbereichs-, Arbeitsgruppen- und Mitarbeiterebene eingesetzt wird sowie die Balanced Scorecard-Konzeption der *fischerwerke* [vgl. *Spang/Weigand* 1998, S. 129] und das kaskadenartige Herunterbrechen der Balanced Scorecard bei der *Nova Scotia Power* [vgl. *Niven* 1999, S. 7]).
Beispielsweise kann auf den prozeßbezogenen Leistungsebenen ein ebenengerechtes Konzept aufgebaut werden, um die Kosten- und Leistungsaspekte von Teil-, Haupt- oder Geschäftsprozessen kontinuierlich im Sinne einer Ebenenstrategie und komplementär zur Unternehmensstrategie zu verbessern. Hierzu sind alle relevanten Bestandteile bzw. Teilsysteme eines Performance Measurement auf die Leistungsebenenanforderungen abzustimmen. Über die Inhalte dieser Arbeit hinaus existieren erste Befunde (vgl. *Stoi* 1999c, S. 92-95) sowie erste konzeptionelle Ideen zum prozeßorientierten Performance Measurement (vgl. *Gleich/Schimpf* 1999).
Umfangreicher Forschungsbedarf besteht auch bezüglich einer umfeldgerechten Ausgestaltung eines Performance Measurement auf Mitarbeiter- und Team- bzw. Gruppenebene (vgl. *Shields* 1997, S. 25 sowie *Fritsch* 1997, S.48ff.). Insbesondere die Anbindung eines mitarbeiterbezogenen Performance Measurement an ein Human-Resource-Management (vgl. hierzu *Ackermann/Meyer/Mez* 1998) sowie ein Human Resource Accounting (vgl. *Flamholtz* 1985) ist konzeptionell zu lösen.
- Ein weites Arbeitsfeld existiert in der Verbindung zwischen dem Wissensmanagement und dem Performance Measurement. Hierzu entstanden bereits Ansätze, die Performance Measurement-Konzepte in ein Wissensmanagement einbinden und Vorgehensweisen zur Generierung von geeigneten Steuerungsgrößen vorschlagen (vgl. *Bürgel/Säubert* 1998, S. 52ff. sowie *North/Probst/Romhardt* 1998). Diese Ansätze sind jedoch weiter in der Praxis zu verifizieren bzw. noch auszubauen.

Abschließend ist nochmals festzuhalten, daß das Performance Measurement zukünftig eine dominierende Rolle im Management Accounting und Controlling einnehmen und einen sehr wichtigen Bestandteil der konzeptionellen Arbeiten von Wissenschaftlern und Praktikern darstellen wird (vgl. *Forster/Young* 1997, S. 70, *Evans* et al. 1996, S. 21 sowie die Zusammenstellung früherer Forschungsaktivitäten bei *Shields* 1997, S. 15ff.).

10 Zusammenfassender Ausblick

Die vorliegende Arbeit begann, nach einer überblicksartigen Darstellung des Forschungsprojektes, mit der Beschreibung der theoretischen Grundlagen des Performance Measurement. Hierbei erfolgte zunächst eine Diskussion der Funktionen, der Organisation und der unterstützenden Instrumente des Performance Measurement. Weiter wurden wichtige Anknüpfungspunkte in der Betriebswirtschafts- und Managementlehre, besonders die Verbindungen vom Performance Measurement zur Controllingtheorie, der Agency-Theorie, dem Leistungsverständnis in der deutschen Betriebswirtschaftslehre sowie zu neuen betriebswirtschaftlichen Instrumenten untersucht.

Die Beschreibung und der kritische Vergleich der Konzepte des Performance Measurement war ein weiterer Teilaspekt dieser Arbeit. Diskutiert wurden Konzepte von Wissenschaftlern, Beratern und aus der Unternehmenspraxis, sofern sie bereits in der bekannten Fachliteratur beschrieben wurden. Bei deren vergleichenden Gegenüberstellung ragten speziell die Balanced Scorecard, das Konzept von *Hewlett-Packard*, die Performance Pyramid sowie das Quantum Performance Measurement-Konzept heraus, wobei der Balanced Scorecard der höchste Entwicklungsstand attestiert wurde.

Als Grundlage für die eigene empirische Untersuchung erfolgte anschließend die Analyse der bekannten empirischen Untersuchungen zu Fragen des Performance Measurement. Dabei wurden fünf internationale Studien umfassend beschrieben, weitere sechzehn nationale und internationale Studien wurden im Überblick skizziert. Als Abschluß des Kapitels erfolgte eine vergleichende Analyse aller Studien.

In Rahmen von Forschungsaktivitäten im Sinne der innovativen Aktionsforschung in mehreren deutschen Unternehmen unterschiedlicher Größe und in unterschiedlichen Branchen sollten, als Vorstufe zur empirischen Untersuchung und flankierend zur rein deskriptiven Bildung, eine empirisch fundierte Modellierung des Performance Measurement-Systems, der Theoriebildung sowie der Hypothesengenerierung unterstützt werden. Diese Ergebnisse sind in den verschiedenen Abschnitten des Kapitels 6 dokumentiert.

Gegenstand des umfassenden Kapitels 7 war die Beschreibung der Vorgehensweise bei der analytisch-deduktiven Konzeption des Performance Measurement-Systemmodells. Hierzu wurden zunächst die Basishypothesen und die Untersuchungsziele sowie der Untersuchungsbezugsrahmen und die Untersuchungsbedingungen dokumentiert. Anschließend erfolgte die Beschreibung der eigentlichen Modellkonstruktion des Gesamtsystems und daran angelehnt die Konzeptualisierung und Operationalisierung der verschiedenen Subsysteme des Performance Measurement mit einer umfassenden Diskussion der verschiedenen Strukturvariablen. Das Kapitel schließt mit der Operationalisierung der Basishypothesen und der Beschreibung der Vorgehensweise der empirischen Untersuchung.

Im vorhergehenden Kapitel 9 erfolgte bereits die komprimierte Darstellung und Kommentierung der Ergebnisse der empirischen Untersuchung in Form des erarbeiteten theoretischen Grundkonzepts des Performance Measurement. Hierbei wurde nach den Überprüfungsergebnissen der Kontext- und der Erfolgshypothesen sowie den daraus folgenden Konsequenzen für das theoretische Grundkonzept getrennt.

Dem Konzept, den verschiedenen Hypothesentests, den ermittelten Ergebnissen sowie den deskriptiven Erkenntnissen der empirischen Untersuchung im Kapitel 8, die alle sehr umfassend in der Arbeit dokumentiert sind, ist nichts Grundsätzliches mehr hinzuzufügen.

Dennoch soll dem Erarbeiteten ein nur teilweise empirisch und theoretisch gestützter visionärer Ausblick angefügt werden.

Dieser ist in Abb. 10-1 abgebildet und mit „der Weg zum fortschrittlichen Performance Measurement" betitelt.

Anhand von zehn wichtigen, bei der Beurteilung der verschiedenen empirisch ermittelten Gesamtsystemtypen ebenfalls größtenteils zugrundegelegten (vgl. die Abb. 8-82 und Abb. 8-83) Kriterien für ein funktionsfähiges, d.h. effektives Performance Measurement soll nochmals plakativ verdeutlicht werden, welche Defizite heute diesbezüglich noch vielfach in der Unternehmenspraxis existieren.

Wie die Abbildung zeigt, waren in der Vergangenheit angewandte Konzepte zur Planung und Steuerung nicht im Sinne eines fortschrittlichen Performance Measurement ausgestaltet. Diese waren (und sind heute noch in vielen Unternehmen) unter anderem stark finanziell geprägt, shareholderdominiert und nur auf eine oder wenige Leistungsebenen, in der Regel das Gesamtunternehmen und die Geschäftsbereiche, ausgerichtet. Anknüpfend an das im einleitenden Vorwort zur Arbeit angeführte Zitat von *Kaplan* und *Norton*, läßt sich auch hierzu sagen, daß solche finanziell geprägten Konzepte sicherlich bis vor einigen Jahren und Jahrzehnten, im ausgehenden Industriezeitalter und im dafür typischen effizienzfordernden Marktumfeld zum Erfolg führten.

Die Evolution marktbezogener Leistungsanforderungen verlangt heute oder in naher Zukunft, im Informations- und Kommunikationszeitalter, andere Ausprägungen eines Planungs- und Steuerungssystems. Von den Unternehmen werden vom Markt und den Kunden sowohl Effizienz als auch Qualitätsbewußtsein, Flexibilität und Innovationskraft gefordert (vgl. *Zahn* 1995, S. 149).

Gegenwärtig sind die Systeme (vgl. die mittlere Säule der Abb. 10-1), wie auch die Ergebnisse der empirischen Untersuchung zeigen, bei vielen Unternehmen bereits diesen Anforderungen entsprechend ausgestaltet:

- Neben finanziellen Kennzahlen werden vermehrt die aktuellen Marktanforderungen wiedergebende nichtfinanzielle Kennzahlen eingesetzt,
- teilweise werden mehrere, auch bislang vernachlässigte Leistungsebenen wie bspw. die Prozeßebenen, berücksichtigt,
- zusätzlich zu den Shareholdern gewinnen auch die anderen Stakeholder an Bedeutung hinsichtlich der Zielfindung,
- Ziele und Strategien sind bereits auf mehreren Leistungsebenen aufeinander abgestimmt.

Mängel existieren unter anderem noch in der Kopplung zwischen der strategischen und der operativen Planung, in der Auswahl der Kennzahlen zur Leistungsvorgabe und Leistungsmessung (immer noch finanzdominiert!) und dem nur zögerlichen Einsatz neuer betriebswirtschaftlicher Instrumente wie z.B. der Prozeßkostenrechnung, des Target Costing, des Benchmarking oder des Time Based Managements.

10. Zusammenfassender Ausblick

Zukünftig ist zur Bewältigung der zunehmenden und mehrdimensionalen Markt- und Kundenanforderungen an die Planung und Steuerung eines Unternehmens durch die Entwicklung und Implementierung eines fortschrittlichen Performance Measurement Rechnung zu tragen.
Wie in der rechten Spalte der Abb. 10-1 veranschaulicht, zeichnet sich ein solches System unter anderem durch

- eine starke Leistungsebenendifferenzierung,
- eine ausgewogene Definition finanzieller und nichtfinanzieller strategischer und operativer Ziele sowie
- des darauf aufbauenden Kennzahleneinsatzes,
- einen starken Stakeholdereinfluß und
- eine enge Kopplung der strategischen und operativen Planung

aus.
Ferner gewinnen neue betriebswirtschaftliche Instrumente zunehmend an Bedeutung im Performance Measurement. Auch die Leistungsvorgabe und -messung ändern sich, da neben finanziellen Vorgaben und Messungen vermehrt leistungsebenen- und outputgerechte Ziele, Kennzahlen und Meßpunkte gesetzt werden.

	Entwicklungsstufen des... Gestern	Heute	Morgen
Durchgängige Leistungsebenendifferenzierung	keine	wenig	stark
Strategische und operative Ziele und Kennzahlen	finanziell dominiert	finanziell und teilweise nichtfinanziell	ausgewogen finanziell und nichtfinanziell
Kopplung strategische und operative Planung	nicht festgelegt	wenig festgelegt	festgelegt
Abstimmung Ziele und Strategie	wenig	auf einigen Leistungsebenen	auf allen Leistungsebenen
Stakeholdereinfluß	shareholderdominiert	mittlerer Einfluß	starker Einfluß
Kennzahlenauswahl und -planvorgabe	Top-down-Vorgabe	leistungsebenen-teilautonom	völlig leistungsebenenautonom
Kennzahlenänderungsflexibilität	gering	mittel	hoch
Kennzahlen der Leistungsvorgabe	nicht ausgewogen	kaum ausgewogen	ausgewogen
Rollenverteilung der Akteure im Performance Measurement	nicht ausgewogen	kaum ausgewogen	ausgewogen
Einsatz neuer betriebswirtschaftlicher Instrumente im Performance Measurement	kein Einsatz	Einsatz einiger Instrumente	Einsatz vieler Instrumente

...Performance Measurement

Abb. 10-1: Der Weg zum fortschrittlichen Performance Measurement

Ein solches Performance Measurement existiert in der Praxis bislang nur in Einzelfällen. In der empirischen Untersuchung konnte kein Cluster, welches diesem fortschrittlichen Performance Measurement entspricht, identifiziert werden. Allerdings kann das Gesamtsystemcluster 3 (vgl. nochmals Abb. 8-83) als Vorstufe dazu angesehen werden. Immerhin neunzehn der antwortenden Großunternehmen (was 22,6% der antwortenden Unternehmen entspricht) haben ihr Performance Measurement-System diesem Typ entsprechend ausgestaltet.

Es läßt sich vermuten, was sich auch für die Unternehmen des Gesamtsystemclusters 3 nachweisen ließ, daß ein fortschrittliches Performance Measurement zu einer höheren Profitabilität im Vergleich mit anderen Branchenunternehmen mit weniger gut ausgebauten Performance Measurement-Systemen führt.

Es bleibt ferner ebenfalls zu vermuten, daß nur wenn das Performance Measurement-System eines Unternehmens die Herausforderungen der Umwelt und des Marktes erfassen und wiedergeben kann, sich die Aktivitäten eines Unternehmens effizient in die richtige Richtung bündeln lassen.

Nur dann kann, wie einleitend zitiert, getan werden, was für das Unternehmen und dessen Zukunftssicherung notwendig und richtig ist:

What gets measured gets done!

ANHANG

Teilstudie C: Performance Measurement und neue Steuerungsgrößen

Dr. Ronald Gleich, Tel.: 0711/121-3174, E-Mail: Ronald.Gleich@po.uni-stuttgart.de

Mit dem Fragebogen „Performance Measurement und neuen Steuerungsgrößen" soll der Anwendungsstand und die Ausgestaltung der strategischen und operativen Leistungsplanung und -messung auf den verschiedenen Konzern- und Unternehmensebenen (Leistungsebenen) untersucht werden.

Teil 1: **Ziele und Kennzahlen** Teil 2: **Leistungsvorgabe und Leistungsmessung**
Teil 3: **Aufbau/Pflege der Kennzahlen** Teil 4: **Performance Measurement-Konzepte, Akteure und Umfeld**

Für die Beantwortung benötigen Sie ungefähr 20 Minuten.

Teil 1: Ziele und Kennzahlen

*1.1 Auf welchen **Leistungsebenen** findet eine **strategische Planung** statt? Welche **strategischen Zielkategorien** (A bis H) werden auf den verschiedenen Leistungsebenen zur Zielvorgabe eingesetzt?*

Strategische Zielkategorien:
A = Finanzielle Ziele
B = Wettbewerberbezogene nichtfinanzielle Ziele
C = Kundenbezogene nichtfinanzielle Ziele
D = Zuliefererbezogene nichtfinanzielle Ziele
E = Mitarbeiterbezogene nichtfinanzielle Ziele
F = Gesellschaftsbezogene nichtfinanzielle Ziele
G = Umweltbezogene nichtfinanzielle Ziele
H = Herstellungs-/produktionsbezogene nichtfinanzielle Ziele
I = _____

Strategische Leistungsebene	Strategische Planung findet statt	\<br\>A	B	C	D	E	F	G	H	I
Konzernebene	☐	☐	☐	☐	☐	☐	☐	☐	☐	☐
Unternehmensebene	☐	☐	☐	☐	☐	☐	☐	☐	☐	☐
Geschäftsfeldebene	☐	☐	☐	☐	☐	☐	☐	☐	☐	☐
Produktebene	☐	☐	☐	☐	☐	☐	☐	☐	☐	☐
Regionenebene	☐	☐	☐	☐	☐	☐	☐	☐	☐	☐
Funktionsbereichsebene	☐	☐	☐	☐	☐	☐	☐	☐	☐	☐
	☐	☐	☐	☐	☐	☐	☐	☐	☐	☐

*1.2 Welche **Stakeholder** (Anspruchsgruppen) beeinflussen die strategische Zielplanung?*

Stakeholder	Sehr starker Einfluß (+ 5)	Starker Einfluß (+ 4)	Mittlerer Einfluß (+3)	Geringer Einfluß (+2)	Sehr geringer Einfluß (+1)	Kein Einfluß (+/- 0)
Eigentümer/Aktionäre	☐	☐	☐	☐	☐	☐
Kunden	☐	☐	☐	☐	☐	☐
Beschäftigte	☐	☐	☐	☐	☐	☐
Wettbewerber	☐	☐	☐	☐	☐	☐
Finanzgeber/Banken	☐	☐	☐	☐	☐	☐
Zulieferer	☐	☐	☐	☐	☐	☐
Gesellschaft/Medien/Politik	☐	☐	☐	☐	☐	☐
Betriebsrat	☐	☐	☐	☐	☐	☐
Gewerkschaften	☐	☐	☐	☐	☐	☐
andere: _____	☐	☐	☐	☐	☐	☐

*1.3 Werden auf den verschiedenen Leistungsebenen **Strategien festgelegt**?*

☐ Ja, **inhaltliche Abstimmung** Ziele - Strategie auf **allen** Leistungsebenen
☐ Ja, **inhaltliche Abstimmung** Ziele - Strategie auf Leistungsebenen:_____
☐ Ja, Strategiefestlegung auf **allen** Leistungsebenen. **Zielvorgaben finden inhaltlich keine Berücksichtigung.**
☐ Ja, Strategiedefinition auf **den** Leistungsebenen:_____
_____. **Zielvorgaben finden inhaltlich keine Berücksichtigung**.
☐ **Obwohl keine strategischen Zielvorgaben** existieren, werden auf den folgenden Leistungsebenen Strategien festgelegt: _____
☐ Es erfolgt auf folgenden strategischen Leistungsebenen **keine Strategiefestlegung**:_____

Anhang 1: Fragebogen zum Performance Measurement (Seite 1)

1.4 Welche **strategischen Kennzahlen** sind zur Zieloperationalisierung und Strategieumsetzung **Inhalt von Plänen und werden zur Steuerung** der strategischen Leistungsebenen eingesetzt?

Kennzahlen	Strategische Leistungsebene						
A) Finanzielle Kennzahlen							
A1) Kennzahlen externes Rechnungswesen	Konzern	Unternehmen	Geschäftsbereich	Produkt	Region	Funktionsbereich	
Return on Investment	☐	☐	☐	☐	☐	☐	☐
Eigenkapitalrendite	☐	☐	☐	☐	☐	☐	☐
EVA (Economic Value Added)	☐	☐	☐	☐	☐	☐	☐
ROCE (Return on Capital Employed)	☐	☐	☐	☐	☐	☐	☐
Operating Profit (nach US-GAAP)	☐	☐	☐	☐	☐	☐	☐
Gewinn (vor und nach Steuern)	☐	☐	☐	☐	☐	☐	☐
Shareholder Value	☐	☐	☐	☐	☐	☐	☐
Cash Flows	☐	☐	☐	☐	☐	☐	☐
Umsatzerlöse	☐	☐	☐	☐	☐	☐	☐
Umsatzwachstum	☐	☐	☐	☐	☐	☐	☐
Umsatzrendite	☐	☐	☐	☐	☐	☐	☐
Kapitalstrukturkennzahlen	☐	☐	☐	☐	☐	☐	☐
Liquiditätskennzahlen	☐	☐	☐	☐	☐	☐	☐
Sonstige:_____	☐	☐	☐	☐	☐	☐	☐
	☐	☐	☐	☐	☐	☐	☐
A2) Kennzahlen internes Rechnungswesen	Konzern	Unternehmen	Geschäftsbereich	Produkt	Region	Funktionsbereich	
Betriebsergebnis	☐	☐	☐	☐	☐	☐	☐
Gesamtkosten	☐	☐	☐	☐	☐	☐	☐
Variable Kosten	☐	☐	☐	☐	☐	☐	☐
Fixe Kosten	☐	☐	☐	☐	☐	☐	☐
Prozeßkosten	☐	☐	☐	☐	☐	☐	☐
Zielkosten	☐	☐	☐	☐	☐	☐	☐
Deckungsbeiträge	☐	☐	☐	☐	☐	☐	☐
(Kosten-)Abweichungen (Plan-/Ist)	☐	☐	☐	☐	☐	☐	☐
Kostenstrukturkennzahlen	☐	☐	☐	☐	☐	☐	☐
Sonstiges:_____	☐	☐	☐	☐	☐	☐	☐
A3) Aktienbezogene Kennzahlen	Konzern	Unternehmen	Geschäftsbereich	Produkt	Region	Funktionsbereich	
Aktienkurs	☐	☐	☐	☐	☐	☐	☐
Ergebnis nach DVFA/SG je Aktie	☐	☐	☐	☐	☐	☐	☐
Kurs-/Gewinn-Verhältnis	☐	☐	☐	☐	☐	☐	☐
Börsenkapitalisierung	☐	☐	☐	☐	☐	☐	☐
Sonstiges:_____	☐	☐	☐	☐	☐	☐	☐
B) Nichtfinanzielle Kennzahlen							
B1) Marktbezogene Kennzahlen (Kunden/Wettbewerb./Zulieferer)	Konzern	Unternehmen	Geschäftsbereich	Produkt	Region	Funktionsbereich	
Markt(segment)anteil	☐	☐	☐	☐	☐	☐	☐
Markt(segment)wachstum	☐	☐	☐	☐	☐	☐	☐
Kundenzufriedenheit	☐	☐	☐	☐	☐	☐	☐
Anteil neuer Kunden	☐	☐	☐	☐	☐	☐	☐
Fertigungstiefe	☐	☐	☐	☐	☐	☐	☐
Auftragseingang/Auftragsbestand	☐	☐	☐	☐	☐	☐	☐
Sonstiges:_____	☐	☐	☐	☐	☐	☐	☐

Anhang 1: Fragebogen zum Performance Measurement (Seite 2)

Anhang

B2) Mitarbeiterbezogene Kennzahlen	Konzern	Unternehmen	Geschäftsbereich	Produkt	Region	Funktionsbereich	
Mitarbeiterzufriedenheit	❑	❑	❑	❑	❑	❑	❑
Mitarbeiterfluktuation	❑	❑	❑	❑	❑	❑	❑
Krankheitsquote	❑	❑	❑	❑	❑	❑	❑
Anzahl Überstunden	❑	❑	❑	❑	❑	❑	❑
	❑	❑	❑	❑	❑	❑	❑

B3) Wachstums-/Fortschrittskennzahlen	Konzern	Unternehmen	Geschäftsbereich	Produkt	Region	Funktionsbereich	
Entwicklungszeit	❑	❑	❑	❑	❑	❑	❑
Entwicklungsaufwand (absolut/relativ)	❑	❑	❑	❑	❑	❑	❑
Lern-/Erfahrungskennzahlen	❑	❑	❑	❑	❑	❑	❑
Fortbildungs-/Schulungskennzahlen	❑	❑	❑	❑	❑	❑	❑
Durchschnittliches Produktalter	❑	❑	❑	❑	❑	❑	❑
Anteil neuer Produkte am Umsatz	❑	❑	❑	❑	❑	❑	❑
	❑	❑	❑	❑	❑	❑	❑

B4) Kennzahlen operative Produktivität und Effektivität	Konzern	Unternehmen	Geschäftsbereich	Produkt	Region	Funktionsbereich	
Zeitkennzahlen	❑	❑	❑	❑	❑	❑	❑
Qualitätskennzahlen	❑	❑	❑	❑	❑	❑	❑
Outputbezogene Mengen	❑	❑	❑	❑	❑	❑	❑
Inputbezogene Mengen	❑	❑	❑	❑	❑	❑	❑
Produktivitätskennnzahlen	❑	❑	❑	❑	❑	❑	❑
Flexibilitätskennzahlen	❑	❑	❑	❑	❑	❑	❑
	❑	❑	❑	❑	❑	❑	❑

B5) Sonstige Kennzahlen	Konzern	Unternehmen	Geschäftsbereich	Produkt	Region	Funktionsbereich	
Umweltbezogene Kennzahlen	❑	❑	❑	❑	❑	❑	❑
Gesellschaftsbezogene Kennzahlen	❑	❑	❑	❑	❑	❑	❑
	❑	❑	❑	❑	❑	❑	❑

1.5 Wie **wichtig** sind die **Kennzahlenkategorien** zukünftig für die Leistungsebenen Konzern/Unternehmen?

Kennzahlenkategorien	viel wichtiger als heute (+ 2)	wichtiger als heute (+1)	wie heute (+/- 0)	unwichtiger als heute (- 1)	viel unwichtiger als heute (- 2)
Kennzahlen externes Rechnungswesen	❑	❑	❑	❑	❑
Kennzahlen internes Rechnungswesen	❑	❑	❑	❑	❑
Aktienbezogene Kennzahlen	❑	❑	❑	❑	❑
Marktbezogene Kennzahlen	❑	❑	❑	❑	❑
Mitarbeiterbezogene Kennzahlen	❑	❑	❑	❑	❑
Wachstums-/Fortschrittskennzahlen	❑	❑	❑	❑	❑
Kennzahlen operative Produktivität	❑	❑	❑	❑	❑
Sonstige:	❑	❑	❑	❑	❑

1.6 Wie erfolgt die **Verbindung zwischen den strategischen und den operativen Zielen**?

- ❑ Durch die **festgelegte** (z.B. im Planungshandbuch beschriebene) **Ableitung von finanziellen Zielen** für die operative Planung aus strategischen Zielen und Strategien
- ❑ Durch die **nicht festgelegte Ableitung von finanziellen Zielen** für die operative Planung aus strategischen Zielen und Strategien
- ❑ Durch die **festgelegte** (z.B. im Planungshandbuch beschriebene) **Ableitung von nichtfinanziellen Zielen** für die operative Planung aus strategischen Zielen und Strategien
- ❑ Durch die **nicht festgelegte Ableitung von nichtfinanziellen Zielen** für die operative Planung aus strategischen Zielen und Strategien
- ❑ Nicht ❑ Sonstiges:

Anhang 1: Fragebogen zum Performance Measurement (Seite 3)

Anhang 419

*1.7 Auf welchen **Leistungsebenen** findet die **operative Planung** statt? Wie wichtig sind finanzielle und nichtfinanzielle **Ziele in der operativen Planung** auf den verschiedenen Leistungsebenen?*

Operative Leistungsebene	Operative Planung	Finanzielle Ziele				Nichtfinanzielle Ziele			
		sehr wichtig	wichtig	weniger wichtig	un- wichtig	sehr wichtig	wichtig	weniger wichtig	un- wichtig
Konzernebene	❑	❑	❑	❑	❑	❑	❑	❑	❑
Unternehmensebene	❑	❑	❑	❑	❑	❑	❑	❑	❑
Geschäftsfeldebene	❑	❑	❑	❑	❑	❑	❑	❑	❑
Produktebene	❑	❑	❑	❑	❑	❑	❑	❑	❑
Regionen	❑	❑	❑	❑	❑	❑	❑	❑	❑
Funktionsbereichsebene	❑	❑	❑	❑	❑	❑	❑	❑	❑
Kostenstelle	❑	❑	❑	❑	❑	❑	❑	❑	❑
(Teil-)Prozeß	❑	❑	❑	❑	❑	❑	❑	❑	❑
(Haupt-)Prozeß	❑	❑	❑	❑	❑	❑	❑	❑	❑
(Geschäfts-)Prozeß	❑	❑	❑	❑	❑	❑	❑	❑	❑
Team	❑	❑	❑	❑	❑	❑	❑	❑	❑
Mitarbeiter	❑	❑	❑	❑	❑	❑	❑	❑	❑
	❑	❑	❑	❑	❑	❑	❑	❑	❑

*1.8 Welche **schriftlich fixierten Pläne** werden zur operativen Zielerreichung auf Konzern-, Unternehmens- und Geschäftsfeldebene aufgestellt? Welcher **Planungshorizont** wird dabei in der Regel zugrunde gelegt?*

Pläne/Planungshorizont	bis zu 3 Monaten	3 bis 6 Monate	6 bis 12 Monate	12 bis 24 Monate	24 bis 36 Monate	> 36 Monate
Absatzplanung (Basis Auftragseingang)	❑	❑	❑	❑	❑	❑
Absatzplanung (Basis Umsatz)	❑	❑	❑	❑	❑	❑
Produktionsplanung	❑	❑	❑	❑	❑	❑
Beschaffungsplanung	❑	❑	❑	❑	❑	❑
Logistikplanung	❑	❑	❑	❑	❑	❑
F&E-Planung	❑	❑	❑	❑	❑	❑
Produktprogrammplanung	❑	❑	❑	❑	❑	❑
Kapazitätsplanung	❑	❑	❑	❑	❑	❑
Investitionsplanung	❑	❑	❑	❑	❑	❑
Finanzierungsplanung	❑	❑	❑	❑	❑	❑
Finanz- und Kapitalstrukturplanung	❑	❑	❑	❑	❑	❑
Personalplanung	❑	❑	❑	❑	❑	❑
Weiterbildungsplanung	❑	❑	❑	❑	❑	❑
Informations-/Kommunikationsplg.	❑	❑	❑	❑	❑	❑
Projektplanung	❑	❑	❑	❑	❑	❑
Organisationsplanung	❑	❑	❑	❑	❑	❑
Umweltschutzplanung	❑	❑	❑	❑	❑	❑
Kosten- und Erlösplanung	❑	❑	❑	❑	❑	❑
Ergebnisplanung	❑	❑	❑	❑	❑	❑
Prozeßplanung	❑	❑	❑	❑	❑	❑

Anhang 1: Fragebogen zum Performance Measurement (Seite 4)

*1.9   Welche **operativen Kennzahlen** werden auf den verschiedenen Leistungsebenen zur Planung und Steuerung eingesetzt?*

Operative Leistungsebene	Wie Strategische Kennzahlen (vgl. Frage 1.4)	A1=Kennzahlen externes Rechnungswesen / A2=Kennzahlen internes Rechnungswesen A3=Aktienbezogene Kennzahlen / B1= Marktbezogene Kennzahlen / B2=Mitarbeiterbezogene Kennzahlen / B3=Wachstumsbezogene Kennzahlen / B4=Kennzahlen operative Produktivität und Effektivität / B5= Sonstige Kennzahlen							
		Wenn ANDERS als strategische Kennzahlen: Kennzahlenkategorien zur operativen Planung und Steuerung (vgl. *Erläuterung oben*):							
		A1	A2	A3	B1	B2	B3	B4	B5
Konzernebene	❏	❏	❏	❏	❏	❏	❏	❏	❏
Unternehmensebene	❏	❏	❏	❏	❏	❏	❏	❏	❏
Geschäftsfeldebene	❏	❏	❏	❏	❏	❏	❏	❏	❏
Produktebene	❏	❏	❏	❏	❏	❏	❏	❏	❏
Regionen	❏	❏	❏	❏	❏	❏	❏	❏	❏
Funktionsbereichsebene	❏	❏	❏	❏	❏	❏	❏	❏	❏
Kostenstelle	❏	❏	❏	❏	❏	❏	❏	❏	❏
(Teil-)Prozeß	❏	❏	❏	❏	❏	❏	❏	❏	❏
(Haupt-)Prozeß	❏	❏	❏	❏	❏	❏	❏	❏	❏
(Geschäfts-)Prozeß	❏	❏	❏	❏	❏	❏	❏	❏	❏
Team	❏	❏	❏	❏	❏	❏	❏	❏	❏
Mitarbeiter	❏	❏	❏	❏	❏	❏	❏	❏	❏
	❏	❏	❏	❏	❏	❏	❏	❏	❏

Teil 2: Leistungsvorgabe und Leistungsmessung

*2.1   Auf Basis welcher **Kennzahlenkategorie/en** und wie oft werden **Leistungs-/Erfolgsvorgaben** für die verschiedenen Leistungsebenen und deren jeweilige **Führungskräfte** vorgegeben?*

Kennzahlenkategorien (vgl. auch Fragen 1.4 und 1.9): A1=Kennzahlen externes Rechnungswesen / A2=Kennzahlen internes Rechnungswesen / A3=Aktienbezogene Kennzahlen / B1= Marktbezogene Kennzahlen / B2=Mitarbeiterbezogene Kennzahlen / B3=Wachstumsbezogene Kennzahlen / B4=Kennzahlen operative Produktivität und Effektivität / B5= Sonstige Kennzahlen

Leistungsebenen / Kennzahlenkategorie Leistungsvorgabe	Kennzahlenkategorien für die Leistungsvorgabe				Durchschnittliche Gültigkeit (in Monaten) und Bezugspunkte der Leistungsvorgabe		
	Alle in Frage 1.4 genannten strategischen Kennzahlenkategorien	Alle in Frage 1.9 genannten operativen Kennzahlenkategorien	Nur *einige* ausgewählte Kennzahlenkategorien	Wenn nur *einige* ausgewählte Kennzahlen, welchen Kennzahlenkategorien sind diese zuzuordnen (vgl. oben A1-A3, B1-B5)?	Gültigkeit Leistungsvorgabe in Monaten:	**Angepaßt an** Zyklus und Inhalte **strategische Planung**	**Angepaßt an** Zyklus und Inhalte **operative Planung**
Konzernebene	❏	❏	❏	_____	_____	❏	❏
Unternehmensebene	❏	❏	❏	_____	_____	❏	❏
Geschäftsfeldebene	❏	❏	❏	_____	_____	❏	❏
Produktebene	❏	❏	❏	_____	_____	❏	❏
Regionen	❏	❏	❏	_____	_____	❏	❏
Funktionsbereichsebene	❏	❏	❏	_____	_____	❏	❏
Kostenstelle	❏	❏	❏	_____	_____	❏	❏
(Teil-)Prozeß	❏	❏	❏	_____	_____	❏	❏
(Haupt-)Prozeß	❏	❏	❏	_____	_____	❏	❏
(Geschäfts-)Prozeß	❏	❏	❏	_____	_____	❏	❏
Team	❏	❏	❏	_____	_____	❏	❏
Mitarbeiter	❏	❏	❏	_____	_____	❏	❏
_____	❏	❏	❏			❏	❏

Anhang 1: Fragebogen zum Performance Measurement (Seite 5)

2.2	Wie oft wird der **Erfolg einer Leistungsebene** und der **Führungskräfte** gemessen?								
Leistungsebene	Nie	Seltener als 1x in 2 Jahren	Seltener als 1x jährlich	Jährlich	Halb-jährlich	Viertel-jährlich	Monat-lich	Wöchent-lich	Täglich
Konzernebene	❏	❏	❏	❏	❏	❏	❏	❏	❏
Unternehmensebene	❏	❏	❏	❏	❏	❏	❏	❏	❏
Geschäftsfeldebene	❏	❏	❏	❏	❏	❏	❏	❏	❏
Produktebene	❏	❏	❏	❏	❏	❏	❏	❏	❏
Regionen	❏	❏	❏	❏	❏	❏	❏	❏	❏
Funktionsbereichsebene	❏	❏	❏	❏	❏	❏	❏	❏	❏
Kostenstelle	❏	❏	❏	❏	❏	❏	❏	❏	❏
(Teil-)Prozeß	❏	❏	❏	❏	❏	❏	❏	❏	❏
(Haupt-)Prozeß	❏	❏	❏	❏	❏	❏	❏	❏	❏
(Geschäfts-)Prozeß	❏	❏	❏	❏	❏	❏	❏	❏	❏
Team	❏	❏	❏	❏	❏	❏	❏	❏	❏
Mitarbeiter	❏	❏	❏	❏	❏	❏	❏	❏	❏

2.3 Welche **Maßstäbe** werden zur **Leistungsmessung** angelegt?

❏ Die Vorgabe- und Istwerte der Planungs- und Steuerungskennzahlen (vgl. Frage 2.1)
  Genauigkeit der *Messung IST* durch die verschiedenen Informationssysteme ist:
  ❏ sehr gut ❏ gut ❏ befriedigend ❏ ausreichend ❏ mangelhaft
  wenn mangelhaft, Grund: _____
❏ Vorgesetztenurteil
❏ Mitarbeiterurteil
❏ Urteil externer/interner Kunden
❏ Andere Kriterien (z.B. qualitative): _____

2.4 Werden die **Ergebnisse der Leistungsmessung** an die Verantwortlichen der Leistungsebenen **weiterkommuniziert**?

❏ Nein, diese Informationen werden nicht weitergeben
❏ Nein, da keine Leistungsmessung erfolgt
❏ Nur in machen Fällen
❏ Ja, im Rahmen des Reporting (zeitnah, gleiche Zyklus wie Leistungsmessung)
❏ Ja, im Rahmen des Reporting (mit zeitlichen Verzögerungen, gleicher Zyklus wie Leistungsmessung)
❏ Ja, im Rahmen des Reporting (längerer Zyklus als Leistungsmessung)
❏ Ja, durch Vorgesetztengespräch
❏ Ja, Informationen können von Anwendern jederzeit selbständig (systemgestützt) abgerufen werden
❏ Ja, Informationen können von Anwendern jederzeit auf Anfrage von Datenverwaltern abgerufen werden
❏ Ja, da Informationen durch Self Assessment erhoben wurden

2.5 Welche **Konsequenzen** ergeben sich aus der **Leistungsmessung und Erfolgskontrolle** für die Verantwortlichen der Leistungsebenen?

❏ Keine, da keine Leistungsmessung erfolgt
❏ Keine Konsequenzen
❏ Keine speziellen, festgelegten Konsequenzen
❏ Anpassung der gesamten Entlohnung
❏ Anpassung von Entlohnungsbestandteilen
❏ Ableitung konkreter Maßnahmen bei nicht gewünschter Abweichung Vorgabe/Ist
❏ Anpassung der strategischen Planung bei Abweichung Vorgabe/Ist
❏ Anpassung der operativen Planung bei Abweichung Vorgabe/Ist
❏ Schulung
❏ Vorgesetztengespräch
❏ Sonstiges: _____

Anhang 1: Fragebogen zum Performance Measurement (Seite 6)

Teil 3: ..Aufbau und Pflege der Kennzahlen

*3.1 Die **Festlegung** der strategischen und operativen Kennzahlen (vgl. Fragen 1.4 und 1.9) und der Kennzahlenausprägung (**kennzahlenbezogene, quantifizierbare Planvorgaben**, vgl. auch Frage 2.1)...*

	Kennzahlenauswahl	Kennzahlenplanvorgaben
... ist Aufgabe der Leistungsebenenführung	☐	☐
... wird der Leistungsebenenführung vorgegeben	☐	☐
... erfolgt gemeinsam von übergeordneten Vorgesetzten und der Leistungsebenenführung	☐	☐
... ist Aufgabe der Leistungsebenenmitarbeiter	☐	☐
... erfolgt in Zusammenarbeit zwischen der Leistungsebenenführung und den Mitarbeitern	☐	☐
... ist Aufgabe von: _____	☐	☐
Sonstiges: _____	☐	☐

*3.2 **Kennzahlen** und **Kennzahlenplanvorgaben** werden **überprüft** und u.U. geändert bzw. **neu festgelegt**...*

☐ bei einer Änderung der strategischen Ziele und der Strategien übergeordneter Leistungsebenen
☐ bei einer Änderung der strategischen Leistungsebenenziele und Strategien
                      Konzern/Unternehmen/Geschäftsfeld   Weitere Leistungsebenen
    Durchschnittliche Zielgültigkeit in Jahren: _____ _____
    Durchschnittliche Strategiegültigkeit in Jahren: _____ _____
☐ bei einer Änderung der operativen Leistungsebenenziele
☐ bei einer Änderung der kritischen Erfolgsfaktoren der jeweiligen Leistungsebene
☐ bei einer Änderung der Leistungsebenenstrategie
☐ bei einer Änderung der Rechnungswesensysteme und -techniken
☐ bei einer Änderung der Informationstechnologie
☐ bei abweichenden Vorgabe-/Istwerten bei der Leistungsmessung
☐ bei organisatorischen oder sonstigen Änderungen in der Leistungsebene
☐ bei organisatorischen oder sonstigen Änderungen im Unternehmen/Konzern
☐ bei _____

*...**unabhängig von den oben angeführten Anlässen***
☐ Regelmäßig jährlich
☐ Regelmäßig unterjährig.
    Überprüfungsrhythmus: ☐ 9 Monate ☐ 6 Monate ☐ 3 Monate ☐ 1 Monat ☐ < als 1 Monat
☐ Selten bis nie
☐ Nur auf Wunsch der Maßgrößenanwender

Teil 4: Performance Measurement-Konzepte, Akteure und Umfeld

*4.1 Welche **Rechtsform** hat Ihr Unternehmen?*

☐ AG   ☐ an der Börse notiert   ☐ nicht an der Börse notiert
☐ GmbH   ☐ GmbH & Co. KG
☐ Personengesellschaft (OHG, KG)
☐ Sonstige: _____

*4.2 Wie oft wurde/wird Ihr Unternehmen von **Ratingagenturen oder Analysten** (z.B. von DVFA) oder Instituten auf **Risiko, Managementqualität, Erfolgspotential und Qualität** untersucht?*

	Mehrmals jährlich	Mindestens 1 x jährlich	Ca. jedes zweite Jahr	Sehr selten (ca. jedes 3.-5. Jahr)	Nie
Geschäftliches und finanzielles Risiko	☐	☐	☐	☐	☐
Managementqualität	☐	☐	☐	☐	☐
Erfolgspotential Unternehmen	☐	☐	☐	☐	☐
Qualitätsreview für Quality Awards	☐	☐	☐	☐	☐
Erfolgreiche Teilnahme? ☐ JA ☐ NEIN					
Sonstiges: _____	☐	☐	☐	☐	☐

Anhang 1: Fragebogen zum Performance Measurement (Seite 7)

4.3 Werden zur strategischen und operativen Planung und Steuerung im Unternehmen **Konzepte zur Maßgrößen-/Kennzahlenintegration oder -kombination** eingesetzt?

- ☐ Nein, aus unserer Sicht nicht notwendig
- ☐ Nein, da gewünschter Ausbaugrad noch nicht erreicht
- ☐ Ja, bereits eingesetzt
- ☐ Ja, Einsatz geplant

Wenn Ja, um welche Konzepte handelt es sich?

Konzepte	Bereits eingesetzt	Einsatz geplant
Balanced Scorecard	☐	☐
Quantum Performance Measurement Konzept	☐	☐
Data Envelopment Analysis	☐	☐
Dupont-Kennzahlensystem (ROI-Konzept)	☐	☐
ZVEI-Kennzahlensystem	☐	☐
RL-Kennzahlensystem	☐	☐
Kennzahlensystem:_____	☐	☐
Eigenes Konzept	☐	☐
Sonstige: _____	☐	☐
	☐	☐

4.4 Welche **Rollen** spielen die nachfolgend aufgeführten **Akteure im Rahmen des Performance Measurements** (Leistungsvorgabe, Leistungsmessung, Kennzahlenmanagement, Systempflege)?

Akteure	Keine	Beratend	Umsetzend	Koordinierend	Analysierend	Entscheidend
Zentrales Controlling	☐	☐	☐	☐	☐	☐
Dezentrales Controlling	☐	☐	☐	☐	☐	☐
Mitarbeiter Strategische Planung	☐	☐	☐	☐	☐	☐
Leistungsebenenführung	☐	☐	☐	☐	☐	☐
1. Führungsebene Untern./Konzern	☐	☐	☐	☐	☐	☐
EDV/Organisation	☐	☐	☐	☐	☐	☐
Mitarbeiter in den Leistungsebenen	☐	☐	☐	☐	☐	☐
_____	☐	☐	☐	☐	☐	☐
	☐	☐	☐	☐	☐	☐

4.5 Welche **innovativen betriebswirtschaftlichen Instrumente und Konzepte** werden im Rahmen des Performance Measurement(PM) eingesetzt?

Innovative Controllinginstrumente	Regelmäßig	Zeitweise	Selten bis Nie	Keine Anwendung im PM	Keine Anwendung im Unternehmen
Prozeßkostenrechnung	☐	☐	☐	☐	☐
Target Costing	☐	☐	☐	☐	☐
Life-Cycle-Costing	☐	☐	☐	☐	☐
Benchmarking Allgemein	☐	☐	☐	☐	☐
Speziell: Produktbenchmarking	☐	☐	☐	☐	☐
Speziell: Prozeßbenchmarking	☐	☐	☐	☐	☐
Shareholder Value Konzepte	☐	☐	☐	☐	☐
Total Quality Management	☐	☐	☐	☐	☐
Time Based Management	☐	☐	☐	☐	☐
Sonstige: _____	☐	☐	☐	☐	☐
	☐	☐	☐	☐	☐

*Der Fragebogen zu der Thematik **PERFORMANCE MEASUREMENT** ist hier zu ENDE! Vielen Dank für Ihre Mitwirkung!*

Anhang 1: Fragebogen zum Performance Measurement (Seite 8)

Identifizierte Typen Strategisches Umfeld

Typ 1
30,5% der Fälle (N=25)
Eingesetzte Zielkategorien:

	K	U	GF	PR	RE	FB
Finanziell:	VW	VW				
Wettbewerber:						
Kunden:						
Zulieferer:						
Gesellschaft:						
Umwelt:						
Mitarbeiter:						
Herstell./Prod.:						
Keine:			MH	VW		MH

Stakeholdereinfluß:
Shareholder - stark/sehr stark (VW)
Kunden - stark/sehr stark (MH)
Wettbewerber - mittel/nicht vorh. (MH)
Beschäftigte - mittel/gering (<MH)
Gesellschaft - sehr gering/n. vorh. (<MH)

Strategiefestlegung
Konzern - inhaltlich abgestimmt (MH)
Geschäftsfeld - inhaltlich abgest. (MH)
Produkt - keine Produktstrategie (MH)
Region - keine Regionstrategie (VW)
Funktionsb. - keine FB-strategie (MH)

Typ 2
28,0% der Fälle (N=23)
Eingesetzte Zielkategorien:

	K	U	GF	PR	RE	FB
Finanziell:	UW	UW	UW	VW		
Wettbewerber:	VH	VW	UW	VW		
Kunden:	MH	MH	VW	MH		
Zulieferer:		MH				
Gesellschaft:	MH	VW				
Umwelt:		MH	VW			
Mitarbeiter:		MH	MH			
Herstell./Prod.:						
Keine:					UW	VW

Stakeholdereinfluß:
Shareholder - stark/sehr stark (VW)
Kunden - stark/sehr stark (VW)
Wettbewerber - stark/sehr stark (VW)
Beschäftigte - mittel/gering (MH)
Gesellschaft - mittel bis gering (MH)

Strategiefestlegung
Konzern - keine Konzernstrategie (VW)
Geschäftsfeld - inhaltlich abgestimmt (UW)
Produkt - inhaltlich abgestimmt (VH)
Region - keine Regionstrategie (MH)
Funktionsb. - inhaltlich abgestimmt (MH)

Typ 3
13,4% der Fälle (N=11)
Eingesetzte Zielkategorien:

	K	U	GF	PR	RE	FB
Finanziell:		UW	UW			
Wettbewerber:			VW	UW		
Kunden:			VW	UW		
Zulieferer:						
Gesellschaft:			MH			
Umwelt:						
Mitarbeiter:			VW			
Herstell./Prod.:						
Keine:				VW	UW	VW UW

Stakeholdereinfluß:
Shareholder - sehr stark (MH)
Kunden - stark/sehr stark (VW)
Wettbewerber - stark/sehr stark (MH)
Beschäftigte - mittel/gering (VW)
Gesellschaft - sehr gering/n. vorh. (MH)

Strategiefestlegung
Konzern - keine Konzernstrategie (VW)
Geschäftsfeld - inhaltlich abgestimmt (VV)
Produkt - keine Produktstrategie (UW)
Region - keine Regionstrategie (UW)
Funktionsb. - keine Strategie (UW)

Typ 4
28,1% der Fälle (N=23)
Eingesetzte Zielkategorien:

	K	U	GF	PR	RE	FB
Finanziell:	UW	UW	VW	MH	VW	
Wettbewerber:		VW	VW	VW	MH	VW
Kunden:			MH	MH	MH	VW
Zulieferer:						
Gesellschaft:						
Umwelt:						
Mitarbeiter:						
Herstell./Prod.:						
Keine:						VW

Stakeholdereinfluß:
Shareholder - stark/sehr stark (VW)
Kunden - stark/sehr stark (MH)
Wettbewerber - stark/sehr stark (VW)
Beschäftigte - mittel/gering (VW)
Gesellschaft - sehr gering/n. vorh. (<MH)

Strategiefestlegung
Konzern - keine Konzernstrategie (VW)
Geschäftsfeld - inhaltlich abgestimmt (VW)
Produkt - inhaltlich abgestimmt (MH)
Region - inhaltlich abgestimmt (MH)
Funktionsb. - keine Strategie (MH)

Anhang 2: Typen strategisches Umfeld im Überblick

GV=gleichverteilt im Cluster / ÜW = überwiegend (ab 90% der Clusterunternehmen) / VW = vorwiegend (ab 70% d.C.U.) / MH= mehrheitlich (ab 50% d.C. U.)
Untersuchungsumfang: 84 Unternehmen / Anmerkung: 2 Fälle konnten keinem der Cluster zugeordnet werden
K=Konzern, U=Unternehmen, GF=Geschäftsfeld, PR=Produktfeld, RE=Region, FB=Funktionsbereich

Identifizierte Typen Subsystem Leistungsmessung

Kennzahlenkategorien Leistungsmessung

	Typ 1 – 11% der Fälle (N=9)							Typ 2 – 27% der Fälle (N=23)							Typ 3 – 22% der Fälle (N=18)							Typ 4 – 22% der Fälle (N=18)							Typ 5 – 19% der Fälle (N=16)						
	K	U	GF	P	RE	FB		K	U	GF	P	RE	FB		K	U	GF	P	RE	FB		K	U	GF	P	RE	FB		K	U	GF	P	RE	FB	
Externes ReWe	-	-	-	-	-	-		-	MH	-	-	-	-		MH	ÜW	ÜW	-	-	-		VW	VW	ÜW	ÜW	MH	MH		MH	ÜW	VW	MH	MH	MH	
Internes ReWe	-	-	-	-	-	-		-	MH	-	-	-	-		MH	VW	MH	-	-	-		VW	VW	ÜW	VW	MH	MH		MH	VW	VW	MH	MH	MH	
Markt	-	-	-	-	-	-		-	-	-	-	-	-		MH	VW	VW	-	-	-		VW	VW	ÜW	ÜW	MH	MH		VW	ÜW	ÜW	ÜW	-	-	
Mitarbeiter	-	-	-	-	-	-		-	-	-	-	-	-		MH	VW	VW	-	-	-		MH	VW	VW	VW	-	MH		-	-	-	-	-	-	
Wachstum	-	-	-	-	-	-		-	-	-	-	-	-		MH	VW	MH	-	-	-		MH	VW	VW	MH	-	MH		-	-	-	-	-	-	
Produktivität	-	-	-	-	-	-		-	-	-	-	-	-		-	-	-	-	-	-		-	MH	VW	-	-	-		-	-	-	-	-	-	
Sonstige NF Kennzahlen	ÜW	ÜW	ÜW	ÜW	ÜW	ÜW		-	-	-	-	VW	MH		-	-	-	-	VW	VW		-	-	-	-	-	-		-	-	-	-	MH	-	

Keine Kennzahlen

Weitere Leistungsebenen	keine KZ (ÜW)	keine KZ (mind. VW)	keine KZ (mind. VW)	keine KZ (mind. VW)	keine KZ (mind. MH)
				Kostenstelle – KZ InReWe (MH)	Kostenstelle – KZ InReWe (VW)

Kennzahlenkategorien für die Leistungsvorgabe

	K	U	GF	P	RE	FB		K	U	GF	P	RE	FB		K	U	GF	P	RE	FB		K	U	GF	P	RE	FB		K	U	GF	P	RE	FB	
Strategische KZ-Kategorien	-	-	-	-	-	-		MH	MH	MH	-	-	-		MH	VW	MH	-	-	-		MH	VW	VW	MH	MH	MH		MH	VW	VW	MH	MH	MH	
Operative KZ-Kategorien	-	-	-	-	-	-		-	-	MH	-	-	-		-	-	-	-	-	-		-	-	-	-	-	-		-	-	-	-	-	-	
Ausgewählte KZ-Kategorien	-	-	-	-	-	-		-	-	-	-	-	-		-	-	-	-	-	-		-	-	-	-	-	-		MH	VW	VW	MH	MH	MH	
Keine Leistungsvorgabe	ÜW	ÜW	ÜW	ÜW	ÜW	ÜW		-	-	-	-	MH	MH		-	-	-	MH	VW	VW		-	-	-	-	-	-		-	-	-	-	-	-	

Weitere Leistungsebenen	keine	Kostenstelle (Auswahl VW)	Kostenstelle (Auswahl MH)	Kostenstelle (Str. KZ MH)	Kostenstelle (Op. KZ MH)

Zyklische/inhaltliche Anpassung an

	K	U	GF	P	RE	FB		K	U	GF	P	RE	FB		K	U	GF	P	RE	FB		K	U	GF	P	RE	FB		K	U	GF	P	RE	FB	
Strategische Planung	-	-	-	-	-	-		-	-	-	-	-	-		-	-	-	-	-	-		-	-	-	-	-	-		-	-	-	-	-	-	
Operative Planung	-	-	-	-	-	-		-	MH	-	-	-	-		-	-	MH	-	-	-		-	-	-	-	-	-		-	MH	MH	-	-	-	
Strat. und operative Planung	-	-	-	-	-	-		-	-	-	-	-	-		-	MH	MH	-	-	-		-	-	-	-	-	-		-	-	-	-	-	VW	
Keine, aber Leistungsvorg.	-	-	-	-	-	-		-	-	-	-	-	-		-	-	-	-	-	-		-	-	-	-	-	-		-	-	-	-	-	-	
keine, keine Leistungsvorg.	ÜW	VW	VW	VW	VW	VW		-	-	-	-	-	-		-	-	-	MH	VW	VW		-	-	-	-	-	-		-	-	-	-	-	MH	

Anhang 3: Typen Subsystem Leistungsmessung

KRA=keine relevanten Aussagen/ GV=gleichverteilt / ÜW = überwiegend (ab 90% d.U. im Cluster) /
VW = vorwiegend (ab 70% der Unternehmen im Cluster)/ MH= mehrheitlich (ab 50% d.U. im Cl.), KZ=Kennzahlen
K=Konzern, U=Unternehmen, GF=Geschäftsfeld, P=Produktfeld, RE=Region, FB=Funktionsbereich
Untersuchungsumfang: 84 Unternehmen
K=Konzern, U=Unternehmen, GF=Geschäftsfeld, P=Produktfeld, RE=Region, FB=Funktionsbereich
Anmerkung: Alle anderen Variablen über alle Cluster ähnlich verteilt oder keine besonderen Ausprägungen

Weitere Leistungsebenen	keine relevanten Angaben						keine relevanten Angaben						keine relevanten Angaben						keine relevanten Angaben						Kostenstelle (Anp. Op. VW)					
	K	U	GF	P	RE	FB	K	U	GF	P	RE	FB	K	U	GF	P	RE	FB	K	U	GF	P	RE	FB	K	U	GF	P	RE	FB
Leistungsmessungsfrequenz																														
Mindestens jährlich	-	-	-	-	-	-	-	-	-	-	-	-	-	-	-	-	-	-	-	-	-	-	-	-	-	-	-	-	-	-
Mindestens vierteljährlich	-	-	MH	MH	-	-	-	-	-	-	-	-	-	-	<MH	<MH	-	-	-	-	MH	MH	-	-	-	-	MH	MH	-	-
Mindestens monatlich	-	-	-	-	-	<MH	-	-	-	-	-	<MH	-	-	-	-	-	<MH	-	-	-	-	-	-	-	-	-	-	-	<MH
Keine Leistungsmessung	-	-	-	MH	MH	<MH	-	-	-	-	-	-	-	-	-	-	MH	<MH	<MH	-	-	-	MH	VW	MH	-	-	-	-	<MH

Maßstäbe Leistungsmessung	(leistungsebenenunabhängig)	(leistungsebenenunabhängig)	(leistungsebenenunabhängig)	(leistungsebenenunabhängig)	(leistungsebenenunabhängig)
Vorgabe-/Istwerte PuS-KZ	>ÜW	VW	VW	-	MH
Vorgesetztenurteil	-	MH	MH	<MH	MH

Ergebniskommunikation LM	(leistungsebenenunabhängig)	(leistungsebenenunabhängig)	(leistungsebenenunabhängig)	(leistungsebenenunabhängig)	(leistungsebenenunabhängig)
Im Rahmen des Reporting	MH	MH	MH	-	MH
Vorgesetzengespräch	-	MH	-	MH	-

Konsequenzen LM	(leistungsebenenunabhängig)	(leistungsebenenunabhängig)	(leistungsebenenunabhängig)	(leistungsebenenunabhängig)	(leistungsebenenunabhängig)
Anpassung Entlohnungsteile	MH	MH	MH	MH	VW
Ableitung Maßnahmen	<VW	MH	<VW	MH	MH
Vorgesetztengespräch	-	MH	-	-	-

Literaturverzeichnis

Abernethy, M.A., Lillis, A.M. (1995), The impact of manufacturing flexibility on management control system design, in: Accounting, Organization and Society 20 (1995) 4, S. 241-258

Achleitner, P. (1985), Soziopolitische Strategien multinationaler Unternehmungen, Bern 1985

Ackermann, K.-F. (1974), Anreizsysteme, in: Grochla, E., Wittmann, W. (Hrsg., 1974), Handwörterbuch der Betriebswirtschaftslehre, Band 1, Stuttgart 1974, Sp. 156-163

Ackermann, K.-F. (1986), Mitarbeiterbefragung als Instrument partizipativer Entlohnungspolitik, in: BfuP 38 (1986) 1, S. 28-42

Ackermann, K.-F. (1991), Strategisches Personalmanagement im Visier der Wissenschaft, in: Ackermann, K.-F., Scholz, H. (Hrsg., 1991), Personalmanagement für die 90er Jahre, Stuttgart 1991, S. 13-34

Ackermann, K.-F., Meyer, M., Mez, B. (Hrsg., 1998), Die kundenorientierte Personalabteilung – Ziele und Prozesse des effizienten HR-Management, Wiesbaden 1998

Adam, D. (1993); Produktionsmanagement, 7. Aufl., Wiesbaden 1993

Ahlbach, H. (1997), Gutenberg und die Zukunft der Betriebswirtschaftslehre, in: ZfB 67 (1997) 12, S. 1257-1283

Ahn, H., Dyckhoff, H. (1997), Organisatorische Effektivität und Effizienz, in: WiSt 26 (1997) 1, S. 2-6

Alchian, A.A., Demsetz, H. (1972), Production, Information Costs, and Economic Organization, in: American Economic Review (1972) 62, S. 777-795

Alchian, A.A., Woodward, S. (1987), Reflections on the Theories of the Firm, in: Journal of Institutional and Theoretical Economics, 143 (1987), S. 110-136

Amshoff, B. (1993), Controlling in deutschen Unternehmungen, Wiesbaden 1993

Ansoff, H. I. (1981), Strategic Management, London 1981

Ansoff, H. I. (1991), Implanting Strategic Management, London 1991

Ansoff, H.I./Brandenburg, R.G. (1971), A Language for Organization Design, Part I and II, in: Management Science 17 (1971), S. 705-731

Anthony, R.N. (1965), Planning and Control Systems – A Framework for Analysis, Boston 1965

Anthony, R. N. (1970), Management Accounting Principles, Homewood Ill. 1970

Anthony, R.N., Govindarajan, V. (1998), Management Control Systems, 9. Ed., Boston 1998

Arbeitskreis „Finanzierung„ der Schmalenbach-Gesellschaft – Deutsche Gesellschaft für Betriebswirtschafta e.V. (1996), Wertorientierte Unternehmenssteuerung mit differenzierten Kapitalkosten, in: zfbf 48 (1996), S. 543-578

Arbeitskreis „Leistungsvereinbarungen„ des Verbandes der Chemischen Industrie e.V. (1998), Leistungsvereinbarungen – ein Instrument zur Steuerung von Dienstleistungen, Frankfurt 1998

Ardoin, J.L., Schmidt, J. (1986), Le contrôle de gestion, Paris 1986

Argyris, C. (1952), The Impact of Budgets on People, New York 1952

Armbrecht, W. (1992), Innerbetriebliche Public Relations: Grundlagen eines situativen Gestaltungskonzepts, Opladen 1992

Arnaout, A.A. (1999), Target Costing in der deutschen Unternehmenspraxis, Eine empirische Untersuchung (Arbeitstitel), erscheint voraussichtlich 1999

Arnaout, A., Gleich, R., Seidenschwarz, W., Stoi, R. (1997), Empirisches Forschungsprogramm des Lehrstuhls Controlling der Universität Stuttgart zu neuen Entwicklungen im Controlling und Kostenmanagement, Controlling-Forschungsbericht Nr. 51, Universität Stuttgart, Stuttgart 1997

Arnaout, A., Stoi, R. (1997), Stand und Implementierung des Prozeßkostenmanagements und des marktorientierten Zielkostenmanagements in der deutschen Unternehmenspraxis, Controlling-Forschungsbericht Nr. 52 Universität Stuttgart, Stuttgart 1997

Arnold, U. (1995), Beschaffungsmanagement, Stuttgart 1995

Atkinson, A.A., Shaffir, W. (1998), Standards for Field Research in Management Accounting, in: Journal of Management Accounting Research 10 (1998), S. 41-68

Atkinson, A. A., Waterhouse, H. H., Wells, R. B. (1997), A Stakeholder Approach to Strategic Performance Measurement, in: Sloan Management Review 38 (1997) Spring, S. 25-37

Azzone, G., Masella, C., Bertelé, U. (1991), Design of performance measures for time based companies, in: International Journal of Operations & Production Management 11 (1991) 3, S. 77-85

Backhaus, K. (1992), Investitionsgütermarketing – Theorieloses Konzept mit Allgemeingültigkeitsanspruch?, in: zfbf 44 (1992), S. 771-791

Backhaus, K., Erichson, B., Plinke, W. u.a. (1990), Multivariate Analysemethoden: eine anwendungsorientierte Einführung, Berlin u.a. 1990

Balkcom, J.E., Ittner, C.D., Larcker, D.F. (1997), Strategic Performance Measurement: Lessons Learned and Future Directions, in: Journal of Strategic Performance Measurement 1 (1997) 2, S. 22-32

Banker, R.D., Potter, G., Schroeder, R.G. (1993), Reporting manufacturing performance measures to workers: An empirical study, in: Journal of Management Accounting Research 5 (1993) Fall, S. 33-55

Bark, C., Gleich, R., Waller, H. (1997), Performance Measurement – ein Konzept zur rentabilitätsorientierten Bewertung von Arbeitssystemen bei der Mercedes-Benz AG, in: FB/IE 46 (1997) 1, S. 24-31

Bea, F.X. (1997), Entscheidungen des Unternehmens, in: Bea, F.X., Dichtl, E., Schweitzer, M. (Hrsg., 1997), Allgemeine Betriebswirtschaftslehre, Band 1, 7. Aufl., Stuttgart 1997, S. 376-507

Becker, F.G. (1985), Anreizsysteme für Führungskräfte im Strategischen Management, Bergisch Gladbach u.a. 1985

Becker, F.G (1992), Grundlagen betrieblicher Leistungsbeurteilungen: Leistungsverständnis und -prinzip, Beurteilungsproblematik und Verfahrensprobleme, Stuttgart 1992

Becker, F.G. (1997a), Editorial: Anreizsysteme der Zukunft, in: Marktforschung &Management, 41 (1997) 3, S. 94-97

Becker, F.G. (1997b), Erfolgs- und leistungsbezogene strategisch-orientierte Anreizsysteme, in: Marktforschung&Management, 41 (1997) 3, S. 112-119

Becker, W., Benz, K. (1997), Effizienz-Verständnis und Effizienz-Instrumente des Controlling, in: DBW 57 (1997) 5, S. 655-671

Berekoven, L., Eckert, W., Ellenrieder, P. (1996), Marktforschung: methodische Grundlagen und praktische Anwendung, 7. Aufl., Wiesbaden 1996

Beste, T. (1944), Was ist Leistung in der Betriebswirtschaftslehre?, in: ZfHF 38 (1944) 1, S. 1-18

Bhimani, L. (1985), Productivity Management: Planning, Measurement and Evaluation, Control and Improvement, New York u.a. 1985

Biel, A. (1997), Vital Signs, in: controller magazin 22 (1997) 2, S. 61-65

Bierbusse, P., Siesfeld, T. (1997), Measures that Matter, in: Journal of Strategic Performance Measurement 1 (1997) 2, S. 6-11

Biermann, T., Dehr, G. (1998), Wenn Arbeitskollegen zu Kunden werden, in: Harvard Manager 20 (1998) 3, S. 93-99

Bischoff, J. (1994), Das Shareholder Value-Konzept, Darstellung – Probleme – Handhabungsmöglichkeiten, Wiesbaden 1994

Bittlestone, R. (1994), Just how well are we doing, in: Director (1994) July, S. 45-48

Blau, P.M., Schoenherr, R.A. (1971), The Structure of Organizations, New York u.a. 1971

Bleicher, K. (1992), Strategische Anreizsysteme – Flexible Vergütungssysteme für Führungskräfte, Stuttgart 1992

Bleicher, K. (1993), Das Konzept integriertes Management, 2. Aufl., Frankfurt 1993

Bleicher, K. (1996a), Strategische Unternehmensprogramme, in: Eversheim, W., Schuh, G. (Hrsg., 1996), Betriebshütte – Produktion und Management, Teil 1, 7. Aufl., Berlin u.a. 1996, S. 5-1 – 5-9

Bleicher, K. (1996b), Unternehmenspolitik im Spannungsverhältnis von Opportunität und Verpflichtung, Vergangenheit, Gegenwart und Zukunft, in: Eversheim, W., Schuh, G. (Hrsg., 1996), Betriebshütte – Produktion und Management, Teil 1, 7. Aufl., Berlin u.a. 1996, S. 2-10 – 2-17

Bleicher, K. et al. (1992), Das St. Galler Management-Konzept – Integriertes Management, Frankfurt/M. u.a. 1992

Blenkinsop, S., Davis, L. (1991), The road to continious improvement, in: OR Insight 4 (1991) 3, S. 6-23

Bloech, J., Lücke, W. (1997), Fertigungswirtschaft, in: Bea, F.X., Dichtl, E., Schweitzer, M. (Hrsg., 1997), Allgemeine Betriebswirtschaftslehre, Band 3, 7. Aufl., Stuttgart 1997, S. 77-131

Boussofiane, A., Dyson, R. G., Thanassoulis, E. (1991), Applied data envelopment analysis, in: European Journal of Operational Research 52 (1991) 1, S. 1-15

Brokemper, A. (1995), Data Envelopment Analysis, in: Wissenschaftsmanagement 1 (1995) 5, S. 242-243

Boutellier, R., Kobler, R. (1996), Branchenübergreifendes Konzept-Benchmarking: Ausgangspunkt für neue Ideen, in: io Management 65 (1996) 11, S. 29-33

Brady, L.D., Kaplan, R.S. (1993), Implementing the BSC at FMC Corporation, in: HBR 71 (1993) 5, S. 143-147

Brancato, C.K. (1995), New Performance measures – A research report, Report Number 1118-95-RR, New York, The Conference Board

Brimson, J.A., Antos, J. (1998), Activity-Based-Budgeting, New York u.a. 1998

Brockhoff, K. (1974), Produktlebenszyklen, in: Tietz, B. (Hrsg., 1974), Handwörterbuch der Absatzwirtschaft, Stuttgart 1974, Sp. 1763-1770

Brockhoff, K. (1988), Forschung und Entwicklung. Planung und Kontrolle, München u.a. 1988

Brokemper, A. (1998), Strategieorientiertes Kostenmanagement, München 1998

Brokemper, A., Gleich, R. (1996), Gemeinkostenanalyse: Prozeßkostenrechnung und Prozeßbenchmarking, Forschungsheft Forschungsvereinigung Antriebstechnik e.V., Heft 513, Frankfurt 1996

Brokemper, A., Gleich, R. (1998a), Benchmarking von Arbeitsvorbereitungsprozessen in der Maschinenbaubranche, in: krp 42 (1998) 1, S. 16-25

Brokemper, A., Gleich, R. (1998b), Benchmarking als Ausgangsbasis für die Reorganisation indirekter Bereiche, in: Männel, W. (Hrsg., 1998), Kostenrechnung für reorganisierte, schlanke Unternehmen, krp-Sonderheft 1/1998, S. 49-56

Brokemper, A., Gleich, R. (1999), Empirische Analyse von Gemeinkostenprozessen zur Herleitung eines branchenspezifischen Prozeß-(kosten-)modells, in: DBW 59 (1999) 1, S. 76-89

Brosius, G., Brosius, F. (1997), SPSS: base system und professional statistics, Bonn 1998

Brown, D.M., Laverick, S. (1994), Measuring Corporate Performance, in: Long Range Planning 27 (1994) 4, S. 89-98

Brown, M.G. (1994), Is Your Measurement System Well Balanced?, in: Journal for Quality and Participation (1994) October/November, S.6-11

Brunner, J., Sprich, O. (1998), Performance Management und Balanced Scorecard, in: io management (1998) 6, S. 30-36

Buchner, T. (1982), Budgetierung, in: Praxis des Rechnungswesens-Lexikon, Heft 4a vom 15.9.1982, Gruppe 3/37, S. 1-2

Budäus, D. (1996), Controlling in öffentlichen Verwaltungen, in: Scheer, A.-W. (Hrsg., 1996), Rechnungswesen und EDV 1996, Hedelberg 1996, S. 485-498

Budäus, D., Dobler, C. (1977), Theoretische Konzepte von Organisationen, in: Management International Review, 17 (1977), S. 61-75

Bühl, A., Zöffel, P. (1998), SPSS für Windows Version 7.5 – Praxisorientierte Einführung in die moderne Datenanalyse, 4. Aufl., Bonn u.a. 1998

Bühner, R. (1993), Shareholder Value, in: Die Betriebswirtschaft, 53 (1993), S. 749-769

Bühner, R. (1995), Mitarbeiter mit Kennzahlen führen, in: HBM 17 (1995) 3, S. 55-63

Bullinger, H.-J. (1994), Ergonomie – Produkt- und Arbeitsplatzgestaltung, Stuttgart 1994

Bullinger, H.-J. (1995), Arbeitsgestaltung – Personalorientierte Gestaltung marktgerechter Arbeitssysteme, Stuttgart 1995

Burckhardt, W. (1993), Benchmarking: Wettbewerbsorientierte Analyse, Planung und Umsetzung, in: Scheer, A.-W. (Hrsg., 1993), Tagungsband zur Fachtagung EDV und Rechnungswesen, Heidelberg 1993, S. 219-243

Bürgel, H.D., Haller, C., Forschner, M. (1997), Prozeßoptimierung in Forschung und Entwicklung durch Benchmarking, in: Wissenschaftsmanagement 2 (1997) 2, S. 74-81

Bürgel, H.D., Säubert, H. (1998), Die Generierung von Steuerungsgrößen für die Erfolgsmessung von Wissensmanagement, in: io Management (1998) 10, S. 52-57

Burghardt, M. (1995), Einführung in das Projektmanagement: Definition, Planung, Kontrolle, Abschluß, Siemens AG (Hrsg.), München 1995

Burns, T., Stalker, G.M. (1961), The Management of Innovation, London 1961

Bushman, R.M., Indejejikian, R.J., Smith, A. (1996), CEO compensation: The role of individual performance evaluation, in: Journal of Accounting and Economics 21 (1996), S. 161-193

Buzzell, R., Gale B.T. (1989), Das PIMS-Programm, Wiesbaden 1989

Camp. R.C. (1989), Benchmarking: The Search for Industry Best Practices that Lead to superior Performance, Milwaukee, Wisconsin 1989

Camp, R.C. (1992), Learning from the best leads to superior performance, in: Journal of business strategy, 13(1992)3, S. 3-6

Carr, S., Mak, Y.T., Needham, J.E. (1997), Difference in strategy, quality management practices and performance reporting system between ISO accredited and non-ISO accredited companies, in: Management accounting research 8 (1997), S. 383-403

Case, J. (1995), Open Book Management, New York 1995

Centen, P. (1993), Projektmanagement und Unternehemenscontrolling - Ist eine Integration von EIS und PMS sinnvoll?, in: Wolff, U. (Hrsg., 1993), Projektmanagement-Forum´93: Projektmanagement im Strukturwandel Europas, München, 1993, S. 65-75

Cervellini, U., Lamla, J. (1997), Strategisches Kostenmanagement bei der Porsche AG), in: Gleich, R., Seidenschwarz, W. (Hrsg., 1997), Die Kunst des Controlling, Festschrift zum 60. Geburtstag von Prof. Dr. Péter Horváth, München 1997, S. 469-486

Chandler, A.D. (1962), Strategy and Structure - Chapters in the History of Industrial Enterprise, Cambridge, Mass./London 1962

Charnes, A., Cooper, W.W., Rhodes, E. (1978), Measuring the Efficiency of Decision Making Units, in: European Journal of Operations Research, Heft 2 (1978), S. 429-444

Chenhall, R.H. (1997), Reliance on manufacturing performance measures, total quality management and organizational performance, in: Management Accounting Research 8 (1997) 2, S. 187-206

Coase, R.H. (1937), The Nature of the Firm, in: Economica (1937), S. 386-405

Coenenberg, A.G., Baum, H.-G. (1987), Strategisches Controlling - Grundfragen der strategischen Planung und Kontrolle, Stuttgart 1987

Coenenberg, A.G., Fischer, T. (1991), Prozeßkostenrechnung - Strategische Neuorientierung in der Kostenrechnung, in: DBW 51 (1991) 1, S. 21-38

Coenenberg, A.G., Günther, E. (1993), Cash Flow, in: Chmielewicz, K, Schweitzer, M. (Hrsg., 1993), Handwörterbuch des Rechnungswesens, 3. Aufl., Stuttgart 1993, Sp. 301-311

Cornell, B., Shapiro, A.C. (1987), Corporate Stakeholders and Corporate policy, in: Financial Management 16 (1987), S. 5-14

Corsten, H. (1996), Grundlagen des Prozeßmanagement, in: WISU 25 (1996) 12, S. 1089-1095

Corsten, H. (1998), Von generischen zu hybriden Wettbewerbsstrategien, in: WISU 27 (1998) 12, S. 1434-1440

Coyle, R.G. (1996), System Dynamics Modelling. A Practical Approach, London u.a. 1996

Dallmer, H. (1991), System des Direct Marketing – Entwicklung und Zukunftsperspektiven, in: Dallmer, H. (Hrsg., 1991), Handbuch Direct Marketing, 6. Aufl., Wiesbaden 1991, S. 3-16

Dambrowski, J. (1986), Budgetierungssysteme in der deutschen Unternehmenspraxis, Darmstadt 1986

Dambrowski, J., Hieber, W.L. (1997), Activity Based Budgeting (ABB) – Effizienzsteigerung in der Budgetierung, in: Gleich, R., Seidenschwarz, W. (Hrsg., 1997), Die Kunst des Controlling, München 1997, S. 293-312

Daniel, S.J., Reitsperger, W.D. (1991), Linking quality strategy with management control system,: Empirical evidence from Japanese industry, in: Accounting, Organization and Society 16 (1991) 7, S. 601-618

Dess, G., Robinson, R. (1984), Measuring Organizational Performance in the Absence of Objective Measures: The Case of the Privately-held Firm and Conglomerate Business Unit, Strategic Management Journal (1984) 5, S. 265-273

Deyhle, A. (1988), Marketing-Controlling - Das Denken vom Kunden her, in: Controller Magazin 13 (1988) 1, S. 15-20

Deyhle, A. (1988), Marketing-Controlling - Das Denken vom Kunden her, in: Controller Magazin 13 (1988) 1, S. 15-20

Deyhle, A., Günther, C. (1997), „How to train a Controller", in: Gleich, R., Seidenschwarz, W. (1997), Die Kunst des Controlling, Festschrift zum 60. Geburtstag von Prof. Dr. Péter Horváth, München 1997, S. 407-419

Dhavale, D.G. (1996), Problems with Exisiting Manufacturing Performance Measures, in: Journal of Cost Management 9 (1996) 4, S. 50-55

DIN 69901 (1987), DIN 69901, Projektmanagement – Begriffe, Berlin 1987

Dittmar, J. (1997), Entwicklungstrends im Controlling 1996, in: Horváth, P. et al. (Hrsg., 1997), Jahrbuch Controlling 1997, Düsseldorf 1997, S. 133-139

Dobija, M. (1999), Cost of Human and Intellectual Capital, Working Paper, 22nd Annual Congress of the European Accounting Association, May 1999, Bordeaux

Drucker, P. (1973), Management-Tasks Responsibilities, Practices, New York 1973

Drucker, P. (1986), Innovation and Entrepreneurship - Practices and Principles, New York 1986

Drucker, P. (1993), Managing for results, New York 1993

Duncan, R.B. (1972), Charakteristics of Organizational Enviroments and Perceived Environmental Uncertainty, in: Administrative Science Quarterly 17 (1972) 3, S. 313-327

Eaton, T.V., Trebby, J.P. (1999), The Financial, Tax, and Behavioral Imlpications of Stock-Based Employee Compensation, in: Journal of Strategic Performance Measurement 3 (1999) 2, S. 20-24

Eccles, R. G. (1991), The Performance Measurement Manifesto, in: Harvard Business Review, 70 (1991)1, S. 131-137

Eccles, R.G., Pyburn, P.J. (1992), Creating a Comprehensive Systeme to Measure Performance, in: Management Accounting (UK) (1992) October, S. 41-44

Eckel, L., Fisher, K., Russell, G. (1992), Environmental Performance Measurement, in: CMA - The Management Accounting Magazine 66 (1992) March, S. 17-23

Eichen, S.P.; Swinford, D.N. (1997), Performance Measurement and Incentive Compensation, in: Journal of Strategic Performance Measurement, 1, 1997, 3, S. 28-33

Eisenhardt, K.M. (1989), Agency Theory: An Assessment ans Review, in: Academy of ManagementReview, 14 (1989), S. 57-74

Elias, H.J., Gottschalk, B., Staehle, W.H. (1985), Gestaltung und Bewertung von Arbeitssystemen, Frankfurt, New York 1985

Engelhardt, W. (1966), Grundprobleme der Leistungslehre, dargestellt am Beispiel der Warenhandelsbetriebe, in: zfbf 18 (1966), S. 159 (S. 158-178)

Epstein, M.J.; Manzoni, J.-F. (1997), The Balanced Scorecard and Tableau de Bord - Translating Strategy Into Action, in: Management Accounting, 79, 1997, 8, S. 28-36

Epstein, M.J., Manzoni, J.F. (1998), Implementing corporate strategy: From „Tableu des Board" to Balanced Scorecard, in: European Management Journal (1998) April, S. 190-203

Ernst, F. (1994), Einführung von Gruppenarbeit in der Automobilindustrie aus systematischer Sicht, in: Organisationsentwicklung 13 (1994), S. 58-71

Eschenbach, R. (1996a), Controllerleistung messen, steigern, besser vermarkten, Wien 1996

Eschenbach, R. (1996b), Neue Entwicklungen in der Kosten- und Leistungsrechnung, in: Eversheim, W., Schuh, G. (Hrsg., 1996), Betriebshütte – Produktion und Management, 7. Aufl., Berlin u.a. 1996, S. 8-23 – 8-28

Eschenbach, R. (1997), Strategisches Controlling, in: Gleich, R., Seidenschwarz, W. (Hrsg., 1997), Die Kunst des Controlling, Prof. Dr. Péter Horváth zum 60. Geburtstag, München 1997, S. 93-113

Eschenbach, R., Kunesch, H. (1994), Strategische Konzepte, Stuttgart 1994

European Foundation for Quality Management (EFQM), Selbstbewertung, EFQM, Brüssel 1996

Evans, H., Ashworth, G., Gooch, J., Davies, R. (1996), Who need´s performance management, in: Management Accounting (UK) (1996) 12, S. 20-25
Everitt, B. S., The analysis of contingency tables, London 1977
Everling, O. (1989), Credit Rating, in: WISU 18 (1989) 12, S. 673-676
Everling, O. (1995), Rating, in: Gerke, W., Steiner, M. (Hrsg., 1995), Handwörterbuch des Finanz- und Rechnungswesens, 2. Aufl., Stuttgart 1995, Sp. 1603-1609
Eversheim, W. et al. (1996), Aufgaben der Arbeitsplanung und Prozeßplanung, in: Eversheim, W., Schuh, G. (1996), Betriebshütte Produktion und Management, Teil 1, Berlin 1996, S. 7-73 - 7-89
Fahrwinkel, U. (1995), Methode zur Modellierung und Analyse von Geschäftsprozessen zur Unterstützung des Business Process Reengineering, Paderborn 1995
Fessmann, K.-D. (1980), Organisatorische Effizienz in Unternehmungen und Unternehmungsteilbereichen, Düsseldorf 1980
Fickert, R. (1993), Management Accounting - quo vadis?, in: Die Unternehmung 47 (1993) 3, S. 203-224
Fickert, R., Anger, C. (1998), Accounting – Servicefunktion der Unternehmensführung, in: io Management 67 (1998) 3, S. 54-61
Fischer, T.M. (1993a), Life-Cycle-Costing, in: DBW 53 (1993) 2, S. 277-278
Fischer, T.M. (1993b), Variantelvielfalt und Komplexität als betriebliche Kostenbestimmungsfaktoren, in: krp – kostenrechnungspraxis 37 (1993) 1, S. 27-31
Fischer, T.M. (1996), Produktionscontrolling im „magischen Dreieck„, in: Eversheim, W., Schuh, G. (Hrsg., 1996), Betriebshütte – Produktion und Management, Teil 1, 7. Aufl., Berlin u.a. 1996, S. 8-46 – 8-54
Fischer, T.R. (1993), Umsatzkostenverfahren, in: Chmielewicz, K, Schweitzer, M. (Hrsg., 1993), Handwörterbuch des Rechnungswesens, 3. Aufl., Stuttgart 1993, Sp. 1927-1935
Fisher, J. (1992), Use of Nonfinancial Performance Measures, in: Journal of Cost Management 6 (1992) Spring, S. 31-38
Fitz-Enz, J. (1997), Measuring Team Effectiveness, in: Human Ressource Focus 74 (1997) 8, S. 3
Fitzgerald, L., Johnston, R., Brignall, St., Silvestro, R., Voss, Ch. (1991), Performance Measurement in Service Business, Cambridge 1991
Fitzgerald, L., Moon, P. (1996), Performance Measurement in Service Industries: Making it Work, London 1996
Flamholtz, E.G. (1985), Human Resource Accounting, San Francisco 1985
Flamholtz, E.G. (1996), Effective Organizational Control: A Framework, Applications and Implications, in: European Management Journal 14 (1996) 6, S. 596-611
Forrester, J.W. (1961), Industrial Dynamics, Cambridge Mass. 1961

Forson, A. (1997), Performance Measurement 2000: The Growth of Real-Time Reporting, in: Journal of Strategic Performance Measurement 1 (1997) 6, S. 22-29

Foster, G., Gupta, M. (1997), The customer porfitability implications of customer satisfaction, Working Paper, Stanford University und Washington University

Foster, G., Young, M. (1997), Frontiers of Management Accounting Research, in: Journal of Management Accounting Research 9 (1997), S. 63-77

Franz, K.-P., Kajüter, P. (Hrsg., 1996), Kostenmanagement - Wettbewerbsvorteile durch systematische Kostensteuerung, USW-Schriften für Führungskräfte, Stuttgart 1996

Freedman, W. (1996), Measuring Performance Metrics, in: Chemical Week 158 (1996) 38, S. 31-33

Freeman, K., Berardocco, S., Thomas, D., Thomson, K., Zmatlo M., (1995), The Edmonton Telephone Experience, in: CMA – The Management Accounting Magazine 69 (1995), S. 36-37

Freeman, R.E. (1983), Strategic Management: A Stakeholder Approach, in: Advances in Strategic Management (1983) 1, S. 30-61

French, W.L., Bell, C.H. (1984), Organization Development: Behavioural Science Inventions for Organization Improvement, 3rd ed., Englewood Cliffs, New York 1984

Frese, E. (1996), Organisationsstrukturen und Managementsysteme – Rahmenstruktur des Gesamtsystemes, in: Eversheim, W., Schuh, G. (Hrsg., 1996), Betriebshütte – Produktion und Management, 7. Aufl., Berlin u.a. 1996, S. 3-12 – 3-27

Fries, S. (1994), Neuorientierung der Qualitätskostenrechnung in prozessorientierten TQM-Unternehmen. Entwurf eines ganzheitlichen Entwicklungsprozesses zur Auswahl von Prozeßmeßgrößen, Diss. Hochschule St. Gallen 1994

Fries, S., Seghezzi, H. D. (1994), Entwicklung von Meßgrößen für Geschäftsprozesse, in Controlling 6 (1994) 6, S. 338-345

Fritsch, M. (1997), Performance Management - der Mensch als Erfolgsfaktor, in: Marketing & Management (1997) 2, S. 48-54

Fritz, W. (1992), Marktorientierte Unternehmensführung und Unternehmenserfolg, Stuttgart 1992

Fröhling, O., Spilker, D. (1990), Life Cycle Costing, in: io Management 59 (1990) 10, S. 74-78

Gaiser, B. (1991), Bewältigung der Schnittstelle zwischen F&E und Marketing durch entscheidungsorientierte Informationen, in: Horváth, P. (Hrsg., 1991), Synergien durch Schnittstellencontrolling, Stuttgart 1991, S. 123-143

Gaitanides, M. (1983), Prozeßorganisation - Entwicklung, Ansätze und Programme prozeßorientierter Organisationsgestaltung, München 1983

Gaitanides, M. (1992), Ablauforganisation,in: Frese, E. (Hrsg., 1992), Handwörterbuch der Organisation, 3. Aufl. 1992, Sp. 1-18

Gaitanides, M., Scholz, M., Vrohlings, A. (1994), Prozeßmanagement – Grundlagen und Zielsetzungen, in: Gaitanides, M., Scholz, R., Vrohlings, A., Raster, M. (Hrsg., 1994), Prozeßmanagement – Konzepte, Umsetzungen und Erfahrungen des Reengineering, München u.a. 1994, S. 1-19

Gälweiler, A. (1986), Unternehmensplanung, Frankfurt 1986

Gälweiler, A. (1990), Strategische Unternehmensführung, Frankfurt 1990

Galgenmüller, F., Gleich, R., Pfohl, M. (1999), Die Leistung im Controlling steigern: Anwendungserfahrungen mit einem Performance Measurement-Konzept einer Logistikcontrollingeinheit der DaimlerChrysler AG, in: Controlling 11 (1999) 11, S. 535-541

Galgenmüller, F., Gleich, R., Pfohl, M. (2000), Das Controlling muß sich messen lassen – Anwendungserfahrungen mit einem Performance Measurement-Konzept einer Logistikcontrollingeinheit, in: ZfAW 3 (2000) 1, S. 14-22

Gedenk, K. (1998), Agency-Theorie und die Steuerung von Geschäftsführern, in: DBW 58 (1998) 1, S. 22-37

Gehring, U.W., Weins, C. (1998), Grundkurs Statistik für Politologen, Opladen 1998

Geiß, W. (1986), Betriebswirtschaftliche Kennzahlen: theoretische Grundlagen einer problemorientierten Kennzahlenanwendung, Frankfurt/M. u.a. 1986

Giese, R. (1998), Die Prüfung des Risikomanagements einer Unternehmung durch den Abschlußprüfer gemäß KonTraG, in: WPg (1998) 10, S. 451-454

Gleich, R. (1996a), Target Costing in der montierenden Industrie, München 1996

Gleich, R. (1996b), Ausbildungsstand, Anforderungsprofil und Aufgaben von Controllern, in: Horváth, P. u.a. (Hrsg., 1996), Jahrbuch Controlling 1996, Düsseldorf 1996, S. 4-8

Gleich, R. (1997a), Stichwort Performance Measurement, in: DBW 57 (1997) 1, S. 114-117

Gleich, R. (1997b), Performance Measurement im Controlling, in: Gleich, R., Seidenschwarz, W. (Hrsg., 1997), Die Kunst des Controlling - Festschrift zum 60. Geburtstag von Prof. Dr. P. Horváth, Stuttgart 1997, S. 343-365

Gleich, R. (1997c), Stichwort Balanced Scorecard, in: DBW 57 (1997) 3, S. 432-435

Gleich, R. (1998a), Das System des Performance Measurement - theoretisches Grundkonzept, Entwicklungs- und Anwendungsstand, Forschungsbericht Nr. 53, Betriebswirtschaftliches Institut, Lehrstuhl Controlling der Universität Stuttgart, Stuttgart 1998

Gleich, R. (1998b), Target Costing für die Antriebstechnikbranche, in: Antriebstechnik 37 (1998) 12, S. 57-62

Gleich, R., Brokemper, A. (1997a), Gemeinkostenanalyse und Prozeßkostenrechnung in der Antriebstechnikbranche, in: antriebstechnik 36 (1997) 2, S. 57-61

Gleich, R., Brokemper, A., (1997b), In vier Phasen zum Benchmarkingerfolg - dargestellt an einem Beispiel aus dem Maschinenbau, in: *Horváth, P.* (Hrsg., 1997), Das neue System des Controllers, Stuttgart 1997, S. 201-231

Gleich, R., Brokemper, A. (1998a), Kunden- und Marktorientierung im Controllerbereich schaffen – 7 Schritte zur kontinuierlichen Leistungsplanung und –steuerung, in: Controller Magazin 23 (1998) 2, S. 148-156

Gleich, R., Brokemper, A. (1998b), Prozeßbenchmarking und Prozeßkostenrechnung im Maschinenbau in: Controlling Berater (1998), Heft 2, S. 59-88

Gleich, R., Haindl, M. (1996), Einführung eines Performance Measurement-Konzeptes im Controlling der Deutschen Shell AG, in: Controlling 8 (1996) 4, S. 262-271

Gleich, R., Schimpf, T. (1999), Prozeßorientiertes Performance Measurement, in: ZWF 94 (1999) 7-8, S. 414-419

Grady, M. W. (1991), Performance Measurement: Implementing Strategy, in: Management Accounting 69 (1991) June, S. 49-53

Graßhoff, U., Schwalbach, J. (1999), Agency-Theorie, Informationskosten und Managervergütung, in: zfbf 51 (1999) 5, S. 437-453

Gray, J.; Pesqueux, Y. (1993), Evolutions actueles des systèmes de tableau de bord - Comparaison des pratiques de quelques multinationales américaines et francaises, in: Revue Francaise de Comptabilité, o. Jg., 1993, 10, S. 61-70

Grochla, E. (1972), Unternehmensorganisation, Neue Ansätze und Konzeptionen, Reinbek 1972

Grochla, E. (1978), Einführung in die Organisationstheorie, Stuttgart 1978

Guerny, J.; Guiriec, J.C.; Lavergne, J. (1990), Principes et mise en place du tableau de bord de gestion, 6. Aufl., Paris 1990

Guldin, A. (1997), Kundenorientierte Unternehmenssteuerung durch die Balanced Scorecard, in: Horváth, P. (Hrsg., 1997), Das neue Steuerungssystem des Controllers, Stuttgart 1997, S. 289-302

Guldin, A. (1998), Everybody's Darling or Nobody's Friend – Ausrichtung des Controllings in internehmensinternen Spannungsfeldern, in:Horváth, P. (Hrsg., 1998), Innovative Controlling-Tools und Konzepte von Spitzenunternehmen, Stuttgart 1998, S. 69-81

Günther, T. (1991), Erfolg durch strategisches Controlling?, München 1991

Günther, T. (1997), Unternehmenswertorientiertes Controlling, München 1997

Gutenberg, E. (1983), Grundlagen der Betriebswirtschaftslehre, 1. Bd.: Die Produktion, 24. Aufl., Berlin 1983

Gutschelhofer, A., Königsmaier, H. (1999), The Need for and the Possibilities of Human Resource Accounting (HRA) in Austria: some empirical evidence, in: EAA (Hrsg., 1999), Collected abstracts of the 22nd annual conference of the European Accounting Association, Bordeaux, 5.-7. Mai 1999, S. 339

Haberstock, L. (1987), Kurzfristige Erfolgsrechnung, in: Dichtl, E., Issing, O. (Hrsg., 1987), Vahlens Großes Wirtschaftslexikon, Band 3, München 1987, S. 1123-1125

Hahn, D. (1978), Hat sich das Konzept des Controllers in Unternehmungen der deutschen Industrie bewährt?, in: BFUP 30 (1978), S. 101-128

Hahn, D. (1991), Strategische Führung und strategisches Controlling, in: Horváth, P., Gassert, H., Solaro, D. (Hrsg., 1991), Controllingkonzeptionen für die Zukunft, Stuttgart 1991, S. 1-27

Hahn, D. (1996a), PuK - Controllingkonzepte, 5. Auflage, Wiesbaden 1996

Hahn, D. (1996b), Planungs- und Kontrollsysteme, in: Eversheim, W., Schuh, G. (Hrsg., 1996), Die Betriebshütte, 7. Aufl., Teil 1, Berlin u.a. 1996, S. 3-42 – 3-93

Hahn, D. (1996c), Gestaltung strategischer Programme, in: Eversheim, W., Schuh, G. (Hrsg., 1996), Betriebshütte – Produktion und Management, Teil 1, 7. Aufl., Berlin u.a. 1996, S. 5-9 – 5-27

Hahn, D. (1997), Controlling in Deutschland - State of the Art, in: Gleich, R., Seidenschwarz, W. (1997), Die Kunst des Controlling, Festschrift zum 60. Geburtstag von Prof. Dr. Péter Horváth, München 1997, S. 13-46

Hahn, D., Kaufmann, L (1998), Maschinenstundensatzrechnung und Prozeßkostenrechnung – Grundzüge und vergleichende Würdigung, in: Becker, W., Weber, J. (Hrsg., 1998), Kostenrechnung – Stand und Entwicklungsperspektiven, Wiesbaden 1998, S. 219-234

Hahn, D., Laßmann (1993a), Produktionswirtschaft – Controlling industrieller Produktion, Band 3, erster Teilband Personal/Anlagen, Heidelberg 1993

Hahn, D., Laßmann (1993b), Produktionswirtschaft – Controlling industrieller Produktion, Band 3, zweiter Teilband Informationssystem, Heidelberg 1993

Hahn, D., Oppenländer, K.H., Scholz, L. (1997), Stand und Entwicklungstendenzen der strategischen Unternehmensplanung in der Bundesrepublik Deutschland - Erste Ergebnisse eines empirischen Forschungsprojektes, in: Hahn, D., Taylor, B., Strategische Unternehmesplanung - strategische Unternehmensführung: Stand und Entwicklunstendenzen, 7. Aufl., Heidelberg 1997

Haine, S.F. (1999), Measuring the Mission: using a Scorecard Approach in not-for-profit Organizations, in: Journal of Strategic Performance Measurement 3 (1999) 2, S. 13-19

Haller, A. (1997), Herausforderungen an das Controlling durch die Internationalisierung der externen Rechnungslegung, in: Horváth, P. (Hrsg., 1997), Das neue Steuerungsystem des Controllers, Stuttgart 1997, S. 113-131

Hammer, M. Champy, J. (1993), Reengineering the Corporation, London 1993
Hammer, M., Champy, J. (1994), Business Reengineering, Frankfurt 1994
Hammer, R.M. (1982), Unternehmungsplanung, München u.a. 1982
Harris, D. (1998), Strategic Management Accounting, London 1998
Hauer, G. (1995), Ziele und Instrumente des betrieblichen Rechnungswesens in der Praxis, in: krp 39 (1995) 4, S. 207-213
Hax, A., Majluf, N. (1988), Strategisches Management: Ein integratives Konzept aus dem M.I.T., Frankfurt, New York 1988
Hazell, M., Morrow, M. (1992), Performance measurement and benchmarking, in: Management Accounting 70 (1992) December, S. 44-45
Hedley, B. (1977), Strategy and the „Business Portfolio„, in: Long Range Planning, 10 (1977) 1, S. 9-17
Heimes, S. (1995), Measuring Performance - Setting and Charting the Right Goals, in: Incentive (1995) 5, S. 72-78
Heinen, E. (1971), Grundlagen betriebswirtschaftlicher entscheidungen - Das Zielsystem der Unternehmung, 2. Aufl., Wiesbaden 1971
Heinen, E. (1991), Industriebetriebslehre als entscheidungsorientierte Unternehmensführung, in: Heinen, E. (Hrsg., 1991), Industriebetriebslehre, 9. Aufl., Wiesbaden 1991, S. 1-71
Henderson, B. A. (1974), Die Erfahrungskurve in der Unternehmensstrategie, Frankfurt 1974
Hendricks, J.A. (1994), Performance Measures for a JIT Manufacturer: The Role of IE, in: Industrial Engineering (1994) January, S. 26-29
Hendricks, J.A., Defreitas, D.G., Walker, D.K. (1996), Changing Performance Measurement at Caterpillar, in: Management Accounting (1996) 12, S. 18-24
Henzel, F. (1967), Kosten und Leistung, Essen 1967, S. 43
Hess, T., Brecht, L. (1996), State of the Art des Business Process Redesign, Darstellung und Vergleich bestehender Methoden, 2. Aufl., Wiesbaden 1996
Hill, W. (1996), Der Shareholder Value und die Stakeholder, in: Die Unternehmung 50 (1996) 6, S. 411-420
Hill, W., Fehlbaum, R., Ulrich, P. (1981), Organisationslehre. Ziele, Instrumente und Bedingungen der Organisation sozialer Systeme, 2 Bände, 3. Aufl., Bern, Stuttgart 1981
Hinterhuber, H.H. (1994), Paradigmenwechsel: Vom Denken in Funktionen zum Denken in Prozessen, in: Journal für Betriebswirtschaft (1994) 2, S. 58-75
Hinterhuber, H.H. (1996), Strategische Unternehmensführung, Band 1 und 2, 6. Aufl., Berlin, New York 1996
Hiromoto, T. (1988), Another hidden edge: Japanese management accounting, in: Harvard Business Review, (1988) July-Aug., S. 22 ff.

Hirschbach, O., Mayer, Ch. (1994), Auf die Mitarbeiter kommt es an, in: Maier-Mannhard, H. (Hrsg., 1994), Lean-Management: Unternehmen im Umbruch, München 1994, S. 25-31

Hofer, Ch.W., Schedel, D. (1978), Strategy Formulation - Analytical Concepts, St. Paul 1978

Hoffmann, F. (1980), Führungsorganisation, Bd. 1, Stand der Forschung und Konzeption, Tübingen 1980

Hoffmann, F. (1992), Aufbauorganisation, in: Frese, E. (Hrsg., 1992), Handwörterbuch der Organisation, 3. Aufl. 1992, Sp. 208-221

Hoffmann, W. H. (1997), Controlling des Qualitätsmanagement - Qualitätsmanagement im Controlling, in: krp 41 (1997) 3, S. 143-150

Hofstede, G.H. (1968), The Game of Budget Control, Tavistock 1968

Holst, J. (1991), Prozeß-Management im Verwaltungsbereich der IBM Deutschland GmbH, in: IFUA Horváth & Partner GmbH (Hrsg., 1991), Prozeßkostenmanagement, München 1991, S. 271-289

Holzmüller, B. (1996), Erfahrungen des internen Marktes: marktorientiertes Controlling bei Hewlett Packard, Vortragsunterlagen 10. Stuttgarter Controller-Forum der Horváth & Partner GmbH, Stuttgart 1996

Homburg, C. (1994a), Die Botschaften der amerikanischen Sieger, in: Beschaffung aktuell (1994) 7, S. 35-37

Homburg, C. (1994b), Kundenorientiertes Qualitätsmanagement in den USA, in: io Management Zeitschrift 63 (1994) 6, S. 24-27

Homburg, C. (1995), Kundennähe von Industriegüterunternehmen - Konzeption - Erfolgsauswirkungen - Determinanten, Wiesbaden 1995

Homburg, C., Daum, D. (1997), Marktorientiertes Kostenmanagement – Kosteneffizienz und Kundennähe verinden. Frankfurt a.M. 1997

Homburg, C., Rudolph, B. (1997), Theoretische Perspektiven zur Kundenzufriedenheit, in: Simon, H., Homburg, C. (Hrsg., 1997), Kundenzufriedenheit, Konzepte – Methoden – Erfahrungen, Wiesbaden 1997, S. 31-51

Homburg, C., Werner, H. (1996a), Ein Meßsystem für Kundenzufriedenheit, in: Absatzwirtschaft (1996) 11, S. 92-100

Homburg, C., Werner, H. (1996b), Kundenzufriedenheit als Herausforderung für Management und Controlling, in: Horváth, P. (Hrsg., 1996), Controlling des Strukturwandels, Stuttgart 1996, S. 151-176

Homburg, C., Werner, H. (1997), Kennzahlengestütztes Benchmarking im Beschaffungsbereich: Konzeptionelle Aspekte und empirische Befunde, in: DBW 57 (1997) 1, S. 48-64

Hopt, K., Kanda, H., Roe, M.J., Wymeersch, E., Prigge, S. (1998), Comparative Corporate Governance: The State of the Art and Emerging Research, Oxford 1998

Hoque, Z., Alam, M. (1997), Competition, new manufacturing practices, changes in MAS and managerial choice of balanced scorecard approach to performance measures: an empirical invetigation, Working Paper

Hornung, K., Reichmann, T., Diederichs, M. (1999), Risikomanagement, Teil 1: Konzeptionelle Ansätze zur pragmatischen Realisierung gesetzlicher Anforderungen, in: Controlling 11 (1999) 7, S. 317-325

Horstmann, W. (1999), Der Balanced Scorecard-Ansatz als Instrument der Umsetzung von Unternehmensstrategien, in: Controlling 11 (1999) 4-5, S. 193-199

Horváth, P. (1991), Controlling, 4. Aufl., München 1991

Horváth, P. (Hrsg., 1992a), Effektives und schlankes Controlling, Stuttgart 1992

Horváth, P. (1992b), Effektives und schlankes Controllling - Herausforderung an den Controller, in: Horváth, P. (Hrsg., 1992), Effektives und schlankes Controlling, Stuttgart 1992, S. 1-10

Horváth, P. (1994a), Controlling, 5. Aufl., München 1994

Horváth, P. (1994b), Zurück zur Basis – was Reengineering den Controller lehrt, in: Horváth, P. (Hrsg., 1994), Kunden und Prozesse im Fokus – Controlling und Reengineering, Stuttgart 1994, S. 1-7

Horváth, P. (Hrsg., 1994c), Kunden und Prozesse im Fokus, Stuttgart 1994

Horváth, P. (1995a), Thesen zur Neuorientierung des Controlling, in: Horváth, P. (Hrsg., 1995), Controllingprozesse optimieren, Stuttgart 1995, S. 1-4

Horváth, P. (Hrsg., 1995b), Controllingprozesse optimieren, Stuttgart 1995

Horváth, P. (1996a), Controlling, 6. Aufl., München 1996

Horváth, P. (1996b), Überlebt der Controller den Strukturwandel, in: Handelsblatt 1996, Nr. 163, S. K1

Horváth, P. (1998), Neuere Entwicklung im Controlling, in: Lachnit, L., Lange, C., Palloks, M. (Hrsg., 1998), Zukunftsfähiges Controlling, München 1998, S. 1-18

Horváth, P., Arnaout, A., Gleich, R., Seidenschwarz, W., Stoi, R. (1999), Neue Instrumente in der deutschen Unternehmenspraxis – Bericht über die Stuttgarter Studie, in: Egger, A., Grün, O., Moser, R. (Hrsg., 1999), Managementinstrumente und –konzepte, Entstehung, Verbreitung und Bedeutung für die Betriebswirtschafts-lehre, Stuttgart 1999, S. 289-328

Horváth, P., Dambrowski, J., Jung, H., Posselt, S. (1985), Budgetierung im Planungs- und Kontrollsystem, in: DBW 43 (1985), S. 138-155

Horváth, P., Gentner, A. (1992), Integrative Controllingsysteme, in: zfbf Sonderheft 30/1992, S. 150-169

Horváth, P., Gleich, R. (1998), Prozeß-Benchmarking in der Maschinenbaubranche, in: ZWF 93 (1998) 7-8, S. 325-329

Horváth, P., Gleich, R. , Scholl, K. (1996), Vergleichende Betrachtung der bekanntesten Kalkulationsmethoden für das kostengünstige Konstruieren, in: Männel, W. (Hrsg., 1996), Frühzeitiges Kostenmanagement – Kalkulationsmethoden und DV-Unterstützung, krp-Sonderheft 1/1996, S. 53-62

Horváth, P., Herter, R. (1992), Benchmarking - Vergleich mit den Besten der Besten, in: Controlling 4 (1992) 1, S. 4-11

Horváth, P., Kieninger, M., Mayer, R., Schimank, C. (1993), Prozeßkostenrechnung – oder wie die Praxis die Theorie überholt, in: DBW 53 (1993) 5, S. 609-628

Horváth, P., Lamla, J. (1995), Cost Benchmarking und Kaizen Costing, in: Reichmann, T. (Hrsg., 1995), Hanbuch Kosten- und Erfolgscontrolling, München 1995, S. 63-88

Horváth, P., Mayer, R. (1989), Prozeßkostenrechnung – Der neue Weg zu mehr Kostentransparenz und wirkungsvolleren Unternehmensstrategien, in: Controlling 1 (1989) 4, S. 214-219

Horváth, P., Mayer, R. (1993), Prozeßkostenrechnung – Konzeption und Entwicklungen, in: Männel, W. (Hrsg., 1993), krp-Sonderheft 2/1993 37 (1993), S. 15-28

Horváth, P., Mayer, R. (1995), Prozeßkostenrechnung – Konzeption und Entwicklungen, in: Männel, W. (Hrsg., 1995), Prozeßkostenrechnung; Bedeutung-Methoden-Branchenerfahrungen-Softwarelösungen, Wiesbaden 1995, S. 59-86

Horváth, P., Niemand, S., Wolbold, M. (1993), Target Costing – State of the Art, in: Horváth, P. (Hrsg., 1993), Target Costing, Stuttgart 1993, S. 1-27

Horváth, P., Renner, A. (1990), Prozeßkostenrechnung – Konzept, Realisierungsschritte und erste Erfahrungen, in: FB/IE 39 (1990) 3, S. 100-107

Horváth, P., Scholl, K. (1996), Bewertungsinstrumente des Produktionscontrolling, in: Eversheim, W., Schuh, G. (Hrsg., 1996), Die Betriebshütte Produktion und Management, 7. Aufl., Berlin u.a., S. 18-64 – 18-87

House, C.H., Price, R.L. (1991), The Return Map: Tracking Production Teams, in: Harvard Business Review, 69 (1991) 1-2, S. 92-101

Hribar, P., Lindsay, R.M., Loustel, A.R. (1997), Weyerhaeuser's Integrated Performance Measurement, in: Journal of Cost Management (1997) May/June, S. 36-40

Hronec, S. (1996), Vital Signs – Indikatoren für die Optimierung der Leistungsfähigkeit Ihres Unternehmens, Stuttgart 1996

Hungenberg, H. (1993), Optimierung von operativen Planungssystemen, in: Zeitschrift für Planung, 4 (1993) 3, S. 233-248

Hüttemann, H.H. (1992), Personalistische Anpassungshemmnisse in schrumpfenden Unternehmen, Diss., Dortmund 1992

Hum, S.-H., Sim, H.-H. (1996), Time-based competition: literature review and implications for modelling, in: International Journal of Operations & Production Management 16 (1996) 1, S. 75-90

Ibach, M. (1997), Wettbewerbsfit auch im Finanzen und Controlling, in: TreasuryLog o.J. (1997) 3, S. 4-6

Imai, M. (1986), Kaizen, New York u.a. 1986

Interessengemeinschaft Controlling (jetzt: International Group of Controlling) (1996), Neue Formulierung Controller Leitbild, in: Controller Magazin 21 (1996) 3, S. 133

Ittner, C.D., Larcker, D.F. (1995), Total quality management and the choice of information and reward system, in: Journal of Accounting Research 33 (1995) Supplement, S. 1-34

Ittner, C.D., Larcker, D.F. (1997), Quality strategy, strategic control systems and organizational performance, in: Accounting, organization and society 22 (1997) 3-4, S. 293-314

Ittner, C.D., Larcker, D.F. (1998), Innovations in Performance Measurement: Trends and Research Implications, in: Journal of Management Accounting Reasearch, 10 (1998), S. 205-238

Ittner, C.D., Larcker, D.F., Rajan, M.V. (1997), The choice of performance measures in annual bonus contracts, in: The Accounting Review 72 (1997) April, S. 231-255

Janz, B.D., Wetherbe, J.C. (1998), Enhancing Organizational Learning through Engaging Performance Measures, in: Journal of Strategic Performance Measurement 2 (1998) 3, S. 41-47

Jensen, M.C., Meckling, W.H. (1976), Theory of the Firm: Managerial Behaviour, Agency Costs and Ownership Structure, in: Journal of Financial Economics (1976), S. 305-360

Johanson, H.J., McHugh, P., Penlebury, A.J., Wheeler, W.A. (1993), Business Process Reegineering, Chichester 1993

Johnson, H.T. (1998), Using Performance Measurement to Improve Results: A Life-System Perspective, in: International Journal of Strategic Cost Management, Summer 1998, S. 1-6

Jorissen, A., Laveren, E., Devinck, S., Vanstraelen, A. (1997), Planning and Control: are these necessary tools for success? - Empirical results of survey and case research on small and medium-sized enterprises compared with empirical research on large enterprises, working paper, UFSIA - University of Antwerp, Antwerpen 1997

Jung, H. (1985), Die Integration der Budgetierung in das System unternehmerischer Planung und Kontrolle, Darmstadt 1985

Kah, A. (1994), Profitcenter-Steuerung, Ein Beitrag zur theoretischen Fundierung des Controlling anhand des Principle-Agent-Ansatzes, Stuttgart 1994

Kaneko, H., Fukuda, H., Hagino, M., Iwasaki, I. u.a. (1990), International Comparison of Performance Measurement Accounting, The 1987 JAA Study Report, Japan Accounting Association, Tokio/Japan 1990

Kantzenbach, E. (1967), Die Funktionsfähigkeit des Wettbewerbs, 2. Aufl., Göttingen 1967

Kaplan, A.D., Dirlam, J.B., Lanzillotti, R.F. (1958), Pricing in Big Business, Wahington 1958

Kaplan, R.S. (1993), Research Opportunities in Management Accounting, in: Journal of Management Accounting Research Fall (1993), S. 1-14

Kaplan, R.S. (1994), Flexible Budgeting in an Activity-Based Costing Framework, in: Accounting Horizons, 8 (1994) 2, S. 104-109

Kaplan, R.S. (1998), Innovation Action Research: Creating New Management Theory and Practice, in: Journal of Management Accounting Research 10 (1998), S. 89-118

Kaplan, R.S., Atkinson, A.A. (1989), Advanced Management Accounting, 2nd. ed., Englewood Cliffs 1989

Kaplan, R.S., Cooper, R. (1998), Cost & Effect, Boston, Mass. 1998

Kaplan, R.S., Norton, D.P. (1992a), The Balanced Scorecard – measures that drive performance, in: Harvard Business Review 70 (1992) 1, S. 71-79

Kaplan, R.S., Norton, D.P. (1992b), In Search of Excellence - der Maßstab muß neu definiert werden, in: Harvard Manager 14 (1992) 4, S. 37-46

Kaplan, R.S., Norton, D.P. (1994), Wie drei Großunternehmen methodisch ihre Leistung stimulieren, in: Harvard Manager 16 (1994) 2, S. 96-104

Kaplan, R.S., Norton, D.P. (1996a), Using the Balanced Scorecard as a Strategic Managment System, in: Harvard Business Review 74 (1996) 1, S. 76-85

Kaplan, R.S., Norton, D.P. (1997a), Balanced Scorecard - Strategien erfolgreich umsetzen, Stuttgart 1997

Kaplan, R.S., Norton, D.P. (1997b), Strategieumsetzung mit Hilfe der Balanced Scorecard, in: Gleich, R., Seidenschwarz, W. (Hrsg., 1997), S. 313-343

Kappler, E., Rehkugler (1991), Konstitutive Entscheidungen, in: Heinen, E. (Hrsg., 1991), Industriebetriebslehre, 9. Auflage, Wiesbaden 1991, S. 73-240

Karlöf, B., Östblom, S. (1994), Benchmarking - Wegweiser zur Spitzenleistung in Qualität und Produktivität, München 1994

Kasanen, E., Lukka, K., Siitonen, A. (1993), The constructive approach in management accounting research, in: Journal of Management Accounting Research 5 (1993) Fall, S. 243-264

Kaufmann, L. (1996), Komplexitäts-Index-Analyse von Prozessen, in: Controlling 8 (1996) 4, S. 212-221

Kaydos, W. (1991), Measuring, Managing, and Maximizing Performance, Cambridge/Norwalk 1991

Kelsey, R.M.; Znameroski, S.G. (1997), Strengthening the Link of Compensation to Strategic Performance Measurement, in: Journal of Strategic Performance Measurement, 1, 1997, 5, S. 5-12

Khandwalla, P.N. (1974), Mass Output Orientation of Operations Technology and Organizational Structure, in: in: Administrative Science Quarterly 19 (1974) 1, S. 74-97

Kieser, A. (1996), Moden & Mythen des Organisierens, in: DBW 56 (1996), S. 21-39

Kieser, A., Kubicek, H. (1983), Organisation, 2. Aufl., Berlin et al. 1983

Kieser, A., Kubicek, H. (1992), Organisation, 3. Aufl., Berlin u.a. 1992

Kilger, W. (1987), Einführung in die Kostenrechnung, 3. Aufl., Wiesbaden 1987

Kirsch, W. (1971), Entscheidungsprozesse, Bd. 3: Entscheidungen in Organisationen, Wiesbaden 1971

Kirsch, W. (1990), Unternehmenspolitik und strategische Unternehmensführung, Herrsching 1990

Kirsch, W. et al. (1975), Planung und Organisation im Unternehmen - Bericht aus einem empirischen Forschungsprojekt, München 1975

Klaus, A., Dörnemann, J., Knust, P. (1998), Chancen der IT-Unterstützung bei der Balanced Scorecard-Einführung, in: Controlling 10 (1998) 6, S. 374-380

Kleinaltenkamp, M., Schweikart, J. (1998), Controlling der Kundenintegration, in: Reinecke, S., Tomczak, T., Dittrich, S. (Hrsg., 1998), Marketingcontrolling, St. Gallen 1998, S. 110-124

Kleingeld, P.A.M. (1994), Performance Management in a Field Service Department: Design and Transportation of a Productivity Measurement and Enhancement System (ProMES), Valkenswaard 1994

Kleinz, J. (1986), Leistungsbilanz, in: Dichtl, E., Issing, O. (Hrsg., 1986), Vahlens großes Wirtschaftslexikon, Band 3, München 1986

Klingebiel, N. (1996), Leistungsrechnung/Performance Measurement als bedeutsamer Bestandteil des internen Rechnungswesens, in: krp 40 (1996) 2, S. 77-84

Klingebiel, N. (1999), Performance Measurement – Grundlagen – Ansätze – Fallstudien, Wiesbaden 1999

Klotz, A. (1986), Anforderungen an eine operative Bereichsplanung, München 1986

Knight, J.A. (1998), Make the Jump from Short-term to Long-term Performance Measurement, in: Journal of Strategic Performance Measurement 2 (1998) 1, S. 18-25

Koch, R. (1994), Betriebliches Berichtswesen als Steuerungs- und Informationsinstrument, Frankfurt/M. u.a. 1994

Köhler, R. (1989), Marketing-Accounting, in: Specht, G., Silberer, G., Engelhardt, W.H. (Hrsg., 1989), Marketing-Schnittstellen - Herausforderungen für das Management, Stuttgart 1989, S. 117-139

Köhler, R. (1993), Beiträge zum Marketing-Management - Planung, Organisation und Controlling, 3. Aufl., Stuttgart 1993

Kokke, K., Theeuwes, J. (1997), Financial and Operational Performance Measurement, Arbeitspapier 1997, Eindhoven University of Technology, Eindhoven 1997

Koppel, M. (1998), Zur verzerrten Performancemessung in Agency-Modellen, in: zfbf 50 (1998) 6, S. 531-550

Kosiol, E. (1966), Die Unternehmung als wirtschaftliches Aktionszentrum, Reinbek bei Hamburg 1966

Kosiol, E. (1976), Organisation der Unternehmung, 2. Aufl., Wiesbaden 1976

Köster, H., König, T. (1998), Wertorientierte Unternehmensführung bei VEBA, in: Horváth, P. (Hrsg., 1998), Innovative Controlling-Tools und Konzepte von Spitzenunternehmen, Stuttgart 1998, S. 43-68

Krämer, W. (1998), Wie signifikant ist Signifikanz?, in: WISU 27 (1998) 10, S. 1084

Kralj, D. (1999), Lebenzyklus, Lebenszykluskosten und Lebenszykluskostenrechnung, in: Controlling 11 (1999) 4/5, S. 227-228

Kreikebaum, H. (1998), Organisationsmanagement internationaler Unternehmen – Grundlagen und neue Strukturen, Wiesbaden 1998

Kreuz, W. (1994), Benchmarking – Voraussetzung für den Erfolg im TQM, in: Mehdorn, H., Töpfer, A. (Hrsg., 1994), Besser – Schneller – Schlanker, Neuwied u.a. 1994, S. 83-108

Kromrey, H. (1995), Empirische Sozialforschung, 7. Aufl., Opladen 1995

Krystek, U. (1999), Neue Controlling-Aufgaben durch neue Gesetze? KonTraG und InsO als Herausforderung für das Controlling, in: krp 43 (1999) 3, S. 145-151

Krystek, U., Müller, M. (1999), Frühaufklärungssysteme, in: Controlling 11 (1999) 4/5, S. 177-183

Krystek, U. , Zur, E. (1991), Projektcontrolling – Frühaufklärung von projektbezogenen Chancen und Bedrohungen, in: Controlling 3 (1991) 6, S. 304-311

Kubicek, H. (1975), Empirische Organisationsforschung, Stuttgart 1975

Kueng, P. (1997), Verbesserung von Geschäftsprozessen durch Prozessmonitoring, in: io management (1997) 12, S. 47-51

Kunerth, W. (1994), top – das Programm von Siemens zur umfassenden weltweiten Steigerung von Produktivität und Innovation, in: Horváth, P. (Hrsg., 1994), Kunden und Prozesse im Fokus – Controlling und Reengineering, Stuttgart 1994, S. 81-90

Kunz, A.H., Pfeifer, T. (1999), Investitionsbudgetierung und implizite Verträge: Wie reistent inst der Groves-Mechanismus bei dynamischer Interaktion?, in: zfbf 51 (1999) 3, S. 203-223

Küpper, H:-U. (1995), Controlling, Stuttgart 1995

Kupsch, P.U., Marr, R. (1991), Personalwirtschaft, in: Heinen, E. (Hrsg., 1991), Industriebetriebslehre, 9. Aufl., Wiesbaden 1991, S. 729-896

Küting, K., Lorson, P. (1999), Konzernrechnungslegung, in: Controlling 11 (1999) 4/5, S. 215-222

Lamla, J. (1995), Prozeßbenchmarking, München 1995

Landsberg, G.v. (1992), Wie man in der Wirtschaft über Kosten berichten tut – und wie man berichten sollte, in: Controller Magazin 17 (1992) 3, S. 148-151

Larson, T.J., Brown. H.J. (1997), Designing Metrics That Fit: Rethinking Corporate Environmental Performance Measurement Systems, in. Environmental Quality Management 6 (1997) 3, S. 81-88

Lauk, K.J. (1994), Kunde oder Aktionär – ein Dilemma für das Controlling?, in: Horváth, P. (Hrsg., 1994), Kunden und Prozesse im Fokus – Controlling und Reengineering, Stuttgart 1994, S. 27-45

Lauk, K.J. (1997), Wertorientiertes Management und Controlling, in: Gleich, R., Seidenschwarz, S. (Hrsg., 1997), Die Kunst des Controlling, Stuttgart 1997, S. 487-505

Laux, H., Liermann, F. (1993), Grundlagen der Organisation, 3. Aufl., Berlin u.a. 1993

Lawrence, P.R., Lorsch, J.W. (1967), Organization and Environment, Boston 1967

Lebas, M. (1994), Managerial Accounting in France - Overview of past tradition and current practice, in: The European Accounting Review, 3 (1994) 3, S. 471-487

Lebas, M. (1995), Performance Measurement and Performance Management, in: International Journal of Production Economics 41 (1995), S. 23-35

Lewin, K. (1946), Action research and minority problems, in: Journal of Social Issues 4 (1946), S. 34-46

Liebl, F. (1997), Zur Karriere des Stakeholder-Konzeptes, in: Technologie & Management 46 (1997) 2, S. 16-19

Lingle, J.H., Schiemann, W.A. (1996), From Balanced Scorecard to Strategic Gauges: Is Measurement Worth it?, in: American Management Association (1996) March, S. 56-61

Link, A. (1998), Controlling unter Einbeziehung nicht monetärer Kennzahlen und Reporting mittels Cockpit-Charts, in: Horváth, P. (Hrsg., 1998), Innovative Controlling-Tools und Konzepte von Spitzenunternehmen, Stuttgart 1998, S. 185-194

Lisson, F. (1989), Gemeinkostenwertanalyse, Darmstadt 1989

Lohoff, P., Lohoff, H.-G. (1993), Verwaltung im Visier, in: Zeitschrift für Organisation (zfo) (1993) 4, S. 248-254

Lorino, P. (1997), Leistungssysteme in Frankreich - Entwicklung und Wandel, in: Controlling 9 (1997) 1, S. 24-28

Lorsch, J.W. (1996), German Corporate Governance and Management: An American´s Perspective, in: zfbf, Sonderheft 36, S. 199-218

Ludwig, W.F. (1996), Kundenzufriedenheit als Management-Herausforderung – die KIM-Organisation als Lösung: Ein Erfahrungbericht über fünf Jahre „Kunden im Mittelpunkt", in: Horváth, P. (Hrsg., 1996), Controlling des Strukturwandels, Stuttgart 1996, S. 177-187

Lück, W. (1999), Elemente eines Risikomanagementsystems. Die Notwendigkeit eines Risiko-Managementsystems durch den Entwurf eines Gesetzes zur Kontrolle und Transparenz im Unternehemensbereich (KonTraG), in: Der Betrieb 51 (1998), S. 1925-1930

Lüthi, A., Krahn, A., Küng, P. (1998), Herleitung von Indikatoren zur Messung der Geschäftsprozessqualität, in: Die Unternehmung 52 (1998) 1, S. 35-47

Lynch, R.L., Cross K.,F. (1993), Performance Measurement Systems, in: Brinker, B.J. (Hrsg., 1993), Handbook of Cost Management, Boston 1993, S. E3-1-E3-20

Macharzina, K. (1993), Rahmenbedingungen und Gestaltungsmöglichkeiten bei Umsetzung von globalen Strategieansätzen, in: Schmalenbach-Gesellschaft/Deutsche Gesellschaft für Betriebswirtschaft e.V. (Hrsg., 1993), Internationalisierung der Wirtschaft, Stuttgart 1993, S. 29-55

Macharzina, K. (1995), Unternehmensführung - das internationale Managementwissen, 2. Aufl., Wiesbaden 1995

Malik, F. (1992), Strategie des Managements komplexer Systeme, Bern 1992

Malorny, C. (1996), TQM umsetzen: Der Weg zur Business Excellence, Stuttgart 1996

Malorny, C., Kassebrohm K. (1994), Brennpunkt TQM, Stuttgart 1994

Mann, R. (1987), Praxis strategisches Controlling, Landsberg/Lech 1987

Mann, R. (1988), Das ganzheitliche Unternehmen, München 1988

Männel, W. (1997), Prozeßorientiertes Ressourcencontrolling, in: krp 41 (1997) 2, S. 113-115

March, J.G., Simon, H.A. (1958), Organizations, New York et al. 1958

Marr, R., Picot, A. (1991), Absatzwirtschaft, in: Heinen, E. (Hrsg., 1991), Industriebetriebslehre, 9. Auflage, Wiesbaden 1991, S. 623-728

Maskell, B. (1989), Performance measures of world class manufacturing, in: Management Accounting 71 (1989) 5, S. 32-33.

Maskell, B. (1997), Practical Implementation of New Performance Measurements in Manufacturing Companies, in: Journal of Strategic Performance Measurement 1 (1997) 3, S. 35-38

Maskell, B., Gooderham, G. (1998), Information Systems that Support Performance Management, in: Journal of Strategic Performance Measurement 2 (1998) 1, S. 35-40

Mayer, R. (1996), Prozeßkostenrechnung und Prozeß(kosten)optimierung als integrierter Ansatz – Methodik und Anwendungsempfehlungen, in: Berkau, C., Hirschmann, P. (Hrsg., 1996), Kostenorientiertes Geschäftsprozeßmanagement, München 1996, S. 43-67

McMann, P., Nanni Jr., A.J. (1994), Is Your Company Really Measuring Performance?, in: Management Accounting 76 (1994) 11, S. 55-58

McMann, P., Orlando, J.M. (1998), You May Need New Performance Measures When..., in: Journal of Strategic Performance Measurement 2 (1998) 1, S. 12-17

Meekings, A. (1995), Unlocking the Potential of Performance Measurement: A Practical Implemention Guide, in: Public Money & Management (1995) October - December, S. 5-12

Meffert, H. (1998), Herausforderungen an die Betriebswirtschaftslehre, Die Perspektive der Wissenschaft, in: DBW 58 (1998) 6, S. 709-730

Melching, H.-G. (1997), Internationales Rechnungswesen und Ergebniskontrolle bei der Volkswagen AG, in: Controlling 9 (1997) 4, S. 246-252

Mellerowicz, K. (1963), Kosten und Kostenrechnung, I, Berlin 1963

Mellerowicz, K. (1979), Planung und Plankostenrechnung, Bd. 1: Betriebliche Planung, 3. Aufl., Freiburg 1979

Menrad, S. (1975), Kosten und Leistung, in: Grochla et al. (Hrsg., 1975), Handwörterbuch der Betriebswirtschaftslehre, Band 2, Stuttgart 1975, Sp. 2280-2290

Mertens, P., Griese, J. (1988), Industrielle Datenverarbeitung, Band 2, 5. Aufl., Wiesbaden 1988

Meyer, M.W., Gupta, V. (1992), The Performance Paradox, in: Staw, B., Cummings, L.L. (Hrsg., 1992), Research in Organizational Behaviour, Greenwich, Conn. 1992, S. 309-369

Michel, U. (1996), Shareholder Value Management – Neue Aufgaben für das globale strategische Controlling, in: Horváth, P. (Hrsg., 1996), Controlling des Strukturwandels, Stuttgart 1996, S. 79-107

Michel, U. (1997), Strategien zur Wertsteigerung erfolgreich umsetzen – Wie die Balanced Scorecard ein wirkungsvolle Shareholder Value-Management unterstützt, in: Horváth, P. (Hrsg., 1997), Das neue Steuerungssystem des Controllers, Stuttgart 1997, S. 273-287

Michel, U. (1998), Mit Balanced Scorecard und Shareholder Value zu einem durchgängigen und umfassenden Wertmanagement, in: VDI Berichte, Nr. 1412, 1998, S. 189-209

Mintzberg, H. (1978), Pattern of strategty formulation, Verlag Management Science 1978

Mintzberg, H. (1994), The Rise and Fall of Strategic Planning, New York u.a. 1994

Mitroff, I.I. (1983), Stakeholders of the Organizational Mind, San Fransisco 1983

Monden, Y., Hamada, K. (1991), Target Costing and Kaizen Costing in Japanese automobile companies, in: Journal of Manageent Accounting Research 3 (1991) Fall, S. 16-34

Monden, Y., Lee, J. (1993), How a Japanese auto maker reduces costs – Kaizen Costing drives continous improvement at Daihatsu, in: Management Accounting 75 (1993) 8, S. 22-26

Morrissey, E., Hudson, G. (1997), A Smarter Way to Run a Business, in: Journal of Accountancy 183 (1997) 1, S. 48-50

Morrow, M., Ashworth, G. (1994), An Evolving Framework for Activity-Based Approaches, in: Management Accounting 72 (1994) February, S. 32-36

Morwind, K. (1995), Praktische Erfahrungen mit Benchmarking, in: ZfB-Ergänzungsheft 2/95, S. 25-46

Mountfield, A., Schalch, O. (1998), Konzeption von Balanced Scorecard und Umsetzung in ein Management-Informationssystem mit dem SAP Business Information Warehouse, in: Controlling 10 (1998) 5, S. 316-322

Müller-Stewens, G. (1998), Performance Measurement im Lichte eines Stakeholderansatzes, in: Reinecke, S., Tomczak, T., Dittrich, S. (Hrsg., 1998), Marketingcontrolling, St. Gallen 1998, S. 34-43

Mullin, P.J. (1998), The Future is not what it used to be, in: Journal of Strategic Performance Measurement 2 (1998) 3, S. 37-47

Neely, A., Gregory, M., Platts, K. (1995), Performance measurement system design, in: International journal of operations & production Management 15 (1995) 4, S. 80-116

Neely, A., Mills, J., Platts, K., Gregory, M., Richards, H. (1994), Realizing Strategy through Measurement, in: International journal of operations & production Management 14 (1994) 4, S. 140-152

Neumann, R. (1998), Scheinbar unmögliches möglich machen, in: Gablers Magazin (1998) 5, S. 6-9

Newing, R. (1995), Wake up to the balanced scorecard!, in: Management Accounting 77 (1995) March, S.22-23

Newton, P. (1997), Communicating Key Measures throughout an Organization, in: Journal of Strategic Performance Measurement 1 (1997) 1, S. 34-38

Niedermayr, R. (1994), Entwicklungsstand des Controlling - System, Kontext und Effizienz, Wiesbaden 1994

Niedermayr, R. (1995), Controller & Controlling, in: Controller Magazin 20 (1995) 6, S. 319-324

Niven, P.R. (1999), Cascading the Balanced Scorecard: A case study on Nova Scotia Power, Inc., in: Journal of Strategic Performance Measurement 3 (1999) 2, S. 5-12

Nordsieck, F. (1931), Grundprobleme und Grundprinzipien der Organisation des Betriebsaufbaus, in: DBW 24 (1931) 6, S. 158-162

Nordsieck, F. (1972), Betriebsorganisation. Betriebsaufbau und Betriebsablauf, 4. Aufl., Stuttgart 1972

North, K., Probst, G., Romhardt, K. (1998), Wissen messen – Ansätze, Erfahrungen und kritische Fragen, in: zfo (1998) 3, S. 158-166

o.V. (1999), Aktien: Rendite durch Motivation, in: Spiegel (1999) 19, S. 79

Ostinelli, C., Toscano, G. (1998), A Performance Measurement System Model from an Activity-Based Management Accounting perspective, Full paper, 21st Annual Congress of the European Accounting Association, April 1998, Antwerpen

Perera, S., Harrison, G., Poole, M. (1997), Customer-focused manufacturing strategy and the use of operations-based nonfinancial performance measures: A research note, in: Accounting, Organization and Society 22 (1997) 6, S. 557-572

Perlitz, M. (1989), Organisation des Planungsprozesses, in: Szyperski, N., (Hrsg., 1989), Handwörterbuch der Planung, Stuttgart, Sp. 1299-1309

Perlitz, M. (1999), Unternehmenssteuerung mit Balanced Scorecards: Unternehmen durch Performance Measurement erfolgreich machen, in: Gablers Magazin (1999) 2, S. 6-9

Pfaff, D., Zweifel, P. (1998), Die Principal-Agent Theorie – Ein fruchtbarer Beitrag der Wirtschaftstheorie zur Praxis, in: WiSt 27 (1998) 4, S. 184-190

Pfeifer, T. (1996), Methoden und Werkzeuge des Qualitätsmanagements, in: Eversheim, W., Schuh, G. (Hrsg., 1996), Betriebshütte – Produktion und Management, Teil 2, 7. Aufl., Berlin u.a. 1996, S. 13-25 – 13-42

Pfeiffer, W., Bischoff, D. (1981), Produktlebenszyklus - Instrumente jeder strategischen Produktplanung, in: Steinmann, H. (Hrsg., 1981), Planung und Kontrolle, München 1981, S. 133-165

Pfohl, H.C. (1981), Planung und Kontrolle, Stuttgart 1981

Pfohl, H.-C., Zettelmeyer, B. (1993), Strategisches Controlling, in: Horváth, P., Reichmann, T. (Hrsg., 1993), Vahlens großes Controlling-Lexikon, München 1993, S. 610-611

Picot, A., Dietl, H., Franck, E. (1997), Organisation. Ene ökonomische Perspektive, Stuttgart 1997

Picot, A., Reichwald, R. (1991), Informationswirtschaft, in: Heinen, E. (1991), Industriebetriebslehre – Entscheidungen im Industriebetrieb, 9. Aufl., Wiesbaden 1991, S. 241-393

Pieske, R. (1995), Benchmarking – ausgewählte Projekterfahrungen: Den besten Wettbewerber finden, in: Gablers Magazin (1995) 2, S. 24-31

Platz, J. (1989), Aufgaben der Projektsteuerung – Ein Überblick, in: Reschke, H., Schelle, H., Schnopp, R. (Hrsg., 1989), Handbuch Projektmanagement Band 1, Köln 1989, S. 633-660

Plinke, W. (1993), Leistungs- und Erlösrechnung, in: Wittmann, W. u.a. (Hrsg., 1993), Handwörterbuch der Betriebswirtschaftslehre, Band 2, 5. Aufl., Stuttgart 1993, Sp. 2563-2568

Popper, K.R. (1971), Logik der Forschung, Tübingen 1971

Porter, M.E. (1980), Competitive Strategy, New York 1980

Porter, M.E. (1985), Competitive Advantage, New York 1985

Porter, M.E. (1986), Wettbewerbsvorteile, Frankfurt 1986

Porter, M.E. (1990), The Competitive Advantage of Nations, New York 1990

Posselt, S.G. (1986), Budgetkontrolle als Instrument zur Unternehmenssteuerung, Darmstadt 1986

Posselt, T. (1998), Motive für Selektivvertrieb – Eine institutionenökonomische Untersuchung, in: zfbf 50 (1998) 12, S. 1098-1119

Prigge, S. (1999), Corporate Governance, in: DBW 59 (1999) 1, S. 148-151

Probst, G., Gomez, P. (1989), Die Methodik vernetzten Denkens zur Lösung komplexer Probleme, in: Probst, G., Gomez, P. (Hrsg., 1989), Vernetztes Denken, Wiesbaden 1989

Pugh, D.S., Hickson, C.R., Hinings, C.R., Turner, C. (1969), The Context of Organization Structures, in: ASQ 14 (1969), S. 91-114

Pugh, D.S., Hickson, D.J. (1976), Organizational Structure in ist Context – The Aston Programme, Westmead et al. 1976

Pümpin, C. (1986), Management Strategischer Erfolgspositionen, Bern, Stuttgart 1986

Pümpin, C. (1989), Strategische Verhaltensweisen, in: Szyperski, N. (Hrsg., 1989), Handwörterbuch der Planung, Stuttgart 1989, Sp. 1916-1924

Pümpin, C. (1992), Das Dynamik-Prinzip, Düsseldorf 1992

Radtke, P., Wilmes, D. (1996), Selbstbewertung anhand der Kriterien des European Quality Award, in: ZWF 91 (1996) 11, S. 534-538

Raia, A.P. (1965), Goal-Setting and Self-Control, in: The Journal of Management Studies (1965), S. 34-53

Rappaport, A. (1986), Creating Shareholder Value: The new Standard for Business Performance, New York 1986

Raster, M. (1994), Prozeßarchitektur und Informationsverarbeitung, in: Gaitanides, M., Scholz, R., Vrohlings, A., Raster, M. (Hrsg., 1994), Prozeßmanagement - Konzepte, Umsetzungen und Erfahrungen des Reengineering, Müchen u.a. 1994, S. 123-142

Refa (Hrsg., 1994), Ausgewählte Methoden des Arbeitsstudiums, 2. Aufl., München 1994

Reichmann, T. (1993), Controlling mit Kennzahlen und Managementberichten, 3. Aufl., München 1993

Reichmann, T. (1996), Management und Controlling – Gleiche Ziele – unterschiedliche Wege und Instrumente, in: ZfB 66 (1996) 5, S. 559-585

Reichmann, T. (1997), Controlling mit Kennzahlen und Managementberichten, 5. Auflage, München 1997

Reichmann, T., Hüllmann, U. (1999), Unternehmenswertorientiertes Controlling für eine Management-Holding, in: Controlling 11 (1999) 4/5, S. 161-169

Reichmann, T., Lachnit, L. (1976), Planung, Steuerung und Kontrolle mit Hilfe von Kennzahlen, in: zfbf, 28 (1976), S. 705-723

Reiß, M. (1992), Mit Blut, Schweiß und Tränen zum schlanken Unternehmen, in: gfmt (Hrsg.), Lean Strategie, München 1992, S. 137-173

Reiß, M. (1994), Reengineering – radikale Revolution oder realistische Reform, in: Horváth, P. (Hrsg., 1994), Kunden und Prozesse im Fokus – Controlling und Reengineering, Stuttgart 1994, S. 9-26

Reiß, M. (1997a), Die Controlling-Organisation – Die organisatorische Verankerung des Controlling in den Unternehmensstrukturen des 21. Jahrhunderts, in: Gleich, R., Seidenschwarz, W. (Hrsg., 1997), Die Kunst des Controlling, München 1997, S. 367-380

Reiß, M. (1997b), Change Management als Herausforderung, in: Reiß, M., von Rosenstiel, L., Lanz, A. (Hrsg., 1997), Change Management – Programme, Projekte und Prozesse, Stuttgart 1997, S. 5-30

Reiß, M. (1997c), Aktuelle Konzepte des Wandels, in: Reiß, M., von Rosenstiel, L., Lanz, A. (Hrsg., 1997), Change Management – Programme, Projekte und Prozesse, Stuttgart 1997, S. 31-90

Renner, A. (1991), Kostenorientierte Fertigungssteuerung, München 1991

Renner, A. (1995), Prozeßoptimierung in Rechnungswesen und Controlling – Projekterfahrungen und Gestaltungsvorschläge, in: Horváth, P. (Hrsg., 1995), Controllingprozesse optimieren, Stuttgart 1995, S. 33-46

Riebel, P. (1993), Deckungsbeitragsrechnung, in: Chmielewicz, K., Sachweitzer, M. (Hrsg., 1993), Handwörterbuch des Rechnungswesens, 3. Aufl., Stuttgart 1993, Sp. 364-379

Robson, G.D. (1991), Continuous Process Improvement, New York 1991

Rockart, J.F. (1979), Chief executives define their own data needs, in: Harvard Business Review, 57 (1979), 2, S. 81-92

Roever, M. (1982), Gemeinkosten-Wertanalyse. Erfolgreiche Antworten auf den wachsenden Gemeinkostendruck, in: ZfO 51 (1982), S. 249-253

Rohr, S., Hillenbrand, K., Huber, S. (1995), Gehälter und Trends im Controlling und Rechnungswesen 1995/96, Hamburg 1995

Rose, K.H. (1995), A Performance Measurement Model, in: Quality Progress, February 1995, S. 63-66

Rosenstiel, L.v. (1980), Grundlagen der Organisationspsychologie. Basiswissen und Anwendungshinweise, Stuttgart 1980

Röttger, B. (1994), Das Konzept des Added Value als Maßstab für die finanzielle Performance: Darstellung und Anwendung auf deutsche Aktiengesellschaften, Kiel 1994

Rühli, E. (1990), Visionen, in: Die Unternehmung 44 (1990), S. 112-117

Rumelt, R.P. (1974), Strategy, Structure and Economics Performance, Cambridge, Mass. 1974

Rummler, G.A., Brache, A.P. (1990), Improving Performance: How to manage the white space on the organization chart, San Francisco 1990

Russel, J.C. (1996), Driving Change Through Performance Measurement, in: Strategy & Leadership (1996) 2, S. 40-41

Sakurai, M. (1989), Target costing and how to use it, in: Journal of Cost Management 3 (1989) 2, S. 39-50

Schanz, G. (1997), Wissenschaftsprogramme der Betriebswirtschaftslehre, in: in: Bea, F.X., Dichtl, E., Schweitzer, M. (Hrsg., 1997), Allgemeine Betriebswirtschaftslehre, Band 1, 7. Aufl., Stuttgart 1997, S. 81-198

Schefczyk, M. (1996), Data Envelopment Analysis, in: DBW 56 (1996) 2, S. 167-183

Schefczyk, M., Gerpott, T. J. (1995), Ein produktions-wirtschaftlicher Benchmarking-Ansatz: Data Envelopment Analysis, in: JFB (1995) 5-6, S. 335-346

Schefczyk, M., Gerpott, T.J. (1996), Unternehmenssicherung in einem schrumpfenden Markt, in: Zeitschrift für Planung (1996) 7, S. 211-232

Schelle, H. (1989), Kostenplanung und –kontrolle: EinÜberblick, in: Reschke, H., Schelle, H., Schnopp, R. (Hrsg., 1989), Handbuch Projektmanagement Band 1, Köln 1989, S. 333-365

Schiemann, W.A. (1998), The New Measurement-managed Organization, in: Journal of Strategic Performance Measurement 2 (1998) 2, S. 46-47

Schierenbeck, H. (1998), Grundzüge der Betriebswirtschaftslehre, 13. Aufl., München u.a. 1998

Schimank, C. (1995), Leistungssteigerung des Controlling – Ergebnisse eines neuorientierten Controllingdesigns, in: Horváth, P. (Hrsg., 1995), Controllingprozesse optimieren, Stuttgart 1995, S. 59-77

Schlosser, O. (1976), Einführung in die sozialwissenschaftliche Zusammenhangsanalyse, Reinbek bei Hamburg 1976

Schmalenbach, E. (1963), Kostenrechnung und Preispolitik, Köln u.a. 1963

Schmidt, R. (1972), Einige Überlegungen über die Schwierigkeiten, heute eine „Methodologie der Betriebswirtschaftslehre" zu schreiben, in: zfbf 24 (1972), S. 393-410

Schneider, J.M. (1998), Unternehmensbewertung nach dem EFQM-Modell – eine neue From des Controlling, in: controller magazin 23 (1998) 5, S. 370-375

Schnell, R., Hill, P.B., Esser, E. (1995), Methoden der empirischen Sozialforschung, 5. Aufl., München u.a. 1995

Scholl, K. (1997), Konstruktionsbegleitende Kalkulation, München 1997

Scholz, C. (1984), Planning Procedures in German Companies - Findings and Consequences, in: Long Range Planning, 17, 1984, 6, S. 94-103

Scholz, C. (1992a), Matrix-Organisation, in: Frese, E. (Hrsg., 1992), Handwörterbuch der Organisation, 3. Aufl. 1992, Sp. 1302-1315

Scholz, C. (1992b), Effektivität und Effizienz, organisatorische, in: Frese, E. (Hrsg., 1992), Handwörterbuch der Organisation, 3. Aufl. 1992, Sp. 533-552

Scholz, C. (1999), Entwicklungs- und Vergütungskonzepte für das Beschaffungsmanagement, in: Hahn, D., Kaufmann, L. (Hrsg., 1999), Handbuch industrielles Beschaffungsmanagement, Wiesbaden 1999, S. 775-794

Scholz, R., Vrohlings, A. (1994), Prozeß-Struktur-Transparenz, in: Gaitanides, M., Scholz, R., Vrohlings, A., Raster, M. (Hrsg., 1994), Prozeßmanagement - Konzepte, Umsetzungen und Erfahrungen des Reengineering, Müchen u.a. 1994, S. 37-56

Schuh, G., Dresse, S. (1996), Aktivitäten des strategischen Produktionsmanagements, in: Eversheim, W., Schuh, G. (Hrsg., 1996), Betriebshütte – Produktion und Management, Teil 1, 7. Aufl., Berlin u.a. 1996, S. 5-37 – 5-51

Schust, G.H. (1994), Total Performance Management. Neue Formen der Leistungs- und Potentialnutzung in Führung und Organisation, Stuttgart 1994

Schwalbach, J. (1998), Motivation, Kompensation und Performance, in: Schmalenbach-Gesellschaft für Betriebswirtschaft e.V. (Hrsg., 1998), Programmheft 52. Deutscher Betriebswirtschafter-Tag, 28.-29.9.1998, Berlin, S. 21-24

Schweitzer, M. (1994), Industrielle Fertigungswirtschaft, in: Schweitzer, M. (Hrsg., 1994), Industriebetriebslehre – Das Wirtschaften in Industrieunternehmungen, 2. Aufl., München 1994, S. 569-848

Schweitzer, M. (1997), Planung und Steuerung, in: Bea, F.X., Dichtl, E., Schweitzer, M. (Hrsg., 1997), Allgemeine Betriebswirtschaftslehre, Band 2, 7. Aufl., Stuttgart 1997, S. 21-131

Schweitzer, M., Küpper, H.-U. (1995), Systeme der Kosten- und Erlösrechnung, 6. Aufl., München 1995

Scott, B.R. (1973), The Industrial State: Old Myths and New Realities, in: Harvard Business Review, 51 (1973) 2, S. 133-148

Seeberg, T. (1997), Die Weiterentwicklung des Controllingsystems im Spannungsfeld unterschiedlicher Interessengruppen, in: Gleich, R., Seidenschwarz, W. (Hrsg., 1997), Die Kunst des Controlling, München 1997, S. 507-517

Seghezzi, H. D. (1996), Integriertes Qualitätsmanagement: das St. Galler-Konzept, München u.a. 1996

Seidel, U.M. (1998), Die Auswirkungen des Gesetzes zur Kontrole und Transparenz im Unternehmensbereich (KonTraG) auf die betriebliche Praxis, in: Controller Magazin 23 (1998) 5, S. 363-369

Seidenschwarz, W. (1991a), Target Costing – ein japanischer Ansatz für das Kostenmanagement, in: Controlling 3 (1991) 1, S. 198-203

Seidenschwarz, W. (1991b), Target Costing und Prozeßkostenrechnung, in: IFUA Horváth & Partner GmbH (Hrsg., 1991), Prozeßkostenmanagement, München 1991, S. 47-70

Seidenschwarz, W. (1991c), Target Costing - Schnittstellenbewältigung mit Zielkosten, in: Horváth, P. (Hrsg., 1991), Synergien durch Schnittstellen-Controlling, Stuttgart 1991, S. 191 - 209

Seidenschwarz, W. (1993), Target Costing, München 1993

Seidenschwarz, W. (1997), Ergebnis- und marktorientierte Unternehmenssteuerung: „Fokussieren auf Kunden, Prozesse und Profitabilität" in: Gleich, R., Seidenschwarz, W. (Hrsg., 1997), Die Kunst des Controlling, München 1997, S. 47-63

Seidenschwarz, W., Gleich, R. (1998), Controlling und Marketing als Schwesterfunktionen – Balanced Scorecard und marktorientiertes Kostenmanagement als verbindende Konzepte, in: Reinecke, S., Tomczak, T., Dittrich, S. (Hrsg., 1998), Marketingcontrolling, St. Gallen 1998, S. 258-272

Sellenheim, M. (1991), J.I. Case Company - Performance Measurement, in: Management Accounting, 73 (1991) 9, S. 50-53

Sharman, P. (1995), How to Implement Performance Measurement in Your Organization, in: CMA - The Management Accounting Magazine 69 (1995) 5, S. 33-37

Sharman, P. (1997), The role of economic and performance analysis in process re-engineering, in: CMA Magazine 71 (1997) 5, S.13-16

Siesfeld, G.A. (1998), Measuring Learning and Knowledge, in: Journal of Strategic Performance Measurement 2 (1998) 3, S. 11-17

Simon, H., Homburg, C. (Hrsg., 1995), Kundenzufriedenheit, Konzepte – Methoden – Erfahrungen, Wiesbaden 1995

Simons, R. (1995), Levers of Control: How Managers use innovative Control Systems to drive strategic Renewal, Boston 1995

Sink, S.D. (1985), Productivity Management: Planning, Measurement and Evaluation, Control and Improvement, New York u.a. 1985

Slater, S.F., Olson. E.C., Reddy V.K. (1997), Strategy based Performance Measurement, in: Business Horizons 40 (1997) 4, S. 37-44

Smith, S. (1997), Lessons for Disciplined Improvement, in: IIE Solutions (1997) 11, S. 40

Soin, S.S. (1992), Total Quality Control Essentials, New York u.a. 1992

Spang, P., Weigand, A. (1998), Vom strategischen Anstoß bis zur Umsetzung – Controlling im Spannungsfeld zwischen Anspruch und Machbarkeit im Mittelstand, in: Horváth, P. (Hrsg., 1998),Innovative Controlling-Tools und Konzepte von Spitzenunternehmen, Stuttgart 1998, S. 113-132

Speckbacher, G. (1997), Shareholder Value und Stakeholder Ansatz, in: DBW 57 (1997) 5, S. 630-639

Spitzley, K. (1997), Erfahrungen und Nutzen aus einem Prozeß-Benchmarkingprojekt, in: Horváth, P. (Hrsg., 1997), Das neue Steuerungssystem des Controllers, Stuttgart 1997, S. 233-247

Stalk, G., Hout, T.M. (1990), Redesign your organization doe time-based management, in: Planning Review 18 (1990) 6, S. 26-29

Staehle, W. (1973), Organisation und Führung sozio-technischer Systeme. Grundlagen einer Situationstheorie, Stuttgart 1973

Staehle, W. (1979), Deutschsprachige situative Ansätze in der Managementlehre, in: WiSt (1979) 5, S. 218-222

Staehle, W. (1989), Management: Eine verhaltenswissenschaftliche Perspektive, 4. Aufl., München 1989

Steeples, M.M. (1992), The Corporate Guide to the Malcolm Baldridge National Quality Award, Homewood, Illinois 1992

Steiner, M. (1992), Rating - Risikobeurteilung von Emittenten durch Rating-Agenturen, in: WiSt 21 (1992) 10, S. 509-515

Stelter, D. (1998), Wertorientierte Anreizsysteme für Führungskräfte und Mitarbeiter, in: Schmalenbach-Gesellschaft für Betriebswirtschaft e.V. (Hrsg., 1998), Programmheft 52. Deutscher Betriebswirtschafter-Tag, 28.-29.9.1998, Berlin, S. 61-66

Stenzel, C., Stenzel, J. (1997), The King goes to War, in: Journal of Strategic Performance Measurement 1 (1997) 3, S. 41-47

Stewart, G.B. (1990), The Quest for Value – A Guide for Senior Managers, o.O., 1990

Stoffel, K. (1995), Controllership im internationalen Vergleich, Wiesbaden 1995

Stoi, R. (1999a), Prozeßkostenmanagement in der deutschen Unternehmenspraxis, Eine empirische Untersuchung, München 1999

Stoi, R. (1999b), Prozeßkostenmanangement erfolgreich einführen, Empfehlungen auf Basis einer empitischen Untersuchung in Deutschland, in: Controller Maggazin 24 (1999) 2, S. 103-110

Stoi, R. (1999c), Prozeßkostenmanagement erfolgreich umsetzen – Anwendungsstand in Deutschland und Handlungsempfehlungen auf Basis einer empirischen Untersuchung, in: krp 43 (1999) 2, S. 91-98

Striening, H.-D. (1991), Prozeß-Management im indirekten Bereich der Logistik - Ein Weg zur Steigerung der Wettbewerbsfähigkeit, in: Reichmann, Th. u.a. (Hrsg., 1991), 6. Deutscher Controlling Congress, Tagungsband, Düsseldorf 1991, S. 165-186

Strube, H.J. (1991), Auftragscontrolling im Sondermaschinenbau, in: Horváth, P. (Hrsg., 1991), Synergien durch Schnittstellencontrolling, Stuttgart 1991, S. 145-159

Sydow, J. (1995), Netzwerkorganisation, in: WiSt 24 (1995) 12, S. 629-634

Tanaka, M. (1989), Cost Planning and control systems in the design phase of a new product, in: Monden, Y., Sakurai, M. (Hrsg., 1989), Japanese Management Accounting, Cambridge, Mass. 1989, S. 49-71

Tanski, J. (1999), Unternehmensüberwachung: Hat Ihr Unternehmen seine Risiken im Griff?, in: Gablers Magazin (1999) 2, S. 16-19

Tarr, J.D. (1996), Performance Measurement for a Continuous Improvement Strategy, in: Hospital Material Management Quarterly 18 (1996) 2, S. 77-85

Taylor, L., Convey, S. (1993), Making Performance Measurements Meaningful to the Performers, in: Canadian Manager (1993) Fall, S.22-24

Thoms, W. (1936), Grundlagen der Betriebsgestaltung, Berlin 1936

Thoms, W. (1940), Rentabilität und Leistung, Stuttgart 1940

Töpfer, A. (1976), Planungs- und Kontrollsysteme industrieller Unternehmungen – Eine theoretische, technologische und empirische Analyse, Berlin 1976

Töpfer, A. (Hrsg., 1996a), Kundenzufriedenheit messen und steigern, Neuwied u.a. 1996

Töpfer, A. (1996b), Kundenzufriedenheit und Wirtschaftlichkeit: Ein neuer Anspruch an den Controller, in: Horváth, P. (Hrsg., 1996), Controlling des Strukturwandels, Stuttgart 1996, S. 109-149

Töpfer, A. (1998), Audit von Business Excellence in der marktorientierten Unternehmensführung, in: Reinecke, S., Tomczak, T., Dittrich, S. (Hrsg., 1998), Marketingcontrolling, St. Gallen 1998, S. 44-59

Tosi, H. (1975), The human effects of managerial budgeting systems, in: Livingstone, J. (Hrsg., 1975), Management Accounting: The Behavioural Foundations, Grid Columbus 1975

Troßmann, E. (1996), Internes Rechnungswesen, in: Corsten, H., Reiß, M. (Hrsg., 1996), Betriebswirtschaftslehre, 2. Aufl., München u.a. 1996, S. 345-471

Trzcienski, E., Harper, B. (1997), Performance Management Tools Ensure Quality Customer Service, in: Journal of Strategic Performance Measurement 1 (1997) 1, S. 19-24

Tucker, F.G., Zivian, S.M., Camp, R.C. (1987), How to measure yourself against the best, in: Harvard Business Review 87 (1987) January - February, S. 2-4

Turnheim, G. (1988), Sanierungsstrategien, Wien 1988

Turnheim, G. (1993), Chaos und Management, Wien 1993

Uebele, H. (1981), Verbreitungsgrad und Entwicklungsstand des Controlling in deutschen Industrieunternehmen - Ergebnisse einer empirischen Untersuchung, Köln 1981

Ulrich, H. (1970), Die Unternehmung als produktives soziales System, St. Gallen 1970

Ulrich, H. (1987), Unternehmenspolitik, Bern, Stuttgart 1987

Ulrich, H., Unternehmungspolitik, 3. Aufl., Bern u.a. 1990

Ulrich, H., Krieg, W. (1974), St.-Galler Management-Modell, 3. Aufl., Bern 1974

Van de Ven, A.H., Astley, W.G. (1981), Mapping the field to create a dynamic perspective on organization design and behaviour, New York 1981

Vitale, M.R., Mavrinac, S.H. (1995), How Effektive is your Performance Measurement System?, in: Management Accounting 77 (1995) 8, S. 43-47

Vokurka, R., Fliedner, G. (1995), Measuring Operating Performance: A Specific Case Study, in: Production and Inventory Management Journal (1995) 1, S. 38-43

Voß, W. (1997), Praktische Statistik mit SPSS, München u.a. 1997

Wagenhofer, A. (1998), Anreizkompatible Gestaltung des Rechnungswesens, in: Schmalenbach-Gesellschaft für Betriebswirtschaft e.V. (Hrsg., 1998), Programmheft 52. Deutscher Betriebswirtschafter-Tag, 28.-29.9.1998, Berlin, S. 57-60

Wakerly, R.G., PIMS: A Tool for Developing Competitive Strategy, in: LRP 17 (1984) 3, S. 92-97

Watson, G. H. (1992), The benchmarking workbook, Cambridge, Mass., 1992

Weber, J. (1988), Einführung in das Controlling, Stuttgart 1988

Weber, J. (1990a), Einführung in das Rechnungswesen, Band 2: Kostenrechnung, Stuttgart 1990

Weber, J. (1990b), Einführung in das Controlling, 2. Aufl., Stuttgart 1990

Weber, J. (1993), Logistik-Controlling, 3. Aufl., Stuttgart 1993
Weber, J. (1994), Effizienzsteigerung im Controllingbereich, in: Scheer, A.W. (1994), Innovatives Controlling - Der Weg zum Turnaround, Heidelberg 1994, S. 73-93
Weber, J. (1995), Controlling von Kundenzufriedenheit, in: Simon, H., Homburg, C. (Hrsg., 1995), Kundenzufriedenheit, Konzepte – Methoden – Erfahrungen, Wiesbaden 1995, S. 241-258
Weber, J. (1997), A never-ending story?, in: Controlling 9 (1997) 3, S. 180-182
Weber, J. (1998a), Einführung in das Controlling, 7. Aufl., Stuttgart 1998
Weber, J. (1998b), Kundenorientierung der Kostenrechnung, in: Männel, W. (Hrsg., 1998), Tagungsband Kongress Kostenrechnung 1998, Lauf/P. 1998, S. 15-27
Weber, J., Aust, R. (1997), Reengineering Kostenrechnung: Notwendigkeit – Benchmarking – Veränderungsschritte, Band 5 der Reihe Advanced Controlling, Vallendar 1997
Weber, J., Goeldel, H., Schäffer, U. (1997), Zur Gestaltung der strategischen und operativen Planung, in: Die Unternehmung 51 (1997) 4, S. 273-295
Weber, J., Hamprecht, M., Goeldel, H. (1995), Benchmarking des Controlling: Ein Ansatz zur Effizienzsteigerung betrieblicher Controllingbereiche, in: krp 39 (1995) 1, S. 15-19
Weber, J., Hambrecht, M., Goeldel, H. (1997), Integrierte Planung - nur ein Mythos?, in: Harvard Manager 19 (1997) 3, S. 9-13
Weber, J., Schäffer, U. (1998), Balanced Scorecard – Gedanken zur Einordnung des Konzepts in das Controlling-Instruementarium, in: Zeitschrift für Planung (1998) 9, S. 341-365
Weber, J., Weißenberger, B.E., Aust, R. (1997), Benchmarking von Kostenrechnungsprozessen: Ansatzpunkte für die wirtschaftlichere Leistungserstellung, in: krp 41 (1997) 1, S. 27-33
Welge, M.K. (1985), Unternehmensführung, Band 1: Planung, Stuttgart 1985
Welge, M.K., Al-Laham, A. (1997), Stand der strategischen Planungspraxis in der deutschen Industrie - Bericht über eine empirische Untersuchung, in: zfbf 49 (1997) 9, S. 790-806
Werner, T., Brokemper, A. (1996), Leistungsmessung mit System. Data Envelopment Analysis als Instrument des Controlling, in: Controlling 8 (1996) 3, S. 164-170
Wild, J. (1966), Grundlagen und Probleme der betriebswirtschaftlichen Organisationslehre, Berlin 1966
Wild, J. (1982), Grundlagen der Unternehmensplanung, 4. Aufl., Opladen 1982
Willis, A. (1994), For Good Measure, in: CA Magazine 127 (1994) 10, S. 16-27
Wisner, J.D., Fawcett, S. E. (1991), Link firm strategy to operating decisions through performance measurement, in: Production and Inventory Management Journal (1991) 3, S. 5-11

Witte, E. (1998), Entwicklungslinien der Betriebswirtschaftslehre: Was hat Bestand?, in: DBW 58 (1998) 6, S. 731-746

Wittmann, W. (1975), Einführung in die Finanzwissenschaft, II.Teil: Die öffentlichen Einnahmen, Stuttgart 1975

Wöhe, G. (1986), Einführung in die Allgemeine Betriebswirtschaftslehre, 16. Aufl., München 1986

Woll, A. (1984), Allgemeine Volkswirtschaftslehre, 8. Aufl., München 1984

Womack, J.P., Jones, D.T.,, Roos, D. (1991), Die zweite Revolution in der Automobilindustrie, 3. Aufl., Frankfurt u.a. 1991

Yoshikawa, T., Innes, J., Mitchell, F. (1990), A Foundation of Japanese Cost Management, in: Journal of Cost Management 4 (1990) Fall, S. 30-36

Zahn, E. (1988), Produktionsstrategie, in: Henzler, H. (Hrsg., 1988), Handbuch strategische Führung, Wiesbaden 1988, S. 515-542

Zahn, E. (1989a), Mehrebenenansatz der Planung, in: Szyperski, N., (Hrsg., 1989), Handwörterbuch der Planung, Stuttgart, Sp. 1080-1090

Zahn, E. (1995), Unternehmensführung im Fraktalen Unternehmen, in: Warnecke, H.-J. (Hrsg., 1995), Fraktales Unternehmen: Gewinnen im Wettbewerb – Impulse und Erfahrungsaustausch, Tagungsband zum 3. Stuttgarter Innovationsforum, Berlin u.a. 1995, S. 149-165

Zahn, E. (1989b), Strategische Planung, in: Szyperski, N. (Hrsg., 1989), Handwörterbuch der Planung, Stuttgart 1989, Sp. 1903-1916

Zahn, E. (1997), Planung und Controlling, in: Gleich, R., Seidenschwarz, W. (Hrsg., 1997), Die Kunst des Controlling, München 1997, S. 65-91

Zangemeister, C. (1976), Nutzwertanalyse in der Systemtechnik, 4. Aufl., München 1976

Zangemeister, C. (1993), Erweiterte Wirtschaftlichkeits-Analyse (EWA) – Grundlagen und Leitfaden für ein „3-Stufen-Verfahren„ zur Arbeitssystemgestaltung, Schriftenreihe der Bundesanstalt für Arbeitsschutz, Bremerhaven 1993

Zimmermann, G. (1979), Ergiebigkeitsmaße für die Produktion, in: Kern, W. (Hrsg., 1979), Handwörterbuch der Produktion, Stuttgart 1979, Sp. 520-528

Zimmermann, H., Henke, K.-D. (1987), Einführung in die Finanzwissenschaft, 5. Aufl., München 1987

Zink, K. J. (Hrsg., 1994), Business Excellence durch TQM, München und Wien 1994

Zünd, A. (1973), Kontrolle und Revision in der multinationalen Unternehmung, Bern u.a. 1973

CONTROLLING PRAXIS

Herausgegeben von Prof. Dr. Péter Horváth und
Prof. Dr. Thomas Reichmann

Baumgärtner, **Realisierung operativer Controlling-Systeme**
Von Dr. Jost M. Baumgärtner. 1998. XVI, 345 Seiten. Kartoniert DM 78,-
ISBN 3-8006-2346-3

Baumöl, **Target Costing bei der Softwareentwicklung**
Eine Controlling-Konzeption und instrumentelle Umsetzung für die Anwendungssoftware.
Von Dr. Ulrike Baumöl.
1999. XIX, 414 Seiten. Kartoniert DM 78,-
ISBN 3-8006-2378-1

Brede, **Prozeßorientiertes Controlling**
Ansatz zu einem neuen Controllingverständnis im Rahmen wandelbarer Prozeßstrukturen.
Von Dr. Hauke Brede.
1998. XVIII, 173 Seiten. Kartoniert DM 78,-
ISBN 3-8006-2305-6

Brokemper, **Strategieorientiertes Kostenmanagement**
Von Dr. Andreas Brokemper.
1998. XXI, 229 Seiten. Kartoniert DM 78,-
ISBN 3-8006-2397-8

Dittmar, **Prototypgestützte Zielkostenplanung**
Kostenmanagement an der Schnittstelle zwischen Entwicklung und Controlling.
Von Dr. Jutta Dittmar.
1998. XVIII, 236 Seiten. Kartoniert DM 78,-
ISBN 3-8006-2262-9

Fischer, **EDV-gestützte Kostenplanung für mittelständische Unternehmen**
Von Dr. Philip Fischer.
1993. XVII, 259 Seiten. Kartoniert DM 65,-
ISBN 3-8006-1806-0

Fischer, **Kostenmanagement strategischer Erfolgsfaktoren**
Instrumente zur operativen Steuerung der strategischen Schlüsselfaktoren Qualität, Flexibilität und Schnelligkeit.
Von Prof. Dr. Thomas M. Fischer.
1993. XV, 340 Seiten. Kartoniert DM 65,-
ISBN 3-8006-1721-8

Fröhling, **Dynamisches Kostenmanagement**
Konzeptionelle Grundlagen und praktische Umsetzung im Rahmen eines strategischen Kosten- und Erfolgs-Controlling.
Von Dr. Oliver Fröhling.
1994. XXX, 452 Seiten. Kartoniert DM 75,-
ISBN 3-8006-1768-4

Funke, **Fixkosten und Beschäftigungsrisiko**
Eine theoretische und empirische Analyse.
Von Dr. Stephan Funke.
1995. XXIV, 322 Seiten. Kartoniert DM 75,-
ISBN 3-8006-1961-X

Gaiser, **Schnittstellencontrolling bei der Produktentwicklung**
Entwicklungszeitverkürzung durch Bewältigung von Schnittstellenproblemen.
Von Dr. Bernd Gaiser.
1993. XV, 196 Seiten. Kartoniert DM 65,-
ISBN 3-8006-1744-7

Gehrke, **Desinvestitionen erfolgreich planen und steuern**
Mit Beispielen aus der chemischen Industrie.
Von Dr. Ingmar Gehrke.
1999. XXV, 342 Seiten. Kartoniert DM 78,-
ISBN 3-8006-2429-X

Gentner, **Entwurf eines Kennzahlensystems zur Effektivitäts- und Effizienzsteigerung von Entwicklungsprojekten**
– dargestellt am Beispiel der Entwicklungs- und Anlaufphasen in der Automobilindustrie.
Von Dr. Andreas Gentner.
1994. XVII, 217 Seiten. Kartoniert DM 65,-
ISBN 3-8006-1813-3

Glaser, **Prozeßorientierte Deckungsbeitragsrechnung**
Von Dr. Katja Glaser.
1997. XVIII, 198 Seiten. Kartoniert DM 78,-
ISBN 3-8006-2229-7

Gleich, **Target Costing für die montierende Industrie**
Von Dr. Ronald Gleich.
1996. XVII, 225 Seiten. Kartoniert DM 75,-
ISBN 3-8006-2044-8

Günther, **Ökologieorientiertes Controlling**
Konzeption eines Systems zur ökologieorientierten Steuerung und empirische Validierung.
Von Prof. Dr. Edeltraud Günther.
1994. XIX, 400 Seiten. Kartoniert DM 75,-
ISBN 3-8006-1825-7

Günther, **Erfolg durch strategisches Controlling?**
Eine empirische Studie zum Stand des strategischen Controlling in deutschen Unternehmen und dessen Beitrag zu Unternehmenserfolg und -risiko.
Von Prof. Dr. Thomas Günther.
1991. XVI, 419 Seiten. Kartoniert DM 65,-
ISBN 3-8006-1543-6

Haiber, **Controlling für öffentliche Unternehmen**
Konzeption und instrumentelle Umsetzung aus der Perspektive des New Public Management.
Von Dr. Thomas Haiber.
1997. XXVIII, 547 Seiten. Kartoniert DM 98,-
ISBN 3-8006-2241-6

Hauer, **Hierarchische kennzahlenorientierte Entscheidungsrechnung**
Ein Beitrag zum Investitions- und Kostenmanagement.
Von Dr. Georg Hauer.
1994. XIX, 300 Seiten. Kartoniert DM 75,-
ISBN 3-8006-1922-9

Herrnberger, **Kennzahlengestützte Autohaussteuerung**
Von Dr. Jürgen Herrnberger.
1998. XV, 330 Seiten. Kartoniert DM 78,-
ISBN 3-8006-2149-5

Fax: (089) 3 81 89-402
Internet: www.vahlen.de
E-Mail: bestellung@vahlen.de

Verlag Vahlen · 80791 München

Herter, Unternehmenswertorientiertes Management
Strategische Erfolgsbeurteilung von dezentralen Organisationseinheiten auf der Basis der Wertsteigerungsanalyse.
Von Dr. Ronald N. Herter.
1994. XVII, 236 Seiten. Kartoniert
DM 75,-
ISBN 3-8006-1845-1

Hieber, Lern- und Erfahrungskurveneffekte und ihre Bestimmung in der flexibel automatisierten Produktion
Von Dr. Wolfgang Lothar Hieber.
1991. XVIII, 282 Seiten. Kartoniert
DM 65,-
ISBN 3-8006-1540-1

Kieninger, Gestaltung internationaler Berichtssysteme
Von Dr. Michael Kieninger.
1994. XVII, 224 Seiten. Kartoniert
DM 65,-
ISBN 3-8006-1815-X

Kleiner, Kostenrechnung bei flexibler Automatisierung
Von Dr. Franz Kleiner.
1991. XVIII, 285 Seiten. Kartoniert
DM 65,-
ISBN 3-8006-1538-X

Lamla, Prozeßbenchmarking
dargestellt an Unternehmen der Antriebstechnik.
Von Dr. Joachim Lamla.
1995. XVII, 206 Seiten.
Kartoniert DM 75,-
ISBN 3-8006-2031-6

Lemke, Unterstützung der strategischen Planung durch das interne Rechnungswesen
Eine empirische Untersuchung der strategischen Produktprogrammplanung im deutschen Werkzeugmaschinenbau.
Von Dr. Hans-Jürgen Lemke.
1993. XX, 290 Seiten. Kartoniert
DM 65,-
ISBN 3-8006-1809-5

Liedtke, Controlling und Informationstechnologie
Auswirkungen auf die organisatorische Gestaltung.
Von Dr. Udo Liedtke.
1991. XVI, 259 Seiten. Kartoniert
DM 65,-
ISBN 3-8006-1554-1

Lingscheid, Unternehmensübergreifendes Kaizen-Costing
Von Dr. Andreas Lingscheid.
1998. XVIII, 198 Seiten. Kartoniert
DM 78,-
ISBN 3-8006-2319-6

Mayer, Kapazitätskostenrechnung
Neukonzeption einer kapazitäts- und prozeßorientierten Kostenrechnung.
Von Dr. Reinhold Mayer.
1998. XVII, 211 Seiten. Kartoniert
DM 78,-
ISBN 3-8006-2366-8

Niemand, Target Costing für industrielle Dienstleistungen
Von Dr. Stefan Niemand.
1996. XVII, 172 Seiten.
Kartoniert DM 75,-
ISBN 3-8006-2049-9

Oecking, Strategisches und operatives Fixkostenmanagement
Möglichkeiten und Grenzen des theoretischen Konzeptes und der praktischen Umsetzung im Rahmen des Kosten- und Erfolgs-Controlling.
Von Prof. Dr. Georg Oecking.
1994. XXIII, 338 Seiten. Kartoniert
DM 75,-
ISBN 3-8006-1870-2

Renner, Kostenorientierte Produktionssteuerung
Anwendung der Prozeßkostenrechnung in einem datenbankgestützten Modell für flexibel automatisierte Produktionssysteme.
Von Dr. Andreas Renner.
1991. XVIII, 227 Seiten. Kartoniert
DM 65,-
ISBN 3-8006-1566-5

Schaefer, Datenverarbeitungsunterstütztes Investitions-Controlling
Investitionsplanung und Investitionskontrolle im Rahmen eines betrieblichen Investitions-Controllingsystems.
Von Dr. Sigrid Schaefer.
1993. XVIII, 261 Seiten.
Kartoniert DM 65,-
ISBN 3-8006-1767-6

Schmitz, Qualitätscontrolling und Unternehmensperformance
Eine theoretische und empirische Analyse.
Von Dr. Jochen Schmitz.
1996. XIV, 288 Seiten.
Kartoniert DM 75,-
ISBN 3-8006-2114-2

Scholl, Konstruktionsbegleitende Kalkulation
Computergestützte Anwendung von Prozeßkostenrechnung und Kostentableaus.
Von Dr. Kai Scholl.
1998. XXI, 228 Seiten mit einer CD-ROM. Kartoniert DM 98,-
ISBN 3-8006-2247-5

Schorb, Verhaltensorientiertes FuE-Controlling
Ein ganzheitliches Konzept für ein mittleres Industrieunternehmen.
Von Prof. Dr. Manfred Schorb.
1995. XIV, 331 Seiten. Kartoniert
DM 75,-
ISBN 3-8006-1930-X

Schwellnuß, Investitions-Controlling
Erfolgspotentiale auf Basis systematischer Investitionsnachrechnungen sichtbar machen.
Von Dr. Axel Georg Schwellnuß.
1991. XII, 225 Seiten. Kartoniert
DM 65,-
ISBN 3-8006-1597-5

Seidenschwarz, Entwicklung eines Controllingkonzeptes für öffentliche Institutionen
– dargestellt am Beispiel einer Universität.
Von Dr. Barbara Seidenschwarz.
1992. XX, 247 Seiten. Kartoniert
DM 65,-
ISBN 3-8006-1651-3

Strecker, Prozeßkostenrechnung in Forschung und Entwicklung
Von Dr. Andreas Strecker.
1991. XV, 225 Seiten. Kartoniert
DM 65,-
ISBN 3-8006-1611-4

Weber, Controlling im international tätigen Unternehmen
Effizienzsteigerung durch Transaktionskostenorientierung.
Von Prof. Dr. Joachim Weber.
1991. XII, 280 Seiten. Kartoniert
DM 65,-
ISBN 3-8006-1544-4

Wolbold, Budgetierung bei kontinuierlichen Verbesserungsprozessen
Von Dr. Markus Wolbold.
1995. XIX, 224 Seiten. Kartoniert
DM 75,-
ISBN 3-8006-2030-8

Wullenkord, Kosten- und Erfolgs-Controlling im Konzern
Von Dr. Axel Wullenkord.
1995. XXI, 337 Seiten. Kartoniert
DM 75,-
ISBN 3-8006-2009-X

Verlag Vahlen · 80791 München